U0720773

南京大学文科双一流专项资金资助
中央高校基本科研业务费专项资金资助

融会中西

百年学衡经典文存

孙江 李恭忠 谢任 主编

凤凰出版社

图书在版编目（CIP）数据

融会中西 ： 百年学衡经典文存 / 孙江, 李恭忠, 谢任主编. -- 南京 : 凤凰出版社, 2024. 12. -- ISBN 978-7-5506-3870-9

Ⅰ. G04-53

中国国家版本馆CIP数据核字第2024CJ6950号

书　　名　融会中西——百年学衡经典文存
主　　编　孙　江　李恭忠　谢　任
责任编辑　张永堃
装帧设计　姜　嵩
责任监制　程明娇
出版发行　凤凰出版社(原江苏古籍出版社)
　　　　　发行部电话025-83223462
出版社地址　江苏省南京市中央路165号,邮编:210009
照　　排　南京新洲印刷有限公司
印　　刷　江苏凤凰通达印刷有限公司
　　　　　江苏省南京市六合区冶山镇,邮编:211523
开　　本　787毫米×1092毫米　1/16
印　　张　33
字　　数　586千字
版　　次　2024年12月第1版
印　　次　2024年12月第1次印刷
标准书号　ISBN 978-7-5506-3870-9
定　　价　258.00元
(本书凡印装错误可向承印厂调换,电话:025-57572508)

序　言

1949年8月27日，按阳历时当孔子诞生2500年。是日，《大公报》(重庆)刊登了一篇题为《孔子圣诞感言》的文章，作者吴宓。二十二年前，吴宓曾撰文纪念孔子，如今又是另一番情景，文章开篇有道："孔子为中华民族五千年之真正代表人物，为中国文化集大成，造极峰，继往开来，天与人归之圣哲，且为世界古今最伟大真实之四五教主、哲人之一。"吴宓之个人感知历数孔子之伟岸，继而笔锋一转，指出当传统被视若"粪土"，"孔子之在中国，亦遂如苏格拉底之钉死于十字架"，厉言"倘必问罪，请直捕罪人，而勿归狱于孔子"。

纪念的历史有两种，一为赞美，一为讽喻，吴宓的文字属于后者。在以"破坏激烈"为标榜的时代氛围下，吴宓及其学衡同人倡言平和地对待他者和自我，这种理念被凝练为《学衡》杂志的宗旨——"昌明国粹、融化新知"。"国粹"与"新知"，或曰中国与西洋，并非二元对立之存在，彼此不仅具有互文性，而且看似老旧的"国粹"被"昌明"后还可焕发新意。同样，所谓"新知"，如果没有"融化"，则不可能转化为内在的"自我"。学衡同人的文化观俨如多棱镜，有多个面向。一曰调和。以孔教为中枢和以佛教为辅翼的中国文化，与希腊罗马之文章哲理和耶教融合孕育而成的西洋文化，并非殊途异曲，彼此可以融会贯通。二曰本真。"一国家一民族之进化，必有与他国家他民族所同经之阶级、同具之心理，亦必有其特殊于他民族他国家。"三曰改良。文化源远流长，经由逐渐酝酿和孳乳煦育而成，对"狭隘的自我满足、固步自封"，可取渐进改良之法。四曰中道。是为旧学与新知、自我和他者之间的平衡。

然而，孔子的境遇似乎暗示了学衡同人不期而至的地平，多年来学衡同人因其文化主张而散落在边缘，直至20世纪末始有改变。如今，学衡同人的倡言得到越来越多的认同。这不完全是正反互换、否定之否定的结果，而是在经历了现代化和全球化及其反复之后，学衡同人破除彼我二元对立的文化自持在思想上和经验上被证明是行之有效的。这种自持，用今人的话就是全球本土化(glocalization)。

全球本土化是全球化(globalization)和本土化(localization)的合体。本土化之所以成为“问题”乃由全球化引发，因此二者的邂逅无论以何种形式呈现，必然导致全球本土化的结果。本书收录的学衡诸君文章，上溯1918年，下至1949年，作者有汪懋祖、胡先骕、梅光迪、刘伯明、柳诒徵、徐则陵、缪凤林、景昌极、钱堃新、吴宓、萧纯锦、邵祖平、张其昀、刘掞藜、张荫麟、郭斌龢、陈寅恪、范存忠、贺麟等。书中的文章或可在一些个人文集里找到，但窃以为收录在文集里的文字固然呈现出作者的思考轨迹，亦有其无法规避的弊端，即模糊了文章是在怎样的情境下被催生出来的；而按时序将学衡同人的文字汇为一册，读者则不难看到一种思想和情感的共振。

现代世界是一个将复数的历史纳入单数进程的产物，全球本土化提供了别异于单数世界的历史时间；如果没有复数的历史，要想建立所谓自持的历史叙述是不可能的。缘此，学衡诸君的文章所映射的复数的现代性，应由后来者发扬光大。

是为序。

孙　江

凡　　例

一、本书各篇依时间顺序编排，出自同期刊物的不同文章，依原刊顺序编排。

二、本书各篇主要依照原文整理，部分参照已出版的文选、文集。

三、异体字改用规范字，因字形相近而致误的错别字径改。

四、原文有随文注的，以括注形式保留；原文有脚注或文后注的，统一使用脚注形式。

目　　录

致《新青年》杂志记者

汪懋祖

近从友人处得读大报，闳论卓识，环佩何似。窃不自量其谫陋，辄欲一陈其说于名人之前：文界之弊，贵报已抉发无遗。革新之道，形式尚非所急。当先淘汰一切背理之语。今日甲党与乙党相掊击，动曰“妖魔丑类”，曰“寝皮食肉”，其他凶暴之语，见于函电报章者尤比比。夫吾人行动，苟违犯法律，国法自有相当之处分。极恶元凶如张勋辈，诉诸于法，止于宣告死刑，断无有许人食肉寝皮之过举。此太古野蛮时代遗传之恶思想，苟仍形诸楮墨，充其极必至恣意仇杀，祸结不解。如赵襄子漆智伯之头，王莽遭脔身之痛，以及前清“粉尸扬灰”、“剖心”等剧，将复见于光天化日之下。人道几绝，进化何期？至于两党讨论是非，各有其所持之理由。不务以真理争胜，而徒相目以“妖”，则是滔滔者妖满国中也，岂特如尊论所云桐城派之为妖于文界哉？

孔学偏狭之处，吾人厌病且久。韩愈辟佛，至欲火书庐居，贵报斥其谬妄，宜也。不料独秀先生答钱君书（见《新青年》第三卷第四号），亦有“焚《十三经》毁孔庙”之说。知《十三经》之不适于共和，不读可也；以孔子为不足尊崇，不祀可也。焚经毁庙，果有裨于思想之革新耶？既斥韩氏，又师其意，亦何为者？且于保存古代学术之义，未免有乖也。又如某君，既痛恶仪征某氏所为文矣（见《新青年》第三卷第一号），乃独剿袭其对于江淹《恨赋》“孤臣危涕，孽子坠心”及杜甫《秋兴》诗“红豆鹦鹉，碧梧凤凰”一联之评语，以为己所发明，毋亦诋其全而食其余乎？文也者，含有无上美感之作用。贵报方事革新而大阐扬之；开卷一读，乃如村妪泼骂，似不容人以讨论者，其何以折服人心？此虽异乎文学之文，而贵报固以提倡新文学自任者，似不宜以“妖孽”、“恶魔”等名词输入青年之脑筋，以长其暴戾之习也。

白话作文，为增进国民智识之利器，仆亦竭事鼓吹。但须力避意俗，意俗即不能美，不美即失其文之作用。何谓意俗？言情而涉于淫，如《西厢记》“准备来云雨令巫峡”是也。泄忿而出于毒骂，如顷所谓“食肉寝皮”（此与俗语“杀千刀”同一凶恶）是也。有文者出语尚远鄙倍（辞气之鄙倍，不关言语之雅俗），即同一詈人。《左传》“公子州吁，嬖人之子也”，《国策》齐威王骂周烈王云“而母婢也”，《史记》冯唐骂赵王迁云“其母倡也”，雍正上论骂阿其那、塞思黑曰“其母出身贱婢”云云（此事以手边无书查考，约略记之，不免有误）。同一愤恨之词，而其高下之分明有如此。今白话作文，骨相全露。高洁之意，以白话描之，当益增其美；鄙陋之意，以俗语出之，亦愈形其丑。夫有鄙陋之意，即文字倍极工雅，亦不得谓之文。而白话尤易显此弊，此则下笔时不可不深思者。意既美矣，而走笔运词，尤贵以和，宜通体相称，如染彩之浓淡得中也。贵报既提倡白话作文，即宜实行此宗旨，示人以模范。卒乃雅俗参半，而北语吴音（如“像煞有介事”）格磔其间，其斯为贵报文字上之过渡时代乎？愚弗敢知已。课冗杂书，择语不精，幸恕罪戾，伏望赐教。

本文原载《留美学生季报》第 5 卷第 1 期，1918 年 3 月。

整理者：漆梦云

校对者：王　祚

中国文学改良论(上)

胡先骕

自陈独秀、胡适之创中国文学革命之说，而盲从者风靡一时。在陈、胡所言，固不无精到可采之处，然过于偏激，遂不免因噎废食之讥。而盲从者方为彼等外国毕业及哲学博士等头衔所震，遂以为所言者，在在合理，而视中国文学，果皆陈腐卑下不足取，而不惜尽情推翻之。殊不知彼等立言大有所蔽也。彼故作堆砌艰涩之文者，固以艰深以文其浅陋；而此等文学革命家，则以浅陋以文其浅陋，均一失也。而前者尚有先哲之规模，非后者毫无文学之价值者所可比焉。某不佞，亦曾留学外国，寝馈于英国文学，略知世界文学之源流，素怀改良文学之志。且与胡适之君之意见，多所符合。独不敢为鲁莽灭裂之举，而以白话推倒文言耳。今试平心静气，以论文学之改良。读者或不以其头脑为陈腐，而不足以语此乎？

文学自文学，文字自文字。文字仅取其达意。文学则必于达意之外，有结构，有照应，有点缀；而字句之间，有修饰，有锻炼。凡曾习修辞学作文学者，咸能言之，非谓信笔所之，信口所说，便足称文学也。故文学与文字，迥然有别。今之言文学革命者，徒知趋于便易，乃昧于此理矣。

或谓欧西各国言文合一，故学文字甚易，而教育发达；我国文言分离，故学问之道苦，而教育亦受其障碍，而不能普及。实则近年来文学之日衰，教育之日敝，皆司教育之职者之过，而非文学有以致之也。且言文合一，谬说也。欧西言文，何尝合一？其他无论矣。即以戏曲论：夫戏曲本取于通俗也，何莎士比亚之戏曲，所用之字至万余？岂英人日用口语，须用如此之多之字乎？小说亦本以白话为本者也，今试读Charlotte Bronte之著作，则见其所用典雅之字极夥。其他若Dr. Johnson之喜用奇字者，更无论矣。且历史家如Macaulay、Prescott、Green等，科学家如达尔文、赫胥黎、斯宾塞尔等，莫不用极雅驯极生动之笔，以纪载一代之历史，或叙述辩论其学理，而令百世之下，犹以其文为规范，此又何耶？夫口语所用之字句多写实，文学所用之字句多抽象。执一英国农夫，询以 perception、conception、consciousness、freedom of will、reflection、stimulation、trance、meditation、suggestion 等名词，彼固无从而知之；即敷陈其义，亦不易领会也。且用白话以叙说高深之理想，最难剀切简明。今试用白话以译 Bergson 之创制《天演论》，必致不能达意而后已。若欲参入抽象之名词、典雅之字句，则又不为纯粹之白话矣。又何必不用简易之文言，而必以驳杂不纯口语代之乎？

且古人之为文，固不务求艰深也。故孔子曰："辞达而已矣。"今试以《左传》、《礼记》、《国语》、《国策》、《论》、《孟》、《史》、《汉》观之，除少数艰涩之句外，莫不言从字顺。非若《书》之《盘庚》、《大诰》，《诗》之《雅》、《颂》可比也。至韩、欧以还之作者，尤以奇僻为戒，且有因此而流入枯槁之病者矣。此等文学，苟施以相当之教育，犹谓十四五龄之中学生不能领解其义，吾之不信也。进而观近人之著，如梁任公之《意大利建国三杰传》、《噶苏士传》，何等简明显豁，而亦不失文学之精神。下至金圣叹之批《水浒》，动辄洋洋万言，莫不痛快淋漓，纤悉必达，读之者几于心目十行而下，宁有艰涩之感？又何必白话之始能达意、始能明了乎？凡此皆中学学生能读能作之文体，非《乾凿度》、《穆天子传》之比也。若以此为犹难，犹欲以白话代之，则无宁铲除文字，纯用语言之为愈耳。

更进而论美术之韵文。韵文者，以有声韵之辞句，傅以清逸隽秀之词藻，以感人美术、道德、宗教之感想者也。故其功用不专在达意，而必有文采焉，而必能表情焉、写景焉。再上则以能造境为归宿，弥尔敦、但丁之独绝一世者，岂不以其魄力之伟大，非常人所能摹拟耶？我国陶、谢、李、杜过人者，岂不以心境冲淡、奇气恣横、笔力雄沉，非后人所能望其肩背耶？不务于此，而以为白话作诗，始能写实，能述意。初不知白话之适用与否为一事，诗之为诗与否又一事也。且诗家必不能尽用白话，征诸中外皆然。彼震于外国毕业而用白话为诗者，曷亦观英人之诗乎？Wordsworth、Browning、Byron、Tennyson，此英人近代最著名之诗家也。如 Wordsworth 之《重至汀谭寺》("Tintern Abbey")诗，理想极高洁而冲和，岂近日白话诗家所能作者？即其所用之字，如 Seclusion、Sportive、Vagrant、Tranquil、Tririol、Aspect、Sublime、Serene、Corporeal、Perplexity、Recompense、Grating、Interfused、Behold、Ecstasy 等，岂白话中常见之字乎？其他若 Byron 之"The Prisoner of Chillon"、Tennyson 之

"Aenone"、Longfellow 之"Evangeline"，皆雅词正音也。至 Browning 之"Rabbi Ben Ezra"，则尤为理想高超之作，非素习文学者，不能穷其精蕴。岂元、白之诗，爨妪皆解之比耶？其真以白话为诗者，如 Robert Burns 之歌谣，《新青年》所载 Lady A. Lindsey 之"Auld Robin Gray"等诗是，然亦诗中之一体耳。更观中国之诗，如杜工部之《兵车行》、《赠卫八处士》、《哀江头》、《哀王孙》、《石壕吏》、《垂老别》、《无家别》、《梦李白》诸古体，及律诗中之《月夜》、《月夜忆舍弟》、《阁夜》、《秋兴》、《诸将》诸诗，皆情文兼至之作。其他唐宋名家，指不胜屈，岂皆不能言情达意，而必俟今日之白话诗乎？如刘半农之《相隔一层纸》一诗，何如杜工部之"朱门酒肉臭，路有冻死骨"十字之写得尽致？至如沈尹默之《月夜》诗，"霜风呼呼的吹着，月光明明的照着，我和一株顶高的树并排立着，却没有靠着"。与其《鸽子》、《宰羊》诸诗，直毫无诗意存于其间，真可覆瓿矣。试观阮大铖之《村夜》："坐听柴扉响，村童夜汲还。为言溪上月，已照门前山。暮气千峰领，清宵独树间。徘徊空影下，襟露已斑斑。"其造境之高，岂可方物乎？即小诗如"小娃撑小艇，偷采白莲回。不解藏踪迹，浮萍一道开"，亦较沈氏之《月夜》有情致也。不此之辨，徒以白话为贵，又何必作诗乎？

不特诗尚典雅，即词曲亦莫不然。故柳屯田之"愿奶奶、兰心蕙性"之句，终为白圭之玷，比之周清真之"如今向、渔村水驿，夜如岁、焚香独自语"，同一言情，而有仙凡之别。然周之"许多烦恼，只为当时，一晌留情"之句，犹为通人所诟病焉。至如曲，则《牡丹亭》"原来姹紫嫣红开遍"一折，亦必用姹紫嫣红、断井颓垣、良辰美景、赏心乐事、雨丝风片、烟波画船、锦屏人、韶光诸雅词以点缀之，不闻其非俗语而避之也。且无论何人，必不能以俗语填词而胜于汤玉茗此折之绝唱，则可断言之矣。

以上所陈，为白话不能全代文言之证。即或能代之，然古语有云："利不十不变法。"即如今日之世界语，虽极便利，然欲以之完全替代各国语言文字，则必不可能之事也。且语言若与文字合而为一，则语言变而文字亦随之而变。故英之 Chaucer 去今不过五百余年，Spencer 去今不过四百余年，以英国文字为谐声文字之故，二氏之诗，已如我国商周之文之难读，而我国则周秦之书，尚不如是，岂不以文字不变，始克臻此乎？向使以白话为文，随时变迁。宋元之文，已不可读，况秦汉魏晋乎？此正中国言文分离之优点，乃论者以之为劣，岂不谬哉！且《盘庚》、《大诰》之所以难于《尧典》、《舜典》者，即以前者为殷人之白话，而后者乃史官文言之记述也。故宋元语录与元人戏曲，其为白话，大异于今，多不可解。然宋元人之文章，则与今日无别。论者乃恶其便利，而欲故增其困难乎？抑宋元以上之学，已可完全抛弃而不足惜，则文学已无流传于后世之价值，而古代之书籍可完全焚毁矣？斯又何解于西人之保存彼国之古籍耶？且 Chaucer、Spencer 及近至莎士比亚、弥尔敦之诗文，已有异于今日之英文；而乔、斯二氏之文，已非别求训诂，即不能读。何英美中学尚以诸氏之诗文教其学子，而不限于专门学者始研究之乎？盖人之异于物者，以其有思想之历史，而前人之著作，即后人之遗产也。若尽弃遗产，以图赤手创业，不亦难乎？某亦非不知文学须有创造之能力，而非陈陈相因即尽其能事者。然亦非既能创造，则昔人之所创造便可唾弃之也。故瓦特创造汽机，后人必就瓦特所创造者而改良之，始能成今日优美之成绩。而今日之汽机，无一非脱胎于瓦特汽机者，故创造与脱胎相因而成者也。吾人所斥为模仿而非脱胎。陈陈相因，是谓模仿；去陈出新，是谓脱胎。故《史》、《汉》，创造而非模仿者也，然必脱胎于周秦之文；俪文，创造而非模仿者也，亦必脱胎于周秦之文；韩柳，创造而革俪文之弊者也，亦必脱胎于周秦之文；他若五言七言古诗、五律、七律、乐府歌谣、词曲，何者非创造，亦何者非脱胎者乎？故欲创造新文学，必浸淫于古籍，尽得其精华，而遗其糟粕，乃能应时势之所趋，而创造一时之新文学，如斯始可望其成功。故俄国之文学，其始脱胎于英法，而今远驾其上，即善用其遗产，而能发扬张大之耳。否则，盲行于具茨之野，即令或达，已费无限之气力矣。故居今日而言创造新文学，必以古文学为根基，而发扬光大之，则前途当未可限量，否则徒自苦耳。

本文原载《东方杂志》第 16 卷第 3 号，1919 年 3 月。

整理者：范文琪

校对者：齐以恒

送梅君光迪归圜桥序

汪懋祖

余与梅君光迪，初未尝相识也。数百里外，闻声交慕。一旦握手，则欢然各道其平生，而恨相见之晚，是岂非有道焉以使之然哉？是道也，非党比之为道也，非势利之为道也。盖精神上有若不可判离，天故合之，使相切劘以进其业，将为神洲新化者也。今夫吾国之学者罔矣。嗟彼蚍蜉，泊于既狭且卑之实利主义。论文学则宗白话，讲道德则校报施。而一辈狂猘，复汹汹然欲举数千年先民之遗泽，摧锄以尽，谓非是不足谋新。则吾以为根本问题，犹不止此，必尽歼弱冠以上之人，而后输进晢种，以改良黄胤之遗传，尚何敝敝于音韵文字之末哉！世无绝对文明之国族，有所长必有其所短。惟智者为能善取他人之所长，而冶之为我用。然亦必茂明其所本善，斯能卓然有以自竞，非是则谓之奴从。夫至于奴从，则灵魂丧失，不复有我。唯梅君其知之矣。本年暑假，梅君来纽约，与余谈，辄愤然叹息于老者之懵瞀、少者之狂惑，将出所学以翼教牖民。其观察事物，一以历史眼光，而顺乎天演进化人类心理之原则。尝谓昔日之国民，昏聩自大，故利用辱；今日之国民，气息仅属，故利用慰。若慈母之于赤子，虽甚不肖，而一遘疾苦，必顾复之，以增其望也。其慈祥恻怛之诚，固非嚣嚣者所能企及。爝火炎炎，安足与日月争光哉？抑吾闻真理之所由明，必合乎众见而究析之。人情习于同则交相匿而不见其非，习于异则交相蔽而不见其是。今君欲以文救国，驯至乎中道，当不迷其同而放所异。若余之不敏，固将攘臂奋首以从君之后，而助成其业也。梅子归圜桥，念别后相见之难，遂书此为祝，且以坚其盟焉。

本文原载《留美学生季报》第 6 卷第 1 期，1919 年 3 月。

整理者：吕晓宇
校对者：薛　蓁

自觉与盲从

梅光迪

近日京沪各埠，新出版物十余种，类多自命觉悟，以顺应“世界潮流”为职志。其所谓“世界潮流”者，大约不外大同主义、平民主义、社会主义诸说。就其表面观之，一若吾国青年忽同时俱得欧美名师之指示，或读尽欧美现行之书报，得知世界思潮之趋势。而又于本国之文化与社会制度，澈底研求，晓然于其病源之所在，今乃得一海外之万应良方以救之者。夫作者亦一青年，亦尝负笈欧美，略闻世界思潮之趋势。又尝默察吾国旧文明与社会制度之病源，而以改造之业自勉者。对于吾国青年之觉悟，诚宜欢呼自壮，庆吾道之不孤，努力为此“新文化运动”队中之前驱。然作者爱吾国青年之觉悟，尤爱真理。于此革命声浪中，人方以为晨光始启，而己独抱隐忧，以为漫漫长夜之将至。欲于可爱之青年前，进一警告逆耳之言。非作者之好为立异，特以真理有独存之价值，不以众人之好恶为是非。作者只认真理，其言论之趋时与否，迎合当世之心理与否，则所不计也。

吾国人素以守旧著于世者也。然近二十年来，与西洋文化接，相形见绌。又屡经丧师失地之余，他人且挟其威权，强以其文化输进于我。故国人一面为世界大势所怵迫，一面对于本国文明有不满意之省悟。于是改革之声，始由机械枪炮而进为政治，继由政治而进为教育、社会。今则且及于文学、美术矣。盖两种文明相触，其最初引人注目者，必显而易见之处，如物质文明是也，积久而后及于隐而难测之精神文明。以吾国近二十年之历史观之，国民性之变迁速度，洵远逾于寻常。虽事实与思想悬绝，征之事实，吾国物质文明之不振如故；而思想上，国人早已超越改革物质文明之时代，从事于精神文明之改革矣。今日吾国思想界之领袖，若谓其变迁性胜于保守性，非过言也。然惟其以此短促之时间，经如许之变迁，其思想之浅陋不精，亦为理势上所必然。兼以吾国之所谓西洋思想，多贩自日本，不免间接之弊。近虽留学西洋者渐多，战胜语言文字之阻隔，为直接之研究，然留学西洋者，大率多年少而学未成之士。其于西洋思想，能贯澈会通者，有几人耶？其于西洋学术，有评判取舍之能，何者为适用于吾国，何者为不适用于吾国，又有几人耶？然有人焉，挟其留学西洋之资格(国人之信仰西洋留学生，亦其崇拜欧化现象之一种)，出其偏驳不纯、似是而非之学，以号于众曰：此西洋思想也。更巧其词以迎合现今吾国人之变迁好新性，以号于众曰：此西洋最新思想也。国之青年，乃靡然从风，以顺应其学说为顺应世界潮流。作者不敏，窃设三疑问于此，以期与吾国青年界讨论焉。

（一）现时吾国人之所谓世界潮流者，果为真正之世界潮流耶？近代西洋思想界之复杂，已臻极端，政治、经济、哲学、文学、美术各科，均派别纷出，莫衷一是。任指定何科之何派，谓其最占优胜，有左右世界之势力，乃大难事。凡吾国人所盛称之各种主义，奉之为“世界潮流”者，不过西洋一部分人之主张。其视之漠然、不足介意，或大声以张反对之帜者，实占多数。此等思想界之现象，稍读欧美现行之书报者，类能道之。

（二）吾国人对于所乐道之各种主义，果能了解其实在价值，有取舍之能力耶？凡一思想之发生也，必经多时、多人之讨论。反对与赞同者各尽其词，而后其实在价值乃现。如吾国人所盛称之各种主义，其发生于西洋，皆在百年前或至数百年前，演嬗变化，费尽几许学者之脑筋，至今始占一部分之势力。盖研究学术，首重独立，不倚傍他人。西洋学者所奉为金科玉律者，曰独立之研究(Independent research)，曰勿附和宗师(Don’t follow authorities)。其对于一种之思想，必待积久之自行探讨，往复斟酌其真伪是非，确有心得，而后定最终之取舍。吾国学者则不然。一新思想之发生，只要其倡之者挟一西洋博士头衔，或盘踞学术界之要津，登高一呼，其思想之流行也，可咄嗟而待。夫学问家无独立精神，而惟他人或宗师之是赖，其弊将至。不肯吃苦以自用其脑筋，于学问上之造就不期精深，终其身为门外汉。于是学术之真伪是非皆不能辨，只知盲从，相因相袭，以最流行最趋时之学术为学术，而学术上之标准全失矣。作者非谓吾国今日学术界已陷此境，然其趋势显然如是，无可讳言者。不然，何以倡所谓“新潮”与“白话文学”等说者，未及数年，而附和者之众乃如许！吾观京沪之新出版物，大抵陈陈相因，读之惟觉其雷同寡味。求其有真知灼见，对于其所主张有精到之发挥者，盖罕见也。至于求其有分析与判决之眼光，不为笼统与完全之赞同，则难之又难矣。

（三）现在吾国所流行之各种主义，果适用于吾国今日之社会乎？近世西洋各种主义之发生，皆有其特殊之社会制度为之因。例如有资本主义之弊害，而后能发生社会主义；有帝国、军国主义之弊害，而后能发生大同主义。吾国工商业始萌芽，正苦无资本以振兴之；吾国地削权丧，外患方剧，正宜整顿军备（吾国现在之武人政治，只可谓之少数武人专制，与近世西洋之军国主义绝无相同之处），以雪国耻。国人之不保，而腼言大同，其害有二：一、国防废弛，与帝国、军国主义之国而蓄志谋我者以良机也。二、示人以无自卫之力，而梦想人类改换心肠，发大慈悲，易其强权兼并之术，为博爱互助之术也。况西洋资本主义之弊害，非社会主义所能救正；西洋帝国、军国主义之弊害，非大同主义所能救正。西洋学者类能言之，乃吾国人好作无病之呻吟，又欲取不对症之药，以治想像中之病，此真作者所大惑不解者也。

本文原载《民心周报》第 1 卷第 7 期，1920 年 1 月 17 日。

整理者：胡　辰
校对者：漆梦云

新文化之真相

胡先骕

自《新青年》杂志以新文化号召以来，一时风靡全国，此极可乐观之现象也。尝谓自辛亥改革之后，袁氏专政，暴厉恣睢，一如曩日。一般社会有志之士，曩以为满清推翻、共和成立之后，我国即可趋于政治之正轨者，至是乃完全失望。于是六七年来，政论学潮，阒然无闻，一方固由于绝对之失望，一方亦由于他种之改革运动，正在酝酿之中也。故胡适之、陈独秀等辈出，登高一呼，全国遂群起响应之。此无他，郁之既久，则爆发之力愈大。曩日之纯抱悲观之人，骤闻人诏以乐观之道，则亦犹迷失于具茨之野，而骤获指南针焉，有不踊跃而从之者乎？虽然提倡者之主张，尝为片面的，而从之者不察，遂认为新文化者要如某某所主张，与之同者谓之新文化，与之违者斯非新文化。同时未受欧美教育之老辈，恫于一二偏激之论，遂视新文化为毒蛇猛兽，而不虞之毁，纷至沓来。亦犹光宣之末，老辈之畏东洋留学生为蛇蝎，而不分立宪党人、革命党人，皆侧目视之也。故以胡陈等提倡白话文学，遂以白话文学为新文化；彼等提倡社会主义，遂谓社会主义为新文化；彼等提倡写实主义、自然主义，遂谓写实主义、自然主义为新文化；彼等偶一论及过激主义，遂谓过激主义为新文化。甚有因五四学生运动，遂谓学生运动为新文化者。因陈胡二子偶论及过激主义之沿革，遂谓彼二人为过激党者，至其极也。至将胡适之之师杜威博士亦畏之如虎，岂非世界上最可笑之事耶？某积极主张新文化运动，而反对白话文学、写实主义、自然主义、过激主义者也，以国人对于新文化运动有如此众多不幸之误解，而此误解对于新文化之前途大有阻碍，故不惮以新文化之真相为国人告。

新文化与旧文化之根本差别约有二端，一为民本主义，俾人人得有均等之机会，以发展其能力，而得安乐之生活；一为进步主义，俾文化日以增进，使人人所得均等之享受日益增进。其余纷纷之争点，皆方法之不同，而非舍此二者、另有第三目的也。旧文化则不然。旧文化首不认民本主义之可能，而认治人、治于人两种阶级为天经地义。故在中国，则有君子治人、小人治于人之说；而在希腊，亚里士多德乃承认奴隶、贵族为自然之阶级。故虽知民为邦本，然必曰天视自我民视、天听自我民听，虽以民意为从违，然必托之于天命。对于理民之官吏，则曰视民如伤，如保赤子，道之以礼，齐之以德，虽为之谋福利，然必驱之驰之鞭之策之，而不认其主体。此种为民(for the people)而非由民(by the people)之观念，虽以孔孟之圣不能或免，盖亦时势使然也。其流风所被，虽在曩日立宪国家之德意志，尚有君权禀之上帝之说，而今日之日本，其宪法上尚有天皇神圣不可侵犯之文也。新文化之根本观念，则以民为主体，以为凡圆颅方趾、戴发含齿之伦，无论其种族何若、家族何若，自呱呱坠地之后，即应享受其充分之人权，应得充分之机会，以发展其能力。对于个人之行为，虽有种种之制限，然要以极端之自由平等为归。卢梭民约论，虽有悖于历史演进之事实，然其精神实无可訾议也。民约之义一立，则凡种种社会制度，皆可认为人民群居时所公认之契约，有利害之区别，而无是非之可言。故君主政体，虽若有悖于民本主义之精神，然苟人民不欲有倾覆王室、建立民国之纷扰，而此君主制度，复不足为民本主义发达之障碍，则君主可任其存在，如英国之君主立宪是也。又如资本制度，虽为民本主义所疾视，然苟如法国资本家占全国人民四分之三，则资本制度不可推翻之也。同时若大多数人民以为国家社会主义为可行，即可组织国家社会之政治；以为无强权主义为可行，即可组织无强权主义之政治。一政治之选择，要以民意为从违，否则虽如俄国之广义派政治，理想非不高也，然率数千万绝无教育之劳动者，以控制全国，尽力以虐待资本阶级及中产阶级，亦不得谓为真正之民本主义。盖逆多数人民之心理，以强力执行一种理想政治，亦非真正民本主义所许也。

旧文化复以为社会福利之进步为不可能，于是悬想一郅治时代，如儒家之称尧舜、老子之赞美鸡鸣犬吠相闻老死不相往来、庄子之托言无怀氏葛天氏之郅治，皆是也。彼等以为太古之世，民俗未漓，无杀戮倾轧之恶，有安居乐业之福，其甚者竟主张绝圣弃智、剖斗折衡，其次者亦以唐虞为郅治，而商周视之有逊。虽知政治文物以代而有兴革，然以为殷周损益，百世可知。盖虽以周孔之圣，亦不能悬想近日科学昌明、人文进步至于此极也。在欧洲中古时代，神权万能，各国人士但知敦教义、修身心为贵，而不知以研求科学、战胜天行为可能。且每以科学真理，尝有悖于教义，遂深恶痛绝之、摧残之，不遗余力焉。新文化则认定文化为进取的，而非静止的，不但科学、工艺可以日增而不休，即文字、哲学、社会、政治以及人生之根本观念，亦可继续而增进。旧文化最重保守，故虽以王荆公之经世伟略，元祐诸君子乃不惜以全力反对之，对于新颖之学理亦然。故虽有地质学，证明地球之生命数千百万年，而宗教家始终认定上帝创世不过数千年之久。虽地动之说已明，然必视之为邪说，而不惜以酷刑加之学者之身。新文化则以数世纪之经验证明，每有视为不可能之学说，终乃成为事实之故，因之无论对于何种学说，皆虚衷以受之，而不贸然斥为不可能。故虽以无强权主义之学说，苟无鼓惑之嫌，亦不干涉之也。

以上二端，为新旧文化根本之异点，此外各种新文化运动，皆以达此二目的者，虽偏激和缓，各有不同，有时若不相容，然只方法有异也。故虽对于新文化派某种主张有异议，亦仅可攻击其方法，而不能訾及新文化之根本目的焉。故同一民治主义也，有绝对之无强权主义，有国家社会主义，有代议制之共和政体，有广义派之共产主义之别，其异点在达此民本主义之方法之不同，而其目的则一也。又如同一新文学也，写实主义与自然主义派，则以宣暴社会之罪恶疾苦为方法；浪漫主义与征象主义派，则以表示人类优美之情感与形上之直觉为方法。虽取途有殊，然欲开辟文学未有之境界则一也。又如罗塞尔(Russel)辈之新唯物哲学、伯格森之创化哲学、詹母斯之实用哲学、欧肯之人生哲学，其眼光虽不同，然其探讨真理、福利人生之宗旨则一也。此义若明，则可知顽旧之老辈，恫于一二偏激之论，遂一概抹杀新文化者为谬妄，而知夫持一家一派之说，以一概抹煞他人之说者为褊窄，二者皆无所取焉。新文化之二大目的，一为民本主义，一为进步主义，已如上文所陈。其于政治、社会、哲学、文学一切趋向之经历，亦有可详言之者，今略述如下：

（一）政治之趋向。新文化中政治趋向，总言之为日趋于真正之民本主义。在历史上可见者有数大事：最初则为法国之大革命，斯为推倒君权之始；其次则为美国南北战争，斯为推倒畜奴制之始；欧战以来，女子在英美各国，皆得有选举权，及女子之得操各种重要职业，斯为男女绝对平等之始；俄国广义派之革命，斯为推翻资本家专制之始；而日本于巴黎和会中所提出之人种平等案，虽未通过，然亦不得谓非销除种族意见之始也。上举各种趋于民本主义之改革，虽在各国实行之程度不同，然潮流所趋，已如指掌，将来必有一日全世界皆得享受极端之民本主义政治也。

（二）社会之趋向。新文化中社会之趋向，约经过三期之变迁：最早则为阶级社会时期，贵族平民，界限俨然，不但贵族自认其优越之地位为当然，即平民亦承认贵族地位之优越为当然；其次在十八世纪，为个人主义极端发达之时期，佥知各争其人权，各求发展其各人之幸福，然初不以他人为念，如尼采之哲学，此时期之思潮极端之代表也；最近则为群众运动、人道主义运动之时期，舍谋发展个人之幸福外，且求以发展群众之幸福，而以人道主义、互助主义相号召。此次欧战之后，此义日彰，故美之助同盟各国之败强德，初无丝毫利己之念，而纯为人道主义作战焉。社会中如限制妇稚工作，规定劳工保险制度，减少工作钟点，注意工厂卫生、劳工组合、生产组合，减轻遗传性犯罪之刑罚，废止死刑等事，亦纯为今日社会人道主义运动之结果也。此外对于女子之教育问题、职业问题、贞操问题，视为与男子同等，亦近日社会普通之趋向之一端。

（三）哲学之趋向。新文化中哲学之趋向，最显著是在宗教哲学之复兴。综观欧洲全部之哲学史，可知希腊之哲学，为智慧之哲学、美术之哲学，以为人类之智慧，足以穷天地之秘，而优美为人生最高尚之目的。至中古基督教盛行之时，则哲学纯为宗教思想所包。至古学复兴之后，科学之势力大张，于是又以为科学万能，而持绝对无神之唯物主义。至于近三十年情形又变，科学万能之幻梦渐醒，而唯灵论之信仰复著。以发明天演学说之沃力斯，与发明无线电报之罗忌(Oliver Lodge)，乃笃信唯灵论，则他人可想见矣。故詹母斯之实用哲学、伯格森之创化哲学、欧肯之人生哲学、罗艾士(Royce)之宗教哲学，一时蜂起，皆社会否认唯物哲学，而复趋于宗教之所致也。

（四）文学之趋向。新文化中文学之趋势，与其哲学之趋势，发达实有相类者，就中尤以戏剧与小说为甚。欧洲文学，自古学复兴以来，步趋希腊罗马，可与欧洲古代哲学相比。至十九世纪之初，浪漫主义崛起，则可与欧洲中古时代之宗教哲学相比。迨小说家如法国佛罗拨(Flaubert)、槎拿(Fola)、毛柏桑(Maupassant)、俄国托尔斯泰、陀思妥夫、司忌戈尔忌(Gorky)，戏剧家如瑙威之易卜生、瑞典之士敦堡格(Strinbery)、德之豪勃曼(Hauptmann)、法之白利欧(Brieu)起，乃用科学之方法，以为社会罪恶写真，遂开所谓写实主义与自然主义之文学，一时遂风靡全欧。此种文学之起源，及其所以受社会欢迎之故，则由于科学与民本主义极端发达之故，而正与哲学上唯物派学说相表里者也。最近则人已渐厌写实与自然主义之文学，而新浪漫主义与征象主义文学代兴。如小说家之司蒂芬生(R. L. Stevenson)、辛奇魏士(Sienkiewiez)、豪威而士(W. D. Howells)、吉宁(Jipling)、伦敦(Jack London)，戏曲家之罗士丹(Rostand)、梅特林克(Maeterlinck)、单南桥(D'Annunzio)及爱尔兰运动中之依志(W. B. Yeats)、格雷哥雷夫人(Lady Gregory)、辛忌(J. M. Synge)、菲立勃(Stephen

Philips)等，其著作皆纯以美术理想为重，且时有宗教之色彩焉。又印度大诗人台峨尔(Tagore)之著作，风靡一时，亦现代社会趋重美术、哲学、宗教、文学之证也。

总而论之，新文化之精神，在民本主义与进步主义二者，政治、社会、哲学、文学皆以此二者为指归。哲学、文学每为文化之先锋，故在民本主义未大张之时，则唯物派哲学与写实派文学起而尽鼓吹之力，以求除去社会上各种之专制，而达真正之自由、平等。迨政治、社会已趋向于民本主义之后，哲学、文学乃又前进，而以人生哲学、实用哲学、征象主义文学以饷世人焉。吾人知新文化为进步的、为平等的，则不应有出主入奴之见，舍顽旧之保守派外，对于相对之学说，如唯物哲学、实用哲学、写实文学、新浪漫文学等，皆不应互相嫉视而争无谓之正统也。

本文原载《公正周报》第1卷第5期，1920年5月13日。

整理者：王　祚

校对者：许欣媛

欧美新文学最近之趋势

胡先骕

戊己以还，新潮汹涌，国人之曩日但知司各得、迭更司者，今乃群起而膜拜易卜生、托尔斯泰、陀司妥夫士忌、捷苛夫。不两年间，写实主义遂受青年社会偶像之崇奉，此好现象也。中国文学，向重理想。除经史子集，并以“文以载道”为标帜外，其他文学如戏曲小说等，要以娱乐为职志，而方法则多限于所谓“浪漫”主义者。如《三国演义》、《列国演义》及其他历史小说，皆所谓历史“浪漫”小说也。《石头记》、《平山冷燕》、《玉娇李》等，所谓爱情“浪漫”小说也；《西游记》者，道家之征象小说也；《镜花缘》、《儒林外史》者，讽刺小说也。传奇中如《西厢记》、《牡丹亭》、《桃花扇》、《燕子笺》、《芝龛记》，以及元人杂剧，非历史浪漫戏曲，即爱情浪漫戏曲。间有少数之悲剧，然亦非希腊悲剧之比。真正不刊之写实主义小说，在中国则惟《水浒》与《金瓶梅》二书耳。《野叟曝言》虽志在卫道，然作者技术卑劣，且方法纯属于浪漫主义小说，如《镜花缘》、《西游记》者一派。近人之著作，如《官场现形记》、《广陵潮》等，虽其方法属于写实派，而其主旨实为讽刺小说之类，即《广陵潮》亦时挟以浪漫主义之色彩焉。故总而论之，中国之小说戏曲之写实主义实不发达，故社会之提倡欧洲写实主义与自然主义之新文学，于中国新文学之将来为益必非浅鲜。盖中国社会间之材料，实足供大队之写实或自然主义之新文学家之用，不啻未曾开发之宝藏焉。虽然，近日之趋势，亦有一种可虑之危险，则社会青年但知新文学之一鳞一爪，而未能有一有系统之研究。以提倡之人以写实主义、自然主义相号召，遂群以写实主义、自然主义为文学之极则。有谓最高之文学，斯为写实主义，再进则为自然主义者；有谓莎士比亚之文学历史上之地位已动摇，而惟一之戏剧家仅易卜生之一人者。凡此皆不学之过，此所以在欧美诸邦已陈旧之易卜生犹能重行风靡于中国也。凡风气之兴，必有远因，必有历史；而潮流之渐变，亦必有不得不尔之理存。若无首尾全体之眼光，仅持一家之说，而不知所抉择，则所谓盲从，所谓诐言也。吾亦非反对写实主义之人，第无近人门户之见，故愿以近代欧洲文学之历史，及新文学最近之趋势，与夫写实主义与新浪漫主义代谢之迹，为一般嗜新文学之青年读者陈之。

欧洲文学自古学复兴以来，咸以希腊罗马为宗范，虽英法德诸国时出有文学巨子，如法国之蒙台恩(Montaigne)、柯奈耶(Corneille)、莫礼耶(Moliere)、纳新(Racine)、福特耶(Voltaire)，英国之斯本赛(Spencer)、倍根(Bacon)、莎士比亚(Shakespeare)、弥儿敦(Milton)、德来敦(Dryden)、阿狄生(Addison)、波卜(Pope)、约翰生(Johnson)，德之葛德(Goethe)、席勒尔(Schiller)之流，然咸不脱希腊罗马之影响，戏曲则仿效希腊，舍戏剧悲剧二者之外无他途；诗则以罗马为宗，如英之波卜尤其著者也。倍根且以拉丁文为当然之文学文字，而以之著书立说，以图不朽；约翰生之小说尤喜用拉丁语根之难字。当时能本天赋之本能以独树一帜者，惟苏格兰之奔士(Burns)一人而已。凡此皆所谓古学主义派(Classical School)是也。至十九世纪初，司各得之历史浪漫小说风行以来，全欧被其影响，尤以法国为甚。一时嚣俄(Hugo)、山钵夫(Saint-Beuve)、戈狄耶(Gautier)、爱弥尔(Emile)兄弟、安东尼(Antony)之辈，承钵兰雪(Beranger)、拉马丁(Lamartine)、拉芒奈(Lamanais)之绪，而成立所谓浪漫主义派(Romantic School)。其宗旨在破除古学主义派及学士院(Academy)之束缚，任意采取行文之题目材料，抛弃比附之词句，而代以直语。在德国则有希勒格(Schlegel)兄弟、笛克(Tieck)、瓦孟罗得(Wackeuroder)、罗瓦立司(Novalis)诸人附和之，其所造就之伟大，殊为可惊。诸人中尤以嚣俄为巨擘。嚣俄自二十五岁著名剧《克伦威尔》以来，直至老年，精力尚未衰懈，其诗其戏曲其小说，靡不出类拔萃。司文奔(Swinburne)至称为十九世纪第一著者，诚不诬也。在英国则维多利亚朝之初叶，作者蜂起，如迭更司(Dickens)、萨克雷(Thackeray)、孛朗梯(Brontë)、依立阿德(Eliot)、金士黎(Kinsley)、特罗卜(Trollope)、雷德(Reade)之小说，丁尼孙(Tennyson)、白朗宁(Browning)、阿罗德(Arnold)、罗色狄(Rosetti)、司文奔(Swinburne)之诗，纳士金(Ruskin)、马可黎(Macaulay)、加莱尔(Carlyle)之文，皆名重一时者。就中以迭更司之小说，影响于社会最大。迭更司目击当时社会之腐败，故以犀利之笔，尽力讥刺其私塾、债务、监狱等制度，实含有近日写实主义之意味，而成一种所谓问题小说(Problem novel)者。然迭氏之描写人物与社会，纯用夸张之法，故其人物纯为一种讽刺画，而非真正之世人，此则浪漫主义派之遗规，而类似法国纳新、莫礼耶之戏曲者也。萨克雷之著作，则纯为分析英国当时社会制度习俗之作，而无迭氏夸张之弊，时与迭氏并称为当代小说界两柱石，诚非虚语。同时女子中大小说家辈出，阿士庭女士(Jane Austin)则较早，与司各得同时，其小说纯描写当时英国中流社会之生活，其范围至狭。然其描写细密精确处，至使司各得敛手，盖不啻近日之写实主义小说，第无其描写下流社会之生活及其罪恶之习气耳。维多利亚时代之女小说家，当首推孛朗梯姊妹，尤以佳洛孛朗梯(Charlotte Brontë)为最，其描写男女情爱，笔力万钧，绝无忌讳，虽当时英国社会为之震骇，然不久有识之士，咸知其文学上之价值矣。其妹爱密梨之著作，尤具伟力，诚女界之振奇人也。格司哥夫人(Mrs. Gaskell)之著作，亦非庸俗之比，其 *Cranford* 一书，纯叙一外郡中流社会之生活，文笔灵活，文体纯洁，允称不朽之作。最后则有依立阿德，其著作立意高洁，多带道德宗教色彩，而文笔复精粹雅洁，故世以之与迭更司、萨克雷称为维多利亚时代之三大小说家焉。在美国则十九世纪之初华盛顿·欧文为第一流作者，其 *Sketch Book* 之影响于美国文学者极大。此外则有酷茇(Cooper)、波(Poe)、何桑(Hawthorne)，皆为美国仅见之小说家。酷茇之著作，纯为浪漫主义之冒险小说；波则为著名之短篇小说家，其短篇小说，精粹简洁，为前人所未有。自波氏始，短篇小说另成一种文学，其方法实为后来短篇小说家所祖，而影响于法国短篇小说者尤大。戈狄耶即波氏之徒也。此外，法俄之写实主义小说盛行，虽与波氏主义有悖，然波氏之方法，则非彼等所能违者。何桑之长篇小说，足与波氏之短篇小说抗手。其 *Scarlet Letter* 一书，允称为不朽之作，其感人之深，不在嚣俄之 *Les Miserable* 之下焉。总而观之，十九世纪之初中叶，所有作者，皆不脱浪漫主义之色彩。自嚣俄以次，如英之阿士庭女士、孛朗梯姊妹、格司苛夫人，美之欧文、酷茇、波、何桑诸氏，皆纯粹之浪漫主义派。迭更司、萨克雷、依立阿德，虽不得谓为纯粹之浪漫主义派，然亦未脱其影响，且尤不得谓为写实主义派也。

十九世纪末年之写实主义与自然主义在小说者，实导源于法国巴尔萨克(Honore de Balzac)。巴氏之著作，善于描写人情，其所著之 *Comédie humaine* 一类小说，实为佛罗拨(Flaubert)所祖。惟巴氏著作，写实主义中尚杂浪漫主义，自佛罗拨出，继之以槎拿(Zola)、多得(Daudet)、爱得芒(Edmond)、龚古(Goncourt)、毛柏桑(Maupassant)诸氏，乃不惜将世界人类生活最秽恶、最残忍之现象，坦白暴露于读者之前。同时俄国文人，继之而起，戈葛尔(Gogol)为其领袖，脱坚勒夫(Turgenev)、陀司妥夫士忌(Dostoievski)、托尔斯泰(Tolstoy)、苛罗冷可(Korolenko)、曷层(Herzen)、格立哥罗威(Grigorovith)、冈家罗夫(Goncharov)、阿士特罗夫士忌(Ostrovskiy)、雷些立确夫(Rieshetnikov)、戈尔忌(Gorky)、捷苛夫(Chekhov)、安德雷夫(Andreiev)辈，复先后继出。就中尤著者为脱坚勒夫、陀司妥夫士忌、托尔斯泰、捷苛夫诸氏。一时写实主义，遂成风气，并世小说家如英之哈第(Hardy)、德之朱德曼(Sudermann)、脑威之般生(Bjornson)，皆受写实主义影响，而自浪漫主义派改为写实主义派者也。戏剧之写实主义，则始于瑙威之易卜生(Ibson)，除浪漫主义、征象主义戏剧外，易卜生所著之写实主义戏剧有七八种。欧洲戏曲在嚣俄、小杜马(Dumas Fils)、葛德、席勒尔、勒新(Lessing)、摆伦、薛利(Shelley)、薛立敦(Sheridan)、孛朗宁之后，久无名作。易卜生乃以如椽巨笔，将戏曲大加革新，无怪世人称之为近代之莎士比亚，而易卜生狂风靡欧洲数十年也。此外继之起者如士敦堡格(Strinberg)、豪勃曼(Hauptmann)、朱德曼、戈尔忌、厄克加雷(Echegary)、白利欧(Brieux)、黑尔芜(Hervieu)诸人，皆名重一时。虽近日新浪漫主义与征象主义大兴，其势力尚未全衰落焉。

写实主义与自然主义既风靡欧洲数十年，必有其精粹之所在，而其宗旨必有以契合于群众之心理者存。追其远因，则科学与平民主义发达之所致也。以科学发达之故，故对于夙有之社会制度习俗如政治、宗教、婚姻、教育、慈善事业等，皆取怀疑之态度，而不惮以科学眼光、科学方法研究之。于是曩日未经发现之罪恶，一一暴露，乃复以科学之方法，施之于文学，于是所描写所叙述，乃如燃犀照海，百怪毕见。同时复以平民主义发达之故，故一般英俊之少年，靡不以人生疾苦为念，于是作者乃以狮子搏兔之力，将下等社会无告之民之疾苦，和盘托出之，甚且加以夸张焉。夫以承平歌舞之社会，陡见民生疾苦之写真，虽其初惶惑震眩，不知所为，然不久势必为之倾动，于是写实主义与自然主义，乃为社会所崇仰矣。盖其制胜处，全在于文学中开辟一未有之境界，如波以神怪思想制胜，吉卜宁(Kipling)、台峨尔(Tagore)之以东方思想、东方习俗制胜，相同也；而同时复加以人道主义之色彩，则其感人之深尤无论矣。

写实主义(专指近日之写实主义，如托尔斯泰、易卜生等而言，阿士庭之写实主义在外)与浪漫主义、征象主义之异点，在其著作之宗旨是否含有教训之意味(英人所谓 Didactic 者)。写实主义派则以为艺术之功用，在能匡救社会之失；而浪漫主义派，则主张艺术之价值，即在艺术之本身，其功用即在增进吾人之美感，初不须有其他之目的。此二派聚讼纷纭，至今不决，初难论其优劣。美国之波氏论诗云："虽长叙事诗狂，近已渐渐消灭，然另有一种风狂继之而起，其为害于文学，较所有他种仇敌之合力为尤大。此非他，即教训主义是也。佥以为诗之最后之目的为真实，每诗必须表明一种道德，而诗之价值即以其所表明之道德定之，实则天地间未有较纯粹之诗(This poem per se)更可贵者。纯粹之诗者，仅仅为诗，非诗之外更有他义，而仅为其诗而作者也。”又云:“真实之需求极其严酷。真实与美术初无同情，所有诗歌之要素，皆与真实无与者。”又云:“智慧所问者为真实，美感所问者为美，道德知觉所问者为义务。对于义务一层，良心示人以责任，思想示人以利便，美感仅示人以义务之可爱；其反对罪恶，仅以其丑恶，以其不平衡，以其有害于适当，有害于谐合；质而言之，有害于美丽之故。”云云。此即自来“艺术为艺术而设”(Art for Art's Sake)之说也。近日之戏剧家如爱尔兰运动(Irish movement)中最有名之辛忌(Synge)，以为教训主义仅于戏剧之婴儿时代及衰败时代见之云云。此近日由写实主义渐迁向浪漫主义之一种主张也。

写实主义小说，虽创自法国佛罗拨、毛柏桑、槎拿之辈，然发扬光大之功，实本于俄国小说家脱坚勒夫、托尔斯泰诸人。然脱坚勒夫为第一流文学家，美术感想极浓，故虽为写实文学家，然不欲以事实牺牲美术，故其著作不若毛柏桑所著之可厌。其短篇小说如 *A human relic*，且有甚深之宗教色彩焉。托尔斯泰则尤有宗教思想，《复活》(*Resurrection*)一书其最著者也；而其《战争与和平》(*War and Peace*)及 *Anna Karenina*，皆写实小说之带有浪漫色彩者。盖托氏之艺术及其美术思想，有以阻其为极端之写实主义派也。此外惟陀思妥夫士忌最为自然主义派之魁首，其著作不包含一种道德之教训，但将下流社会所谓“ Underworld”之痛苦与罪恶揭示于世。读其书，但知世界之痛苦无限，而无由知减少此痛苦之方，且其极端之悲观主义，似欲令人信此无限之苦痛，为无由以减少之者。故读其书者，但觉愁苦郁闷，而无得艺术之美感也。日人某氏谓俄国文学为病理之出产，诚非虚语。毛柏森、波与陀司妥夫士忌，皆有神经病。故毛柏森晚年之作，倍加恶毒；波之神怪短篇之阴森可骇，亦神经病心理之所为；陀氏之著作之愁苦无告，亦其境遇与疾病有以致之也。

写实主义自俄人提倡以来，欧洲各国咸被其影响，瑙威之般生、德之朱德曼、英之哈第，皆自浪漫主义改为写实主义者，然诸人自改为写实主义派以后，著作日多瑕疵，此亦写实主义普通所不免之病也。哈第艺术极精，美感极富，其 *Under the Greenwood Tree*、*A Pair of Blue Eyes*、*Far from the Madding Crowd*、*The Return of the Native*，皆世间第一等名著，其描写自然界之美景，几与威至威士(Wordsworth)相颉颃。在他人，自然界不过为人事之点缀；在哈第，则自然几为人生之一部，而与其悲观生死，皆有密切之关系。此非生成之浪漫主义家，不克臻此也。自后哈第渐倾向写实主义，其所著之 *Tess of the D'urbervilles* 与 *Jude the Obscure*，乃为写实主义所毁。英国社会群起短之，而哈第之著作亦中止矣。同等之现象，见于般生与朱德曼。般生最早之著作，为一乡村之浪漫小说 *Synnøve Solbakken*，其言语之简单、人物之自然、体裁之美丽，素为瑙威文学所未有。此后其所著之书如 *Arne*、*A Happy Boy*、*The Fisher Maiden*，皆极优美。其体裁多属于印象主义一派，读者对于其所述之风景人物，不啻身历目睹，其精神则本乎诗，有时其语句皆为最佳之诗句，诚不愧称为绝无瑕疵之著作也。然不久般生乃为潮流所趋，一变而为写实主义派。此时之小说 *The Heritage of the Kurts*、*In God's Way*、*Mary* 三书，命意皆在讨论女子教育问题，尤三致意于卫生学，结果则既无补于教育，而艺术上之价值已一落千丈矣。三书之中以 *In God's Way* 为最佳，其心理之表示甚有伟力，其人物亦甚有意味，其佳处尤在其人物性质之发展，非读者可以预知。然虽有此艺术上之优点，究为教训主义所掩。其 *Mary* 一书，立意尤为悖谬。玛利之无故唾弃妇女所应守之贞操，而与其未婚夫私，及至临蓐之时，忽又允许其未婚夫退婚，终乃另嫁一他人，皆事理之出乎寻常，而高洁之妇女如玛利所不应出者。无论为美术计，为道德计，皆不应如此立意命题也。朱德曼最早之著作为 *Frau Sorge*，为一写实主义夹有浪漫主义色彩之小说，然体裁简洁，构造自然，一方面既无德国小说家逾分之感情色彩，一方面复无戈尔忌之秽恶；而根本之制胜处。，则在能为美术之文学，初无一毫教训主义参杂其间。此后之小说则有 *Der Katzensteg*、*Es War*、*Das höhe Lied* 三种。*Der Katzensteg* 为写一堕落女子之爱情；*Es War* 为一曾犯罪之人之人格性情行为之研究，其所描写者皆反常之心理，而令人读之惨戚无欢焉。最后 *Das höhe Lied* 一书，命意尤不醇正，其书中主人直班勒女郎之逐步堕落，至于不可收拾，最终复不能自杀，乃还归于一有资产之所欢，而安富尊荣，则尤出乎读者之意外者。虽朱德曼之艺术超乎寻常，然其主义之不纯正，尽人知之，立字曼教授谓之为天生之讽刺家，诚非虚语，要皆受写实主义之遗毒也。

写实主义之戏剧，则始于易卜生，然易卜生初非纯粹之写实主义派也。平生所著之戏剧共二十八出，最初之作如 *Catiline*、*Viking's Barrow*、*Mistress Inger at Östraat*、*The Warriors in Helgeland*、*Olaf Liljekrans* 等，多取材于 Saga 等古代神话，此后乃为三出最著名之浪漫戏剧：*Brand*、*Peer Gynt*、*Emperor and Galileau*。凡此诸作，文笔皆极优美，即无后来之作，已足致作者于不朽；其尤异者，则此时所作皆用无韵诗体裁，盖易卜生固为著名之诗人也。此后继有两出讥刺戏剧，一为 *The Comedy of Love*，一为

The League of Youth，皆讥刺婚姻之作。直至一千八百七十七年，其第一出写实戏剧 *The Pillar of Society*，始出而问世，而同时亦用平常口语以代无韵诗。此后写实主义戏剧如 *A Doll's House*、*Ghosts*、*An Enemy of the People*、*The Wild Duck*、*Rosmersholm* 等，乃相继而出。一时流风所被，遂为写实主义戏剧之宗范。然易卜生非安于写实主义者，故不久即著有征象主义之戏剧如 *The Lady from the Sea*、*Hedda Gabler*、*The Master Builder*、*When We Dead Awaken* 等，以饷世人。故世人但认易卜生为写实主义派之领袖者，实未窥其全豹也。又易卜生对于近代戏曲之影响，关于写实主义者尚少，其不朽之盛业，实在改革戏曲之方法。易氏承司克立卜(Scribe)与小杜马之绪以改良之。小杜马之借戏中人物口述其主义者，易氏乃将其主义分布于其全剧中；昔人之戏剧以动作之表示以达其极点(Climax)，易氏则每借剧中人物之口语，渐次达此极点；昔人戏剧中常用之手段，如假装逃匿、窃取文书、窃听密语、独语旁语及文学之语句等，易氏皆尽弃而不用，而纯以理致取胜。此则易氏之所不可及者。故无论易氏之主义如何，其艺术上之改革，实不可磨灭，而终为后世之所宗仰者也。

承易卜生之绪，遂有所谓自然主义戏剧者，虽导源于写实主义，然与之实大有别。写实主义戏剧之注重选择材料，以表明证实其主张，与理想主义派大约相同，而自然主义派则不欲标明一定之主张，但将人生之各种实情示现于观者之前，尤喜将吾人所不常见所讳言之社会罪恶及苦痛，据实揭示之。故其所取材，多在下等社会，而不惜将其地狱变相暴露于上等社会之前。在技术一方面观之，自然主义戏剧较写实主义尤为简单，所有古昔戏剧通用之方法，如布置动作极点等，皆减少之不遗余力，此其优点也。其内容则注重环境之状况，其所描写者，皆环境及遗传之影响于人之结果，且多为不良之结果。在一方面固足为被环境遗传之恶影响之人请命，然其结果每至使人趋于极端之悲观，以为羿彀无所逃焉。且其所描写者，实皆超乎寻常之恶毒现象，人世中所不常见者，此亦自然主义戏剧渐为人所唾弃之故也。自然主义戏剧家如豪勃曼(Hauptmann)、戈尔忌等皆著有极难卒读之自然主义戏剧，如豪氏之 *Before Sunrise*、戈氏之 *The Night Refuge* 是也。其尤甚者，则为瑞典之“疯才子”士敦保格之作。士氏最可笑之著作，则为关于男女两性互相仇视之戏剧，如 *The Father* 者是。在此剧中，一进取主义之军官，与其保守主义之妻，为其女之教育问题大起争论。其妻乃故以语谎之，使军官自疑非其女之父；继乃利用军官心绪极劣时之表征，设种种圈套，以证明军官为疯狂；终乃谓之曰“汝之为父及赡家之功用已尽，今无须汝矣”云云；卒使军官忿恚而死，此真悖谬已极之作也。自然主义戏剧之极端，多有如此者，故现今人多厌之。即豪勃曼后来之作，如 *Hannele*、*Michael Kramer*、*Colleague Crampton*、*Rose Bernd*、*The Beaver Coat*、*The Conflagration* 等戏剧，皆自然主义之戏剧，杂以浪漫主义之色彩者；如 *The Sunken Bell*、*Poor Heinrich*，则纯为浪漫主义戏剧。虽由于德人之天性与自然主义不合，故不久即改弦易辙，然实则全世界之趋向有如此者也。

近代戏剧家之在浪漫主义、自然主义、写实主义外独树一帜者，则为讽刺主义之萧本勒(Bernard Shaw)。萧氏个人之人生观，所赞成者为社会主义、无政府主义、个人主义、实际主义、刻苦主义、人道主义、哲嗣主义；所反对者为道德、为功利主义、为科学、为达尔文学说、为快乐主义、为感情作用、为黩武主义。以其所主张者多与现时之习惯制度相反，不期而与易卜生合；遂有谓之为易氏之徒者，实则不然。盖氏之方法全与易氏异也。写实主义与自然主义之技术，贵在写真，而夸张非所尚。萧氏讽刺主义之技术，则正利用夸张以表示其主张，故写实戏剧中之人物毕肖世人，而萧氏所著之戏剧中之人物，则仅为表示其主张之器具，此其大异也。其偶同者，则为攻击现世之制度习惯耳。且易卜生初年之戏剧属于浪漫主义，晚年之戏剧属于征象主义；而萧氏之戏剧则始终以讽刺为目的，萧氏自承其著作受钵特纳(Samuel Butler)之影响，其言良信。盖钵氏之反对科学、反对达尔文，及其讽刺世界一切习惯制度之处，皆萧氏所自出也。萧氏对于普通之习尚与观念，几无所不用其讥刺。其讥刺英雄，则有 *The Man of Destiny* 一剧；其讥刺复仇，则有 *Caesar and Cleopatra* 与 *Captain Brasshonud's Conversion* 二剧；其讥刺战争，则有 *Arms and the Man*；其讥刺爱情与婚嫁，则有 *Man and Superman*。在 *John Bull's Other Island* 中，则所攻击者为军国主义；在 *The Doctor's Dilemma* 中，则所攻击者为医业；在 *Mrs. Warren's Profession* 与 *Widower's House* 中，则所攻击者为贫穷与金钱之罪恶。其所以对于现今社会之制度习惯，无不加以攻击者，则讽刺家之天性使然也。总而言之，萧氏所持之理论，虽或有当，然多为偏诐之说，其技术虽以强有力及精锐胜，然缺乏写真之能力。第在二十世纪初年，能以一人之著作，激动全世界之思潮，至如此极，则允可推为文场中射雕手耳！

当写实主义风靡于俄法小说界之时，乃有人焉，嗜好与俗殊其酸咸，不惜步司各得、大杜马之后尘，以著数十万言之历史小说闻。此非所称为文学界之铁匠之辛奇魏志(Sinkiewicz)其人乎？最可怪者，则辛氏其他之著作，如 *Children of the Soil* 与 *Without Dogma* 等，皆写实主义之小说，正与易卜生初年之著作为浪漫主义戏剧相若也。

辛氏最早得名之著作，为三种波兰之浪漫小说：*With the Fire and Sword*、*The Deluge*、*Pan Michael*。此后则有 *Quo Vadis*、*The Knight of the Cross*、*On the Field of Glory* 三种。此六者皆篇幅极长。前三种共有密排细字二千五百页。*The Knight of the Cross*，有七百五十余页。*Children of the Soil*，有六百五十余页。他作准此。惟须知篇幅虽长，然语语精粹，令人百读不厌，此则非他人所可及也。近日有一无稽之谈，以为短篇小说之所以在今日大发达者，由于近人生事忙迫，无暇读长篇小说之故。此语果确者，将何以解辛氏之长篇小说与托尔斯泰之 *War and Peace* 耶？辛氏之著作，实导源于荷马、莎士比亚、司各得与大杜马四人之著作，虽为长篇叙事小说，然其精神方法，实不啻长篇叙事诗。故其著作中最显著之优点，为巨大之伟力、雄奇之想像、描写景物之能力；其方法则注重叙述各各英雄之功绩。凡此种种特性，皆属于叙事诗者也。其能镕铸万事万物于一炉，则不让莎士比亚；其叙述决斗及大侠之行为，则有似大杜马；其爱国精神之表示，与乎历史上事实之安插，则抗手司各得。然较大杜马、司各得之著作，尤能动人焉。同时辛氏又极重宗教，故其 *Quo Vadis* 一书，极力描写基督教之道德与其信仰。故人生之秘密，惟人所贱视之基督教徒能知之，而有学问之 Petronius 反无从以探讨之焉。钵特纳自谓其著作须后代之人始知其价值。此后代者何？宗教复兴、浪漫主义复兴、实用哲学(Pragmatism)盛行、宗教哲学复兴之时也。并列于罗艾士(Josiah Royce)、柏格森(Bergson)、欧肯(Eucken)、若巨(Oliver-Lodge)诸人之间，辛氏其为此后代新文学之前锋乎？

英国小说界新浪漫主义之兴，则由于司蒂芬生(R. L. Stevenson)之力。司氏于其 *Treasure Island* 发行之后，致函于诗人亨莱(Henley)有云："予所欲者为一冒险小说，但无人为予作之。"又云："予所嗟叹而不可得者为浪漫小说，但可厌之时代靳不与予。"氏之发此语也，正写实主义风靡全欧，而槎拿(Zola)方演说司各得已死、司氏之体裁已成陈迹、实验小说将与科学思想携手而进行之时，可称为独具只眼矣。司氏以最粹之文笔，写动人之冒险小说，遂使其 *Treasure Island* 一书，远在司各得与酷菱(Cooper)之上，其所写目盲之 Pew 与一足之 Siver，诚为小说界前此所未有之人物，而千古不磨灭者。故不独十余岁之童子读之不倦，即年老更事之人，亦复不忍释手。可与之相颉颃者，殆惟有德和(Defoe)之《鲁滨孙飘流记》而已。此书问世之后，英美之新浪漫主义以兴，豪威而士(Howells)、亨利詹姆斯(Henry James)、吉卜宁(Kipling)、伦敦(Jack London)皆继之而起者也。司氏不但以浪漫小说胜，其特长尤在文笔之粹美，即不论其著作之长，其文体已足为后世之模范。其游记如 *Travel with a*

Donkey、*An Inland Voyage*、*Edinburgh* 等，皆为隽永无上之文也。处写实主义风靡之世，以扛鼎之笔力，挽既倒之狂澜，永为后世所宗范，诚不愧为新浪漫主义之首领也！

小说之新浪漫主义，既如上所陈，戏剧之新浪漫主义，则尤为普通。罗士丹(Rostand)、梅特林克(Maeterlinck)、单南桥(D' Anunzio)、巴克尔(Barker)、模蒂(Moody)、姜司(Jones)皆善为浪漫主义戏剧者。即士敦保格、豪勃曼，亦时作浪漫主义戏剧，如士氏之 *Lucky Pehr*、豪氏之 *Poor Heinrich* 是也。浪漫戏剧可分为三大类：一为爱情浪漫戏剧，如罗士丹之 *Cyano de Bergerac*、*The Romancers*，巴克尔与豪士曼(Housman)之 *Prunella*，梅特林克之 *Joyzelle*，士敦保格之 *Swanwhite*，模蒂之 *Great Divide* 是也；二为故事浪漫戏剧，如梅特林克之 *Sister Beatrice*、豪勃曼之 *Poor Heinrich*、士敦保格之 *Lucky Pehr*、罗士丹之 *Samaritan Woman* 是也；三为浪漫悲剧，如单南桥之 *Dream of an Autumn Sunset*、*Dream of a Spring Morning*、*The Daughter of Jorio*，梅特林克之 *The Death of the Tintagiles*、*Addaline and Palomides*、*Home*，姜司之 *Michael and His Lost Angel* 是也。此外，浪漫主义之别派有征象主义戏剧及爱尔兰之神秘主义故事及乡村生活戏剧二大类。征象主义戏剧，易卜生即喜作之，上文已言及之，兹不具论。此外以征象主义戏剧名者，则为梅特林克。其 *Criane and Barbe-Bleue* 隐喻爱情不以怨毒而减少；*The Blind* 隐喻贪欲之世人之于真理，一若群盲之迷失道路，而借他人一线之曙光以趋于正轨；*Blue Bird* 隐喻幸福只能暂得，且必须牺牲始能得之；*The Intruder* 与 *The Seven Princess* 隐喻死之将至；皆最著名者。不特此，豪勃曼、朱德曼、士敦保格、戛尔威斯(Galsworthy)之素以自然主义名者，亦渐趋于征象主义之一途。如豪勃曼之 *Hannele*、士敦保格之 *The Little Dream*、戛尔士威斯之 *The Dream Play*、朱德曼之 *The Three Heron Feathers* 是也。爱尔兰有依志(W. B. Yeats)、格雷哥雷夫人(Lady Gregory)、辛忌(J. M. Synge)三大戏剧家，大著神秘主义及故事与乡村生活戏剧以来，遂大开克尔特民族(Celtic)文学之异彩。克尔特民族心理简单，性质真率，富于感情，笃于宗教，爱国心甚而多业农，故依、格、辛三人之作，即代表宗教观念、乡村生活与故事及爱国心。依氏之 *Hour Glass*，即表示知识之不逮宗教者；格雷哥雷夫人之 *Cathleen ni Houlihan* 所隐括者，为爱国之观念；故事戏剧则有依志之 *On Baile's Strand*、格雷哥雷夫人之 *Devorlgilla*、辛忌之 *Deirdre of the Sorrows* 等。乡村生活戏剧则有格雷哥雷夫人之 *The Gaol Gate*、梅恩(Rutherford Mayne)之 *Red Turf*、鲁滨孙(Robinson)之 *The Cross Roads*、依志之 *A Pot of Broth* 等。所有此类戏剧，皆以返于自然为职志，而与自然主义、写实主义派之社会改革戏剧相反者也。

此外所宜注意之一事，则无韵诗戏剧之盛行是也。近日偏于功利主义之徒，在在以致用为目的，几欲举固有之美术文字而尽废之，孰知欧洲近日乃有无韵诗戏剧复兴之事乎？无韵诗戏剧，以欧洲大陆诸国为最甚，故易卜生、般生、士敦保格、豪勃曼、朱德曼、何夫曼士他（Von Hofmannstahl）、罗士丹、单南桥皆作有无韵诗戏剧。易卜生、般生、士敦保格所作者，多为北欧故事戏剧（Saga Plays）；豪勃曼、朱德曼所作，则为悬想征象主义戏剧；何夫曼士他所作，则为希腊故事之浪漫戏剧，如 *Eleetra*、*Oedipus*、*Sphinx*，其最著者也。罗士丹所著则为轻巧之爱情与冒险戏剧，单南桥所著则为浓厚感情之浪漫戏剧。无韵诗戏剧之所以能至今盛行于欧洲大陆者，则以十九世纪之初，欧洲尚有名宿如嚣俄、赫伯尔（Hebel）、格力尔巴出（Grillparzer）之无韵诗戏剧可为模范也。在英国则不然。英国自十八世纪之初，薛立敦（Sheridan）提倡口语戏剧以来，二百年来无韵诗戏剧已成绝响，虽其间辜勒律忌（Coleridge）、蓝勃（Lamb）、丁尼孙（Tennyson）、白朗宁（Browning）极力提倡无韵诗戏剧，然终无大效。即哈第（Thomas Hardy）伟大之戏剧，*The Dynasts* 亦不得谓为正式之无韵诗戏剧也。自菲立勃（Stephen Philips）出，近代英国之无韵诗戏剧始得称为复兴。菲氏诗才天纵，加以躬习伶业六年之久，故所作之无韵诗戏剧，内质既极粹美，技术亦极周密，故无其他诗人之作不能扮演之病也。其 *Paolo and Francesca* 与单南桥之 *Francesca da Rimini*，同脱胎于但丁（Dante），然菲氏以造成 Lucretia 一脚色，与用希腊式悲剧结局之法，乃出单氏一头地。其 *Herod* 一剧，则可拟马罗（Marlowe），其 *Ulysses* 一剧，则为将长叙事诗 *Odyssey* 翻成戏剧者。其中类似丁尼孙之处甚多，且造句之佳，时或过之。其尼罗 *Nero* 一剧，写富于感情深于嗜欲之暴君，尤为有声有色。总观菲氏之作，壮丽之排场、动人之情节与优美之诗辞，为其特长之优点。在二百余年文采索然之戏院，重睹十六七世纪文物之盛，无怪一时伦敦人士趋之如骛也。菲氏之外，依志、参卫尔（Zangwill）亦有无韵诗戏剧，然依志之作，诗辞虽佳，惟不合戏情；参卫尔则诗味不足，皆不得与菲氏抗手。在美国则马楷（Percye Mackaye）著有 *Feuris the Wolf*、*Jeanne D'arc*、*Sapho and Phaon* 三剧，惟品格卑下，非菲氏之作可比。其可与菲氏抗手者，则有马克思夫人（Mrs. Lionel Marks）之 *The Pipe* 一剧，要皆闻菲氏之风而起者也。

以上所陈，舍诗与散文外，对于欧美新文学最近之趋势，已具陈其梗概。其趋向之所以如此者，则以十九世纪之初，在欧洲为科学昌明时代，自达尔文、斯宾塞尔、赫胥黎提倡天演学说以来，宗教势力骤衰。唯物主义大盛，兼之平民主义发达，故文学界亦被其影响。复以毛柏桑、槎拿之辈，提倡以科学方法施诸文学，于是写实主义、自然主义大兴。至十九世纪之末叶，科学万能之理想渐衰，于是哲学界有詹母斯(William James)、罗艾士、柏格森、欧肯等提倡实用哲学，科学界有沃力斯(A. R. Wallace)、若巨等提倡唯神主义，而文学界亦渐觉写实主义与自然主义之可厌，而复趋于浪漫主义之一途。盖亦物极必反之理也。在吾国旧日文学既素不以小说戏剧为重，故二者之技术大都卑下，而写实主义与自然主义又素所缺乏，兼之政治黑暗，民生凋敝，故一旦有以写实主义与自然主义倡者，无怪群趋之也。在今日以未曾应用之材料，应时势之要求，而大张写实主义、自然主义之旗鼓，以为朝野上下之棒喝，亦未为非计。惟须知写实主义、自然主义终非文学界之极则，他日事过境迁，今日所痛心疾首大声疾呼之社会罪恶，已成陈迹，则此种种地狱变相，必为明哲之社会所不欲睹，而此类之著作亦终有弃之于废簏中耳。故哈佛大学赖尔孙教授之论迭更司云："虽其对于当时社会改革之影响甚大，然其所攻击之罪恶之性质，即足以损其著作之不朽。盖以其有损于美术之价值也。"迭氏之著作如此，其他写实主义、自然主义之著作之命运可知矣。抑又有为一般青年读者告者二事。其一，则虽主张写实主义、自然主义之文学，然德法俄文学有一缺点，万不可效之。缺点惟何？则喜叙述描写男女性是也。男女居室，固为人生一大事，然亦只人生万事万物之一端，而不宜于着重者也。英美文学对于文学纯洁之禁令綦严，故摆伦之作，为欧洲大陆所顶礼膜拜者，当时英国社会乃群起攻击之。即纯洁如孛朗梯之 *Jane Eyre* 初出时，社会亦群起非难之。虽非难时或过度，然文学固宜保持其纯洁也。反而观德法俄之文学，则所记载叙述之事，十九为男女性之罪恶。遂至十余岁中学学生所读者，皆此类文学，而俄国中学男女学生，皆最喜读毛柏桑之著作，此岂言中等教育者之所许乎？普通为英美出版律所禁止出版之著作，法国乃可以之入学士院。我国小说戏剧，素喜描绘男女狎媟之事，则崇拜毛柏桑、槎拿之写实主义、自然主义文学家，恐亦有效法法人之趋向，此则甚宜引以为戒者也。再则，无论其为白话或文言，写实主义或浪漫主义，欲列于作者之林，必有一定之美术价值，非一效法某种主义，便可称为文学家也。文学极非一蹴可至之物，今日作白话小说者多矣，而能及《石头记》、《水浒》、《儒林外史》者有几人？作白话诗者多矣，能及弗特曼(Whitman)、白居易、郑子尹者有几人？作写实主义著作者多矣，能及托尔斯泰、捷苛夫、易卜生、士敦保格者有几人？不得其精髓，但窃其皮毛，遂以写实主义、自然主义文学家自命，岂戈葛尔真能发生如野菌之速耶？故最后一言之欲为青年读者告者，则在著作某种文体或择定某种主义之前，宜平心静气，读各名人各主义之著作若干年，效法毛柏桑作文布局、炼字炼句之法若干年，再观察人情物理若干年，然后择定一种主义而著作某种文体以问世，则无盲从胡诌之病，而中国文学始有发扬光大之一日。庶几他日中国亦有托尔斯泰、易卜生、毛柏桑、辛奇依志得见称于世乎？

本文原载《解放与改造》第2卷第15期，1920年9月1日。

整理者：范文琪

校对者：齐以恒

学生应有的态度及精神

刘伯明

今天说这个题目的宗旨，就是希望矫正现在学生的思想。英国大学问家约翰氏曾经说过：“教育的目的，不是要造出一般读书的长随。”学生乃是好学深思的人，不但是学，还要有研究和深思的精神。现在的学生，多半浮动；浮动的缘故，也就因为没有思考，所以教育要重思考。做教员的，固然要有思考，而做学生的，实是更不可少的精神。

我国往日读书的人，常把先生当作模范，处处都效仿他，“步亦步”，“趋亦趋”，和临帖一般，一点也不能苟且。唉！有了这个习性，所以就不能发生新思想，不能提倡新文明，害了中国也不知多少！但虽是这样说，《论语》上也明明说过：“当仁不让于师。”《中庸》又说：“博学之，审问之，慎思之，明辨之，笃行之。”这那又是教人一味摹仿的么？可惜中国人不能如此做法，对于这些话都不注意，所以走入歧途了。扬雄说道：“螟蛉之于蜾蠃。”这倒可算得一个绝妙的比喻。

我以为求学的方法，不可专事仿效，也不可绝对的不仿效；仿效乃是求学方法的一种，也不妨应用。但是除仿效以外，却应有自己的思考，而不必与人尽同。“青出于蓝，而胜于蓝。”那里是一味摹仿的人所能做得到的呢？

我国人专尚同而不注意于异。譬如西洋房屋各不相同，我国的房屋都是一律，即此一端，也是阻止进化的一个原因。现今的学生还可再像这样么？一方面学，一方面当思考；思考不出，发生疑惑，就当虚心的向老师质疑，经老师指示之后，如若再有疑惑，也不妨和老师辨难。发明进步，都是从研究精神得来的。

美国的学生，没有我国往日学生的恭顺，但总未发生过罢课的事情。据我看来，罢课一层，却不是学生应有的精神！从前过于恭顺，近来过于浮动，这皆是走入极端的原因。

当新旧潮流冲突的时候，一味喜新的人，以为旧的全无价值。要晓得我国的旧文化，旧道德，自有他的价值。我们要废除他，就当先在研究精神上用功夫，研究他的意义，究竟有无存在的价值？然后再谋改造，才不至于偏激。譬如住屋不合卫生原理，理当改造，但是如若冒然就先将房屋拆毁，顷刻间便没有安身的地方了。所以要想改造，莫如先从一部分着手；一部分改造完好，便有一部分新气象。等到全部改造完好，这房屋就成了一座新房屋；而屋内的人，并没有一刻儿无处安身，这岂不好？讲家庭改造的人，恨不立刻废止家庭制度，须知道中国家庭为国家的根本，只知爱家，不知爱国的人，固然很多，但是不爱家而能爱国的，却是很少。在改造国家之前，先将根本铲除，这是与要改造房屋，先将房屋完全拆毁，有何分别？

现今的青年，阅读报章，以及各种新杂志，只要是新鲜的议论，总是服从。殊不知报纸所登的学术，不过是西方流行一时的议论，究竟能否成立，还待研究。青年因为没有成见，容易受不稳健思想的惑动。“食古不化”，固然足以阻止进化，然而毫无成见，也很危险。青年责备老儒，说他们“迷信古人”；据我看来，青年也未免“迷信今人”——老儒“食古不化”，青年“食今不化”了。

当新旧潮流不能融洽的时候，希望一味守旧的人，对于现今的学术，虚心的研究一番，究竟可否采取？一味从新的人，也用一番研究的功夫，究竟合用与否？有无流弊？再定去取，才不至于盲从。

现今青年最大的弊病，就是一个“浮”字。他们对于种种新的问题，只不过在书报上看看少数人的议论，只要说得痛快，便以为有价值了。这些学说，有如中国北京钞票一般，票面额虽然好看，实则不值多钱。青年对于新学说，不厌博学，乃没有审问慎思明辨之前，就预备笃行，其结果有如灯蛾赴火，何可限量！

无论何人，皆当有这种精神，以新旧学说为被告，为原告，而自己为推事。细细推斟，然后判断。学生更当如此。因为学生是专研究专判断的人，非有其他职务的可比。对于这层，更当注意。

现在学生因为浮的缘故，所以就畏难。即如白话文一端，学生最为欢迎，但其结果，至于稍看古文，以及其他深奥的古书，就觉头痛了。不但如此，又因为浮的缘故，常发为无意识的运动。须知群众运动，也须经过一番研究；否则一味盲从，就不啻做群众运动的奴隶。所以奉劝诸君，对于新的一切问题，须在研究上用功夫，图谋建设。即使有群众运动的时候，也须根据一番研究，然后可行。

本文原载《学生》第 7 卷第 9 号，1920 年 9 月 5 日。

整理者：薛　蓁
校对者：郭元超

论近人讲诸子之学者之失

柳诒徵

近日学者，喜谈诸子之学，家喻户习，寖成风气。然撢揅诸子之原书，综贯史志，洞悉其源流者，实不多觏。大抵诵说章炳麟、梁启超、胡适诸氏之书，展转稗贩，以饰口耳。诸氏之说子家学派，率好抨击以申其说，虽所诣各有深浅，而偏宕之词，恒缪盭于事实。后生小子，习而不察，沿讹袭谬，其害匪细。故略论之，以救其失。

讲求学术必先虚心，读书实事求是，不可挟一偏之见舞文饰说，强古人以就我。此即诸氏所称客观之法也。章炳麟《诸子学略说》：

> 记事之书，惟为客观之学，党同妒真，则客观之学必不能就。

胡适《中国哲学史大纲》：

> 清初的汉学家，嫌宋儒用主观的见解，来解古代经典，有种种流弊。故汉学的方法，只是用古训、古音、古本等等的客观的根据，来求经典的原意。

然诸氏好称客观，而其论学则多偏于主观，逞其臆见，削足适履，往往创为莫须有之谈，故入人罪。如章炳麟《诸子学略说》：

> 老子以其权术授之孔子，而征藏故书，悉为孔子诈取。孔子之权术，乃有过于老子者。孔学本出于老，以儒道之形式有异，不欲崇奉以为本师，而惧老子发其覆也。于是说老子曰："乌鹊孺鱼傅沫细要者，化有弟而兄啼。"老子胆怯，不得不曲从其请。逢蒙杀羿之事，又其素所怵惕也。胸有不平，欲一举发，而孔氏之徒，遍布东夏，吾言朝出，首领可以夕断。于是西出函谷，知秦地之无儒，而孔氏之无如我何，则始著《道德经》，以发其覆。借令其书早出，则老子必不免

于杀身。如少正卯在鲁与孔子并，孔子之门，三盈三虚，犹以争名致戮，而况老子之凌驾其上者乎？呜呼！观其师徒之际，忌刻如此，则其心术可知。其流毒之中人，亦可知已。

胡适《诸子不出于王官论》：

周室王官，视诸子之学术，如天地之悬绝。诸子之学，不但决不能出于王官，果使能与王官并世，亦定不为所容，而必为所焚烧坑杀耳。此如欧洲教会操中古教育之权及文艺复兴之后，私家学术隆起，而教会以其不利于己，乃出其全力以阻抑之，哲人如卜鲁诺乃遭焚杀之惨。其时科学、哲学之书，多遭焚毁，笛卡儿至自毁其已著未刊之《天地论》。使教会当时得行其志，则欧洲今世之学术文化，尚有兴起之望耶？是故教会之失败，欧洲学术之大幸也。王官之废绝，保氏之失守，先秦学术之大幸也。

章之论孔、老，则似近世武人政党争权暗杀之风；胡之论王官，直同欧洲中世教会黑暗残酷之状，不知其何所据而云然。章所据之论证：一为《庄子·天运篇》之文，其下文曰："久矣夫丘不与化为人。不与化为人，安能化人？老子曰可，丘得之矣。"郭象注曰："夫与化为人者，任其自化者也。若翻六经以说则疏也。"而章氏出以臆解。《诸子学论略》自注：

见《庄子·天运篇》，意谓已述六经学皆出于老子，吾书成子名将夺，无可如何也。

不知"乌鹊孺鱼傅沫"等语，何以即有夺老子之名，且含逢蒙杀羿之事之意。庄以名其任化，章乃目为背师。是直不知老、孔为何等人物，故以无稽之谈诬之也。一为《论衡·讲瑞篇》，夫孔子杀少正卯之事，前人疑之者多矣。梁玉绳《史记志疑》，历引明陆瑞家，清王澍、尤侗、阎若璩等之说，以辨其非实事。陆氏之说尤精，其略曰：

昔季康子问政，孔子曰："为政焉用杀！"岂有已为政未满旬日，而即诛一大夫耶？卯既为闻人，亦非不可教诲者，何至绝其迁善之路，而使之身首异处耶？

鲁季氏三家，阳货奸雄之尤者。司寇正刑明辟，当诛尤者始，尤者尚缓而不诛，诛者可疑而不缓，两观之思不其有辞于孔氏哉。不告而诛，不啻专杀大夫矣，圣人为之乎？凡此皆涉于无理，故不可信。朱元晦尝疑此，以为不载于《论语》，不道于《孟子》，虽以左氏《内》、《外》传之诬且谤，而犹不言，独荀况言之。愚谓况忍人也，故以此为倡。当是时吾见三桓之弱鲁矣，未闻卯之夺君也，此其刑政缓至之间，一庸吏能辨之，况吾夫子哉！何得以此为孔、老相猜之证？章氏以此诬孔子，胡氏更为之推波助澜。《中国哲学史大纲》：

> 孔子作司寇，七日便杀了一个乱正大夫少正卯。有人问他为什么把少正卯杀了，孔子数了他的三大罪：一其居处足以撮徒成党，二其谈说足以饰褒莹众，三其强御足以反是独立。中国古代的守旧派如孔子之流，对于这种邪说，自然也非常痛恨，所以孔子做司寇，便杀少正卯。

按胡以少正卯、邓析并举，而于杀邓析之子产，独疑其不确。(《中国哲学史大纲》:《左传》鲁定公九年，郑驷颛杀邓析，而用其竹刑。那时子产已死了二十一年，《吕氏春秋》和《列子》都说邓析是子产杀的，这话恐怕不确。)何以于孔子杀少正卯即认为确?《左传》详载孔子会齐隳都之事，未尝记杀少正卯之事，故《荀子》、《尹文子》称孔子诛少正卯与《列子》、《吕览》之称子产杀邓析同一不确。诒谓邓析尚有其人，故《传》载之，少正卯则并无其人。不然卯之徒党既多，何以不流传其学说?

借令孔子有杀少正卯之事，亦不得以此推之于老子。至于焚烧坑杀，则桀、纣、白起、项羽之所为，何以断定古之王官皆是桀、纣、起、羽?《王制》有“执左道以乱政者，杀”之语，未尝有执左道以乱政者焚坑之律也。欧洲教会焚杀哲人，与古王官直是风马牛不相及，王官行事何以必同于教会?假使如此论史，则世有嫪毐，便可断定古人无不奸淫；世有盗跖，亦可设想古人无非盗跖，恐虽宋儒亦无此等主观的见解也。

章氏好诋孔子，而笃信汉儒，故论诸子源流，犹守《七略》之说。胡氏之好诋孔子与章同，而于诸子出于王官之说，独深非之。胡适《诸子不出于王官论》：

> 今之治诸子学者，自章太炎先生以下，皆主九流出于王官之说，此说关于诸子学说之根据，不可以不辨也。又，近人诸子出于王官者，惟太炎先生为最详。然其言亦颇破碎不完，如引《艺文志》之说，而以为此诸子出于王官之证，此如惠施所云，“以弹说弹”，不成论证也。

其作《哲学史大纲》，即本此主张，从春秋时代开端，而其前则略而不论。按胡氏所据以驳刘歆、班固者凡四书。《诸子不出于王官论》：

> 第一刘歆以前之论周末诸子学派者，皆无此说也。甲《庄子·天下篇》、乙《荀子·非十二子篇》、丙司马谈《论六家要指》、丁《淮南子·要略》，古之论诸

子学说者，莫备于此四书。而此四书皆无出于王官之说。

而其文惟引《淮南·要略》。《诸子不出于王官论》：

> 《淮南·要略》专论诸家学说所自出，以为诸子之学皆起于救世之弊，应时而兴。故有殷周之争，而太公之阴谋生；有周公之遗风，而儒者之学兴；有儒学之敝、礼文之烦扰，而后墨者之教起；有齐国之地势、桓公之霸业，而后《管子》之书作；有战国之兵祸，而后纵横修短之术出；有韩国之法令新故相反、前后相缪，而后申子刑名之书生；有秦孝公之图治，而后商鞅之法兴焉。此所论列，虽间有考之未精，然其大旨，以为学术之兴，皆本于世变之所急。其说最近理，即此一说，已足推破九流出于王官之陋说矣。

不知何以不引《庄子·天下篇》？学者但取《天下篇》一读，则胡氏之说之谬立见。《庄子·天下篇》：

> 不侈于后世，不靡于物，不晖于数度，以绳墨自矫而备世之急，古之道术有在于是者，墨翟、禽滑厘闻其风而说之。不累于俗，不饰于物，不苟于人，不忮于众，愿天下之安宁，以活民命，人我之养毕足而止，以此白心，古之道术，有在于是者，宋钘、尹文闻其风而说之。公而不当，易而无私，决然无主，趣物而不两，不顾于虑，不谋于知，于物无择，与之俱往，古之道术，有在于是者，彭蒙、田骈、慎到闻其风而说之。以本为精，以物为粗，以有积为不足，澹然独与神明居，古之道术有在于是者，关尹、老聃闻其风而说之。芴漠无形，变化无常，死与生与，天地并与，神明往与，芒乎何之，忽乎何适，万物毕罗，莫足以归，古之道术，有在于是者，庄周闻其说而说之。

曰“古之道术有在于是者”，曰“某某闻其风而说之”，是诸子之学各有原本，初非仅以忧世之乱应时而生也。胡氏论哲学史料，再三称引《庄子·天下篇》。《中国哲学史大纲》：

> 《庄子·天下篇》与《韩非子·显学篇》，论墨家派别，为他书所无。有许多学派的原著已失，全靠这种副料里面，论及这种散佚的学派，借此可以考见他们的学说大旨。如《庄子·天下篇》所论宋钘、彭蒙、田骈、慎到、惠施、公孙龙、桓团及其他辩者的学说，都是此例。

是此书此篇之可信，非胡氏所斥诸伪书可比，何以独忘却“古之道术有在于是者”

一语？岂此篇之中，独论墨家派别及辩者学说为真者，而其余皆儒家伪撰乎？然即此“论墨家派别为他书所无”一语，已自承古之道术有在是者，而其痛诋王官时，则未计及其言之矛盾也。

胡氏论学之大病，在诬古而武断，一心以为儒家托古改制，举古书一概抹杀。故于《书》则斥为没有信史的价值。《哲学史大纲》：

二十八篇之真古文，依我看来，也没有信史的价值。

于《易》则不言其来源。《哲学史大纲》但称：

孔子晚年最喜《周易》，而那时的《周易》不过是六十四条卦辞，和三百八十四条爻辞，不言《周易》之来历。

于《礼》则专指为儒家所作。《哲学史大纲》：

儒家恐怕人死了父母，便把父母忘了，所以想出种种丧葬祭祀的仪节出来。儒家的丧礼，有种种怪现状，种种极琐细的仪文。儒家说尧死时，三载如丧考妣，商高宗三年不言，和《孟子》所说“三年之丧，三代共之”，都是儒家托古改制的惯技，不足凭信。

独信《诗经》为信史。《哲学史大纲》：

古代的书，只有一部《诗经》可算得是中国最古的史料。

而于《诗经》之文，又只取变风、变雅以形容当时之黑暗腐败，于风、雅、颂所言不黑暗不腐败者，一概不述。《哲学史大纲》：

那时的政治，除了几国之外，大概都是很黑暗很腐败的。

盖合于胡氏之理想者，言之津津；不合于其理想者，不痛诋之则讳言之，此其著书立说之方法也。依此方法，故可断定曰：

古无学术。古无学术故王官无学术；王官无学术，故诸子之学，决不出于王官。

胡氏谓先秦显学，本只有儒、墨、道三家，而儒家之书，十九不可信，故据儒家之书以驳之，决不足以服胡氏之心。道、墨二家，则胡氏所心折者也。胡氏疑古，而道、墨二家则皆信古。《墨子》之书，动辄称引三代圣王尧、舜、禹、汤、文、武，胡氏亦许为温故知新，彰往察来。《哲学史大纲》：

墨子说凡言凡动，合于三代暴王尧、舜、禹、汤、文、武者为之，凡言凡动合于三代圣王桀、纣、幽、厉者舍之。这并不是复古守旧，这是温古而知新，彰往而察来。

是古代有所谓圣王，非儒家所伪造也。先知古代有所谓圣王，然后知王官之学所从出。王官之学所从出，亦出于《天下篇》。《天下篇》：

古之所谓道术者，果恶乎在？百官以此相齿，古之人其备乎？其明而在数度者，旧法世传之，史尚多有之。其在于《诗》、《书》、《礼》、《乐》者，邹鲁之士、缙绅先生多能明之。《诗》以道志，《书》以道事，《礼》以道行，《乐》以道和，《易》以道阴阳，《春秋》以道名分。其数散于天下，而设于中国者，百家之学，时或称而道之。天下大乱，贤圣不明，道德不一，天下多得一察焉以自好。是故内圣外王之道暗而不明，郁而不发，天下之人，各为其所欲焉，以自为方。

曰"百官以此相齿"，曰"缙绅先生多能明之"，是古代之官，有学术之明证也。立此义为前提，而胡氏之说，在在皆失其根据矣。

诸子之学发源甚远，非专出于周代之官，章氏专以周代之官释之。《诸子学略说》：

《周礼·太宰》言儒，以道得民。是儒之得称久矣。司徒之官，专主教化。所谓"三物化民"。三物者，六德、六行、六艺之谓。是故孔子博学多能，而教人以忠恕。

胡氏亦据《周官》以相訾謷。《诸子不出于王官论》：

古代之王官，定无学术可言。《周礼》伪书，本不足据。即以《周礼》所言，十有二教及乡三物观之，皆不足以言学术。若谓九流皆出于王官，则成周小吏之圣知，定远过于孔丘、墨翟。此所谓素王作《春秋》，为汉朝立法者，其信古之陋何以异耶？

按《七略》原文，正未专指《周官》。如羲和、理官、农稷之官之类，皆虞夏之官。但据《周礼》尚不足以证其发源之远，而《周官》之伪撰与否，更不足论矣。羲和治历，故有阴阳之学；理官典刑，故有法律之学；农稷治田，故有农家之学，此皆事义之最明者。胡氏不此之思，但以墨子一家为例，其说已偏而不全。《诸子不出于王官论》：

墨者之学，仪态万方，岂清庙小官所能产生？凡此诸端，皆足征墨家之不出于王官。举此一家，可例其他。

而墨家之出于王官，出于清庙之守，适有确证。《吕氏春秋·当染篇》：

鲁惠公使宰让请郊庙之礼于天子，桓王使史角往惠公止之。其后在于鲁墨子学焉。

史角掌郊庙之礼，为周代王室之官，墨子学于史角之后，故曰“墨家者流，出于清庙之守”。而胡氏猥谓其非清庙之官，何不检乃尔耶？胡氏本文，但引章氏之说而驳之。其文曰：

太炎又云，墨家先有史佚，为成王师。其后墨翟亦受学于史角。史佚之书，今无所考，其名但见《艺文志》。其书之在墨家，亦犹《晏子》之在儒家，与《伊尹》、《太公》之在道家耳。若以墨翟之学，于史角为诸子出于王官之证，则孔子所师事者尤众矣，况史佚、史角既非清庙之官，则《艺文志》墨家出于清庙之说，亦不能成立。

[附注]：史佚亦作逸，亦称尹佚，其事亦见于《尚书·洛诰》(逸祝册作册逸诰)，见于《周书·克殷》(尹逸策曰云云，史佚迁九鼎三巫)，见于《史记·周本纪》(尹佚策曰云云，史佚展九鼎保玉)，其名言见于《左传》(僖十五年史佚有言曰云云)，见于《国语》(《周语下》昔史佚有言曰云云)。其官既掌祭祀神祇，其学亦为世所诵述，何得谓无所考？又古代祝史之官，其职甚尊。《曲礼》曰：天子建天官，先六太，曰太宰、太宗、太史、太祝、太士、太卜。周之史佚、史角，始以天官世守清庙，传其家学，以开墨家。而胡氏猥谓墨者之学，“岂清庙小官所能产生”，守清庙者，何以见为小官？即为小官，何以不能产生硕学，岂哲学家必为大官耶？

儒家出于司徒之官，论其远源，实唐虞之司徒。司徒之掌教，自唐虞至周皆然，不独周有十二教乡三物也。惟胡氏以《尚书》为没有信史的价值，则“契为司徒敷五教”，及《孟子》所称“教以人伦”者，胡氏必皆目为儒家，讏不可依据，请就《墨子》之书征之。《墨子》之书，常称古之三公。《墨子·尚贤下》：

汤得伊尹而举之，立为三公。武丁得傅说而举之，立为三公。

又《尚同上》：

择天下之贤者置立之，以为三公。

又《天志下》：

诸侯不得须[次]己而为正，有三公正之。

古之三公，即司徒、司马、司空也。三公既多贤者，何能断定其无学术？然仅曰“贤良”，或但就行谊立论，不足为其人有学术之证，则更就《墨子》征之。《墨子·尚同中》：

> 选择天下贤良圣知辩慧之人，立以为天子。选择天下赞选贤良圣知辩慧之人，置以为三公。

曰“圣知”，曰“辩慧”，皆学术之美称，非仅行谊之谥号也。古代无哲学家之名，所谓圣知，即哲学家也。古者(《墨子》所谓“选择”云云皆承其上古者而言)天子、三公，多有圣知辩慧之人，岂惟可以产生儒家，举凡名法之学，无不开其先河，后世学者各得其一官之所传，而司徒掌教，惟儒家绍其统系，此《汉志》所以谓其道最高也。班《志》：

> 儒家者流，盖出于司徒之官，助人君，顺阴阳，明教化者也。游文于六经之中，留意于仁义之际，祖述尧舜，宪章文武，宗师仲尼，以重其言，于道最为高。

胡氏若谓古之司徒，定无学术，必须证明古之三公绝无圣知辩慧之人，或证明《墨子》诸篇所言古之三公皆儒家所羼入。不然则古代王官之有学术，非儒家一家之言，天下之公言也。

胡氏属文，强词夺理，任举一义，皆有罅漏。如驳斥儒家于司徒，谓儒家之六籍，多非司徒之官所能梦见。不知司徒之官何以不能梦见六籍？《诗》、《书》之类，经孔子删订，岂孔子以前无《诗》、《书》乎？墨家时时称举《诗》、《书》，多有与今日所传之《诗》、《书》相同者。如《兼爱下》引《周诗·明鬼上》，引《甘誓》之类。《庄子·天下篇》盛称六艺，谓其散于天下，设于中国百家，时或称道。此岂儒家私有之物耶？胡氏欲抹杀春秋以前圣知辩慧之天子、三公，故以六籍归纳于儒家，以便肆意诋毁。然道、墨二家之书具在，不能恶其害己而尽去之。即令天下不读儒家之书，亦不能使人无疑于其说也。

胡氏论学亦知寻求因果。《中国哲学史大纲》：

> 大凡一种学说，决不是劈空从天上掉下来的。我们如果能仔细研究，定可寻出那种学说有许多前因，许多后果。

而其讲诸子之学，则只知春秋时代之时势，为产生诸家学派之原因，不知有其他之原因。若合《庄子·天下篇》、《淮南子·要略》、刘歆《七略》观之，则诸子之学，出于古代圣哲者为正因，而激发于当日之时势者为副因。举副因而弃正因，岂可谓仔细研究乎？《天下篇》无论矣，即《淮南子·要略》亦非专主救世之弊一端也。其述儒者之学，则曰“修成康之道，述周公之训”；其述墨子之学，则曰“学儒者之业，受孔子之术，背周道而用夏政”；其述管子之书，则曰“崇天子之位，广文武之业”。夫夏及文、武、成、康、周公，皆诸子之学之前因也。胡氏削去此等文句，但曰“有周公之遗风，而儒者之学兴”，是胡氏于《淮南子》之言，亦未仔细研究也。按胡氏之病原，实由于不肯归美于古代帝王官吏，一若称述其事，即等于歌功颂德的官书。《中国哲学史大纲》：

> 我以为《尚书》或是儒家造出的、托古改制的书，或是古代歌功颂德的官书。

不知客观之法，在得其真。伪者不容妄为傅会，真者亦岂可任意削灭？吾国唐虞三代，自有一种昌明盛大、治教并兴之真象，故儒家言之，墨家言之，即好为谬悠之说、荒唐之言之庄周，亦反复言之。若削去此等事实，则后来事实，都无来历，而春秋战国时代诸子之学说，转似劈空从天上掉下来的。且其对于前此之事迹，又须诡辞曲说，尽翻成案。不但异己者不容尽泯，即其所主张崇奉之书，亦须抑扬斡旋，以就其说，是亦不可以已乎？胡氏谓学术，皆出于忧世之乱，应时而生，实阴窃孔子论《易》之说。《易·系辞下》：

> 《易》之兴也，其于中古乎？作《易》者，其有忧患乎？《易》之兴也，其当殷之末世，周之盛德耶？当文王与纣之事耶？是故其辞危。

然窃其言而不肯明举其言，故论史而失其先后本末之序。使胡氏从孔子之言，以《易》为哲学史之开宗，次及周公之制作，则诸子之出于王官，自然一贯，无所用其强辩。而忧世之乱、应时而生之说，更可因此而证明。盖中国历年悠久，事变孔多，岂独幽、厉以降天下始乱？诸子起于周末，文、周生于殷季，其为夏氏均也。论哲学而断自春秋，岂春秋战国之时势，可以产生哲学思想，而殷商末造之大乱，不能产生哲学思想乎？且由殷周而推至唐虞，推至伏羲、神农，均无不通。世乱非一次，故忧世者非仅一时代人，而学术思想之孳乳渊源，乃益厘然可见。胡氏崇奉《淮南子·要略》者也，使其仔细研究《淮南子·要略》，则知其法，正与吾言相同。《淮南子·要略》：

> 今《易》之乾坤，足以穷道通意也。八卦可以识吉凶，知祸福矣。然而伏羲

为之六十四变，周室增以六爻，所以原测淑清之道，而捃逐万物之祖也。（此可见《淮南》论道以《易》为始）文王四世，累善修德行义，以为天下去残除贼，而成王道。周公继文王之业，持天下之政。（此可见《淮南》论诸子本于文王、周公。）

惜乎其知而妄作也。

诸子之学之发源，既当从《七略》之说，而诸子之学之失传，亦不可以不考。今之讲诸子之学者，不但不知其源，复不知其流，动以诸子之学之失传，归罪于董仲舒请汉武帝罢黜百家，其说盖倡于日本人。（日本人久保天随等，著《东洋历史》，多言之。）

梁氏撰《新民丛报》时，拾其说而张大之。梁启超《论中国古代思潮·儒学统一章》曰：

> 儒学统一云者，他学销沉之义也。董仲舒对策贤良，请表章六艺，罢黜百家，凡非在六艺之科者绝勿进。自兹以往，儒学之尊严，回绝百流。二千年来，国教之局，乃始定矣。吾中国学术思想之衰，实自儒学统一时代始。

胡氏《哲学史》亦言之。《中国哲学史大纲》：

> 汉兴以后，儒家当道。则汉武帝初年，竟罢黜百家，独尊孔氏。儒家这样盛行，墨守自然没有兴盛的希望了。

夫吾人今日得见周秦诸子之书，能知春秋战国时代之学术思想者，系何人之力？汉武帝之力也。《汉书·艺文志》：

> 汉兴，改秦之败，大收篇籍，广开献书之路。迄孝武世，书缺简脱，礼坏乐崩。圣上喟然而称曰："朕甚闵焉。"于是建书之策置写书之官，下及诸子传说，皆充秘府。

汉武时诸子之书，正由销沉而复行发见之时，何得谓儒学统一，即他学销沉？考《汉·董仲舒列传》，称抑黜百家，立学校之官，未明言其何年。《董仲舒列传》：

> 仲舒对策，推朋孔氏，抑黜百家，立学校之官。

《通鉴》载仲舒对策，在建元元年，齐召南谓当在建元五年。要之，仲舒对策在汉武帝初年无疑也。淮南王安以元狩元年死，司马谈以元狩元年死，其时皆在仲舒请黜百家之后。而《淮南》述太公阴谋儒、墨、管、晏、纵横修短刑名之书，商鞅之法；太史公《论六家要指》，皆讲求诸子之学者也。武帝罢黜百家之后，诸子之源流转明，是得谓之销沉乎？司马迁死于昭帝时。王鸣盛《十七史商榷》：

迁实卒于昭帝初。观《景帝本纪》末云：太子即位，是为孝武皇帝。《卫将军骠骑传》末段，亦屡称武帝。按其文义，皆非后人附益。间有称武帝为今上者，《史记》作非一时，入昭帝时未久，即卒不及追改也。

其作《孟子荀卿列传》，述战国诸子，有孟子、驺子、淳于髡、慎到、环渊、接子、田骈、驺奭、荀卿、剧子、公孙龙、李悝、尸子、长卢、吁子等人，且云世多有其书。《孟子荀卿列传》：

自如孟子至于吁子，世多有其书，故不论其传云。

诸子书世既多有，更不得谓之销沉矣。成帝、哀帝均重学术，向、歆父子，校理秘文，于是诸子之渊源益明。《艺文志》：

成帝时，以书颇散亡，使谒者陈农求遗书于天下。诏光禄大夫刘向校经传、诸子、诗赋，步兵校尉任宏校兵书，太史令尹咸校数术，侍医李柱国校方技。每一书已，向辄条其篇目，撮其指意，录而奏之。会向卒，哀帝复使向子侍中、奉车都尉歆卒父业。歆于是总群书而奏其《七略》，故有《辑略》，有《六艺略》，有《诸子略》，有《诗赋略》，有《兵书略》，有《术数略》，有《方技略》。

至东汉时，班固述之为《艺文志》。其时所存之子书，凡百八十九家，四千三百二十四篇。此皆汉人讲求保存之力也。若儒学统一，屏黜百家，则公孙龙、墨翟之学说，何以巍然与儒家并存乎？

梁、胡二氏，学术不同，要皆抱一反对儒家之见，以为汉崇儒术，即不容他家置喙。不知汉人讲求诸子之学，初无轩轾之念，故其于诸家之短长，皆平心静气以论之。如司马谈《论六家要旨》曰：

阴阳之术大祥，使人拘而多所畏。儒家博而寡要，劳而少功。墨子俭而难遵，是以其事不可遍循。名家使人俭而善失真。法家严而少恩。

班《志》论九流之失，于儒家则曰："惑者既失精微，而辟者又随时抑扬，违离道本，苟以哗众取宠，后进循之，是以五经乖析，儒学寖衰。"于道家则曰："及放者为之，则欲绝去礼学，兼弃仁义，曰独任清虚，可以为治。"于阴阳家则曰："及拘者为之，则牵于禁忌，泥于小数，舍人事而任鬼神。"于法家则曰："及刻者为之，则无教化，去仁义爱，专任刑法，而欲以致治至于残害至亲，伤恩薄厚。"于名家则曰："及警者为之，则苟钩鈲析，乱而已。”于墨家则曰：“及蔽者为之，见俭之利，因以非礼，推兼爱之意，而不知别亲疏。”于纵横家则曰：“及邪人为之，则上诈谖，而弃其信。”于杂家则曰：“及荡者为之，则漫羡而无所归心。”于农家则曰：“及鄙者为之，以为无所事圣王，欲使君臣并耕，悖上下之序。”

是汉人初未特尊儒家，以为至高无上，神圣不可侵犯也。梁氏徒执董仲舒请黜百家一语，遂以意测之，造为专制之议论。《中国古代思潮篇》：

> 秦汉之交，为中国专制政体发达完备时代，不喜其并立，而喜其一尊。惟孔学则严等差、贵秩序，而措之施之者，归结于君权，于帝王驭民，最为适合，故霸者窃取而利用之，以宰制天下。

不知自西汉至东汉，阴阳、名、法诸家皆与儒家并立，何尝统于一尊。仲舒请罢黜百家，未见汉武有何明文，禁人习此诸家之学说也。至谓儒家归结于君权，于帝王驭民最为适合，则墨家尚同一义，何以不适合于君权？且汉之好儒，独元帝耳。宣帝论汉之家法，杂用霸道，何尝纯任儒教？《汉书·元帝纪》：

> 帝柔仁，好儒，尝侍燕，从容言：“陛下持刑太深，宜用儒生。”宣帝作色曰：“汉家自有制度，本以霸王道杂之，奈何纯任德教，用周政乎？且俗儒不达时宜，好是古非今，使人眩于名实，不知所守，何足委任。”乃叹曰：“乱我家者，太子也。”

董仲舒请罢黜百家之后，汉之诸帝，且不任儒，乃谓秦汉之交，即为儒学统一时代，何其武断一至于此？然今日信梁氏之说者，实繁有徒，稍涉古书之藩，即纵笔而讥儒教。如胡氏者，亦中梁氏之毒者也。

诸子之学，至何时中绝，此为治学术史者所不可不问者也。此事亦至易明，惟今日为梁、胡诸氏之谰言所晦，故论者不讼儒家，则嗤汉武，而为吾国学术之大憝者，反为人所不知。讲学之士，第取《汉》、《隋》二志相较，便知子学沦于何时。

《汉书》九流之书，见于《隋书·经籍志》者甚尠，今为约举于左。

> 儒家亡二十四家，存七家。（此指汉以前之书，余并同。）
>
> 道家亡二十五家，存六家。（《管子》入法家。）
>
> 阴阳一家不存。
>
> 法家亡四家，存三家。

名家亡五家，存二家。

墨家亡三家，存三家。

纵横一家不存。

杂家亡五家，存三家。

农家亡一家，余并存。

其书之亡之原因，则《隋志》历言之。《隋书·经籍志》：

董卓之乱，献帝西迁，图书缣帛，军人皆取为帷囊，所收而西犹七十余载。两京大乱，扫地皆尽。惠怀之乱，京华荡覆。渠阁文籍，靡有孑遗。元帝克平侯景，景公私经籍，归于江陵，周师入郢，咸自焚之。

然则诸子之学之销沉者，董卓、李傕、郭汜、石勒、王弥、刘曜诸人之罪，与汉武帝何涉？与董仲舒何涉？舍奸恶凶顽之盗贼不问，而痛责一无权无勇之儒生，此吾国人之所以不乐为儒，而甘于从贼也。诸书之亡，自《隋志》外，尚有张湛《列子·序》可证。张湛《列子序》：

先君与刘正舆、傅颖根皆王氏之甥，少游外家。舅始周，始周从兄正宗辅嗣，皆好集文籍，先并得仲宣家书，几将万卷。傅氏亦世为学门。三君总角，竞录奇书。及长，遭永嘉之乱，与颖根同避难南行，车重各称力，并有所载。而寇虏弥盛，前途尚远。张谓傅曰："今将不能尽全所载，且共料简世所希有者，各各保录，令无遗弃。"颖根于是唯赍其祖玄、父咸《子集》。先君所录书中，有《列子》八篇。及至江南，仅有存者《列子》，唯余《杨朱》、《说符》、《目录》三卷。比乱，正舆为扬州刺史，先来过江，后在其家得四卷，寻从辅嗣女婿赵季子家得六卷，参校有无，始得全备。

兵燹之祸，为学术之大劫。书既不存，学说自然歇绝。湛所得之《列子》，尚系乱后凑集，其不泯于兵燹，亦云幸矣。

胡氏研究墨学，尝称鲁胜《墨辩注》。鲁胜者，西晋初年之人也。《晋书·鲁胜传》：

少有才操。元康初，官建康令，称疾去官。中书令张华，遣子劝其更仕，再征博士，举中书郎，皆不就。其著述为世所称，遭乱遗失，惟注《墨辩》存。

当西晋初，犹有讲求墨学者，安知其时，不更有讲求他家学术之人。徒以乱离散佚，故至隋而无传。又《汉志》墨家，有《田休子》，梁时犹有其书，至隋而亡。《隋书·经籍志》墨家注：

> 梁有《田休子》一卷，亡。

《隋志》墨家犹有三书，至《宋史·艺文志》，仅存《墨子》一种，余均不著录，则又唐末之乱亡之也。假令某一时代诸家之书具存，有专制之帝王，与凶恶之儒生，一举而尽焚之，则此帝王与儒生，诚无所逃其罪。今其学术之微，书籍之亡，绵世历年，确因兵乱，而递衰递减。而诸人束书不观，但执己见，坐儒家以万恶之名，不知是何心肝也。

焚书坑儒，只有秦始皇，其事见于《史记》，而刘海峰辨之，谓六经亡于项羽、萧何，非始皇之过。（见《海峰文集·焚书辨》。）是中国古学之销沉，惟一之原因，只有无赖之徒作乱纵火，余皆无灭绝学术之事。即此一端，亦可见吾国文化胜于欧人。欧洲有焚杀哲人卜鲁诺之事，中国无之也。

综右所论，而吾国古代学术之源流，乃可得言。其学之兴也渐，其学之衰也亦渐，故可分为五期：

> 第一期　伏羲以来：为萌芽时代。
>
> 第二期　唐虞及三代盛时：为官守时代。
>
> 第三期　春秋至战国：为私家学术盛兴时代。
>
> 第四期　两汉：为古学流派昌明时代。
>
> 第五期　汉末至唐末：为古学迭因兵乱销沉时代。

时期既明，更须知吾国学术思想，本来一贯。所谓儒、墨、道、法者，皆出于王官，皆出于六艺，特持论有所偏重，非根本不能相容。不当以欧人狭隘褊嫉之胸襟，推测古代圣哲；更不当以末俗争夺权利之思想，诬蔑古代圣哲。其为文化学术之蠹贼者，实为武夫乱贼。应确定其主名，为今人之炯戒。诸氏如有心拥护文化，当不以予言为河汉也。

梁、胡二氏皆痛诋刘歆。

《中国古代思潮篇》：

> 《艺文志》亦非能知学派之真相者也。既列儒家于九流，则不应别著《六艺略》。（诒按：此正可见六艺统贯诸家。）既崇儒于六艺，何复夷其子孙，以济十家（诒按：刘歆胸中并无儒家专制统一之念），其疵一也。纵横家毫无哲理（诒按：纵横家之书久亡不能断定其有无），小说家不过文辞（诒按：小说亦亡不能妄断），杂家既谓之杂矣，岂复有家法可言？（诒按：《汉志》明云“知国体之有

此，见王治之无不贯”，是杂家自有其家法。）而以之与儒、道、名、法、墨者比类齐观，不合论理，其疵二也。农家固一家也，但其位置与兵、商、医诸家相等。农而可列于九流也，则如孙吴之兵，计然、白圭之商，扁鹊之医，亦不可不为一流。今有《兵家略》、《方技略》在《诸子略》之外，于义不完（诒按：此正可见吾国古代以农立国非以兵、商、医立国），其疵三也。《诸子略》之阴阳家与《术数略》，界限不甚分明（诒按：此可观《孟子列传》载驺衍之言，则知阴阳家与术数之别），其疵四也。故吾于班、刘之言，亦所不取。

胡适《诸子不出于王官论》：

《艺文志》所分九流，乃汉儒陋说，未得诸家派别之实。二氏所以知有诸家者，以歆之《七略》，因即据其分类，以訾毁之。不知二氏所见九流十家之书，视歆孰多？果已尽见其所举之书，而一一衡其分际，因知歆之不当耶？抑仅就今日所存者，略事涉猎，遂下此判断耶？梁氏而分为二派，其说之谬，殆莫之逾。

《中国古代思潮篇》：

据群籍审趋势，自地理上民族上放眼观察，而证以学说之性质，制一先秦学说大事表。先秦学派，一北派，二南派。北派正宗孔子、孟子、荀卿及其他儒徒；南派正宗老子、庄子、列子、杨朱，及其他老徒。

古代地势之分南北，或以淮为界，或以江为界，未有同在大河之南、淮水之北，而可分为南北者也。孔、孟、老、庄所生之地，所居之境，皆无南北之分。《史记·老子传》：

老子者，楚苦县厉乡曲仁里人也。《索隐》：苦县本属陈，春秋时楚灭陈，而苦又属楚，故云楚苦县。按：楚苦县，即今河南鹿邑县，在亳县之西。

又《庄子传》：

庄子者，蒙人也，名周。周尝为蒙漆园吏。《索隐》：刘向《别录》云，宋之蒙人也。《正义》：《括地志》云：漆园故城，在曹州，冤句县北十七里此云庄周为漆园吏即此。按：其城古属蒙县。

按：蒙县在今河南商邱县之东北。

苦、蒙之去曲阜、邹邑，约四五百里。蒙在睢水之北，苦在沙水之北，其去淮之道里，几与去曲阜、邹邑相等，而距江水之远无论矣。梁氏既称自地理上、民族上观察，不知曲阜、邹邑，至苦县、蒙县之间，以何等标准，画分南北。度其属文之时，第以为老、庄皆楚人，故误以楚为南方，不知《史记》“楚苦县”三字，是据老子之后之苦县而言。当老子时苦县尚属陈，不属楚也。《庄子·天运篇》虽有孔子“南之沛”之文。《天运篇》：

孔子行年五十有一，而不闻道，乃南之沛，见老聃。

然《天道篇》亦有“西藏书，见老聃”之文。《天道篇》：

孔子西藏书于周室，往见老聃。

不过据“自鲁出，行所指之方”而言，不足据以为天下大势，及学派歧分之证。如以孔子南之沛即为孔老学派分南北之证，则孔子西之周见老聃，老聃且有西度函谷之事，何不分孔老学派为东西耶？按孔老南北之说，亦出于日本人。日本人读中国书，素无根柢，固不足责。梁氏自居学识高于刘歆者，何得出此不经之言耶？其论南北派，别有一表，繁称博举。《中国古代思潮篇》：

北派崇实际	南派崇虚想
北派主力行	南派主无为
北派贵人事	南派贵出世
北派明政法	南派明哲理
北派重阶级	南派重平等
北派重经验	南派重创造
北派喜保守	南派主勉强
北派畏天	南派任天
北派言排外	南派言无我
北派贵自强	南派贵谦弱

要皆强为分配，故甚其说。孔子主中庸，故论南北方之强，皆所不取，独主中道，何得硬派孔子为北派？至谓南派明哲理，则孔子之赞《易》，非以明哲理乎？有清之季，海内人物，并无南北之分，自梁氏为此说，而近年南北人乃互分畛域，至南北对峙，迄今而其祸未熄，未始非梁氏报纸论说之影响也。

胡氏菲薄汉儒，而服膺清儒。《中国哲学史大纲》：

> 校勘之学，从古以来，多有人研究。但总不如清朝王念孙、王引之、卢文弨、孙星衍、顾广圻、俞樾、孙诒让诸人的完密谨严。

夫清儒之有功于古籍，诚不可没，然其所见古书之多，则去向、歆远甚。举亲见原书之向、歆所言之学说而诋毁之，转就仅见原书之十一之人，所为补苴掇拾，斤斤辩论于逸文只字者而崇奉之。此犹一人身居衣肆，熟睹锦绣之衣，能评论其价值，一人第见残破锦绣之片缝纫补缀，而争论其位置，谓此应为袂，彼应为领。试思此二人之见解，孰为可凭？清儒校勘古书，谓其愈于宋、元、明人则可，若谓为昌明古学，则犹逊于汉儒。《中国哲学史大纲》：

> 综观清代学术变迁的大势，可称为古学昌明的时代。自从有了那些汉学家考据、校勘、训诂的工夫，那些经书、子书，方才勉强可以读得。

胡氏不称汉儒昌明古学，动斥其陋，甚且谓为昏谬。《诸子不出于王官论》：

> 古无九流之目，《艺文志》强为之分别，其说多支离无据。如《晏子》岂可在儒家，《管子》岂可在道家？《管子》既在道家，《韩非子》又安可属法家？至于《伊尹》、《太公》、《孔甲》、《盘盂》种种伪书，皆一律收录，其为昏谬，更不待言。（诒按：此病与梁氏正同皆是因刘歆之书方知其误。若无刘歆则公等从何知其谬？《汉志》于六国人所托者，皆明注之，非无别白古书真伪之识力也。）

而于王、俞诸公，低首下心，颂扬惟恐不至。孟子曰："不揣其本，而齐其末。方寸之木，可使高于岑楼。"其斯之谓乎？

吾为此论，非好与诸氏辩难，只以今之学者，不肯潜心读书，而又喜闻新说。根柢本自浅薄，一闻诸氏之言，便奉为枕中鸿宝，非儒谤古，大言不惭，则国学沦胥，实诸氏之过也。诸氏自有其所长，故亦当世之学者。第下笔不慎，习于诋诃，其书流布人间，几使人人养成山膏之习，故不得不引绳披根，以箴其失。至所言之浅俚，故不值海内鸿博者一哂也。

本文原载《史地学报》第1卷第1期，1921年11月。

整理者：王　祚

校对者：谢　任

学者之精神

刘伯明

吾国近今学术界，其最显著之表征，曰渴慕新知。所求者多，所供者亦多。此就今日出版界可以见之。此种现象，以与西洋文艺复兴相较，颇有相似之处。实改造吾国文化之权舆也。然其趋向新奇，或于新知之来，不加别择，贸然信之。又或剽窃新知，未经同化，即以问世，冀获名利。其他弊端，时有所闻。凡此种种，衡以治学程准，其相悬不可以道里计。窃目击此状况，惄焉忧之，爰不揣浅陋，就管见所及，草拟是篇。窃愿与吾国学者共商榷之。

学者之精神，究其实际，实为一体。但若不得已而强分之，其中所涵，可分五端。

一曰学者应具自信之精神也。美国学者哀美荪数十年前，对一学会讲演，题曰《美国之学者》，略谓学者为百世之师。其思想感情，超然于一时之好尚，故能亟深研几，毅然自持，而不求同乎流俗。世人虽蔑视或非难之，而心中泰然，不为所动，盖其精神已有所寄托也。

二曰学者应注重自得也。吾国古代哲人，论求学之语，愚以为最重要者，则谓吾人求学，不可急迫，而应优游浸渍于其间。所谓资深逢源，殆即此意，自得者为己，超然于名利之外，不自得者为人，而以学问为炫耀流俗之具。其汲汲然唯恐不售，直贩夫而已。前者王道之学者，而后者霸道之学者也。荀卿有言："君子之学也，入乎耳，著乎心，布乎四体，形乎动静。小人之学也，入乎耳，出乎口，口耳之间，则四寸耳。曷足以美七尺之躯哉！古之学者为己，今之学者为人。君子之学也，以美其身；小人之学也，以为禽犊。"故真正学者，求其学也，注意潜修，深自韬晦，以待学问之成，而无暇计及无根之荣誉。东西学者，方其于冥冥之中，潜研深究，莫不如是，此读其传记而可知者也。

三曰学者应具知识的贞操也。夫死而女不嫁者，通常谓之守贞。然坚强不变，亦谓之贞。所谓贞木贞石，皆涵此义。而道德上守正不阿，亦谓之贞。《抱朴子》云："不改操于得失，不倾志于可欲者，贞人也。"张衡赋曰："伊中情之信脩兮，慕古人之贞节。"皆此意也。然尚有所谓知识的贞操者，此谓主持真理，不趋众好，犹女子之贞洁者，不轻易以身许人。顾亭林自读刘忠肃"士当以器识为先"一语，即谢绝应酬文字，凡文之无关于经术政理之大者，概不妄作。此其所为，虽近于矫枉过正，而其视文学，或亦失之过狭。然其谨敕不滥，不求取悦于人，亦今人之漫无标准汲汲于名者之所宜则效者也。

四曰学者应具求真之精神也。常人之于事理，往往仅得其形似，或仅知其概略。苟相差不多，则忽略过。以为无关紧要，方其穷理论事，亦往往囿于成见，或为古意所羁，而不能自拔。此皆缺乏科学精神之所致也。吾人生于科学昌明之时，苟冀为学者，必于科学有适当之训练而后可。所谓科学之精神，其首要者，曰唯真是求。凡搜集事实，考核证据皆是也。科学之家，方其观察事实，研究真理，务求得其真相，而不附以主观之见解。明辨之，慎思之。其所用种种仪器，皆所以致精确而祛成见之工具也。科学之家，不惟置重于精确辨晰，其惟事实真理之是求。若出于自然，动乎其所不知。昔柏鲁罗主世界无限之说，与当时教会所信者僢驰。尝谓其趋向真理，不得不尔。犹灯蛾之赴火，然此即求真之热诚也。惟其求真心切，故其心最自由，不主故常。哥伯尼之弟子罗梯克斯回忆其师对于往古畴人之关系，因有所感，乃曰"凡研究者必具有自由之心"。盖所谓自由之心，实古今新理发现必要之条件也。

五曰学者必持审慎之态度也。吾人求真，固应力求精确，不主故常。然方其有所断定，必以审慎出之。杜威谓真正反省，即使吾心中悬，而不遽下断语。即使有所断定，亦仅视为臆说，姑且信之，以为推论之所资。其与武断，迥不相同。吾人稍知《天演论》者，咸知达尔文《物种由来》一书，出版于一八五九年。但据达尔文所自述，其创此说，实在二十年前。其言曰："一八三八年十月间，予偶读麦氏《人口论》。因前已知动植物中，生存竞争，至为剧烈，即自忖曰，物既争存，则适者当存，不适者当灭，此即新种之所由来也。吾在当时唯惟恐为成见所羁，不敢自信，故即其大纲，亦不写出以示人。至一八四二年四月，予始以铅笔将吾说之概要写出，所占篇幅，计三十五页。至一八四四年，始取此稿扩而充之，成二百三十页，但其发表日期，则在十余年后也。"即此观之，真正学者，不敢自欺欺人，必俟确有把握，而后敢以问世。此种精神，吾无以名之，名之曰知识的良知。此亦吾人当以自勉者也。

以上所述，皆学者精神中之荦荦大者。其他诸德，如谦虚等，愚意皆可概括其中，或可连类及之，故不赘述。

本文原载《学衡》第1期，1922年1月。

整理者：薛　蓁

校对者：周　颖

评提倡新文化者

梅光迪

国人倡言改革，已数十年。始则以欧西之越我，仅在工商制造也，继则慕其政治法制，今且兼及其教育、哲理、文学、美术矣。其输进欧化之速，似有足惊人者。然细考实际，则功效与速度适成反比例。工商制造，显而易见者也。推之万国，无甚差别者也。得其学理技巧，措之实用，而输进之能事已毕。吾非谓国人于工商制造已尽得欧西之长，然比较言之，所得为多。若政治法制，则原于其历史民性，隐藏奥秘，非深入者不能窥其究竟，而又以东西历史民性之异，适于彼者，未必适于此，非仅恃模拟而已。至于教育、哲理、文学、美术，则原于其历史民性者尤深且远，窥之益难，为之益宜慎。故国人言政治法制，垂二十年，而政治法制之不良自若。其言教育、哲理、文学、美术，号为"新文化运动"者，甫一启齿，而弊端丛生，恶果立现，为有识者所诟病。惟其难也，故反易开方便之门，作伪之途，而使浮薄妄庸者，得以赴会诡随，窥时俯仰，遂其功利名誉之野心。夫言政治法制者之失败，尽人皆知，无待余之哓哓。独所谓提倡"新文化"者，犹以工于自饰，巧于语言奔走，颇为幼稚与流俗之人所趋从。故特揭其假面，窥其真相，缕举而条析之，非余好为苛论，实不得已耳。

一曰彼等非思想家，乃诡辩家也。诡辩家之名（英文为 Sophist）起于希腊季世，其时哲学盛兴，思想自由，诡辩家崛起，以教授修词，提倡新说为业。犹吾国战国时谈天雕龙、坚白同异之流。希腊少年，靡然从风，大哲苏格拉底辞而辟之，犹孟轲之拒杨墨、荀卿之非十二子也。今所传《柏拉图语录》（*The Dialogues of Plato*），多其师与诡辩家驳辩之词也。盖诡辩家之旨，在以新异动人之说，迎阿少年，在以成见私意，强定事物，顾一时之便利，而不计久远之真理。至其言行相左，贻讥明哲，更无论矣。吾国今之提倡“新文化”者，颇亦类是。夫古文与八股何涉，而必并于为一谈。吾国文学，汉魏六朝则骈体盛行，至唐宋，则古文大昌。宋元以来，又有白话体之小说戏曲。彼等乃谓文学随时代而变迁，以为今人当兴文学革命，废文言而用白话。夫革命者，以新代旧，以此易彼之谓。若古文白话之递兴，乃文学体裁之增加，实非完全变迁，尤非革命也。诚如彼等所云，则古文之后，当无骈体，白话之后，当无古文。而何以唐宋以来，文学正宗，与专门名家，皆为作古文或骈体之人。此吾国文学史上事实，岂可否认，以圆其私说者乎？盖文学体裁不同，而各有所长，不可更代混淆，而有独立并存之价值，岂可尽弃他种体裁，而独尊白话乎？文学进化，至难言者，西国名家(如英国十九世纪散文及文学评论大家韩士立 Hazlitt)，多斥文学进化论为流俗之错误，而吾国人乃迷信之。且谓西洋近世文学，由古典派而变为浪漫派，由浪漫派而变为写实派，今则又由写实派而变为印象、未来、新浪漫诸派。一若后派必优于前派，后派兴而前派即绝迹者。然此稍读西洋文学史，稍闻西洋名家绪论者，即不作此等妄言。何吾国人童呆无知，颠倒是非如是乎？彼等又谓思想之在脑也，本为白话，当落纸成文时，乃由白话改为文言，犹翻译然，诚虚伪与不经济之甚者也。然此等经验，乃吾国数千年来文人所未尝有，非彼等欺人之谈而何？昔者希腊诡辩家普罗塔果拉斯(Protagoras)，力主真理无定，在于个人之我见。苏格拉底应之曰：既人自为真理，则无是非贤愚之分，然则普罗塔果拉斯何以为人师，强欲人之从己乎？今之主文学革命者，亦曰文学之旨，在发挥个性，注重创造，须“处处有一我在”，而破除旧时模仿之习。易词言之，则各人有各人之文学，一切模范规律，皆可废也。然则彼等何以立说著书，高据讲席，而对于为文言者，仇雠视之，不许其有我与个性创造之自由乎？

二曰彼等非创造家，乃模仿家也。彼等最足动人听闻之说，莫逾于创造。新之一字，几为彼等专有物。凡彼等所言所行，无一不新。侯官严氏曰：名义一经俗用，久辄失真。审慎之士，已不敢用新字，惧无意义之可言也。彼等以推翻古人与一切固有制度为职志，诬本国无文化，旧文学为死文学，放言高论，以骇众而眩俗。然夷考其实，乃为最下乘之模仿家。其所称道，以创造矜于国人之前者，不过欧美一部分流行之学说，或倡于数十年前，今已视为谬陋，无人过问者。杜威、罗素，为有势力思想家中之二人耳，而彼等奉为神明，一若欧美数千年来思想界，只有此二人者。马克斯之社会主义，久已为经济学家所批驳，而彼等犹尊若圣经。其言政治，则推俄国，言文学，则袭晚近之堕落派。(The Decadent Movement，如印象、神秘、未来诸主义，皆属此派。所谓白话诗者，纯拾自由诗 Vers libre 及英国近年来形象主义 Imagism 之唾余，而自由诗与形象主义亦堕落派之两支，乃倡之者数典忘祖、自矜创造，亦太欺国人矣。)庄周曰：井蛙不可以语海者，拘于虚也。彼等于欧西文化，无广博精粹之研究，故所知既浅，所取尤谬。以彼等而输进欧化，亦厚诬欧化矣。特国人多不谙西文，未出国门，而彼等所恃者，又在幼稚之中小学生，故得以肆意猖狂，行其伪学，视通国若无人耳。夫国无学者，任伪学者冒取其名，国人之耻也。而彼等犹以创造自矜，以模仿非笑国人，斥为古人奴隶，实则模仿西人与模仿古人，其所模仿者不同，其为奴隶则一也。况彼等模仿西人，仅得糟粕，国人之模仿古人者，时多得其神髓乎？且彼等非但模仿西人也，亦互相模仿。本无创造天才，假创造之名，束书不观，长其惰性，中乃空虚无有。彼等之书报杂志，雷同因袭，几乎千篇一律，毫无个性特点之可言，与旧时之八股试帖，有何别异？而犹大言不惭，以创造自命，其谁欺哉？

三曰彼等非学问家，乃功名之士也。学问家为真理而求真理。重在自信，而不在世俗之知；重在自得，而不在生前之报酬。故其毕生辛勤，守而有待，不轻出所学以问世，必审虑至当，而后发一言，必研索至精，而后成一书。吾国大师，每诫学者，毋轻著述。曩者牛津大学学者，以早有著述为深耻。夫如是而后学问之尊严，学问家之人格乃可见。今之所谓学问家则不然，其于学问，本无彻底研究，与自信自得之可言，特以为功利名誉之念所驱迫，故假学问为进身之阶。专制时代，君主卿相操功名之权，以驱策天下士，天下士亦以君主卿相之好尚为准则。民国以来，功名之权，操于群众，而群众之智识愈薄者，其权愈大。今之中小学生，即昔之君主卿相也，否则功名之士，又何取乎白话诗文，与各种时髦之主义乎？盖恒人所最喜者，曰新曰易，幼稚人尤然。其于学说之来也，无审择之能，若使贩自欧美，为吾国夙所未闻，而又合于多数程度，含有平民性质者，则不胫而走，成效立著。惟其无审择之能，以耳代目，于是所谓学问家者，乃有广告以扩其市场，有标榜以扬其徒众。喧呼愈甚，获利愈厚。英谚曰：美酒不需招牌（Good wine needs no bush）。酒尚如此，况于学问乎？彼等既以学问为其成功之具，故无尊视学问之意，求其趋时投机而已。杜威、罗素之在华也，以为时人倾倒，则皆言杜威、罗素。社会主义与堕落派文学，亦为少年所喜者也，则皆言社会主义与堕落派文学。而真能解杜威、罗素社会主义与堕落派文学，有所心得，知其利弊者，有几人乎？学问既以趋时投机为的，故出之甚易。而切实探讨之必要。以一人而兼涉哲理、文学、政治、经济者，所在多有。后生小子，未有不诧为广博无涯涘者。美国有某学者，曾著书数百种，凡哲理算术文学科学及孔佛之教，无所不包，论者以无学问良知訾之，不许以学者之名。此在美国，有甚高之学术标准，故某学者贻讥当世，不能行其博杂肤放之学。若在吾国今日，将享绝代通儒之誉矣。东西学者多竭数年或数十年之力而成一书，故为不刊之作，传之久远。今之所谓学者，或谓能于一年内成中国学术史五六种；或立会聚徒，包办社会主义与俄罗斯犹太波兰等国之文学；或操笔以待，每一新书出版，必为之序，以尽其领袖后进之责。顾亭林曰人之患在好为人序，其此之谓乎？故语彼等以学问之标准与良知，犹语商贾以道德，娼妓以贞操也。夫以功利名誉之薰心，乃不惜牺牲学问如此，非变相之科举梦而何？

四曰彼等非教育家，乃政客也。近年以来，蒙彼等之毒者，莫如教育。吾国政治外交之险恶、社会之腐暗、教育之堕败，固不能使人冷眼坐视。然必牺牲全国少年之学业道德，不为国家将来计，而冀幸获目前万一之补救，虽至愚者不出此。不谓号称教育家者，首先倡之。五四运动以来，教育界虽略呈活泼气象，而教育根本已斫丧不少。人性莫不喜动而恶静，乐趋乎呼嚣杂遝、万众若狂之所为，而厌平淡寂寞、日常例行之事，少年尤然。聚众罢学，结队游行之乐，盖胜于静室讲习，埋首故纸万万，又况有爱国大义以迫之，多数强权以扶之哉。其尤捷黠者，则声誉骤起，为国闻人。夫人材以积久陶育磨炼而后成，否则启其骄惰之心，易视天下事，终其身无成矣。至于学校内部，各种新名词亦乘机而兴，如“奋斗”、“学生自动”、“校务公开”，意义非不美也，而以置诸中小学生之简单头脑中，鲜有不偾事者。美儒某氏曰：授新思想于未知运思之人，其祸立见。故今日学生，或为政客利用，或启无故之衅，神圣学校，几为万恶之府矣。然则当世所谓教育家者，其意果何居？曰：利用群众心理、人性弱点，与幼稚智识之浅薄、情感之强烈，升高而呼，如建瓴而泻水，以遂其功利名誉之野心而已。或又曰：子之言亦太苛。教育界现象，岂彼等始意之所料？且彼等已知悔过矣，子不闻“提高程度”、“严格训练”之说，又顺时而起，以为补救之策乎？应之曰：扬子云有云，无验而言之为妄。彼等据教育要津，一言之出，举国响应，乃不顾是非利害，不计将来之效果，信口诳言，以全国天真烂漫之少年，为其试验品，为其功利名誉之代价。是可忍，孰不可忍？彼等固敏捷之徒，其最所服膺者，为“应时势之需要”一语。今则时势异于数年以前，其数年以前所主张，已完全失败。故悔而知返，认目前时势之需要，为“提高程度”、“严格训练”矣。然责任所在，乌可既往而不咎也？军法战败者以身殉，否则为戮。西国航海家遇险，船亡则与之俱亡。惟言说之士，以其主义祸人，无法律以绳之，只有舆论与良心问题而已。故就舆论与良心问题而论，彼等言而不验者，已无再发言之资格，而犹觍颜曰“提高程度”、“严格训练”，亦已晚矣。

夫建设新文化之必要，孰不知之？吾国数千年来，以地理关系，凡其邻近，皆文化程度远逊于我。故孤行创造，不求外助，以成此灿烂伟大之文化。先民之才智魄力，与其惨淡经营之功，盖有足使吾人自豪者。今则东西邮通，较量观摩，凡人之长，皆足用以补我之短，乃吾文化史上千载一时之遭遇，国人所当欢舞庆幸者也。然吾之文化既如此，必有可发扬光大，久远不可磨灭者在。非如菲律宾、夏威夷之岛民，美国之黑人，本无文化之可言，遂取他人文化以代之，其事至简也。而欧西文化，亦源远流长，自希腊以迄今日，各国各时，皆有足备吾人采择者。二十世纪之文化，又乌足包括欧西文化之全乎？故改造固有文化，与吸取他人文化，皆须先有彻底研究，加以至明确之评判，副以至精当之手续，合千百融贯中西之通儒大师，宣导国人，蔚为风气，则四五十年后，成效必有可睹也。今则以政客诡辩家与夫功名之士，创此大业，标袭喧攘，侥幸尝试。乘国中思想学术之标准未立，受高等教育者无多之时，挟其伪欧化，以鼓起学力浅薄、血气未定之少年。故提倡方始，衰象毕露。明达青年，或已窥底蕴，觉其无有；或已生厌倦，别树旗鼓。其完全失败，早在识者洞鉴之中。夫飘风不终朝，骤雨不终日，势所必然，无足怪者。然则真正新文化之建设，果无望乎？曰：不然，余将不辞愚陋，略有刍荛之献。惟兹限于篇幅，又讨论建设，似不在本题范围之内，请以俟之异日耳。

本文原载《学衡》第1期，1922年1月。

整理者：胡　辰

校对者：漆梦云

近今西洋史学之发展

徐则陵

西洋史学至十九世纪而入批评时代，史家乃揭橥真确二概念以为标鹄，搜罗典籍古物以为资料。其方法则始于分析，成于综合。鉴别惟恐其不精，校雠惟恐其不密。辨纪录之创袭，审作家之诚伪。不苟同，无我执。“根据之学”（documentary 乃 science）自有其不朽之精神，本此精神以号召史学界者，自德之朗开氏（Ranke，1795-1886）始。史学之根据并世原著（Contemporary Source），内证旁勘等原则，皆自氏所创。自氏以还，西洋史学家始有批评精神与考证方法，史学乃有发展之可言。本篇所述，限于近百年来史学界之发现，及德、英、美、法四国学者之贡献，其史观之派别则从略。

近百年来社会科学勃兴，与史学相关最切者即后进之人种学。历史不独取材于是，本人种学家研究所得解释史象者，亦不乏其人。自一八四八年在直布罗陀发现尼项夺托（Neanderthal）人种颅骨，至一九一四年在德国发现克罗芒宁（Cromognean）人种躯骨，中间陆续发现原人骸骨者十五次，证据确凿。足见文字兴起以前，人类有甚长之历史。五十年前以六千余年前为远古史者，今乃知人类史之长且百倍于是而有余。近来欧洲所发现之石器、湖上村落、洞中壁画、食余蚌壳、祀神石柱，史家因得窥见原人生活之一斑，而再造过去。此人种学之有造于史学者也。然史学亦有蒙其害者在焉。

史学家滥用人种学家研究所得之种族差别，张大其词，扬自己民族而抑其他民族，其流弊乃至于长民族骄矜之气，自视为天纵之资，负促进文化之大任，引起国际间猜忌，而下战祸之种子。如过平罗（Count Gobineau）之著《人种不齐》（*L'Inegalite des Races Humaines*）一书，张白伦（H. S. Chamberlian）之著《十九世纪之基础》（*The Foun-*

dations of the Nineteenth Century)一书，皆史学中之种族狂派也。其徒力言欧洲各种中以洛笛种(Nordic race)为最优，宜执世界人种之牛耳而管辖之，见解偏狭，遗祸无穷。史学家从人种学上所得者，只原人生活之片面观，而不善用人种学之发现，乃造成民族谬见，史学界诚得不偿失也。虽然，种族关系本足以解释文化进退之故，审慎如麦克陀格(William McDougall)者，庶乎可免流弊欤。

史学自身近今之重要发展，大率与古文字学有关。埃及神书(Hieroglyphics)、巴比伦之楔形书(Cuneiform Writing)，最近发现之赫泰书(Hittite Hieroglyphs)，皆古代文化之秘钥，得之即窥见其奥窍。向玻灵(Champollion)借径于希腊文，而识罗色他(Rosetta Stone)石刻，而埃学(Egyptology)门径始开。至柏尔嘻(Burgsch)能读埃及草书，而埃学乃自成一种学问，精于此者始克研究埃及史。马斯披露(Masbero)发现西蒲斯(Thebos)之石陵，而埃及之宗教思想美术等始大露于世。裴德黎(Flinders Petrie)发现埃及王室与其强邻奄锡王室之通牒，而埃及史更多一章。锡加过大学教授白拉斯泰，于埃及人之宗教思想，发现尤多。一八九五以前，世之言埃及史者大率自第四代起，然今日之白拉斯泰言埃及史者，能推而上之，至于石器时代，此皆近年掘发之效果也，以麻更氏(de Morgan)之贡献为尤著。自英人劳苓荪(Rawlinson)能读楔形文字，而巴比伦史始得下手研究。一八三八年劳氏初译裴赫顿(Behiston)石刻文后研究廿年，巴比伦文字上障碍始尽去。一八七七年，沙尔善克(de Sarzec)在巴比伦平原之南部泰罗(Tello)附近之土墩内，发现非先密的民族之文字，研究之余，始知先密的民族未侵入巴比伦平原(Bayownia)之前，有苏墨人(Sumerians)据其地，其文化影响于巴比伦者甚大。同时有美国掘发队在巴比伦平原北部之聂泊(Nipper)，发现砖书以万计，巴比伦史料益多。欧战前德人发掘巴比伦(Babylon)城，战事起，遂中辍。巴比伦发现之最有价值者，莫如一九〇一年法人戴马更在苏沙(Susa)所得之解谟纳丕法典碑(Code of Hammurabi)，是为成文法之最古而今尚保存者，史家由此得知当时种种社会问题及制法之意义。奄锡城址内亦有所发现，得种种史料，于是知四千年前两河流域之文化已粲然可观，而犹太人宗教思想之受其影响者，正复不浅也。

近二十年来小亚细亚两河间地北部陆续发现赫泰人石刻及其他遗迹。十年前大英博物院掘发队在加悭密些(Carchemish)略有所得，恽克勒(Winekler)在波加斯居(Boghaz Kene)发现藏书馆一所，中有砖书二万板。现存君士但丁陈列室，尚无人能读。一九一五奥国学者郝更黎氏(Horgny)宣言云：赫泰语言非印度欧罗巴语。前此研究赫泰文字者，苦于拓本恶劣及方法不合，俱无结果，惟舍思氏(Sayce)研究四十余年略窥门径。继舍氏而起者有高留氏(H. E. Cowley)，一九一八年在牛津大学讲赫泰学，据云其文字之意义，可辨者已有百余字。沉沉长夜，微露曙影。异日有人能读其书者，定能弥补古代史乘之缺陷也。

以发现城垣宫殿等古物而揭破希腊古代史之黑幕者，则有英人爱芬斯(Evans)，在克黎脱(Crete)岛上拉沙(Knossos)地方之发现。掘地五年，发现宫殿一所。壁刻精绝，当时女子之服饰，即置诸今日巴黎社会上亦无逊色云。金器之雕刻亦精美绝伦。克黎脱文化上承埃及，下启希腊，其文字虽无识者，然从古物上考察，其文化程度甚高，腓尼辛字母即出于是，西利芒(Schliemann)之发现梅西尼(Micenea)文化，亦于希腊古代史有所发明。然梭伦(Solon)前之希腊史，仍少铁证，以真伪莫辨之《何墨史诗》尚据以为史材，则事实之缺乏可想见矣。

近人之研究罗马史者，以芒森(Monnson)所造为最深。初著《该撒前之罗马史》，名震全欧，后复专心研究法律币制等。其拉丁原著史钞之纂，体大思精，盖其毕生精力所萃。晚年著《罗马刑法考》、《罗马法典论》，亦研精覃思之作。德有芒森而史学自成一派，后起研究罗马史者，莫不受氏之影响。费雷罗(Ferrero)著《罗马兴亡史》(*Greatness and Decline of Rome*)，以经济与心理的原因解释民国之亡，耸动当世。嗣后研究罗马史者，如甘米叶(Camille)、哈佛费(Haverfield)等，皆有所发明。惟因资料缺乏，民国初年史终无敢问津者。芬留(Frank)《罗马经济史》(*Economic History of Rome*)(一九二〇出版)，盖最近罗马民国初年史之重要贡献也。近来罗掘罗马古物者，以德人及意大利人为最勤。夏登(Jordan)罗马形势之研究、蟠尼(Boni)议政厅及白拉丁河畔之发现，效果至大。米尔(Maer)在彭坡所得，尤可惊喜。考古有获。而曩之罗马雕刻纯系抄袭之谬见，今已祛除。兹事虽小，然尚确之精神则可取也。

中古史自其大体言之，可简称曰教会史，则教会史在西洋史学界之重要可见矣。十九世纪中，学者即有著中古教会史者。一八八一教皇黎河十三世公开公牍保存处，而旧教教史始免资料难得之患。然公牍充栋，非有专门训练者，不克任整理之责。非数十年整理，其资料亦不能供史家之用。旧教教会史事，尚在五里雾中，旧教教会之是非，遂不能论定。新教史重要处在宗教革新一潮流。朗开氏之《宗教革新史》，足称十九世纪之巨著。最近作者施密氏(Smith)亦能戛戛独造。氏著有《宗教革新时代》(*The Age of the Reformation*)，诚名著也。

学术无国家界限，有同情者得共求真理，谓之学术共作，此十九世纪特具之精神也。读者从上文所述可下一断语曰：近今史学界亦有共作精神。学术固贵通力合作，然国家不可无分别贡献，殊途同归，各竭其力，学术乃进，此作者所以既述近今史学之概况，而复有欧美诸国近今史学演进之分论也。

十九世纪德之史学，有两大变迁。朗开而后，德之史学界，力矫轻信苟且之弊，一以批评态度为归，嗜冷事实而恶热感情。史学何幸而得此。孰知近四十年来，普鲁士因人民爱国思想而统一日耳曼，史学蒙其影响，顿失朗开派精神，而变为鼓吹国家主义之文字，自成为普鲁士史学派。国家超乎万物，为国而乱真不顾也。视国家为神圣，以爱国为宗教，灭个己之位置，增团体之骄气，其源盖出于海格(Hegel)世界精神(World Spirit)争觉悟求自由之史学哲学，及尼采之强权学说。

斯派之健将有三，曰卓哀孙(Droysen)、曰锡被(Sybel)、曰蔡志凯(Treitschke)。卓氏倡国权无上之说。锡氏著书以推崇普鲁士王室。蔡氏鼓吹大日耳曼主义，著有《十九世纪之德意志》(*Germany in the Nineteenth Century*)一书，共七大册，包罗宏富，主旨在说明集中与离析两种势力之冲突，集中势力，普是也；离析势力，日耳曼诸邦是也。其书字里行间，有刀剑相撞弹啸炮吼之声。使历史作用在振作民气，则三人诚大手笔。如其作用别有所在，则三人堕入史学魔道，不足为法。蔡氏以一八九六作古，自是以还，德之史家渐脱普鲁士派之火气而复宗朗开氏，史学乃仍上正轨。如摩立氏(Moris)、罗色氏(Roser)、史泰因(Stein)、马格氏(Marcks)之著作。皆断裁谨严，考证详明，不失为史学界巨擘。

英国史学界以研究制度别树一帜。施泰布(Stubb)自一八六六起，讲学于牛津大学，著《宪法史》一卷，共二千页，字不虚设，论必持平，有法学家精神。故不信史有哲学，合费黎门(Freeman)、格林(Green)二人而成牛津派。费氏之《近世欧洲史学地理》、《比较政治》、《英国宪法史》，俱以历史一贯为主旨。惟其所谓一贯指行为而言，不及思想。格林氏之《英吉利民族史》(*A Short History of English People*)(一八七四)以研究文化为主旨。略于王侯将相之战功政绩而详于平民生活，此史学上之民本主义也。

剑桥大学之有梅铁兰(Maitland)，犹之牛津之有施泰布也。梅氏所著《英格兰法律史》，以一八九五年出版，力主盎格鲁撒克逊民族法律出于日耳曼民族法，而以罗马法影响英法之说为无据，见前人所未见。其以法律习惯解释国民性之处，尤为别具会心。历史眼光亦广大，尝云："人类所言所行所思皆史也，三者以思为尤要。"以为法律史即思想史。思想者，人类行为之动力也。史之注重思想，是为剑桥派之特征。

以史学论，美利坚本后进。十九世纪初年，美国人始留意于高深学术。留学于旧大陆研究史学者，大率在柏林及赖布扯些(Leipzig)。美之著第一部国史者，曰彭克洛夫(Bancroft)，毕业于哈佛，后游学德意志。心折普鲁士派之历史观念，归而著美国史。一八七四充柏林公使。朗开氏晤彭氏时，语之曰："学生以尊著见问，我告以尊著者，共和党党人目光中所谓最善之美国史也。"亦云善谑矣。美之史学界诚不免蒙大陆史学派之影响，然亦未尝不略有贡献。如马汉(Mahan)之《十七十八两世纪之海权史》(*Sea Power in the Seventeenth and Eighteenth Centuries*)，在史学上创海军史一门，以世界眼光论海军关系，马氏盖古今来第一人也。白拉斯泰之于埃及史，劳宾生之欧洲史，皆能卓然自立。(劳之辟西罗马亡之说，道前人所未道。)劳佛(Laufer)研究中国古代史著《土偶考》(*Chinese Clay Figures*)、《玉器考》(*Chinese Jade*)、《植物西来考》(*China Iranica*)，皆极有研究之作。美国人之注意远东史，亦新起之趋势也。

十九世纪思想界受浪漫主义之影响，法之史学界亦然。十九世纪上半期法之史家可称为浪漫派。笛留(Thieny)谓过去未死，学者乃恍然于古今无鸿沟之间隔，又谓情感意志古今人无异，古人虽生千载以上，千载不过瞬息，想像中不知有过去。浪漫派长于叙事，其言人情处，每能使读者神与古会，不啻"重度过去"。然重情感乃忘事实，其流弊遂为附会臆造。如密锡留(Michelet)之著世界史，以历史为人类奋斗之记载，为争自由之戏剧，可谓断章取义矣。

格伊莎(Guizot)之《法国文化史》，继福禄特尔(Voltaire)、李尔(Richl)之见解，扩大历史范围，使后起史家知历史非政记一门可了事，举凡人类一切活动皆属于历史，历史家责任在寻绎其贯通之处耳。格氏著作主旨在表扬法兰西民族之一贯精神。氏尝谓史学有三事：搜辑史事，辨其真伪，发现其关系，一也；发现社会之组织与生活，求其公例，二也；表白个性史事，以实现其状态，三也。其论史学虽未必尽然，然其著作可为史家模范。其整理史实也，一以理性为主，条理井然，苛求秩序，因而失实，则未免可惜耳。

十九世纪晚年，法之史学界尤形活动，第一流史学家有七人之多。其中拉佛斯(Lavisse)、芒罗(Monod)为最著。法之著名史学杂志(*Revue Historique*)及史学社(Societe Historique)，皆芒氏所创。拉氏以谨严见称，不以国家主义而曲护法兰西也。法史学界对于世界史兴趣尤厚。北非法属安南等处俱设有史学社。史学社在王政时代只十余所，而今日则十倍于是，专以搜罗原著及掘发为事。近年来法史学界活动之盛，固起于学者研究态度，其得政府奖成之力者亦独多。何谟奕(Homolle)之掘发 Delpi 也，国会议决津贴十万元。即此一端，可见法政府之关心学术矣。(德人在巴比伦之掘发，亦得政府津贴。惟英美史学界活动大率皆出于民间自动，说者谓德法政府注意史学有政治作用焉。）

综而言之，百年来史学特征之可举有二：曰任情，曰崇实。二者皆十九世纪两大思潮之表现，盖浪漫主义（Romanticism）与实验主义（Experimentalism）影响及于史学之效果也。浪漫主义以想像感情本能解释人生，轻将来而重过去，其见于史学者则有法兰西史家之打破古今界限，从今人性情上领会古人。普鲁士史家之爱国若狂，感情浓厚。实验主义惟事实是务，无征不信，其见于史学者则有朗开之倡考订之学，与各国学者之罗掘古物、搜辑典籍（原著）。史学性质与其他科学不同，其适用实验主义也，亦有程度之差别，方法虽殊，然精神则一也。惟史学较易于流入浪漫主义，故今日直接方法之科学上，浪漫主义已失其势力，而在史学界，则尚间有堕入此道者。使史学家能引以为戒，祛情感，以事实为归。则史学之有造于研究人事之学术，固未必多让于其他社会科学也。

本文原载《学衡》第1期，1922年1月。

整理者：薛　蓁

校对者：周　颖

评《尝试集》

胡先骕

（一）绪言

辛蒙士(Arthur Simons)之序辜勒律己(Coleridge)之《文学传纪》(*Biographia Literaria*)有言曰："在真正之批评家观之，微末之生存，不啻已死。"复以为用历史的方法以为批评，即不免翻㸃剔骼之病，予之评胡适君之《尝试集》，固自知不能逃此讥弹也。今试一观此大名鼎鼎之文学革命家之著作，以一百七十二页之小册，自序、他序、目录已占去四十四页，旧式之诗词复占去五十页，所余之七十八页之《尝试集》中，似诗非诗似词非词之新体诗复须除去四十四首。至胡君自序中所承认为真正之白话新诗者，仅有十四篇，而其中《老洛伯》、《关不住了》、《希望》三诗尚为翻译之作，似此即可上追李杜，远拟莎士比亚、弥尔敦，亦不得不谓为微末之生存也。然苟此十一篇诗义理精粹、技艺高超，亦犹有说。世固有以一二诗名世者，第平心论之，无论以古今中外何种之眼光观之，其形式精神，皆无可取。即欲曲为胡君解说，亦不得不认为"不啻已死之微末之生存"也。然则何为而评之？曰以其为今日一般所谓新体诗者之所取法故。且评胡君之诗，即可评胡君论诗之学说，与现时一般新诗之短长、古今中外名家论诗之学说，以及真正改良中国诗之方法。故虽不免翻㸃剔骼之病，亦在所不计也。

（二）《尝试集》诗之性质

胡君于作中国诗之造就，本未升堂。不知名家精粹之所在，但见斗方名士哺糟啜醨之可厌；不能运用声调格律以泽其思想，但感声调格律之拘束，复摭拾一般欧美所谓新诗人之唾余；剽窃白香山、陆剑南、辛稼轩、刘改之之外貌，以白话新诗号召于众，自以为得未有之秘，甚而武断文言为死文字，白话为活文字，而自命为活文学家，实则对于中外诗人之精髓，从未有深刻之研究，徒为肤浅之改革谈而已。今试考胡君之诗，与其论诗之学说，其最初主张者有不用典等八事，最后进一步之主张，则为诗体大解放，“把从前一切束缚自由的枷锁镣铐一切打破”。就其前所主张之八事言之，如不用陈套语，不避俗字俗话，须讲求文法，不作无病之呻吟，须言之有物，固古今诗人所通许，初非胡君所独创。至不用典，不讲对仗，不摹仿古人，则大有可讨论之处。而其最后所主张之屏弃一切法度，视之为枷锁自由之枷锁、镣铐，则为盲人说烛矣。至考其新诗之精神(不作无病之呻吟等，仅为作诗之方法，不得谓为精神)，则见胡君所顾影自许者，不过枯燥无味之教训主义如《人力车夫》、《你莫忘记》、《示威》所表现者；肤浅之征象主义，如《一颗遭劫的星》、《老鸦》、《乐观》、《上山》、《周岁》所表现者；纤巧之浪漫主义，如《一笑》、《应该》、《一念》所表现者；肉体之印象主义，如《蔚蓝的天上》所表现者；无谓之理论，如《我的儿子》所表现者。其最佳之作为《新婚杂诗》、《十二月一日奔丧到家》与《送叔永回四川》诸诗。《送叔永》一诗，其佳处在描写景物，与运用词曲之声调，其短处在无真挚之语。《新婚》与《奔丧》诸诗，所以佳者则因此种题目，易于有真挚之语。然《新婚》诸诗尚微嫌纤，《奔丧》之诗，尚微嫌不深切焉。以此观之，胡君之诗，即舍其形式不论，其精神亦仅尔尔。胡君竟欲以此等著作，以推倒李杜苏黄，以打倒黄鹤楼，踢翻鹦鹉洲乎？

（三）声调、格律、音韵与诗之关系

诗之有声调、格律、音韵，古今中外，莫不皆然。诗之所以异于文者，亦以声调、格律、音韵故。兹先论格律。胡君之目的，在“打破一切枷锁自由之枷锁镣铐”。五七言之整齐句法，亦枷锁自由之一种枷锁镣铐，故亦在打破之列，而对于其自著《尝试集》之第一编中之诗，乃以不能完全打破此项枷锁镣铐为恨。殊不知诗之有格律，实诗之本能。在太古之时，《卿云歌》等即为四言，《诗经》具体为四言，间以三言、五言，则正故欲破例以求新异，亦犹和谐之音乐中，偶加以不和谐之音节，愈衬得和谐音节之和谐也。不但诗有然，即如老子、荀子之散文，皆喜用四言之句而叶韵。岂非整齐纪律，为人类之天性耶？英人席得黎爵士(Sir Philip Sidney)以为音韵之用，在辅助记忆，不但音韵有然，即句法之整齐亦同有此功用。故在印度佛与外道之说经典，皆制为偈颂，即是故也。《离骚》之为物，杂具文与歌谣之性质，故其句法参差不齐，是为例外。递降而为五言、七言，皆中国韵语自然之趋向，不得不尔者。欧洲语言多为复音的，故不能如中国四言、五言、七言之整齐，然必以高音、低音错综而为 Meter，而限定每句所含 Feet 之数。自希腊荷马以来即然，岂非句法之限止为人类之通性耶？又尝考之歌谣，靡不以整齐句法为之。“月光光姊妹妹”三言也；“月亮光光，照见汪洋”四言也；“打铁十八年，赚个破铜钱”五言也；“行也思量留半地，睡也思量留半床”七言也。此外二言、六言、八言、九言、十言特稀。盖二言气促，六言突兀，八、九、十言过长。八、九、十言即有之，亦必分为三、四、五言小段，如“太夫人，移步出堂前”虽为八言，然为三言与五言所合成；“蔡鸣凤，坐店房，自思自想”虽为十言，然为两、三言，一、四言所合成。宋人虽常作六言诗，然读之殊觉不顺，且仅为绝句，未有用为长篇古诗与律诗者，后人亦不喜多仿之。明人虽有造作九言诗者，然其体卒不能通行，读之亦觉费力。可见四言、五言、七言者，中国语中最适宜之句法也。虽词中长短句错综，除六言句亦为词所习用外，其余皆三、四、五、七言，与三言、五言所组成之八言，四言、五言所组成之九言也。故综而观之，中国诗之单句，以四、五、七言为最宜，而舍四言外，单数字所组成之句较双数者为宜。至四、五、七言与单数字句之所以宜于诗之故，则有关于中国人心理之研究，惟心理家乃能辨之，予惟本综合之经验，以得此推论耳。抑尤有证明整齐语句之效用者，则按之古今中外，莫不先有诗而后有散文。盖诗者歌之遗，未有文字以前，已有诗歌。因之古代之散文尚作韵语也，不一观乎中国下流社会与粗受教育之妇女乎？彼不学无识之工人农夫，初不能观散文之白话小说，独喜读韵语之曲本。而粗通文字之妇女，必先读《天雨花》、《笔生花》等弹词，而后始能读散文之小说也。胡君又以为“句法太整齐了，就不合语言的自然”，以为中国之诗一变而为长短句之词，为一大进步。而词之所以较诗为高者，即以句不整齐而近乎语言之自然之故。然则何以有句法不整齐之元曲之后，乃一变而有句法整齐之剧本弹词，与乡民之曲本乎？且词曲之格较弹词剧本为高，此吾人所承认者，杂剧退化始成今日未调之剧本，传奇退化始成今日之弹词。文学退化之趋向，为解放，为舍难就易，为减少人为的，而增加自然的。而结果如此，是诗歌句法整齐，反较不整齐为自然也。胡君不察此理，妄谓句法整齐为不自然，乃以语言为证。殊不知诗出于歌谣，文出于语言，而歌谣与语言，一发原于情感，一发原于智慧，皆为初民同时所共具之才能，非歌谣出于语言也。不观乎鸟乎？在能歌之鸟，歌与语显为殊异之才能而绝不相紊。今取语言以况诗歌，是持不同类之物以相比较，无怪其无往不误也。此不知生物学与人种学之故也。

中国之有五七言，犹西国之有 meter 也。今欲洞悉整齐句法之必要，可借镜于西人对于 meter 之评论。主张解放之大诗家威至威斯(Wordsworth)以为“可悲之境况与情感，用整齐之句法，尤以叶韵为甚，较用散文可使其效力更为久远”，复谓“由整齐之句法而得之快乐，盖为由不同而得有同之感觉之快乐”。辜勒律己谓“诗与文之别，即在整齐之句法与叶韵”，又谓“正式之诗，必各部分互相辅助，互相发明，而能辅助谐合整齐句法之素著之影响”，又谓“整齐之句法，可增加普通感情与注意之活泼与感受性”。德昆西(De Quincey)以为“整齐之句法，可辅助思想之表现”。汉特(J. H. Leigh Hunt)以为“诗之佳处，在全体整齐，而各部分变异”，以为如此则“达到美之最后之目的”。波(Poe)以为“整齐句法与音节音韵，皆不容轻易抛弃者”。哈佛大学文学教授罗士(J. L. Lowes)在《诗之习惯与革命》(*Convention and Revolt in Poetry*)书中引申葛德(Goethe)之意，以为“在美术家其媒介物之限制即其达自由之路”，复谓“艺术必须一种媒介物，而媒介物决非即其所欲表现之物。帆布非即风景，大理石非即肌肤，戏院非即人世。若除去其异点，则为实物而非美术矣。若使诗之媒介物，完全与普通言语之用法同，则不成为诗矣”。其论自由诗以为“无以异于美丽之文”，而恐自由诗终不能立足于世，同时复示及近日韵文(Polyphonic prose)运用整齐句法、音节、音韵之主张，以为与自由诗同犯越俎代庖之病。可知在欧美各邦，古今来大诗人大批评家，除少数自谓为新诗人者外，靡不以整齐之句法为诗所不能阙之性质。观此亦可信中国诗之整齐句法，不足为病矣。

诗之体裁，与诗之优劣高下，大有关系。阿诺德(Matthew Arnold)以为一国诗之优劣多系于其通行作高格诗之体裁之合宜与否。法国之诗所以不及希腊与英国者，由于其高格诗通常所用之亚力山大体(Alexandrine)不及希腊之抑扬体(Iambic)与六音步体(Hexameter)与英国之无韵诗(Blank verse)也，考之吾国则五言古诗实为吾国高格诗最佳之体裁。今试以历史上之往迹观之，四言诗只盛于周，为期不及千载；至五言诗则自汉魏以至于齐梁，几为唯一之诗体，其时七言诗虽间有作之者，然远不及五言诗之重要；即至唐宋以还，虽七言古兴而律诗大盛，然五言古始终占第一重要位置。直至于今日，犹无能起而代之者，学诗者犹以为入手之途境，最后之轨则，其间岂无故哉？盖五言古之为物，既可言志，复能抒情，既可叙事，复能体物。阮步兵之《咏怀》、陈子昂之《感遇》、李太白之《古风》，皆言志之诗也；《古诗十九首》、《苏李赠答》、韩退之之《秋怀》，皆抒情之诗也；《孔雀东南飞》、《木兰词》，皆叙事之诗也；谢灵运之作，太半皆写景之诗也。诗之能事，五言古几尽能之，所不能者为七言古诗之剽疾流利、抑扬顿挫，与夫五七言、近体诗之一唱三叹、音调铿锵耳。七言古以剽疾流利、抑扬顿挫为本，故宜于笔力矫健之作。故虽说理言志不及五言，而跌宕过之。至柏梁体则尤为节促调高，难以驰骤。然以七言古跌宕委婉之故，一调叶其声调使之谐婉，则七言古诗中之长庆体，又为叙事之良好工具矣。至五七言律诗（排律不在内）以八句四韵之短幅，复以对偶为要旨，自不能如五七古极纵横阔大尽理穷物之能事。然其本能为有含蓄之咏叹，故声调尤为重要，而其能事尤在言短意长也。胡君所主张改良诗体之一事，为不讲对仗，则又不知诗歌之原理矣。夫对仗之功用，正与句法之整齐，音韵之谐叶，与夫双声叠韵，同为增加诗之美感之物。且天地间事物，比偶者极多，俯拾即是，并不繁难也。故虽在周秦之世，说理之言，亦尚排偶。如老子之“道可道，非常道，名可名，非常名”，庄子之“窃钩者诛，窃国者侯”之类，非皆排偶对仗乎？且对仗非始于律诗也，如《古诗十九首》之“青青河畔草，郁郁园中柳”、“胡马依北风，越鸟巢南枝”，苏、李诗之“昔为鸳与鸯，今为参与辰”、“烛烛晨明月，馥馥秋兰芳”、“征夫怀往路，游子恋故乡”，皆为对仗。至谢灵运之诗，则几于自首至尾，皆为对仗。以后无论五七言古诗，皆多少不能脱离对仗。以胡君所推崇之白香山、陆放翁之五、七言古诗，亦对仗极多。放翁之五古，且有自首至尾皆用对仗者。古来名人中之喜用单行以作古诗者，惟元遗山一人耳。且律诗普通仅须颈腹二联对仗，杜工部之律诗，乃每每首尾八句皆对。苟对仗确为思想之桎梏，而于诗之本质无所增益，则五古之不须作对仗者，何作者不惮烦琐而必对仗之，且不惜自首至尾通篇数十韵皆对仗之？若以大谢为喜于雕琢，故不惜对仗，陆放翁非胡君所称为白话诗人乎，何以不惜以通篇对仗之法加之五七古乎？五七律之不必对仗者，何必首尾八句皆对仗乎？五七绝本四句皆不必对仗者，何诗人每每以其两句对仗甚或四句皆对仗乎？殊不知单行与对仗各有效用，单行句法矫捷犀利，宛转摇曳。故元遗山之诗，亦以矫捷犀利著，对仗句法，雄浑严整，厚重缓和，故不求流动而欲端整之作宜之。凡此分别，作家自知。以一时之心境之异同，以定单行与对仗之去取多寡，亦极自然之事，初不必大加勉强者也，抑尤有进者。律诗中之颈腹二联，非必全对。如孟浩然诗《舟中晓望》之腹联“问我今何适？天台访石桥”，《听郑五弹琴》之腹联“一杯弹一曲，不觉夕阳沉”，《西山寻辛谔》之颈联“落日清川里，谁言独羡鱼”；李太白诗《夜泊牛渚怀古》之颈联“登舟望秋月，空忆谢将军”，《金陵》之颈联“当时百万户，夹道起朱楼”，《听胡人吹笛》之颈联“十月吴山晓，梅花落敬亭”，皆非对仗也，又可活对。如孟浩然诗《晚泊浔阳望庐山》“尝读远公传，永怀尘外踪”，

《寻天台山》“欲寻华顶去，不惮恶溪名”，《九日怀襄阳》“岘山不可见，风景令人愁”；李太白《听蜀僧濬弹琴》“为我一挥手，如听万壑松”；杜工部《赠别何邕》“悲君随燕雀，薄宦走风尘”，《送远》“亲朋尽一哭，鞍马去孤城”，《春望》“烽火连三月，家书抵万金”，《九日》“竹叶于人既无分，菊花从此不须开”，《宿府》“永夜角声悲自语，中天月色好谁看”，《九日蓝田崔氏庄》“羞将短发还吹帽，笑倩旁人为整冠”等，虽貌为对仗，然语意连续，非仅排比可比也。此法宋人尤善用之，盖既得对仗裨益声调之利，复无意义隔阂之害，即以硬对言之。如王摩诘诗《终南山》“白云回望合，青霭入看无”，《汉江临泛》“江流天地外，山色有无中”，《使至塞上》“大漠孤烟直，长河落日圆”，《送平澹然判官》“黄云断春色，画角起边愁”；孟浩然诗《望洞庭湖赠张丞相》“气蒸云梦泽，波撼岳阳城”，《岁暮归南山》“不才明主弃，多病故人疏”；李太白诗《送友人入蜀》“山从人面起，云傍马头生”，《荆门送别》“山从平野尽，江入大荒流”；杜工部诗《登岳阳楼》“吴楚东南坼，乾坤日夜浮”，《春望》“感时花溅泪，恨别鸟惊心”，《旅夜书怀》“星垂平野阔，月涌大江流”，《阁夜》“野哭千家闻战伐，夷歌几处起渔樵”，《野望》“海内风尘诸弟隔，天涯涕泪一身遥”，《蜀相庙》“映阶碧草自春色，隔叶黄鹂空好音”；王荆公诗《次御河寄城北会上诸友》“背城野色云边尽，隔屋春声树外深”，《留题微之廨中清辉阁》“鸥鸟一双随坐啸，荷花十丈对冥搜”；黄山谷诗《次韵寅庵》“傍篱榛栗供宾客，满眼云山奉宴居”；陈简斋诗《雨晴》“墙头语鹊衣犹湿，楼外残雷气未平”，《十月》“病夫搜句了节序，小斋焚香无是非”，岂以排比对仗而见滞塞耶？近体诗惟五、七排律不耐诵读，其原因初不尽在对仗，音调之过于谐婉实为一大原因，读之每恹恹欲睡。盖虽具普通各种诗体暗示之效用，而无其兴奋机能以补救之也。故虽以老杜五排波澜之壮阔，然喜读之者究鲜，而后世仿效之者尤寡也。在古诗则虽通体对仗亦无伤，则由于其音节不如律诗之谐畅，作者能错落其句法，以救单调之害耳。故胡君之反对对仗或可语于排律，然亦无待乎胡君之指摘，盖物竞天择之理无往而不在，排律与六言、九言诗之不能盛行，即可知其有可反对之理存也。至于词曲之兴，固为诗中别开门径，然不得谓为诗界之革命。盖词曲导源于乐府，在古诗中为风之流，其所长者为抒情，而不宜说理，贵清新而难得雄浑。如阮嗣宗之《咏怀》，李太白之《古风》，杜工部《自京赴奉先县咏怀》、《哀王孙》，韩文公之《石鼓歌》诸作，词曲所不能为也。且词曲限于格调，不能如诗之能纵横驰骋，即其抒情之方法亦惟言外之意是尚，与诗中之律诗、绝诗同，虽苏、辛能变格以为豪健之作，然初不能取诗而代之也。词曲例之于西诗则为 Ballad、Sonnet 之流亚，虽其中亦有至高至美之作，然不能遂取 Epic、Blank verse 而代之。故虽奔士（Burus）为诗歌之巨擘，然不得以其诗歌革弥尔敦之 *Paradise Lost* 与郎佛罗（Longfellow）之 *Evangeline* 之命。虽白朗宁夫人之 *Sonnet of Portugese* 宛转反复至四十四章之多，不可不推为言情之巨擘，然不能取摆伦（Byron）之 *The Prisoner of Chillon* 或辜勒律己之 *Ancient Mariner* 以代之也。

总而论之，中国诗以五言古诗为高格诗最佳之体裁，而七言古、五七言律绝与词曲为其辅。如是则中国诗之体裁既已繁殊，无论何种题目何种情况皆有合宜之体裁，以为发表思想之工具，不至如法国诗之为亚历山大体所限，尤无庸创造一种无纪律之新体诗以代之也。

今更进而论音节与韵，胡君既主张抛弃一切枷锁自由之枷锁镣铐，故对于音节与韵亦抱同等之态度。若不害于胡君作诗之自由，则自然之音节与夫国音字典上所能觅得同一反切之北京韵，亦可随意取用；若有碍于胡君作诗之自由者，亦不惜尽数抛弃之。窃独自谓胡君既爱其思想与言语之自由若此其挚，则何不尽以白话作其白话文，以达其意，述其美感，发表其教训主义，何必强掇拾非驴非马之言而硬谓之为诗乎？夫诗与音节之关系綦巨，在拉丁文则以长短音表示之；在英文则以高低音以表示之；在有七音之中国文，则以平仄或四声以表示之；在西文以长短音或高下音相间以为音步，而用各种不同之音步如 iambus、trochle、dactyl、anapaest 之类，错综以成句；在汉文则以平仄相间而成句。近体诗无论矣，即在上古之诗，其平仄亦按诸天籁，自相参错。今试以《关雎》一诗论之。首句“关关雎鸠”为四平；次句“在河之洲”，即加一仄声以示异；而第三句“窈窕淑女”四仄，恰与首句四平相对；末句“寤寐求之”，复为平仄相间；次章首句“参差荇菜”，两平两仄；次句“左右流之”，即两仄两平；三句重文无变；四句“寤寐求之”，复为两仄两平，以示异于第三句之四仄；第五句“求之不得”，为两平两仄；第六句“寤寐思服”，乃故拗为仄仄平仄；第七句“悠哉游哉”四平，复对以“辗转反侧”四仄；且前四句以平韵叶，后四句以仄韵叶，后二章仿此。此诗即可表示上古诗人即善驾御音节，使之有转折腾挪之妙，决非偶然之天籁使然。此即汉特所谓“全体整齐而各部变异”，正所以“达到美之最后之目的”者也。中国古诗之平仄，虽不如律诗平仄之和谐，然隐隐自有法度，在赵秋谷之声调谱中已言之详矣。今试观古诗中，若偶夹律句，便觉软弱而不矫健，或全句平仄音之句过多，便觉不谐协。故“壁色立积铁”、“溪西鸡齐啼”之句，其音节特觉刺耳。又如词中之寿楼春调以平音过多，及其他拗调中之拗句，致非习读此项词调者，每有聱牙之感，亦以是故。虽梅圣俞酌酒与妇饮一诗全篇皆用仄音，然亦其卖弄精神处，不可为训。平常习于宋诗造句生硬者，其诗之音节，每有喑哑之病，则亦由于过于牺牲音节以求别趣也。再观叙事之七古，自以长庆体为最佳，盖叙事贵婉转尽致，因之音节亦尚谐婉。长庆体全用律句以作古诗，其声调之铿锵，情韵之缠绵，遂较平常之七言古诗，出一头地。元白不论，即梅村之能嗣响长庆，亦正以其用长庆体故也。宋人尚拗调，妙以生涩取胜，然亦无一著名之叙事诗，其故可思矣，抑尤可显见者。柏梁体以每句叶韵之故，音节倍见促迫。若无识之徒，妄欲以之作《长恨歌》、《圆圆曲》等长叙事诗，其运命必可预言矣。胡君以为用五七言句法，则“第一整齐划一的音节，没有变化，实在无味。第二没有自然的音节，不能跟着诗料随时变化”，实则五七言确有自然之音节，亦能随诗料以随时变化，第初学者艺术未精，或不能操纵自如，而无美术观念之科学家与哲学家或不能察觉之耳。至谓“整齐划一的音节，没有变化，实在无味”，则此语仅能加之于五七言排律。在五七言律绝，则诗句之数不多，并不足引起单调之烦闷；至五七言古诗，其音节至可变动，加以歌行体中之杂以长短句，则尤见其活泼；即在五七言律绝，亦有吴体拗句以生别趣。一如不谐合之音之于音乐，苟神而明之，何至有整齐划一，无变化之病乎？必求诗之音节一如白话之音节，则已失诗之面目，上文已言之矣。

至于叶韵与诗之关系，亦如句法与音节之重要。胡君之诗虽不绝对废韵，然所取者为国音字典之北京韵，且有时亦竟废韵。于此当分两层论之。夫现行诗韵，订自沈约，固不得谓能代表全国之方言。然北京方言对于音韵之分别，实极简陋。普通七音之仅五音无论矣，六鱼韵之为 oo 音者，乃与七虞之为 ou 音（法文音）者无别；五微之为 e 音者，乃与十灰之为 ai 音者无别；十三覃之为 erm 音者，乃与十四寒之为 ern 音者无别；十五删之为 an 音者，乃与十五咸之为 am 音者无别。故沈约诗韵，实较国音字典之北京韵为佳。若谓为韵所限，则本有通韵之法，然即用通韵，亦较用北京韵为佳也。至若不用韵以为又可脱去一项“枷锁镣铐”，则实不知韵之功用。英国席得黎爵士以为叶韵可助记忆，上文固已言之。英诗人德来登（Dryden）以为“韵之最大之利益，即在限制范围诗人之幻想”，彼谓“诗人之想像力，每每恣肆而无纪律。无韵诗使诗人过于自由，使诗人尝作多数可省或可更加锤炼之句。苟有韵以为之限制，则必将其思想，以特种字句申说之，使韵自然与字句相应，而不必以思想勉强趁韵。思想既受有此种限制，审判力倍须增加，则更高深更清晰之思想，反可因之而生矣”。大批评家阿狄生（Addison）云：“叶韵一法可不借他物之辅助，即可使语句异于散文，每能使平庸之辞句，逃过指摘。若诗不叶韵，则音节之美丽，与夫言辞之力量，决不可须臾或离。以措持其体裁，使其不堕入散文之平易。”约翰生(Johnson)《诗人传》之评弥儿敦云：“弥儿敦所举为先例之不叶韵之意大利诗人，无一享盛名者。思想所能举为其辩护者，要为耳所驳倒。”汉特云：“今日欧洲与东方历代一致之赞成，即足以证明其为所有之诗之音乐之美。惟长叙事诗与戏曲为例外，在南欧洲即叙事诗亦然。盖为热忱之所拥护与快乐之所需求者。”罗士教授云：“每每诗中思想言辞最巧之转变，即为在韵之指导之下一霎时之神悟所得之结果”；又谓“诗同时照管字之美性，与其指事之价值，当二者未起冲突时，韵能增加唤起愉悦之能力，此诗与音乐所共具者”；又谓“韵为制造与领解组织之统一之一种结合要素”；又谓“韵为英国诗一种有大价值之建设要素，若欲废之，必有损失”云云。可知古今之诗人与文学批评家，莫不以韵为诗所不可缺之要素也。

（四）文言白话用典与诗之关系

胡君论诗所主张之八事，除关于诗体者，上文已详论之外，尚有不用典与不避俗字俗话二事，亦与诗之形式大有关系。予之对于此二主张，为相对之赞成。然初非谓典绝对不可用，而必须作白话诗也。今先论用典一事。太古之诗，自无用典之事，其后则古人事迹，往往有与后人相合者，而古人往事复往往为人所共晓，引以为喻，可为现时情事生色。此用典之起源，亦无害于诗之本质者也。又或诗人意有所刺，不欲人明悉其意，乃假托于昔人；又或意有所寓，不欲明言，乃以昔人之情事以寄托其意兴，此亦诗所许者也。惟末流所届，矜奇炫博，句必有典，天机日沦，斯可厌弃耳。释皎然“诗式”所谓诗之五格，以不用事为第一，作用事第二，直用事第三，有事无事第四，有事无事，情格俱下第五。所谓作用事者，用事以衬托其意旨，如黄山谷诗“但令有妇如康子，安用生儿似仲谋”是也。直用事则已无衬托之效用，至虽用事实等于无事，则品格斯下，至情格俱下，则尤下劣矣。皎然又指出语似用事而义非用事者，如谢康乐诗“彭薛才知耻，贡公未遗荣。或可优贪竞，未称达生”，以为“此申榷三贤，虽许其退身，不免遗议。盖康乐欲借此以成我诗，非用事也”。又如杜工部诗《春日怀李白》，“白也诗无敌，飘然思不群。清新庾开府，俊逸鲍参军”。此亦引古人以美李白，亦不得谓为用典也。又如李长吉诗“买丝绣作平原君，有酒惟浇赵州土”，亦极称此二事之可作，借古事以寄托其胸怀，亦不得谓为用事也。又如杜工部诗《别房太尉墓》之腹联“对棋陪谢傅，把剑觅徐君”，亦谓己与房太尉之亲密，至偕同游燕，一如谢元之与谢安对棋。复谓房太尉之死，己之知音之感，一如季札之欲挂剑徐君之墓。此虽为用典，然借以烘衬其情事，仍无害也。又有古人之名言或名作引用入诗，苟点染入神，反倍生色。如周美成词西河之第三半阕“酒旗戏鼓甚处市，是依稀王谢邻里。燕子不知何世，入寻常巷陌人家，相对如说兴亡，斜阳里”，若此段意义，非脱胎于“朱雀桥边野草花”一诗，而为美成臆造，已自佳妙。然美成以此著名之诗，取其意义，融会入词，则尤见运用之巧，而生两重美感，此又不可以其用事为病也。又如辛稼轩词贺新郎之后半阕“将军百战声名裂，向河梁回头万里。故人长别，易水萧萧，西风冷，满座衣冠似雪……”，大力包举，一气浑成，虽用河梁易水二典，然不见运用之痕迹，徒为其大声鞺鞳之音节，更增色彩，亦不得以用典病之也。且用典之习，不特中国有之，西国诗人亦莫不然。荷马诗中之神话，已为文艺复兴以后诗人所用滥。至莎士比亚、弥儿敦之著作出，则又群起引用二氏著作中之情事。即以主张改革之大诗人威至威斯亦莫不然，如 *Scorn not the Sonnet* 关于 Sonnet 之典，用之至再。又如其 *Ecclesiastical Sonnets* 中，关于宗教之典，不惜累累用之。盖历史与昔人之著作，后人之遗产也，弃遗产而不顾，徒手起家，而欲致巨万之富，不亦难哉？然亦有一项枵腹之诗人，自家之思想不高，乃必依草附木，东涂西抹以炫众，则李义山之衣，固已早为人所撕碎，不必胡君始起而创反对之论也。若确有用事用典之能力而不见斧凿之痕，则其润色修饰之美德，自不可抹杀。予作诗即不喜用典，然对于古今人用典之佳处，初不能妄和訾议，且不得不为之辩护也。

胡君创白话诗与白话文之理由有二。一以过去之文字为死文字，现在白话中所用之文字为活文字，用活文字所作之文学为活文学，用死文字所作之文学为死文学。而以希腊拉丁文以比中国古文，以英德法文以比中国白话，以自创白话文以比乔塞(Chaucer)之创英国文学，但丁(Dante)之创意国文学，路德(Luther)之创德国文学，以不相类之事，相提并论，以图眩世欺人，而自圆其说，予诚无法以谅胡君之过矣。希腊拉丁文之于英德法，外国文也。苟非国家完全为人所克服，人民完全与他人所同化，自无不用本国文字以作文学之理。至意大利之用塔斯干(Tuscany)方言之国语之故，亦由于罗马分崩已久，政治中心已有转移，而塔斯干方言已占重要之位置，而有立为国语之必要也。希腊拉丁文之于英德法文，恰如汉文与日本文之关系，今日人提倡以日本文作文学，其谁能指其非？胡君可谓废弃古文而用白话文，等于日人之废弃汉文而用日本文乎？吾知其不然也。夫今日之英德意文固异于乔塞、路德、但丁时之英德意文也。乔、路、但时之英德意文，与今日之英德意文较，则与中国之周秦古文，与今日之文字较相若，而非希腊拉丁文与英德意文较之比也。胡君之作此论，非故为淆乱视听，以求自圆其说，即为不学少思，此予不能曲为胡君谅者也。且即以英文而论，今日之英文中纯正的撒克逊字为数几何，拉丁文为数几何？除彭衍（Bunyan）一人外，不用拉丁字而能作一有价值之文学者有几人？又以日本文而论，今日之日文中纯正之日本字为数几何，汉字几何？然拉丁文之于英文，汉文之于日文，外国文也，非中国古文之与白话之比也。英人日人之文学，不以拉丁字汉字之为外国字而屏弃之，吾人乃屏弃吾国稍古之文字，某君且欲倡立一种“欧化的国语文学”，宁非傎乎？且文学之死活，以其自身之价值而定，而不以其所用之文字之今古为死活。故荷马之诗，活文学也，以其不死（immortal）不朽也。乔塞之诗，活文学也，以其不死不朽也。梭和科（Sophocle）之戏剧，活文学也，以其不死不朽也。席西罗（Cicero）之演说，活文学也，以其不死不朽也。蒲鲁大（Plutarch）之传记，活文学也，以其不死不朽也。反而论之，Edgar Lee Masters之诗，死文学也，以其必死必朽也，不以其用活文字之故而遂得不死不朽也。陀司妥夫士忌、戈尔忌之小说，死文学也，不以其轰动一时遂得不死不朽也。胡君之《尝试集》，死文学也，以其必死必朽也，不以其用活文字之故，而遂得不死不朽也。物之将死，必精神失其常度，言动出于常轨。胡君辈之诗之鲁莽灭裂趋于极端，正其必死之征耳，不然，世间无不朽之著作。而每种名著之命运，最多亦不过二三百年矣，天下宁有是理哉？以此观之，死活文学之谬论，不足为白话诗成立之理由明矣。

胡君复以为李、杜、韩、白诸诗人皆曾用白话入诗。历来诗人，鲜有不用俗字俗话者，因谓完全白话诗有成立之理由，实则不然。夫不避俗字俗话固也，而必避文言又何故乎？辜勒律己以为语言可分为三种，一为诗所特有者，二为仅宜于文者，三为诗文共用者。中国之诗，自三百篇以下，无不多少引用一部分白话入诗，然必宜于诗或并宜于诗文者方能用之，彼不宜于诗或竟至不宜于文者必不能用。在古之诗人则然，在今之诗人亦莫不然也。且即用白话，其用之之法必大有异于寻常日用之语言。辜勒律己之评威至威斯之诗曰：“吾所以为奇特而可注意之事，即以俗话不但为最佳之体裁，且为仅可推许之体裁之理论，乃出于其言辞。舍莎士比亚、弥尔敦外，吾以为最为特殊而具个性之诗人也”；又谓“总而言之，若于威至威斯之诗中，除去为其绪言之理论所不许之著作，则最少其诗中三分之二之特殊美丽，必在屏弃之列矣”；又论威至威斯所用之俗字曰：“但其所用之字，系用于日常生活所用之地位，以表示同等之思想或外物乎”。可知徒以俗话作诗，虽在大诗人如威至威斯者，亦有所不能也。胡君自谓“主张用朴实无华的白描工夫”，其谁以为不然？然无论如何白描，如何不避俗字俗话，要必以能入诗者为限，此可断言者也。故如腰子、鸭、荔支、莲花，皆白话所常用之字也，非蛾眉、朱颜、银汉、玉容等字之比也。然郑子尹诗“荔支腰子莲花鸭，羡尔承平醉饱人”，便为最佳之诗，而非胡君“但记得海参银鱼下饺子，说是北方的习惯”可比也，亦非苏州某名士之诗“火腿蛋摊薄饼，虾仁锅贴满盘装”可比也。且诗中有时所用之俗字俗话，竟为文言文所不许用者，如黄山谷诗“饱吃惠州饭”，陈简斋诗“平生老赤脚”，吃饭与赤脚，皆平常文言文所不用者。盖诗之功用在表现美感与情韵，能表现美感与情韵，即俗话俗字亦在所不避，否则文言亦在所不许也。宋人之诗最以工技术（Technic）闻，然杨诚斋、刘后村极喜以俗话入诗。有清一代诗人最特殊者，莫如咸丰间之郑子尹。苟胡君得读其《巢经巢》诗，将益以为吾道不孤矣。然其过人处，正在以俗话俗字入诗，而能语语新颖，不嫌其俗。如“开门风过月照地，竹根草脚皆虫声”、“麦深不见人，时闻挽车响。傍道多草舍，老翁聚三两”、“君试亲行当自知，此道如读昌黎之文少陵诗，眼著一句见一句，未来都匪夷所思”、“负母一生力，枯我十年血。维母天地眼，责命不责术”、“阿卯出门时，论语读数纸。至今知所诵，曾否到孟子”、“梦醒觅娇儿，触手乃船壁”、“卯卯今夕乐，乐到不可名。不解忆郎罢，但知烧粉蒸。守岁强不卧，喧搅至五更。班班稍解事，针缕亦略能。头试活莬花，安排拜新正”、“兴到即野饮，菜花迷大堤”、“车中一觉还山梦，正及村前饼熟时”、“岸树尽相熟，枝叶无一紊。入篷坐未定，又出验水印。明知不能缆，却怪舫师钝。舫师益气塞，指水但增恨”、“雪花大如蝶，片片飞上眉”、“以我三句两句书，累母四更五更守”，如此之诗，岂以俗话为嫌耶？然又非胡君辈之白话诗可比也。又如其“完末场卷，矮屋无聊，成诗数十韵，揭晓后因续成之”一诗中，“四更赴辕门”至“关防映红青”一段，历叙乡试时之情况，写五百年来诗人之所不敢写。又如“端午阿卯”一诗云：“鲁论半部应成诵，渠母前朝早任嬉。嫩绿胡孙高蹋臂，雄黄王字大通眉。”又如《度岁澧州寄山中四首》之第三首云：“今日趁公回，假面可市曾。卯须张飞胡，章也称鹘艳。还应篾黄竹，预办虾蟹灯。”又如《题新昌俞秋农先生书声刀尺图》云：“女大不畏爷，儿大不畏娘。小时如牧豕，大时如牧羊。血吐千万盆，话费千万筐。爷从门出，儿从后门去。呼来折竹签，与儿记遍数。爷从前门归，呼儿声如雷。母潜窥儿倍，忿顽复怜痴。忧楚有笑容，尚爪壁上灰。为捏数把汗，幸赦一度笞。”如此专用俗事，为前人所不敢为，然用之极工，则宁以俗事为嫌耶？即以陈伯严、郑苏庵亦善白描，如陈伯严《峥庐述哀诗》云："犹疑梦恍惚，父卧辞视听。儿来撼父床，万唤不一应"，"哀哉祭扫时，上吾父母冢。儿拜携酒浆，但有血泪涌"；又如《峥庐雨坐四绝句》之一云："客佣之母吾邻媪，自识儿时四十年。白发苍颜今再见，避谈旧事益凄然"；《郑苏庵家书至却寄诗》云："正月月圆时，斜街鼓咚咚。二月月圆时，我在官学中。……署中时来云，某日当趋公。赁车便应去，车声何玲珑"；第二首云："大七黠可怜，岁暮甫断乳。孟冬我行时，识字已百许"；《哀东七》云："冬至幸脱命，小寒过不得。父怜母复爱，抚汝两脚直"；《述哀诗》云："榕城疫盛行，人鬼争出殁。里中丧族弟，俄复夺一侄"……皆尚白描，不假雕琢。可知争持之点，不在可否作白话诗，而在无论何种白话，皆可用以为诗否耳。

复次诗之功用，在能表现美感与情韵，初不在文言白话之别。白话之能表现美感与情韵，固可用之作诗。苟文言亦有此功用，则亦万无屏弃之理。胡君活文学死文学之说，上文已辟之綦详，今试以欧美诗人与批评家之说证之，则尤见文言诗实有存在之理由。英国大诗家格雷(Gray)云："以体裁而论，予可断言现时之语言，决不能为诗之语言。惟法人之诗，除理想与想像外，其言辞与散文无异。吾国之诗则另有一种特异之言辞也。"辜勒律己云："较古之言辞，最宜于诗。盖因其仅将重要意义表现清晰，其他意义，仅隐约表现之也……诗能与读者最多之快乐，即在大段了解而不完全了解之时。"罗士教授云："诗与法律、宗教、礼仪与游戏四物，不但能保存古字，且能保存字之古体与其古义……予所欲注重者有一点，即古字之宜于诗一与他字同，但问其用之得当与否耳。"英国诗人强生(Ben Johnson)有言曰："古昔之字，可增加体裁之雄壮。"不过亦须用之得当，否则但知涂改清庙生民之什，而无本质，则亦不足取耳。

总而论之，胡君之诗与胡君之诗论，皆有一种极大之缺点，即认定以白话为诗，不知拣择之重要，但知剿袭古人之可厌，而遂因噎废食，不知白话固可入诗，然文言尤为重要也。胡君以为"白话入诗，古人用之者多矣"，且举放翁诗及山谷稼轩词为例，殊不知文言入诗，古人用之者亦多，亦可举放翁山谷稼轩为例也。白话之于诗，完中之偏也，凡用名学以作推论，不能以偏而推其全。"盗，人也。杀盗非杀人也。"胡君自命为名学巨子，此理曾不知乎？抑故欲眩人耳目乎？今又细考胡君之诗，何胡君之白话诗不及郑子尹、郑苏庵之白话诗也，则由于胡君但能作白话而不能作诗之故。如《尝试集》中《周岁》、《上山》、《我的儿子》、《自题藏晖室札记》、《威权》、《一颗星儿》、《应该》、《你莫忘记》、《看花》、《示威》、《纪梦》、《许怡荪》、《外交》诸诗，皆仅为白话而非白话诗，其中虽不无稍有情意之处，然亦平常日用语言之情意，而非诗之情意也。夫诗之异于文者，文之意义，重在表现(denote)，诗之意义，重在含蓄(counate)与暗示(Suggest)；文之职责，多在合于理性，诗之职责，则在能动感情。辜勒律已曰："佳文之界说，为适宜之字在适宜之地位。佳诗之界说，为最多适宜之字在适宜之地位……散文之字，仅须表现所欲说之意义而已……但在诗中，则汝所作必过于此限。其为媒介物之字，必须美丽而能引人注目。同时又不可过于美丽，致摧毁由于全诗而得之统一。"又云："诗之异于文者，以诗之法律必较散文为谨严。每每散文所允许之物，诗乃不能不弃去之也。"胡君不知此理，但为表面上文言白话之区别，此其白话诗所以仅为白话而非诗欤。

（五）诗之模仿与创造

胡君论诗所主张八事之七曰，不摹仿古人，须句句有我在一语，高格之诗人与批评家皆知之，初非胡君之创见。至不摹仿古人一层，则大可商榷。夫人之技能智力，自语言以至于哲学，凡为后天之所得，皆须经若干时之模仿，始能逐渐而有所创造。今试以一哺乳之小儿，使之生于一禽鸟俱无之荒岛上，虽彼生具孔、墨之圣智，必不能发达有寻常市井儿之技能。语言、文字、歌曲、舞蹈、绘画、计算、雕刻、烹饪、裁缝之各种技术，均无由得之，其哲学思想、艺术美感亦无由发达，虽其间或能有三数发明与创造，然以彼穷年累月之力之造就，必不能及今日小学生在校一二日之所得也。今贵乎教育者，岂不以其能使年幼者得年长者之经验，后人得前人之经验，不必迂回以重经筚路蓝缕之困苦乎？今试以哲学论之。自伏羲造卦以来，叠经老、孔、庄、儒、墨，汉、唐、宋、明诸贤哲之殚思尽虑所积成之哲学，在今日之大学中，以一星期三小时之教授，一年之间，即可知其大凡，而洞悉其异同蜕嬗之迹。其所以能此者，即其思想曾循前人之轨辙，使其心理一一与前人相合，亦即思想之模仿也。思想模仿既久，渐有独立之能力，或因之而能创造。然虽有创造，亦殊难尽脱前人之影响。今试观今日之唯心派、唯物派之哲学，其谁非秉昔贤之原理，与受文化环境之浸润，以递嬗而出者乎？即近日最流行之实用哲学，詹姆士教授(Prof. James)亦称其"新式样之旧思想"，而白璧德教授(Prof Irving Babbitt)且谓柏格森之哲学为卢骚主义之后嗣也。再以音乐论之，人类虽有唱歌之乐器，而音乐自身亦不知几经改造而有华格纳(Wagner)、摩查得(Mozart)繁复之谱乐(Symphony)。试问无摹仿之功，全凭创造之力，即以华葛纳、摩查得之天才，能作此等最繁复之高格音乐乎？不但不能作也，即领略其佳处，亦非易易。世固有最佳之音乐，无论曾否受音乐教育之人皆知其美者，然以自身及友人之经验证之，每有曾受音乐教育之人所称美赞叹之曲，在未曾受音乐教育者，乃不知其所以然，尤可怪者。每每善弄欧美音乐者，乃不知中国琴韵之佳处，而中国琴师亦不知西乐之佳处。此无他耳，未经训练，心理上未得相同之嗜好故也。然音乐不过为甚近于人为之艺术耳，至纯属人为之艺术，则莫过于中国之书法。自理论言之，天然艺术如诗、戏曲、小说、图画、雕刻之类，最易为外境所拘，易于模仿而不易于创造。而人为艺术如音乐、书法等最有自由，易于创造而不必模仿。实亦不然。今试以书法言之，除蝌斗文鸟篆或为纯粹创作外，若大篆、小篆、隶、楷、行、草莫不有因袭模仿之迹。即以楷书论，钟繇模仿蔡邕然非蔡邕，卫夫人模仿钟繇然非钟繇，王右军模仿卫夫人然非卫夫人，自后欧虞褚柳俱模仿二王然非二王，颜鲁公模仿徐浩而非徐浩。小欧模仿大欧，薛稷模仿褚，而二人之作乃异乎大欧与褚。及至近日何绍基模仿争坐位，翁覃溪模仿化度寺，何翁岂真化度寺与争坐位哉？故以书法之沿革考之，名家书法莫不模仿，亦莫不创造。仅能模仿而不能创造者，固不足以其技名；不模仿而能创造者，亦目所稀见。不独此也，即赏鉴家之态度，亦随习俗模仿而变迁。清初之嗜董与清末之嗜北魏尤为特著，通常习南帖者鄙北碑为犷野，习北魏者嗤晋唐为凡近。其去取之间，岂真有至理存乎其间哉？无亦以模仿之不同，嗜好即因以异耳，此等纯粹之人为艺术尚不能不模仿，复何语于被天然艺术如诗与图画雕刻乎？图画雕刻不能不模仿风景人物，诗亦不能不模仿风景人物与人情，亚里士多德谓诗为“模仿艺术”，岂无故哉？

难者或谓亚里士多德之模仿与吾辈所攻击之模仿不同。亚氏所谓模仿乃为模仿天然景物，模仿人情，不但模仿事实上之人情，并且模仿理想上可能之最高格之人情，此即吾辈所认为创造者。至吾辈所攻击之模仿乃新古学派(Neo-classical School)所主张之不但模仿天然界之事物与人情，且须模仿昔人之著作，不但模仿昔人之著作，且以仅须模仿昔人之著作为足也。吾辈所攻击者，非为能模仿天然界事物与人情之李、杜、苏、黄，而为模仿李、杜、苏、黄者也。此语诚具片面之理由，可为但知模仿不知创造者下一针砭，然不能证明绝对不可模仿古人也。夫天然之景物与人情，虽有万殊，然多有类似之处。吾人之思想嗜好，与表示思想之言语，以及发语之方法态度，虽以人而异，然亦有类似之处。而彼古人生于今人之前，自较吾人先有表示天然景物与人情之美点之机会。今人之性情既多少与古人之性情相似，则今人所表示天然景物与人情之方法态度，自不能不有类似于彼之性情所相近之古人之处。且古人之作，非尽可垂范于后世也。万千古人为诗，仅有十一古人可为后人之所取法，彼能垂范于后世之古人，必在彼之一类之性情与表现事物之方法态度中，有过人之处，故与彼之性情及表现事物之态度相类似之今人。欲为高格之作，必勉求与彼之心理嗜好韵味符合，斯能得其一类性情之高深处。又彼名家表现事物之方法态度，亦必有为后人所难及处，必模仿研几其所以然，始可望己所发语表物之方法态度可与古人媲美也，然此又非谓无须乎创造也。盖人之性情虽大约相似，然绝不能相同。故同一学杜，韩昌黎即异乎白居易，杜樊川复异乎李义山，欧阳文忠、王半山、黄山谷、陈后山、陈简斋、陆放翁皆学杜而各各不同。虽各各不同，然细究之则仍知其皆出于杜，斯之谓脱胎即创造，创造即脱胎，斯之谓创造必出于模仿也。胡君所主张者句句须有我在，韩、白、黄、陈之学杜而终能自辟门户者，正以其句句有我在也。于此正可以生物学例之。生物之世代相传也，莫不类似其父母，而又不能恰似其父母。其似之甚者，亦有几希之异。其不似之甚者，虽为种畸(Mutation)，然亦有一二类似父母之处，惟其异点特多而著耳。今持此现象以语于诗，则模仿者类似父母之道也，创造者不类似父母之道也。韩、白、黄、陈之异乎杜而终为杜之子孙者，正以其虽面目不似杜而骨则似杜也。反而观温飞卿、李长吉、卢仝、孟郊、贾岛、柳柳州、韦苏州、苏东坡、范石湖、翁灵舒、谢皋羽之辈，则不得谓为杜之子孙者，以其绝不似杜也。然仍同为诗者，则以其格律、韵味有所相似也，亦犹张甲、李乙。黄人、白人虽血族不同，然终为人也。必绝对不模仿，绝无似古人处，则犹犬之非人，虽为至美之犬，亦终不得谓之为人也。然则明七子之学杜亦可与韩、白、黄、陈并称乎？曰是不然。夫生物界有相似而无相同，即以孪生之兄弟，其面貌性情亦有不同之处，诗文亦然。此正以其句句有我在也，与之毫发无异者，斯为人物之摄影，然摄影死物也，虽得其形似，而终无其精神者也。夫人之摄影，不得谓之为人，亦犹明七子之学杜，而终不得谓之杜，以其有杜之面目，而无杜之精神也。某君少年时学黄，黄诗有“槁项顶螺忘岁年”之句，某君即易为“顶螺槁项已忘年”。如此之模仿，斯为摄影之模仿，为句句无我在之模仿。此乃胡君所宜指斥者，亦即有眼光之诗人与批评家所宜指斥者也。

且善于模仿古人者，除上述个人之个性外，尚有他法以自异于古人也。其法惟何，一为兼揽众长，夫模仿不必限于一家一人之作，可絜取众人之美，既学陶又可学谢，初可仿杜继可仿李，截长补短，复加以个人之个性，即可另开一新面目。生物界中除用割接、分根、插枝，用诸营养体繁殖之子孙与母体无异，雌雄配偶所生之子孙，决无恰似父母之理，诗文亦然。再则世间意境，或尚有古人所未见，冥心刻意以另辟草莱，于古人之中，别立异帜，亦自立之道也。观夫承唐宋金元之后，明清作者尚有阮大铖、邝公露、王渔洋、吴野人、郑子尹、陈伯严、郑苏庵、袁昶诸家之诗，各开未有之境界，益信文艺界自立之多途矣。三则发扬光大古人之一长，以另立门户，此例之显著者，为诸家之学杜。杜工部之诗，包罗万有，韩昌黎专学其雄浑，白居易专学其平易，李义山专学其秾丽，王荆公专学其苍劲，黄山谷专学其奇崛，陈后山专学其幽涩，各以杜之一长而发扬光大之，遂各辟一门户，此创造即寓于模仿之中也。四则人世日迁，人文日进；社会之组织进步，日新月异；哲学、历史、政治、经济各种学问，日有增益；甚至社会之罪恶与所待以解决之方，亦随人文进步而有不同。彼真正之诗人，皆能利用之以为其诗之材料，是虽体裁模仿古人而无少变，实质上亦与之有异。新思想之李白杜甫，庸讵不见容于二十世纪耶？

此外技术上亦不得不有所模仿也。无论何种艺术，舍内部之精神外，尚有外部之技术。毛柏桑固以写实主义见称，然其令誉非半系于其文笔严洁，一字不可易乎？丁尼孙非以辞句无疵见称，而白朗宁非以不事修饰，贻人口实乎？易卜生之主义，虽有人訾议之，其技术上之改革，则诚不可磨灭也。夫习音乐者，在未高谈乐理之先，必须习弹弄各种乐具之手法，与夫音之高低缓急之配置，继进而研究乐谱分段分章之组织、各种乐器之和谐，夫然后可讲及名家乐谱之模仿，以及各家之派别，与其优劣。如此极深研几，始可进而言创造。习画山水者，必先习芥子园画谱山水、人物、树木等最简单之画法，继习大斧劈、小斧劈、披麻、荷叶等皴法，再进而及于全幅峰峦、溪涧、桥梁、邨舍之布置，再进而临摹唐、宋、元、明、清诸大家之名作，渐渐辨别其异同，审判其优劣，夫然后择一二家精专之，久久方能别具邱壑自有创造。他如书法雕刻，亦莫不然，诗亦岂能独异？故学为诗者，必先知四声之异同、平仄相间之原理、古诗律诗之性质、起首结尾阴阳开合之宜忌、题目之性质与各种诗体之关系，进而博读诸家之名著，审别其异同，籀绎其命意遣辞造句、练字行气取势之法，再择其一二家与己之嗜好近者，细意模仿之，久久始可语于创造也。对于技术上若无此种精邃之研究，必也淆乱无章，大题小做，音节不谐，色泽不一，雅郑杂陈，诸病纷至沓来，而终为一种草昧时代之美术矣。此舍诗之本质外，技术上亦不得不模仿古人者也。

（六）古学派浪漫派之艺术观与其优劣

综观以上之讨论，吾人可知胡君之诗所代表与胡君论诗之学说所主张者，为绝对自由主义，而所反对者为制裁主义、规律主义。以世界文学之潮流观之，则浪漫主义、卢骚主义之流亚，而所反对者，古学主义（Classicism）也。或以为胡君所提倡者为写实主义之文学，其《人力车夫》一诗，纯为写实体。《威权》、《周岁》、《上山》诸诗，虽具象征主义之外貌，然其骨骼仍与写实主义同以教训为目的，谓之为浪漫主义之流亚，无乃无征不信乎？曰浪漫主义多门，而其共同之性质，则为主张绝对之自由，而反对任何之规律，尚情感而轻智慧，主偏激而背中庸，且富于妄自尊大之习气也。在欧洲首先提倡者为卢骚，及其末流则其人生观有绝不相容之尼采、托尔斯泰两派，其艺术观亦有绝相矛盾之自然主义、神秘主义两派，要之偏激而不中庸而已。胡君与其同派之诗人之著作，皆不能脱浪漫派之范围，而与之绝对不相容者，斯为古学主义。故欲论其优劣，必先明两派之优劣，欲明两派之优劣，必先明两派之艺术观。兹分论之如下。

古学派之鼻祖为亚里斯多德。亚氏生有科学家之天性，故对于艺术，亦以科学的分析的眼光，以钩稽其原理，而首创批评之学，以科学的眼光为客观的、自外的。故亚氏认叙事诗与戏曲为诗之正宗，而谓诗为模仿技术。其言曰："诗之起原，根于人类天性中之两种理由。一为模仿之习性，盖模仿为人类之本能……二为凡人皆喜模仿之产物……其所以喜此者，复基于吾人一种天性。即学习之欲望，盖学习为人类快乐中最著者也。"又云："模仿为吾人之天性，亦犹音乐和谐与音节为吾人之天性也。"又云："叙事诗有一点与悲剧相同者，即用一种高格之诗，以为重大事故之模仿也。"对于悲剧，亚氏认有六种元素：(一)计画。(二)伦理性质。(三)辞句。(四)理性。(五)外观。(六)音调。六者之中，音调与辞句，关系于模仿之媒介物，外观关系于动作之表现，计画、伦理性质与理性则关系悲剧之内容。亚氏对于此六者，复有多量之发挥，而于悲剧之技术，皆加以有条理之规定。盖亚氏既认定悲剧为模仿技术，则所研究者，在所以模仿之方法，亦犹从事科学哲学者，在未加研究之先，必须研究所以治斯学之方法也。及其末流，如新古学主义派，则认技术为万能，以为苟认定亚氏之规律，则虽无内部之灵悟，亦可作最佳之悲剧。故亚氏所主张者，为模仿天然之事物与人情，而新古学派乃主张模仿昔人之著作，流弊遂如明七子之学杜，陈陈相因，依草附木，而个性尽矣。然其佳处，则在格律整齐，主张正大，虽有陈腐之嫌，然无谬妄之习。至卢骚出则风气大变矣。

卢骚力主返乎自然，不但对于文学主张废弃一切规律，即对于人生，亦全任感情之冲动，而废除理性之制裁。尝自述少年时曾任孤鸿伯爵家执事，彼乃以为无冒险性质，无故弃去之。日后隐居之时，彼每恨不速之客，无因叩门以破其幻梦。故初无有理性之人生观念，至使子女待育于他人。对于政治则倡无根据之民约论，对有教育，亦主张绝对之放任，甚至谓"有思想之人，为德性败坏之动物"。其影响之所及，上焉者固有威至威斯、协黎之奇美绝丽，下焉者乃泛滥横决，如费得曼(Whitman)矣。然犹未也，自十九世纪科学与平民主义发达以来，对于高尚之文学，咸生疾视之态度，于是以科学方法作“平民文学”，凡艺术上之规律抛弃罄尽，凡高尚思想与社会上之美德，咸视为虚伪，如萧伯纳、士敦保格之徒，几不信法律、道德、情爱、忠勇、仁慈诸美德，为人类之可能性；对于艺术，绝不思及拣择之重要，纯以一种摄影方法，以描写社会，甚且专拣择特殊丑恶之情事，以代表社会，以示人类实无异于禽兽。其宣传平民主义社会主义也，不求提挈此失教之平民使上跻于“智识阶级”之地位，使有与“智识阶级”同等之知识，第欲推翻智识阶级，使之反变为愚騃，不惜将历代俊秀之士所养成之高格文化、高格艺术，下降以就未受教育、姿禀驽下之平民之视听。薛尔曼教授(Professor Stuart P. Sherman)称此十九世纪之末叶，为生物主义之时代，信不诬也。至他一派之浪漫派，初无威至威斯、协黎、奇茨(Keats)高尚之理想，但求官觉上之美感，所作之诗，除表现一种天然界物质之美外，别无高尚之意味；除与肉体有密切关系者外，初无精神上独立之美感，不能以物质表现精神，但窃取精神之外貌，以粉饰物质。在欧美则有印象主义派(imagist)，在中国则近日报章所登载模仿塔果儿之作，与胡君《尝试集》中《蔚蓝的天上》一类之诗，皆此类也。夫浪漫主义苟不趋于极端，在文学中实有促进优美人生观之功效。昔在希腊，对于人类之行为，但判其美丑，而不问其善恶者，实此意也。此等高格与下品浪漫主义之区别，一般浅识之徒，殊不能辨。今试以昔日英国浪漫派诗人之作，与近日所谓新诗人之作相较，即可知其梗概。威至威斯十九世纪初年浪漫派诗人之巨擘，且极力主张以俗语作诗者，然其佳作则不但曲状自然界之美，且深解人生之意义。近日之新诗人，除印度之塔果尔外，笔底具此化工者殆鲜。今试举威氏“Ode an Intimations of Immortality”、“Yarrow Unvisited”、“*Yarrow* Visited”、“Yarrow Revisited”、“Lines, Composed……above Tintern Abbey”诸诗，岂今日新诗人所能企及者？又如“The Daffodils”、“To the Daisy”二诗同为咏物之作，然寄托之遥远，又岂印象派诗人 Richard Aldington 所作之“The Poplar”所能比拟？同一言情爱也，白朗宁夫人之“Sonnets from Portugese”乃纯洁高尚若冰雪，至 D. H. Lawrence 之“Fireflies in the Corn”则近似男女戏谑之辞矣。夫悼亡悲逝，诗人最易见好之题目也，然 Amy Lowell 之 Patterns 何如丁尼孙之“Home They Brought Her Warrior Dead”与波(Edgar Allen Poe)之“The Raven”？而 D. H. Lawrence 之“A woman and her Dead Husband”则品格尤为卑下，一若男女相爱，全在肉体，肉体已死，则可爱者已变为可憎可畏，夫岂真能笃于爱情者所宜出耶？此外则能表现超自然之慧悟之作，尤为近日诗人所不能为，如丁尼孙之“Crossing the Bar”、“The Higher Pautheism”，白朗宁之“Prospice”、“Evelyn Hope”，Emily Bronte 之“Last Lines”，Christina Rossetti 之“Up-Hill”，Bryant 之“Thanatopsis”诸诗，皆富于出世之玄悟。新诗人中惟塔果尔以东方哲学为诗，始能得其梗概，至 Masefield 之“What am I，Life”则品格之相去有若霄壤矣。反而观中国之新诗，其自居于浪漫派之诗人，所作亦仅知状官感所接触之物质界之美，而不能表现超自然之灵悟。如胡君《蔚蓝的天上》一诗，除形容各种自然界谐合之颜色外，别无一毫言外之意。胡君以为“吾国作诗，每不重言外之意”，殆自道其短，初非语于昔人之作也。其他新诗人之诗，亦同犯此病。时事新报所载王君绍基《一个秋晚的海滨》，即可以代表近日浪漫派新诗，然所表现者，亦仅为自然环境之美，而未能表现因此环境而引起之主观的超自然之美感也。返观古人之作如孟浩然《登鹿门山》、《夜归鹿门歌》，王维《蓝田石门精舍》、《自大散……至黄牛岭见黄花川》、《过香积寺》，柳宗元《展诣超师院读禅经》、《与崔策登西山》，阮大铖《摄山东峰石上坐月》、《谢以冲先生见访灵谷》、《雨后喜一门雪叶柏城过访》、《书憩文殊庵》、《吉山庵视颖中上人》诸诗，皆不但能状自然界之美景，且皆能使人生出尘之想，此高格浪漫诗之可贵也。又美人芳草之思，人类具有同感，然命意遣辞，大有高下。韩冬郎即非李义山之比，王次回则尤下矣，杜工部之咏佳人，则姑射仙人冰雪之姿，又在义山之上。尝读姜白石词句“尝忆曾携手处，千树压西湖寒碧”，蒋鹿潭词句“今夜冷篷窗倦倚，为月明强起梳掠”，辄推想此中美人，大有异于脂粉队中人也。阮大铖《纳姬诗》云“自结持筐侣，非征敞席欢”，是对于姬妾尚为精神之恋爱。至胡君对于其夫人而著之《如梦令》云“谁躲，谁躲，那是去年的我”，则竟类男女相悦，打情骂俏之言。甚矣！夫浪漫诗亦大有高下之别也。

就以上之讨论观之，浪漫主义，苟不至极端，实为诗中之要素。若漫无限制，则一方面将流于中国之香奁体与欧洲之印象诗，但求官感之快乐，不求精神之骞举。一方面则本浪漫主义破除一切制限之精神，不问事物之美恶，尽以入诗，在欧美则有 Edgar Lee Masters 所著之“Spoon River Anthology”与 Carl Sanberg 所著之“Chicago”等劣诗，在中国则有胡君之《威权》、《你莫忘记》，沈尹默《鸽子》，陈独秀《相隔一层纸》等劣诗，要之趋于极端之弊耳。纠正之道若何？曰笃守中庸之道而已。希腊哲学家言中庸，孔子言中庸，佛言中道，非仅立身处世则然，即于美术亦莫不然也。白璧德教授云：“凡真正人文主义（Humanistic）方法之要素，必为执中于两极端。其执中也，不但须有有力之思维，且须有有力之自制。此所以真正之人文主义家从来稀见也”；又云：“增广学术与同情心之主要作用，为使人当应用其才力时，对于专注与拣择最紧要之顷，得有较充分之预备。凡人欲其拣择正当，必先有正当之标准，欲得正当之标准，必须对于一己之意志冲动，时刻加以限制”；又云：“故若吾人欲免此种种之紊乱，必一面保存自然主义派之优点，一面须固持人生之规律，而切要超越全部自然主义之眼光。换言之，若欲重振人文主义，必对于十九世纪所特有之浪漫主义、科学、印象主义，与独断主义，皆有几分之反动也”。其论作文之形式云：“若浪漫派、自然派与假古学派，不知形式与形式主义之区别，必强谓美限于一物，吾人初无理由必须步其后尘。凡正式之美之分析，必能认别二种元素。其一为发展的、活动的，可以‘表现’一名词总括之。与此相对者则为形式一元素，普通觉为制限拘束之规律者是也”；又云：“以抛弃制限之原理之故，彼富于情感之自然主义派，终将非议人类天性中所有较高之美德与解说此美德之言词。至最终所剩余者，仅有野蛮之实用主义(Pragmatism)而已”。罗士教授云：“创造之才能，不在创造一种自有之新异而特别之媒介物。最高格之天才，每能发见彼所相传习用之体裁所未经发现之余蕴，而不欲徒费力于组织一新体裁焉”；又云：“……即此制限每为创造之原因”。凡此皆证明极端主义之无取，而不必徒事更张也。中国之新诗人其知返乎？

（七）中国诗进化之程序及其精神

无论何国之文学，苟有数百年之历史，必有其因革递嬗之迹。虽以模仿为轨则而不求创造者，亦终不能刻鹄似鹄。盖文学为有机物之产物，有机物最显著之性质，即为具有个性，其产物亦因之而有个性。有个性即有因革递嬗之迹，亦即有进化之程序可言。矧中国文学自唐虞以来，历时四千载之久，宁能墨守古昔，但知模仿而无创造耶？今试考中国四千年间之诗，按其性质，可分为四大时期，各大时期中，又可分为若干小时期。第各大时期关于技术上之区别较大而显见，可例之为改革，小时期仅可例为变异耳。第一时期始自唐虞终于周末，此时期之诗，发原于歌谣，大体为四言，技术极其简陋，喜用比兴与重言。每每数章之诗，意义相似，仅易数字而已。此时期虽始于唐虞，然唐虞夏商之诗，为数极寡。至周初始盛，实则谓此时期，仅包括有周一代亦可，此孔子所以美周之文也。此时期之诗，亦有工拙之别，其最简陋者，如周初二南《樛木》、《螽斯》、《桃夭》、《兔罝》、《芣苢》、《鹊巢》、《羔羊》、《殷其雷》诸诗，不但皆为比兴，且前后数章，句法意义皆同，惟更易数字，以求音节略有变异耳。一篇之中，多只有三章，亦可见其思想之薄弱。至变风则赋体渐多，或一篇之中比赋杂陈，亦不止三章而止。一章之中，句亦较多，虽句法亦有同者，然大都有故为变易之趋向，如《柏舟》、《击鼓》、《匏有苦叶》、《谷风》、《硕人》、《氓》、《小戎》、《七月》、《鸱鸮》诸诗，则章句皆大加繁殊，极腾挪操纵之致，迥非二南之简陋可比矣。至颂“则皆成周之世朝廷郊庙乐歌之辞”而变雅“亦皆一时贤人君子闵时病俗之所为”，其人之学识既高，思想言词自更充沛，而非出于里巷歌谣之风可比。故赋体远多于比兴，章法句法亦极变动不居，而无一种意义、一种句法反覆陈说但换数字之病。此期之诗，至此已臻极轨矣，其精神一方面，最足引人注意者，则所述者尽属人事。既无希腊之述神话诗，复无乔塞之咏英雄诗，写景观念，亦极不发达。诗歌内容，无外乎家室廊庙，起居日用，礼乐刑政，以及祀神述祖之事，其所表现者，纯为人文主义，初无一毫浪漫主义羼杂其间。此亦中国古代文明，迥异于其他文明者也。至屈原出，始创《离骚》，以忠君爱国之忱，一寓于香草美人之什。既破除四言之律，复尽变人文主义之精神，秉楚人好鬼之遗风，遂开诗中超自然之法门。虽一时之影响不大，未能开一时期，然中国诗之浪漫主义，已伏根于此矣。第二时期始于西汉迄于陈隋，其形式上之改革，为五言之代四言，全篇之代分章，赋体之代比兴，各首不同之句法，以代各章相同之句法。然最大之改革，厥为五言之代四言也。此时期又可分为若干小时期，如西汉体、建安体、正始体、太康体、元嘉体、齐梁体，凡治选学者，皆能言之。至其共同之性质，则为以五言为通用之体裁。其技术则一方面固较周秦为优，一方面乃较唐人为劣，句喜排偶，然每每多芜辞。尝有一二联铺比其间，初无要旨，删汰之反觉简洁者。其状景物也，但能语其大略，而不能精刻入微，即大谢写景之作，亦非王孟之比。此时期尤有一习气，即拟古是。自有《古诗十九首》及《苏李赠答诗》以来，离人思妇之什，已为朝野所珍视，乐府体遂以渐而繁，彼作者亦竟相模拟。试一阅郭茂倩《乐府诗集》，即见模拟之风大盛于此时也，且不但模拟诗题，甚且袭用句法，读之令人生厌。独陶、阮、谢三公以振奇之姿，不旁门户，别开支派。然数百年间之趋向，自可见也。此时期大可称之为古学主义时代，以其尚模仿也。初唐诸家，或承齐梁之余绪，或追魏晋之往迹，尚为此时期之遗裔，直至唐开元间，王、孟、李、杜、高、岑一时并出，中国诗始入第三时期。此期始于盛唐迄于五代，其特性在形式上则为七古与律诗大兴，技术上则章法句法，较第二期为严谨。一篇之中少累句，一句之中少芜辞，不尚模仿古人，要能各立门户，赓作乐府之习渐衰。因事命题之作盛，以杜工部一人之作而论，则舍七绝外，于无体不佳，写景、叙事、抒情、述志、清新、沉雄、瘦硬、婉约，无美不具，开后人无数法门，为千余年中国诗之星宿海。日人以之拟弥儿敦，恐弥儿敦之于英诗之影响，远不及杜诗之于中国诗影响之大也。此外则与杜相鼓吹者，前有王右丞、孟襄阳，后有李太白、高常侍、岑嘉州，于是盛唐之诗，遂开示中国历史上未有之光荣。此后元和间之韩愈、白居易、元稹、柳宗元、孟郊、贾岛、卢仝、李贺，以及中晚之李商隐、杜牧、温庭筠诸贤，各辟蹊径，要不能自外于盛唐诸公也。五代之后，有宋肇兴，文人一秉晚唐之绪余，杨亿、宋郊、宋祁、王珪辈作诗，皆尚秀丽，号为西昆体。此外王黄州、欧阳文忠之学杜、韩，犹未脱唐人之面目。王半山之诗，精刻谨严，渐开宋人之门户。逮至元祐苏长公、黄涪翁出，宋诗始另树一帜，是为中国诗之第四时期。此期之诗之性质，厥为用字、造句、立意、遣辞，务以新颖曲折为尚。唐人之美往往为自然的，宋人之美则为人为的；唐人仅知造句，宋人务求用字；唐人之美在貌，宋人之美在骨；唐人尽有疏处，宋人则每字每句，皆有职责，真能悬之国门，不易一字也；唐诗视汉魏六朝之诗，技术固较工，宋诗则较唐人尤工；唐人尚有拙处，宋人则绝无拙处，有时反以过工为病；唐诗音调谐婉，宋诗则过取生涩。即以孟郊、李贺之诗以与黄山谷、陈后山较，唐宋之界，仍判然也。唐诗之味如鸡鸭鱼肉，美则美矣，日饫之或有厌倦之意；宋诗则如海鲜，如荔支、凤梨，如万寿果，如鳄梨，其风味之隽永，一甘之即不忍或舍也。在欧洲文学中，厥为法人之文恍惚似之耳。自此以降，元人虽对于宋人之过于生涩叉牙处，有所纠正，然无特种之更张；明人则误在模仿唐人之面目，遂蒙画虎类狗之诮；清初诗人亦步趋唐人，除一二人外，未能别开蹊径。清末郑子尹、陈伯严、郑太夷虽能各开一派，然不能自异于宋人，日后之发展不可知。在今日观之，中国诗之技术，恐百尺竿头，断难再进一步也。或者宋诗已穷正变之极，乃不得不别拓疆域以开宋词元曲乎？

总而论之，中国之诗，曾经上文列举四种之阶段，而进于技术完美之域。至于内容，则自然之美、人情之隐，以及经史百家、道藏内典所含蕴之哲理，宋人亦咸能运用入诗。清人且用诗以为考据之用矣，在旧文化中，恐更难有拓殖之余地也。曰然则中国诗将故步自封，长此终古乎？曰是不然。美术与思想相应者也，美术为工具，思想文化为实质。周诗仅限于人事者，周人之思想文化之仅限于人事有以使之也。魏晋之时，老庄之学大盛，其诗亦被有老庄之色泽矣。下逮于唐，佛学大兴，而唐人之诗，遂呈佛学之色彩。其时复以诗赋取士，故诗极工，然经史百家之学非所尚，故唐人之诗，韵味醇而理致少。至于宋则研几经史者众，古文即承韩、柳之绪余而大振，理学亦以渐而兴，为诗者不但为诗人而兼为硕学之耆宿，遂能熔经铸史以入诗，因之诗亦倍有理致。阿诺德之评十九世纪初年之诗，以为隽才辈出，而成效不能如人所期者，由于实质不足之故。以曾受新式教育之人，而观中国之旧诗，亦必具有同等之感想。故清末之郑子尹、陈伯严、郑苏庵不得不谓为诗中射雕手也，然以曾受西方教育深知西方文化之内容者观之，终觉其诗理致不足。此时代使然，初非此数诗人思力薄弱也，亦犹摆伦、协黎、威至威斯之诗，不足以餍阿诺德之望也。他日中国哲学、科学、政治、经济、社会、历史、艺术等学术，逐渐发达，一方面新文化既已输入，一方面旧文化复加发扬，则实质日充。苟有一二大诗人出，以美好之工具修饰之，自不难为中国诗开一新纪元，宁须故步自封耶？然又不必以实质之不充，遂并历代几经改善之工具而弃去之、破坏之也。

（八）《尝试集》之价值及其效用

上文讨论诗之原理与《尝试集》之短长，言之详矣。《尝试集》之真正价值及其效用究竟何若？苟绝无价值与效用者，何作者不惜穷两旬之日力，诜诜然作二万数千言以评之乎？曰《尝试集》之价值与效用，为负性的。夫我国青年既与欧洲文化相接触，势不能不受其影响，而青年识力浅薄，对于他国文化之优劣无抉择之能力，势不能不于各派皆有所模仿。然以模仿颓废派之故，至有如是之失败，则入迷途之少年，或能憬悟主张偏激之非而知中道之可贵，洞悉溃决一切法度之学说之谬妄，而知韵文自有其天然之规律，庶能按部就班力求上达也。且同时表示现世代之文学尚未产出，旧式之名作，亦有时不能尽餍吾人之望。虽今日新诗人创作新诗之方法错误，然社会终有求产出新诗之心。苟一般青年知社会之期望，而勤求创作之方，则虽“此路不通”，终有他路可通之一日。是胡君者，真正新诗人之前锋，亦犹创乱者为陈胜、吴广而享其成者为汉高。此或《尝试集》真正价值之所在欤！

本文原载《学衡》第 1 期，1922 年 1 月；
《学衡》第 2 期，1922 年 2 月。

整理者：温　度
校对者：许欣媛

再论学者之精神

刘伯明

吾于本志前期，论学者应具之精神。其中所述，皆偏于智识一方面。此篇付印后，复细思之，恐读者误会其旨，以为苟能闭门暗修，专心学问，则社会方面之事业，可不过问。其意以为此皆渺小不相涉，而无劳关怀者也。夫学者研究学问与参与社会事业，二者性质不同，固当有别。顾若以为其间有截然之界线，则为妄见。吾人之心，不可划为数部，或司思想，或主实行。间以墙壁，不使通气，狭隘专家，其致力于精深之研究，非于学术毫无贡献，第如以此为目的，而于所研究者，不问价值之高下，视为等同一齐。其汇集事实，一如收藏家之征集古董，其所得虽多，吾恐于人生无大裨益也。岂惟于人生无大裨益，即其所汇集之事实在学术上恐亦无大价值。其所征引纵极详博，然失之繁琐，令人生厌。所谓德国式之学者，其流弊即在是也。德人研究学问，专攻一门，不厌精详。而学理与生活，往往析为两事，故其头脑囿于一曲，不通空气，其结果则究学理者，仅凭冥想而不负责，而偏于应用者，则唯机械效率是求，而与理想背驰。所谓德国之 Kultur 即其弊也。（见杜威之《德国哲学与政治》。）若夫英国式之学者，则异于是。英人富于常识，重实验。而漠视系统及逻辑的侔称。英国诗所以发达，亦以其喜用具体的意象也。英国学者，大抵关怀当时之政治社会问题，非可以狭隘专家目之。其所产生之哲学家，自培根、洛克以降，率皆躬亲当时之政事。而著名政治家之兼学者资格者，为数亦不少也。

愚意专门研究，虽甚紧要。然社会生活方面之事，同时亦不妨注意及之。盖如是而后其所研究者之社会的意义，始能明了。因世无离人生而孤立之学问，而学问又非供人赏玩之美术品也。吾人研究学问，固不宜希望收效于目前。然其与人生之关系不可不知。某君专究昆虫学，尝谓予曰：人所最蔑视而以为无关重要者，莫过一虫身上所生之毛。然其形状长短等，所系甚巨。不明乎此，因致虫害。农民损失，不胜计焉。故吾人治学，宜有社会的动机也。又学校卒业生，因求学心切，卒业后，仍思继续求学，常以此就商于予。予恒语之曰：求学与服务社会，非截然两事。学校中所学者，经应用后，其意益真切而益坚。且可由之得新经验新智识也。

或谓人类进化，趋重分业。学者治学，亦其职业所在，何必强其预闻社会之事耶？吾谓此狭隘职业主义之为害也。愚意人生于社会除专门职业外，尚有人之职业为父，为母，为友，为市民，为国民，为人类之一分子，皆不可列入狭隘职业之内。故吾以为与其称为职业主义，毋宁谓之曰作人主义。盖人而为人，必有适当之职业也。社会中专门学者，固甚重要。然亦有学者非人，其无人情，唯分析的理智之是从。徒具人之形耳。曩者吾草一文，刊于《新教育》。其中论及此项狭隘职业之害，并举一事以证之。其言曰：某甲与某乙夙同学于某校，在校时，交甚挚。某乙卒业后，即赴英留学，肄习法律，学成返国，在沪当律师，所入甚丰。某甲一日因事赴沪，忆及某乙，乃往访之。寒暄未毕，某乙即出时计视之，谓其友曰：吾之时间甚贵重，每小时值洋五元。君有事，请速言之，勿作无谓之周旋也。就其职业言之，某君诚大律师也，然其毫无人性、人情，不得称之为人也。他如学化学者，毫厘之差，亦必计较。迨他日与人往来，亦必较量锱铢，一如试验室中之精确。此可谓之化学化矣。

故吾以为真正学者，一面潜心渺虑，致力于专门之研究，而一面又宜了解其所研究之社会的意义。其心不囿于一曲，而能感觉人生之价值及意义，或具有社会之精神及意识。如是而后始为真正之学者也。

本文原载《学衡》第 2 期，1922 年 2 月。

整理者：薛　蓁
校对者：周　颖

评今人提倡学术之方法

梅光迪

吾国今日，国民性中之弱点，可谓发露无遗，为有史以来所罕睹。投身社会与用世之上，愈能利用其弱点者，则成功愈速。盖彼志在成功，至所用成功方法之当否，则不计及也。循此不返，吾恐非政客滑头之流，不能有所措施于社会，而社会亦为彼等之功利竞争场。其洁身自好温恭谦让之君子，惟有遁迹远飏，终老山林，或杜门不出，赍志以没，久且以社会之不容，无观摩继续之效，潜势消灭。此等人将绝迹于社会，而吾民族之真精神，亦且随之而亡。思之宁不悚然。夫不当之方法，用之于他种事业犹有可恕，独不解夫今之所谓提倡学术者，亦不问其方法之当否，而惟以成功为目的，甘自侪于政客滑头之流。吾于前期《评提倡新文化者》一篇中，已多及此。今兹再论之，亦欲继前期未竟之言也。

夫今之所谓提倡学术者，其学术之多谬误，早为识者所洞悉。青年学子，无审择之能，受害已为不少，若有健者起，辞而辟之，亦苏格拉底、孟轲之徒也。然其学术之内容，非本篇所可及，故且言其提倡之方法。盖其学术与其提倡之方法，实有同等之缺憾，欲为补救，二者难分轻重。或曰，惟其学术不满人意，故其取以提倡之方法，亦多可议之处。然则纠正其方法之失，宁非今日急务乎？

彼等固言学术思想之自由者也，故于周秦诸子及近世西洋学者，皆知推重，以期破除吾国二千年来学术一尊之陋习。然观其排斥异己，入主出奴，门户党派之见，牢不可破，实有不容他人讲学，而欲养成新式学术专制之势。其于文学也，则斥作文言者为“桐城谬种”、“选学妖孽”，又有“贵族文学”与“平民文学”，“死文学”与“活文学”之分。妄造名词，横加罪戾，而与吾国文学史上事实抵牾，则不问也。某大学招考新生，凡试卷用文言者，皆为某白话文家所不录。夫大学为学术思想自由之地，而白话文又未在该大学著为功令，某君何敢武断如是。彼等言政治经济，则独取俄国与马克斯；言哲学则独取实验主义；言西洋文字，则独取最晚出之短篇小说、独幕剧及堕落派之著作。而于各派思想艺术发达变迁之历史与其比较之得失，则茫无所知。钱斯德顿(G. K. Chesterton)，今之英国论文大家也，其评未来派与新思想，有言曰："可悲者，此等怡然自得不用思力之人。初本有一思想，然此一思想，既入此辈脑中，则永远盘踞，无人能打破之，亦无人能加入他种思想。"(The tragedy is this: that these happy, thoughtless people did once really have a thought. This one isolated thought has stuck in their heads ever since. Nobody can get it out of their heads; and nobody can get any other thought into their heads.)故彼等对于己之学术，则顽固拘泥，偏激执迷，对于他人学术，则侵略攻伐，仇嫉毁蔑。若假彼等以威权，则焚书坑儒与夫中世纪残杀异教徒之惨祸，不难再演。而又曰言学术思想自由，其谁信之。彼等既不能容纳他人之学术思想，他人亦可不容纳彼等之学术思想。语曰："以子之矛，攻子之盾。"又曰："天道循环，无往不复。"彼等待人如是，人亦可如是待之耳。

彼等不容纳他人，故有上下古今，唯我独尊之概。其论学也，未尝平心静气，使反对者毕其词，又不问反对者所持之理由，即肆行谩骂，令人难堪。凡与彼等反对者，则加以"旧"、"死"、"贵族"、"不合世界潮流"等头衔，欲不待解析辩驳，而使反对者立于失败地位。近年以来，此等名词，已成为普通陷人之利器，如帝王时代之"大不敬"、"谋为不轨"，可任用以入人于罪也。往者《新青年》杂志，以骂人特著于时。其骂人也，或取生吞活剥之法，如非洲南洋群岛土人之待其囚虏；或出龌龊不堪入耳之言，如村妪之角口。此风一昌，言论家务取暴厉粗俗，而温厚慈祥之气尽矣。其尤甚者，移学术之攻击，为个人之攻击，以学术之不同，而涉及作者本身者，往往而有。欧洲文艺复兴时代，士习至为蛮野，其涉及作者本身举动，非但形之于文字，亦且施之于身体。狭路伏伺，黑夜袭击，乃习见不鲜之事。自十七八世纪法人提倡社交，以学者与君子合一(Scholar and gentleman)，欧洲士习，渐趋礼让，再防之于法律(凡涉及作者本身作者可向法庭起诉)，故今之欧美学术界，涉及作者本身者固无，即谩骂者亦绝迹也。而今之吾国提倡学术者，方以欧化相号召，奈何不以今之欧美学者与君子合一者为法乎?

拉罗·许茀科尔(La Rochefoucauld)，法国十七世纪道德学名家也。其言曰："真学者与君子，不借一事以自夸。"(There true gentleman and scholar is he who does not pride himself on nothing.)爱谋孙(Emerson)，美国文学史上第一人也。其文化论中有

言曰："社会之疢疾，乃妄自夸大之人。"（The pest of society is egotists. ）吾国学者，素以自夸为其特权，乡里学究，咿唔斗室，其自许亦管乐之流也，文人尤然。今试取二千年来之诗文集观之，其不染睥睨一世好为大言之恶习者，有几人乎？至于书札赠序及唱和诗词，则多牢骚抑郁，感慨身世之语。而尤反覆于友朋之际，以为世不知我，知我者乃高出一世之人。于是己之身价，乃由友朋而更重。今则标榜之风加盛，出一新书，必序辞累篇，而文字中又好称"我的朋友"某君云云。夫引证朋友，称其名已足，何须冠以"我的朋友"数字。盖其心理，一则欲眩其交游之众，声气之广，与其所提倡者势力之大；一则欲使其朋友有可称述价值，博魁儒大师之名，而己更借以自荣。昔之学者，借朋友以自鸣其不得意；今之学者，借朋友以自鸣其得意。前者无病呻吟，有寒酸气；后者耀威弄势，如新贵暴富，有庸俗气。二者皆真学者与君子所不取也。语曰："君子不称己。"欧西自卢梭以来，文人所作自传甚多（Confessions 乃供词之意）。识者病之，谓为自登广告，自开展览会，有伤于雅。今之吾国学者，于己之交游琐事，性情好恶，每喜津津道之，时或登其照像，表其年龄，如政客娼优之所为。夫学术之目的，在求真理，而真理乃超脱私人万众公有之物，与求之者本身无关。学者阐发真理，贡献于世，世之所欲知者，乃其真理，非其人也。后之人追怀前贤，因其学以慕其人，故于其平生事迹遗像，多有起而记载保存之者。此乃社会报恩之意，若由学者自为之，则非但伤雅，亦于义无当矣。

今之学者，自登广告之法，实足令人失笑。彼以照像示人者，概谓我乃风采奕奕之英俊，或雍容尔雅之儒生，可使人望而生爱敬之心，不愧为领袖人物也。彼以年龄示人者，盖谓我乃如许青年，而成就已若此，乃不世出之才人也。自古帝王及草泽英雄之兴，多假借于神鬼，以倾动愚众，今则科学昌明，神鬼之威权已失，然群众心理对于特出人才，尤存一种神秘不可思议之观念，于是以特出人才自命者，仍欲利用此等心理，以神道设教。今之西洋所谓超人天才，不过昔日"龙种"、"妖精降生"之别名耳。浪漫派文学盛行之时，文人皆以超人、天才自居，一切求与恒人异，往往行踪诡秘，服色离奇。法人谓其意欲震骇流俗（Epater le bourgeois），使以超人天才目之。吾国近年以来，所谓"新文化"领袖人物，一切主张，皆以平民主义为准则。惟其欲以神道设教之念，犹牢不可破，其行事与其主张相反，故屡本陈涉、宋江之故智，改易其形式，以求震骇流俗，而获超人、天才之名。有自言一年能著书五六种，以自炫其为文敏妙者；有文后加署"作于某火车中"、"某日黎明脱稿"，以显其精力过人者。夫著述之价值，视其内容而定，初不关于如何脱稿，曾需几何时日也。昔人有惨淡经营数十年而成一书者，有非静室冥坐清晨脑健，不能构思者。若果为不刊之作，世人决不究其成书之迟速与起稿时之情形也。彼等又好推翻成案，主持异议，以期出奇制胜。且谓不通西学者，不足与言“整理旧学”，又谓“整理旧学”须用“科学方法”，其意盖欲吓倒多数不谙西文未入西洋大学之旧学家，而彼等乃独怀为学秘术，为他人所不知，可以“大出风头”。即有疏陋，亦无人敢与之争。然则彼等所倾倒者，如高邮王氏之流，又岂曾谙西文曾入西洋大学者乎？幸彼等未读西洋浪漫派文学史也，否则其以神道设教之术，更当层出不穷矣。

彼等以群众之愚昧易欺也，故一面施其神道设教之术，使其本身发生一种深幻莫测之魔力，一面揣摩群众心理，投其所好。盖恩威并用，为权谋家操纵凡民之秘诀。古昔开创帝王，一面假托神圣，一面与士卒同甘苦。近世西国政客，一面居伟人英杰之名，一面取悦平民，丑态百出，于是乃使人颠倒迷惑，堕其术中，而己则为所欲为，玩人于股掌之上矣。今之学者，以神道设教，已如上段所述，其所主张鼓吹，有一不投时好，不迎合多数心理者乎？吾国近年以来，崇拜欧化，智识精神上，已惟欧西之马首是瞻，甘处于被征服地位。欧化之威权魔力，深印入国人脑中，故凡为“西洋货”，不问其良窳，即可“畅销”。然欧化之真髓，以有文字与国情民性之隔膜，实无能知者，于是作伪者乃易售其术矣。国人又经丧权失地之余，加以改革家之鼓吹，对于本国一切顿生轻忽厌恶之心，故诋毁吾国固有一切，乃最时髦举动，为弋名邀利之捷径。吾非言纯粹保守之必要也，然对于固有一切，当以至精审之眼光，为最持平之取舍，此乃万无可易之理。而今则肆行破坏，以投时俗喜新厌旧之习尚，宜其收效易而成功速也。凡真革命家，当有与举世为敌之决心毅力，故或摧折困辱以死，苏格拉底、孔、孟、耶稣之徒是也；或为世非笑，久而后成，科学发明及宗教改良家之类是也。即文学革命家如韩愈、华茨华斯(Wordsworth，为英国十九世纪初期诗界革命家)，亦俟之数十或数百年，始见成功。若今之言文化或文学革命者，乃高据学术界之要津，养尊处优，从容坐论，有何一意孤行，艰苦卓绝之可言乎？此等无骨气无壮志之懦夫，同流合污之乡愿，而亦自居于革命家，真名不副实也。盖彼等之目的，在功利名誉，故其所取之方法，亦以能最易达其目的者为美。彼等之言曰“顺应世界潮流”、“应时势需要”，其表白心迹，亦可谓直言无讳矣。豪杰之士，每喜逆流而行，与举世为敌，所谓“顺应世界潮流”、“应时势需要”者，即窥时俯仰，与世浮沉之意。乃懦夫乡愿成功之秘术，岂豪杰之士所屑道哉？今之“世界潮流”、“时势需要”，在社会主义白话文学之类，故彼等皆言社会主义白话文学。使彼等生数十年前，必且竭力于八股与“黄帝尧舜”之馆阁文章，以应当时之潮流与需要矣。夫使举世皆以“顺应”为美德，则服从附和，效臣妾奴婢之行，谁能为之领袖，以创造进化之业自任者乎？

彼等既以功利名誉为目的，作其新科举梦，故假学术为进身之阶。昔日科举之权，操于帝王，今日科举之权，操于群众。昔日之迎合帝王，今日之迎合群众，其所迎合者不同，其目的则一也。故彼等以群众运动之法，提倡学术，垄断舆论，号召徒党，无所不用其极，而尤借重于团体机关，以推广其势力。彼等之学校，则指为最高学府，竭力揄扬，以显其声势之赫奕，根据地之深固重大，甚且利用西洋学者，为之傀儡，以便依附取荣，凌傲于国人之前矣。昔日王公大人，以宏奖风雅，主持学问自任者，名位交游，倾动一世，而后人有知其名者否？若王船山辈，伏处穷山，与世不相问闻，而身后之成功如何？盖学术之事，所赖于群众协作联合声气者固多，所赖于个人天才者尤多也。天才属于少数，群众碌碌，学术真藏，非其所能窥。故倡学大师，每持冷静态度，宁守而有待，授其学于少数英俊，而不汲汲于多数庸流之知。盖一入多数庸流之手，则误会谬传，弊端百出，学术之真精神尽失。今日言社会主义及他种时髦学说者，只熟识几十新名字，即可下笔千言，侃侃而谈。然究竟此种学说之真义安在，几人能言之乎？杜威罗素，无论其能代表今世西洋最高学术与否，固有研究之价值者也，然一至吾国，利用之徒，以群众运动之法，使其讲学，其学愈以流行而愈晦。杜威、罗素之来吾国，杜威、罗素之不幸也。

今之学者，非但以迎合群力为能，其欲所取悦者，尤在群众中幼稚分子，如中小学生之类。吾国现在过渡时代，旧智识阶级，渐趋消灭，而新智识阶级，尚未成立。青年学生，为将来之新智识阶级，然在目前则否也。而政客式之学术家，正利用其智识浅薄，无鉴别审择之力，得以传播伪学，使之先入为主。然青年学生，最不可恃者也，以其智识经验，无日不在变迁进化之中，现时所信从之学说与人物，数年以后，视如土苴矣。京津沪宁，为全国文化重要地点，其学生亦为全国学生领袖。三四年前，首先附和各种时髦学说者，京津沪宁之学生也，今则智识经验较深，已不似往年之盲从。且各处学生中，其学级愈高者，其盲从愈少，故彼时髦人物，至今已不得不望诸接触较迟之内地学生，与夫智识浅薄之中小学生矣。吾料再俟数年，全国智识增高，所谓最新人物，已成明日黄花，无人过问。然则提高其自身之程度，急起猛追，与青年学生以俱进，殆为彼等不容缓之事乎？

彼等固谓人生随时代而异者，故人生一切事业皆无久远价值，只取一时便利而已。《旧约》中有一语曰：“吾人且及今醉饱，明日将死矣。”（Let us eat and drink; for tomorrow we shall die.）彼等之人生观，直可以此语括之。故彼等以推翻前人为能，后人亦当以推翻彼等为能。人之所以特立独行，落落难合者，以有不朽之念存于中耳。今既挟一与草木同腐之人生观，则惟有与世推移，随俗富贵耳，又奚必众醉独醒，众浊独清乎？

夫国人谈及官僚军阀，莫不痛心疾首，以为万恶所从出，独对于时髦学术家，无施以正当批评者。然吾以为官僚军阀，尽人皆知其害，言之甚易动听。若时髦学术家，高张改革旗帜，以实行败坏社会之谋，其害为人所难测。即有知之者，或以其冒居清流之名，不忍加以苛责。或以其为众好所趋，言之取戾，然终不之言，则其遗害日深，且至不可挽救。吾愿国人无为懦夫乡愿，本良知毅力以发言，则此代表国民性中弱点之学术界，庶有改造之望耳。

本文原载《学衡》第2期，1922年2月。

整理者：齐以恒

校对者：温　度

论中国近世之病源

柳诒徵

研究社会国家之盛衰利病者，必先求其原因，不可徒执现象以为衡也。吾国近世之腐败，中外有识者所共见，诚不可不求其原因，而思所以改革之者。然因有远近，近者力巨，远者力微，其尤远者则尤微。甚则索因过远，所持以为最近结果之总因者，乃正得其反面。盖社会历程复杂繁赜，年祀逾久，其中层累曲折之变化逾多。第截取其两端，以为一国家一社会所由盛衰之因果，而加之以武断，绝无当于事理也。

今人论中国近世腐败之病源，多归咎于孔子。其说始于日本人。① 而吾国之好持新论者，益扬其波。某杂志中归狱孔子反复论辩者，殆不下数十万言。② 青年学者中其说之毒，遂误以反对孔子为革新中国之要图，一若焚经籍，毁孔庙，则中国即可勃然兴起与列强并驱争先者。余每见此等议论，辄为之哑然失笑。非笑其诋毁孔子也，笑其崇信孔子太过，崇信中国人太过，以数千年来未能完全实行之孔教(此教字非宗教之教，即孔子所言之道理耳)，竟认为中国惟一之病源，对症下药，毫不用其审慎也。夫医家误认病源，妄施攻伐，匪惟不能去病，病且益深，而无病之脏腑受猛烈之药石，元气一溃，躯命随之矣。日人不知中国内容，其视察中国之社会，误从书册寻求病源，无足责也。奈何以中国之学者，目击中国之社会，饫闻中国之历史，而亦妄施攻伐若是乎？

---

① 章炳麟《检论·订孔篇》：日本有远藤隆吉者，自以为习汉事。其言曰：孔子出于支那，则支那之祸本也。

② 某杂志《论孔子平议》、《孔子之道与现代生活》、《再论孔教问题》等文。

今之论者诋孔子曰盗丘，谓其流毒不减于洪水猛兽。① 凡可以致怨毒于孔子之词，无所不用其极，余诚不解其何心。果如诸人之说，必先立一前提曰：中国人实行孔子所言之道理，数千年未之或替。举凡近世内政、外交、教育、实业，种种不振，皆此实行孔子所言之道理者为之厉阶，则归狱于孔子，吾诚不敢为孔子平反，且亦将从诸公之后，鸣鼓以攻孔子。无如自有历史以来，孔子之道，初未尝完全实行于中国国家社会之中。以余生平耳目闻见所及，实行孔子所言之道理者，寥寥可数。而充满于社会国家之人物，所作所为，无往而非大悖于孔教者。从前尚有人执孔子之语为护符，近则并此虚伪之言论而亦无之。而诸君乃不惮费其笔舌，诛此无拳无勇已死不灵之孔子，无乃傎乎？余非孔教会中人，第于此论不能不为孔子作一辩护士。

诸君知吾国社会有一口头禅乎？凡修身洁己、言行相顾者，众辄谥之以三字，曰“书呆子”。孔教之流传数千年者，仅仅少数之书呆子，为孔子延其不绝如缕之血胤耳。其他得志于社会、握权于国家者，大抵皆非书呆子。即有之，亦不过千万人中之一二耳。自汉以降，号为尊孔，而黄老法家，实为治具。② 盗贼无赖拥有大权后，摭拾孔教仪文，为之装饰门面，譬之市肆，囤积杂货，随意售卖，第于门口张一金制之招牌。则货之良窳，当由肆中售卖者负责，不当责此黄金曰：“汝何以不自爱惜，供商人之滥用！凡商货之窳敝，皆汝金制之招牌之过也。”某札记中曾志：节克生论美人于耶稣所传之真理皆视为具文。③ 是金饰招牌无国不有，孔子何辜，独为罪府乎？

反对孔子之说，最足以煽惑今人之心理者，曰孔子尊君，演成独夫专制之弊也。④ 此等议论实发生于单简之脑筋，未尝就一事之前后四方比较推勘，而轻下孟浪之语。无论孔子不独尊君，且不主张专制；第就孔子时代言之，桀、纣、幽、厉皆先于孔子者也，是果由何人学说演成？稍治历史，即知此说之不能成立。推而论之，法美未行民主制度以前，世界各国自罗马曾行一度共和政治外，孰非君主政体？其专制最甚之国君若路易十四、尼古拉斯第一等，皆奉孔子之教者乎？君主专制，同也；而

---

① 某杂志《家庭制度为专制主义之根据》、《论盗跖之为害在一时，盗丘之遗祸及万世》：儒家以孝弟二字为二千年专制政治家族制度联结之根干，贯彻始终而不可动摇，使宗法社会牵掣军国社会，不克完全发达，其流毒诚不减于洪水猛兽。

②《汉书·元帝纪》：元帝见宣帝所用多文法吏，以刑名绳下，从容言：陛下持刑太深，宜用儒生。宣帝作色曰：汉家自有制度，本以霸王道杂之，奈何纯任德教，用周政乎？

③《藏晖室札记》：与友人节克生君谈宗教问题甚久，此君亦不满意于此邦之宗教团体，以为专事虚文，不求真际。今之所谓宗教家但知赴教堂作礼拜，于耶稣所传真理则皆视为具文。

④《孔子平议》：孔子尊君权，漫无限制，易演成独夫专制之弊。

孔教之有无，不同。则孔教非君主专制之主因，必矣。讲科学方法者，当知因果律，不可如是之武断也。

次则科举之毒，亦为反对孔子者所借口。科举之为善制与不，当别讨论，今第认为不良之制，是亦科举自身之害，非孔子之害也。以利禄诱人，而假途于孔子之书，与假途于他人之书，其性质相等。唐宋之谚曰“文选烂，秀才半”，曰“苏文生，啖菜羹；苏文熟，吃羊肉”。其目的在秀才、羊肉，不在文选、苏文。其人之学问、文章、品行如何，萧统、苏轼当然不能负责。持此以观明清两朝之试四书文，其流弊出于何方，断可知矣。譬之腐败之器以盛鱼肉，固腐败也；以盛兰桂，亦腐败也。不咎其器，面咎其器之所盛，无有是处。假令当日行科举之时，以老、庄、杨、墨之书为题，其读老、庄、杨、墨之书者，认为考试出题之具，亦无异于其对于孔子之书也。

中国近世变迁之关键有四次：曰道光壬寅，曰光绪甲午及庚子，曰宣统辛亥。论者试一详其历史，即知孔子无与于近世之变迁。壬寅之衅，起于鸦片烟。诸君试思，孔子曾教人吸鸦片烟乎？当未战之前，官民以吸烟为乐境，商兵以运烟为利薮，已历有年。① 及林则徐实行禁烟，而穆彰阿、琦善等龂龁之。② 所任者弈经、奕山、耆英、伊里布等，以成江宁和局，而开租界，弛烟禁，祸中国数十年，至今未艾。彼穆彰阿、琦善、耆英等孰奉行孔子之教者？咸同以来，烟毒遍天下。家家有灯，市市有馆，衰吾种族，隳吾志气，是谁为之乎？清季迄今，号为禁烟，而军官长吏富人贫子，冒禁吸食者自若，倚势运售者自若，而孔子无与也。甲午之战，国势以颓，然其时军界中无实行孔教者也。咸同之际，湘军多书生，而淮军多无赖。李鸿章虽曰书生，矢口辄以俚语詈人，亦一合肥之无赖耳。自罗(泽南)、李(续宾、续宜)、曾(国藩)、刘(蓉)死，湘军不振，而势权悉归于淮军。李鸿章以一身兼任外交军事之冲，任用阘茸卑鄙奸诈诡谲之徒，若叶志超、卫汝贵、龚照玙，若盛宣怀、袁世凯、洪述祖，其章章者也。甲午战事虽败，而北洋派之势力至今犹在。今之督军，多半昔之马弁、戈什哈，是等人足语孔教乎？今人纵健忘，第略翻《东方兵事纪略》，即可知败

---

①《碑传集》，金安《清林文忠公传》：英酋赴天津海口，投书直督琦诉冤抑，琦遂密陈抚意，挤公所为，枢臣内助之。《中西纪事》：方琦相之入粤议抚也，穆相有力焉。是时穆相立满首揆之席，凡军国大事皆穆相主之。

②《中西纪事》：黄爵滋奏议曰，鸦片流入中国，道光三年以前，每岁漏银数百万两。其初不过纨绔子弟习为浮靡，嗣后上自官府搢绅下至工商优隶，以及妇女僧尼道士，随在吸食。粤省奸商勾通兵弁，用扒龙快蟹等船运烟入口。

挫之原因。① 然甲午战后，军界之腐败毫未改革。逃将溃兵，仍职行伍(顷始死之姜桂题即淮军老将与日战而逃走者也)。惟遣少年子弟赴德日各国学陆军，归而畀以高位，号为改练新军，涂饰人之耳目。余识一陆军学生，尝为某总办，新军中之佼佼者也。予尝叩以军事，渠曰方今战事，必须海军御敌于海上，陆军无所用之。予等之练新军，特装饰门面耳。然此装饰门面之新军事学家所日夕从事者，吸鸦片烟，狎钓鱼巷妓，未尝闻其颂孔子之道也。庚子之役，肇于那拉氏而成于刚、端及拳匪。此三方者，又皆与孔子之教风马牛不相及者也。当是时，稍读孔子书者皆知其事之不可行，而不学无知之徒卒成滔天大锅，贻我四万万人无穷之耻、无穷之累。而排外者又一变而媚外，荣禄、那桐、荫昌、杨士骧、唐绍仪、徐世昌等相继柄任矣。损权辱国之事，史不绝书。而彼辈□垢无耻，泰然安之。侵寻至于民国，政府之统系，仍清季之统系也。余不知此等人物曾行孔子教义若干条否也。辛亥革命为亘古未有之大事业。然真正革命家，牺牲生命，图灭满清者，太半已死于黄花冈之役。其奔走运动，迄民国成立，不变初志，确然欲树立民治主义者，殆无几人。其余侥幸因人，遂尸创造民国之功，攫党费，猎勋位，购洋房，拥姬妾，大失国人之信用。此又信孔子之教贻之祸乎？民党之分子既复杂矣，又与官吏盗贼互相利用，如赵秉钧、段祺瑞、冯国璋、张作霖、陆荣廷、徐宝山、王天纵等，竞挂民国之旗，瓜分满清之遗势。而穿插点缀于其间者，又有所谓名流、政客、学生、新闻记者，以至各地方之绅董乡棍、地痞流氓，淄渑混淆，玉石错杂，争嚷叫号以谈民治。或以武力，或以阴谋，或以金钱，或以清党，翻云覆雨，光怪陆离，以讫今日。是皆无关于孔子之教也。民国之主倡孔教者，独康有为、陈焕章耳。稔其为人者，虑无不知其与孔子之教大相背戾，即不知其底蕴而翕然从之者几何。中国今日之病源，不在孔子之教，灼然明矣。

综上所陈，归纳言之，中国近世之病根，在满清之旗人，在鸦片之病夫，在污秽之官吏，在无赖之军人，在托名革命之盗贼，在附会民治之名流政客，以迨地痞流氓。而此诸人固皆不奉孔子之教，吾因此知论者所持以为最近结果之总因者，乃正得其反面。盖中国最大之病根，非奉行孔子之教，实在不行孔子之教。孔子教人以仁，

---

①《东方兵事纪略·海军篇》：海军之建也，琅威理督操綦严。军官多闽人，颇恶之。右翼总兵刘步蟾与有违，言不相能，乃以计逐琅威理。提督丁汝昌本陆将，且淮人，孤寄群闽人之上，遂为闽党所制，威令不行。琅威理去，操练尽弛，自左右翼总兵以下争挈眷陆居，军士去船以嬉。每北洋封冻，海军岁例巡南洋，率淫赌于香港、上海，识者早忧之。《金旅篇》：赵怀益守炮台，倭人未至金州时，怀益已令人至烟台售其所存军米。及倭人扑垒，怀益于大连码头自督勇丁运行李什物渡海作逃计。营务处龚照玙以金州陷，旅顺陆道绝，大惧，逃渡烟台，赴天津。李鸿章斥之，复旋旅顺。自照玙之逃，旅顺军民滋皇惑，船坞工匠群抢库银，分党道掠。

而今中国大多数之人皆不仁。不仁者，非必如袁世凯、陆建章、陈宧、汤芗铭等，杀人如草芥，而后谓之不仁也。凡视全国人民利害休戚漠然不动其心，而惟私利私便是图者，皆麻木不仁者也。拘墟之人不谋地方之公益，不知国民之义务，固属不仁；而巧诈者托名公益，敛费自肥，其不仁尤甚。例如比岁北方之赈，南方之赈，皆以为灾民也。而彼承办之官吏，目睹析骸易子、暍死溺毙之惨状，曾无所动其心，而反因缘为利，时时挪移赈款以供黑暗运动弥补亏空之费，是尚有丝毫之仁心乎？其他地方慈善事业，号为救灾恤患者，无往非丛弊之渊薮，以鳏寡孤独废疾者之养，充董事员司挥霍浪用者，比比也。无官无民，皆是一丘之貉。故国家不能自立，地方亦不能自治。孔子教人以义，而今中国大多数人惟知有利，举国上下汲汲皇皇，惟日不足者，求得利之机会耳。革命一机会也，伟人攫资若干万；独立一机会也，军人攫资若干万；组阁一机会也，名流攫资若干万；复辟一机会也，遗老攫资若干万；借债一机会也，财神攫资若干万；组党一机会也，政客攫资若干万；办报一机会也，流氓攫资若干万；买收议员一机会也，掮客攫资若干万。乃至兴水利、倡实业、修道路、办学堂、讲自治、充代表，在“书呆子”视为非谋利之事者，而非书呆子视之在在皆谋利之机会也。往者官俸微薄，不能尽责人以廉洁。今则官俸倍蓰什伯于前清矣，而衙署机关局所上下之舞弊赚钱，亦倍蓰什伯于前清焉。县官征租，征租有利焉；委员查烟，查烟有利焉；警察捉赌，捉赌有利焉；而厘卡税局无论矣。银行停兑，股票交易投机之业，顶踵相望。买卖议长，选举议员，运动之事，公言不讳。小之至于商店之佣工，人家之雇役，无人不思得分外之财，即无人不敢作非义之事。吾诚不解孔子以义教人，何以展转数千年，产生如此只知谋利之民族也？孔子之教尚诚，而今中国大多数之人皆务诈伪，凡善于诈伪者，世即颂之曰，某某有手段，能办事，否则嗤之以“书呆子”矣。方清季初变法之时，爱国合群之名词洋溢人口，诚实者未尝不为所动，久之而其用不灵矣。辛亥以还，经一度之激荡；五四运动，又经一度之激荡，而其效力乃若经一度之激荡，遂失一度之信用者，无他，不诚心之爱国，不诚心之合群，一时虽可以手段欺人，未几即为人所觉察。故无论何种好名词，皆为今人用坏，不可救药。而世人犹以诈伪手段为能办事之信条，岂不哀哉。昔《民报》斥康有为曰：康之为人，但使对人说谎能经五分钟而后为人所觉者，亦必不惮施其谎骗。今则凡活动于社会者，人人康有为也。人人康有为，孔教之不沦亡者，几希矣。孔子之教尚恕，而今中国大多数之人皆务责人而不克己。家庭则子怨其父，妇责其夫，社会则友朋相欺，同业相妒。凡语及其对面之人，必吹垢索瘢，务极丑诋而后快。一团体之结，则互相攻击焉；一机关之立，则争肆排挤焉。务私图者固为人所不容，谋公益者尤为人所不容。非巧猾圆活，在在皆得人之欢心，不能立足于一地。故在今日，虽似舆论有力、公理渐昌之时，实则舆论毫无价值。为众人所承认者，未必贤；为众人所摈斥者，未必即不肖。然又以舆论之混淆，不肖者转可借此以自辩。攻者益力，守者益坚，而全国成相骂之世界矣。吾每见青年子弟开口论人，动曰某事有何关系，某事有何私图，吾辄服其阅历之深过于成年，然又惧其胸中已有如此机械，处处以刻薄之心待人，后此之社会将益不堪问矣。孔子之教尚学，而今中国大多数之人皆不说学。官吏军人、商贾农工固不学，即学校中人，亦不得尽谓之学者也。职员以办事为能，学生以文凭为主，教员以薪金为要。所谓学问，特此三者之媒介耳。兴学数十年，縻金数千万，而研究世界学术卓然有所发明，可与世界学者抗衡者，有几？研究中国学术卓然有所发明，可与从前学者颉颃者，又有几？吾言至此，吾不忍言矣。

总之，孔子之教，教人为人者也。今人不知所以为人，但知谋利，故无所谓孔子教徒。纵有，亦不过最少数之“书呆子”，于过去及现在国家社会之腐败绝无关系。论者不察此点，误以少数“书呆子”概全国人，至以孔子为洪水猛兽，殊属文不对题。今人不但官吏、军人、盗贼、无赖脑筋中绝无孔子之教，即老旧之读书人，讲训诂、讲考据、讲词章金石目录、号为国学国粹者，余亦未敢遽下断语曰：是皆深知孔子之教，笃信而实行之者。盖孔教之变迁失真，亦已久矣。责孔子者，以纲常孝弟为孔子误人之罪状。[①] 不知今人何尝讲纲常，讲孝弟，不必待诸君提倡非孝而后然也。往见某侍郎家庆寿，宴客若干席，征文若干篇，似其子固孝其亲者也。然其家庭虽号同居，不但父子分爨也，即老夫妇亦分爨。子若妇日餍肥甘，老父及老母不能染指也。社会实情，笔不能罄。论者但须就社会详加观察，即知吾言非过事偏激，好为孔子辩诬。要知今之庆寿、出丧，广征诗文，大张联幛，酒食累日，仪仗塞途者，绝非孔子之所谓孝。孔子若生于今日，亦必不认此等人为孝子。而昔之所谓九世同居、一门雍睦者，皆系历史上之陈言，文章家所搬弄，执之以求于今之社会，邈然无遗迹可寻也。北京上海者，吾国社会人物集中之点也。诸君但历观之，赌博、冶游、投机、局骗、吸鸦片、听戏剧者，充溢于阛阓，盛服靓妆，高车驷马，招摇市廛，征逐馆舍，不闻有口孝弟而行曾闵者也。无论真正实行孔子之教者，不易一二觏，即所谓假道学伪君子，亦复不可多得。诸君又何必抵死责备孔子？为彼非“书呆子”者嫁

① 某杂志《通信》：三纲之义，效法古人之说，实宗法社会之缺点，亦孔子全副精神所贯注者也。

祸乎？

虽然，余有一私议焉，今日社会国家重要问题，不在信孔子不信孔子，而在成人不成人。凡彼败坏社会国家者，皆不成人者之所为也。苟欲一反其所为，而建设新社会新国家焉，则必须先使人人知所以为人，而讲明为人之道莫孔子之教若矣。诸君不信吾言，请观反对孔教者之言。某某者，反对孔子之教最坚最力者也。然其所持爱国主义，曰勤，曰俭，曰廉，曰洁，曰诚，曰信，[①] 固无一不出于孔子之教也。即使变其名词易为西语，昭示于人曰：吾所持者非孔子之教，亦复无害。何则？孔子固不必使人挂招牌，实心为人者亦何必挂孔子之招牌。但令其道常存天壤，即无异孔子常存天壤矣。今人所讲之新道德，绝对与今日腐败人物所行所为不相容，而绝对与孔子所言所行相通。所争者在行与否耳，言之而不行，孔子一招牌也，德摸克拉西一招牌也。以新招牌易旧招牌，依然不成人也。言之而行之，虽不用孔子之教，吾必曰是固用孔子之教也。

本文原载《学衡》第 3 期，1922 年 3 月。

整理者：郭元超
校对者：谢　任

① 某杂志《我之爱国主义》：曰勤，曰俭，曰廉，曰洁，曰诚，曰信。

文德篇

缪凤林

文德之名，始见王充《论衡》(佚文篇)。杨遵彦作文德论，以为古今辞人皆负才遗行，浇薄险忌。唯邢子才，王元景，温子升，彬彬有德素(《魏书·文苑传》)。清章学诚嗣之，乃谓凡为古文辞者，必敬以恕，知临文之不可无敬恕，则知文德(《文史通义·文德》)，皆语焉未备。其在西洋，则曰“文学之良知”(英名 literary conscience)，学者按时立学，较此士为详瞻。兹综合各家绪论，条为五事，著之于篇。

一、不志乎利

四字见《韩昌黎答李翊书》，惟少阐发。英国文学评论家安诺德(Matthew Arnold，生于一千八百二十二年，殁于一千八百八十八年。为英国最伟大之文学评论家，生平以卫道自任，谓真正之文化，在完成个己以完成人人，见氏所著《美与智》[*Sweetness and Light*]及《文化与世乱》[*Culture and Anarchy*]两书)则极主之。安氏以其时英国之报纸，或为民党之机关，或为王党之耳目，或为反对者张目，或为庸人之代表，因其关系之不同，各是其是，各非其非，而无真正之是非也。著《文学评论在今日之功用》(“The Function of Criticism at the Present Time”)，明揭评论应循之途径，综以一字，译即云“不志乎利”(disinterestedness)。此其内涵甚广，要在志洁行廉，特立独行，超然于实利之外，不获世之滋垢，以不偏不颇之心，惟真理之求，识此世所知所思之至善，为天下倡，而为人群之准则而已。世之衰也，金钱万能，无行文人，遂以文章为逐利之资，或为碑传以歌颂功德，利其润笔，或趋奉编者主笔，仰望取与，甚或兼营政客，供党魁之驱使。结果所至，凡有述作，一以实利为南针。利之所在，虽颠倒黑白，亦不所惜。文学之殁于金钱也久矣，抑知文之至者，初未必有实利可图。

扬子云之作太玄也，深者入黄泉，高者出苍天，大者含元气，细者入无间，而为官落拓，贻人尚白之诮。弥尔顿之著 *Paradise Lost* 也，悲天悯人之怀，其词可以动鬼神而裂金石，而脱稿后，仅售十镑。良以文以载真善美非器具也，虽勉强成篇，非裨益读者奚取焉。而为此文者，宜专心致志以为文，毫无利禄之念，存乎其中，如此乃可望传于不朽。此则文学之真价，远超物质经济之上，而亦文人之所以为大也。历来文人凡属自好者，鲜不以受赇为戒。若扬子云不肯受贾人之钱，载之法言。韦贯之之拒绝斐均子持万缣请撰先铭，至曰吾宁饿死，岂能为是？（见《日知录》引《新唐书》。）亦以文者非可以货取也。今日者作书计值，投稿受酬，固已视为正轨。乃至以西洋文学未涉藩篱之人，而翻译文学丛书，惯作偷香惜玉小说之辈，而以新文学相号召，谬种流传，利令智昏，不仅以文为器已也。昔者郎迦南（Longinus，氏为希腊第二大文学评论家，仅次亚里士多德，唯其生殁年月已不可考，约当纪元后一世纪耳）之答泰兰登（*Terentian*）书也，谓当今之时，举世滔滔，耽于名利，漠视仁义，何能期优美文学之产生？（见氏著 *On the Sublime*。）其吾国此日之谓乎？非有不志乎利之文学家出，其何以挽此颓风哉？

二、 不趋时势

尼采之论世也，谓天才与庸众常冲突。尼氏之哲学，建基于此二元论之上，其说原有流弊。惟其所言，证之以文学家之遭际。常与世相违，不趋时势，而益信举世混浊我独清，众人皆醉我独醒。不以身之察察受物之汶汶，不以皓皓之白蒙世俗之温蠖，此屈原之不趋时势也。余虽不合于俗，亦颇以文墨自慰，漱涤万物，牢笼百态，而无所避之，此柳子厚之不趋时势也。公不见信于人，私不见助于友。跋前踬后，动辄得咎。文虽奇而不济于用，行虽修而不显于众，此韩昌黎之不趋时势也。是时天下学者，杨刘之作号为时文，能者取科第，擅名声，以夸荣当世，未尝有道韩文者。余独就而学之，不追时好而趋势利，此欧阳永叔之不趋时势也。原诸家之出此，初非好为矫饰，实以阳春白雪，和者三四。其曲弥高，其和弥寡，千古之定例，文之至者，每不为时人所赏鉴。故文人欲所作传于后世，自不能不与时人相违。且文章垂训，如医师之用药石，贵在补缺救偏，岂敢推波助澜。若既饱而进粱肉，既暖而增狐裘，则何贵有此哉？然诸家虽不受知当世，亦不肯稍低其理想，自谐于流俗，此则逆流之精神，皭然泥而不滓，与日月争光，而其遗文之垂于后世者，亦绝不患其湮没无闻。盖文之佳否，以万世为公判，用功者深收名者远，其道当然向使诸氏者皆与世浮沉，不自树立。虽不为当时所怪，亦必无后世之传也。爱麦生(Emerson，氏生于一八〇三年，殁于一八八二年，为美国文学史上之泰斗)曰：大思想家在当世虽遭人非难。二十年后，当可转移世界，文家之不趋时势，实有同然。特其影响于人群，或更在二十年后也。古人之意有所郁结，不得通其道，则思垂空文以自见。盖谓此夫，自新文化运动以来，顺应世界潮流之声浪，喧盈耳鼓，因有旧文学皆死文学等谬论。岂知文学之可贵，端在其永久性，本无新旧之可分。古人文学之佳者，光焰万丈长，行且与天壤共存，而文家之所贵，尤在屹然独立，惟道是从，能转移风气而不为世所污。将为人群之明星，导之于日上之途者也。末世横流，必有不趋时势者出，作中流之砥柱，或能挽狂澜于既倒。非然者，其不由顺流而趋下流，复返野蛮者几希矣。

三、不尚术

为文之道，亦多端矣。或缘情绮靡，或体物浏亮，或披文相质，或缠绵凄怆，或博约温润，或顿挫清壮，或优游彬蔚，或精微朗畅，或平彻闲雅，或炜晔谲诳，然此皆放言遣辞之为变，而丝毫无与于术术者。欺世盗名之方，沽名钓誉之具，政客之所惯用，而文人所宜摈斥者也。世风不古，为术滋多。简以言之，厥有五端。一曰标榜，二曰假势，三曰乘机，四曰笼络，五曰恫吓。(一)标榜者。一文之作，属在同党。转辗赞引，一书之成，序文连篇，呶呶不休。夫文之有价值与否，存储自身，非标榜所能为力。而今人所作之文，尤不宜妄加褒贬。一以未经论定，二为避恩怨之嫌。《文心雕龙》时序才略二篇，详论古人，皆阙当代。西国大学文科学程，及著文学史者，多不收生存之作者，即属此意。若标榜出之自赞，则更无耻之尤者矣。(二)假势者。恐己名之不足借己文而显，乃借他力以增其声价。在昔托迹于贤士大夫之门，今则乞灵异国之学位，或最高学府。夫文学为独立之事，依傍为高，无论其造诣若何，即此依傍之心，已甚可鄙。昔者安诺德任牛津大学诗学教授，为文评兰德Wright所译之荷马史诗。兰德辩词，有安氏为大学教授，地位甚尊等语。安氏答文，略谓吾不惟不借重学校，且不欲用教授之职名，盖吾所作文，吾自负全责，不欲有所凭借。而吾之同事，皆博学而多誉。吾自愧不如，更不敢自居教授之名。因吾之简陋，而并使人鄙夷诸同事也。(见所著 Preface to *Essay in Criticism*, First Series。)此虽安氏之虚怀，亦文学家不假势力之明证也。(三)乘机者。窥时人之所好，不问是非黑白，推波助澜，以博群众之欢心。而一己获其实惠。夫文以载道，要在牖民觉世，不当顺流俗，否则以误传误，必将起缚靡已。真学者起，又须重解其缚。惟先入为主，缚者易而解者难，事之可痛心，无复逾于此矣。(四)笼络者。惧声势之不厚，见若人有为，乃卑躬以牧，诱之名利。或预为培植，结以欢心，使入彀中而为我用。夫友声之求，全在志同道合。合则留，不合则去，万不宜参以手段，观山涛为选曹郎，举嵇康自代。康答书拒绝，是在真有风骨者，手段亦无所用之。其能笼络得之者，非愚而受欺。即可以货取，至施者之卑下，则更不待言矣。(五)恫吓者。言不衷理，恐人反诘，作为高压之论，先发制人，或肆口嫚骂，令人望而生畏。夫文人之可贵，首在志和音雅，心醇气平，学犹其次。故实齐之言文德，归之临文主敬。其在论辩，则上焉者不以己之所能，显人之不能，或以己之不能，忌人之能。次焉者文中亦不宜涉及个人。(按西国有学问为公 impersonal 之义。议论辩驳，不能攻讦个人，载在法律。吾国年来报章，他无所表见，惟嫚骂则已成积习。学术界之野蛮，不图生此文明之世，而躬见之也。)党同伐异，恶声加人，是为最下，其所言之无理，则更不足责矣。凡此五术，皆政客之伎俩，乃自提倡新文化以来，文学界中，莫不毕具。事实昭彰，兹不赘述。余所不能已于言者，即文学为真善美之结晶。至为高尚纯洁。政客之术，决不能用之于文章也。

四、不滥著述

吾国学者之言著述，其义有二：一曰言之有物，一曰言之有益。章实斋曰：夫立言之要，在于有物。古人著为文章，皆本于中之所见，初非好为炳炳烺烺，如锦工绣女之矜夸采已也(《文史通义·文理》)。此有物之说也。顾亭林曰：文之不可绝于天地间者。曰明道也，纪政事也，察民隐也，乐道人之善也。若此者，有益于天下，有益于将来，多一篇，多一篇之益矣(《日知录》卷十九)。此有益之说也，合此二义，所为之文，乃为古人之所未及就，而为后世之所不可无。而其文遂非短时所能成，亦非浅尝者所能作。李习之与韩退之、孟东野，皆以文名。然退之与东野唱酬倾一时，而习之无诗。尹师鲁与欧阳永叔、梅圣俞，亦皆以文名。然永叔与圣俞唱酬倾一时，而师鲁亦无诗。盖人之有能有不能者，无论凡庶圣贤，皆所不免。二子之无诗，盖自知非所长，故不作耳。以非所长而不作，贤于世之不能而强为之者多矣。司马迁之作《史记》也，前后共十八年，书成而删订改削，又四五年(赵云崧《廿二史杂记》卷一)。张衡之作《二京赋》也，精思傅会，十年乃成(《汉书》本传)。盖其考殿最于锱铢，定去留于毫芒，铨衡应绳费时自多，而为文之道。既成而视之。虽极自然，其作时实极惨淡，未可以速致也。今之人昧于此义，于是有率尔以从事者矣，有不知而妄作者矣。洋洋万言，下笔立就，出版之书，汗牛充栋，计其量非不多也。计其质则非言之无物，即言之无益。其十九且并此二者而兼之。子程子曰：后之人平生所为，动多于圣人。然有之无所补，无之无所缺，乃无用之赘言也。不止赘而已，既不得其要，则离真失正，反害于道必矣(《答朱长文书》)。殆可为今日写照，抑知文章之传，必有其不可磨灭者。在否则生时虽荣没则已焉，后世之判断，至严而公允，能欺一时者，固不能欺万世。约翰生(Dr. Johson，生于一千七百零九年，卒于一千七百八十四年，为英国十八世纪最大之文学家)所谓人之著述，除一己外，别无人能推翻之也。狄昆西(De Quincey，生于一千七百八十五年，卒于一千八百五十九年，为英国十九世纪著名文学家)曰：自滑铁卢之战迄今(按滑铁卢之战在一千八百十五年，此文之作在一千八百四十一年，其间只二十余年耳)，吾英国国中之文学书已增至五万册，其舶来者，尚不计焉。此五万册中，今犹生存者，恐不及二百册。其能传至数百年后，恐不及二十册。其中曾经人翻阅过者，恐不及五六千册耳(见所著 Style 之 partily)。其言深切著明极矣，何时人之不悟哉？是故为文而愿覆瓿则已，否则必以不滥著述为第一义。韩子曰：将蕲至于古之立言者，则无望其速成，无诱于势利。养其根而竢其实。加其膏而希其光，根之茂者其实遂，膏之决者其光晔。仁义之人，其言蔼如也(《答李翊书》)。此则吾人所当奉为圭臬者。

五、 不轻许可

文人不能相轻，亦不能滥相推许。历观各家评论之书，如《文心雕龙》、《诗品》之类，弥纶群言，深极骨髓，擘肌分理，唯务折衷。盖文人有知识之贞操，未可漫无标准。取与之间，更不能丝毫苟且。艾南英所谓许人一文，尚如许人一女也。其在西洋，则有文学评论，为文章之司命。评论家大都学力精粹，矜重其辞，一字升黜，华衮萧斧。自非青萍结缘，不足当其选。而一经品题，声价十倍，成为定论。文学之标准，既常保持文学之价值，因以不坠。年来报章评坛，恬不知此。新书之出也，本无何等价值，而绍介之者，尊为名著，夏虫井蛙，可笑可怜。其尤不可为训者，即滥序是。书之有序，所以明作书之旨也。苟作书之旨既明，即可无序，否则亦一序已足。故书不当有两序，更不可滥为人作序。尝考古人为人作序之义，盖有二端。曰不苟，曰不妄。唐庄充请杜牧序其文，牧答书曰：自古序其文者，皆后世宗师其人而为之，今吾与足下竝生今世，欲序足下未已之文，固不可也，此不苟之义也。李光地注《易》成，乞序于方苞。历数年不成，苞尝曰：我方研习《周官》、《易》未暇细究，徒说不关痛痒之语，何益？计不如不作耳。此不妄之义也。然缀文之士，皆思托人以传。有所述作，每不惜向当世大人先生求序。而为之大人先生者，亦往往不能自贞，其为士林所诟病也久矣。值今以新文化号召之日，意谓此风当可少革，孰知在彼提倡者之自身，且变本加厉。学虽未究，可为之序矣。书虽未见，可为之序矣。顾亭林曰：人之患在好为人序。其若人之谓乎，夫所贵乎，许可者为其平日不轻于许可。而其所许可者，则皆最精而不可淘汰者也。今若此，不第破坏文学之标准，有忝贞德。其所言亦与其所许可者同其命运，以文人自期者，可不于此三致意哉。

语云：言为心声，文为心相。文德之不修，人格之何有？际此文学界黑暗重重，每况愈下。推原其故，要皆文德之堕落有以致之。而其影响所及，且将举人格而斫丧之。不仅文德之堕落已也，绩学之士，或讳疾忌医，或不屑置喙，相率忿而不言，瞻念前途，心所谓危。因忘其简陋，略述管见，借作后此初桄，自勉勉人而已。若夫其言之浅俚，固不值通人一哂也。

本文原载《学衡》第 3 期，1922 年 3 月。

整理者：薛　蓁

校对者：周　颖

论批评家之责任

胡先骕

今之自命新文学家者，每号召于众曰：中国学术所以陈旧无生气之故，厥为缺乏批评，无批评则但知墨守，但知盲从。吾人之责任，在创立批评之学，将中国所有昔时之载籍，重行估值。此言一出，批评家之出产，乃如野菌之多，对于国学，抨击至体无完肤；同时所谓新创作之出现，亦如细菌繁殖之速。然细寻绎之，不但有价值之创作固鲜，即有价值之批评，亦如凤毛麟角，其故何哉？盖批评创作，极非易事。就创作而言，天才极为难得。有天才矣，而智识界之风尚，学术之精神，其足以转移天才之趋向者，正在颠危振荡之中，至使天才失其发展之依据。此现象不但于中国为然，无论在何国文学史中皆常有之也。至于批评，则吾国文学界之往史，略与英国同，皆长于创造而短于批评者。且吾国人富于感情，深于党见，朱陆之异同，洛蜀之门户，东林复社，屡见不鲜。加以舶来之偏激主义，为之前驱，遂使如林之新著作中，舍威至威斯(Wordsworth)所诋为“伪妄与恶意之批评”外，殆无他物，流弊所届，至使固有文化，徒受无妄之攻击。欧西文化，仅得畸形之呈露，既不足以纠正我国学术之短，尤不能输入他国学术之长，且使多数青年有用之心力，趋入歧途，万劫不复，此大可哀者也。欲救其弊，厥为改革今日之批评，标明批评家之责任，使知批评事业之艰巨，不学者亟宜敛手。即堪任批评之责者，亦宜念社会付托之重，审慎将事，不偏不党，执一执中，则半期以后，不但批评学可在吾国开一纪元，即新文学之前途。亦庶乎有豸矣。

就今日批评界之缺点观之，批评家之责任，亟宜郑重揭橥者，有下列数事。

一、 批评之道德

批评家之责任，为指导一般社会，对于各种艺术之产品，人生之环境，社会政治历史之事迹，均加以正确之判断，以期臻于至善至美之域。故立言首贵立诚，凡违心过情，好奇立异之论，逢迎社会，博取声誉之言，皆在所避忌者也。今之批评家则不然，利用青年厌故喜新、畏难趋易、好奇立异、道听途说之弱点，对于老辈旧籍，妄加抨击；对于稍持异议者，诋諆谩骂，无所不至，甚且于吾国五千年文化与社会国家所托命之美德，亦莫不推翻之。夫孔子之学说，为全世界已往文化中最精粹之一部也，今不闻有批评柏拉图、亚里斯多德、释迦牟尼、耶稣基督之言，而对于孔子，乃诋之不遗余力，甚且谓孔子学说与民治主义不相容，岂非利用青年厌故喜新，好奇立异之弱点乎？又如中国文言之别，决非希腊拉丁语与英法德语之别也，必牵强引为一例，以证明古文为死文字，语体文为活文字，宁非利用青年西学根柢浅薄之弱点，故作此似是而非之言乎？又如钱君玄同中国旧学者也，舍旧学外，不通欧西学术者也，乃言中国学术无丝毫价值，即将中国载籍全数付之一炬，亦不足惜，此非违心过情之论乎？胡君适之乃曲为之解说，以为中国思想界过于陈旧，故钱君作此有激之言，夫负批评之责者，其言论足以左右一般青年学子，岂容作一二有激之言乎？其父杀人，其子行劫，钱君等国学尚有根柢者，犹作此言，则一般青年，不知国学门径，但以耳为目者，其言之不将犹甚耶？又如林琴南之译小说，固亦有短处，其长自不可揜，其文辞之优，犹不待言；乃寻疵摘瑕，至詈之为不通，继复劝中学学生，读其早年所译之小说，以为作文之模范，批评家之言论，何前后不符如此之甚也？又如胡君适之，创白话诗者也，抨击旧体诗不遗余力，认一切诗之规律，为自由之枷锁镣铐者也；曾几何时，又改作旧诗，且谓惟旧体诗为能有风韵。夫旧体诗之能有风韵，胡君在美国作旧体诗时，宁不知之？而于主张白话诗时，何一不言及，直至今日始标明之乎？若前此果不知也，则是所造浅薄，见解未定，乃敢遽操批评之工具，以迷惑青年之试听乎？又如沈君尹默之新诗，其格调众目共睹，而尤为胡君适之所深悉者也，而李杜苏黄之诗之优美，亦胡君所知者也。胡君在北京导报纪念册中，论中国文学之改革，乃云：新诗内容之精美丰富，远在旧体诗之上，其欺西人不通中文不能读李杜苏黄之诗耶？抑果信沈君鸽子三弦等诗，胜于杜之《北征》、《石壕吏》，李之古风《蜀道难》，韩之《秋怀》，苏之《和陶》等诗耶？要之，修辞不立其诚耳。法国十九世纪大批评家圣钵夫(Sainte-Beuve)之言曰：吾法人所重视者，不在吾人是否为一种艺术或思想之作品所娱悦，亦不在是否为其所感动，而在吾人为其所娱悦，为其所感动，而称赞之之是否合理。安诺德(Matthew Arnold)谓法人对于知识事件，有一良知，对于文学，有是非区别之信仰，深信其对于是者，必须崇仰皈依之；而附于非者，实为大耻云云。盖谓对于艺术之感动，尚须加以理性之制裁也。然则对于吾国批评家利用人类之弱点，故为违心之论，以博先知先觉之虚誉者，将何如乎？此吾立论首先揭橥批评之道德也。

二、 博学

批评之业，异于创造。创造赖天才，故虽学问不深，亦能创造甚高之艺术。至批评则须于古今政治、历史、社会风俗以及多数作者之著作，咸加以博大精深之研究，再以锐利之眼光，为综合分析之观察。夫然后言必有据，而不至徒逞臆说，或摭拾浮词也。故在今日，欲与欧西文化之眼光，将吾国旧学重行估值，无论为建设的或破坏的批评，必对于中外历史文化、社会风俗、政治宗教，有适当之研究，而对于中国古籍，如六经、诸子、史、汉、魏晋、唐、宋、元、明、清诸大家著作，西籍如希腊、拉丁、英、德、法、意诸大家之文学及批评，亦皆加以充分之研究。苟覼缕之，即以文学论，在中国舍经史子外，至少应浏览屈原、贾谊、司马相如、司马迁、班固、曹植、阮籍、陶潜、谢灵运、鲍照、庾信、徐陵、陈子昂、李白、杜甫、王维、孟浩然、韦应物、白居易、韩愈、孟郊、李贺、张籍、柳宗元、李商隐、杜牧、温庭筠、李后主、欧阳修、晏殊、梅尧臣、王安石、苏轼、柳永、黄庭坚、陈师道、周邦彦、陈与义、范成大、姜夔、陆游、辛弃疾、吴文英、王沂孙、张炎、史达祖、吴激、元好问、虞集、高启、刘基、归有光、阮大铖、王夫之、黄宗羲、钱谦益、魏禧、吴伟业、王士祯、朱彝尊、吴嘉纪、方苞、纳兰性德、姚鼐、恽敬、郑珍、蒋春霖、陈三立、郑孝胥、王鹏运、文廷式、朱祖谋、赵熙诸家之集，再及传奇小说笔记诗词话等杂著。在欧西文学，至少须浏览 Homer、Aeschylus、Sophocles、Plato、Aristotle、Plutarch、Cicero、Dante、Chaucer、Spenser、Shakespeare、Milton、Dryden、Defoe、Swift、Akdison、Pope、Fielding、Gray、Goldsmith、Burns、Johnson、Wordsworth、Coleridge、Byron、Shelley、Keats、Scott、Carlyle、Macaulay、Dickens、Thackeray、George、Eliot、Tennyson、Browning、Arnold、Ruskin、Irving Babbitt、Paul Elmer More、Montaigne、Corneille、Moliere、Racine、Bossuet、Voltaire、Rousseau、Chateaubriand、Lamartine、Hugo、Balzac、Dumas、Sainte-Beuve、Renan、Lessing、Schiller、Goethe、Heine、Tolstoy、Turgenev、Ibsen、Brandes 诸家之著作。以上所举，几为最少甚且不足之限度，若欲仅周览一过，已非十余年不能蒇事；若更欲稍加博览，则至少必加一倍之数。今方涉猎一二家当代作者之著作，或一国一派之文学，甚而拾人唾余，略知名字，便欲率尔下笔，信口雌黄，几何不非诬即妄也。吾知有在学校英文未能及格，从未得见《两周评论报》（*Fortnightly Review*）所登托尔斯泰批评莎士比亚原文之学生，竟率尔攻击莎士比亚文学上之地位矣。吾知有翻译英文会客室（Drawing room）为图画室之学生，亦批评讪笑他人之文矣。此等少年矜躁之习，在今日学术销沉之时，固不获免。然苟真欲在吾国立批评之学，将中国固有之典籍重行估值，则必非近日所谓新文学家者所能胜任也。故吾谓今日批评家之责任，在博学也。

三、 以中正之态度为平情之议论

吾国文人素尚意气。当门户是非争执至甚之时，于其所喜者，则升之于九天；于其所恶者，则坠之于九渊。汉宋之争、今古文之争、朱陆之争、洛蜀之争、古文选体之争、唐诗宋诗之争，几何非独擅其场，不容他人置喙者耶？且每因学术之相非，而攻及个人，或以个人之相非，而攻及学术。如孙觌之诗，在宋人之中，当首屈一指者也；而徐问曰：觌有罪名教，教其集不当行世。严嵩、阮大铖之诗，不但为有明一代所未有，且为中国诗家有数之著作也；乃以其人品之卑劣，遂使其集不能流传，《钤山堂集》犹有刊本，《咏怀堂诗》则仅有传钞之本矣。又如魏晋六朝之文固尚骈偶，骈偶固不可为一般文章之准则，桐城固时嫌过于谨严，时或枯窘，然未必仅为谬种，为妖孽也。又如写实主义，固有一日之长，然不得以《金瓶梅》、《黑幕大观》等小说，偶具有写实主义之外貌，便赞美宏奖之也。在真正之批评家则不然，培根大哲也，马可黎之评之也，一方面固极力推崇其学术，一方面复不能不訾议其道德。格兰斯顿之宗旨政见，与马克黎异者也，马氏之评之也，一方面固极非议其见解，一方面复加以相当之赞美。威至威士（Wordsworth）固为辜勒律己（Coleridge）之好友也，辜氏之文学传纪（*Biographia Literaria*）中，乃极评骘其议论见解之非，同时复赞美其诗不遗余力。托尔斯泰固莫雅（Pail E. More）所大加讥弹者也，然同时承认其为大艺术家。盖好而知其恶，恶而知其美，批评之要件也。

今之批评家，犹有一习尚焉，则立言务求其新奇，务取其偏激，以骇俗为高尚，以激烈为勇敢，此大非国家社会之福，抑亦非新文化前途之福也。夫家庭制度，数千年社会之基础也；父慈子孝，人类道德之起点也，乃不仅欲祛除旧家庭之缺点，竟欲举家庭制度根本推翻之。极端自由恋爱，儿童公育之言，已连篇累牍，甚且谓父母之育子女，为贪恋色欲之结果，故无养鞠之恩可言。国家财产，为人类数千年因袭之制度，直至今日，尚未能证明可以全废者也，在中国代议制之民治主义，尚未成立之时，乃高谈共产无政府。中国文字初不艰深，亦极完善，不至为教育科学文化进步之梗者也，乃必强谓之为艰深，为死文字，为足梗阻教育文化之进步，而主张以一种语体文代之。中国诗体格优美，宗旨中正，备具韵文之要件者也，乃必因其不尽用俗语作诗，便极力非诋之，而主张以全无美术性质、完全破弃韵文原则之白话诗以代之。唐代之诗，盛中远出晚季之上者也，乃必以应用俗语之多寡，而遂认唐诗之衰败为进步，而以晚唐之诗为三唐之冠。凡此种种，皆务求新奇偏激，以炫众沽名，大背中正之道者也。孔子曰：天下国家可均也，爵禄可辞也，白刃可蹈也，中庸不可能也。中庸果不可能乎？毋亦不为耳！

四、 具历史之眼光

人类有历史之动物也。此历史当自广义言之，凡自太古以来，风俗习尚，环境之影响，政治教育宗教之陶镕，皆如遗传性然。子女自先天已禀之于其父母，无由以摆脱之者也，必其可用后天之教育以更变之者，始得议其更张，否则惟有顺其有机性自然之蜕嬗以演进之耳。故往往理论上所訾议者，实际上乃极有功用；理论上所赞许者，实际上或不能通行。甚或此邦可行者，在他邦或不可通，此时代之视为善政者，他时代或视为罪恶。故作批评也，决不宜就一时一地一党一派之主观立论，必具伟大洞彻之目光，遍察国民性、历史、政治、宗教之历程，为客观的评判，斯能公允得当。故如井田制度，昔日所能行，而儒家所视为太平盛治者也。然自秦人开阡陌以来，井田终无再兴之一日，盖人类固有之天性与社会发展之程序使然也。又如王荆公之行新法，识见卓越，迥出侪辈，且非仅放言高论，其雇役常平保甲诸法，皆后世所遵行不替者也；就中雇役一法，尤为中国政治界最大之改革，常谓其重要不在破坏井田封建之下焉；即其青苗一法，号称病民，然实为农工银行贷貣团之先声，至今各国所极力提倡者也。然时机未至，遂至新法为病民之政，而为一般贤士大夫所诟病。至司马温公复相时，虽最佳良之雇役亦罢之，其故何哉？盖当时社会安于千百年来之故习，一般人民无此改革之要求，故虽良法美意，亦视为虐政也。又如民治主义，固政治之正轨，而无治共产主义，尤为政治理想上之极则也。然在英国，以查理第一之昏庸，克伦威尔之刚毅，汉浦登、弥尔敦诸人之道德，一般社会之趋向，宜若推翻帝制，建立共和，为因时利导矣。曾几何时，复辟之议兴，彼功首乃一变为罪魁，至悬尸市朝，而帝制巍然尚存于今日也。彼盎格罗撒克逊民族者，非一般社会学家所认为最宜于民治主义之民族，而英国民治主义之甚，且远在法兰西共和国之上乎？又如在理论上实际上，路德所创之新教，非愈于旧教乎？乃自 The Society of Jesus 创立以来，新教之势力遂成弩末，至于今日，新旧两教，各据西欧之半，何也？无亦拉丁民族之性质，有异于条顿民族乎？故自人种学家观之，人类为习惯的动物，而非理性的动物，至少非绝对理性的动物。故在欧人以脱帽为敬，吾人旧习乃以着帽为敬；吾人以起立为敬，在长上之侧，可侍立而不敢坐，在某岛土人，则长上宴坐时，卑幼决不敢植立其侧。人种学家甚谓欧西重视妇女，非果真有男女平权之见解，不过为中古武侠之遗风耳。故虽小至于一燕尾服一手套一马蹄袖之微，咸有其历史在，必知其往史故俗以论人论事，方能得其真相，而批评方有价值也。

法人裕钵特（Joubert）有言曰：强力与正义为治斯世之要件。在正义未立之先，则仍须强力。（C'est la force et le droit qui reglent toutes choses dans le monde；la force en attendant le droit.）英人勃克（Burke）有言曰：若人事须有一种大改革，必吾人之思想已与之相合，大众之意见与感想咸趋于该途。每一恐惧，每一希望，皆足以扶植长养之。诚如是，则彼必反抗此人事大潮流者，不啻反抗天意，此种人不得认为强毅有定见，而成为顽固矣。今日之思想家、批评家，乃不然，但图言之快意，不问其是否契合社会之状况，故在中国建立共和，实时机未至也。以其未至，故如梁任公所言，革命运动不能自人民发动，而必运动军队。其结果则十年以来，未能创立真正之共和，而徒养成军阀之专制，且时有帝制复兴之隐患。在今日共和既立，复辟称帝，自非吾人所欲，因之吾人之责任，务必以全力，使民治主义遍布于一般无识之平民，使其“意见与感想咸趋于该途”，则共和之基础方能稳固。今乃不知于此处用力，但放言高论无治主义、共产主义、社会主义等等大而无当之学说，不观乎彼苏维埃俄罗斯国中为农之百分之八十五人民，不赞助共产主义，至列宁亦不得不认资本主义必为共产主义之前驱乎？凡一种之改革时机未至，必有莫大之牺牲，同一共和政体，在美国立国之初，则因利乘便。在法国革命，则几经莫大之牺牲，始克成立。今日之苏维埃俄罗斯，又以时机未熟而试行共产主义，而横被莫大之牺牲矣。不但政治之往迹然也，宗教社会艺术文学之往迹，亦莫不然。不知此义而冒昧行之，其害可立待，此批评家不可不有历史的眼光也。

五、取上达之宗旨

今日一般批评家之宗旨，固为十八世纪卢骚学说创立以来，全世界风行之主义之余绪，即无限度之民治主义也。有限度之民治主义，固为一切人事之根本；无限度之民治主义，则含孕莫大之危险。主张此种学说者，以为人类根本上一切平等，智慧才能道德，无一不相若。彼智识阶级之所以优秀者，非其禀质异乎常人，不过因其处于优越地位，能得完备之教育，以充分发展其智慧才能耳。苟一般平民得同等之机遇，其才智不在智识阶级之下，故遇事皆须为一般大众着想，而不宜仅顾少数智识阶级也。即道德亦莫不然，甚且谓智识阶级之道德，为文化所濡染，反不如一般之平民。至一般平民之罪恶，初非其道德较为低下，而为环境逼迫濡染之所致也。此种论调，犹为较和平者。其甚者竟谓文化为不祥之物，不如绝圣弃智，返乎自然，凡一切文化为平民所不需要不能了解者，皆为无益有害之物，故文化须尽力迁就平民云。殊不知人类之天性绝不相齐，虽父母兄弟子女，亦不能一一相肖。盖不齐者生命之本性，无论其旅进旅退，决无或奇之一日也。且人类多原，已成一般人种学家之定评，澳洲土人之脑量与吾人相去远甚，即其明证。今试思全世界十六万万人类中，老子、孔子、释迦牟尼、耶稣基督、苏格拉底、柏拉图、亚里士多德、尧、舜、所罗门、李白、杜甫、但丁、莎士比亚、康德、牛顿、达尔文、巴士脱、瓦特、爱笛生、爱恩士坦共有几人？若以有历史以来七八千年全数之人类计之，则尤可见大智慧者之如凤毛麟角也。然一大智慧者之功德，百千万平民不能及之，今日人类物质上精神上之幸福，莫非根据于少数大智慧家之学说？历史上之往迹，亦随少数领袖人物为转移，最显明者，如瓦特之发明汽机，法拉德之发明电学，巴士脱之发明细菌，爱迭生之发明电灯，吾人物质方面之受惠于此诸哲者，宁有涯耶？近日飞机，已成通常运输之工具矣，极不可思议之无线电报、无线电话，亦已为日常习见之物矣，近且发明科学的延年医术矣，岂此等文化为不足珍耶？抑无论谁何，皆能有此发明耶？即以此物质文明为不足珍惜者，试思彼大哲学家、大文学家、大政治家之影响于吾人者何若？彼哥白尼、格里辽、达尔文、赫胥黎、弥尔敦诸贤改革吾人思想之功，宁有既耶？即此极端平民主义之前锋，如卢骚、马克思、克鲁巴金、托尔斯泰，亦智识阶级也，即予以同等之机会，充分之教育，彼一般平民亦不能尽为卢骚、马克思、克鲁巴金、托尔斯泰也？上下数千年，纵横数万里，已死与现存之数十万万人类中，亦仅有此有数之卢骚、马克思、克鲁巴金、托尔斯泰也，若以多数人所不能企及之学问艺术为不足取，则世界将无所谓领袖人物者，尚何能望进步乎？

不但不能进步也，结果必将愈退愈下，直至返于原人之状态为止也。盖吾人之治生物学者，知生命之现象，常在无形之变迁中者也。此种变迁或优或劣，惟在天择人择选择之方法如何耳。故将人类之禀赋，分为若干元素，则大智慧、大才能、大勇敢、高深之道德、文学哲学政治数学科学各种之特长，与夫低能、神经衰弱、犯罪性、半犯罪性、贪狠残忍、卑鄙、癫痫、残废各性质，在遗传性中皆森然并列，同依孟德尔律(Mendel's Law)而遗传，至何种性质在遗传中占优势，则视社会中一切无形之天择人择之方向如何。故自社会学家观之，乱世奸人多贵显。在社会上多握重权，据高位，其所以然者，处乱世之环境，此等人于生存竞争中，实有优胜之处，亦犹治世则贤人多居高位，备受尊荣也。若果以一切文化迁就智识卑下之阶级，则浸成一退化之选择。盖优美之性质已不足尚，而不为一般社会上之天择人择所取，而得留存而繁衍；彼下劣之性质，则不但不为社会上天择人择所淘汰，且反因社会迁就下劣之故，而倍易繁衍，则将非退化至为澳洲之土番南非洲之侏儒不止也。

夫批评之主旨，为指导社会也。指导社会，纯为上达之事业也。上达之宗旨，固丝毫与民治主义不悖。民治主义固为在法律政治上无论贵贱皆得同等之待遇，在社会上皆得同等之机会也。在今日之现况，一般平民在政治社会上未能得此同等之待遇同等之机会，固无待言，凡能除去此项不同等之待遇者，吾人固皆宜极力赞助之。然须知即使此种目的得达，人类之禀赋之不平等，仍如曩昔：彼平民者，固以教育普及与社会选择之故，日进于优美之域；然彼素有优秀之禀赋者，亦将以教育与社会选择之故，而更加优美。以生物之趋势而论，殆永无不能进步之时，此进彼亦进，亦即人类之禀赋永无平等之时也。然社会与人类全体，日趋于上达之路，人类之幸福自不言而喻矣。彼批评家之责，首在认明上达之必要，姑毋求不能得之平等，而日促人类返于昔日之蒙昧。要须秉民治主义之准则，以日促文明于上达，斯不愧为先知先觉矣。

六、勿嫚骂

上文于批评家之责任，已举其荦荦大者，今所言者，惟一小节。在批评学发达之国家如德法者，固尽人皆知，不待申言。不幸吾国批评家乃有此可悲之缺点，故不得不为之提撕警觉，即嫚骂之习是也。夫他人之议论，不能强以尽同于我也；我之主张，恐亦未必全是也，故他人之议论之或不当也，侭可据论理以折之。且彼与我持异议者，未必全无学问，全无见解，全无道德也，即彼所论或有未当，亦无容非笑之谩骂之，不遗余力也。故如林琴南者，海内称其文名，已数十年，其翻译之说部，胡君适之亦称为可为中学古文之范本矣。庸有文理不通之人，能享文名如是之盛者乎？即偶有一二处有违文法，安知非笔误乎？安知非疏于检点乎？乃谩称之为不通，不已甚乎？尤可笑者，陈君独秀，非彼所谓新思潮之领袖，而新潮社诸青年所师事者乎？即不论其人品学问究竟何若，以渊源论，以年事论，固近日所谓新青年者之宗师也。乃易君家钺以其言略损及其令誉，便痛詈之如雠仇，至比之于狗彘不若。此老妪骂街之习，士大夫羞为之，不谓曾受高等教育者，乃如此也？然此种风气，陈君独秀辈，实躬倡之，彼答王敬轩书，亦岂士君子所宜作耶？甚有人谓世无王敬轩其人，彼新文学家特伪拟此书，以为谩骂旧学之具，诚如此，则尤悖一切批评之原则矣。流风所被，绝无批评，但有谩骂。无论他人之言是否合理，他人之学是否优长，苟与一己所持之片面理由不符，则必始终强辩；强辩不胜，则必谩骂。法人称英国言论界之野蛮(brutalite des journaux anglais)，中国言论界之野蛮，将不百十倍蓰于英人耶？吾甚愿吾国批评家引以为大戒也。

以上于批评家积极消极之责任，言之详矣。兹总而论之，则批评最大之要件，为博学、为无成见、为知解敏捷、为心气和平、为有知识上之良知、为有指导社会上达之责任心。苟能如此，行见将来世界交相赞誉中国之圣钵夫、芮囊、葛德、勒新、安诺德、马可黎、勃兰德士、莫雅、白璧德矣。批评界之前途，宁有量耶！

本文原载《学衡》第3期，1922年3月。

整理者：周 颖

校对者：范文琪

文学与真与美

景昌极

近今新文学家最讲究真，所谓真，不出以下三种：

（一）真情。“心里有什么，嘴里就说什么。”主张最力的是浪漫派。

（二）真事。人生(包括自然环境与社会环境)是怎样，你就照直说他怎样。主张最力的是写实派。

（三）真理。“言必有征”，“事必合理”，要“正名”，要“知言”，要合逻辑，要能证实。简言之，就是“文以载道”。

我于文学无甚研究，对此却老大有点怀疑，现在且次第说来，先问：

（一）情的真假是否关系文学的好坏。答：“既谓之人，安得无情。”既然人都有情，你知道谁真谁假呢。现在一般新文学，诚然都是发表真情，难道都是好文学吗？有人说，好文学不是全靠真情，也非全不靠真情，是一部分靠真情，因为真情最能动人。我说：“然，非也。”为甚“然”呢？真情最能动人，是“诚然”。为甚“非也”呢？要知情有两种，一是“人情”，一是“文情”。所以“动人”也有两种，“人情动人”重在动人同情，“文情动人”重在动人美感。所以人情要真，文情不一定要真。我敢说，凡是最好的文学，最能动人的文情，大概不会全真的，因为：

（1）空间的不真。一般孤儿、寡妇、战士、英雄，他那喜怒哀乐，可算铁真；他那呼啸号啼，却不成文学。反是一般文人学士去体贴他们，做成寡妇赋、孤儿行、战士诗、英雄史之流，倒成就了千古的好文学，讲起“人心不同，各如其面”那吗。任他文人会体贴，终是空间不同，不如身当其境的真切。何以最真切的，反不成就文学呢？可知文人所以高于俗人，即文人之所以为文人，不在情之真假而别有在。

（2）时间的不真。一人自写感情，可算空间已同，却又来了时间的差异。英大诗家伍诋无(Wordswoth)说:“静中追叙所感斯为诗。”大家都认为名言，事实上原是如此。一人正动感情时，连话都说不出，就说出不过“哼”、“哈”、“哎”、“呀”几字，还成什么文学。现在所谓新文学，有些除了“哼”、“哈”、“哎”、“呀”，别无精彩，大上了这“真”字的当了。须知好文学，是事过情迁，用一翻回忆选择的工夫做成的。时间不能同一，感情也不会铁真。“文情”所以高于“人情”，即文情之所以为文情，也就不在情之真假而别有在。

从此可以得一答案:“情的真假与文学的好坏不生关系。”再问:

(二)事的真假是否关系文学的好坏。事物的真象本来就很难得，茹拉(Zola)一类的文学家，自命写实，把人类完全看成禽兽，把社会完全看成黑暗，又何尝完全是实在情形呢?再说，自然科学家对于自然界的论文、社会科学家对于人类社会的论文总算近真，不成也是文学，此理甚浅，不须多讲。总之，“人事”求真，“文事”不求真。文事是人事经过文人的人格化与艺术化而成，文学上“课虚无以责有，叩寂寞而求音”、“想入非非”的事多着呢。即如一颗明月，认真说来，不过黑漆漆的一大块矿物，借着太阳光才亮起来。不过古今中外的文学家，谁曾如此认真的去说他呢?

从此又可以得一答案:“事的真假与文学的好坏不生关系。”又问:

(三)理的真假是否关系文学的好坏。怀疑派说天下无真理，姑且不论，就说有也非固定不变的。“文以载道”派说:“天不变，道亦不变。”现在的实验主义家说:“天也在那儿变呢?”今天有验是真，明天无验便是假了，就说是固定不变的，究竟谁的理是固定不变的呢。任何问题皆有正反二面，皆能自圆其说，就皆能成文学，如孟子《性善章》、荀子《性恶篇》、扬雄《善恶混说》、韩愈《原性》不全是好文章吗!张眼一看，世界上文学名著不合逻辑、不能证实的也不知多少。定要拿真理评他，那么康德(Kant)的哲学书才真是好文学，荷马(Homer)的神话诗反不如他了，怎能讲呢?可知哲理在求真，“文理”是不在真而别有在。

从此又可以再得一答案:“理的真假与文学的好坏不生关系。”既然“文情”、“文事”、“文理”的标准都不在真而别有在，这“所在”当然就是“美”。我们要定文学的好坏，当然要舍“真”就“美”了。所谓“美”，不出以下四种:

(一)美响。“声音之道，通于鬼神”虽未必可信，他那感人之深是不错的。自然界的声音、人类的语言尽管不美，一入文学，就不能不美。看世上最古最俗的歌谣，唱来都很好听，可知美响是人类普遍的要求，也就是文学的一大特色了。文学的美响，又可分三种:

（1）节或音节。每句之中，字与字间须和谐。

（2）气或气势。每篇之中，句与句间须和谐。

（3）韵或声韵。一句或数句之尾押一同声之韵。

散文着重(1)、(2)，韵文着重(1)、(3)，因为气势声韵难于兼顾，所以就分道扬镳了，这是讲文学的美响所在处。不过作文的人怎样才能得着美响？大半靠着天才，所能讲的，不过两端：

① 适应。《乐记》说："凡音之起，由人心生也。情动于中，故形于声。声成文，谓之音。"既从人心生，就应该洽当人心，譬如做《长恨歌》，应有抑扬委婉的音，不应有慷慨激昂的音；反之，做《易水歌》，就应有慷慨激昂的音，不应有抑扬委婉的音。《乐记》所说"……之音作，则民……"，又说"君子闻……之音，则思……"之类，皆可见人心与声音应求相称。能相称，就叫适应。

② 摹仿。美响不是出口就成的，要经过许多试验。陆机所谓"始踯躅于燥吻，终流离于濡翰"就是试验的步骤和成功了。古人已经试验成功，后人跟住他的声韵、音节、气势去摹仿，就可以省去许多盲试的步骤，坐得他的经验。久而久之，便能融化，便能创造。现在新文学家，大抵自命天才，不肯摹仿古人曲调，一开手就去创造，犹如学音乐的不把已成的乐谱弄会，便去把"1"、"2"、"3"、"4"、"5"、"6"、"7"，"六"、"五"、"工"、"尺"、"一"、"四"、"合"几个音颠来倒去的自创别调，那儿会有美响出来呢？假如你嫌旧乐谱不行，且去摹仿会了，才能更创新的。吾敢忠告现在的新文学家，你要嫌旧文学的音韵不行，也得先摹仿会了，再来更创新的不迟。

（二）美影。自然界的景色尽管不美，一入文学，便不能不美。譬如我曾在扬州看过"二十四桥"，又曾坐过几次南京到扬州的轮船，并未见甚美处。然而读到杜牧的"二十四桥明月夜，玉人何处叫吹箫"与李白的"烟花三月下扬州"，就不能不随声说他是千古丽句。文学上想象的重要在此，色泽的重要也就在此。色泽要怎样才算美影呢？所可讲的也和美响一样：第一要适应，有时要浓，有时要淡，有时要细腻，有时要粗阔，有时要悲伤，有时要发扬，一时一地都要相称；第二要摹仿，文学色泽，与图画色泽相类，同是于自然景色中加以作者的选择与想象。文学的用字，也似画家调颜料，不把旧法子摹仿会了，便去创造，真是谈何容易。

（三）美构。实在人生是时间的次序，文学人生是伦理的次序，所以人生尽管凌乱无序，一入文学，便不能不秩然有序。平常文学上所讲的"组织"、"结构"、"层次”、“脉络”、“线索”、“呼应”等等，都是想把一篇文学构成“天衣无缝”，象一个有机物体的结构怎样才美，所可讲的也和美响美影一样：第一要适应，求与人类心理相合，譬如韩愈有首《猎雉诗》，最后两句“将军仰笑军吏贺，五色离披马前堕”，故意将先后次序颠倒，恰与人类惊奇心相合。假若改成“五色离披马前堕，将军仰笑军吏贺”，便远不如前了，众如此类可以类推；第二要摹仿，文学上结构与建筑学上结构相类，文学上“律”、“绝”、“词”、“曲”等等格律，有似建筑上希腊、罗马、中国等等式样，你若不先把旧的式样摹仿会了，便独出心裁去创造，一朝坍下台来，不但苦了自己，还害别人呢。

（四）美意。文学有意思情感，是文学与其他美术不同的地方。美意不靠适应，只有前三样去适应他，他却不适应前三样。也不靠模仿，尽可无心而合，却不应有意摹仿。他另有二种要素：

（1）睿巧。先要“自圆其说”，所谓“持之有故，言之成理”，更须加以润饰，“比”、“喻”、“巧言”不妨多用。（亚里士多德《修词篇》*Rhetoric*，*Book* Ⅲ，Chap. Ⅰ-ⅩⅡ论“比”［Simile］、“喻”［Metaphor］、“巧言”［Clever-saying］甚详，可参看。兹不赘。）

（2）高尚。人生的意思情感，有许多太卑鄙、太龌龊、太激烈、太琐屑、太高深，不惟不能动人美感，而且被人厌恶。因此有些浪漫派的抒情，写实派的叙事，专门家的说理，万不能让他在文学界上活动。

以上二种要素都备了，便算美意。最要注意的就是这“巧”、“睿”、“高尚”都与“真”、“不真”无关。总之，文学固然要“言之有物”，“物”不必是现世所谓“真”；文学万不能“言之无文”，“文”确就是我所谓美。

本文原载《文哲学报》第1期，1922年3月，第1—7页。

整理者：郭元超

校对者：漆梦云

理想之中国文学家

钱堃新

近年革新潮流，集于文学。凡缀文之士，莫不攘臂振笔，思有所建白，纷纷扰扰，甚嚣尘上矣，究其所极，不外两途。一者自鸣新派，掊击前说，使无所容。出其才智所及，独辟蹊径，以冀名家。一者谨奉前闻，斥为浅学，卒不为稍动。而言谈思想，一以古为归。是皆入主出奴，挟恐见破之私意。而未有公大其心，斟酌古今势异，范成理想中人物，以为鹄的者。物有其的，乃克趣成。行舟海上，犹不能舍的以进，况文学乎？因忘其浅陋，作为此篇。以为文士以继往开来，拯救时艰，为其目的。则其为人不可以不修养也，故次之以程器。达其所见，惟恃于文。斯为文之道，不可不究也，故次之以陶铸。学安于小得，道隐于小成。欲震铄今古，蔚成大家，则学文之次有关也。故次之以为文之步骤，几许细故，每败大端，一有不慎，为世诟病，故以禁忌终焉。

壹　目的

苟不绝类离伦，则于世不能无感，而动其至情。情感不能自已，则殚思竭才，吐为文章。于是人我之间，不容不究，而目的有二：

（一）发展自我　哀乐之感，是非之见，蓄而不吐，则襟怀窒塞，郁而不伸。又大我之见，不朽之业，人情所希。于是郁积之苦，令闻之乐，两者相荡，而文学出焉。文士比肩，而卒享大名者，善发展者也。发展之道，不容有忽矣。故哀乐之感，必保其真。而丝竹之乡，幽清之境，每发人深省者，以美故也。必使人留连不忍释，而后贵且爱之，斯美尚矣。守之以真，出之以美。斯作者之垒积消，而与人共有其乐。而自我乃得而发展矣。

（二）改善社会　使文之为用，止于使人贵且爱之，则情真文美，斯已足矣。然文学家之大任，在于批评人生，改善群伦，则意之善否，为尤要焉。一言偾事，一语兴邦，文之移人，有如此者。而群众之动作，譬若盲瞽。可使阶而升天，可使流而就下。是必有善者，导之以进。提高其思想，增进其同情，矫正其人生观念，消弭其艰危罪慝。使人类生活，由此日健。则文意之善，不可忽也。文之移人，在于骨髓。若以偏颇之见，深入人心。则将使之频蹙不安，使之丧心病狂，如火燎原，毒及其身，动摇国本。而误谬自覆，卒少善果。此亦文人之大罪也。故曰：一言以为智，一言以为不智。结果之善恶，不可不慎计也。

发展自我，成己也；改善社会，成人也，二成而目的达矣。顾不有情真意善文美，则无以现其实，而徒诵此三者，不能行之，则亦空言无补。故于此不用费辞，而有赖于下此四者，以实之也。

贰　程器

昔顾亭林举宋人语而言曰："士当以器识为先，一命为文人，无足观矣。"仆自读此一言，便绝应酬文字，所以养其器识而不堕于文人也。斯诚偏矫之论，然文人无行，自古已然。彦和刘氏作程器一篇，深致悼惜，良有以也。文士之所以为人诟病者，盖亦有故。纵笔所如，靡有节制，如醉如狂，不顾其极，一也。性好上人，党派相忌，竭情攻敌，转暴己短，二也。言之昭昭，行则昏昏，大欲所临，随风左右，三也。柔筋脆骨，昨是今非，黩乱群伦，只以自逞，四也。有一于此，便为世轻。所谓无行盖在兹矣。按而革之，亦有四类。

（一）观察精细　中庸有之，文理密察，足以有别，观察精细之谓也。事物当前，易得其真，理智周行，感情调节。斯无指鹿为马，以偏概全之弊。孔子所谓多闻阙疑，慎言其余。多见阙殆，慎行其余。知之为知之，不知为不知，胥是道也。今人中实无有，而欲享博学之名。不知者强以为知，不明者貌为已明。以管窥天，以蠡测海，少有所得，辄自鼓其说。文过周内，横加附会，杂以情感，喜则升诸天，怒则坠诸渊。真是未悉，方寸已乱。已则不能察之入里，而欲其出语，动人良感，是南辕而北辙耳，何理之能明。此不能精细之故也。（参看伍之[一]。）

（二）态度温文　温文，乐善不倦之度也。知也无涯，友以辅仁。夫苟乐善，则人将轻千里而来，告之以善。事理之真，温文而得之，温文而发之。则在己保平静之度，在人得中和之情。中庸所谓宽裕温柔，足以有容者也。今人抱其所见，趋于极端。人或否之，则侧目相向，若不共戴天之仇。诞诞之声音颜色，拒人于千里之外，而赞己者是处。发为文章，如火烈烈，已将激而发狂，人之读之者，亦靡然中风，错愕不知措。一举而人我俱败，不温文之过也。（参观下之伍中之［一］［二］［五］三条可更明。）

（三）操守艰贞　古之文士，操守不贞，致罹诟病，论者惜之。如刘歆依莽、杨雄投阁、班固谄窦、马融党梁等辈之事，不可胜数。惟韩愈表佛骨，文天祥歌正气，方孝孺书燕贼(韩方之事在当时甚重要，不可以今眼观之)，可谓贞矣。《中庸》曰：发强刚毅，足以有执。烝民之诗曰：柔亦不茹，刚亦不吐。不侮矜寡，不畏强御，此之谓也。今也举国恶浊，节概日消，无大力以摇之，终莫能涤荡邪秽，复归于正。孔之成仁，孟之殉道，今之所乏也，而自命之士，始未尝不艰贞自矢，继则气染于习俗，志移于富势，神慑于强御。不惜降心相从，而以枉尺直寻自说。卒之役于羁勒，莫得自脱。平日所谓富贵不能淫，贫贱不能移，威武不能屈者，见睍日消矣，夫是之谓狗变。操守艰贞乎，文士成败之关头矣。

（四）事业坚定　忠于所事，百折不挠，富贵弗移，厄穷弗达，是谓坚定。所谓温恭朝夕，执事有恪，齐庄中正，足以有敬者也。今有始自命为文士，继则匿迹他所，不知其亡者。或投身文场不自矜重，轻薄其意，佻佻其音，自卑风骨，而犹以为嬉笑怒骂皆成文章者。逞于一快，不顾其后，此见异思迁，不恪其事之故也。若以己所执事，品格攸托。而文学事业，神圣难同，将以成己成人，光耀后世者，则庄重以敬，不复作此态矣。

以此四者，规于其躬，则古今之通病革，而顾刘二氏之论，亦无自而发矣。

叁　陶铸

昔孟子告曹交：人病不求耳，子归而求之，有余师。又谓万章：以友天下之善士为未足，又尚论古之人。颂其诗，读其书……是尚友也。是求之之道，在尚友耳。尚友有二：一曰尚友古人，一曰友于今人。能行二者，陶铸成矣。请分述之。

（一）尚友古人　古人多矣。有直接相关者，有间接相关者，乃分主副二别。

（1）主友　主友者，古之文豪也。有中外之别。中者，吾主友之主也。外者，我主友之副也。主之主则遍友之，主之副则友其大者焉。以廓充我性，择抉人长。乃开其公心，不主一派，不执一曲，凡其思想经验所得，一作之长，一言之善，皆容饫而浸渍焉，以期坐化。化之既熟，摄取精英，以自成一国之良，不失世界位置，斯不负诸友矣。若守一先生之说，姝姝自足，譬诸戴盆，何以望天。我自有病，又益以一家之病，斯百丑图成，我于何有？是非友之也，奴而已耳，此旧派之末派也。

（2）副友　前之主者，直接助于文者也。此之副者，间接助于意者也。恐其相混，故别举之，非有轻重于其间也。约举其要，有四类焉。

（a）哲学　泛滥于古今之说，斟酌于社会之势。相病立方，就事言理。范成大纲，以补偏救弊。内为说本，外善其群，于是有赖焉。而因以得哲人风度，更有助于程器，所谓一举而两得者也。

（b）史学　物有本末，事有终始，不遵根而振叶，乃瞶眩以狂言。议说纯确，见解无颇，则此友之助也。

（c）美学　文之三要，一者为美。究美必于其源，而后确立诸术，不相淆混，诡异之说，所有判别。（欧人有以书法入诗，或入乐者，斯为混美术之界限，所当严别。）不致随风而靡，益张浅陋之说也。

（d）博物学　文之佳美，由成物而兴想像。物性之不明，则如聋瞽之辈，相将过市。声色之美，不闻不见。兴何由而起？故就其原理，以穷宇宙之观，察其事物，以尽有生之态，则博物是赖。孔子之所谓多识于鸟兽草木之名，亦此意也。（我国古大家之作，多兴于此。则古代博物之说，亦所必究。）

所谓尚友古人者非他，究心书本，得其人之道而已。而致用之方，尤有要于此者，故尚友古人而外，必友于今人。

（二）友于今人　究心书本而昧于当世，是谓贱今，非所尚也。故尚友古人，所以承受遗产也；友于今人，所以明其地位也。友古犹为神会，友今斯躬相砥砺矣。今人又可分为二：(1)今之文士主友也；(2)今之庶士副友也。下分述之。

（1）主友　今人为文，各有所主。长短互见，瑕瑜不掩。非洞悉之，末由具归于正。故主奴之见，所不当抱，而是非之说，可得共有。而后无谓之争不作，相砥相错，以底于成。若其主友今人，而大掊古说，以为今人胜古万万，古言一无所取，终日哗辩，不变毫末。画地以限，师心自用，而不知其侪田巴而祖季绪，此新派之蔽也。

（2）副友　古者事少学简，文士无所不窥，故其言恢宏奇丽，卓卓独造。今也学繁以细，一人精力，莫得偏究。欲其粗解，有赖周咨。故文士之友，当遍及群类。友哲学家，以得其人生之见；友美术家，以识其互通之理；友宗教家，以参其神人之奥；自科学家、实业家、政治家、社会改造家，以至舆台走卒、陋野之夫，莫不与之往来。综其所得，一发之于诗文、小说、戏曲，则文为公言，而无闭户空造之弊。故寂寞人外，终身不与人接，绕屋狂吟，自矜高尚者，非其至者也。

肆　为文之步骤

事贵于因。为高必固邱陵，为下必因川泽，为文亦然。李侯有佳句，往往似阴铿，清新庾开府，俊逸鲍参军，李白之因也。非三代两汉之书不敢观，非圣人之志不敢存，韩愈之因也。惟善用古者，变古以无所不包，故能绝古以自拔，斯自然之步骤为之也。步骤有三，而别各称之。

（一）模仿　文之初步也，其别有三：

（1）不仿　天才自用者。（本不用列，列之以资比较。）

（2）仿意　并古人之思想感情而仿之者。

（3）仿文　学为文之法，以自表其情思者。

（二）融化　为文之中步也，亦有三别。

（1）自化　无所仿而自进者。（本不用列，列之以便比较。）

（2）意化　斟酌古之情思而化用之者。

（3）化文　化古大家之法，以自表其情思者。

（三）创造　为文之极步也，其别亦三：

（1）自创　不肯没其个性，故不主前功，而径自达于此，是谓无因之创。

（2）因意　得古人之情思与文，而少时代个性者也。

（3）因文　得古人之文法，曲尽其长，范成一格，而又保其个性者也。二者皆因前人而创，是谓因创，步各三别，谅不能曲尽其情，然大体具矣。

三者之(1)，今之新文派所主也。夫其天资不能愈于韩李，而独主自创者，以为规仿古人，实为人役，故羞之而不为耳。不知役者，生有奴性，不克自振者也。使其隽才超卓，跨越前贤，虽始规前人，终必雄视古今，如韩李辈。若奴性天成，而日号于人曰："主耳主耳。"谁其信之？奴性天成者，譬诸非陆之奴。其未服于欧也，宁不自命为主。大力者至，终亦必奴而已矣。创造吾之本旨，因前贤以自达，不诚简易乎？乃矫枉过正，避易走难。不揣本而齐末，寸木可使高于岑楼，然岂真木之高哉？此其蔽也。

三者之(2)，今之旧文派所主也。学古人之文，并师其情思。削玉为叶，乱其真矣。而自性亦失，意为之主。我之不能仿古，犹古人之不能学我也。文为意车，则可惟善是仿，终身为之，可造其极。韩愈惟不知此，而曰：“非圣人之志不敢存。”不惟陈意之务去，仅务祛其陈言。是以文变而情思不变，终为大累。（太炎先生薄唐以下，以其意故。）下及桐城诸家，皆法其意。无有自发情思，卓然为一思想家者，其为近世诟病，有以也。然有可解者，则桐城诸家以上，至春秋之世，其环境固无大异也。环境既无异，情思可得而同。至居今之世，而复牵拘于古人之意，斯真人役矣。此其蔽也。

惟以今之思想感情，表之以文。因古之法，缘仿文化文因创而升，以跻于大成，收事半功倍之效，而无所拘滞，非二家所望矣，所谓三者之(3)也。

夫为文之步骤，乃自然之势，非可强致也。是其情状，如衣在躬，求其所安而已。冬日御重裘，脱之则病，犹文之初立，有恃于模仿也。其继天气日暖，人体日和，寖假而裘可脱矣。犹文之能往来于成法中也。其后体热日充，益以和暖，褪去重裘，乃始神旺。犹文之脱然创造，夭矫天空，不可端倪也。是以重裘之御，用以御寒，文格未立，假途模仿，自然之势也。故不主模仿，与拘于模仿者，无一可也。

伍　禁忌

禁忌者，文士本其修养，鉴于乘风之士，而有所不必为不屑为者也。禁忌之意，前已略及，以其为古今文士之通病，故复详之。往年新文派巨子，张八不之说，以为古今积垢，一扫而空，诚高出海上文人一地矣。震撼古大家，则未也。今之文士，果志于頡颃古今，则所谓三不必（[一][二][三]三事），三不屑（[四][五][六]三事）者，或少有补焉。

（一）不狂热　文士欲冷眼烛物，故务静。观欲明晰事理，故必和平。所谓温文之度也。狂则方寸纷乱，热则观察误谬，纷乱以谬，岂得高烛群伦，识其症瘤而为之解除耶？盖温文则理智周流，狂热则感情烈炽。感情烈炽，则理智消减，瘈狗脱羁，偾事已耳。又安能得正解，而与人以至善之感乎？今人少温文之度，以狂热为归。复以之衡人，展转相讹，宁有既乎？昔人以为王实甫之作，如花间美人，花间以表其天然工丽，吐属生香。美人以见其风度闲静，体物细致。作者之天君平静，文躬健全，于斯可睹。而括以四言，诚精当不易之论。而今人则讥其影响模糊，乃曰：想象丰赡几至于狂，感觉发达，几至于病。吾不知想象丰赡，何涉于狂；感觉发达，何与于病。一极其想象感觉，则邻于狂且病，则谁敢丰赡而发达之者。狂矣病矣，斯心身二者，莫能致用，而犹能作此温文静细之作，王实甫诚奇怪人哉。（狂病之状，其为曲中人物，其为王实甫，当分别观之。）此其武断之害，岂可胜言，其蔽非他，蒙赤镜以观物，无往而非赤耳。（文之为自述者，始未尝不狂热。然作之之时，必保平静之度。）

史梯芬孙有言，文学家之情，当如白热，而后入人深。此非可以笼统观也。文士当始终保其平静气象，以其精微之观察，明确之见解，满贮胸中。自然流出，使人之见之者，如当白热，如蒙强光，不能自禁于深感，而坐化随之。而于文士本然气象，毫末无亏，是温文之度也，岂狂热所能办？白热之为言情热，非人热也。

（二）不褊狭　科学家首重去成见，文士尤当注意者也。襟怀天地，包容山海，而后可以备受昌言，以自陶铸。夫见解之不同，有如其面。吾之所谓是，非他人之所当是也。相与砥砺，俾得自益，斯亦足矣。人有自趋陷阱，而强他人者，人不之随，则加以大辱，斯为狂病人矣。吾之所主，其为陷阱耶，何必强人；其为大道也，则人将皆从我，何用强之。己则不能平心切理，使人诚服，徒岸然厉色，排斥非己。如回教传经，左手执书，右手持刃，声势赫赫，不可逼视。使直谅之言，无由入耳，而陷于孤孑，此新文派之大病也。至不窥堂奥，而大斥八家，漫听人言。遂鄙薄史汉（某中学校长以汉史为死文字），更琐琐无足算矣。昔子路人告之有过则喜，禹闻善言则拜。其温和谦下之态，诚足师哉。

（三）不偏奇　偏奇，好名之过也。才智不逮，工力不深。自以守正以进，不足上人，而务名之心，不能自已。乃怪怪奇奇，创为新说，以摇世眩众。新奇之说，风靡自易，其于人事，利少害多。纠而复之，尤须大力，遗毒在人，而彼固已负大名以去矣。斯其用心，古多有之。所谓与其学人，不如旁逸斜出，舍大道而弗由者，又复见于今日矣。而守正之士，则异于是。不避艰深，不骛虚名，本其心之所安，由大道以自达。宁其天资工力，不能出众，而老死无闻，不出斜道以侥胜也。至于杜甫所谓语不惊人死不休者，乃肆力诗篇，自道艰苦之语，非偏奇者所得而假口矣。

（四）不滥作　古之文士，每贪多务得眩才耀博。逞其所之，龈龈不能休。故文集之多，为四部冠，而一翻其书，则凡赠答墓志慨叹牢骚之文，占其大半。因循相袭，不关痛痒，宏伟之言，百不二三。或至全集无一语者，此等文字，不如不作，作之徒多费耳。抑知文不在多，惟在于善。苟其思想见解，大有造于当时，而溉沃后世。虽仅数篇，亦克名家。三代以还之诗，不过三百。汉大家之作，多者仅百余篇，至今已不尽传。则文之不朽，在善不在多，可以明矣。亭林有言有曰：韩文公起八代之衰。若但作《原道》、《原毁》、《争臣论》、《平淮西碑》、《张中丞传后序》诸篇，而一切铭状，概为谢绝，则诚近代之泰山北斗矣。（以上数篇，对于当时诚大有关系，不可以今眼评之。）斯言诚痛切哉。今人知此矣。而作之病其多，言之病其羌。昡才耀博之私，信乎其难破矣。

（五）不轻许与人　轻于许人，生于党同伐异之私。伐异故褊狭，党同故轻许。苟与我同，必竭力誉之，借为己助。于是文之恶者，必誉之以为好；书之滥者，必序之以为盖世。斯其徒党日多，而声誉日隆，而徒亦恃以利焉，所谓互相标榜者是也。殊不知果为大力，何用多徒。烂漫之许，实自遗咎。今之新出版之书，多巨子序矣。是其序果有益于原书耶？其序文又复有可观者耶？一例标榜之语耳。惜哉其不闻曹子建之言也，其言曰："钟期不失听，于今称之。吾亦不能妄叹者，畏后世之嗤余也。"珥笔有作，而畏后世之嗤，斯许与当矣。

（六）不卖文　寒士贫不自聊，乃卖文卖书画以为生。书画货而艺术卑，诗文卖而风骨降，非卖之之坏也。自降其志，以求售于庸众，乃足破坏之而有余耳。蔡邕作郭泰碑文而叹曰："吾为碑铭多矣，皆有惭德，惟郭有道无愧色耳。"韩愈案头，有谀墓金，不能禁人之取用，为通人所不道。蔡韩卓卓，犹不能无为溢美之言，卖文之事。下此者，又可知矣。于是碑铭传记寿序庆祝之文，汗牛充栋，生为盗贼，而死贤于周孔，躬行邪僻，而享有嘉祜。诵其文则圣贤填衔，究其实则奸回塞巷。犹复前后相规，以为高洁。僦屋市井，润利昭彰，宛然巫卜，了不知耻。文格之卑，极于此矣。今人怒而斥之，是也。然报章悬价，稿件蜂起，阳假提倡之名，阴行卖文之实。（其真诚事事，文实有价值者，不在此例。）而号为巨子者，亦为人鼓吹，抗颜受贿。虽百口自解于不利，谁其信之？以视无耻之徒，其与几何？夫卖文之害有二焉：一曰卑文格，谓其志在多金不自矜重也；一曰丧文德，谓其文之可以货取也。文士志在改善群伦，行在操守不变。磊磊落落，挺然丈夫，岂金钱所能动。些子金钱，便足为用，而谓其能不移于巨金之诱哉！（以上五端分述竟。）

夫其究心典籍，撷其精英。俯仰时贤，资以协作。（陶铸）温文其度，密察其心，矢之以艰贞，守之以坚定。（程器）标其六忌，操而不失，爬污刮垢，致其廉洁。（禁忌）其为文也，则履端于文仿，浸沉于化文，造极于因创。（步骤）本乎真情，达其善意。以宣泄胸臆，感喻人心，招延令闻，改进社会。（目的）斯蔚为一大家矣。巨响雄风，金声玉振。其心公，其道正。混混然如巨海之临百川，使蝉噪者消声，骛竞者匿迹。百家腾跃，终入环中。骐骥嘶风而万马喑，干将吐采而众兵敛。斯人一出，而鸣新者息其喙，执古者失其守矣。非其才之高人也，兼擅其长，而摈绝其短耳。吾国有此，文学前途，于是有望矣。

顾亭林有言："风气之成，累世养之而不足，一人坏之而有余。"今也拘滞之说，深固不拔，新奇之谈，腾掷全国。二者相推，非独力之能挽，而反遭其忌。使果有斯人也，吾知其坎坷缠身，不容于世也。虽然，不容何病，不容然后见君子。世俗之毁誉，又岂足以动其心。

斯篇非所能作也。师之教诲，友之昌言，集于中者多。乃总述之，比于新旧二派，以表其所慕而已耳。以其不文，智虑未达，不能称题意。其武断过当之辞，不克自知者，谅所多有。至忘其浅陋，喜其小得，辱赐一言，俾得自喻。是所望于大雅君子。

堃新复识。

本文原载《文哲学报》第 1 期，1922 年 3 月。

整理者：齐以恒

校对者：范文琪

论今日吾国学术界之需要

梅光迪

吾国现在实无学术之可言，然犹曰学术界者，自慰之语也。往者旧学，以有数千年之研讨经验，与夫师承传授，固亦常臻敻绝之境。通人大师，相望而起，学术之标准，亦操诸其手，享有特殊威权。于是门外汉及浮滑妄庸之徒，无所施其假冒尝试之技，冀以侥幸成功于一时。自欧化东渐，一切智识思想，多国人所未尝闻，又以语言文字之阻隔，而专门名家，远在数万里外。故今人为学之苦，求师之难，盖百倍于往昔。所谓学术界者，遂呈幼稚纷乱之象。标准未立，威权未著，不见通人大师，只见门外汉及浮滑妄庸之徒而已。而社会一般之人，更迷惶失措，如坠五里雾中，任彼等之作福作威而无可如何。长此不改，恐吾国文化，将退返于原人草昧时代。吾民族之厄，曷有逾于此者，故今日第一需要，在真正学者，此乃尽人所公认。不待明哲而知之者也。

真正学者，为一国学术思想之领袖，文化之前驱，属于少数优秀分子，非多数凡民所能为也。故欲为真正学者，除特异天才外，又须有严密之训练，高洁之精神，而后能名副其实。天才定于降生之时，无讨论之余地。若其训练与精神，则有可言者。训练之道多端，而其要者有二，曰有师承，曰有专长。至其精神方面，亦有二者最足以概之，曰严格标准，曰惟真是求。请得依次讨论，使吾人对于真正学者，得一确当之观念，可乎？

为学须有师承，中西学者皆然。往者吾国一学之倡，皆有人为之大师，授徒讲学，故有所谓"家法"、"心传"者，否则为"野狐禅"，不与于通人之列。近世西洋学术思想自由，往往一学之中，派别杂出，初学迷惑，莫知所宗。某书某家之优劣，与其发生之前因后果，非有名师指解，则事倍功半，难期深造；或误入歧途，终身莫救。世固有以私淑成学，或法已往古人，奋起于千载之后者。然此或因并世无师，或有之而无亲炙之缘，其艰苦自不待言，非一般学者所乐为也。吾国最初以西洋学术思想号于众者，大抵速成之留东学生，与夫亡命之徒。前者急不能待，后者奔走于立宪或革命运动，无暇入彼邦高等以上学校，执弟子礼于名师之门，故于学术中各家之原原本本长短得失，皆凭其未受训练之眼光以为观察，而又以唤醒国人，刻不容缓，加之国人程度低下，无需高深，故彼等一知半解之学，亦聊胜于无，犹饥者易为食，渴者易为饮也。近年以来，留学欧美者渐多归国，其中虽皆曾受大学教育，而为时太促，尚未能于学术界上有重大之贡献。而少数捷足之徒，急于用世，不惜忘其学者本来面目，以迎合程度幼稚之社会，而“老不长进”，十余年前之旧式改革家，亦多从而和之。故今日所谓学术，不操于欧美归国之士，而操于学无师承之群少年。若有言真正西洋学术者起，其困难又当倍加。盖须先打破彼等之“野狐禅”及其“谬种流传”，而后真正西洋学术，乃可言也。

凡治一学，必须有彻底研究，于其发达之历史，各派之比较得失，皆当悉其原委，以极上下古今融会贯通之功，而后能不依傍他人，自具心得，为独立之鉴别批评。其关于此学所表示之意见，亦足取信于侪辈及社会一般之人，此之谓学有专长。今日吾国所谓学者，徒以剽袭贩卖为能，略涉外国时行书报，于其一学之名著及各派之实在价值，皆未之深究，即为枝枝节节偏隘不全之介绍，甚或道听途说，毫无主张，如无舵之舟，一任风涛之飘荡然。故一学说之来，不问其是非真伪，只问其趋时与否，所谓“顺应世界潮流”者，正彼等自认在学术上不敢自信，徒居被动地位，为他人之应声虫之宣言也。昔之冬烘，开口仁义礼智，尧舜周孔，而实则一无所知。今人亦开口社会主义，及各种之时髦学说，亦实一无所知，非新式之冬烘而何？京沪各地，无聊文人，盈千累万，所出之丛书杂志，以包办其所谓新文化者，无虑数十种。而究其内容，无非陈陈相因，为新式之老生常谈。以彼等而言提倡新文化，岂非羊蒙虎皮乎？

学术为少数之事，故西洋又称智识阶级为智识贵族。人类天材不齐，益以教育修养之差，故学术上无所谓平等。平民主义之真谛，在提高多数之程度，使其同享高尚文化，及人生中一切希有可贵之产物，如哲理、文艺、科学等，非降低少数学者之程度，以求合于多数也。吾国昔日学者，常孤介绝俗，不屑屑于众人之知。西洋学者亦然。故其为学也，辨析至当，而后发为定论；积年累月，而后著为成书。其刻苦谨严之功，非常人之因事敷衍者所能梦见。夫文化之进，端在少数聪明特出不辞劳瘁之士，为人类牺牲，若一听诸庸惰之众人，安有所谓进乎？学术者，又万世之业也。故学者之令名，积久而后彰，其所恃者，在少数气味相投，不轻许可，而永久继续之智识阶级。若一时众人之毁誉，则所不计也。今日吾国所谓学者，妄以平民主义，施之于天然不可平等之学术界，雅俗无分，贤愚夷视，以期打破智识阶级。故彼等丛书杂志之多而且易，如地菌野草。青年学子，西文字义未解，亦贸然操翻译之业，讹误潦乱，尽失作者原意。又独取流行作品，遗真正名著于不顾，至于摭拾剿袭，互为模拟，尤其取巧惯习。西洋学术之厄运，未有甚于在今日中国者。夫彼等之所以如此，亦取其成功一时，以遂其名誉金钱之欲望耳。近世西洋文家，渐多趋于营业一派，以迎合众好，著述风行者为能。如威尔斯(H. G. Wells)、薛伯纳(Bernard. Shaw)之徒，皆已成书五六十种。每岁收入，比之大资本家，而其思想之卑谬，文章之浅陋，为识者所深恶痛绝。乃今日吾国少年，亦盛称之，"委蛇蒲服"于其前之不暇，盖慕其"位高金多"也。故彼等以倡言"平民文学"，而利市十倍者，往往有之。昔弥儿顿(Milton)以十年而成《天国之丧失》(*Paradise Lost*)，仅售十金镑，其他中西作者，亦多尽毕生精力，只成诗文数种，且穷愁挫折以死，较之威尔斯、薛伯纳及现时国中"平民文学"家，盖不可同日语矣。《新约》中有一语曰："尔不能并事上帝与财神。"(You cannot serve God and Mammon.)其意谓上帝与财神绝不相容，无同时并事之理也。高格之文人学者，遗世独立，虽遭困辱而不悔，而身后享不朽之名，千载下得其学说著述者，奉为金科玉律。时髦之徒，善伺众意，显赫一时，而死则与草木同腐，无人过问。两派之实在价值不同，故其所得报施，亦正相反耳。夫无严格标准，而以学术为多数及一时之事，其流弊盖有不可胜言者矣。

近世西洋学者，本所谓科学方法以求真，而首倡之者，实为培根(Francis Bacon)其自道生平，有言曰："喜于研究，忍于怀疑，乐于深思，缓于论断，勤于覆议，慎于著作。"(Desire to seek, patience to doubt, fondness to meditate, slowness to assert, readiness to reconsider, carefulness to dispose and set in order.)细玩其意，盖谓求真之法，在审慎与客观二者。审慎则考察事物，务统观其全体，是非利害之真象，皆折中至当，而后发为定论，非潦草塞责，卤莽灭裂者，所能为役也。客观则不参成见，不任感情，而以冷静之头脑，公平之眼光，以推测事理。(See things as they are.)培根谓人之爱妄说，乃其天性。西洋学者，谓恒人观世，如带颜色眼镜者然。又谓人生哲学，多倡之者假托以饰一己之短，而徇私取巧，以消其苟且安逸之数十年生涯，乃世人通病，则客观之难可知矣。今之国中时髦学者，亦盛言科学方法，然实未尝知科学方法为何物，特借之以震骇非学校出身之老儒耳。故其为学也，毫无审慎与客观之态度，先有成见，而后援引相合之事实以证之，专横武断，削趾就履。彼之所谓思想，非真思想，乃诡辩也；彼之所谓创造，非真创造，乃捏造也。又以深通名学，自夸于众，然其用归纳法，则取不完备之证据，用演绎法，则取乖谬之前提，虽两者所得结论，皆合于名学原理，而其结论之失当，无可免也。牛门(Cardinal Newman，英国十九世纪宗教家及散文家)有言曰："名学家喜其结论之合法，逾于正当之结论。"(Logicians are more set upon concluding rightly than on right conclusion.)约翰·亚当斯(John. Adams，美国大政治家及第二任总统)亦曰："人乃运思之动物，非运思合当之动物也。"(Man is a reasoning animal，but not a reasonable animal.)故彼等挟其名学，凡宇宙一切事理，苟为彼等所欲证明者，皆可证明之，以自圆其说。而倡其根据成见不合真理之伪学，如用演绎法，可得一三段论法之公式如左。

文言文学为死文学，古文与选体皆为文言，故皆为死文学。

惟吾人所当究者，非其结论果依名学方法而得与否，乃其假定之大前提(Major Premise)。所谓文言文学为死文学者，果为正当与否也。彼等又托庇于实验主义，其所奉之大信条，则为真理无定，随时地而变迁。夫真理之不能绝对有定，万世无异，固尽人所当认。然其中所含之永远性质，亦不可完全忽略，视之无足轻重。而凡一真理之价值，尤以其中所含永远性质之多寡为比例，否则对于一己之议论思想，可任意矛盾，不求一致，朝三暮四，出尔反尔，毫无标准及责任心之可言，实苏张派之纵横家也。而彼等乃曰，此正吾人进化之证也。夫借口进化之论，而窥时俯仰，以顺应"世界潮流"与"社会需要"，无论何时何地，终可矜称时髦，攫得"新"之头衔，"识时务之俊杰"，无过于此者，然如智识贞操，学问良知之责备何?

夫真正学者之训练与其精神，既如以上所述，而吾国今日所谓学者，乃适与之相反，故不得谓之真正学者，实门外汉及浮滑妄庸之徒而已。或曰："彼等为时代之产物，一般国人程度如此，故有如此之学者。"应之曰："所贵乎学者，正以其能超越时代，为之领袖。十余年前之改革家，以今日眼光视之，固觉其浅薄可笑，然在当年，实能为时代之领袖，其智识学力，有高出寻常者。若今日所谓改革家，仅能迎合幼稚与流俗之人，而少数曾受高等教育，有智识阶级之资格者，莫不鄙夷之而不屑道。特此智识阶级，为国中极少之数，又未尝有所团结，协力以负学术之责任，对于彼等门外汉及浮滑妄庸之徒，施以正当之批评监督。而出版界又为彼等以政党手段、金钱魔力所垄断耳。故以今日所谓改革家，与其前辈较，实一代不如一代也。"或又曰："今日吾国学术界之最大需要为真正学者，既已闻命矣，其所以应此需要之法维何?”曰：“为目前计，宜唤起国中已有学者之责任心，使其不仅长吁短叹，发其牢骚于静室冥坐、私人闲话之际。必须振起其牺牲愿力，与其耿耿之义愤，以拯国家，以殉真理，则日月出而爝火将无光也。若为久远计，则当建立真正之大学数处，荟集学者，自由讲习，以开拓少年之心胸，使知世界学术，广博无涯，不能囿于一说，迷信偶像。同时，又多延西洋名师，而派别不同者，来华讲学，待以学者之礼，使其享幽闲高洁之生涯，不可再以群众运动之法，视为傀儡而利用之，到处演说欢迎，万众若狂，如西国政客之选举竞争然。夫如是，乃能使真正学者辈出，以养成深闳切实之学术界，而建设灿烂伟大之新文化也。”

本文原载《学衡》第4期，1922年4月。

整理者：齐以恒

校对者：温　度

说今日教育之危机

胡先骕

中国教育之改革，其动机由于西方文化之压迫，此尽人所知者也。中国在未有新式教育之先，未尝无教育。旧式之教育虽无物质的科学，与夫曾经用科学方法所组织之社会科学，然人文主义之学问，如经学、文学、史学等，固不亚于欧洲中世纪之时也。自清季国势寖衰，外侮日至，国内执政者，渐知吾国物质教育之缺乏，于是曾文正始有派遣幼童出洋留学之举。然当时犹以为吾国所缺者，物质科学耳，造枪炮、建战舰耳。至戊戌、庚子以还，言新学者，始昌言政治之改革，于是纷纷赴日本习法政，国内学校亦逐渐成立。然习新学者，犹信“中学为体，西学为用”之说，在国内政府设立之学校，舍西方之科学外，犹极重视固有之旧学；赴日留学者亦多素有国学之根柢，而学政法者，以欲归国后为显宦，居高位，故亦不敢放弃旧学。当时教会所立之学校，在科举未停时，甚且授学生以八股文。至彼不通国学之欧美留学生，亦惟有自认其短，但求充技术人员、外交人员而已。至宣统元二年，美国退还庚子赔款，赴美国留学者乃骤众；而留日学生之政治革命、种族革命之运动，亦以成功，清室以之颠覆，政府以功名羁縻人士之法亦废。最后至民国六年，蔡孑民先生长北京大学，胡适之、陈独秀于《新青年杂志》，提倡“新文化”以来，国人数千年来服膺国学之观念，始完全打破，于是由研究西方物质科学、政治科学，进而研究西方一切之学问矣。吾国二三十年来提倡“西学”之目的，至是始具体得达，自表面上观之，新文化至是始有切实之进步。自兹以往，普及教育，发达物质学术，促成民治，建设新文化，前途之希望方且无量。孰知西方文化之危机，已挟西方文化而俱来，国性已将完全澌灭，吾黄胄之前途，方日趋于黑暗乎？

吾非故作骇人听闻之言也，吾非反对西方文化也。吾即亲受西方教育，而并深幸得受西方教育之人也。今日西方文化最受人攻击者，厥为过重物质科学，而吾又适为治物质科学之人也。然竟作此危言者，则以吾人之求西方文化之动机，自曾文正派遣幼童出洋留学以来，即不正当。美国哈佛大学文学教授白璧德(Irving Babbitt)以为欧洲文艺复兴运动之鄙弃古学，不免有倾水弃儿之病。吾则谓吾人之习西学，亦适得买椟还珠之结果，不但买欧人之椟而还其珠也，且以尚椟弃珠之故，至将固有之珠而亦弃之。吾国教育之危机，可想见矣。

吾国为世界一大之文化中枢，而为惟一现存文化发源之古国。五千年来，虽屡经内乱，为外族所征服，而至今巍然尚存，此非偶然之现象也。梁任公以为吾民族之成绩，为能扩张版图，同化异族，使成为一大民族。此但就表面观察而言，至吾族真正之大成绩，则在数千年中能创造保持一种非宗教而以道德为根据之人文主义，终始勿渝也。中国二千六百年来之文化，纯以孔子之学说为基础，尽人能言之。孔子之教，则正心诚意修身齐家治国平天下，克己复礼，以“知”、“仁”、“勇”三达德，行君臣、父子、夫妇、昆弟、朋友五达道者也。又以中庸为尚，而不以过与不及为教者也。其学说自孟荀光大，汉武表章以来，加以宋明程朱陆王诸贤之讲求，已成中国惟一之习尚。虽思想以学定一尊，而或生束缚。然国民性之形成，惟兹是赖，其教义之深入人心，至匹夫匹妇每有过人之行，惊人之节。白璧德教授以为中国习尚，有高出于欧西之人文主义者，以其全以道德为基础，故洵知言也。

夫教育之陶冶人才，尝有二义：一为养成其治事治学之能力，一为养成其修身之志趣与习惯。如昔时所谓之六艺与文章政事，今日之学术技艺，属于前者；至所以造成健全人格，使能正心诚意修身齐家者，则属于后者。二者缺一，则为畸形之发达。欧西文化在希腊鼎盛之时期，苏格拉底、柏拉图、亚里士多德诸贤讲学，咸知二者并重。至中世纪，则基督教亦能代希腊文化，以教人立身之道。在中国，则自孔子同时主张博学笃行以来，知行合一，已为不刊之论。泛观欧西近世学术史，每觉有博学明辨与笃行无关之感，于是知中国文化之精美，而能推知其所以能保持至于今日之故也。

在今日物质科学昌明之时，吾国之所短，自当外求。曾文正之送学生出洋，立同文馆、制造厂、译书局，其宗旨即在求此物质科学也。然以当时不知欧西舍物质科学外，亦自有文化，遂不知不觉中，生西学即物质科学之谬解，浸而使国人群趋于功利主义之一途。彼旧学家，一面既知物质科学之不可不治，一面复以人文主义之旧学不可或弃，乃倡“中学为体，西学为用”之说。然一般青年，则认此为旧学派抱残守缺者之饰辞，而心非之，以为既治西学，则旧日之人文学问必在舍弃之列，虽清季学校尚极重视旧学，然一般青年只认之为不得不遵循之功令，初无尊崇信仰爱重之心也。以吾自身在学校之经验言之，同学中以意气相尚者有之，以文学相尚者有之，以科学相尚者有之，或欲为实业家，或欲为政治家，或欲为学问家，高视阔步，自命不凡者，比比皆是。独无以道义相砥砺，圣贤相期许之风尚，盖功利主义中人已深矣。至美国退还庚子赔款，以为选送学生赴美留学之资，国人亲承西学之机日众。民国以还，留学考试既废，已不须国学为猎取仕进之敲门砖，功利主义之成效，亦以银行、交通、制造各事业之日增而益著，其不为功利主义所动者，又以纯粹科学为其最高洁之目的，盖不待新文化之狂潮，旧日之人文学问，已浸趋于澌灭矣。

吾尝细思吾国二十年前文化蜕嬗之陈迹，而得一极不欲承认之结论：则西方文化在吾国，以吾欧美留学生之力，始克成立，而教育之危机，亦以吾欧美留学生之力而日增。吾国文化今日之濒于破产，惟吾欧美留学生为能致之，而旧文化与国民性之保存，使吾国不至于精神破产之责，亦惟吾欧美留学生，为能任之也。其所以然者，亦种种因缘以酿成之。上文吾曾云：教育包有治事治学与修身之二义，今试以西方之教育而论，二者亦并不偏废也。在欧美各邦，基督教义，已成社会全体之习尚。其认道德与基督教义，几为一物，亦犹吾国之认道德与孔子教义几为一物也。欧美诸邦，信基督教者，十居其九。彼孩提之童，自喃喃学语以来，父母即朝暮教之祷祝；至束发受书，圣经乃与一切学问，同时并授，其社会上历史上之模范人物，莫非基督教义最高尚之表现，其文学之作品，莫不包涵基督教与希腊哲学之精神。至学校之教育，除物质科学外，人文学问亦极重视。故其教育所陶冶之人才，除有治事治学之能力外，修身之志趣习惯，亦已养成之。此种修身之教育，吾国旧学固已备具，苟国人诚知保其所长而补其所短，宁非幸事？奈一般青年，误认治事治学为教育之惟一目的，对于正心修身之旧学，常弁髦视之，甚或鄙夷之为迂阔。又吾国人宗教观念素称薄弱，而基督教又为异教，故虽或貌为皈依，然信之终不能如欧美人民之诚挚，及至留学之日，对于欧美之人文学问，又以身为外人，浅尝辄止。以身为外人之故，而复能得学校教师之原谅，且以身羁异国，日力不给。吾国所需者为专门家，故以全力治专门学，而无暇顾及他人之人文学问。即或治此种学，然亦以专门家之眼光视之，结果亦不过成为一种专门学而已，初不求借镜之以为修身之规范。故欧美留学生，多有专门之学，能胜专门之职务，而甚少可称为有教育之人，及其返国而为社会服务也，其弊乃立见。就其最佳者而言，亦只能以其专长供社会之用，不为社会之恶习所濡染，不失为洁身自好之士而已。再进则亦仅能热心研究提倡其专门之学，引起国人重视此项学问之心而已。至于立身，则以无坚毅之道德观念，故每易堕入悲观，进退失据，若不得志，固不免怨天尤人。即处境较佳，则又因物质欲望之满足，而转觉人生之无目的。盖此类学者，其求学时代之惟一愿望，厥有名成业就。及此目的已达，则惟一之精神刺激已去，乃渐觉其十数年来学校中胶胶扰扰之生活，为无意义矣，此纯粹之知慧主义之流弊也。若再遇一二拂逆之事，精神将益委顿，结果则惟抱混世主义。其下者，乃浸为社会恶习所软化，否则抱厌世观念，甚或至于风魔与自杀矣。其次者，则纯为功利主义之奴隶，其目的惟在致富，苟能达此目的，不惜牺牲一切以赴之。对于家庭、社会、事业之责任，咸视为不足重轻。故任教育之责者，但图一再兼职，以求薪金无限之增加；为医士律师者，则视病家及当事者之肥瘠，以为敲诈勒索之标准，任工程之责者，不惜随腐败之官吏为俯仰，以为巩固地位之方法，对于其职责之良窳，初不置意。其最不肖者，在求学之初，即无高尚之目的；一入社会，则随波逐流，沉溺不返，社会恶习无一不染，无论所任何事，其腐败皆可较今日最恶劣之官吏而过之。此皆畸形教育之害也。（吾非谓全体欧美留学生皆如此，然此种欧美留学生实居多数，此可断言者也。）

即彼自命为新文化之前锋者，亦与上举之人物无别。其求学之时，惟一之愿望，为在社会上居高位，享盛名，自来既无中正之修养，故极喜标奇立异之学说，以自显其高明。既不知克己复礼为人生所不可缺之训练，故易蹈欧西浪漫主义之覆辙。而疾视一切之节制，对于中西人文学问，俱仅浅尝，故不能辨别是非，完全不顾国情与民族性之何若，但以大而无当之学说相尚。同时复不受切磋，断不容他人或持异议，有之则必强词夺理以诋諆之，结果养成一种虚骄之学阀，徒知餔他人之糟，啜他人之醨，而自以为得，使中国旧有之文化，日就澌灭。欧西偏激之学说，风靡全国，皆此种学者之罪也。

此种崇尚功利主义之习，固不但欧美留学生为然，而吾独归罪于欧美留学生者，则以欧西之功利主义，惟吾欧美学生为能代表之；吾国固有之文化，惟吾欧美学生为敢诋毁之也。尝考吾国之提倡物质科学也，国内学校，虽施有科学教育，然仅浅尝，未能见之实施也；至留学日本者，又多习政法，其习物质科学者，亦多未能深造，故国人对于功利主义之信仰，不以国内学生或日本留学生之成绩而加坚。至欧美留学生，则亲承欧美物质文明之陶冶，而具有充分之技能。泛观今日国内之铁路、机械、化学、矿冶工程师，大多数为欧美留学生也，各种高深之科学家，大多数为欧美留学生也。加以欧西之文学哲学，亦以亲炙其教之欧美留学生言之较详，他人亦以其亲炙其教，而不敢或疑其语为诬枉。在社会一般之眼光，已见其物质文明之成绩如彼，复闻其精神文明之议论如此，自不免为之潜移默化。加以任最高教育之责者，复为欧美留学生，国内学生之愿望，亦为他日得为欧美留学生。故以欧美留学生而提倡功利主义，诋毁旧学，自不虽有风行草偃之势，即有二三老辈，偶一答辨，社会亦惟嗤之为顽旧而已矣。夫如是，吾乃不得不谓吾国固有文化今日之濒于破产者，惟吾欧美留学生为能致之也。

吾人今日皆知痛诋政府官僚之腐败，而鲜察国民道德之堕落，已至何等程度；复不知政府之所以腐败，国民道德之所以堕落，完全由于崇尚功利主义之故；尤不知挽救今日政治腐败之法，厥维提倡已视为腐旧而以节制为元素之旧道德。今日中国之现象，固不仅上无道揆，下无法守已也。人欲横行，廉耻道丧，已至于极点。洪宪党人之阿谀袁氏，固已丑态百出，然今日之堂堂国务总理，即洪宪罪魁也。苟非以武人之反对，则此洪宪罪魁，且继续居总揆之地位矣。当彼未登台之先，海内方且以整顿财政之重任而属望于此公矣。又彼号称为清室忠臣之张勋，既已旗帜大明，为清室复辟之谋主，则失败之后，宜若不再为民国服官，以全其臣节也。然已为林垦督办，且更有大欲，而谋为督军巡阅矣。洪宪时代阿媚取容之人，至今日又可高谈民治主义，而为人力车夫会长矣。以革命之首功，乃可为洪宪罪魁，又更为西南义军首领矣。在昔日士君子苟有一二较此为小之失德，即足使至友绝交，社会不齿。在今日，不但友人不加深责，即社会亦漠然视之，以为官吏之固然。宁非国民之社会观念，日趋于退化乎？不但素以腐败著称之官吏，腐败至于此极也，今试观一般之社会，金钱之崇拜，投机事业之发达，拐骗欺诈罪恶之日增，诲淫诲盗之戏剧小说之风行。据书业中人言，今日最流行之出版物，厥为某名流赞为写实小说之黑幕大观《妇女孽镜台》、《中国恶讼师》等小说。即有识者所视为不中正而富有流弊之新文学书报，销行亦初不广，凡此皆为国民道德堕落之证也。不知者，以为此种现象，首由于袁世凯之任用佥壬，至有上行下效之影响；再由于民治主义不发达，法治之习尚不立，至国民无监督政府之能力。实则崇拜功利主义，鄙弃节制的道德有以酿成之也。吾尝考鄙弃节制的道德之运动，已与功利主义之运动，在清光绪间，同时发轫政治之腐败；在李文忠当国时，已启其端；至袁世凯，乃广植私党，汲引佥壬，逐渐造成今日之政局。而社会一方面，戊戌维新之时，即有矜奇炫博之习，如康南海之创孔子改制、春秋三世、小康大同，抑荀扬孟诸学说，谭浏阳之著《仁学》，梁任公东渡后，国内外言诗则主龚定庵，言佛教则尚大乘，言理学则尊阳明，放言高论，不一而足，此皆欲脱离昔日节制的道德之动机也。且当时之言新政，亦以输入物质文明为主旨，彼时之维新教主康南海，日后非著有《物质救国论》乎？故虽辛亥革命，与夫今日之极端唾弃旧学，崇尚功利主义，为康南海所不及料，然其破弃旧习之新异学说，实其滥觞也。破除旧习，疾视节制，崇尚功利主义之风，自此日甚一日，至有今日廉耻道丧，人欲横行之现象。苟不及时挽救，则日后科学实业愈发达，功利主义之成效愈昭著，国民道德之堕落，亦将愈甚，而吾数千年之古国，或将有最后灭于西方文化之恶果矣，可不惧哉！

近日之新文化运动者，虽自命提倡艺术、哲学、文学，骤视之，似为今日功利主义之针砭，实则同为鄙弃节制的道德之运动。且以其冒有精神文明之名，故其为害，较纯粹之功利主义为尤烈焉。今日社会主义、共产主义诸运动最重要之特征，厥为认物质的享用为人类一切文明之根本，苟经济之分配能得其平，则太平可立致。马克思之唯物历史观，即此思潮之代表也，其求达此郅治之方法，不在节制的道德，乃在阶级之相仇。某旧学家尝有言：欧洲美德中，无一让字。吾闻其言，深许其能切中西方文化之症结也。今日资本主义之弊害，正为不知节制物质之欲望，故贪得无厌，致酿成今日贫富悬殊之现象。同时社会主义家救济之方法，乃不求提倡节制的道德，而惟日日向无产阶级，鼓吹物质的享用为人生惟一之幸福之学说，而嗾其仇视资本阶级，虽暴动残杀，亦许之为正义，此以暴易暴之道也。今日新文化所主张之文学哲学之精神，亦正类此，非极端之写实主义、自然主义，即极端之浪漫主义、象征主义，绝无中正和平、涵养性情之作品。不求正心诚意，而高谈博爱；不能修身齐家，而肆言互助，己不立能立人，己不达能达人，天下有此理乎？吾徒见其引导青年于浮嚣虚骄之习，而终无补于世道人心耳。

今日中国社会之领袖，舍吾欧美留学生莫属，此毋庸自谦者也。吾辈既居左右社会之地位，则宜自思其责任之重大，而有以天下为己任之心。切宜自知偏颇教育之弊害，庶于求物质学问之外，复知求有适当之精神修养，万不可以程朱为腐儒，以克己复礼为迂阔，一人固可同时为牛顿、达尔文、瓦特、爱笛生与孔子、孟子也。对社会亦宜提倡节制的道德，中正的学说，使一般少年，不致为功利主义、浪漫主义之奴隶，庶几物质文明与精神文明得以同时发达，则新旧文化咸能稳固。社会之进步，政治之修明，虽目前未能实现，二三十年后，终能成也。斯乃吾欧美留学生与一般社会学者、教育学者之真正使命，苟不漠视，则中国其庶几乎？

本文原载《学衡》第 4 期，1922 年 4 月。

整理者：周　颖

校对者：范文琪

论新文化运动

吴 宓

近年国内有所谓新文化运动者焉，其持论则务为诡激，专图破坏。然粗浅谬误，与古今东西圣贤之所教导、通人哲士之所述作、历史之实迹、典章制度之精神，以及凡人之良知与常识悉悖逆抵触而不相合。其取材则惟选西洋晚近一家之思想，一派之文章，在西洋已视为糟粕为毒鸩者，举以代表西洋文化之全体。其行文则妄事更张，自立体裁，非马非牛，不中不西，使读者不能领悟。其初为此主张者，本系极少数人，惟以政客之手段，到处鼓吹宣布，又握教育之权柄。值今日中国诸凡变动之秋，群情激扰，少年学子热心西学而苦不得研究之地、传授之人，遂误以此一派之宗师为惟一之泰山北斗，不暇审辨，无从抉择，尽成盲从，实大可哀矣。惟若吾国上下，果能认真研究西洋学问，则西学大成之日，此一派人之谬误偏浅，不攻而自破，不析而自明。但所虑者，今中国适当存亡绝续之交，忧患危疑之际，苟一国之人皆醉心于大同之幻梦，不更为保国保种之计，沉溺于淫污之小说，弃德慧智术于不顾。又国粹丧失，则异世之后不能还复；文字破灭，则全国之人不能喻意。长此以往，国将不国，凡百改革建设皆不能收效。譬犹久病之人，专信庸医，日服砒霜，不知世中更有菽粟，更有参饵。父母兄弟苟爱此人，焉能坐视不救？呜呼，此其关系甚大，非仅一人之私好，学理之空谈。故吾今欲指驳新文化运动之缺失谬误，以求改良补救之方。孟子曰："予岂好辩哉？予不得已也。"

昔赵高指鹿为马，以语二世，秦廷之人莫敢有异辞。然马之非鹿，三尺童子犹信其然。林肯曰："欺全世之人于一时，可也。欺一部分之人于千古，可也。然欺全世之人于千古，则不可。"海客谈瀛洲，烟波微茫，莫知其际。然使有身履蓬莱者，则不当为所炫惑。今中国少年学生读书未多，见闻缺乏，误以新文化运动者之所主张，为西洋文明全部之代表，亦事理之所常有。至留学美国者，其情顿殊。世界之潮流，各国之政术学艺，古今之书籍道理，岂尽如新文化运动者之所言？此固显而易见。今者于留美学生有不附和新文化运动者，即斥为漠心国事；有不信从新文化之学说者，即指为不看报纸；夫岂可哉？古人云：盖棺论定。凡品评当世之人，不流于诋毁，即失之标榜。故中国文化史上，谁当列名，应俟后来史家定案，非可以局中人自为论断。孰能以其附和一家之说与否，而遂定一人之功罪。我留美同人，所习学科各有不同，回国后报效设施，亦自各异，未可一概而论。总之，留美学生之得失短长是一事，而新文化运动另是一事。若以留美学生不趋附新文化运动，而遂斥为不知近世思潮、不爱国、其程度不如国内之学生，此当为我留美同人所不任受者矣。

孔子曰：必也正名乎。苏格拉底辩论之时，先确定词语之义。新文化运动其名甚美，然其实则当另行研究。故今有不赞成该运动之所主张者，其人非必反对新学也，非必不欢迎欧美之文化也。若遽以反对该运动之所主张者而即斥为顽固守旧，此实率尔不察之谈。譬如不用牛黄而用当归，此亦用药也，此亦治病也。盖药中不止牛黄，而医亦得选用他药也。今诚欲大兴新学，今诚欲输入欧美之真文化，则彼新文化运动之所主张，不可不审查，不可不辩正也。

何者为新，何者为旧，此至难判定者也。原夫天理、人情、物象，古今不变，东西皆同。盖其显于外者，形形色色，千百异状。瞬息之顷，毫厘之差，均未有同者。然其根本定律，则固若一。譬如天上云彩，朝暮异形。然水蒸发而成云，凝降而为雨，物理无殊。故百变之中，自有不变者存。变与不变，二者应兼识之，不可执一而昧其他。天理、人情、物象，既有不变者存，则世中事事物物，新者绝少。所谓新者，多系旧者改头换面，重出再见。常人以为新，识者不以为新也。俗语云：少见多怪。故凡论学应辨是非精粗，论人应辨善恶短长，论事应辨利害得失，以此类推，而不应拘泥于新旧。旧者不必是，新者未必非，然反是则尤不可。且夫新旧乃对待之称，昨以为新，今日则旧。旧有之物，增之损之，修之琢之，改之补之，乃成新器。举凡典章文物、理论学术，均就已有者，层层改变递嬗而为新，未有无因而至者，故若不知旧物则决不能言新。凡论学论事，当究其终始，明其沿革，就已知以求未知，就过去以测未来。人能记忆既往而利用之，禽兽则不能。故人有历史，而禽兽无历史。禽兽不知有新，亦不知有旧也。更以学问言之，物质科学以积累而成，故其发达也，循直线以进，愈久愈详，愈晚出愈精妙。然人事之学如历史、政治、文章、美术等，则或系于社会之实境，或由于个人之天才。其发达也，无一定之轨辙。故后来者不必居上，晚出者不必胜前。因之若论人事之学，则尤当分别研究，不能以新夺理也。总之，学问之道，应博极群书，并览古今，夫然后始能通底彻悟，比较异同。如只见一端，何从辩证，势必以己意为之，不能言其所以然，而仅以新称，遂不免党同伐异之见。则其所谓新者，何足重哉，而况又未必新耶？语云：城中好高髻，四方高一尺。当群俗喜新之时，虽非新者亦趋时阿好，以新炫人而求售，故新亦有真伪之辨焉。今新文化运动其于西洋之文明之学问，殊未深究，但取一时一家之说，以相号召。故既不免舛误迷离，而尤不足当新之名也。

今即以文学言之。文学之根本道理，以及法术规律，中西均同，细究详考，当知其然。文章成于摹仿(Imitation)，古今之大作者，其幼时率皆力效前人，节节规抚。初仅形似，继则神似，其后逐渐变化，始能自出心裁，未有不由摹仿而出者也。韩昌黎文起八代之衰，然姚姬传评其《吊田横墓文》云："此公少时作，故犹用湘累成句。"索士比亚早年之戏曲，无异于其时之人，晚作始出神入化，Wordsworth 一变诗体，力去雕琢字句之风，Neo-Classic Diction 自求新词新题。然其三十岁以前之诗，则犹 Pope 及 Dryden 等之词句也。文学之变迁，多由作者不摹此人而转摹彼人，舍本国之作者而取异国为模范，或舍近代而返求之于古，于是异采新出，然其不脱摹仿一也。如英国文学，发达较迟，自 Chaucer 至 Elizabethan Age，作者均取法于意大利，而在 Restoration Period 则专效法兰西。近者比较文学兴，取各国之文章，而究其每篇、每章、每字之来源，今古及并世作者，互受之影响，考据日以精详。故吾国论诗者，常云此人学杜，彼人学陶，殊不足异。今世英文之诗，苟细究之，则知其某句出于 Virgil，某篇脱胎于 Spenser。斯乃文章之通例，如欲尽去此，则不能论文。又如中国之新体白话诗，实暗效美国之 Free Verse。而美国此种诗体，则系学法国三四十年前之 Symbolists。今美国虽有作此种新体诗者，然实系少数少年无学无名，自鸣得意。所有学者通人，固不认此为诗也。学校之中，所读者仍不外 Homer、Virgil、Milton、Tennyson 等等。报章中所登载之诗，皆有韵律，一切悉遵定规，岂若吾国之盛行白话诗，而欲举前人之诗悉焚毁废弃而不读哉？其他可类推矣。

又如浪漫派文学，其流弊甚大，已经前人驳诘无遗。而十九世纪下半叶之写实派及 Naturalism，脱胎于浪漫派，而每下愈况，在今日已成陈迹。盖西方之哲士通人，业已早下评判。今法国如 E. Scillierrc、P. Lasserre，美国如 Irving Babbitt、Paul E. More、Stuart P. Sherman、W. C. Brownell、Frank Jewett Mather Jr. 诸先生，其学识文章为士林所崇仰、文人所遵依者，均论究浪漫派以下之弊病，至详确而允当。昔齐人以播祭之余，归骄妾妇，妾妇耻之。又如刘邑嗜疮痂，贺兰进明嗜狗粪，其味可谓特别，然初未强人以必从。夫西洋之文化，譬犹宝山珠玉璀璨，恣我取拾。贵在审查之能精，与选择之得当而已。今新文化运动之流，乃专取外国吐弃之余屑，以饷我国之人。闻美国业电影者，近将其有伤风化之影片，经此邦吏员查禁不许出演者，均送至吾国演示。又商人以劣货不能行市者，远售之异国，且获重利，谓之 Dumping。呜呼！今新文化运动，其所贩人之文章、哲理、美术，殆皆类此，又何新之足云哉?

文化二字，其义渺茫，难为确定。今姑不论此二字应为狭义广义，但就吾国今日通用之意言之，则所谓新文化者，似即西洋之文化之别名，简称之曰欧化。自光绪末年以还，国人动忧国粹与欧化之冲突，以为欧化盛则国粹亡。言新学者，则又谓须先灭绝国粹，而后始可输入欧化。其实二说均非是。盖吾国言新学者，于西洋文明之精要，鲜有贯通而彻悟者。苟虚心多读书籍，深入幽探，则知西洋真正之文化，与吾国之国粹实多互相发明、互相裨益之处，甚可兼蓄并收，相得益彰。诚能保存国粹，而又昌明欧化，融会贯通，则学艺文章，必多奇光异采。然此极不易致，其关系全在选择之得当与否。西洋文化中，究以何者为上材，此当以西洋古今博学名高者之定论为准，不当依据一二市侩流氓之说。偏浅卑俗之论，尽反成例，自我作古也。然按之实事，则凡夙昔尊崇孔孟之道者，必肆力于柏拉图、亚里士多德之哲理。已信服杜威之实验主义(Pragmatism-Instrumentalism)者，则必谓墨独优于诸子。其他有韵无韵之诗，益世害世之文，其取舍之相关亦类此。凡读西洋之名贤杰作者，则日见国粹之可爱，而于西洋文化专取糟粕、采卑下一派之俗论者，则必反而痛攻中国之礼教、典章、文物矣。

此篇篇幅有限，只言大体。至于陈义述词，引证详释，容俟异日。(一九二〇年正月号之《中国留美学生月报》[*The Chinese Student's Monthly*]所载拙作“Old and New in China”一文实与此篇互有详略，而义旨则同。)惟所欲亟解国人之惑者，即彼新文化运动之所主张，实专取一家之邪说，于西洋之文化，未示其涯略，未取其精髓，万不足代表西洋文化全体之真相。故私心所祷祝者，今国内之学子，首宜虚心，苟能不卷入一时之潮流，不妄采门户之见，多读西文佳书，旁征博览，精研深造，如于西洋之哲理、文章等，洞明熟习，以其上者为标准，则得知西方学问之真际。而今新文化运动一派人所倡导历行者，其偏浅谬误，自能见之明审矣。

按以上所录之文，原登民国十年春季之《留美学生季报》。其年夏，宓由美归国，海舟中复作《再论新文化运动答邱昌渭君》一篇，投登该报。而该报以商务印书馆印刷迟滞，今逾半载，犹未能出版。故撮其篇中之要义，附录于此。凡解释答辩之词，均删弃之，惟存自述主见之处，以引申前文余义而阐明之云尔。

吾素不喜作互相辩驳之文。盖以此作此类文字者，常不免流于以下之数弊：(一)不谈正理，但事嬉笑怒骂，将原文之作者，加以戏侮轻鄙之词，以自逞快于一时，而不知评其文非论其人也。况论人焉可以村妪小儿之姿态出之，即使所指者确实，则如晋文骈胁，项羽重瞳，何伤乎其为人哉。(二)误解原文之意，不看其全篇全章之主旨，而但摘出其一字一句，蹈瑕寻疵，深文入罪。夫文章本皆一气呵成，前后联贯。今特摘出一语，而略其上下文，则有时所得之意义，与原文适成相反。且辩论本以求理之胜，而根本宗旨之明确也。今即使原文作者，其用字用典实有误，以此为彼人学问未深、一物不知之证可也，以此为彼人成文率易、修改未详之咎亦可也，然彼人所主张之道理，其全文之大旨，固未以此而攻破也。(三)凡作辩驳之文者，无论其人如何心平气和、高瞻远瞩，犹常不免有对症发药之意。目注鸿鹄，思援弓缴而射之，只求攻破原文之作者，而一己出言是否尽真确，立论是否尽持平，措词是否尽通妥，则不暇计矣。此等文出，纵或得达其一时之目的，摧坚破敌，然境过时迁，则成为无用之废物，更无重读之价值。即在当时，以专务胜敌之故而已。所持论偏激过正，牵强失真，亦大有害于世道人心也。(四)凡作文为使读者收益，否则此文可不作。今互相辩驳之文，窃见人之读之者，如观卖艺者之角力然，以为消遣，以资笑乐。但看一时之热闹，毫无永久之爱憎取舍于其间。吾实痛之，故吾深望世之有志而能文者，皆自抒己见，各述主张，使读者并取而观之，而后自定其从违，自判其高下。孰是孰非，孰愚孰贤，孰有学孰无理，均可待读者自决之。吾但尽吾知识学问之所至，审虑精详，发为文章。文出以后，成败如何，利害如何，读者之评判如何，吾今皆不当计及。如是，则可免以至可宝贵之精力时间，枉费于笔墨辩论之中，无益于人，有损于己。两方作者，有此时间精力，则可读书成学，另作佳文以饷世也。(五)辩论固为求真理，而辩论之后，真理未必能明。徒事诋諆，多滋纠纷。且夫论学之文，以理为尚。有经千古儒者之聚讼，而尚未能定案者。论事之文，以识为尚。此必待后来实事之成败利钝，而始可得确评焉。一二人偶尔笔墨之争，何足重轻。且凡根本道理不相合之人，不能互相辩论。必两方有所可取以为准则，共信不疑者，然后可。一文之出，智者见之谓之智，仁者见之谓之仁。凡赞成此文者，多系先已有合于此作者之宗旨者也。凡反对此文者，多系先已有违于此作者之宗旨者也。以其文词理之胜，而能转易读者之信仰者，实事上吾见之甚少焉。吾文即极佳，非之者必有人。吾文即极劣，誉之者亦必有人。决未有一文之出，而全世之人咸异口同声，非之誉之也。作者固不能望全世之人皆信己之所信，亦不能求读此文者其中无误会吾意之人，不能就人人而喻晓之，而辩争之。今有一二人出而驳吾之说，或仅就吾之一二主张，而加以修改，此实偶然之事耳。或尚有痛驳吾之文千百篇，而吾未得见之，则虽欲一一答辩之而不能也。准是，而世中攻辩之文，解释之文，汗牛充栋，拥塞堆积，读者将不胜读之矣。故吾见有人驳我者，惟当虚心受而细读之。苟吾误而彼人能纠正之，或更进一解者，吾当谨记之，深感其人。后此吾另有述作，必改此非而求有进焉。苟吾自覆审以为无误，而彼人未明吾意，或徒事辱骂者，则吾当淡然忘之，亦不怒其人焉。窃谓世之作文者皆存此心，则可以时间精力用之正途，而读者可多得佳文佳书，而免费目力时间于无益之篇章矣。

以此五因，吾夙抱宗旨，不作辩驳之文。有攻我者，吾亦不为答覆解释之举。吾自视极轻微，攻诋误会，实无损于我。盖我初无名誉之可言，个人之得失利害尤不足较。作文惟当准吾之良心，毋激亦毋讳，决不曲说诡辩。所谓修辞，当立其诚是也。(下略)

(壹)此段从略。

(贰)吾所谓“其行文”者，乃指一国文字之体制(System of language)而言，非谓一篇文章之格调(Style)也。评者以吾之“行文”为style，误矣。文章之格调，每作者不同，即在中国古时亦然。韩之古文异乎苏之古文，李之诗异乎杜之诗。即作八股文者，其Style亦有别也。即一人之文，其每篇之格调亦有不同者焉，如杜诗之《北征》异乎《丽人行》是也。至若文字之体制，乃由多年之习惯，全国人之行用逐渐积累发达而成文字之变迁，率由自然。其事极缓而众不察，从未有忽由二三人定出新制，强全国之人以必从。一旦变革，自我作古，即使其制完善，国大人多，一部分人尚未领悟，而他处之人又创出新文字、新语音。故行用既久者，一废之后，则错淆涣散，分崩离析，永无统一之一日。故吾文云:“文字破灭，则全国之人不能喻意。”诚以吾国之文字，以文(Written language)之写于纸上者为主，以语(Spoken language)之出于口中者为辅，字形有定而全国如一，语音常变而各方不同。今舍字形而以语音为基础，是首足倒置。譬如筑室，先堆散沙，而后竖巨石于其上也。吾于吾国文字之意见，他日当更申言之。总之，文章之格调可变且易变，然文字之体制不可变亦不能强变也。自汉唐迄今，文字之体制不变，而各朝各大家之诗文，其格调各不同。Pope、Byron、Tennyson 同用一种英文，而其诗乃大别异。故不变文字之体制而文章之格调本可自由变化，操纵如意，自出心裁，此在作者之自为之耳。今欲得新格调之文章，固不必先破坏文字之体制也。各国文字，互有短长，中西文字，孰优孰劣，今亦不必强定，惟视用此文字者之聪明才力如何耳。天生诗人，如生于法国，则用法文而成佳诗焉；如生于英国，则用英文而成佳诗焉，文字不能限之也。凡文字得大作者用之，其功用、其价值乃益增。如英文初仅宜于诗，而不宜于散文。论者常以 Jeremy Taylor 为散文之祖，至 Addison 及 Steele 之时，散文以多用之而发达。终至十八世纪之下半，而散文乃大成焉。夫中国今日输入西洋之事物理想，为吾国旧日文章之所无。故凡作文者，自无不有艰难磨阻之感。然此由材料之新异，非由文字之不完。今须由作者共为，苦心揣摩，徐加试验。强以旧文字表新理想，必期其明白晓畅，义蕴毕宣而后已。如是由苦中磨出之后，则新格调自成而文字之体制仍未变也。昔欧洲自耶教盛行之后，以其为外来之物，以拉丁古文表达之，未尽其意，粗俗可厌，逐渐改良，至 Thomas Aqinas 而希腊罗马之文化与耶教之教理始得融合无间，集其大成。而欧西文字，亦足表达耶教之教理而无遗憾矣。此乃缓功，不能急致，然决非破灭文字所可致。盖如是则无异南辕而北辙，先自杀其兵卒，而后求获胜仗也。(下略)

(叁)文如其人(Le style c'est l'homme)，此法人 Buffon 之言也。盖谓赋性仁厚之人，其所为文，必有一种慈祥恺悌之气，流露于字里行间。生来阴鸷残酷之人，即强学之，亦必不能到，他皆类此。故欲文之工美，必先修学植品而不当专学他人之文章皮毛也。又如李太白作诗，欲强学杜工部之忧时爱国，杜欲强学李之纵酒豪放，亦必不成。今评者谓“各人赋性不同，产生体裁自异”似即此意，斯固是也。虽然，每篇文章，词句不同、意旨不同，即当另视为一文，不当仅因其格调之同，而遂一体斥之为印板文章也。

(肆)今中国之人能读西书者甚少。故以笔墨辩论，虽作者述经据典，繁征博引，而读者实莫从审判。满纸人名、地名、书名等，堆积充盈，读者见之，如堕五里雾中，徒震惊于作者学问之博，以为彼其胸中蕴蓄乃如此之多。至于其证据之确当与否，引用之合宜与否，狼藉杂凑，牵扯附会，离题太远，与理无涉，凡此则皆读者所不能洞见也。夫未读原书，焉可评论。今争论西洋文学，而求国人判决之，其事诚难矣。吾见近年国中报章论述西洋文学之文，多皆不免以人名、地名、书名等拉杂堆积之病。苟细究其一篇，毫不成章，毫无宗旨，但其西文名词满纸，五光十色，能令读者咋舌拜服而已。呜呼！此通人所不屑为也。举例不必其多也，惟其事之合；措词不必其长也，惟其理之精，否则何贵焉？此等妄为引用以堆满篇幅之名词，苟一一指出而辩正之，则不胜其繁矣。（下略）

（伍）此段从略。

（陆）此段从略。

（柒）昔之弊在墨守旧法，凡旧者皆尊之，凡新者皆斥之，所爱者则假以旧之美名，所恶者则诬以新之罪状。此本大误，固吾极所不取者也。今之弊在假托新名，凡旧者皆斥之，凡新者皆尊之，所恶者则诬以旧之罪状，所爱者则假以新之美名。此同一误，亦吾所不取者也。惟按吾国人今日之心理，则第一层流弊已渐消灭，第二层流弊方日炽盛。故今为救时之偏，则不得不申明第二层一味趋新之流弊，以国人多但知其一不知其二也。吾于新旧，非有所爱憎于其间。吾惟祝国人绝去新旧之浮见，而细察个中之实情，取长去短，亲善远恶，以评判之眼光，行选择之正事，而不为一偏之盲从。吾前作"Old and New in China"一文，结句引 Pope 之诗，以明吾之宗旨，曰 Regard not, then, if wit be old or new, But blame the false and value still the true。吾原文已再三申明，吾之所以不慊于新文化运动者，非以其新也，实以其所主张之道理，所输入之材料，多属一偏，而有害于中国之人。如言政治经济则必马克斯，言文学则必莫泊三、易卜生，言美术则必 Rodin 之类是也。其流弊之所在，他日当另详言之。总之，吾之不慊于新文化运动者，以其实，非以其名也。吾前文已言："今诚欲大兴新学，今诚欲输入欧美之真文化，则彼新文化运动之所主张，不可不审查，不可不辩正也。"故或斥吾为但知旧而不知有新者，实诬矣。（下略）

今新文化运动自译其名为 New Culture Movement，是固以文化为 Culture 也。Matthew Arnold 所作定义曰："文化者，古今思想言论之最精美者也。"（Culture is the best of what has been thought and said in the world.）按此，则今欲造成中国之新文化，自当兼取中西文明之精华而熔铸之、贯通之。吾国古今之学术、德教、文艺、典章，皆当研究之、保存之、昌明之、发挥而光大之。而西洋古今之学术、德教、文艺、典章，亦当研究之、吸取之、译述之、了解而受用之。若谓材料广博，时力人才有限，则当分别本末轻重，小大精粗，择其尤者而先为之。中国之文化，以孔教为中枢，以佛教为辅翼。西洋之文化，以希腊罗马之文章哲理与耶教融合孕育而成。今欲造成新文化，则当先通知旧有之文化。盖以文化乃源远流长，逐渐酝酿，孳乳煦育而成，非无因而遽至者，亦非摇旗呐喊、揠苗助长而可致者也。今既须通知旧有之文化矣，则当于以上所言之四者，孔教、佛教、希腊罗马之文章哲学及耶教之真义，首当着重研究，方为正道。若不读李杜之诗，何以言中国之文学？不知Scholasticism，何能解欧洲之中世？他皆类此。乃事之大不幸者，今新文化运动于中西文化所必当推为精华者，皆排斥而轻鄙之，但采一派一家之说，一时一类之文，以风靡一世，教导全国，不能自解，但以新称。此外则皆加以陈旧二字，一笔抹杀。吾不敢谓主持此运动者立意为是，然观年来国内学子思想言论之趋势，则其实事之影响确是如此。此于造成新文化融合东西文明之本旨，实南辕而北辙。吾故不敢默然，恶莠恐其乱苗也，恶紫恐其夺朱也。吾惟渴望真正新文化之得以发生，故于今之新文化运动，有所訾评耳。（下略）

（捌）共和肇建，十载于兹，非丧心病狂之人，孰有言复辟者。普及教育之重要，国人夙已知之，不自新文化运动始也。所当研究者，普及教育中之材料、方针而已。五四运动与女子解放，此亦时会所趋。至于李纯之自杀捐资，陈嘉庚之毁家兴学，皆个人之义举。今论者必欲以此种种均归美于新文化运动，亦可谓贪天之功，以为己力矣。而遇不称许马克斯、易卜生者，则指为赞成复辟及反对普及教育，此则尤牵强武断之甚者也。吾所欲审究者，新文化运动所主张之道理是否正确，所输入之材料是否精美。至若牵扯时事，利用国人一时之意气感情，以自占地步而厚植势力，是则商家广告之术，政党行事之方，而非论究学理，培植文化之本旨。窃观自昔凡欲成功于一时者，类皆广树旗帜，巧立名目。彼群众见此种种有形之物，实在之事，遂蚁从而蜂动焉。至若学理之精微，众亦不解。空漠之谈，鲜能聚众者也。今新文化运动之成功，或即由此。惟吾则亲见附从新文化运动者，其中不免有目空一切、跬步自封之人，以为新文化运动高矣美矣，无以有加矣。如有怀疑而评陟之者，则谓其人必皆丧心病狂，有意破坏者也。于是责在卫护新文化运动者，遂亦专务为胜敌之举，不许天下人得一置喙，将欲绝除异己，而统一文化之疆域焉。此等盲从之人，其心固热诚可嘉，而其智则愚陋可怜，使其读书稍多，当必有进，吾所信也。

（玖）吾原文谓英国文学当Elizabethan Age，多取法于意大利，而Restoration Period则效法法兰西，此特言文章格调形式之摹仿而已。彼英人当时固未主张废英文也，如有之，则以英人之爱本国，明事理，必痛斥之矣。且即以Elizabethan Age而论，当时英人摹仿意大利之文章风俗，已有流弊，非无指斥之人。如Roger Ascham所著*Schoolmaster*一书，即痛言当时英国学生赴意留学归来者之缺点者也。

（拾）此段从略。

(拾壹)欲谈文学，必须著译专书。今报纸零篇，连类而及。区区数行之中，而欲畅言一国一时代之文学，岂易事哉？势必流于吾前所言之堆积书名人名地名之弊矣。言者既系率易成章，妄相牵合，评者亦莫穷究竟。欲确解而详析之，必须累十万言。即如 Classicism、Romanticism、Realism、Naturalism 之意义及其短长得失，决非匆促所可尽也。惟今有欲为国人告者，即此等字面，实各含二义。其一常用之义，系指文章之一种精神、一种格调及立身行事之一种道理、一种标准。譬之食味中之酸酣苦辣，何时何地均有之，中西古今之诗文中皆可得其例，故并无一定之后先次序孰为新孰为旧也。其二专用之义，则指某时某国之文人，自为一派，特标旗帜，盛行于时者。如十八世纪之 Neo-Classicism、十九世纪上半叶之 Romantism、十九世纪下半叶之 Realism 及 Naturalism 是也。其后先次序如此，原因甚多，要当别论。然皆可谓为事实之偶然，非必甲生乙、乙生丙、丙生丁，以一定之次序而递嬗循环者也。且所谓某派盛行之时，他派并非绝迹。治文学者，不当徒震惊耳目，专谈影响也。譬如江西诗派盛行之时，直学杜者非无其人也。今国人谈文学者，多误以上言之诸派必循一定之次序而发达，愈晚出者愈上。故谓今者吾国求新，必专学西洋晚近之 Realism 及 Naturalism 然后可，而不辨其精粗美恶。此实大误，诗文应以佳者是尚，故各派中之名篇皆当读之，岂可专读一派之文、专收一时之作耶？况晚近欧西之 Realism 与 Naturalism，其流弊又若彼之大耶。

(拾贰)此段从略。

(拾叁)(上略)今吾国人之求西学，如以轻舟浮大海，渺茫无际，皆所谓一知半解，初入门耳。彼善于此或有之，其真能大成者，吾见之甚鲜矣。吾人各当日求进益，视其最上者为标准。薛文清曰，学问当看胜于己者，则愧耻自增。吾侪岂可有自满之心哉？特谦之一事，实在虚衷自慊，不在口头客气。友朋各宜互相切磋，同为求学者，乌可存互相凌越之见？敢自谓百事皆通，永无错误也哉？今之评者，惟事讥侮，实昧于此旨矣。论者又以为不学某科，即不应谈某事，吾殊不谓然。盖我辈在校所习分科之名，本系随缘而假定者。吾曾见学工程之人，其所读之文哲学书，比之普通之文哲学生，尚多出也。论者评人之文，又以其人之有无学位，或在外国大学毕业与否为轻重，吾亦窃以为不可。夫求实学者，不当以学位萦心，尝见师友中有生平未得学位而学识渊深、受人尊仰者焉。吾国留学欧美之学生，有专骛学位而国中之人亦或盲敬之，吾则视之为欺世盗名，以为此种心理，与昔之科第功名何异哉？故常谓吾辈取人但当究其实在之蕴蓄，而不必问其有无学位可也。且美国每年自大学卒业之人，盈千累万，而美国之大学，尤远下于欧洲之大学。欧洲之得高深学问者，且车载斗量矣。彼在美国所得之学士硕士，何足贵哉？得此区区而以为荣，亦深可羞矣。(下略)

(拾肆)此段从略。

(拾伍)邪之为言，曲也。邪说者，曲说也。凡偏激矫诬，不合论理之说，皆谓之邪说。故邪说(Sophistry)与异端(other sects)不同，常语以二者并举，邪说异端云云，此犹通才卓识之句法，本截然二事，否则何用重叠费词哉？惟其然也，故孔子曰："攻乎异端，斯害也已。"而孟子曰："我亦欲正人心，息邪说。"孔孟之说，固未尝相矛盾也。例如耶教，自宗教改革以来，分为新教旧教。其后支派愈出愈多，互相攻诋，至于血战，而耶教大衰。近今世界交通，耶教、佛教、孔教相遇。即天性笃厚、近于宗教之人，目睹各教之并立，彷徨疑虑，莫知所从违，于是信仰之心亦归消灭。各教互争而同受损失，今日宗教之衰微，亦由攻乎异端所致也。然如苏格拉底、柏拉图，则终身与希腊之 Sophists 辩争，攻而辟之。按 Sophists 本智者之义，自苏、柏二氏辟之而后，英文中今遂有 Sophistry、sophisticated 等名，转为曲邪奸猾之义矣。故若其说确为邪说，则以邪说 Sophistry 目之，不为过也。

(拾陆)吾前又于天理、人情、物象根本内律不变，枝叶外形常变。二者之区别，郑重申明，反覆致意者，盖有重大之故焉。今以宗教道德为例，以说明之。夫宗教实基于生人之天性，所以扶善屏恶、博施广济，使信之者得以笃信天命，心境和乐，精神安宁，此固极善之事也。道德之本为忠恕，所以教人以理制欲，正其言，端其行，俾百事各有轨辙，社会得以维持，此亦极美之事也。以上乃宗教道德之根本之内律也，一定而不变，各教各国皆同也，当尊之爱之，而不当攻之非之者也。然风俗、制度、仪节，则宗教道德之枝叶、之外形也，故各教不同、各国不同、各时不同，尽可随时制宜，酌量改革。此固无伤乎宗教道德之本体也，然决不可以风俗、制度、仪节有当改良者，而遂于宗教道德之本体攻击之、屏弃之，盖如是则世界灭而人道熄矣。窃观吾国近年少年学子之言论多犯此病，新文化运动不惟不图救正之，且推波助澜，引导奖励之焉。例如孔子之时，一夫多妻之制尚行，然孔子并未创立此制，而以一夫一妻匹耦敌体为教。今以恶纳妾而排击孔子，岂可乎？耶教旧约圣书所载之历史，亦固君主也，多妻也，则将以此而攻耶教可乎？总之，孔教耶教其所以教人所以救世之主旨，决不在此。多妻也，君主也，皆当时风俗、制度、仪节之末，特偶然之事耳。又如仁义忠信、慈惠贞廉，皆道德也，皆美事也，皆文明社会不可须臾离者也。寡妇守节，往事有不近人情者矣。此等弊俗，果其出之勉强，则革之可也。然遂必铲去贞洁(Chastity)之一念，谓禽兽既无贞洁，而人类何必有之，凡贞洁皆男子暴力，催压女权云云，此亦不思之甚矣。此外之例，多不胜举。总之，彼以一事而攻击宗教道德之全体，以一时形式之末而铲绝万古精神之源，实属诬罔不察之极。古圣教人莫不曰守经而达权，即如孔子答他人之问孝者，每次所言不同，然通观遍览，其义可见。后人墨守之罪，拘囿之行，非可以为古圣之咎也。而况世界之大宗教，如佛如耶，皆实破除当时之迷信而注重理智者耶？宗教与迷信，犹医药之于疾病。今人动斥宗教为迷信，遂欲举宗教而歼除之。呜呼，误矣！迷信属于仪式者，即不能革而听其暂存，其为害于世者尚浅。今以不慊于仪式之故，而去宗教、绝道德，岂特犯投鼠忌器之嫌，抑且真有率禽兽食人之事矣。

凡人之立身行事，及其存心，约可分为三级：(一)上者为天界(Religious level)。立乎此者，以宗教为本，笃信天命，甘守无违，中怀和乐，以上帝为世界之主宰、人类之楷模。凡人皆当实行师法上帝，以求与之日近。为求近上帝之故，虽破除家园、谢绝人事、脱离尘世，亦所不惜者也，如耶教、佛教是也。(二)中者为人界(Humanistic level)。立乎此者，以道德为本，准酌人情，尤重中庸与忠恕二义，以为凡人之天性皆有相同之处，以此自别于禽兽。道德、仁义、礼乐、政刑，皆本此而立者也。人之内心，理欲相争，以理制欲，则人可日趋于高明，而社会得受其福。吾国孔孟之教，西洋苏格拉底、柏拉图、亚力士多德以下之说，皆属此类。近人或称之为人本主义，又曰人文主义(Humanism)云。(三)下者为物界(Naturalistic level)。立乎此者，不信有天理人情之说，只见物象，以为世界乃一机械而已。孟子曰："人之所以异于禽兽者，几希。"此派之人，则不信有此几希之物，以为人与禽兽实无别。物竞天择，优胜劣败，有欲而动，率性而行，无所谓仁义道德等等，凡此皆伪托以欺人者也。若此，可名为物本主义(Naturalism)。吾国之庄子，即近此派。西洋自近世科学发达以后，此派盛行，故忧世之士皆思所以救之。吾国受此潮流，亦将染其流毒，然当速筹调和补救之术也。上所言三级，就大纲区别之而已。常见之人多介立二界之间，或其一身兼备二派三派之性行，未可武断划分，读者毋以辞害意可也。

今设例以明之。即如婚姻之事，(一)如其人自立于天界也，则自礼拜堂牧师成礼，或祭天祀祖之后，即自认为夫妇。一与之齐，终身不改，非得教门中如律为之，不能离异。即吾夫吾妻五疾六丑，凶顽痴愚，夫妇之恩爱仍不稍减，吾惟自安天命，有乐无苦。(二)然如其人自立于人界也，则必有父母之命、媒妁之言，或他种礼节。

总之，遵依社会之习俗，当时之通例，不求怪异，一切持平而合乎人情。至于家庭及离婚之事，则按酌中道，相机为之，以毋伤于忠恕信义之道为限。(三)而如其人自立于物界也，则以为男女之合，由于色欲而已。凡人尽可效法禽兽，行野合乱伦之事，不必有室家夫妇，更不必有聘合婚嫁。彼世中闺房反目者，皆由体欲不满意，故也云云。其他均可按此例推之也。

宗教道德，皆教人向上者也。宗教之功用，欲超度第二、第三两级之人，均至第一级。道德之功用，则援引第三级之人至第二级而已。故人群之进步(Progress)，匪特前进，抑且上升。若于宗教道德悉加蔑弃排斥，惟假自然之说，以第三级为立足点，是引人堕落而下伍禽兽草木也。吾此节所论述者，本与新文化运动无关，惟窃以为凡立说教世者，于此中消息影响，不可不深加注意。统观新文化运动之所主张，及其输入材料，似不无蔑弃宗教道德而以第三级之物界为立足点之病。今欲造成真正之新文化，而为中国及世界之前途计，则宜补偏救正，不可忽也。

历来世变最烈、新旧交替之时，宗教道德必衰微失势，而物本主义大行。吾国之孔孟，西洋之苏格拉底、柏拉图，其所处之时势皆是也。西洋自十六世纪以来，耶教大衰，自十八世纪以还而益甚。故今日者，宗教之力已不足恃，且宗教必不脱迷信，如耶教之三位一体、童女诞圣之类，实与科学事实不合，难以强人遵从。故今日救世之正道，莫如坚持第二级之道德昌明、人本主义，则既可维持教化，又可奖励学术，新旧咸宜，无偏无碍也。西洋既如此，吾国自当同辙。宗教之事，听其自然，既不定孔教为国教，则可永远不用国教，各教平视，悉听其自由传布。孔教之地位，亦不必强为辩定。彼不以孔为教者，可自行其是；而确信孔为教者，则亦可设庙聚徒，与他教一体行事，众亦毋得而非议之，如是方可谓为信教自由。实则今日者，无论何教，苟能得势，皆人群之福。个人如能崇信一教，则比之无宗教之人，内心实较安乐。但信教必以诚，不可伪托形式耳。吾国既不用宗教，则亦当坚持第二级之道德昌明、人本主义。孔孟之人本主义，原系吾国道德学术之根本。今取以与柏拉图、亚力士多德以下之学说相比较，融会贯通，撷精取粹，再加以西洋历代名儒巨子之所论述，熔铸一炉，以为吾国新社会群治之基。如是则国粹不失，欧化亦成，所谓造成新文化、融合东西两大文明之奇功，或可企致。此非旦夕之事，亦非三五人之力，其艰难繁巨，所不待言。今新文化运动如能补偏趋正，肆力于此途，则吾所凝目伫望，而愿馨香感谢者矣。此吾所拟为建设之大纲，邦人君子，尚乞有以教之。

(拾柒)或讥宓有“维持圣道之苦心”云云。夫维持圣道，此其名如何之美，此其事如何之大，宓万死何敢当此。夫圣道者，圣人之道也，译言 the truth that is taught by the sages。出类拔萃之人（Ideal man），谓之圣人，故不特孔子之道为圣道，而耶稣、释迦、柏拉图、亚里士多德等之所教皆圣道也。自其根本观之，圣道一也。苟有维持之者，则于以上诸圣之道，皆一体维持之矣，固不必存中西门户之见也。今中国之少年，常有以维持圣道及礼教仁义等极高贵极庄重之字面，为戏谑讥侮之词者。呜呼！此诚有心人所当视为大不幸之事矣。吾对于宗教及道德之意见，已略述于前节。吾夙爱诵 Tennyson 之“Locksley Hall”诗中之二语，今录此，且以饷同好之人也。其诗云：The good, the true, the pure, the just-Take the charm ‘For ever,’ from them, and they crumble into dust。

本文原载《学衡》第 4 期，1922 年 4 月。

整理者：胡　辰
校对者：郭元超

公民的精神

刘伯明

“公民”这个名词，中国向来所没有的。中国向来所欲培养的人，不是“穷则独善其身”，便是“达则兼善天下”，以为这种人是很高尚的，为人不可企及的。其实“独善其身”，如竹林七贤之流，只顾自己，不顾他人，与社会脱离关系，是“超公民”。“兼善天下”，则含糊笼统，言大而无当，试问天下哪有这种机关，可以做得出来呢？所以现在潮流所趋，社会国家所要培养的人，即是“公民”。而“公民学”很是要紧的，将来可以代替实践伦理；因为实践伦理里面所讲，对于国家、社会、家庭……各方面之义务，陈陈相应，没有多大的意味。

朋友往来，及父母子女兄弟间亲切观念，中国人向来都有。现在最要紧的，补偏救弊的，即是要培养“公民的精神”。近来为生计所迫，大家提倡职业教育，不遗余力，新学制草案则采取“六三三”制。但吾人在社会上，没有一种职业，游手好闲，固属是个寄生虫；然偏狭的谋生的职业，不过职业之一部分，若所有思想精力，悉囿于此，则殊不可。因为社会上还有“人”的职业，譬如选举的事情，无论为农为工为商，都要关心。中国人需要的，并非“公民的知识”，乃是“公民的精神”，“公民的态度”；平常所谓“教育即知识”，这句话是大错特错的。

现在我将公民思想的历史略微谈谈：

西洋公民思想始于希腊。（希腊与现在虽相隔两千余年，但其思想和精神，尚发生效力。）希腊雅典原为城市国家（City States），纪元前四世纪时（波斯战后），雅典国民和市民没有分别，这种精神，实公民之模范。他们对于雅典市民的事业，个个人都热心，个个人都欲有所“贡献”。自己不要钱，以为雅典富即是我自己富。美术家雕刻许多很美致的石像，装饰雅典城，使她“雅而典”，现在跑到那里去，还可以看见其遗迹；文学家戏曲家，则极力提高雅典人的文化程度和道德程度；政治家则极力改良雅典的政治。概而言之，即雅典人有“社会的宗旨”(Social Purpose)，“集合的意志”，全副精神集中于雅典，忘却自己，而将自己聪明财力贡献出来。但后来因内部发生问题，而个人方面太发达，侵略胜过于贡献，占有的冲动胜过创造的冲动，遂呈瓦解的现象。马其顿灭之，造成马其顿帝国，与雅典从前城市国家，完全相反。帝王操纵一切，上下相隔太远，国民不能直接参与政治；于是有小团体的集合，或与朋友亲戚往来，或偕同志遁隐林泉，自在逍遥，社会国家的事，不闻不问，而“公民的精神”遂逐渐消灭了。

马其顿帝国分裂后，罗马帝国，代之而起。但地方思想，仍旧没有。(中国人无地方思想，只有部落思想。)世界观念(Casino Polis)起自城市国家灭亡之后，希腊人则没有这回事。你看柏拉图的理想国家，至多五千人，有时且三千人，盖其所需要者，乃是“精华”，乃是都有“贡献”的人。自世界主义起来后，公民思想，逐渐淡薄。中世纪重天国的生活，现实世界的生活，完全轻视，既非“公民”，又非国民，乃是天国国民，其精神为“出世”的。十三十四世纪时，欧洲渐启光明的现象。至文艺复兴时，则以“入世”的精神，代替“出世”的精神。十六世纪，城市国家复兴，如意大利之威尼斯(Venice)、佛洛兰(Florence)等市，非常发达，都是独立国家，市民精神有好多和希腊相同的地方；但不久亦消灭。后“国家”(National States)主义起(英法起于十六十七世纪，德意志十七世纪已有统一国家的动机，但至十九世纪才实现出来)，一方面提倡统一，一方面抵制教皇，故政治势力逐渐替代宗教势力(十三四世纪，政治宗教列于平等地位，十五六世纪，教皇势力大于政治势力)。十七世纪为专制成立时代，路易十四至有“朕即国家”(I am the state)之语。英帝王“天赋王权”之观念，至一六八八年(最后一次革命)后，始打破；法专制政体，至一七八九年(迟一百年)后始推翻。十八世纪的空气，弥漫“自由”、“平等”，美国宪法大纲第一句便说，“人生而平等”；真正的“德谟克拉西”之精神，即从此起。十八世纪主张培养“人”(Man)，不要培养“某国人”，受“人”的教育不是受“某国人”的教育，但其流弊所至，个性过于发展，国家忽略不顾。试问没有国家，个人何所凭借?

十九世纪因拿破仑穷兵黩武，侵略四邻，于是“国家思想”又起。国家思想最发达的，就是德意志。有许多哲学家出来提倡，昌言调和个人与制度(individual and institution)。海羯尔(Hegel，1770—1831)说：先有社会国家，后有个人，个人有社会国家，才能发展，孤立的个人，等于数学上之零，没有什么价值的。盖以人是具体的东西，不是抽象的东西，比如为东南大学的教授，同时又为南京的市民，又为中国的国民。但后来结果，德国人看“国家”是超过“个人”的，人生在世界上，附属于国家，要为国家而牺牲；因为有国家，个人才有价值。职是之由，国家压迫个人，社会国家的组织，有一层一层的阶级，不能逾越。小学教员都把做官长看待；学校训练则为军队的训练，教员上班时，学生要叫“立正”。但其流弊，固属很多，而其好处，则在国民有“训练”（discipline），肯服从，肯为国家牺牲。

欧战后，政治界鉴于德之专制，出了许多政治学说的书，都是提倡多元的政府，如联省自治地方自治等等。杜威、罗素也是这样的主张。杜威说：政府如同音乐队里的指挥者（Conductor），不过指挥一切而已，做事还要靠那班奏乐员。中国将来的政治社会，最要紧的，就是参考欧美各国之先例，研究其组织之方法。欧美政治无不承认“中央政府不能压迫各省”；不过完全平等完全自由，也非真正的“德谟克拉西”罢了。

我们生在“德谟克拉西”的社会里面，即应该如何适应“德谟克拉西”的社会的需要，即应该如何做“公民”。如江苏实行地方自治，即在目前，我们应该怎样造出“公民的精神”来呢？这是亟待考虑的大问题。据我看来，最要紧的最切实的“公民的精神”，不外两种——较次一点的，很多很多，此地不谈。

（1）负责任　“负责任”这句话，是老生常谈，很普通的，但其实是很要紧的。假使不能负责任，则教书者只顾自己教书，读书者只顾自己读书，工人商人只顾自己作工，自己赚钱，必不能自治。地方自治最大的障碍，即是少数人把持，多数人不负责任。美国纽约省，百年前，亦是这样，少数人组执政党，包办一切，瓜分权利，其余的人，则不相闻问。所以多数人不自觉，只见及方寸之内，而无远大的眼光，是不得了的现象。现在美国人自觉起来，有议案送至市议会省议会，不通过，则国民有自己建议之权利，不但有动议权，并有决议权。还有召回（Recall）代议士的权，如代议士选至议会里面，不尽责务者，立刻召回，不稍宽假。故国民应该大家“负责任”警醒觉察，没有一刻的疏懈以督促地方自治。

（2）自动　专制国家的国民，是被动的，听政府指挥的；德谟克拉西国家的国民，是自动的，发动的，帮助政府的。专制国家所以有阶级者，因大家抱“不在其位不谋其政”之思想，以为所有国家之事，乃高高在上者之责，非小民所宜过问。德谟克拉西的国家只有流动的阶级，没有固定的阶级，如果自己有才能，今日是平民，明日便是大总统。所以地方上有利当与，有弊当革，均是公民的责任。有机会可以做的事情，便可去做，能力可以做得到的事情，便可去做，不是束手旁观，徒叫“呜呼哀哉”的。若有机会有能力而不去做事情者，不配做德谟克拉西国家的平民。附属小学设计教学法，先设计，后找材料，自己去做，这即是自动的精神。

以上两种精神，如果能够做得到，则地方自治，可有希望。“公民的精神”于国家前途，有密切之关系，诸位应当详加考虑，应当时时惕励，冀于实践，不宜当做普通的演讲看待。

十一，三十，寄自南高。

本文为刘伯明讲，周邦道记。原载《学生》第9卷第5号，1922年5月5日。

整理者：漆梦云

校对者：王　祚

平等真诠

萧纯锦

昔罗兰夫人临刑时，指自由神像，慷慨而言曰："嗟夫！自由，万恶皆借汝名而行。"闻者至今伤之。呜呼！名义之滥用，而流毒于天下者，又岂独自由一词耶？使罗兰夫人而生于十九、二十世纪之世界，见自由、平等之为暴民所误解，与物竞天择论之为野心家所利用，吾不知夫人之痛心疾首，将更如何也。欧战中，威尔逊总统本其博爱之热诚，与夫民主党首领之精神，大倡民治主义之论调。美之战德，为民治主义而战也。牺牲数十万之精壮，与数千万之物资，将以措世界民治国家于泰山磐石之安也。高论名言，震耀寰宇，潮流所趋。吾国亦承其风化，于是而"德谟克拉西"一语，竟常诵于士夫学子之口，不啻与释教入中土时之"南无阿弥陀佛"同其普及。夫民治主义，不容有阶级厚薄之轩轾，平等之主义也。故民治主义昌，而平等之论亦随之俱炽。外交上既有国际平等之主张，同时凡尔赛和会，亦有种族平等之提案。其理甚当，其事亦甚盛。顾平等之为义，自有其真正之解释，未可以自逞臆见，快一时之论。尤未可妄加附会，肆为卤莽灭裂之谈。其解释之观念，曾几经递遭，非响壁虚造者所可比拟。所谓平等者，机会平等，Equality of Opportunity 也。政治上，无阶级贵贱之分；法律上，无特权豪强之别。智愚贤不肖之禀赋虽有不同，而皆得以尽其性命之理，而充量发达。至于造诣不同、成就异趋，虽有圣智，无能为力，则贤者常有以自见面，不肖者亦不失其应得之地位。贤者得以发抒其才智，无隐厄不遇之感；而不肖者心安理得，亦无屈抑沉沦之叹。各尽其天赋之本能，以共谋人群之幸福，与文化之进步，此所谓平等之真义，而民治主义之真精神也。自其一方言之，民治主义之国家，才俊秀拔之士每处高明之地位，领袖群伦，极似不平等；而自其又一方言之，则贤不肖所处之机会相同，初无门第阶级之限，固属极平等。故民治主义之真谛，舍与人以机会平等外，实不啻为贤贤主义，而不认人类平等之存在也。欧洲十八世纪时，学者如卢梭、陆克之伦，盛倡人类平等之说，颇震动一时。然自近时生理研究及心理测验之结果，则知人类之体魄才识，实未尝平等，且往往有先天之不平等，而其说亦遂归陈腐。晚近吾国新潮澎湃，一知半解之徒，私心自用，喜作极端之论。其言政治，则取无政府之说；其言社会主义，则倡共有财产之议；而其言平等，则取十八世纪人类天赋平等之论，诩为新奇，而不知其说之为人唾余，有背乎科学上之事实也。惟其误解平等，故不认男女性体之分，贤不肖智愚之别。劳心劳力，生产力不同，亦不问也。而对于前者之席丰履厚，则肆其觝排。俄国苏维埃制度，排去专门人材，以劳工委员管理工厂，试之而失败者，彼辈则闭目不睹。如其所论，则所谓民治，将使阘茸与才杰并进，驽蹇共骐骥齐驱。其不至偾辕泛轭，抢攘横决者不可得矣。名义一经滥用，贻害于国家社会者，何止洪水猛兽，是又当为罗兰夫人之所深悲也。美国狄雷博士（Dr. James Dealey），勃朗大学（Brown University）之社会学教授，其所著《社会学》（*Sociology*：*Its Simple Teaching and Application*）、《国家之发达》（*The Development of the State*）等书，均传诵一时，卓著声誉。去岁在南京演讲，题为《平等训》（*The Teaching of Equality*），于平等真义，发挥尽致。愚适为述译，爰就所笔记者，录而出之。此为专门学者研究有得之言，或亦足为彼一知半解之徒，启聋发聩，痛下针砭，而杀其狂妄之论欤。

狄雷博士之言曰，法国在十八世纪行君主专制政体，国王贵族占社会上重要位置，而平民则为少数人所贱视，中等阶级之人亦处于贵族势力之下。故大多数之人，如农如工，均极贫苦，为少数人所虐待。其后有热心之士，抱改革社会之宏愿，所谓丛书家（Eneyelopaedists）是也。其得名，由于彼辈以研究所得关于社会各种学说及主张，汇聚为丛书故也。又以其用推理之方法，研求社会之根本要件，故亦称之为社会哲学家。法国之大革命，则即受此等学说之影响。而自后一切稍形重要之社会改良学说，追溯渊源，几无不出于此种丛书家也。

其中最要者，为平等学说。此其为说，渊源甚古。而后此凡讨论人权，恒征引及之。惟当时所谓平等，非所谓机会平等，与今之所谓平等，略有不同，实仅希望人类可有达到平等地位之一日而已。易言之，即此种学说，非历史上之事实，亦非科学之真理，而惟一种有待于将来之希望耳。此辈丛书家之学说，大概以英国陆克（John Locke）之学说为根据。其言谓赤子之生，本如白纸，痕迹所染，乃现为各种不同之印象。即谓环境良则习养所成，为优美之分子；环境不良，则成为恶劣之分子。故社会必供给良好环境以教育之，使人类互相爱护，天生烝民，固使之为平等自由之动物。诚能得自由平等之生活，则人类互相爱护，互相扶持，民胞物与，郅至极乐，可以不谋而企及。自此学说盛行，而后法国即发生极激烈之大革命。于是自由、平等、博爱，遂为法国之国训。此乃最高尚之意念，优美之理想，亦可望而不可即之梦境也。然其有裨于后人之政治思想者，则亦至深且远云。

人固莫不欲求真理，但真理每不易求，即求得之，亦未必即为人情之所喜。盖常人所持之真理，乃其人私意中所欲其为真理者也。真理虽足以破除人情雅意不悦之妄念，然各人所标示之真理，乃其所爱之真理也。纯粹之真理，本属至善，万古不易，足以破除谬悠之理想。如吉福逊(Thomas Jefferson)曰："天生斯民，悉属平等。"其言固甚快意，然绳以近世科学方法之解释，则觉其言之不当。所谓科学方法，乃助人以达到真理为目的之工具。然所谓科学方法，不必真合乎科学之原则。设果真合乎科学方法者，则在现在人类智力之所及，最与真理相近。科学的真理，即为最后之真理，亦即除用科学方法可以取消之外，而永远存在者也。

此种平等学说，第一次所受之震撼，即由于达尔文之物种变异、生存竞争及天演淘汰诸学说。达尔文谓天之生人，自始即不平等。即使处于同一环境之下，而适应环境之能力，各有不同，故有存在者，有不存在者。其后加以生理学家之研究，更觉其说之确当不移。如葛尔顿(Galton)之遗传论谓遗传有优有劣，德斐礼(De Veries)之变种论谓同种之变异可以发生新种，其后孟德尔(Mendel)以数学表示遗传方法，可以预决遗传变异之分量，皆引伸达尔文之说者也。

复次，近世心理学家之研究，亦证明此理。如行为派心理学(Behavioristic Psychology)之研究及种种之心理试验(Mental Tests)皆证明人生绝对不平等，此种研究实至精确。故今后之教育方法，亦不得不因此而根本改革，使各人得就其先天不同之禀赋，为充量之发达。人类平等之学说，至此遂不复能更坚持矣。社会学家乃不认人生为平等者，以为有上智，有下愚，有凡庸，人生固至不齐。是以现今社会学家于供给良好环境之说，不复如昔之注重，而反多注意于遗传之研究也。

十八世纪之哲学家，谓凡人与其他人类，皆一律平等。所表示不同者，惟贵族平民之阶级耳，非先天本能有不同之点也。其说谓试以显贵之子与村夫之子，使受同等之教育，则其结果必同。故此种立论，与其谓为主张人类平等，毋宁谓其为不认阶级上有先天之不平等。平等之义，主张甚为复杂，曰种族平等也，男女平等也。盖近世民治主义之思想，常倾向于世界观，故人恒误用十八世纪之平等学说，而以为种族平等，男女亦平等，而不知其说之纰谬也。

现今平等学说正在改革，期与生理学及心理学之研究趋于一致，不着重于先天遗传之不平等，而注意于人类机会之平等。比来研究结果，贵族世胄子弟，不必生而有过人之才能，其禀赋与平民子弟初无少异。在野蛮人种及半开化之人中，亦往往有才能特异之伟人。但限于活动范围之狭小，故湮没不彰耳。人恒重视贵族者，以其地位有不同者也。苟就近日废置之君王观之，既已失其凭借，则其能否于正常职业，得一可以谋生之工资，亦尚不可知。特天潢贵族有特别之地位，有特别之权利，更加以足以鼓励之环境，故易见其卓异。而草野平民，以环境地位之不良，抑郁困沮，故恒不如耳。世上良好之环境、地位，率不甚多，而大抵为少数人所盘踞。苟一旦平民革命，推翻社会旧制，平民领袖发达充分，固将超乎贵族而上之。况贵族之得以保存其势位者，实亦往往赖罗致平民中才智之士，为之擘画辅助者耶。近代社会学根据心理学生理学之研究，认定人生之智慧才识不平等，而否认世袭阶级之不平等者也。惟达尔文氏之说，令人极抱悲观，因恒见少数人享幸福，而大多数人抑郁困顿，不能自拔。竞存胜利者甚寡，而劣败甚或归于淘汰者，恒为多数人之命运。故达氏之说，不啻为十八世纪之贵族政治加以科学之诠释耳，是反为贵者张目，助桀为虐，而益启其贱视平民之心。此说之失，至近代之社会学阐明人心与外缘之关系，发挥平等正确之意义，始从而救正之。

近代新社会学，固承认遗传天赋之不平等，但先天之才能，多属隐微不著，设无环境之刺激，即不能得充分发展。故社会学者应知人生先天之禀赋为如何，因而研究环境与人心之关系，而求知环境刺激所及于人心反动之效果，以谋发展良能之方法。现代研究此问题者正多，如瓦德(Lester F. Ward)《应用社会学》书中，谓世界有才力特异之人，若加以适当之环境，可以造就加多其数至三百倍。凡庸之人，甚至下愚，若施以适当教育，其才识能力之发展，亦可增加两三倍。即现今厌世之人，及孤僻疾俗之士，亦可以相当之环境使之成为有用之国民。此外若心理学者，则从事研究足以改良心境之环境，搜集此项报告，以谋遗传本能之发达，俾可臻乎极点。潜搜冥索，所以发明兹学者，固日异而岁不同也。

由是以观，近代社会学乃注重社会须供给各种适宜之环境，盖虽非认人生而平等，然必使人人有平等之环境。非谓男女生而平等，应受同等之教育，乃谓人生而不平等，须有不同之相当环境以教育之。非谓人人皆可至平等之程度，乃谓人人须有充分发展之机会也。人固有智愚贤不肖之不齐，遗传不同，环境不一，故人生永无可以至乎完全平等之境界。惟其所着重者，乃在理论上务求使人人有机会之平等，可就其禀赋之限度，发达之至于极点也。将来民治主义，必非如昔日之解释，惟认社会必供给适当平等之机会，使人人各得尽量发达。斯为真正之民治主义，譬如幼童，有康健、快乐发育滋长之权利，故成人在社会上，亦有由自由竞争以表现其才能之权利。儿童不能与父亲平等，生徒不能与师傅平等。然童子得其父相当之训诲，他日亦未尝不可跨灶；学生得其师相当之训练，亦或有青出于蓝之结果。由此观之，虽在民治主义之世，阶级仍然存在，但其阶级非根据于遗传之财产，及世袭之权利，而根据于真正之才能，由自由竞争以证明者耳。故“我今日所能者，汝明日或能之。汝今日所能者，我明日或能之”，人人皆得奋其才智，各向其所能之点而上趋，夫如是则人之不能为伟人杰士，亦可无憾于社会，盖为其禀赋所囿耳。

其不赞同此说者，深信人生平等，以为环境同则造就同。乌托邦中，或天堂之上，庸有此等环境？若足踏人寰，则不如承认心理与生理学家之学说为是也。社会学者对于人心与环境研究之结果，亦主用教育之刺激，以谋人生精神之发展，即社会供给公平均等之机会，使人人各发展其自身，以充乎其量之所极。是则社会之责任，而民治国之国民所应努力以图之者也。

本文原载《学衡》第 5 期，1922 年 5 月。

整理者：郭元超

校对者：漆梦云

论新旧道德与文艺

邵祖平

自民国六年以来，国人对各事物，心目中悉有一种新旧之印象。新旧之印象既生，臧否之异同遂至。其臧否也，不以真伪、美恶、善否、适与不适为断，而妄蒙于一时之感情与群众之鼓动，觉新者常佳，常足惊喜歆受；旧者常不佳，常足践踏鄙夷。其结果遂至媸妍易位，真赝颠倒，削趾适履，不自知其痛苦，为惑盖未有甚于是者也。夫新旧不过时期之代谢，方式之迁换，苟其质量之不变，自无地位之轩轾。非可谓旧者常胜于新者，亦不可谓新者常优于旧者也。道德与文艺二端，其间虽因风俗思想之递变而微有出入损益，然仅相对的方向之不同，非绝对的方向之不同也。亦犹枝叶之纷披，无咎于根株之孤直；流派之演液，无害于源泉之莹溢也。以道德论，吾中国数千年孔孟诸哲所示孝弟仁义慎独省身诸义，实足赡用于无穷。难者病其为伦理的道德、节制的道德、狭义的道德，非社会的、自由的、广义的道德也，遂欲起而毁弃之。殊不知人人亲其亲长其长而天下平，伦理何尝不及于社会；大德不逾闲，小德出入可也，节制何尝不及于自由；言忠信，行笃敬，虽蛮貊之邦行矣，狭义又何尝不及于广义。审如是也，中国旧道德之主义，固不应有抨击，而必采取西邦重译而至之新道德也。以文艺论，吾中国数千年来之诗古文词曲小说传奇，固已根柢深厚，无美不臻。抒情叙事之作，莫不繁简各宜，古今合德。《离骚》之美人香草，繁辞而芬芳；《春秋》之褒荣贬伐，一字而谨严。左氏之文，古之浮夸；庄生之书，今之浪漫。下如汉之文、六朝之骈俪、唐之诗、宋之词、元之曲、明清之传奇小说，莫不惟美是尚，写实是合。常人者可以游以息矣，尝以试矣，固不必赖一种异军特起之新文字以救其衰穷也。闻者疑吾言曰，由子之言观之，则彼介绍新文化入国中者非耶？曰非是之谓也，新文化者，所谓增进社会之幸福，解决人生之困难，为吾人所急需而未尝有，固非新道德、新文艺一二端所可赅括之者也。近世罗素先生(Bertrand Russell)以常人习见新闻纸上所代表无线电报、飞机、炼金术诸惊异之事物，犹非科学真正之现象(见“The place of Science in a liberal education”文中)，则解放、改造、白话诗文、新标点之见诸杂志报纸者，其非新文化真正之代表亦明矣。就中国今日所急需之新文化言之，固莫若西方今日物质之科学。物质之科学，其为真实应用，固当下拜登受之不暇，其效用与价值，不可与介绍抽象之道德与形式之文字同日语也。往者日本维新之顷，其物质文明之运动甚著，各种专门之科学多袭自德国，吾复从之乞诸其邻，其结果东邻日益富强，吾亦不耻于追随，未尝以其新而拒绝之。然时至今日，日本之贵族专淫自若也，男女之阶级自若也，文字之因袭汉人自若也。其国中之贤杰，未闻有以新道德新文艺之输入与旧道德旧文艺之废绝自任者。独至吾国当物质饥荒之时，彼荷介绍西洋新文化之责者，不竞于物质科学之输入，而局于道德文艺之引接。(编者按，输入西洋之道德文艺，其事亦极重要。惟于西洋之道德文艺，当取其精华，不当但取糟粕。若所取者为精华，则与吾国之道德文艺正可相得而益彰。今人所输入之西洋道德文艺，实其中之糟粕，固不可因噎而废食，读者毋以辞害意可也。)其着眼悉惟旧之是疾，而不审新之未然；不思与人以真善美适之实惠，而惟惊新奇伟怪之虚名。此国人所以淆惑迷乱而不能自已者也。

吾华为数千年礼义之邦，其间因风俗礼制人伦维系之久长，故节制的、个人的、消极的伦理的道德，莫不完备。如士人执雉以为贽，出疆必载贽，士不介不相见，男女不相知名，男女授受不亲，内言不出于阃，外言不入于阃等，属于风俗者也。如娶妻必告父母，婚姻必以父母之命、媒妁之言，温凊告面，冠婚饮射聘燕丧庆有礼等，属于礼制者也。父慈子孝，兄友弟敬，夫和妇顺，君臣有义，朋友有信等，属于人伦者也。今之盛倡解放女子，男女社交公开，女子贞洁诸问题，不过为破除风俗之一端。盛倡新家庭组织，婚姻自由诸问题，不过为破除礼制之一端。盛倡灭忠、非孝、公妻诸问题，亦不过为破除人伦之一端。至其根本道德，固有不应弃绝者也。解放女子，非必待今日始，不过昔日女子主中馈，今日女子得求学。势至今日，女子自身之得解放，盖无待论，亦不待今日男子之为之解放也。男女社交公开，先进国之前例，而其寄托之道德，实为尊重女子之人格。即吾国古时男女不相授受，不同椸枷，行道时女左男右等，亦为极端敬重女子人格之表征。男女社交公开，若以古意行之，亦未尝有可非者在也。女子贞洁问题，在新道德方面已弃而不论。嫠妇再醮，本法律所不禁；处女失身，或意外之可原。至必谓世间飞走动植之属悉无贞洁一德，柏舟之志可以力夺，车贿之迁可为世训，则亦为过情之论矣。原之节妇之守贞，初由藁砧之情重，烈女之死污，或出耻勇之激发，他人固不能强之必守必死，亦不能强之不守不死也。今之言者，必以贞洁一德为专横男子剥夺女权所致，则是不欲其妻女之有贞洁也，岂从心之论哉。新家庭组织所以避妇姑之勃溪，娣姒之暗斗，而隆进一己间伉俪之幸福也。欧美家庭之制度，由来如是。考其原始氏族，多为水草逐徙游牧之业。其家族亲属，本若散漫不系，相安已久。若以我国论之，则原始氏族多为固着不动农稼之业，岁时伏腊，斗酒相劳，所谓歌于斯、哭于斯、聚国族于斯者也。因根本制度之不同，一旦效法他人，避兄离母，挈妻徙居，如陈仲子之所为，即不为名教所非薄，亦为人情之所不忍。借曰旧家庭必不足以谋幸福，则何以崇明老人数世而同居，朱公之妻垂老而求去乎。此吾论新家庭之组织，非仅乖离骨肉、破坏伦理之道德，亦事实上强效之而不能似者也。婚姻旧制，必有父母之命、媒妁之言，其积弊虽多，然苟为父母者一秉子女之好恶以为好恶，不震羡于门第之高、资产之厚、奁媵之富，当其选择将定之前，由子女详审以定取去，则其结果当亦不恶。以视青年血气未定之贸然求偶，与夫见识未周之漫然鉴抉，岂非彼善于此。吾为此言，非谓旧婚制之必须保存也，窃以吾国个人之道德未提高，男女之社交未扩大，婚姻自由之新制，行之殊多危险，而思所以为过渡之方耳。五伦之列，至今日而废其君臣一伦，君臣之关系既废，然忠不以之而废也。读史有曰，忠贞体国，则是忠者忠于国也，且孔子之道，忠恕而已，曾子省身，必曰为人谋而不忠乎。吾前读某杂志中有灭忠一语，殊深憾焉。非孝之说，初见于某杂志，后见于某君之演辞。吾国旧德，夙以孝治天下，西人之所共知，盖百行之先而众德之母也。然东汉时，路粹奏孔融之状，已有孔融父之与子当有何亲。论其本意，实为情欲发耳，子之于母亦复奚为。譬如寄物瓶中，出则离矣之语。如其实也，则古人已有非孝之议，虽狂妄犹有理致。如今人者，徒有“百善淫为先，万恶孝为首”无注脚之言，吾人所以大惑不解而不欲论之者也。公妻诸说，发源于东俄过激之主义，吾国少数谬妄之文人，远为无聊之应声。此类为物性还原之恶象，洪荒之际，人与物只知有母不知有父，此亦欲返于狉榛草莽之时代耳，不足论于吾国也。

新文艺之号召于中国者，有白话文、白话诗、写实派小说。白话文本为中国之旧有，其用宜于语录家书小说及传奇小说之科白，非不欲多用也，不能用也。或者以其足便初学诵习科学各书，然为之不善者，冗幅既多，漏义滞义，仍复遍是。即如某君著译之经济学一书，开卷即令人难读。其句法倒装之多，底字应用之滥，读者如堕雾中，不知其所指何在。夫文字不过意志思想学术传达之代表，代表之不失使命及胜任与否，乃视其主人之意志坚定、思想清晰、学术缜密与否为断。故其人如意志游移、思想淆杂、学术偏缺者，其文必不能令人欣赏或领会。文言固然，白话亦何尝不然？盖为文必先识字，识文言之字与识白话之字，固无以异，文以载道，文言之能载道，与白话文之能载道，亦无以异也。至其传之久远，行之廖阔，文言视白话远为超胜。良以白话文之覼缕，篇幅冗长，不及文言之易卒读，一也；白话文以方言之不能统一，俗字谚语非赖反切不可议，不及文言之久经晓喻，二也；白话文之体裁不完，如碑铭传志之类，不及文言之有程式可寻，三也。沈约有言，文章有三易，易见事一也，易识字二也，易读诵三也。王通有言，古之文也约以达，今之文也繁以塞。由此言之，文言白话，知所从矣。白话诗暗效美国之自由诗（Free Verse），不及 Prosaic Poetry 句法之长，又非 Blank Verse 之含有节拍。其表情虽似无阻碍，然无音韵节奏，美感常缺，在美国不过少数不学之少年为之，至吾国则识字之少年尽能为之。师学舍短，古有前智，自由诗之本为骫骳之文体，学之无益，所谓丐丑女之膏沐者也。道咸间，遵义郑子尹为诗，善写真语，其白描处即白话。如留湘佩内妹诗曰："欲归何事真无说，饮过菖蒲不汝留。算待明年方见汝，明年又识果来不。"此真白话诗之圣手，然亦何尝堕璩声韵之有。且似白话之诗，匪独清郑子尹一人而已。溯而上之，宋如杨诚斋、唐如白乐天等，靡不称是。今之效人白话诗于万里之外者，所谓舍近求远，弃家鸡而爱野鹜者也。写实派小说，自某新文化巨子指海上之黑幕大观为杰作后，于是海上营业不正之书肆，悉聘请无聊堕落之文人，专作淫秽之小说，既能合写实之美名，又可利市百倍，而冥冥中不知葬送多少青年，增进社会弱点于无穷矣。夫作品之佳，初在思想处境之高，写实固未为非，而有高尚卑污之不同。今舍写人伦正变，社会苦乐之实，而惟写床第秽亵，兽欲狂滥之实，文学之品格固将置于何地乎。昔仇十洲善丹青，尝奉大内密示作秘戏图十余幅，十洲穷精敝神，力摹男女横陈之状，及数幅而稍置之。其女亦工画者也，瞰父出，阴为图之，辄作一宫闱复室景致，鸭鼎初罢，蜡泪方斜，绣帐之外，遗男女舄二双，帐旁立一鹦鹉架，慧鸟知情，方侧首窥帐作睨视状。画毕，其父掩至，不惟不责，反大加嗟赏，以其画意之高，省去多少淫污笔墨，而又能曲曲传出其情也。呜呼！今日写实派之新文艺家，其构思之程度，乃不及一弱女子耶！

又新文艺家常用为主张者，对古诗文即目为死文字，对白话诗文即目为活文字；对古诗文即目为贵族文学，对白话诗文即目为民间文学；对古诗文即咎其模仿，对白话诗文即标其创造，此其大略也。请得一一论之，文字之有死活，以其艺术优劣之结果定之，非以其产生时期之迟早定之也。古籍浩繁，汗牛充栋，历代作者复平地添出集子不少。然最传之不朽者，十三经、周秦数子、四史、杜甫韩愈之集而已。诸书讲德论道，则如见圣哲之衣冠；说理论事，则如见谈士之纵横；奇功伟绩，则如见英杰之眉宇；掩袖起舞，则如见美人之颦泣。其他喜怒哀乐、流离感愤之情，后人读之，莫不虎虎有生气，岂可诋之为死文字耶。且如扬雄草玄，桓谭知其必传；刘勰雕龙，沈约为之起敬。当时皆以其论不诡于圣人，而具不朽之作业也，岂以其产生之迟，遂目为活文字哉？总之，文言白话皆以其可传者而传，即以其可不死者而不死。近人好发表著作，杂志书报遍天下，无论其为文言抑白话，又谁为之寿命保险。诚恐梨枣一灾，酱瓿即覆，朝生暮死，恒不自保耳。贵族文学与民间文学，对待而生，以为贵族者，少数人之所游适；民间者，群众之所涉猎也。殊不知贵族民间初无定界，试以五经而论。如书经者，最可称为贵族文学，以其为帝王辅弼左右史少数人之文也；如诗经者，最可称为民间文学，以其为太史远近里巷所采得之文也。然其结果，则书经除各典谟体制奥涩难读外，他如诸训誓叙事问答之词，可以对群臣百工，可以对众士师旅，非为民间所解而能如是耶。诗经仅三百余篇，至汉而成绝学，传之者仅韩生申公诸辈，岂不又为贵族之文学耶。唐代樊宗师之文，李义山之诗，读者病其难解；元微之之宫词，白香山之诗，解者乃为宫女及老妪。然樊李元白，均一代之作家，不能优劣也。是知作品之佳，雅俗共赏，正不必强分贵族与民间也。文章之源，出于模仿，班固序传谓："斟酌六经，参考众论。"黄山谷云："学议论文字，须取明允文字观，并熟看董贾诸文。欲作楚辞，追配古人，直须熟读楚辞，巧女文绣妙一世；若欲作锦，必得锦机，乃可作锦也。"姚惜抱亦云："大抵学古人，必始而迷闷，故无似处，久而能似之，又久而自得，不复似之。"此古之文人不废模仿之论也。更观历代之文，长卿美人，本于好色；扬雄四赋，实拟相如；班固宝戏，暗师客难；退之送穷，本仪逐贫；杜牧晚晴，托体小园；欧公黄杨，则效枯树，此古之文章不废模仿之事也。盖模仿者，如人之得师承，亦步亦趋，初必不免。而出蓝寒冰，固可由模仿而进于创造也。善夫英国画家雷那尔（Sir Joshua Reynolds）之言曰："苟欲创造，必先知古人之所创造，创造乃天才当然之事。然欲创造而不模仿，则个人天才有限，不久枯竭，终至自为模仿，重复颠倒而已。"模仿非抄袭之谓，亦犹创造非生撰之谓。今日之自命为创造者，实由于浪漫派之主张，人人自以天材挺出，为文须自我作古，其弊也。鄙群书为糟粕，矜空言为创获，腹笥空虚，思想谬妄，其毒盖远甚于抄袭之模仿也。

新道德、新文艺，已如上论。今更引而申之，今世美国批评大家穆尔先生(Paul Elmer More)所著“The New Morality”一文，于美国之提倡新道德者加以针砭，谓道德本无新旧，在个人而不在社会。其结论有曰：“真正之道德，既非新，亦非旧。任何风俗社会之中，皆可行之，非为求他人之欣赏而发，而由自己良心正谊流露而出，即所谓良知是也。其所修者，为克己、诚实、忠信、坚忍、大度、高尚诸德，而其报酬，则自己内心之快乐是也。”盖西洋今者异说流行，人尽舍己耘人，伦理不修而高谈社会道德，克己之功夫不治而竞言救人，视其所不知如其所知，爱其所不亲如其所亲，对社会间真正之恶，不思匡正之、矫革之，而惟为无谓之慈悲、恻隐、伪善以容于众。盖非人文主义之修养，而感情之放纵而已。(按此与吾国先哲“君子之爱人也以德，细人之爱人也以姑息”语相合。)方诸吾国，何独不然。公妻公产、废孔非孝、劳工神圣、女子解放诸声喧豗宇内，俄氛未至，烈焰暗挑，物质未充，伦常扫地，资本家国内且无之，劳工何由神圣。二万万机会早至，解放何劳簧惑，此皆所谓惟恐天下不乱，而为之诡词大言以惑众也。而倡之者，其人私德堕落，世人共知，乌能使人信之耶。返观吾国数千年来，民族美德常存，孔孟之道昌明，杨墨之说全熄。其间庸德庸行，古圣之所昭训，父兄之所劝勉者，虽终其身行之犹不能尽，奇伟不稽，则道不信，安用以新者羼杂其间为耶？文艺一事，从古所谓为文章者，如六经论语之言，取其自然形见者，后世始以笔墨著述为文章，及汉遂有文艺之目。盖古时之文，本以合德；后世之文，则以合艺。虽然，固无害也。昔扬雄著太玄五千言，枝叶扶疏，文矣而为论不诡于圣人，尝观其言曰：“君子之言，幽必有验乎明，远必有验乎近，大必有验乎小，微必有验乎著。无验而言，谓之妄言，言不能达其心，书不能达其言，言难矣哉。”则知其为不愧于文者矣。魏晋以后，文至齐梁而极敝，岂非以其文体之骫骳，文辞之艳薄，辞非达意，言不明理乎。李唐文治之昌，足绍两汉之隆，韩柳之文，所以能彪炳一世、垂光后祀者，亦以其能辟异端，明道德，订名实，归雅正而已。赵宋承运，余烈未衰，至明成化间，创为制义之文，其文熟滥，固不必言。而陈陈相因，辅圣翼教之语，一如今日新文化家盛言改造、解放、德谟克拉西者语云。说西施之美，无益于容；道尧舜之德，无益于治。盖谓立言不诚，出言无征者，徒为无益也。新文家之立言不诚，心存功利，固不自其体制之骫骳，声韵之堕驟始。即以体制声韵论，白话文、白话诗者，所谓少年好事，徒乱人意，而又有武断操纵之嫌者也。杜甫诗曰：“汝曹身与名俱灭，不废江河万古流。”韩愈为裴度作书曰：“文之异，在气格之高下，思致之深浅，不在磔裂章句，隳废声韵也。”合二公之言观之，则文字之不应菲薄前人，自我作古，专求形式之新明矣。白话文本为旧有，而新文家标之以为新；白话诗徒为无韵之文，而新文家强之以为诗。稽弹昔人，愚弄黔首，出辞吐气，诞诞然拒人于千里之外，此吾所谓少年好事，徒乱人意，有武断操纵之嫌，而不足称为新文艺者也。总之，道德文艺二端，只有真善美适之归宿，而非区区新旧所可范围。又非如巴黎市上妇女时式之衣帽，瞬息数变，因而世界时髦之妇女，必为之趋效不遑也。又非如太平洋会议席上某种议案，苟有任何一国之不赞成，即绝对不能通过执行也。噫！道德文艺之骛新趋世，且为人所操纵久矣，吾不能不哀世俗之为惑沉沉于无已也。

本文原载《学衡》第 7 期，1922 年 7 月。

整理者：郭元超

校对者：漆梦云

华化渐被史

柳诒徵

轮轨棣通，欧化东播，横览大宇，靡塞不阓。华夏蚩氓，震于外力，顾惟窳敝，辄用自惭。以挽近之陵夷，意先民之固陋。束书高阁，惟曰昔之人无闻知；憬彼四邻，亦复忘我大德。擿瑕抵隙，吹垢索瘢，必斥我为榛狉，始形彼之开化。流闻遐裔，无非科举、宦寺、吸烟、缠足之痼习，而华夏之文化布濩八表、绵历千禩者，阒焉蔑有诵述之者矣。凿空好奇之士，侈语邃古，又徒摭《山经》、《穆传》荒邈无稽之谈，仿像音译，臆定地望，诩其休烈。而中外典籍，头讫昭然，资我华风，定其国柢者，转憗置之。综此数涂，国闻斯晦，亚东先觉，微论不能媲条顿、鸠曼民族，浸且出大和、飒阿姆之下矣。夫欧美文化，磅礴晚近者，一以其兵，一以其器，兵劫器利，流布斯宏。吾华夙病黩武，兼戒奇淫，声教之敷，不恃他力，而海陆奔凑竞来，师法纯任自然，遂为各国宗主。此其异者一也。欧风之广，才二百年；美又逊之，数十稔耳。比以兵祸，自见其弊，哲人硕士且谓其文化濒破产矣。粤自姬嬴，以迄朱明，震烁东陆，殆数千祀。考年则悠，稽祸则尠，自食食人，成而不伐。此其异者又一也。世多籍氏，数典而忘，要其成功，不可泯没，敬揭所闻，以告学者。分国胪举，颜曰《华化渐被史》。非敢扬古抑今，亦聊以间执疏狂之口耳。

第一章　日本

华化渐被，遍于亚洲，食德尤深，厥惟日本。且华之对日，嫥以文化孕育其国，未尝加以一矢。（龙朔三年，刘仁轨大破日本兵于白江，以日本援百济之故也。）蒙古两次用兵，皆无关于文化之传播。而吾汉族之源源不绝，灌输以学术知识、政法技能者，他无所借也。论国际历史，当以华之对日为最高尚、最清洁，施不责报，厥绩烂焉，宜首举以为国际道德之式矣。日之种族，固有秦民。《后汉书·倭传》：

又有夷洲及澶洲。传言秦始皇遣方士徐福将童男女数千人入海，求蓬莱神仙不得。徐福畏诛不敢还，遂止此洲，世世相承，有数万家。人民至会稽市，会稽东冶县人有入海行遭风，流移至澶洲者。所在绝远，不可往来。

高谷濑夫《日本史》：

孝灵帝七十二年，秦主使徐福率童男女千余人入海岛以求仙药，不获。福恐诛，来奔，献其所赍《三坟》、《五典》。

野崎左文《日本名胜地志》：

纪伊国东牟娄郡徐福之墓　旧城东之海岸，熊野地之田圃中，有老樟二树，德川赖宣建坊，题“秦徐福之墓”五字。距墓三町有小垅七，徐福从者之坟也。邻郊南牟娄郡木之本町之东有波多须浦，徐福船泊矢贺之矶，暂居之所也。后虽移居新居，而波多须浦尚有秦氏。又矢贺之丸山有徐福之祠。徐福厌秦之苛政，欺始皇帝谓可得不老不死之仙药，率童男女五百人采仙药于蓬莱山，积谷类之种、耕作之器具等于船舶，遁出而殖民于我国。其来也，当孝灵天皇御宇之时。《本朝通鉴》：七十二年，秦福来。又《神皇正统记》：始皇好仙方，求长生不死之药于日本。因日本欲得五帝三王之遗书，始皇乃悉送之。徐福赍始皇之书而至。（按高谷濑夫曰，徐福航海在始皇烧书之前五六年，故其所赍皆孔氏之全经也。然其文则科斗、篆籀，当时之人不能了解，而后世遇兵燹，纷乱漫漶，终失其传。而震旦之人以为孔氏全经日本独藏而不敢出诸他邦，欧阳诗日本刀之诗可以知也，似信其有书而断其不传。要之，秦人之至日本则日人所公认也。）

不必远溯泰伯，以矜华胄。《梁书·东夷传》：

倭者，自云太伯之后。

彼史所纪秦、汉、吴人之东渡，多为吾籍所未载，而氏族相承，远有端绪，固非假托传会。喜田贞吉《国史讲义》：

研究本邦文化之由来，颇有兴味。我民族之入此土也，既赍固有之文化而来，又与他民族混合，以相互之文明相融化，多历年所，逐渐发达。要之，本邦文化之所以灿然放光，全自汉、韩之文化输入。其输入者虽有韩人，亦多来自支那。盖彼等由本国出而入韩，然后转移于本邦也。此等支那人有三种，即秦人、汉人、吴人是也。秦人之入本邦，自称其系出于胡亥之子孝武，以至功满王、融通王，其真否殊难保。融通王即我邦所谓弓月君，始皇十二世之孙。应神帝之十四年(晋武帝太康四年)，弓月君自百济来归，所领人夫百二十县，阻于新罗而止于加罗。朝廷遣葛城袭津彦召之，袭津彦等又不容易归来。十六年，敕平群木菟伐新罗，始渐率弓月之人夫来归。融通王有四子，曰真德王、普洞王、云师王、武良王。普洞王赐秦姓，称秦公，为后世秦氏之宗家。其领来之民，称为秦民。始居大和朝津间月夜上地时，有人夫二十七县，仁德帝分配于诸郡。至雄略之世，秦民有九十二部，一万八千六百七十人，称为百八十种胜部，统领之者曰秦造。钦明之朝，有户七千五十三。斯时春大津父为秦造，大津父者，大藏掾也。当时本邦人民文化未开，不知理财算数，故用归化人掌大藏等朝廷之财政。其时归化人势力之大可见，犹之维新后西洋人之被重用也。秦民多居山城葛野郡太秦、纪伊郡深草等，其山城之松尾社，又大和稻荷等，皆秦民奉祀之所。山城贺茂神社、松尾社，亦缘于此。其他住于河内、和泉、摄津等处者，子孙繁衍，后世之惟宗朝原、时原河胜之诸族，皆此秦民之裔。今之岛津、原宗等诸氏者，惟宗之后也。(按此文，则近世之岛津久光及原敬等皆秦民之后裔也。)又有己知部氏者，亦称出于秦始皇，居于大和添上郡。有曰奈良已智者，钦明天皇时归化，世世任用为译官，遂称译语。

又：

大和之汉人有汉直氏，自称后汉灵帝子延王之裔，其来归者曰阿智使主、都贺使主。阿智、都贺父子以应神天皇二十年，率党类十七县来归，都贺使主之后，分为数氏。坂上文氏等，皆出其中。又神功征韩之时，所捕虏之汉人之后有桑原史，自称汉高祖之后，居于大和葛城。又大和有倭画师，称魏文帝后，雄略之朝来归者。河内之汉人，出于汉高祖之裔名鸾者，鸾之后人名王徇，入于百济，其孙王仁，于应神之朝归化。其子孙散在河内，世称河内文首者，王仁之后也。又河内汉直后，所谓河内忌寸者，后汉献帝之后，鲁白献王之裔也。又有高道连、河内手人，自称汉高祖之裔。武丘史、河内造，自称出于汉光武之七世孙慎近王。此外尚有八户史、高安造、田边史、交野忌寸等，皆不详其归化之年代。又河内之锦部郡，有锦织之汉人，雄略之朝，来自百济，其子孙繁衍，及于近江。

又：

吴人者，非支那三国时代之吴，实指支那之南方。此地与朝鲜之交通不及北方之频繁，因之吴人之渡来本邦比北方为迟。应神之时，吴服西素来。雄略朝，又有吴服部、汉服部同来。其吴之归化人中，牟佐村主则自称吴孙权之后，此族有蜂田药师、茨田胜等。又倭药师之祖，自称吴主照渊之裔，即梁武帝之后也。

都计其人，则会计、译寄、医药、蚕桑、染织、绘画，率出于我；而王仁之传儒学，尤大有造于彼邦者也。《日本史》：

应神帝十五年秋八月，百济王使阿直岐献良马二匹。阿直岐通览经史，皇子稚郎子学之，帝问阿直岐曰："百济学士有愈汝者乎？"对曰："王仁博闻强记，非臣俦也。"帝乃使荒田别征王仁于百济。十六年春二月，仁至。献《论语》十卷，《千字文》一卷。（是时先梁周兴嗣二百余年，盖钟繇所制者也。）稚郎子以仁为师，讲修经典，是儒学之始也。

治日史者，以汉封倭奴国王为倭属我之证。黄遵宪《日本国志·邻交志》：

日本之遣使于我，盖以崇神时为始。其时使驿通于汉者三十余国，后委奴国王遣使奉贡，朝贺于汉，使人自称大夫，光武赐以印绶。日本天明四年（清乾隆四十八年），筑前那珂郡人掘地得一石室，上覆巨石，下以小石为柱。中有金印一，蛇纽方寸，文曰"汉委奴国王"。余尝于博览会中亲见之。日本之学者皆曰：那珂郡古为怡土县，《日本仲哀纪》所谓伊都县主，即《魏志》所谓伊都国是也。

并据《魏志》，以表吾文教所被。《日本国志》：

神功皇后四十七年，遣大夫难升米等诣带方郡，求诣天子朝献，太守刘夏遣吏将送诣京都。魏明帝诏书报倭女王曰："制诏亲魏倭王卑弥呼，带方太守刘夏遣使送汝大夫难升米、次使都市牛利奉汝所献男生口四人，女生口六人，班布二匹二丈以到汝所在逾远，乃遣使贡献，是汝之忠孝，我甚哀汝！今以汝为亲魏倭王，假金印紫绶，装封付带方太守假授。汝其抚绥种人，勉为孝顺。汝来使难升米、牛利涉远道路勤劳，今以难升米为率善中郎将，牛利为率善校尉，假银印青绶，引见劳赐遣还。今以绛地交龙锦五匹，绛地绉粟罽十张，蒨绛五十匹，绀青五十匹，答汝所献贡直。又特汝绀地句文锦三匹，细斑华罽五张，白绢五十匹，金八两，五尺刀二口，铜镜百枚，真珠、铅丹各五十斤，皆装封付难升米、牛利还到录受悉，可以示汝国中人，使知国家哀汝，故郑重赐汝好物也。”

而日人多诿为九州小国之事。《国史讲义》：

旧说以神功皇后尝臣于魏，殊非事实。魏明帝景初二年，卑弥呼遣使时，正值崇神帝御宇而崩，御前十九年也。读那珂通世之《古代纪年考》即知其年代之相违，因之得知其为与耶马台朝廷无关系之事。

又：

论汉委奴国王印曰：旧说此印文读为“汉之伊都国王”，以伊都国当之，三宅米吉则读为“汉之倭之奴之国王”，以奴国当之。委为倭之省字，即此国者。当今筑前郡，当时亦如后世之博多海港，有雄视北边之状。要之，我朝自神武至崇神之间，本土与韩之交通专属于九州诸国之酋长可知。

然吾民文化之权威，即不借汉魏帝王之力，固已风靡海东。矧哀其忠孝，勉其孝顺，假印锡封，䏻出于道义之念，初无利其土地、人民之意。则倭所当辨者，在受吾忠孝之训与否，不在受吾封印与否也。

日本近世史家皆谓中日通使始于隋。黄遵宪《日本国志》：

源光国作《大日本史》、青山延光作《纪事本末》皆谓通使实始于隋，而于《魏志》、《汉书》所叙朝贡封拜概置而弗道。

姑如其说，置《南史》、《梁书》所纪倭王赞、王珍、王济、王兴、王武等朝贡事弗述，而其时日本所得于三韩之文化，亦间接得之于我也。三韩之传播吾国文化于日本者，有经学。岩田泰严《世界大年契》：

继体天皇三年(梁天监八年)，《大学古注》自百济渡来。

《日本史》：

继体天皇七年(天监十二年)夏六月，百济贡五经博士段杨尔，后汉安茂代之。钦明天皇十四年(梁承圣二年)六月，赐马船弓矢于百济，敕曰：“王必贡医、《易》、历博士各一人，每年交代，而龟卜、历算诸书及药物亦当附送。”十五年春正月，百济使五经博士王柳贵代僧道深，贡《易》博士道良，历博士保孙，医博士陵陀，采药师潘量及乐工数人。

有史学。

《国史讲义》：

百济之阿直岐之后为阿直史，直支王之后为林史，武宁王之后为和史、高野史。又许里公及和德为道祖史、和德史之祖。高丽人之后有岛史、岛岐史。新罗人归化者之后有金城史。（按此皆当时诸国史官。）

有历学、医学（见前）及天文、地理诸学。《日本史》：

推古天皇十年（隋仁寿二年），冬十月，百济僧观勤献天文、地理、遁甲、方术诸书。

而其输入佛法，亦与吾国人弘法于日者相先后。《国史讲义》：

继体天皇十六年（梁普通三年），南梁人司马达等来居大和国坂田原，从事佛教之弘布，时人称为韩土神。钦明天皇十三年（梁承圣元年），百济圣王遣使者献释迦佛金铜像一躯、幡盖若干、经论若干卷。天皇使大臣苏我稻目礼拜之。敏达天皇六年（陈太建九年），十一月，百济王再献经论若干卷并律师、禅师、比丘尼、咒禁师、造佛工、造寺工六人。大臣苏我马子觅修行者于四方，得高丽之惠便于播磨，招以为师，使度司马达等之女善信尼及其弟子禅藏、尼惠信、尼马子，崇敬三尼，供其衣食。营佛于其殿宅之东方，安置弥勒石像，大会设斋。是时司马达等得佛舍利献于马子。

《日本史》：

敏达天皇十三年（陈至德二年），秋九月，百济鹿深献弥勒石像于苏我马子，马子作殿宇于石川安置之。司马达又献舍利，马子试以铁锤锤破之，舍利完而不缺，马子以为佛德所致也，起塔于大野藏之。

日、隋之通使，盖以间接求佛法于三韩，不如直接求佛法于我国。《日本史》：

崇峻天皇元年（陈祯明二年），夏五月，百济以僧惠实等九人为使，献舍利及伽蓝、垆盘、瓦画诸工。马子使善信从惠实至百济以学佛法。

《隋书·倭国传》：

大业三年，其王多利思北孤遣使朝贡。使者曰："闻海西菩萨天子重兴佛法，故遣朝拜，兼沙门数十人来学佛法。"

虽佛法非华化，然当时日之倾向于我，固以我国为佛法之大宗矣。

《隋书》载大业三年倭遣沙门数十人来，而日本史籍初未之言，惟述小野妹子再来报聘，率学生八人，为其国学者留学于我国之嚆矢。《国史讲义》：

> 推古天皇十五年七月，遣大礼小野妹子于隋，鞍作福利为通事。翌年四月，妹子归朝，使人裴世清等十二人从来。乃造新馆于难波，以餝船三十艘迎之，置掌客使掌应接，发骑七十五匹迎于海石榴市衢。世清持书述使旨。九日，世清等归国，复遣妹子为大使，吉士雄成为小使，福利为通事使报聘。是时，学生倭汉直福因、奈罗译语惠明、高向汉人玄理、新汉人大国，学问僧新汉人日文(一作旻)、南渊汉人清安、志贺汉人惠隐、汉人广齐等八人从之，是为留学生之嚆矢。

自是，学生及学问僧相踵而来。《国史讲义》：

> 孝德天皇白雉四年(唐永徽四年)，吉士长丹、高田根麻吕为遣唐大使，率二百四十一人乘二船入唐，斯时学问僧之从行者有道严、道通、道光、惠施、觉胜、辨正、惠照、僧忍、知聪、道昭、定惠、安达、道观、道福、义向，学生有巨势臣药、冰连老人等。此等人多为本邦人之子孙，与推古天皇时代之学生、学僧大异其趣，是亦可以知本邦人浸渐于学问之程度。齐明天皇四年(唐显庆四年)，沙门智达、智通奉敕入唐，受无性众生之义于玄奘法师。

《旧唐书》：

> 开元初，粟田复朝请从诸儒授经，诏四门助教赵玄默即鸿胪寺为师，献大幅布为贽，悉赏物贸书以归。贞元末，其王曰桓武，遣使者朝。其学子橘逸势、浮屠空海愿留肄业。历二十余年，使者高阶真人来，请逸势等俱还，诏可。

《日本国志》：

> 元正帝灵龟二年，遣使于唐，吉备真备选为留学生。(《唐书》叙此事谓“开元初，粟田复朝”云云。考“真备”二字，日本音同“真人”，故误以为武后时来朝之粟田真人，今从日本更正。)桓武帝二十三年，葛野麻吕等充使员，学僧空海从行。平城帝大同元年，判官高阶、真人远成以学生橘逸势、学僧空海等还。

而其有得于唐室之文化者，首为法制。《国史讲义》：

推古天皇三十七年(唐武德六年)七月，大唐问者僧惠齐、惠光及医惠日福因等归朝。共奏曰：“留唐国之学者，皆已成业，可召之归。大唐国为法式备定之珍国，宜常通使。”

高向玄理、南渊清安及僧旻等，皆留学于唐，归国传播，而成大化维新之勋。《国史讲义》：

此朝留学生、学问僧续续归朝，以淹留之久，目击唐国之文化灿然，胸中蕴蓄几多之学殖。及归，视我习俗之丑陋，不自觉而发改良革新之念。大化改新决非一朝一夕之举，必有所自来，而参与此改新之人，如中大兄皇子、中臣镰足等，皆学于南渊清安及僧旻，有得于薪新之智识。然则大化之改新者，不可不谓播种于推古天皇之朝，至孝德天皇之朝而结实也。

又：

孝德天皇即位，以沙门旻法师、高向玄理为国博士，使参与政事。

又：

孝德即位之年乙卯，始立年号曰“大化”。所谓大化新政之方针，在因唐制而建设强大之中央政府。盖支那之法制，即古圣贤人之治道，可信其卓绝于万国。我邦古来虽有一定之制法，然仅依自然之法则，而未有理论。自支那学术输入，始辩论其得失，而因之以研究我邦之制法。其新政之大主眼，即为祖述圣贤之治道。

僧旻留学凡二十六年，清安玄理等留学凡三十四年。《日本国志》：

舒明帝四年(唐贞观六年)，学僧灵云、僧日文等还。(自推古十五年至是凡二十六年。)十二年(贞观十四年)，学生惠隐清安、高向玄理从新罗使还自唐。(自推古十五年至是凡三十四年。)

浸淫渐渍于华化，迥非今之学生学于欧美三二年或五七年，稍得其皮毛者之比。故其所定法制，皆源于华而适于日，第取日之大化新法制及《大宝律令》、《养老律令》与《唐六典》、《唐律》较之，即知其法律一切皆由唐来，而变化以适国情，非徒直袭外来之法，惟人是从也。

吾国政书，古曰典法。《周官》：

> 太宰之职，掌建邦之六典，以佐王治邦国。一曰治典，二曰教典，三曰礼典，四曰政典，五曰刑典，六曰事典。

又：

> 太史掌建邦之六典以逆邦国之治，掌法以逆官府之治，掌则以逆都鄙之治，凡辨法者考焉。大迁国，抱法以前。

其书多不传。今所存者，惟《周官》，而世人竟斥为伪书，不之信。李悝《法经》，载在《汉志》，今亦久佚。《唐律疏》：

> 魏文侯师于李悝，集诸国刑典，造《法经》六篇：一盗法，二贼法，三囚法，四捕法，五杂法，六具法。

其余历代典制，著于《隋志》之旧事、职官、仪注、刑法诸篇者，大都有目无书。其卷帙完备，世所共信，可以见吾华夏种族经邦致治之法者，实惟《唐律》及《唐六典》。按《唐律》定于永徽四年，当日本孝德天皇白雉四年。《六典》成于开元二十六年，当日本圣武天皇天平十年。而日本之大化新制及《大宝》、《养老》诸律令，实与此二书相先后。有贺长雄《日本法制史》：

> 大化二年正月，发改新之大诏，是实后来律令之基本。（按大化二年当唐太宗贞观二十年。）

又：

> 天智天皇七年，命中臣镰足刊定律令，至十年而成功。此时都城在近江之滋贺，故世称天智天皇之律令曰《近江令》。其书凡二十二卷，至天武天皇之九年，更有编纂律令之举，委万机于皇太子，天皇专潜心于此事。明年，造令二十二卷，了持统天皇三年颁布于诸司。文武天皇四年，刑部亲王藤原不比等奉敕更撰定律令，至大宝元年（唐中宗嗣圣十八年）始成。以天武编纂之律令为准据，编定令十一卷、律六卷，谓之《大宝令》、《大宝律》。同年颁布于天下，遣明法博士讲述于诸道。是后至元正天皇之养老二年（唐开元六年），更敕藤原不比等修定律、令，各为十卷。然仅仅改正《大宝令》、《律》之错误，削补衍阙而已。此新令亦谓之《养老令》、《养老律》，即今世所传《大宝令》是也。

其后又有弘仁、贞观等格、式，总称为律、令、格、式，其定名及分类，皆唐制也。《日本法制史》：

《大宝令》者，与律及格、式相待而行者也。《大学衍义补》谓唐之刑书有四：曰律、令、格、式。令者，尊卑贵贱之等数，国家之制度也；格者，百官有司所常行之事也；式者，其所常守之法也。凡邦国之政，必从此三者行，其有所违及人之为恶而入于罪戾者，一以律断之。律之书，因隋之旧为十二篇。以今日之语释之，律者，刑法也；令者，关于皇室、政府、官吏、信教、纪律、财政、军防、教育、内治等重大的法律也；格者，代代天皇于律、令之范围内补充之，或为执行而发给之命令也；式者，政府部内之事务章程也。令与律自大宝以来大体无所变更，其奉行之格、式，则有弘仁年间藤原冬嗣等奉敕撰集之《弘仁格》、《弘仁式》，次则贞观年间有藤原氏宗等奉敕撰集之《贞观格》、《贞观式》，延喜年间又有藤原忠平等奉敕撰集之《延喜格》、《延喜式》，世称之曰"三代格"、"三代式"云。

大化改制之诏凡四条，其三、四两条，最可以见其抚仿唐制之迹。《日本法制史》：

大化改新之诏，其三曰初造户籍计帐、班田收授之法。五十户为里，每里置长一人，按检户口，课殖农桑，禁察非违，催驱赋役。若山谷阻险、地远人稀之处，随便量置。凡田，长三十步、广十二步为段，十段为町(《日本史》作十段为顷)。段之租，稻二束二把；町(《日本史》亦作顷)之租，二十二束。

又：

其四曰罢旧之赋役，行田调。凡绢、絁、丝、绵，并随乡土所出。田一町(《日本史》作顷)，出绢一丈；四町(《日本史》亦作顷)，出一匹，长四丈，幅二尺半。絁每町二丈(《日本史》作顷)，二町(《日本史》亦作顷)一匹，长广与绢同。布每町(《日本史》作顷)四丈，长广与绢、絁同。一町(《日本史》作顷)出端。别收户别之调，一户出布一丈二尺，土物称之。凡官马，中马百户输一匹，细马二百户一匹，其买马直，一户布一丈二尺。凡兵，每人输刀、甲、弓、矢、旗、鼓。凡仕丁，每五十户出一人以充诸司，以五十户充仕丁一人之粮。其粮，一户庸布一丈二尺，庸米五斗。

盖吾国自元魏宇文周以来，行授田之制。《魏书·食货志》：

太和九年，下诏均给天下民田。

立里党三长。《魏书·食货志》：

太和十年，给事中李冲上言：宜准古，五家立一邻长，五邻立一里长，五里立一党长。

定计帐、户籍之法。《北周书·苏绰传》：

绰始制文案程式，朱出墨入，及计帐、户籍之法。其牧、守、令、长非通六条及计账者，不得居官。

沿及隋唐，规制益备。《隋书·食货志》：

高颎为输籍定样，请遍下诸州。每年正月五日，县令巡人各随便近，五党三党共为一团，依样定户上下。帝乃发使四出，均天下之田，其狭乡每丁才至二十亩，老少又少焉。

《旧唐书·食货志》：

武德七年，始定律令，以度田之制。五尺为步，步二百四十为亩，亩百为顷。丁男、中男给一顷，笃疾、废疾给四十亩，寡妻、妾三十亩，若为户者加二十亩。所授之田，十分之二为世业，八为口分。百户为里，五里为乡，四家为邻，五家为保，在邑居者为坊，在田野者为村。村、坊、邻、里递相督察。每岁一造计帐，三年一造户籍，州县留五比，尚书省留三比。

《唐六典》：

凡天下之田，五尺为步，二百有四十步为亩，百亩为顷，度其肥瘠宽狭以居其人。凡给田之制有差，丁男、中男以一顷，老男、笃疾、废疾以四十亩，寡妻、妾以三十亩，若为户者则减丁之半。凡田分为二等，一曰永业，一曰口分。丁之田，二为承业，八为口分。

又：

百户为里，五里为乡，两京及州县之廓内分为坊，郊外为村里及村坊，皆有正，以司督察。（里正兼课植农桑催驱赋役。）每一岁一造计帐，三年一造户籍，县以籍成于州，州成于省，户部总而领焉。

其赋役之法，则采魏晋以来之制，分为租、调、役、徭诸目。《旧唐书·食货志》：

> 赋役之法，每丁岁入租粟二石，调则随乡土所产，绫、绢、絁各二丈，布加五分之一。输绫、绢、絁者兼调绵三两，输布者麻三斤。凡丁，岁役二旬，若不役则收其佣，每日三尺。有事而加役者，旬有五日免其调，三旬则租调俱免，通正役并不过五十日。

《唐六典》：

> 凡赋役之制有四：一曰租，二曰调，三曰役，四曰杂徭。课户每丁租粟二石，其调随乡土所产，绫、绢、絁各二丈，布加五分之一。输绫、绢、絁者绵三两，输布者麻二斤，皆书印焉。凡丁，岁役二旬，无事则收其庸，每日三尺，布加五分之一。有事而加役者，旬有五日免其调，三旬则租调俱免。

证以日制，则所谓户籍也、计帐也、班田收授也、每里置长也、田租也、户调也、庸布也，皆仿吾国之法也。所异者，每采吾制，必按其国情而斟酌损益。如魏制二十五家为里，唐制百家为里，日本之法则五十家为里，倍于魏而半于唐，不泥于吾国之数也。唐制二百四十步为亩，百亩为顷；日本之法，则长三十步广十二步为段，十段为顷，亦不泥于吾国之数也。唐制田租丁二石，户调绫、绢、絁各二丈，布则二丈四尺；日本之法，则田租二束二把，田调一顷出绢一丈，户调出布一丈二尺，亦不泥于吾国之数也。唐制丁皆有役，不役者输布七丈二尺；日本之法，则改为五十户出一人，而每户出布一丈、米五斗以养之，其变通尤甚矣。至于里长之职，唐制仅日课植农桑，催驱赋役，日本则加以按检户口，禁察非违等事。以教育之法言之，日之师唐，殆可谓之举一隅能以三隅反矣。

虽然，大化新制固可证其本于唐法，而条文简略，犹未足以见其师法之善也。试观《大宝令》中户令、田令等文，则不但可考其损益唐法之迹，且有唐代典籍言之未详而日制备举其法，吾辈转可因以考见吾国制度者，是尤治历史者所不可不知矣。例如唐之人口，有黄、小、中、丁、老之别，日之《大宝令》亦别之。《唐六典》：

> 凡男女始生为黄，四岁为小，十六为中，二十有一为丁，六十为老。

《日本法制史》：

凡男女三岁以下为黄，十六岁以下为小，廿岁以下为中，廿一为丁，六十一以上为老，六十六以上为耆，无夫者为寡妻、妾。（此皆摘录《大宝令》之文。）

唐有宽乡狭乡之别，日之《大宝令》亦别之。《唐六典》：

凡州县界内所部受田悉足者为宽乡，不足者为狭乡。

又：

乐住之制，居狭乡者，听其从宽。

《日本法制史》：

居狭乡者愿就宽乡，得申牒本郡，请国司之处分。欲附宽国者亦听之。

是皆大化新制所未明定，而《大宝令》准唐制而增加者也。又如户籍计帐之制，《周书》、《唐书》所言皆不详，《六典》亦仅数语，即参以注文，亦不能确知其式。《唐六典》注：

诸造籍，起正月，毕三月，所须纸笔装潢轴帙皆出当户内，口别一钱，计帐所须户别一钱。

而日之《大宝令》所言，乃较《六典》为详。《日本法制史》：

户籍六年一造，起十月上旬，讫翌年五月三十日，内里别为一卷。每户皆注其国、其郡、其里、其人之年籍，总为三通，二通申大政官，一通留于京或其国。杂户、陵户之籍更写一通，各送其本司。造籍所用之纸，染于黄蘗，须坚厚，但西海道诸国书于白纸。其纸、笔、墨、轴、帙、带等等费用，皆出当户。（有贺长雄自注：当时籍帐之式样，有传存于东大寺正仓院之大宝二年以下之户籍之断简数种，足以知其大略云。）

又：

为调庸检知课口之帐簿曰计帐，又云大帐，又云大计帐，每年六月卅日以前京国之官司使部内之户主自注其家口、年纪，收讫造账连署，而以八月卅日以前申奏于太政官。若全户不在其乡，亦照旧计帐转写，而注其不在之理由。

由是可知唐之户籍，亦必里别为卷，卷皆黄纸。（观其西海道用白纸似特别之事，非通例。）每户皆须注明某州、某县、某里、某人及其年岁。其计账亦须由户主注明家口之数、各人之年，而徙居之户则官为注之。惜有贺氏未以正仓院所藏之大宝户籍断简影印于书中，使有之，则吾人对于历代户籍之式，必益明了矣。

大化新制未言一人授田若干，《大宝令》之《田令》：

男子给田二段，女子一段百廿步。

《日本法制史》：

男子给田二段，即七百二十步；女子减于男子三分之一，即一段百廿步。

较之唐之男子人得一顷者，相去远矣。又，唐有永业、口分之别，日则仅有口分田。《日本法制史》：

班田者，遣班田使班授口分田于一般人民也。

当由国小土狭而然。自魏至唐，皆年年授田。《魏书·食货志》：

诸还受民田恒以正月，若始授田而身亡及卖买奴婢中者，皆至明年正月乃得还受。（据此，当为年年授田。）

《唐六典》：

凡应收授之田，皆起十月，毕十二月。（此其异于魏者，以年终农隙也。原文未言某年，当仍是年年举行。）

日本则以六年为一度，其班田之年，谓之班年。《日本法制史》：

人生至六岁皆得口分田，死者必至六年始收公。其班田之年谓之“班年”，每届班年，正月卅日内两京各国之官司申太政官，自十月一日起校勘新给田地之人而造簿，至十一月一日总集受田之人而给授之，翌年二月卅日内讫事。若班田之事涉于两年者，称其前年为班年，班年之翌年所生之子至次之班年，年六岁即授口分田，若至七岁而亡须至次之班年，即十二岁时始收其田于公。未收之时，户内之人佃食之。

是又特异于吾国者也。

《大宝令》租庸调之法，视大化新制亦有不同。《日本法制史》：

依《赋役令》（即《大宝令》中之《赋役令》），绢、絁、绵、布各从乡土所出以定率。计课口使出者，谓之调。即正丁一人出绢、絁八尺五寸、丝八两、绵一斤、布二丈六尺，为定率。凡正丁一年中须役于国家之事十日，若不欲自出役者，则以物品代纳，谓之庸。即正丁一人一日以布二尺六寸代役，十日则二丈六尺也。对于分配于人民之土地所课曰租，男子之田获稻百四十四束，输租稻四束四把（有贺氏自注：百四十四束合米五斛，四束四把合米一斗五升），女子之田获稻九十六束，输租稻九束三分余（九十六束合米三斛三斗三升三合，九束三分合米一斗）。

今以唐制较之，列表于左：

	唐	日
调	绫、绢各二丈	绢、绝八尺五寸
	绵三两	绵一斤
	布二丈四尺	布二丈六尺
	麻二斤	丝八两
庸	每日三尺（此指绫、绢、绝而言，布加五之一。）	一日二尺六寸
	廿日六丈	十日二丈六尺
租	每丁二石	男子一斗五升 女子一斗

租庸皆减于唐，而调则绵、布之类皆增于唐。盖大化新制，有田调又有户调，《大宝令》合田调与户调为一，故其数似多而实少也。

以上皆仅就田土户役诸令言之，非《大宝令》之全体也。欲知《大宝令》之全体，宜先观其条目。《日本法制史》：

> 《大宝令》第一《官位》凡十九条，第二《职员令》凡八十条，第三《后宫职员令》凡十条，第四《东宫职员令》凡十一条，第五《家令职员令》凡十条，第六《神祇令》凡二十条，第七《僧尼令》凡二十条，第八《户令》凡四十五条，第九《田令》凡三十七条，第十《赋役令》凡三十九条，第十一《学令》凡二十二条，第十二《选叙令》凡三十九条，第十三《继嗣令》凡四条，第十四《考课令》凡七十五条，第十五《禄令》凡十五条，第十六《宫卫令》凡二十八条，第十七《军防令》凡七十六条，第十八《仪制令》凡二十六条，第十九《衣服令》凡十四条，第二十《营缮令》凡十八条，第二十一《公式令》凡八十九条，第二十二《仓库令》凡二十二条，第二十三《厩牧令》凡二十八条，第二十四《医疾令》凡二十七条，第二十五《假宁

令》凡十三条，第二十六《丧葬令》凡十七条，第二十七《关市令》凡二十条，第二十八《捕亡令》凡十五条，第二十九《狱令》凡六十三条，第三十《杂令》凡四十一条，通计九百四十九条。

以之较唐令，则令目较多而条文为少。《唐六典》：

凡令二十有七(分为三十卷)，一曰官品(分为上下)，二曰三师、三公、台、省职员，三曰寺监职员，四曰卫府职员，五曰东宫、王府职员，六曰州县镇戍狱渎关津职员，七曰内外命妇职员，八曰祠，九曰户，十曰选举，十一曰考课，十二曰宫卫，十三曰军防，十四曰衣服，十五曰仪制，十六曰卤簿(分为上下)，十七曰公式(分为上下)，十八曰田，十九曰赋役，二十曰仓库，二十一曰厩牧，二十二曰关市，二十三曰医疾，二十四曰狱官，二十五曰营缮，二十六曰丧葬，二十七曰杂令。而大凡一千五百四十有六条焉。

然其所多者，惟《僧尼》、《继嗣》二令为特创，《学令》则本于晋、梁、隋令，《捕亡》则本于晋、梁令，《假宁》则本于隋令，《禄令》则本于晋、隋之《俸廪令》。综日本《大宝令》三十类，其本于中国者二十八焉。《唐六典注》：

晋命贾充等撰令四十篇，二学，六俸廪，十三捕亡。

又：

梁初命蔡法度等撰《梁令》三十篇，二学，十四捕亡。

又：

隋开皇命高颎等撰令三十卷，十二学，十四封爵俸廪，二十七假宁。

兹以日令为表，证其所出如左：

大宝令	唐令	隋令	梁令	晋令
官位	官品	官品	官品	官品
职员	三公三师合省寺监卫府职员	诸省台寺卫职员	吏员	吏员
后宫职员	内外命妇职员	命妇品员		
东宫职员	东宫王府职员	东宫职员		
家令职员				
神祇	祠	祠	祠	祠

（续表）

大宝令	唐令	隋令	梁令	晋令
僧尼				
户	户	户	户调	户调
田	田	田	公田	佃
赋役	赋役	赋役		
学		学	学	学
选叙	选举	选举	选吏、选将、选杂士	选吏、选将、选杂士
继嗣				
考课	考课	考课		
禄		封爵俸廪		俸廪
宫卫	宫卫	宫卫军防	宫卫	宫卫
军防	军防		军（吏赏）	军战、水战、军法
仪制	仪制	仪制		
衣服	衣服	衣服		
营缮	营缮			
公式	公式	公式		
仓库	仓库	仓库厩牧		
厩牧	厩牧			
医疾	医疾		医药疾病	医药疾病
假宁		假宁		
丧葬	丧葬	丧葬	丧葬	丧葬
关市	关市	关市	关市	关市
捕亡			捕亡	捕亡
狱	狱官	狱官	狱官	狱官
杂令	杂令	杂令	杂	杂

呜呼，日本未遣学生于吾国之先，其国家之情状，不过台湾、琉球等夷耳，一经吾国之陶冶，而其规抚文教，俨然有泱泱大国之风。《诗》曰：“螟蛉有子，蜾蠃负之。教诲尔子，式谷似之。”日本真谷似矣哉。近人谓：中国之文化最富于与者之潜力。陈嘉异《论太平洋会议》：

英文豪威尔斯于最近杰作《历史大纲》一书中，以民族对于人类生命上之文明之受或与之多寡而定其民族之优劣，可知一民族之有其生存与发展之价值与否，实以其有无贡献于世界之文明以为衡准。是则吾国数千年来，凡与我邻近之民族相接触，非全为我所同化，即资以构成彼族之文明，如维新前之日本乃其好例。是我国之文化富于与者之潜力，要无容疑。

然亦但能抚略其词，谓日曾师吾云尔。究其举国以师吾之证，则国民犹罕言之者，不佞所为不惮觌缕以诏吾国民也。

日本法制，取则吾国，而自按国情斟酌损益者，不独田租户调之类也。察其大体，首在官制。《唐六典》首三师、三公，次尚书、门下、中书及秘书、殿中、内侍等省，御史台、国子监等职，别无所谓神祇官也。日本《大宝令》则区为二官八省一台，以神祇官与太政官对峙，其职且列于太政官之上。《日本法制史》：

神祇官者，始于垂神诰而开建国之基本之天照大神，而司日本国民之远源的天地神祇之祭祀，以明皇绪之由来，故居于国家组织之最高地位。其长官曰神祇伯，一人，总判官事；大副、小副各一人，以辅伯；大祐、小祐各一人，司纠判官内审署文案，考稽失知宿直等；书记曰大史、小史各一人。其下有神部三十人，卜部二人，使部三十人，直丁二人。依《神祇令》，神祇官之所掌：一天神地祇之祭祀，二祝部神户之名籍，三大尝，四镇魂，五御巫卜兆。

按立国之本，大抵始于宗教。印度婆罗门阶级最高，职是故也。惟吾国脱离宗教特早，祭司不能久握大权，虽《曲礼》有“天子建天官，先六太”之文，《曲礼》：

天子建天官，先六太，曰太宰、太宗、太史、太祝、太士、太卜，典司六典。天子之五官，曰司徒、司马、司空、司士、司寇，典司五众。郑玄注：此盖殷时制也。周则太宰为天官，太宗曰宗伯，宗伯为春官，太史以下属焉。太士以神仕者。

而自西周以来，即专以人事设官。巫、史、卜、祝，悉为宗伯属僚，不能与冢宰、司徒等人官相抗。日本之当唐时，其进化之阶级，殆犹仅等于吾国殷周之际，故虽设官行政一准吾华，而神祇一官尚在太政官之右。其尤可笑者，明治维新复古官制，犹欲举已废之典而与新政并行。《大日本历史集成》：

明治二年七月八日，更定官制，设二官六省。神祇官之职掌祭典诸陵，宣教祝部神户之监督等。职员则伯一人，大副一人，少副一人，大祐一人，少祐一人，权少祐、大史、权大史、少史、权少史、史生官掌使部等若干人。

是其国洄漩往复于初民之宗教思想，历数千年未替。视吾国之独崇人治，设官一以人事为重者，何如乎？

日本之太政官，即唐之尚书省，其太政大臣视尚书令，左右大臣视尚书左右丞相若左右丞，特异其名耳。唐之六部，总隶尚书，无所专属，日本则以左、右大辨分辖八省，此其异者也。《日本法制史》：

左大辨一人，管中务、式部、治部、民部；右大辨管兵部、刑部、大藏、宫内。

日之式部视唐吏部，治部视唐礼部，民部视唐户部（户部本名民部，唐因讳民而改），其兵部、刑部名职并同，无俟陈述。惟唐仅六部，而日有八省，唐有工部，而日无之。日有中务、大藏、宫内三省，而唐无之。似日本之行政系统，与唐异矣。然细按之，则日制仍本于唐，而为小国模仿大国，取其大规模而缩小之之法。盖日之中务者，即唐之门下省、中书省之混合品，又兼有史馆及内官、内侍省诸职。《日本法制史》：

中务省虽为一省，实非行政官厅。盖立于天皇与太政官之中间，传宣诏敕，取续论奏、覆奏之所也。其事务之主要者如左：一侍从，二献替，三诏敕文案之审署，四受事覆奏，五宣旨，六劳问，七纳上表（按此皆唐门下省及中书省之职务），八国史监修（按此即唐门下省之史馆职务），九女王、内外命妇、宫人等之名帐，考叙位，记诸国户籍，租调帐，僧尼名簿之事（此职尤复杂）。其外，中务省之部内有一职六寮三司，即中宫职，图书寮，阴阳寮，大舍人寮，内藏寮，内匠寮，缝殿寮，内药司，内礼司，画工司是也（按此即唐之殿中省内官、内侍省诸职务）。

其大藏省则取法于唐之太府寺及司农寺，宫内省则取法于唐之殿中省及宗正寺，而唐代工部之职务亦分布于此诸省中。《日本法制史》：

大藏省有典铸司、漆部司、缝部司、织部司。宫内省有造酒司、锻冶司、土工司、主水司等。

故唐代六省九寺诸监，名目繁夥，而日仅以八省括之。八省之外，再设一弹正台，以仿唐之御史台，而事无不举。即此可见其师法之善，亦可见其性质之小矣。

唐代六学，曰国子监，曰太学，曰四门小学，曰律学，曰书学，曰算学，日本则总名之曰大学寮。《日本法制史》：

> 大学寮司学生之简试及先圣之释奠，有头、助之属。博士一人，教授经业，课试学生。助教二人，律学博士二人，音博士二人，书博士二人，算博士二人。学生四百人，修经业；明法生十人，修法律；文章生十人，修文章。

其卒业者，亦有秀才、明经、进士等称。《日本法制史》：

> 大学卒业者，其博学高才者为秀才，上上则叙正八位上，上中则叙正八位下；通二经以上者为明经，上上则叙正八位下，上中叙从八位上；闲习时务并读《文选》、《尔雅》者为进士，甲第叙从八位下，乙第叙大初位下。（日本之位，即唐之阶，《唐六典》凡叙阶二十九，从一品曰开府仪同三司，正二品曰特进，从二品曰光禄大夫，正三品曰金紫光禄大夫，从三品曰银青光禄大夫，正四品上曰正议大夫，正四品下曰通议大夫，从四品上曰太中大夫，正五品上曰中散大夫，正五品下曰朝议大夫，从五品上曰朝请大夫，从五品下曰朝散大夫，正六品上曰朝议郎，正六品下曰承议郎，从六品上曰奉议郎，从六品下曰通直郎，正七品上曰朝请郎，正七品下曰宜德郎，从七品上曰朝散郎，从七品下曰宣议郎，正八品上曰给事郎，正八品下曰征事郎，从八品上曰承奉郎，从八品下曰承务郎，正九品上曰儒林郎，正九品下曰登仕郎，从九品上曰文林郎，从九品下曰将仕郎。日本自推古帝始创十二阶制，迭经变更，至大宝以后定为三十阶，自一位至三位仅有正从，自四位至八位有正、从、上、下，其下有大初位、少初位，亦各有上下。唐制，秀才上上第正八品，上已下递降一等，至中上第从八品下，明经降秀才三等，进士明法甲第从九品上，乙第降一等。若本荫高者，秀才明经上第加本荫四阶，已下递降一等。明经通一经已上，每一经加一阶，日制盖亦仿之。）

其学校之教科，一本唐制。《日本国志》：

> 其教之之法，有《周易》、《尚书》、《周礼》、《仪礼》、《礼记》、《毛诗》、《春秋左氏传》之七经。（《易》立郑康成、王弼注，《书》立孔安国、郑康成注，《三礼》、《毛诗》立郑康成注，《左传》立服虔、杜预注。《礼记》、《左传》为大经，《毛诗》、《周礼》、《仪礼》为中经，《周易》、《尚书》为小经。）而《孝经》、

《论语》则令学者兼习。(《孝经》立孔安国、郑康成注,《论语》立郑康成、何晏注。)此外有算学(以《孙子》、《五曹》、《九章》、《海岛》、《缀术》、《周髀》各为一经)、有书学、有律学、有音学、有天文、阴阳、历、医等学(按阴阳、天文、历教于阴阳寮,医学、针科等教于典药寮,均不属大学)。

邦国之学,亦准唐之州府,置博士学生。《日本国志》:

自京师至于邦国莫不有学。京师有大学,学有博士、国博士,每国一人。学生,大国五十人,上国四十人,中国三十人,下国二十人。

《唐六典》:

京兆、河南、太原府经学博士一人,助教二人,学生八十人。大都督府经学博士一人,助教二人,学生六十人。中都督府经学博士一人,助教二人,学生六十人。下都督府经学博士一人,助教一人,学生五十人。上州经学博士一人,助教二人,学生六十人。中州经学博士一人,助教一人,学生五十人。下州经学博士一人,助教一人,学生四十人。

惟唐则学校独立,不隶属于诸部,惟考试由礼部举行。《唐六典》:

礼部尚书、侍郎之职掌天下贡举之政令。凡举试之制,每岁仲冬率与计偕。其科有六:一曰秀才,二曰明经,三曰进士,四曰明法,五曰书,六曰算。

日本则大学寮隶于式部省,与唐之学校独立者异政耳。

吾国学校,自古即有释奠于先圣先师之礼,自后汉学校祀圣师周公、孔子,唐亦仍之。贞观中,停祭周公,升孔子为先圣。《文献通考》:

贞观二年,房元龄等建议:武德中,诏释奠于太学,以周公为先圣,孔子配享。臣以为周公、尼父俱称圣人,庠序置奠本由夫子,故晋、宋、梁、陈及隋大业故事皆以孔子为先圣,颜回为先师,历代所行,古今通允,伏请停祭周公,升孔子为先圣,以颜回配。诏从之。

日本亦遵行之,自文武帝大宝元年二月释奠先圣孔子于大学寮。《日本全史》:

大宝元年二月,释奠先圣孔子于大学寮。应神之时,直岐王仁始传经典,实儒学之祖也。文武创行释奠以祀孔子,使天下崇儒道,尔后列圣承之,年年祭祀,不缺其礼。

历世相承，罔敢或替，甚至以修释奠式举叙官之典。《日本国志》：

文武帝尝谒学行释奠礼，清和帝并诏修《释奠式》，则叙官于五畿七道，以示尊崇圣教之意。大学、国学皆以岁时祀先圣孔子，初称孔宣父，神护景云二年亦谥曰文宣王，大学配以先师为颜渊。从祀者九座，则闵子骞、冉伯牛、仲弓、冉有、季路、宰我、子贡、子游、子夏也。国学专祀先圣、先师，惟太宰府学三座为先圣、先师、闵子骞。

《日本历史》：

大学、国学每年春秋皆须释奠孔子两度。

孔教之广被海东，殆以唐代为最盛矣。

日本民族之特性在善于摹仿，而其病亦在随人俯仰，与之盛衰。当唐盛时，学校修明，典章灿备，日人极力仿效。课士释奠之外，天皇亦从师受经。《日本全史》：

淳和天皇天长二年八月，上御紫宸殿，使大学诸生讲论经、史，著为永制。

又：

清和天皇贞观二年正月，帝受《孝经》于大学博士春日雄继。后世诸帝受经，必以《孝经》为先，盖以此为例也。

又：

光孝天皇仁和二年秋八月，释奠，公卿百官拜谒圣像。翌日，帝御紫宸殿，令博士讨论经义。

其学者，若菅氏、江氏，彬彬然有华夏儒先之风，宜若可以持久而不坠矣。然自遣唐使罢，李氏垂亡，中原文化无所观效。《日本全史》：

宇多天皇宽平六年八月，以参议菅原道真为遣唐大使，右少辨纪长谷雄为副使。于是，僧中瓘学佛在唐，赠书于道真曰："昭宗不道，诸镇作乱，李家存亡不可知也。"道真以其书奏之，朝议罢遣唐使。

而其国之学校教育，亦渐即于衰颓。观三善清行之封事，至云"父母相诫，无令子弟从事学馆"。《日本全史》：

醍醐天皇延喜十三年(时已当后梁中)四月，式部大辅三善清行上封事，其四请加给大学生食田，曰：治国之道，得贤为先；得贤之方，学校为本。是以明王必设庠序以教德义，习经艺而叙彝伦。《周礼》卿大夫献贤能之书，王拜而受之，所以尊道而贵士也。伏以本邦之建大学，盖始于大宝，而天平之时吉备公恢弘艺术，躬亲传授之，即令学生修习五经、三史、法律、算术、音韵、隶楷六道，其后下敕以伴家持所没入加贺田一百余顷，久世公田三千余顷，茨田、涩川两郡五十五顷，充生徒之俸饩，号曰“劝学田”。而年月渐久，事皆睽违。承和中，伴善男诉家持无罪，复与加贺田，而茨田、涩川频遭洪水，学田陷而为川泽。其后有敕，分久世田为四，其三分给典药及左右马寮，大学仅存其一分而已。以此小入养数百生徒，虽作薄粥犹不能周给，而生徒之志愈固，饥寒之苦日忘。深勤钻仰，共往学馆焉。然人有利钝，才异智愚，或有懒惰难堪者，或有颖脱囊中者，通而计之，中才以上概十分之三也。故才士已登科，不才悉落第，而其所落第者归于旧里，卧于陋巷。于是后进之士见其如此，以为大学者，迍邅坎壈之府，穷困冻馁之乡，遂至父母相诫，无令子弟从事学馆也。由是南北讲堂，鞠为茂草，东西寮舍，阒而无人。博士选举之日，惟以虚名荐士，曾不问才之高下、艺之成否。请托由是盛行，滥吹为之满座。学术陵迟，无由兴复，先王庠序，遂成邱墟。伏请常丹田租所出租稻及罪人、伴善男所返与加贺田复没入之，以加久世田为大学之租额。

虽其原因孔多，而唐室之亡，要亦与有关系。观于近年日人极力仿效德制，比德衰，则又相率诋之。其于文化专以势力为从违，可以前后互勘矣。

日之《大宝律》几于直袭《唐律》，五刑、八虐、六议，无一不本于唐。《日本法制史》：

《大宝律》五刑各有数等。

	一等	二等	三等	四等	五等
【死罪】	绞罪	斩罪			
【流罪】	近流	中流	远流		
【徒罪】	一年	一年半	二年	二年半	三年
【杖】	六十	七十	八十	九十	百
【笞】	十	二十	三十	四十	五十

《唐律》：

五刑，笞刑五(一十、二十、三十、四十、五十)、杖刑五(六十、七十、八十、九十、一百)、徒刑五(一年、一年半、二年、二年半、三年)、流刑三(二千里、二千五百里、三千里者，为日所不能仿，故略之)、死刑二(绞、斩)。

《日本法制史》：

八虐，一谋反，二谋大逆，三谋叛，四恶逆，五不道，六大不敬，七不孝，八不义。

《唐律》：

十恶，一曰谋反，二曰谋大逆，三曰谋叛，四曰恶逆，五曰不道，六曰大不敬，七曰不孝，八曰不睦(此条日本无之)，九曰不义，十曰内乱。(此条日本亦无之。日本自古以来皇室子女自相婚配渎乱无伦。故不能禁人之内乱也。)

《日本法制史》：

六议，一议亲，二议故，三议贤，四议能，五议功，六议贵。

《唐律》：

八议，一曰议亲，二曰议故，三曰议贤，四曰议能，五曰议功，六曰议贵，七曰议动，八曰议宾。(此二条日本无之，以勤可并于功，而宾则日本之所无也。)

其律之分类，亦悉师吾国。《日本法制史》：

《大宝律》十二篇，第一名例律，第二禁卫律，第三职制律，第四户婚律，第五贼盗律，第六厩库律，第七擅兴律，第八斗讼律，第九诈伪律，第十杂律，第十一捕亡律，第十二断狱律。

《旧唐书·刑法志》：

法司定律五百条，分为十二卷。一曰名例，二曰卫禁，三曰职制，四曰户婚，五曰厩库，六曰擅兴，七曰贼盗，八曰斗讼，九曰诈伪，十曰杂律，十一曰捕亡，十二曰断狱。

惟《唐律》五百条今尚完全存在，日本《大宝律》今仅存名例、禁卫、职制、贼盗四篇，日人迭加搜辑，综诸律之逸文，凡存三百一十二条。是则日本之保存国典，不迨我国者也。《日本法制史》：

《大宝律》之实行，殆亘五百年间，至保元、平治以后，文武悬隔，朝廷之威严不能行于武人之上，《大宝律》施行之范围渐渐减缩。至镰仓幕府之时，惟行于朝臣，即所谓公家之上而已。且应仁京师兵乱之后，律本无完全者。德川家康庆长十九年访求天下遗书，仅得名例、贼盗之残篇二卷，后又得职制、禁卫二篇，其他概未发见。是以全书十二篇，今唯存四篇而已。《大宝令》之集解及其余之古书中间有引用律之原文者，文政年中有名原正明者从而拾集之，参照《唐律》补其阙文为一书，题曰《律逸》，公之于世。今依之。于以上四篇之外，得窥诸篇之一斑。

又：

名例律存二十五条，禁卫律存十四条，职制律五十六条，皆完。户婚律存二十七条，贼盗律五十三条，皆完。厩库律存二十一条，擅兴律存六条，斗讼律存三十七条，诈伪律存十四条，杂律存二十七条，捕亡律存十条，断狱律存二十二条。

《大宝律》文虽有与《唐律》小异者，然其大体概本《唐律》，任举何条，皆可见之。今以斗争律为例，余可类推。《日本法制史》：

第二十一章 斗争律：斗殴人。斗殴人者，笞三十；伤及以他物殴人者，杖六十；伤及拔发方寸以上，杖八十；若血从耳目出及内损吐血者，各加二等。

《唐律》：

诸斗殴人者，笞四十；伤及以他物殴人者，杖六十；伤及拔发方寸以上，杖八十；若血从耳目出及内损吐血者，各加二等。（唐、日之异者，仅一笞四十，一笞三十，余并同。）

盖《唐律》集周、秦、汉、魏、晋、隋法律之成，其于罪状轻重、刑罚差别，剖析毫芒，务当于人情、事理，而比之无一不得其平。故日人直抄成文，于其国情殆无不合。此则观邻邦之则效，即可知宗国之文明者也。《大宝律》有阙轶，今亦不能断其所传者完全与否，使所传者而为逐条之全文，则《大宝律》之删削《唐律》，颇有不迨《唐律》之精细者。例如《日本法制史》：

第二十二章 诈伪律：伪造神灵。凡伪造神灵者，斩；造内印者，绞。

比之《唐律》伪造皇帝宝条，即有详略之判。《唐律》：

伪造皇帝宝。诸伪造皇帝八宝者，斩；太皇太后、皇太后、皇后、皇太子宝者，绞；皇太子妃宝，流三千里。

盖《唐律》列举太皇太后、皇后及皇太子妃之差别，日律则浑言曰内印，虽赅括而实易混淆矣。又如《日本法制史》：

诈伪律：奏事上书。凡奏事上书诈不以实者，徒二年。

较之《唐律》，阙"非密而妄言有密者加等"之文。《唐律》：

对制上书不以实。诸对制及奏事上书诈不以实者，徒二年；非密而妄言有密者，加一等。

使其文出于《律逸》，而所引之书亦系展转抄引，并非全文则可。否则疏密之辨，一览即得矣。

日之政法，悉本于唐，具如上述。当时国交亲善，使节频繁，虽涉重洋，恒遭飙飓，吸于文化，不惮阻艰。吾国新、旧《唐书》载日本事甚略，日史则载之甚详，知其倾向特至。今依《日本国志》，表其事于左：

日遣唐使表

唐年	日年	使臣	事实
太宗贞观四	舒明二	大仁犬上御田锹 大仁药师惠日	太宗矜其远，诏有司毋拘岁贡。四年还。
高宗永徽四	孝德白雉四	小山上吉士长丹 小乙上吉士驹 大山下高田根麻吕 小乙上扫守小麻吕	分乘两船，船各百二十人。根麻吕船至萨摩竹岛，遭风漂没；长丹船至唐。献虎魄大如斗，玛瑙若五升器，高宗抚慰之。
五	五	小锦下河边麻吕 大山下药师惠日 大乙上书麻吕 大锦上高向元理	分乘两船，取道新罗，经莱州达长安。献方物。高宗赐玺书，令出兵援新罗。元理寻卒，吉士长丹等还。帝嘉其多得图书、珍宝，授少华下位，封二百户，赐姓吴氏。

（续表）

唐年	日年	使臣	事实
显庆四	齐明五	小锦下坂合部石布 大山下津守吉祥	携虾夷男女二口、石布，船漂至南海夷岛，众为所杀，唯坂合部稻积等五人夺夷船逃至越括州。吉祥船至越州入朝高宗皇帝于东京，高宗问虾夷种类地名甚悉。（《旧唐书》载此事，《新唐书》未载。）
中宗嗣圣十八	文武大宝元	粟田朝臣真人 左大辨高桥笠间 右兵卫阪合部大分	真人进止有容，武后宴之麟德殿，授司膳卿。（两《唐书》均载之。）后二年还自唐，赐谷千斛，田二十町，赏其奉使绝域也。
玄宗开元四	元正灵龟二	从四位下多治比县守 从五位下阿部安麻吕 正六位下藤原马养	使之未发也，先令祀神祇于盖山之南，赐县守节刀。后二年，县守等还自唐，入觐，着唐帝所赐朝服。
二十	圣武天平四	多治比广成 从五位中臣名代	未发，遣近江丹波播磨备中监造四船，是后遣使以四船为率。广成授节刀，明年乃至唐，又明年归。发苏州，会风作，四船漂散。广成船至越州，候风逾年，乃至。广成在唐易姓曰丹墀，子孙遂称丹墀氏。
天宝九	孝谦天平胜宝二	从四位下藤原清河 从五位下大伴古麻吕 从四位上吉备真备	明皇赏使者之仪容，呼日本曰礼义君子国。及还，明皇赋诗赐之，遣鸿胪卿送至维扬。仲麻吕请与还，明皇因命为使与清河同船。帆指奄美岛，不知所之。真备、古麻吕漂益久岛。明年三月乃至，献所赐币以告先陵。历代使还皆授位阶，此行更优，多至二百二十三人，舵师、厨人皆得与焉。
肃宗乾元二	天平宝字三	从五位下高元度	迎前使清河，清河不归。元度取南路先归。
宝应元	淳仁天平宝字六	从四位下仲石伴 从五位上石上宅嗣 从五位上藤原田麻吕 从五位下中臣鹰取 正六位上高丽广山	是行专贡牛角，屡易其使。唐乱未已，遂停发。

（续表）

唐年	日年	使臣	事实
代宗大历十	光仁宝龟六	正四位下佐伯今毛人 正五位下大伴益立 从五位下藤原鹰取 中左辨小野石根 备中守大神未足	八年始抵扬州，九年朝代宗于宣政殿。九月舣船出扬子江，候风两月，石根与第二舶入海遭飓，船坏，石根等六十三人皆溺。判官小野滋野第三舶独完，十月至肥前。
德宗贞元十七	桓武延历二十	从四位上藤原葛野麻吕 从五位上石川道益 学少允菅原清公 高陪真人远成	二十二年出难波，遭风破船，有溺死者。二十三年再发肥前田浦，途遇风，两船漂回。葛野麻吕等赴长安朝德宗于宣化殿，赐宴，赏有差，二十四年还。
文宗太和八	仁明承和元	参议藤原常嗣 弹正少弼小野篁	第一、第二、第四船皆遭风折还，第三船漂海，舵折，使臣复还，留判官修船。五年六月始航海，由扬州入长安。六年常嗣等还，设三幄于建礼门，陈唐物，令内藏寮官人及内侍等交易，名曰宫市。
昭宗乾宁元	宇多宽平六	参议藤原道真 右少辨纪长谷雄	以唐国凋弊，明年遂罢遣唐使。

唐使至日表

唐年	日年	使臣	事实
太宗贞观六	舒明四	新州刺史高表仁	送日使还，以争礼不平，不肯宣命，还。
肃宗宝应元	淳仁天平宾字六	越州浦阳府折冲沈惟岳	送高元度还。
代宗大历十三	光仁宝龟六	中使赵宝英 孙兴进 秦衍期 高鹤林	宝英与小野石根溺于海，兴进等至日都。日遣将年发六位以下子弟八百充骑队，虾夷二十人充仪卫迎之，入见帝，致国书位物。帝先问天子安及途次供奉如礼否，慰劳甚至，设飨于朝堂，赠绵三千纯。

当时两国交际之性质，虽无宗主、臣属之名，然其轻重大有区别。唐无所求于日，故三次遣使皆以送其使臣而往。抚字小国，固极优渥，而绝无觊觎其土地、窥伺其国情之心。日则遣使造船，视为大典，至今称为一代盛事。荻野由之《日本历史》：

孝德帝时，遣唐使通交聘凡两度。文武帝大宝元年，以粟田真人为执节使，备大使、副使以下诸官发遣，尔后遣唐使之官渐重。至天平中，其制大备。遣唐使时先置造船使，造舶四艘。未造之前，先遣中臣氏奉币祭木灵山神，舶各为立名。盖使人奉命异国，置身于万死之间，故朝廷特加优遇，进位赐物，奉币帛祀天神地祇，祈途次平安。给度者定发遣之日，使人拜朝辞见，天皇特下诏旨，授以节刀，又设宴殿上赐饯五位以上，酬赠诗歌。归朝进节刀朝见，又进位、赐物各有差。其所乘之舶并授位赐冠。凡舶必择坚牢，人必选才干，大使以下凡数百人，实一代之盛事也。然每次奉使节者，或覆没于风涛，或戕生于海盗，及毕使命归朝，一行人员不满其半，以是朝官奉使聘之命者分率万死，而眷遇所以特渥者亦以此。

使臣得仕唐室，则群以为荣，放逐不去。《旧唐书·日本传》：

其偏使朝臣仲满慕中国之风，因留不去，改姓名为朝衡。仕历左补阙、仪王友。衡留京师五十年，好书籍，放归乡，逗留不去。

《日本国志》：

仲麻吕慕华不肯去，易姓名曰朝衡，历左补阙、仪王友，多所该识。在唐五十四年，与王维、李白、包佶、储光羲往来赠答。后擢左散骑常侍、安南都护。大历五年卒，赠潞州大都督。《新唐书》作仲满，满即麻吕翻音也。

幸而得返，则进位授阶，陈物征价，其视唐殆天国也。使臣之外，则学生、(《日本国志》：元正帝灵龟二年，遣使于唐，从八位上阿部仲麻吕、从八位下吉备真备选为留学生。天平六年，真备归，献《唐礼》百三十卷、《大衍历经》一卷、《乐书要录》十卷、测影铁尺一枝、铜律管一部。《旧唐书》：长安三年，朝臣真人来贡方物。开元初，又遣使来朝。因请儒士授经，诏四门助教赵玄默就鸿胪寺教之。乃遗玄默阔幅布以为束脩之礼，所得锡赉尽市文籍，泛海而还。（黄遵宪曰：《唐书》叙此事，谓开元初粟田复朝云云。考“真备”二字，日本音同真人，故误以为武后时来朝之粟田真人也。宜从日本改正。）贞元二十年，遣使来朝，留学生橘逸势。元和元年，日本国使判官高阶真人上言：“前件学生艺业稍成，愿归本国，便请与臣同归。”从之。土屋诠教《日本宗教史》：儒教之传来虽先于佛教，其势力初未普及，至阿部仲麻吕及吉备真备渡唐修儒学，始大改其面目。当时，唐之都城长安，绝世之学士、文人聚集如星。上道朝臣真吉备年二十四岁，以元正天皇之灵龟二年为遣唐留学生，从诸儒受经业，唐主命四门助教赵玄默就鸿胪寺教之。真吉备居唐二十年，圣武天皇之天平七年归朝，献《唐礼》百三十卷、《大衍历经》一卷、《大衍历立成》十二卷、测影铁尺一枚、铜律管一部、铁如方响写律管声十二条、《乐书要录》十卷、弦缠漆角弓一张、马上饮水漆角弓一张、露面漆四节角弓一张、射甲箭二十只、平射箭十只。吉备所传之学，博涉三史、五经、刑律、算术、阴阳、历道、天文、漏刻、汉音、书道、秘术、杂占之诸艺。是以归朝之后，大资文运之进步。）学僧、（《日本国志》：孝德白雉四年，发两遣唐使，学僧道严、道昭、道福等从。齐明帝四年，敕僧智通、智达等往唐，学法于唐僧玄奘。天武帝七年，僧定惠、道光还自唐，传律宗自道光始。圣武帝天平六年，僧元昉归，献佛像及经论、章疏五十余卷。桓武帝延历二十四年，僧最澄、永忠还。初，澄在天台国清寺就道，遂受台教；又遇龙兴寺僧顺晓，受灌顶密教。期年而还，台教之传自此始。忠留学二十余年，兼学音律，上其所得《律吕旋宫》、《日月图》各二卷，律、管、埙等乐器。平城帝大同元年，学僧空海还。空海在长安晤青龙寺僧慧果，深见器重，得密教衣钵，自是密教流行全国。仁明帝承和十一年，学僧圆仁自唐还。初，圆仁从藤原常嗣入唐，驻维扬开元寺，节度使李德裕善遇之。后归，又遭风漂回登州，转入长安。遇青龙寺僧义真，究台、真两教，又受悉昙学于南竺三藏，悉昙字之传始于仁。文德帝天安二年，僧圆珍还，献经论千余卷。《日本宗教史》：道昭俗姓船连，河内丹比人。白雉四年五月，入唐就玄奘三藏受教，传法相宗。在唐七年，归朝住元兴寺，开法筵，教凿井，设渡船，众庶之裨益颇多。帝时死于元兴禅院，遗言火葬，是为本邦火葬之滥觞。第二传者，齐明帝四年七月，智通、智达两人西航，受法相于玄奘及慈恩大师，与第一传共传于南寺。及大宝三年，智凤、智鸾、智雄等奉敕入唐，从智周大师传唯识之义，是为第三传。玄昉俗姓阿刀氏，养老元年三月与遣唐使同船入唐，学法相之义于智周大师。在唐十八年，玄宗皇帝大爱其才学，准位三品，赐紫袈裟。天平十六年（当是六年）十一月，赍藏经归朝，住兴福寺。古来以道昭、智通、智凤并玄昉称为法相宗之四传。又：传台宗之僧最澄俗姓三津氏，幼名广野，江州滋贺人。其先出后汉之孝献帝，少与空海等共研性相之学于南都，后在东大寺鉴真和尚之门下，得天台之教籍。年三十八，与其徒义真入唐，在唐一年。归朝，开天台宗。慈觉法号圆仁，俗姓王生氏，下野国都贺郡人。精雕刻佛像。承和五年入唐，十四年归，为叡山天台座主。智证法号圆珍，俗姓和气氏，赞岐国那珂郡人。文德天皇仁寿三年八月入唐，学圆、密二教。在唐四年。归朝，住三井寺，为天台第五座主。又：僧空海俗姓佐伯氏，赞岐国多度人。少学儒教，入大学明经科，不满意。延历十七年，年二十五，出家，学三论于奈良大安寺。延历二十三年，与最澄共入唐，遇青龙寺之慧果阿阇黎传授金刚界、胎藏界两部之大法，秘密之奥义，兼从般若三藏等传悉昙，滞留二年。大同元年，赍内外之典籍数百册而归朝。弘仁七年，蒙嵯峨天皇之敕，许创金刚峰寺于高野山，弘通真言秘密室。又道慈，大和人，俗姓额田氏，智三论于智藏。大宝元年，随遣唐使渡唐，就三论之祖吉藏大师之法孙元唐穷空宗之秘奥，又历访诸宗之高僧，于三论之外总窥法相、律、成宝、华严、真言诸宗之学。归朝，建立大安寺。）随员、（《日本国志》：大和国造、大和长刚素好刑名之学，从多治比县守往唐质问疑义，多所发明。及归，而言法律者皆就质焉。浅井虎夫《支那日本通商史》：遣唐使之船普通二艘或三艘、四艘，正使、副使外，有判官、录事、知乘船事、译语、清益生、主神、医师、阴阳师、画师、史生、射手、船师、音声长、新罗奄义等。译语、卜部、留学生、学问僧、傔从、杂使、音声生、玉生、锻生、铸工、细工生、船匠、绝师、傔人、挟抄、水手长、水手、拖师等。[按如画师、玉生等亦皆来唐参观者。]）商人等（《日本国志》：清和帝贞观十六年六月，遣伊豫权掾、大神己并、丰后介多、俊比安江等于唐市香药。按《日本国志》仅载此一事实，则每次遣唐使所从之人亦多含有商业性质。《支那日本通商史》载当时遣唐使所给绝、绵布之数：大使，绝六十匹、绵一百五十屯、布一百五十端；副使，绝四十匹、绵一百屯、布一百端；判官，绝十匹、绵六十屯、布四十端；录事，绝六匹、绵三十屯、布二十端；知乘船事、译语、请益生、主神、医师、阴阳师、画师，各绝五匹、绵三十屯、布十六端；史生、射手、船师、音声长、新罗奄义等，译语、卜部、留学生、学问僧、傔从，各绝四匹、绵二十屯、布十三端；杂使、音声生、玉生、锻生、铸生、细工生、船匠师，各绝三匹、绵十五屯、布八端；傔人、挟抄，各绝二匹、绵十二屯、布四端；水手长，绝一足、绵四屯、布二端；水手，绵四屯、布二端；留学生、学问僧，特赐绝四十匹、绵一百屯、布八十端，盖既供其旅费，并赖以交易也。）相率而来，竞传我之儒书、佛典（均见前）、文学、（《全唐诗》十一函：朝衡，字巨卿，日本人。诗一首，衔命归国作。衔命将辞国，非才忝侍臣。天中恋明主，海外忆慈亲。伏奏违金阙，騑骖去玉津。蓬莱乡路远，若木故园珍。西望怀恩日，东归感义辰。平生一宝剑，留赠结交人。《日本全史》：文德仁寿二年，小野篁卒。篁少为文章生，承和二年为遣唐副使，坐与大使藤原常嗣争舟，废为庶人，流于隐岐。在途赋《谪行吟》，风调高迈，人争传诵之。明年，被赦入京，复官爵。当时文章以篁为巨擘，嵯峨帝尝幸河阳馆，会文士赋诗，帝手书“闭阁惟闻朝暮鼓，上楼遥望往来船”一联示篁评之，篁曰：“御制殊佳，恨“遥”字不妥，更‘空’何如?”帝骇曰：“此乐天句也，本集作‘空’，今换‘遥’试卿耳。卿诗思如此，应不减于乐天也!”此时《长广集》初传本邦，藏在秘府，外廷莫得见者，时人以为美谈。）书法、（《日本国志》：学生橘逸势善隶书，人呼为“橘秀才”。《日本全史》：嵯峨帝弘仁九年夏四月，改殿阁诸门名号，榜题其上。北殿玄武阁额御笔，东阁橘逸势，南殿应天门僧空海，皆当时能书，世谓之三迹。帝学卫夫人书，妙得其骨髓，后世传之曰“嵯峨流”。）历法、（《日本国志》：持统帝元年，始用唐人《元嘉历》，已而更用《仪凤历》。又：清和帝贞观三年，诏行《长庆宣明历》。初，遣唐录事羽粟翼还，上《宝应五纪历》，曰：“唐已改《大衍历》，请用此经。”然当时无习推步者，仍格不行。及是，阴阳头真野麻吕建言：“开元以还，已三改历元，今专依旧法，实有差牾，请停旧用新。”诏从之。）器具等。（《日本国志》：淳和帝天长六年，始令诸国模仿唐制，造龙骨水车，以便灌溉。太政官下符曰：“耕稼之利，水田为最。闻大唐堰渠皆构龙骨，多收其利，宜仿造以资农作。贫无力者，国司资给之。”）于是音读、（《日本国志》：桓武帝延历十九年，诏读书一用汉音，毋混吴音，时官有音博士，专正音。吴音之传最久，译人习之。自百济王仁以汉音授经，始有汉音。齐明帝时百济尼法明来对马，诵《维摩经》以吴音，人争效之。自此吴、汉踳跤，无复分辨。帝善解汉音，能辨清浊，至是定儒书读法专用汉音。）仪服一准于唐。（《日本全史》：嵯峨帝弘仁九年春三月，敕朝会之仪、衣服之制、坐立之礼，不论男女一准唐法。《日本国志》：嵯峨帝弘仁九年，诏曰：“朝会之礼、常服之制、拜跪之等，不分男女，一准唐仪，但五位以上礼服服色及仪仗之服，并依旧章。”）唐乐、（《日本国志》：唐乐曲由唐时传授，乐曲有万岁乐、回波乐、鸟歌、承和乐、河水乐、菩萨破、武德乐、兰陵王、安乐、盐三台、盐甘州、胡渭州、庆云乐、想夫怜、夜半乐、扶南小娘子、越天乐、林歌、孔子琴操、王昭君、折杨柳、春庭乐、柳花苑、赤白桃李花、喜春莺、平蛮乐、千秋乐、苏合香、轮台倾杯乐、太平乐、打毬乐、还京乐、苏芳菲、长庆子、一团娇、采桑秋风乐、贺皇恩、玉树后庭花、泛龙舟、破阵乐、拔头诸乐，然传其谱不传其词，所谓制氏能记其铿锵鼓舞而已。）唐茶，（《日本国志》：宏仁六年，敕植唐茶于畿内，近江、丹波、播磨诸国每岁贡献。又：其时煎茶而饮，和盐用姜，一同唐人。）以宴以饮，盖犹今之中国学生醉心西国，语言、衣服、饮食、起居一切效皙种之所为矣。顾日之学唐，犹能因袭中文创为日字。《日本国志》：

遣唐学生吉备、朝臣真备始作假名。名即字也，取字之偏旁以假其音，故谓之“片假名”。片之为言偏也。僧空海又就草书作平假名，即今之伊吕波是也，其字全本于草书，以假其音，故谓之“平假名”。平之为言全也。自假名既作，于是有汉字杂假名以成文者，有专用假名以成文者。

使吾华文字旁衍一支，为其国后来普及教育之基。而佛教流传，又与其国神学混合。《日本历史》：

最澄倡神佛混名之说，以大物主神镇生叡山，此外社寺逐渐增加，谓山王权现为此宗之守护神。盖敬神为国民之所重，故此辈皆以神佛同体之说为弘教之资。

则其人虽酷效唐风，尚非食而不化者比也。

唐室之衰，中日关系浸替。有宋一代，惟缁流、估客时相往来。《宋史·日本传》载奝然、寂照、诚寻、仲回诸僧来朝之事甚详。《宋史·日本传》：

雍熙元年，日本国僧奝然与其徒五六人浮海而至，献铜器十余事并国中《职员令》、《国王年代记》各一卷。奝然衣绿，自云姓藤原氏，父为真连，真连其国五品官也。奝然善隶书而不通华言，问其风土，但书以对云：“国中有五经书及佛经，《白居易集》七十卷，并得自中国。”太宗召见奝然，存抚之甚厚，赐紫衣，馆于太平兴国寺。其国多有中国典籍，奝然之来，复得《孝经》一卷、越王《孝经新义》第十五一卷，皆金缕红罗褾，水晶为轴。《孝经》即郑氏注者，越王者，乃唐太宗子越王贞，新义者，记室参军任希古等撰也。奝然复求诣五台，许之，令所过续食。又求印本《大藏经》，诏亦给之。二年，随台州商人郑仁德船归其国。后数年，仁德还，奝然遣其弟子喜因奉表来谢，曰：“日本国东大寺大朝法济大师赐紫沙门奝然启：伤鳞入梦，不忘汉主之恩；枯骨合欢，犹亢魏氏之敌。虽云羊僧之拙，谁忘鸿霈之诚。奝然诚惶诚恐，顿首顿首，死罪。奝然附商船之离岸，期魏阙于生涯，望落日而西行，十万里之波涛难尽。顾信风而东别，数千里之山岳易过，妄以下根之卑，适诣中华之盛，于是宣旨频降，恣许荒外之跋涉，宿心克协，粗观宇内之瑰奇。况乎金阙晓后，望尧云于九禁之中；岩扃晴前，拜圣灯于五台之上。就三藏而禀学，巡数寺而优游。遂使莲华回文，神笔出于北阙之北；贝叶印字，佛诏传于东海之东。重蒙宣恩，忽趁来迹。季夏解台州之缆，孟秋达本国之郊，爰逮明春，初到旧邑，缁素欣待，侯伯恭迎。伏惟陛下惠溢四溟，恩高五岳，世超黄轩之古，人直金轮之新。奝然空辞凤凰之窟，更还蝼蚁之封。在彼在斯，只仰皇德之盛；越山越海，敢忘帝念之深。纵粉百年之身，何报一日之惠，染笔拭泪，伸纸摇魂，不胜慕恩之至。谨差上足弟子传灯大法师位嘉因并大朝剃头受戒僧祚乾等拜表以闻。"称其本国永延二年，岁次戊子二月八日，实端拱元年也。又别启贡佛经，纳青水函，琥珀、青红白水晶、红黑水穗子、念珠各一匣，并纳螺钿花形平函毛笼一，纳螺杯二口、葛笼一，纳法螺二口、染皮二十枚、金银莳绘筥一合，纳发鬟二头又一合，纳参议正四位上藤佐理手书二卷及进奉物数一卷、表状一卷，又金银莳绘砚一筥一合，纳金砚一，鹿毛笔、松烟墨、金铜水瓶、铁刀，又金银莳绘扇筥一合，纳桧扇二十枚、蝙蝠扇二枚、螺铜梳函一对，其一纳赤木梳二百七十，其一纳龙骨十橛。螺钿书案一、螺钿书几一、金银莳绘平筥一合，纳白细布五匹、鹿皮笼一，纳貂裘一领、螺钿鞍辔一副，铜铁灯红丝鞦泥障、倭画屏风一双、石流黄七百斤。

又：

景德元年，其国僧寂照等八人来朝。寂照不晓华言而识文字，缮写甚妙，凡问答均以笔札。诏号"圆通大师"，赐紫方袍。

又：

熙宁五年，有僧诚寻至台州，止天台国清寺，愿留州以闻。诏使赴阙，诚寻献银香炉、木槵子、白琉璃、五香水精、紫檀、琥珀所饰念珠及青色织物绫。神宗以其远人而有戒业，处之开宝寺，尽赐同来僧紫方袍。

又：

元丰元年，使通事僧仲回来，赐号"慕化怀德大师"。

而寂照之传禅宗，史不之及。论其关系，当视最澄、空海为尤重。《日本国志》：

禅宗始于荣西。荣西西游当赵宋时，禅僧之来归及游学于宋者络绎不绝，五山十刹于是建立。

又：

荣西号明庵，又号千光法师。仁安三年(宋孝宗乾道四年)从商舶游宋，登天台，得天台新章疏三十六部归。文治三年，再游宋，受禅法于天童虚庵。建文三年，在筑前香楼屋郡创建久报恩寺。六年，又建圣福寺于博多。后鸟羽天皇赐宸翰，额曰“扶桑最初禅窟”。建仁二年，将军源赖家创立建仁寺，以荣西为开山。

《日本宗教史》：

荣西禅师自宋归，始唱临济禅，介立于南北诸宗之间。当其辨难之冲，主张天台之圆、真言之密，与禅并立，往来于京都、镰仓之间。大演不立文字，教外别传之意。禅师号明庵，备中之吉备人，俗姓贺阳氏，在叡山究显、密之学，入宋归朝之后，开圣福寺于筑前、博多，赐紫衣，任僧正。顺德天皇建保三年六月，七十五岁寂于建仁寺。禅师灭后十余年而道元禅师之曹洞宗起，道元号希玄，内大臣久我通亲之子。幼登叡山，后于建仁寺随荣西禅师，著有《正法眼藏》、《永平广录》、《大清规》等书。禅宗之在我邦，其盛亚于真宗。明治十三年定临济十派，曰天龙寺、曰建仁寺、曰东福寺、曰相国寺、曰南禅寺、曰妙心寺、曰大德寺、曰建长寺、曰圆觉寺、曰永源寺，十派之末寺有六千二百余寺。曹洞宗以永平寺及总持寺为二本寺，有大源派、通幻派、无端派、大彻派、实峰派之五派，其寺院总计一万三千七百有余。此外有黄蘖宗，明之径山费隐禅师以承应三年来归，盛唱禅道，今黄蘖宗有六百四十余寺。

足利幕府时代，维持教育、学术，即纯恃禅宗僧侣，种因于二百年之前，食效在数十世之后，此佛教史中所宜特笔者也。他如荣西之得茶种，道莲之得瓷陶法，仆缘教学，兼及物产，又华化之余波，而沾溉宏于千载者矣。《日本国志》：

荣西至宋，赍茶种及菩提还。日本植茶盖始于嵯峨帝时，其后中绝。及后鸟羽院文治中僧千光(即荣西)游宋，赍江南茶种归，种之筑前背振山。建保二年，将军源实朝有疾，千光知其宿醒，献茶及《吃茶养生记》二卷，将军饮之顿愈。又馈茶实一壶于释明惠，明惠种之栂尾山，故栂尾山又名“茶山”，其后分种之宇治。近代栂尾种殆绝而宇治实称“茶海”。

又：

僧道元者亦尝至天童，又受曹洞宗。及归，大行其教。其徒道莲得瓷陶法而还，日本瓷器遂行天下。

按《日本陶器全书》称：

加藤四郎、左卫门景正渡支那学宋之陶法，大有所得。归朝后于濑户邑设陶窑，谓之“濑户烧”，是为日本学宋代陶器之初祖，不言道莲之事。惟其书后附《日本陶磁年表》后堀河贞应二年（宋宁宗嘉定十六年），藤四郎从道元禅师至宋。安贞元年（宋理宗宝庆三年），藤四郎归朝，始创濑户窑。是藤四郎之得宋之陶瓷法，实由随道元来宋之故。

中国历代，未尝用兵于日本，惟蒙古入主中夏之时尝两伐之。当时航海之术不精，故军舰迭为飓风所败。元固未达其的，日亦大震其威。然于使命往来，初无文化之系属，厥酰之族固与李唐、赵宋不侔矣。朱明之兴，邦交复作，沿海倭寇，屡犯我疆。而明初诸帝优容宽贷，时时以文教柔之，士服南雍之化。《明史·日本传》：

太祖时，王子滕祐寿者来入国学，帝善待之。洪武二十四年五月，特授观察使，留之京师。

山传镇国之碑。《明史》：

成祖即位，遣使以登极诏谕其国。永乐元年，其贡使达宁波。礼官李至刚奏：“故事，番使入中国不得私携兵器鬻民，宜敕所司核其舶，诸犯禁者悉籍送京师。”帝曰：“外夷修贡，履险蹈危，来远所费实多，有所赍以助资斧亦人情，岂可概拘以禁令？至其兵器，亦准时直市之，毋阻向化。”十月，使者至，上王源道义表及贡物。帝厚礼之，遣官偕其使还。赉道义冠服、龟钮金章及锦绮纱罗。明年十一月，来贺册立皇太子。时对马、壹岐诸岛贼掠滨海，居民因谕其王捕之。王发兵尽歼其众，絷其魁二十人，以三年十一月献于朝，且修贡。帝益嘉之，遣鸿胪寺少卿潘赐偕中官王进赐其王九章冕服及钱纱锦绮，加等而还。其所献之人，令其国自治之。使者至宁波，尽置其人于甑烝杀之。（此可见成祖优待日人而日人之残酷无道矣。）明年正月，又遣侍郎俞士吉赍玺书褒嘉赐赉优渥，封其国之山为“寿安镇国之山”，御制碑文立其上。

《日本国志》：

后小松帝应永十三年，明遣侍郎俞吉士赍国书褒嘉赐赉优渥，颁勘合百道。限十年一贡，使臣限二百员，船止二艘，禁挟带刀枪，封肥复阿苏山为寿安镇国之山，御制碑文曰：“朕惟丽天而长久者，日月之光华；丽地而长安者，山川之流峙。丽于两间而长久者，贤人君子之令名也。朕皇考太祖圣神文武钦明启运俊德成功统天大孝高皇帝，知周八极而纳天地于范围，道贯三皇而亘古今之统绪，恩施一视而溥民物之亨嘉。日月星辰无逆其行，江河山岳无易其位。贤人善俗，万国同风，表之兹世，固千万年之嘉会也。朕承洪业，享有福庆，极所覆载，咸造在廷，周爰咨询，深用嘉叹。迩者，对马、壹岐诸小岛有盗潜伏，时出寇掠，尔源道义能服朕命，咸殄灭之，屹为保障，誓心朝廷。海东之国，未有贤于日本者也。朕尝稽古唐虞之世，五长迪功，渠搜即序；成周之隆，庸蜀羌矛微卢彭濮，率遏乱略。光华简册，传诵至今。以尔道义方之，是大有光于前哲者也。日本王之有源道义，又自古以来未之有也。朕惟继唐虞之治，举封山之典，特命日本之镇山号寿安镇国之山。赐以铭诗，勒之贞石，荣示于千万世。”

宣宗御宇，颁赐尤厚。《日本国志》：

后花园帝永享四年，明宣宗皇帝念日本久不贡，命中官柴山往琉球，令其王转谕日本，赐之谷。将军源义教遣僧道渊上表，乃有“贡茅不入，固缘敝邑多虞；行李往来，愿复治朝旧典”语。明年，宣宗复遣内官雷春、裴宽，鸿胪少卿潘锡等还赉银绮缎匹等物。考日本书详载当时赐物，今备录之，以征一时典章。皇帝颁赐日本国王白金二百两、妆花绒锦四匹、四季宝相花蓝一匹、细花绿一匹、细花红二匹、纻丝二十匹；织金胸背麒麟红一匹、织金胸背狮子红一匹、织金胸背白猂绿一匹；晴花骨朵云青一匹、晴细花绿四匹、晴细花红一匹、晴细花青一匹；素青三匹、素红二匹、素绿三匹、罗二十匹；织金胸背麒麟红一匹、织金胸背狮子青一匹、织金胸背虎豹绿一匹、织金胸背海马蓝一匹、织金胸背海马绿一匹；素红五匹、素蓝三匹、素青三匹、素柳绿二匹、素柳青一匹、素砂绿一匹、素茶褐一匹，纱二十匹；织金胸背麒麟红一匹、织金胸背狮子红一匹、织金胸背白猂青一匹、织金胸背海马绿一匹、织金胸背虎豹绿一匹；晴花骨朵云红一匹、晴花骨朵云青二匹、晴花骨朵云蓝二匹、晴花八宝骨朵云绿一匹；素绿一匹、素青一匹、素红一匹，彩绢二十匹；绿七匹、红七匹、蓝六匹。王妃白金一百两、妆花绒锦二匹、细花红一匹、四季宝相花蓝一匹，纻丝十匹；织金胸背犀牛红一匹、织金胸背海马青一匹；晴花八宝骨朵云青一匹、晴细花红一匹、晴细花青一匹、晴细花绿一匹；素青一匹、素红二匹、素绿一匹，罗八匹；织金胸背狮子青一匹、织金胸背虎豹红一匹；素蓝二匹、素红二匹、素青二匹、素柳一匹，纱八匹；织金胸背狮子绿一匹、织金胸背犀牛红一匹；晴花骨朴云蓝一朵、晴花骨朵云青一匹；素红二匹，彩绢十匹；红三匹、绿四匹、蓝三匹。皇帝特赐日本国王并王妃硃红漆彩妆戗金轿二乘、大红心青边织金花纻丝坐褥一个、脚踏褥一个、硃红漆戗金交椅一对、大红织金纻丝褥二个、脚踏褥二个、大红心青边金纻丝坐褥二个、硃红漆戗金交床二把、大红罗销金梧桐叶伞三把、浑织金纻丝十匹、浑织金纱十匹、彩织金罗十匹、彩绢三百匹、银盂等器二十件，各色丝彩绣、圈金各样花镜袋十个，硃红漆戗金宝相花折叠面盆架二座、镀金事件全古铜点金斑花瓶二对、古铜点金斑香炉二个、象牙雕荔支乌木杆痰匣子二个、香皂一百个、硃红漆戗金碗二十个、橐金黑漆戗金碗二十个、橐金魫灯笼四对、云显桃竿全龙香墨二十笏、青广信纸五百张、兔毫笔三百枝、各样笺纸一百枚、蛇皮五十张、猿皮一百张、虎皮五十张、熊皮三十张、豹皮三十张，苓香十箱，每箱五十斤，鹦哥二十个。宣德八年六月十一日。六年，道渊引锡等至，驺骑至千二百余匹。八月，雷春等还，义教又遣僧中誓随行上表。表有"争睹使星光彩，则知官仪中兴。秋水长天，极目虽迷上下，春风和气，同仁岂阻东西"等语。

而足利义政表乞书籍、铜钱，屡求无厌，明室概允所请，颁赐频仍。《日本国志》：

嘉吉二年，将军义胜遣使于中朝。宝德三年，将军义政遣僧允澎芳贞于中朝。上表称臣，用正朔，尔后为常。享德三年，使还。先是，义政表曰："书籍、铜钱，久仰上国。永乐中，例赐铜钱，近无恩赉，公府索然，何由利民，钦请周急。"景皇帝命给之，使臣捆载而归。先是，贡船不如永乐时定数。宣德初，又定约：人毋过三百，舟毋过三艘。而日本贪利，所携私物增十倍，例当给值。礼官言："所贡硫黄、苏木刀扇、漆器向给钱钞，或折支布帛，为数无多，已获大利。今若依旧制，当给钱二十一万七千，银价如之，宜大减其值，给银三万四千七百有奇。"从之。使臣请益，诏增钱万。复请赐物，诏增布帛千五百。后土御门帝宽政五年，义政复遣清启等于中朝。贡表有云"渺茫海角，虽不隶版图之中；咫尺天颜，犹如在辇毂之下"。至京随人伤人于市，宪宗皇帝命付清启等，寻释归。文明七年，义政复遣僧妙茂等于中朝，表乞铜钱、书籍。诏赐钱五万贯，暨《百川学海》、《法苑珠林》等书。其表曰："日本国王臣源义政上表大明皇帝陛下。日照天临，大明式朝万国；海涵春育，元化爰及四方，华夏蛮貊归仁，草木虫鱼遂性。洪惟大明皇帝陛下神文圣武睿智慈仁皇家一统，车书攸同。敝邑多虞，鼓角未息。《禹贡》山川之外，身在东陬；洛邑天地之中，心驰北阙。兹遣正使妙茂长老，副使庆瑜首座谨拜方物，亲承宠光，冀推丹衷，曲赐素察。谨表以闻。臣源义政诚惶诚恐，顿首谨言。成化十一年乙未秋八月念八日。日本国王臣源义政谨表。”义政名下钤日本国王印。又别幅具开贡品咨礼部：白马四匹、散金鞘柄大刀二十、硫黄一万斤、玛脑大小二十块、贴金屏风三副、黑漆鞘柄大刀一百把、枪一百把、长刀一百柄、铠一领、砚四面并匣扇一百把。又奏称：“成化五年伏奉制书，特颁勘合并底簿等物。圣恩至重，手足失措，感戴感戴。然而敝邑抢攘，所谓给赐等件皆为盗贼所剽夺，只得使者生还而已。爰有景泰年间所颁未填旧勘合，请以此为照验，今复滥行。今填勘合者必贼徒也，罪当诛死。抑铜钱经乱散失，公库索然。土瘠民贫，何以赈施。永乐年间多有此赐。又书籍焚于兵火，又一秦也。敝邑所须二物为急，谨录奏上，伏望命容。书目开列于左方：《佛祖统记》全部，《三宝感应录》全部，《教乘法数》全部，《法苑珠林》全部，《宾退录》全部，《兔园策》全部，《遁斋闲览》全部，《类说》全部，《百川学海》全部，《北堂书钞》全部，《石湖集》全部，《老学庵笔记》全部。”末书“右咨礼部。成化十一年八月念八日”，钤用日本国王印。十五年，复乞铜钱，表略曰：“敝邑久承焚荡之余，铜钱扫尽，公私俱虚，何以利民？今差使入朝，所需在斯。圣恩鸿大，愿赐钱一十万贯，则国用足矣。”

史称义政奢侈，恃明钱给国用，而百姓犹不堪其困。《日本历史》：

> 义政当大乱之时，尚耽宴饮。文明五年于东山造银阁，户窗墙壁皆镂银为之。自号“东山殿”。又于银阁之侧设茶寮，令狩卿祐清绘潇湘八景于障子，命五山之僧徒书诗其上，集和汉古器、名画，屡设茶汤之会以为乐，茶人珠光同朋相阿弥等最见亲幸。是后茶汤之会盛行，奢侈无极，国家用之。于是遣使于明，请永乐钱加收课役，借财不偿，号曰“德政”，百姓不堪其困。

则当时明室之赐钱于日，亦无异于今之各国借款于腐败之政府也。然今日各国以国家法商贾之行为，恃借款为政治之侵略，计算利息，争论抵押，断断较量，利析秋毫。而明代之赐钱于日，第以示其优渥，绝不责其报偿，此其度量之相越为何如乎？吾尝谓吾国者，儒国也；今世各国者，商国也。儒主仁义，故于邻属常拯其厄而济其穷；商主货财，故于国交必逞其私而攫其利。以一儒遇众商，悛悛退让，宜不胜其剥削。即幡然效其所为，亦必不能如彼操奇计赢者之工巧。然至众商争詰，持械互殴，血流波道之时，一念及吾儒分财推食之风，当亦有泚然汗下者矣。

日本当吾国南宋时，天皇失柄，大权悉操于镰仓幕府。至元季，分裂为南北朝，而足利氏实握政权，所谓室町幕府也。明初，封足利义满为日本王，义满亦居之不疑。《日本国志》：

> 后小松帝应永八年，准三后源道义（时义满让职其子，削发称道义）遣使肥富及僧祖阿于明上书，并献甲铠、剑、马、纸、髹器，黄金千两，还所掠人口。书称“日本准三后道义上书大明皇帝陛下，诚惶诚恐，顿首顿首，谨言”。九年，明建文皇帝遣僧道彝一如赍诏书，并班《大统历》、锦绮。九月，至道义处之北山馆。是月，复遣肥富及僧中正上书，略曰：“日本国王臣源道义表，臣闻太阳升天，无幽不烛；时雨沾地，无物不滋。矧大圣人明并燿英，恩均天泽，万方向化，四海归仁。钦惟大明皇帝陛下，以尧舜神圣、汤武智勇启中兴之洪业，当太平之昌期。虽垂旒深居北阙之尊，而皇威远畅东滨之国。是以谨遣使奉献方物，为此谨具奏闻。”

义满死，明赐谥恭献，敕封其子义持为日本国王。其后义教、义胜、义政诸将军，咸臣于明，而自僭王号。初不白其上之尚有天皇也。足利氏衰，而倭寇扰吾海疆，浸轻上国，洎丰臣秀吉以奴隶崛兴，乃有朝鲜之役。然沈惟敬以封贡饵之，犹为顿兵数载。迄今明神宗封秀吉为日本国王册书，犹在日本博物馆中。《明神宗封日本丰臣秀吉册书》：

> 奉天承运，皇帝制曰：圣仁广运，凡天覆地载，莫不尊亲帝命。溥将暨海隅日出，罔不率俾。昔我皇祖诞育多方，龟纽龙章，远锡扶桑之域；贞珉大篆，荣施镇国之山。嗣以海波之扬，偶致风占之隔。当兹盛际，宜缵彝章，咨尔丰臣平秀吉，崛起海邦，知慕中国。西驰一介之使，欣慕来同，北叩万里之关，恳求内附。情既坚于恭顺，恩可靳于柔怀。兹特封尔为日本国王，锡之诰命。于戏！宠贲芝函，袭冠裳于海表，风行卉服，固藩于天朝。尔其念臣职之当修，恪循要东；感皇恩之已渥，无替款诚。祗服纶言，永遵声教。钦哉钦哉。万历二十三年正月二十一日。

史虽称其欲保臣节，拒明之册。然明廷循足利氏之例，固非无因而至也。

足利幕府臣事明廷，多以僧徒为使，而宋元理学，遂由禅宗释子传入彼邦。五山十刹者，亦禅林亦学府也。《日本宗教史》：

足利时代，法支那之风，定五山十刹之制。初以京都之建仁、东福、万寿与镰仓之建长、圆觉为五山，后足利义满为将军之时代，京都天龙、相国二寺成，合前三山称“京五山”，镰仓亦加寿福、净智、净妙三寺，称“镰仓五山”，而以南禅寺位其上。

义堂、绝海诸僧，以其学术辉映中日。《室町时代史》：

五山十刹住持多耆宿，其为主者有梦窗、龙山、明应、梦严、椿庭、春屋、义堂、绝海、汝霖、仲芳、牧仲、惟肖、希世、天章、大白、利源、云章、江西、慕哲、相庵、斗南、心田、九渊、器重、天与、惟忠、信仲、海门、大岳、此山、古剑、嵩山、兰坡、严仲、桂林、景南、愚极、铁舟、仲方、海门、西胤等。其中尤有名者，厥惟梦窗之门下。梦窗国师为足利氏尤所尊崇之人，其门下之俊才有无极、义堂、春屋、绝海、铁舟等七十子。此等七十子在镰仓及京都五山各各祖述师道，又对于学问亦各自成一家。义堂周信，土佐人，称空革道人。与绝海共称梦窗门下之双璧。十四岁时发心于临川礼梦窗，尝以足利基氏之请赴镰仓之圆觉寺及善福寺，布化关东，屡屡说氏满，使学修身齐家之道，又以《贞观政要》使仿唐太宗之治。万历元年，因义满强请而入建仁寺，后又居南禅寺。南禅之在五山之上，即当此时。嘉庆二年寂于慈氏院。义堂颇有翰墨之才，其所著有《空华集》、《日工集》等。绝海中坚，号蕉津道人，义堂同国人也。十三岁从梦窗，贞治三年游镰仓，应安元年与汝霖共入明，在杭州师事沕潭。尝共谒明太祖，即坐中作诗，海诗早成而霖晚，太祖和，海霖大耻之。共以永和二年归朝。永德三年，建相国寺，其后忤义满之旨，一时隐于摄津之钱原。由义堂之尽力，又召还。应永十二年四月寂，应永十六年赐号“佛智广照国师”。敕文有云：“绍圆照之绪，承正觉之宗。德溢寰区，泽被殊域。所谓仪范佛祖，师表人天也。”即此可想其才识，遗著有语录及《蕉坚集》。

而中正奉使，遂传《四书集注》、《诗集传》等书。《日本国志》：

应永九年，道义遣僧中正上书。十一年中正等还。始传《四书集注》、《诗集传》等书，号为“新注”，朱子之学遂兴。

当时号为“新文学”。《日本宗教史》：

僧侣之渡行支那者多，遂传支那之新文学。如朱子之学，实为是等僧侣所赍而来。

虽宋儒力求与佛教分立，而日僧直认为与佛教同源，其解儒教未真。《室町时代史》：

禅僧求法，多游支那。其由支那来我国者，亦多在元代。有补陀僧如智子昙一山等来游我国而备法灯，因之支那之学问亦由此等僧侣之媒介传来我邦。我之学风，遂别成一时期。初，我国学风承汉代郑玄以后训诂之学，广行之余，故京都缙绅不外此一家之学。至此时期，宋元性理之学及唐宋之文章经禅僧之手绍介而来，而学风遂一变。盖宋元之学传之僧侣，尤易领会，此其学之所以特盛。大田锦城《九经谈》尝曰：周茂叔说无极而太极，无极二字出于老庄，太极者出唐僧杜顺之《华严法界观》。(按此语大误。《易》有太极，明出儒书。大田氏此不引《系辞》而引《华严法界观》何耶?)伊川之体用一源显微无间之论，依唐僧澄观《华严尚直编》，程朱“明镜止水”之说，亦由《庄子》及《圆觉经》、唐僧神秀偈而来。又其虚灵不昧之说亦本于《大智度论》。由此观之，宋元之学，本源出于佛教者颇多。宋元学风传之僧侣，尤为便宜。以此五山僧侣之游支那，不惟求法而已，并修儒学。最初只以词藻为事者，至此渐究心儒学之真义。彼等之归，不惟坐禅修法，且从事说道讲学，发挥儒风。后来惺窝罗山之徒皆自丛林中显名，不可谓非此故也。

要之，日人之禅学及儒学皆得于我，而彼固无学也。镰仓幕府以来，武人专政，文化中衰，教育学术不绝如缕之传，乃在皈依我国宗教之释子。国学私塾，皆归僧徒掌握。故吾谓寂照等之禅宗僧侣关系尤重也。《日本历史·近古史之学艺宗教章》：

教育之政，至此期大衰。京师之大学既废，而诸国之国学亦全亡。公家之中，惟中原、大江、清原、菅原、三善等氏苟传纪传明经明法等家学，然已不教诸生矣。高位朝官，往往不知汉字，至于武家，则更置之度外，谓之非职才艺，毫无布学政、施教育之意。然有识之士亦有知重学事者，龟山帝朝北条实时，立文库于武藏，金泽之称名寺，贮藏和汉书籍以便有志学问者，子孙相继保存之，遂得不废。后花园天皇时，下野足利之国学遗址尚存，上杉宪实修造之，寄田地、纳书籍，以僧为学头，来游之徒甚多。本期前后四百年间(自南宋孝宗淳熙十三年至明神宗万历二十七年)，止金泽文库、足利学校二所，此外别无学校也。然僧徒有志学问者甚多，而禅僧之中尤多硕学。盖此辈多渡汉土，讲究教学，兼修儒书。既巧诗文，复精医术，故学术之事，多归僧徒之手。天皇之侍读、侍医、武将顾问及凡关于读书习字者莫不藉手于僧徒，后世称私塾为寺子屋若道场者，此时之遗风也。

原文载于《学衡》1922 年第 7 期；1922 年第 8 期；
1922 年第 10 期；1922 年第 11 期；
1923 年第 16 期。

整理者：郭元超
校对者：胡　辰

现今西洋人文主义

梅光迪

第一章　绪言

吾人生处今世，与西洋文化接，凡先民所未尝闻见，皆争奇斗妍于吾前。彼土贤哲所惨淡经营，求之数千年而始得者，吾人乃坐享其成，故今日之机缘，实吾人有史以来所罕睹。促成吾国将来之新文化，以与世界文化齐驱，舍吾人其谁。顷者国中有志之士，亦已多从事斯业，竞言介绍西洋文化矣。然西洋文化，至为繁复，“是非相贸，真伪舛错”，介绍之事，谈何容易？偶一不慎，则非仅徒劳，其流弊亦将无穷，又何新文化之可言耶？

故介绍西洋文化，必有确定之标准，而此标准又可分两层言之。（一）所介绍者，须其本体有正当之价值。盖西洋近世，为文化极盛时代，宇宙真理，多为古人今人所已发现，后起者每有入世太晚，他人已先得我心之叹。而近世精神，笃信创造与自由，因袭旧说，固无足重，即偶同于人，亦避之若恐不及。桀黠之徒，若循正轨，则碌碌无所表见，于是出奇制胜之术生焉。独持异议，蔑今薄古，是人之所非，非人之所是，以期耸动视听，而弋取创造之荣誉。至其所言之是否含有真理，则不问矣。又自平民主义兴，否认智识阶级，各个人之思想，具有同等之价值。（One man’s opinion is just as good as another’s.）而众人者，舍难而就易，乃其天性。益以平民主义，诸事取决多数，故政治教育文艺之权，皆操于此辈庸流之手。思想家之愈能俯就此辈之程度者，则成功愈速矣。彼以卫持文化自任，旷怀独往，不屑屑与时浮沉之少数贤哲，以众寡不敌，乃有趋于失败之危象。故论者谓今之西洋，为贤哲与庸流之决斗时代，而文化之存亡，亦视两方最后之胜负为定也。夫过信创造与自由，又以平民主义，强施之于学问智识，其祸遂至诡辩蜂起，利用愚众，计一时之成功，而不计久远之真理。如卢梭、托尔斯泰派之归真返朴、反抗文化，马克斯派之阶级战争说，尼采派之超人论，其本体之价值，毫无足言，乃或以其新异动人，或以其平易近俗，竟能风靡一时，几有支配思想界之权势。若吾人亦贸然从之，谓其为西洋真文化之代表，亦指鹿为马耳。故介绍一种思想，当先审其本体之价值，而其本体之价值，当取决于少数贤哲，不当以众人之好尚为归。亚里士多德尝言：一事真相之定断，当从贤哲，否则徒知“顺应世界潮流”，而不知其本体之价值，亦将为世界贤哲所窃笑矣。

(二)所介绍者，既已认其本体之有价值，当以适用于吾国为断。适用云者，或以其与吾国固有文化之精神，不相背驰，取之足收培养扩大之功，如雨露肥料之于植物然；或以其为吾国向所缺乏，可截长以补短也；或以其能救吾国之弊，而为革新改进之助也。历来西洋贤哲，只知西洋一隅，未尝知有东方，此亦种族之不同，地理文字之阻隔使然，无足怪者。故其言论思想，率根据西洋特殊之历史民性风俗习尚，或为解决一时一地之问题而发，皆与东方无涉。在彼所称适用，行之吾国，或无当矣。昔罗马诗人卢克利佚斯(Lucretius)有言曰：“此人之食，或为他人之毒。(Quod ali cibus est Alii fuat acre Venenum.)”若英、美、德、法，同在西洋文化范围之中，犹有不相通者，况东西之殊乎？故吾人之所介绍，必求其能超越东西界限，而含有普遍永久之性质者，则此事之需要乎审慎可知矣。

介绍西洋文化之标准，既如上所述，而后可言人文主义矣。人文主义之首倡者(参见本志第三期)，为美国白璧德(Irving Babbit)、穆尔(Paul E. More)两先生，皆当世批评界之山斗也。(白璧德先生生于一千八百六十五年，为哈佛大学法国文学教授已久。穆尔先生生于一千八百六十四年，曾任哈佛及他大学梵文教授，又曾为纽约《民族周报》*The Nation* 总主笔。)两人之学，以综合西方自希腊以来贤哲及东方孔佛之说而成，虽多取材往古，然实独具创见，自为一家之言。而于近世各种时尚之偏激主张，多所否认。盖今日思想界之一大反动也。惟其为反动，与众异趣，以改造当世文化自任，故不为时俗及少年浮薄者所喜。然每书一出，欧美各大杂志，莫不汲汲称之。而在真正学者中之潜势尤大，多目为今之安诺德(Matthew Arnold，生于一千八百二十二年，卒于一千八百八十八年，为英国十九世纪第一批评家)，其学说本体之价值可知矣。然吾之急欲为介绍者，尤以其深知东方文化也。盖两人皆通巴利与梵文，研精内典，白璧德先生兼及吾国文艺、哲学，凡英、法、德文之关于吾国文艺哲学著作，无不知，而尤喜孔子。两人固皆得世界各国文化之精髓，不限于一时一地，而视今世文化问题，为世界问题者也。故其学博大精切，非囿于一孔者所可比拟。其言东方文化，尤具批评眼光，非如吾国学子之徒知尊古盲从，故吾国固有文化中之缺点流弊，亦可得两人之说以补救之。白璧德先生尤期东西相同之人文派信徒，起而结合，以跻世界于大同（参观本志第三期），则两先生思想与吾人关系之密切，又不待言喻矣。

两先生虽为思想家，然以文学批评为业，非专事哲学者也。近世重要文人，无论其为创作或批评家，率能以思想自见，有左右世界之势。创作家如法之福禄特尔（Voltaire，生于一千六百九十四年，卒于一千七百七十八年）、卢梭（Rousseau，生于一千七百十二年，卒于一千七百七十八年），德之葛德（Goethe，生于一千七百四十九年，卒于一千八百三十二年），英之卡莱尔（Carlyle，生于一千七百九十五年，卒于一千八百八十一年）、罗斯铿（Ruskin，生于一千八百十九年，卒于一千九百年），美之爱玛生（Emerson，生于一千八百零三年，卒于一千八百八十二年）。批评家如法之圣伯甫（Sainte-Beuve，生于一千八百零四年，卒于一千八百六十九年）、蓝纳（Renan，生于一千八百二十三年，卒于一千八百九十二年）、但因（Taine，生于一千八百二十八年，卒于一千八百九十三年），英之安诺德（生卒年已见上）、裴德（Pater，生于一千八百三十六年，卒于一千八百九十三年），为其最著者。而批评家之重要，尤近世所公认者也。安诺德尝言："批评者，乃无私之企图，以研求宣传世间所知所思之最上品也。（A disinterested endeavour to learn and propagate the best that is known and thought in the world.）"（见氏《批评文集》第一册中《现今批评之职务》一篇 *Essays in Criticism*, first servies: *The function of criticism at the present time*。）穆尔先生亦许批评精神之代表者，如安诺德辈，为古今思想界巨子。先生之言曰："彼等之所以多从事于文学批评者，亦以人生无穷之动机与究竟，表于文学中者，较在他处更为显然。而彼等职务之实行，可常使文学本体更能自觉其为一种之人生批评也。（If they deal much with the criticism of literature, this is because in literature more manifestly than anywhere else life displays its infinitely varied motives and results, and their practice is always to render literature itself more consciously a criticism of life.）"（见《雪伴集》第七册二百一十八页，*Shelburne Essays, Seven Series*。）白璧德先生于其《近世法国批评大家》（*The Masters of Modern French Criticism*）之卒章中，论人文派之批评，涉及释迦、耶稣、爱玛生、葛德等所言之天材与修养问题，恐有疑其离题太远者，乃曰："予之答词，即批评中之主要问题，在搜求标准以抗个人之狂想，亦现今通常思想中之主要问题也。故解决此问题，而不归本于主要原理，必无值矣。（My reply is that the chief problem of criticism, namely, the search for standard to oppose to individual caprice, is also the chief problem of contemporarg thought in general: so many solution which does not go back to first principles will be worthless.)”(见该书三百六十八页。)先生又称其作书之旨，在取批评家而批评之，于事理本无不当，况此等批评家又系当时紧要人物中者乎?(Among the most vital and significant personalities of their time.)又曰:“故研究圣伯甫及其他十九世纪法国领袖批评家，即系与当时之智识中心相接近也。(To study Saint-Beuve and the other leading French critics of the nineteenth century is therefore to get very close to the intellectual centre of the century.)”(均见该书自序。)统观诸人之言，批评家在近世思想界之位置，亦可见矣。或有疑者曰:然则文学批评与哲学何异?应之曰:文学批评与哲学，虽同为研究人生，然实有别。(一)哲学多趋抽象，或不切近人生，文学批评重事实，而为具体之讨论。(二)哲学多用专门文字，非个中人不能了解;文学批评，用普通文字(文学创作亦然)，易为人人了解。(三)哲学家思想或高，而文字未美，能为朴实说理之文，而不能为艺术之文。若文学批评家之文，则兼说理与艺术矣。文学批评，具此三长，宜其为近世艺术之一种，而与文学创作媲美也。

白璧德、穆尔两先生著作等身，今且举其要者言之。白璧德先生有《文学与美国大学教育》(*Literature and the American College*，一千九百零八年出版)，《新南阿空》(*The New Laokoon*，一千九百零十年出版。参阅《学衡》第八期插画第二图及说明。按十八世纪德国第一批评家雷兴[Lessing]著《南阿空》一书[一千七百六十六年出版]，详论希腊文艺精神，此书有功于欧西文艺甚巨，为批评史之杰作之一。白璧德先生痛近世文艺之弊，特作《新南阿空》亦欲继雷兴之志也。此书已出四版，英伦文学杂志 *The Athenaeum* 称为二十世纪美学书中第一杰作，其他论者亦公认其能与雷兴名著并传，亦可见其价值矣)，《近世法国批评大家》(英名见前，一千九百十二年出版)，《卢梭与浪漫主义》(*Rousseau and Romanticism*，一千九百十九年出版)四种。穆尔先生有《雪伴集》(英名见前，自一千九百零四年起迄今已出十一册)，上自希腊古代印度以及今世之文人哲人，罔不为之品定。近方专究希腊文化，著为丛书，总名曰《希腊宗传》(*The Greek Tradition*)，已出者有《柏拉图主义》(*Platonism*，一千九百十七年出版)，《柏拉图之宗教》(*The Religion of Plato*，一千九百二十一年出版)。至两先生之作，散见于各大杂志而未收集成书者尚多，以查考不易，今且从略。然学者即由上列各书以求之，已足窥见其精义名论之十九矣。夫两先生著述之富，思想之超妙，本非末学如予者所能胜介绍之任也，然亦欲借此以引起邦人之研究心。世有同好，或因是以窥其原著，则所得必更多，而区区作书之愿亦偿矣。或有疑予者曰：介绍之业，端恃翻译，君果有志，将其原著之要者，逐一译出，使阅者自得于心，不胜于第三者之居其间乎？应之曰：原著繁多，翻译需时，若仅及一二种，又不足见其学说之全，今且汇集各书中之精意，分章讨论，为一有统系之介绍，较为简而易成也。暇时再当从容以为翻译之业耳。

尤有进者，两先生虽为至友，虽为学同出一源，然其思想议论，亦时有出入，若其文章，尤各有其美，各有面目，绝无相似之处，读其原著者，一望而知。夫如是，其所以为大家也欤？

本文原载《学衡》第8期，1922年8月。

整理者：齐以恒

校对者：温　度

共和国民之精神

刘伯明

国民品性，非自始已然。盖基于制度，犹埴之受范于埏，虽其间不无主动受动之殊，然二者之能受变化则同，此社会心理学家之言也。顾制度易变，而品性则以历时过久不易猝更，此由狃于习惯，通常谓之惰性。故以改造社会自任者，于此应特别致意，否则操之过急，期成于旦暮之间，未有不失败者也。余非谓世事可任其自进自退，不须智力之制驭，此委心任运之陋习，非余之意也。余谓即知品性，原于积习，则取而矫正之，亦须历长时期之训练，而此则须有系统之计画，非有所望于鲁莽灭裂之方法也。

吾国自改建共和以来，仅历十年，以视昔之专制时期，不过一与三百之比。十年之间，又因战祸相寻，教育事业，未遑顾及。于此而望真正共和之产生，犹持豚蹄而祝满篝。虽三尺童子，亦知其不可也。夫今之所谓德谟克拉西，非仅一种制度之称号，实表示一种精神也。德谟克拉西之形式，在吾国已略具矣。然求其精神，则渺不可得。兹篇之作，所以示国人以共和精神之所在，于今之注意社会改造者，或不无裨益乎？

吾国政治，自古以来，崇尚专制。虽其间有王纲解纽，制裁稍弛之时，然就其大体言之，则恒为专制也。生息于斯制之下者，乏直接参与政事之机会，即有此机会者，亦限于极少数之人。若辈又抱兼善天下之笼统思想，而彼最大多数，则不与焉。此最大多数，其中不乏聪明智慧之士，既不能于社会方面发展其才，则退而暗修。而主观之道德，缘之以起，曰正心诚意，曰惩忿窒欲，皆此主观之道德也。虽此外尚有治国平天下推己及人之语，然治国平天下既嫌空泛，而推己及人，又往往限于五伦之间。以视今之社会精神，其范围固有广狭之殊也，又有所谓山谷之士，肥遁鸣高，日处闲旷，而以野鹤闲云自况，此其为人，超然于公民之外。就政治言，谓之非人可也。夫正心诚意之事，诚吾国人生哲学之特色，其价值无论社会进至若何程度，必不因之稍减。今人之虞诈无诚，谲而不正，大可以此药之。惟余谓正心诚意必有所附丽，非可凭虚为之。而从事社会事业，正即正心诚意实施之法，此古代精神有待于近今思想之弥补者也。至所谓山谷之士，离世异俗，就其自身言之，非不高尚，东西贤哲，自觉不囿于时，不拘于墟，而以己身属诸万世，其崇伟之精神，令人起敬。但此则限于极少数之人，非所望于人人，更非可视为教育之目的也。

以上所述，所以示国人缺乏共和精神。盖共和精神非他，即自动的对于政治及社会生活，负责任之谓也。数年以来，国人怵于外患之频仍，及内政之日趋腐败，一方激于世界之民治新潮，精神为之舒展。自古相传之习惯，缘之根本动摇。所谓五四运动，及其爆发之表现。自是以还，新潮漫溢，解放自由之声，日益喧聒。此项运动，无论其缺点如何，其在历史上必为可纪念之事，则可断言：盖积习过深之古国，必经激烈之震荡，而后始能焕然一新。此为必经之阶级，而不可超越者也。在昔法德两国，亦经同类之变动。今日吾国主新文化者，即法之百科全书派也。今之浪漫思潮，即德之理想主义运动也。其要求自由，而致意于文化之普及。借促国民之自觉，而推翻压迫自由之制度，则三者之所共同。惟今日之世界，民治潮流，较为发达，其影响之及于吾国者，亦较深且巨，斯则同中之不同也。

由是观之，新文化之运动，确有不可磨灭之价值。第前之所谓自由，足以尽德谟克拉西之义蕴欤。抑仅为其初步，此外尚须有所附益欤。自余观之，自由必与负责任合，而后有真正之民治。仅有自由，谓之放肆。任意，任情，而行无中心。以相维相系，则分崩离析。而群体迸裂，仅负责任，而无自由，谓之屈服。此军国民之训练，非民治也。世界军国民之教育，当以德意志为最著。欧战以前，德国组织，甚称完密，全国如有机体然，身之使臂，臂之使指，或如机械，其中诸部，钩联衔接，各尽厥职，无一虚设。若论效率，至矣尽矣，蔑以加矣。然其国民乏自动应变之能力，仅能唯唯听命而已。欧战以后，论者以为曩昔训练，或将消灭。然此项训练，由来已久。德国民族，渐渍于康德等之学说，历百余年之久，加以多年之教育，虽欲一旦弃之，势所不能，且亦不应尔也。盖民治政治，虽重自由，然其自由，必附以负责之精神，故前之价值，不应任其消灭，特必于旧有者之外，加以自由之新精神耳。

真正之自由与负责，审而观之，实同物而异名。惟负责而后有真正之自由，亦惟自由而后可为真正之负责。今用两名特从通常之释诂耳。邃古以来，或尚自由，或尚裁制(此即似是而非之负责)，其能兼具之者，当推纪元前五世纪之雅典。尔时雅典市民，约计五万人，而参与国家事业者，有二万人之多。其余或劳力，或劳心，或慷慨输金，或发抒技艺，凡个人所具之心思才力，靡不贡献于国家，而其贡献又出于自动。当时雅典文化，燦然美备，未始非此自由贡献之所致也。然此仅得历数十年之久，其所以泯灭者，则由个人主义，日渐曼衍，驯至各任己意，而群体涣散矣。自是而后，雅典国家，不复存在。虽亚里斯多德犹谓人为政治之动物。(Political 一语原于希腊文之 Polis。译云：城市所谓人为政治之动物者，实即人为市民也。盖雅典国家乃城市之国家，包举社会与国家两义。此其与今人言政治不同之处也。)然亚氏视政治及社会之生活，仅为常人生活。哲学家则超然于公民之外。此其所言，实反映当时社会情形，而主观及超绝之人生哲学，即由是而日盛也。

是故欲求真正共和之实现，必自恢复前所谓自由贡献之客观精神始。此项精神一日缺乏，则共和一日不能实现。专制时代，一国政治，属之最少数之人。此少数之人，苟为贤能，则其国治，其余则漠不关心。所谓不在其位，不谋其政是已。共和政治，则为多数之治，人人利害与共。故不应漠然视之，其盛衰隆污，权自我操。前所谓负责之自由，亦惟于此，有实施之余地。其生存于斯制之下者，本互助之精神，共谋进步。一方治人，一方受治于人，不相倾轧，惟理是从，斯乃共和国民之精神也，试先就互助而申论之。夫所谓互助者，与侵略对。侵略之人，日思逞其私意。其视他人，仅有工具之价值，以为增高自己声势之阶梯而已。而具有互助之精神者，则自处于隐微，或至多从旁指导。俾他人各尽所能，而发挥其异禀，又富于社会同情，关怀地方事业，凡己力之所及者，无不为之。且各有自身之职业，而此即其对于社会之最大贡献，否则寄生于社会，非有效率之公民也。顾其一方虽有职业，而一方于职业之外，尽其为公民之职责，不敢稍懈。盖凡求共和之实现者，不惟须牺牲金钱，且须贡献时间，及聪明才力，此皆共和之代价也。由是观之，共和者，人格之问题，非仅制度之问题也。有自由贡献之共和人格，则共和制度有所附丽。否则仅凭一二人之倡导于前，而多数漠不关心，必无以善其后也。余前至某地，该处道尹颇以植树为重，一时城墙四周，遍植树木。既而解职他往，居民则荷斧而争斫之。此所谓人存政举，人亡政息，而世事所以一进一退，必赖有不世出之人才，而后始有一时之进步者，其故即在是也。

共和国民，不惟负责而具有自由贡献之精神，亦须能屏除私见而惟理性之是从，此二者固有密切之关系，然亦可分论之。夫所谓理性者，非仅凭空思考，不顾事实，此抽象之理性，非余之所谓理性也。真正理性，见于协商，一方虽有一己之好恶，而一方能参酌其他方面之意见，其心廓然大公，如衡之平，能取各种不同之意见，而折衷之，使归平允。如是则面面顾到，无党派之私见，以萦其心。共和国家之有议会，其精神即应如是，否则党派倾轧，各逞野心，谓之暴民政治则可，非共和之政治也。斯二者，就形式观之，其间不可以寸，而自精神言之，则判若霄壤矣，间尝论之，专制时期，苟有贤者在上，一切设施，出自少数人之裁夺，则事易举，即须协商，亦不困难。若集数百人于一处，此数百人又各怀党见，此以为是者，彼或以为非。而所谓是非，又非有共同之标准，于是意志倾轧，是非淆乱，求其屏除私见，共商国家大事，必不可能也。

由上所述，共和之实现，有待于共和之精神。其理灼然易见。然无共和之制度，则共和之精神亦无由产生。斯二者相须如是，几将陷于名学所谓循环之谬论矣。自余观之，吾国共和，虽不能谓已实现，而教育亦去普及尚远。然教育中所涵储能，其足以培养共和精神者，尚未尽量利用，苟充其量而利用之，使今之学校，自小学以迄高等大学，凡其为教师者，俱有彻底之自觉，了然于教育之以造人为目的，非仅授与智识技能，则人性中之储能，可以变更，俾适应共和之制。近者科学发达，渐知择种留良之术。养猪养牛者，皆冀择其良者，使之生殖。吾人似亦可仿此而行，苟取此法而施之于人，则人之种，似亦可日渐改良。特吾之所谓种者，指其精神心理方面而言，非谓其形质也。在昔专制时代，常以民为无知之代名词。故孔子曰："民可使由之，不可使知之。"此所谓不可，盖不能之义，意谓即欲使知之，亦以限于禀赋，不能使知之。证以民者暝也之说，其义益为可信。此其等第人性，虽不无生理上之基础，然教育未施以前，妄分等级，是以事实上人为上之差别，为自然之差别，而维持专制于不敝，非共和教育之本旨也。

本文原载《学衡》第 10 期，1922 年 10 月。

整理者：薛　蓁
校对者：周　颖

以哲学眼光评论我国近今教育趋势

刘伯明

本篇为十二年元月八日刘先生在南京公共讲演厅向江苏省第四次教育行政会议人员之演讲。

哲学者何？　在不研究哲学者视之，为空疏为无用；其所研究者，皆迂远而不切于事实。但在研究哲学者观之，则哲学立论，莫不根据事实与经验；凭空以造理论者非哲学也！今日与诸君讲教育与哲学，皆就今日教育上最重要之问题，而用哲学眼光以观察之；亦并非凭空玄谈也。夫人生不脱习惯，一日间之经营操作，几无一非习惯也。即思想亦不脱习惯，百分之中习惯或竟占九十有余。故普通人生几全为习惯之行动，其指导人生者不过常识而已。善恶之判断，常识也；美丑之审别，常识也；甚至一般办学者，亦不过见人办学，已亦徒而办学耳。即今日六三三之提倡，设计法之风行，以及达尔顿制职业教育等等，其能悉心研究而以批判及哲学之眼光观察之者，为数恐极少。大多数则喜新厌旧，随波逐流，而乏独立研究之精神也。

不惟常识不足恃也。　即科学之为用，亦极有限。科学固能修正常识，较常识精深而合理。即如炉火，常人只知通其塞，燥其柴，嘘之以风，则火旺而热生；然而莫知其所以然。研究科学者，则能从而解释之曰：火之燃烧，赖有氧气；火之熄灭，由于炭气；氧多则火炽，炭多则火灭；炉塞通则空气足而氧气多，火自不熄而加炽矣，此空气流通之所以必要也。又如铁剑生锈，常人徒知其为潮湿所致，而不知由氧化作用，科学则能求其因果关系，徒而解释之：此常识与科学之殊异也。虽然，科学非最后之学，其范围亦有限，事有非科学之解释即能认为满意者；欲修正之，必待哲学。今即以因果律为例。科学家虽事事以因果律解释之，然因果律之所由来，此盖哲学之问题，非科学范围以内事。故科学虽深于常识，而仍近于常识，修正科学，舍哲学更无他道。科学不能解决之事甚多，人生问题其最显著者也。如为父何以须慈？为子何以须孝？为人何以须爱人？为民何以须爱国？凡此种种问题，必不可以人云亦云，人云亦云者，常识也，科学也，非哲学。能研究普通信仰之根据者，始为哲学。一部伦理学所讨论者，仅善恶一问题；一部审美学所讨论者，仅美丑一问题；何其审慎而周详也！是即哲学对于常识加以更精确的更详密的修正之凭证，然亦因常识之粗浅浮薄，自相矛盾，而多渣滓，非经哲学之一番提炼不可也。人生在世，浑浑沌沌，罔识人生之真义，此常识之生活，非哲学之生活。哲学之生活，必先明人生之真谛，得安身立命之所在，然后此生始不为虚度。习惯既须借哲学以修正之，此哲学之所以必要也；且人生一部分中亦终必有不满意于习惯而发生哲学之理论。世有以哲学理论而修正人生习惯者，自希腊哲学鼻祖苏格拉底 Socrates(469-399 B. C.)。苏氏曰："吾受命于天，来此修正雅典人生活之习惯。"嗟乎，习惯之有待于苏氏修正，岂独雅典一地，又岂独雅典当时之雅典！今日之中国，今日之南京，何处不须苏氏加以修正乎？苏氏当日，在家庭不见谅于其妻，在社会不得志于众人，而苏氏亦不措意于此，故其生活大半耗于与人讨论真理。其讨论也，极暇逸之至；水际山边，街头巷口，两两三三，相聚而为竟日谈者，人常见苏格拉底参与其间。苏氏好与人谈话，而尤好与青年人谈话。青年人大概不成熟而好武断，一事当前，每不审度而轻下断语，一若事理之真伪，可一望而知者，殊不知真理之潜伏甚深，非加以提炼推考不能或窥其端倪也。苏氏与青年人谈话，先赞赏之，奖励之，以引起其求知之心；然后与之探讨事物之真；最后则使少年人自知知识之不足，而自认为无知。今即以苏氏与人讨论"诚实"为例。诚实善德也，少年人莫不承认之。虽然，此亦不可以一概论。苏氏即从而修正之曰：诚实为美德，固也；然当两军相接，胜败悬于一诈，诈则胜，不诈则败；然则亦将以诚实出之乎？少年人则必曰：兵不厌诈。诈可用于劲敌，而不可用于友朋。是诚实一义即经一番修正矣。苏氏又曰：对友朋不可用诈而需诚实，固也；然当友朋病入膏肓，常人知其不起，医生亦证其必死；然则为之友者，将具实以告之曰，汝病垂危；抑将假设譬喻以姑安其心乎？少年则又必答曰：必不可明告之。诚实应用之于平日，而不必用之于友朋病笃之时。是诚实又经一番修正矣。是故诚实美德也，然亦有因地因时可用欺诈者。此常识之所以不可恃也。常识不可恃，故师说不可轻信，传言不可轻认；而反省推敲之所以可贵也。今者，西洋文明，乘虚而入中国，澎湃奔腾，不可一世，轻信少年，不知抉择，新者奉为神圣，旧老弃若敝屣，若苏格拉底而生今日，必反对之！守旧者见旧文化之根本动摇若不可以终日，但亦不知自省，仅为盲从之卫道，若苏格拉底生今日亦必不承认之！盖新者之从新，旧者之守旧，皆为无理之盲从；无理之盲从，苏格拉底所最痛恨。其以苏氏为守旧者，皆不知苏氏之为人也。

上既言常识科学之精粗及科学哲学之精粗矣。今试以哲学应用之于教育。试观今日教育上名词，常人认为天经地义，不可或疑者，经哲学眼光之一番考虑，是否能保持其固有信仰不因之而瓦解？今日教育界最风行之新名词，莫若自动教育、儿童兴趣、设计教学、六三三制、达尔顿制等等；然对此种名词，绝不可一见辄信，奉为定论；当用哲学的、超然的、凌空的眼光观察之。上列名词，当以兴趣自动为最流行；商务教育杂志，中华教育界所发表之文字，莫不吹嘘之。即六三三制之提倡，为自动为兴趣；达尔顿制之提倡，亦为自动为兴趣。自动兴趣，几成为今日教育上中心问题，而风靡一世矣。是或亦因矫枉者必过其正，言激者必甚其辞，而无理盲从者之众也。夫执中道而不偏，明事理之真伪，惟智者能之。此对于近今教育趋势，所以不得不用严密之批判，评论之，以见其正误之所在。从前办学者，不言兴趣，专事压抑；今日办学者，太重兴趣，不事指导。前者之弊在妄用权威，后者之弊在放弃权威，其失均也。不知学习之道，不可任性，有一定之步骤焉。譬如写字，自落笔之先后，运笔之轻重，若一任学生随意为之，未有不陷于谬误者。一陷谬误，则浸成习惯，习惯既成，改正为难，反不若未经学习者易导之归入于正。此自动之所以必须经指导也。自动而不加指导，则流为妄动，妄动之弊，不可容忍，即我在家庭中亦感任意妄动之害。故我常曰："在昔为成人专制，在今则为儿童专制。"兴趣云何哉？或曰，不然，我之所谓兴趣，乃可欲之兴趣也。可欲之兴趣，始得谓之兴趣。其言甚辩，然实自伤。盖据彼所言，以可欲与不可欲定兴趣之取舍，则兴趣已不成为标准，而可欲与不可欲始为标准。其弊犹之言快乐主义者，以高低定快乐之价值；以高低定快乐，则快乐已非最后标准。此言与趣者之失也。杜威曰："腹饥则思食，人之天性也。然物非皆可食者，故儿童之饮食，必父母代为抉择之。"今以儿童暂时之好恶，定教材之取舍，是犹任三数龄之幼儿，自择饮食，容有当乎？夫人类数千年之历史，自有悠久之价值。历代哲人经验之结晶，遗惠后人，宁可胜数。即成人数十年至短之光阴，亦岂少年后生所能超越。管子失途，尚赖老马。而曰人类数千年之历史，成人数十年之经验，皆属无用，岂不谬哉？故评论兴趣，当另有一标准；即除兴趣外，当更有一标准在。今即就达尔顿制言，达尔顿制最重儿童兴趣，儿童自动。然其所谓兴趣，所谓自动，亦非任意之盲动，一以投儿童之所好为事。其课程之指定，已有成人之选择。一月内之功课，早经教师指定；学生自由选择云者，不过不限定学生先习某科继习某科而已。且上一月功课未修毕前，非经教师允许不能先习第二月功能，并非随学生一体之好，可轶出指定范围以内也。若依一般人之所谓兴趣，则教师指定者，儿童可以不学，而非儿童所应学者，或竟不可学者儿童可以任学。然功课既经指定，其习之也，又须循序而进不可躐等，此或不合儿童兴趣之原则，达尔顿制未必处处能依据兴趣之原则也。不但此也，求学贵自动，然初学一科目，仅示门径，恐嫌不足，必时加演习，而后始收熟练之效。此于教学外国语尤关重要，此又达尔顿制之仅致意于从旁指导之所未顾及者也。夫求学非易事，课程难免艰深，不加努力，讵能上进？去年东南大学杜里舒、梁任公、江亢虎三人之演讲，同时举行。当其始也，杜氏东来，挟其数年在德之名，人无不欲一睹其言论风采为快。开讲之日，校内外之来听讲者，会堂几不能容。听梁江二人之课者，人数以次减也。然而不及旬日，前之欣然来就杜氏者，今皆索然引去，转而他往。及其终也，则听杜氏之“生机哲学”及“康德与近代哲学潮流”者，竟寥若晨星矣。梁任公之“中国政治思想史”，人数后亦锐减。惟江亢虎“社会问题”之听众，则日增无已，人之好此而恶彼，何前后相反之甚耶？抑学问之道，非俯拾皆是；而好逸恶劳，人之通病；仅随儿童一时之兴趣，适足以养成其浅尝辄止之习惯，减杀其向上之心而已。更有进者，兴趣源于努力，真正之乐趣，得之于努力之后。故初次之欣然就杜氏者，非真对杜氏发生兴趣，不过激于一时之冲动，其兴趣不可终朝。惟后之遇难不退，能忍耐以胜之者，始能得听讲之乐，非但不愿引去，且恨杜氏离宁之速矣。乃真有兴趣发生，虽终生以之，可以不变。是则倡言兴趣者，当先注重努力也。兴趣之不足恃，既如上述。今请更论学生自动之说。今之论者，莫不曰学生求学，应自由研究，自由选择，自由批评；自由之国民，惟于自由之学校中能养成之。其言甚美，抑知自由二字，不可貌袭。以自由全权付之无经验之儿童，适足以速其自杀而已。盖成人之社会，至复杂也；哲学，科学，政治，宗教，风俗，习惯，罗列于我前者，皆为前圣昔贤经验结晶之遗留。经二十余年长期之教育熏陶，尚或虑其不足，而有延长儿童期之提议。今忽任其自由活动其间，则此未成熟之青年，对此无尽悠久之宇宙，有不踯躅彷徨，无所适从，而蹈危险者乎？夫操刀而割者，必先知操刀之方；入水而泅者，必先知泅水之术。不明操刀泅水之术者，未有不自斫而自溺者。故学生非不可自由活动，然未经训练之自由，乃形式之自由，非实际只自由也。夫权物者必持秤，量物者必操尺。学生非不可自由批判也，但批评必须有批评之标准。学生尚不知黑之为黑，白之为白，而即命之判别色彩之美丑，能乎不能？仅授学生以多量之书籍，任其自由批判，不授之以好坏之标准，则势必将如放舟大海之中，而不与以南针，莫识东西，无所措其手足矣。是故兴趣自有其真义，而自由不可以貌袭。倡言自由兴趣一往而不知返者，实受今日美术中有所谓立方派未来派者离奇怪诞之流毒，全为浪漫之精神而已。嗟乎，今日教育界流行之新名词，多矣！

然能不为无理之倡导者，几人？能不为盲目之附从者，几人？能抱怀疑之态度，以批评之者，又有几人？惜苏格拉底修正人生习惯之精神，不能再见于今日中国社会中也！故我以为今日全省教育行政会议开会讨论行政，实不如讨论何以办教育之故。不向外讨论，而向内反省。古人之三省吾身，亦有一部分之真理。向内向外须加调和。我在五四之时，提倡向外之精神；而在今日，则又主向内之精神；是非我前后之矛盾，实乃我之调和耳。吾人作事，须向自己提出反对之责问，如法庭两造之对诘。终日营营究为何事？连天奔走，会当稍憩，以自反省，究何为而办教育？例如今日中学校提倡职业教育。从前人格教育为重，今知人格教育不足以尽人生，人生还须谋利。故昔重士君子大雅之风，今更提倡职业教育。六三三制，平常皆以为能活动可伸缩；其实仍欲使儿童早一年学得职业，早一年离去学校，早一年去谋生而已。中国今日教育之趋势，渐向职业之一途，虽大学亦不能免。即以东南大学而论，职业教育之发达，实有不可挽御之势。一年预料，即入分系，专攻一门。专门教育，即是职业教育，职业教育在于谋生，亦太狭窄矣。人生岂仅为谋生，而曰“人为谋利之动物”，奇矣！今虽易谋利之名，而曰社会服务；但社会服务，即是职业。而人之生活，不仅限于社会服务，试以哲学之眼光，公平廓大之心胸盱衡之，则即足证人生之价值不仅在为社会服务；而人生本体自有其价值也。人生固重为人，亦重为己。人格之修养，山水之欣赏，与个人精神之发长，关系至切，为人生心灵之所寄。故今日教育不在令学生专习一业，专长一技，天文化学种种学科，皆应研究。人能于风清月白之夜，驰旷野以欣赏天体星象，一若慈爱之天尊，环拱以护人生之酣睡，亦足以扩大其心胸，而发扬其志气也。斯则更以证人生价值不止社会服务一端，此外尤有其他价值与之等重者。故从事政治者不当为政客(Politician)，而当为政治家(Stateman)。政客仅能顾目前之所急，而政治家能纵观古往今来，非仅计划片面之人生。教育家而能用哲学家之眼光，修正常人之见解，不为偏颇之论断，而为全体之计划，斯乃教育之 Statesmanship 也。故我愿在座诸君，于公余之暇，暂收其向外探讨之精神，转而为向内之搜求；用哲学之眼光，以修正今日教育之失，是则区区之微意也。

本文原载《新教育》第 6 卷第 2 期，1923 年 2 月。

整理者：漆梦云
校对者：王　祚

安诺德之文化论

梅光迪

十九世纪中叶，为西洋文化过渡时代，盖承法国革命之后，民治主义大昌，欧洲各国，无不从事于政治社会之改革。又以科学发达，工商业兴，多数人民，乃起而握有政治经济诸权，在国中占最重要位置。此多数人民，即所谓中等阶级者是。故民治主义中之大问题，在如何使中等阶级，执行其新得之权，管理一切事业而有成功。换言之，即在如何使其领袖一国文化也。夫中等阶级之特长，不过朴诚勤劳，维持寻常生活，而其特短，则在偏重实行，功利熏心，全其形骸而丧其精神。若不先事教育，使进于高明之域，而遽付以大权，则所谓民治主义所造成之新文化，仅为中等阶级之根性习惯之结晶品，有何优美完备之可言乎。当时英人对于民治主义所持之态度，约分三派，一曰大文家卡莱尔(Carlyle)，以人类多数愚顽，无自治之能，视民治主义如洪水猛兽，循此则人类将复返于野蛮，而深信统治人类者，端赖贤豪，如克林威尔、拿破仑之流。其言曰："民治主义，乃自灭之道，因其本性如此，终生零数之效果。"(见其 *Chartism* 第二章)又曰："高贤在上，伧父在下，乃天之定律，随时随地皆然者也。"(见其 *Latter day Pamphlets* 第一章)英伦三岛居民，在彼视之，皆蠢物耳。而彼所最轻视者，厥为美国。谓美国固为民治主义之好例，然并无伟人奇思大业，足令人崇仰者，不过"人口增加极速，每二十年多一倍，至今已产生十八兆最可厌之人，此其历史上奇勋也"(同上)。二曰，保守党，不欲放弃其贵族特权，故仇视民治主义。三曰，自由党，其分子皆属于中等阶级，以下议院为其势力中心。十九世纪英国之许多改革，如推广选举，自由贸易，贫民救济律，皆该党之功。故英之民治主义，该党实为之代表。政界名人如布莱脱(John Bright)、科布登(Richard Cobden)、格兰斯顿(William Ewart Glandstone)，皆为该党党员。然三派皆非也，盖贤豪不世出。如卡莱尔言，则世之理乱，归诸天命而已。保守党纯为自私，不问多数之休戚存亡，自由党以凡民为标准，而无久远之计划，宏大之志望，故安诺德一生之文化运动，乃为反抗以上三派而起。卡莱尔以愤世嫉俗之怀，雷霆万钧之力，发为文章，世人感其心之苦、声之哀，以理想家目之，未见其言之可行也。保守党实权已失，虚荣徒存，惟自由党为新进，又深合于当时潮流，其魄力之雄厚，声势之煊赫，实有牢笼一切之概。故安氏作战之目标，独在自由党。于卡莱尔、保守党两派，视为无甚轻重，略一及之而已。盖安氏非反对民治主义之本体也，特为理想家，故不满于时尚之民治主义，急谋所以补救之，而期其臻于完善耳。

安氏亦认英国旧式贵族，不适用于近世，代之而起者，即为多数人民。其言曰："吾英贵族，至今已不能统治英国人民。"（见其《论民治主义》[*Democracy*]。）又曰："人民至今，正欲自显其本质，以享有此世界，一如往昔之贵族也。"（同上。）然人民尚无正当之准备，惟醉心于民治主义而已。故曰："今日殆人人信民治主义之发展，论之惜之，然及时准备，乃最后一事也。"（同上。）夫无准备，安能自治？故曰："如今之中等阶级，决不能操政权。"（见其《伊布斯威起[Epswich]工人大学演辞》。）然自由党政客如布莱脱之流，方逞其广长之舌，喧呶国中，以要誉于中等阶级，谓若者为其美德，若者为其伟烈，而彼之所谓美德伟烈者，正安氏指为弱点之所表现，非深恶痛绝，不足以见真正民治精神，毋怪其当时之四面受敌，不见信于众人也。

英之中等阶级，安氏曾加以诨名，即所谓"费列斯顿"（Philistine）者，译言流俗也。费列斯顿名词，源于古代小亚细亚一民族，其所居地，为费列斯梯亚（Philistia），未受犹太文化，甘居黑暗，而不肯进于光明之域。安氏之言曰："在昔创此诨名者之心中，费列斯顿原意，必指刚愎冥顽，为选秀而有光明之民族之仇者而言也。"（见其《论海纳》[*Heinrich Heine*]。）费列斯顿最大之弱点，即在缺乏智慧，而缺乏智慧者，莫如英人，中等阶级尤然。然虽，英人已早脱离中世纪而为近世进步国民，然其进步也，本诸习惯，而不本诸理智，于习惯上有不便时，则除旧布新，若出于万不得已，其苟且因循，补苴罅漏，乃成为天性。故安氏曰："英人与他国人较，为最不能容纳思想。"（同上。）英人之所以见轻于外邦名流者亦以此。海纳（十九世纪德国文豪，原名见上）之言曰："若英国无煤烟与英人，吾或可托身焉，惟二者吾不能任容其一。"（同上。）海纳之所最恶于英人者，盖即"英人之狭陋也"。（同上。）葛德亦有言曰："正当言之，彼英人实无智慧。"（见安氏《伊布斯威起工人大学演说辞》。）艾墨孙（Emerson）论英人性质，亦见其《对于理想之怀疑》（见其《英人性质》[*English*

Traits]。)英儒狄更生(G. Lowes Dickinson),现今思想家而极力称扬中国文化者也,尝游中国、日本、印度,著书曰《外观》(*Appearances*,1914 年出版),论及在中国之英人,不表同情于"少年中国"之革新潮流,而归本于英人之重实行而轻理想,其言曰:"此时英人之所以激怒于少年中国者,因彼等遵笼统理想而行,一国宜如何管理,如何组织,而不从其社会特殊情形入手,为片段之补救。英人之意,谓少年中国,宜先筑道路,后制宪法,先除肺痨,后订法律。"又曰:"不能借以收实效之智慧,英人视之为全无用。"盖英人之缺乏智慧,由于偏重实行,偏重实行者,或迷信实行之功效,以智慧为空虚而轻视之,或尽其心力于实行,无暇及于智慧,或习于实行而成自然,觉其甚易,故于智慧则畏其难而避之。三者有一于此,已足为智慧缺乏之原因,况普通人类,往往三者并有乎。

偏重实行之弊,在诱于功利,崇尚物质文明。其推察事物也,但观外表而不顾真象,囿于一隅,而不计全体,有所特好,则固陋自守,不容其他,无流转变化之妙,遂至偏僻性成,各是其是,而无公共之标准。此种生活谓之机械生活,实由于头脑简单,无智慧以为之训练也。而普通英人不察,沉迷于机械生活,反且沾沾自喜,宜安诺德之不能已于言矣。

近世英国,以富强甲于天下,其中等阶级,与为其代表之政客,盖咸以此自豪,谓英人专尚实行之美果也。然自安氏视之,不过机械耳。其言曰:"格兰斯顿君在巴黎演说(他人亦尝同此论调),曾称若欲为将来社会之物质健康,立一广大根基,则现在倾向财富与工商主义之大潮流何等紧要云云。此种辩护中之最恶者,则在其多向即尽心力于此大潮流者而发,无论如何,彼等必挟最高热望以聆之,作为彼等生活辩护,遂致助彼等深入于谬误。"(见《文化与世乱》[*Culture and Anarchy*]。)以富强为英人莫大荣誉,为之张大其词,号于众人之前,因而得其欢心者,无如布莱脱。彼盖代表极端之中等阶级的自由主义(Middle Class Liberalism)者也。安氏每喜引其说以反讥之,有言曰:"此君或大声以向人民,谓致英国富强之责,实彼等肩负之。又或大声谓之曰,且观汝等所成者何事,余周视国内,见汝等所营之大城,所建之铁道,所出之制造品,以世间最大之商船,输运货物,余又见汝等已以苦功使往日之一片荒土(即英伦三岛)变为蕃殖之花圃。余知此天府为汝等所手创,汝等乃一名震全球之民族也云云。然此种颂扬论调,正亦乐伯克君或罗君,用以败坏中等阶级之人心,使之为费列斯顿者也。"(同上。)

英人第二种之机械生活,则迷信自由是已。英人固自夸其国为自由之祖国者也,故个人权利思想极盛，而有“各自为己”之说(Everybody for himself)。其弊也自信过甚，好为立异，一切事业，无统一制度，为自由而自由，不问其是否当于情理，利于公众，徒为无意识之纠纷而已，非机械生活而何？自由党政客如乐伯克等，以英人之幸福，在各人言所欲言，行所欲行。《泰晤士报》尝评他国人讥英人在外者之服饰举止，而谓英人之人生理想，即在各人任其服饰举止之自由。然安氏则谓乐伯克君所称之言所欲言者不足取，必在所言者有可言之价值耳。《泰晤士报》所称服饰举止之自由者亦不足取，必在服饰举止之真有美观耳。然英人自由之弊，尤见于宗教。自十七世纪清教(Puritanism)大兴，其教徒专以信仰自由号召，反抗国教，党见极烈，故终身瘁其心力于驳辩团结，愤气填膺，而宗教之大义与其和平博爱之真精神尽失矣。此安氏所以引为深憾，不惜反复言之也欤。

然清教之危害，犹不止也。安氏尝论希腊精神与希伯来精神之别。谓前者重智慧，后者重品德。英人偏重实行，故希伯来精神，最合英人性质。而清教者，又极端希伯来精神之表现也。在彼视之，一切智识艺术，皆为引人入恶之谋，故在克林威尔之“清教共和”时代以宗教施诸政治。人民一举一动，莫不由政府根诸宗教信条以规定之。封闭戏院，焚毁美术品，除圣经外，不准读他书。清教共和虽失败，而清教犹在，即近世之所谓“不遵国教”(Non-conformity)者也。其教徒仍以品德为人生唯一需要(The one thing needful)。安氏之言曰：“清教徒之大厄，在自以为已得一准则，示以唯一需要，乃对于此准则与其所示之唯一需要，仅有粗浅了解，已觉满意，谓智识已足，此后只需行为。但在此自信自足之危险情形中，任其本身之多数劣点，得有充分之恣肆。”(见其《希腊精神与希伯来精神》[*Hellenism and Hebraism*]。)又曰：“世无所谓唯一需要，能使人性省去其全体同臻至善之责任者，盖吾人真正之唯一需要，乃在使本性全体同臻至善。”(同上。)夫人性至复，须为全体平均之发展，若只计及某一部分，则他部分固受其累，即其所计及之某一部分，亦不能得美满结果。清教徒自诩曰：“吾知圣经。”安氏则应之曰：“人若不兼知他书，即圣经亦不能知。”(同上。)故清教徒反对异己，暴厉残刻，焉有所谓品德。安氏又言曰：“日前报纸宣传，称有名史密斯者自杀，此人生前为一保险公司书记，惧致贫困与其灵魂之永丧，因而自杀。余读此数语时，觉此深可怜悯之人，以其择出两事，摈去其他，且将此两事并列，实为吾国人中最有势力有体面而最足代表之一部分之模型。所举两事，吾国中等阶级，人人有此思想，故余称之为费列斯顿。不过吾人少见有如此可悲之结果而受惊耳。然吾国人民之主要事务限于致富与拯救灵魂者，何比比皆是。吾人对于世俗事业之狭隘与机械的主张，即由吾人对于宗教事业之狭隘与机械的主张而起者，何其尽然。由此两种主张之结合，吾人之人生，已受何等损乱，盖因第二主要事务（按即拯救灵魂）所与吾人之唯一需要，如此印板狭隘与机械的，乃能使鄙陋如第一主要事务者（按即致富），有存在之理由，而取得同样执拗与绝对的性质也。”（同上。）

近世英人之弱点，既如上所述矣。然则安氏救正之法维何，彼尽一生以与其国人作战，所目为“费列斯顿”之死仇者也。英人缺乏智慧，偏重实行，以致弊端百出。就精神上言，乃残缺不完，失其常度之人也。故安氏欲以“文化”（culture）救正之。文化者，求完善（perfection）之谓也。完善在内而不在外，故轻视物质文明如铁道工厂之类。完善在普遍之发展，故含社会化性质，不容有极端之个人主义，完善在均齐之发展，故不如清教徒之独重品德。然则如何可得文化乎？安氏则以为必由智慧。彼尝谓其一生事业，在“灌输智慧于英人”。又言文化之目的，在了解自身与世界，而达到此目的之手续，则在知世间所思所言之最上品也。（见《文学与科学》［*Literature and Science*］。）当时科学大兴，文学与科学两者所包智慧之多寡，两者在教育上人生上之轻重比较，乃为一紧要问题。安氏谓文学所包为多，当重文学，以反抗当时之主张科学者，如赫胥黎之流。谓欲知自身与世界，须求之文学。盖彼之文学界说甚广，谓：“凡由书籍以达到吾人之智识，皆为文学。”（同上。）故若欲考知希腊罗马情形，非但读其诗文雄辩，必兼及其政法军事之制度，算术、物理、天文、生物之学说，欲考知近世各国情形，非但通其文学，必兼及其科学发明，如哥白尼、牛顿、达尔文之著作也。就此说观之，盖凡人类最有价值之贡献，不问其为文学，为科学，为政法，皆在安氏所称智慧范围之中，然吾人于此，不可以辞害意也。盖世间之智慧无穷，欲兼收并蓄，非但力有未逮，亦且大愚大惑也。安氏所谓科学政法之类，非欲使此等学问萃于一身，成为专门名家，不过知其大要，与其精神之所在而已。彼所重者，特在文学，谓科学为工具的智慧，于人之所以为人之道无关，文学则使人性中各部分如智识、情感、美感、品德，皆可受其指示熏陶，而自得所以为人之道，故其称诗为人生之批评也。

安氏既重文学，则其深信世间所思所言之最上品，必于文学中求之，自不待言，故以文学批评为业。就其所知文学中最上品，为之解释介绍于其国人，其文学批评之界说曰：“批评者，乃无私之企图，以研求宣传所知所思之最上品也。”（见《现今批评之职务》［*The Function of Criticism at present time*］。）由是可知安氏之文学批评，乃为达到文化之手续矣。今观其《批评集》内容，则见收罗宏富，不限时地，皆所谓最上品者。希腊文学，至矣尽矣，而安氏所取者，尤在其智识的解放，即能以批评眼光观察人生，而有彻底之了解，不致迷惶失措是也。安氏以希腊史家修西底得斯(Thucydides)与英国十六世纪史家罗理(Sir Walter Raleigh)相较，则知修氏以批评眼光，叙述雅典与斯巴达之大战，不为当时俗说所误。罗氏之《世界史》，则首言天堂地狱之位置，星辰及于人事之吉凶，皆如当时星相家言。修氏虽生于纪元前五世纪，罗氏虽生于纪元后十六世纪，而两人智慧之相差乃正与时代之先后相反。若言近世精神，为批评精神，为已有智慧的解放者之精神，则修氏于近世为近，罗氏则犹中世纪之人也。安氏之取重葛德，则以其非仅为近世第一诗人，实以其人生批评之精深闳博，而为近世第一人物也。于海纳则取其为近世智慧解放战争中之健将，于乔治·桑(George Sand，法国19世纪小说家，近世第一女文豪)则取其主要情怀，为理想的人生，于威至威斯，则取其讨论全体人生，为较多于他诗人。而安氏文学批评之方法与精神，盖多得力于近世法国批评大家如圣伯甫雷男之流，法人为富有智慧之民族，批评者，智慧之事，所谓“心思之自由运用”也。

安氏以高谈文化，鄙夷实行，有“费列斯顿之死仇”之号，而当时自由党政客与言论家，尤多冷嘲热骂，无所不用其极，名其文化为论“月光”(即美而不实之意)，称其人为“羊皮手套教派之牧师”。(High priest of the kid glove persuasion，犹言满身锦绣之人斯文作态摆空架子也。)只能与无事之斯文妇女，闲谈诗歌美术也。布莱脱之言曰：“彼所谓为文化者，乃在学得希腊拉丁两死文字之皮毛耳。”(安氏《文化与世乱》序文中引此言。)然安氏不为所动也，常以极和婉从容之态度，重申己说，以为答复。安氏固擅长辩论者，故反对者亦无如之何耳。

吾固谓安氏乃理想家也，其所言之民治主义，乃在智慧充足，已受文化之人，起而为一国领袖，主持一切公共事业，如政法、经济、教育、宗教等，提高多数程度，使同进于文化，非如普通政客之所谓民治主义，降低程度，以求合于多数也。许曼教授(Prof. Stewart. P Sherman，现今美国批评大家)有论安氏之言曰：“在少数文化阶级中，而为多数费列斯顿所环绕，彼决不快意也。彼所企望者，在一似雅典之民主国而无其奴隶制，彼冀有一人人风貌堂堂之社会出现，此社会中之自由平等友爱，一如罗拔士比 Robespierre(法国大革命激烈党之领袖)所想像者，然其精深美备，又如贝里克里 Pericles 所实享者。简而言之，彼愿人人有贵族化，其愿贵族化，乃至如此，以彼心中存有此种远大理想，故称自己为未来世界之自由党人。”(见其《如何研究安诺德》一书[*Matthew Arnold*：*How to Know Him*]。)

夫此种理想的民治主义，一时安能实现？而其不能实现者，盖有二因焉，一则太高，非恒人所易行，二则为自然感化的，不能借用势力威权，以强人之必从。故安氏终身不入政党，不为政治活动，不为团体运动，不发表“宣言书”或“我们的政治主张”。虽为视学员，然不设立教员机关，以垄断教育；虽为牛津大学教授，然不滥招门徒，收买青年，尤不借最高学府利用学者声价，以达其做官目的。理想家之主张固足重，其高尚纯洁之人格，尤可贵也。此盖古今中外之真正理想家，无不如是。世有反是而行者，虽自命为文化家，吾宁谓之为费列斯顿，虽自命为文化运动，吾宁谓之为费列斯顿运动而已矣。

本文原载《学衡》第 14 期，1923 年 2 月。

整理者：齐以恒

校对者：温　度

论今日文学创造之正法

吴 宓

创造之为言，作也；批评之为言，评也。作文作诗，评戏评画，作与评皆吾国旧有通行之字，而今人喜造新名词，不厌繁冗，好为重叠，乃曰创造与批评云云，殊嫌多事。惟本篇既为今之自命创造者说法，名从主人，故亦沿用之。其他如不曰仿(如仿黄鹤山樵笔意，仿元人法是)而曰摹仿，不曰文或诗而曰作品，不曰思而曰思想，不曰情而曰感情，皆同犯此牵合堆积之病，然非此篇之所欲言也。原文学之有批评与创造，如车之两轮，鸟之双翼，所以相辅相助，互成其美与用，缺一而不可者也。本志发刊，以《学衡》为名。首数期中，若梅、胡诸君所作文，于《批评之要义》及《今日中国文学批评之正法》，业已阐发无遗。然本志实以创造与批评二者并重，故今者聊贡其一得之愚。以常理言，必先有创造而后有批评，又创造之作必多于批评之作。反是则如未有人民及原告、被告而有审判厅及法官，又一马曳车而以四五人御之也。吾国年来之文学杂志，综各派各种而言之，似批评多于创造。论究文学之义理方法者，连篇累牍，且不乏佳制。而作出之诗词、文章、小说、戏曲，其可观者，则寥寥可数。谓非一偏之失耶？必自能创造而本于经验以为批评，则其批评始不落空疏。必有极多创造之新材料以为批评之资，则其批评始能有用。又必先读古人及异国之书，而后读今人批评此类书之文或征引及之者，则读者始能获益也。准是，则欲谋改良光大吾国之文学，批评与介绍而外，尤须研究创造之正法也，明矣。

窃尝读各国文学史，而知古今来文章著作之盛，即光明伟大之文学创造，常由于二事：一曰天才，二曰时会。一者人也，二者境也。(一)所谓天才者，如希腊远古，史诗之歌者千百，而独荷马之《伊里亚》、《奥德西》二篇能传于后。如纪元前五世纪中，雅典每年必有庄剧比赛之事，每届报名与赛者多人，中选获奖者三人。每人作庄剧三种，行之百年，所作之多可想，而今传者惟有爱斯克拉、苏封克里、尤里比底三人之作，合计不足四十种，余人则并其名氏亦均湮没。如罗马共和时代，以元老院为政治中枢，文武百官，均于此宣示政见，请决可否，往复辩说，指陈利害。又法廷之上，每案皆有律师，逞其词锋，而其时之人，皆以辞令为专学。顾何独西塞罗（参观本期《西塞罗说老篇》）之辞令著作传于后世，而为罗马之第一人？如英国伊利萨伯时代，戏剧大盛，作者若彼其多，传于今而为人所熟读者，亦有十余人。顾何以莎士比亚之作，独远在诸人之上？其意境，其思想，其艺术，皆非余子所可几及。比并而观，优劣显分。此外之例，不胜枚举。其在吾国，如唐诗中之有杜甫，宋词中之有清真、稼轩、白石、梦窗，元曲中之有关汉卿、马致远，清代小说中之有曹雪芹，皆为出类拔萃、卓然精工而享盛名者。则问其曷克臻此？若谓纯由于时会，则与彼等同时之人及作者，固皆处同一之时会，何不能也？若谓由于彼诸人奋志攻苦、精心结撰而持之以恒，（法人 Buffon 有言曰：能耐苦至极之人谓之天才。）本于一生之经验及练习，而其业以进，遂能登峰造极。然与彼等同时之人及作者，立志之坚，用功之勤，享寿之长，著作之多，且有过之者矣，又何不能为此也？此其中必有缘于彼诸人之本身，生来秉赋之资，而非由于外境及人力。无以释之，名之曰天才。（二）所谓时会者，如古代纪元前五世纪希腊之雅典，既破波斯，又为盟主，国力鼎盛，财源充辟。人民精神焕发，才思横溢。凡百艺术事业，均造诣绝伦，不仅文人作者巍巍辈出而已。所谓贝里克里之时代是也。又如纪元前一世纪之罗马，所谓奥古士都时代，共和之乱甫定，帝政之业初成。海宇太平，人民乐业，府库充盈，兵备修整。而朝廷之上，优礼文人，诸大作者如桓吉儿（Virgil）辈，均聚居都下，侍从唱和，一时称盛，而各成其不朽之杰作。近世如英之伊利萨伯时代，女王中兴，大破强敌（西班牙之海军号称无敌，事在一五八八年），永绝外族侵凌之势，确立海上霸业之基。将帅欢颂，作史以扬国威；人民讴歌，演剧以祝胜事；作者辈出，而莎士比亚即挺生于其间。又如法之路易十四时代，国运方隆，霸业鼎盛，文治武功，雄视全欧。其国之典章制度，礼节风俗，甚至服饰冠裳之微，世人均争来效法，而法国数百年中之大文豪，几尽生于此际，群集巴黎城中。举凡庄剧、谐剧、诗、文评、辞令、宗教道德之作，以及尺牍传记，每种文体，皆有其造诣精绝之大作者。是固法国文学全史中最盛之时期，而亦古今各国所希见也。此外之例，不必遍举。吾国若汉武帝、唐太宗、清圣祖之时代，依稀似之。大凡政治修明、声威远被、民康物阜、风美俗淳之际，亦必人才辈出，文学昌盛。故一国之文学史，实与其政治史关系密切，而文章著作最盛之时，正即其国运最隆、国威最张之时。此即治文学史者，所谓文学大成时代（Theory of Classical Age）者是也。次于此者，则为国运最衰、世变最烈之时，海宇分崩，扰攘割据，争战不息，生民涂炭，不免于困穷流离死亡。又邪说暴行有作，人心忧疑惶骇。然当此际，每有大作者挺生，以诗文写其目击身受之忧患，而成为千古名篇。若吾国之杜甫、屈原，西洋之但丁、弥尔顿是也。以上二者不同之处，即当国运最盛之时，天才必众多。一时各体之文章，均有首出之作者，济济雍雍，如诸天列宿，风云际会。而当国运最衰之时，人才必寥落。一二杰出之大作者，如孤峰万仞，老松千尺，独立云霄，以傲霜雪。此其别也。但除此二者以外，则文学创造决不能臻甚盛。吾所谓时会者，此也。

今试以此说按之吾国。吾国有五千年之历史，其间负天才之作者接踵相望，而尤长于文学。就往以察来，则今后不乏文学创造之天才，可以断言。若论时会，则今日者，诚千载一时之机遇，而不可再得者也。东方西方之文明接触，举凡泰西三千年之典章文物、政术学艺，其人之思想、感情、经验，以及穷研深几之科学、哲理、文史诸端，陆离璀璨，悉涌现于吾国人之前，供我研究享受，资用取汲。且由此而吾国旧有之学术文物，得与比较参证，而有新发明、新理解。琢磨光辉，顿呈异采。凡此皆创造文学之新资料也。且征之前史，世变之速且巨，殆未有若近今之中国者也。三十年来，国中政治、社会、风俗、学术之变迁，下及水火刀兵，饥馑颠危，各省人民之苦况，无一而非创造文学之资料。信手拈来，写之如法，均成佳篇。虽不能望文学大成之时代之出现，而或可有一屈原、一杜甫、一但丁、一弥尔顿之出现。故曰，为创造文学计，今日者诚千载一时之机会也。

然而天才果已出乎？千载一时之机会，又果曾利用之乎？呜呼，耗矣！哀哉，吾国今日之为文学创造者也！纷纭号呼，扰攘喧呶，横暴激烈，骄蹇自憙，此创造者一般之态度也。书报之多如鲫，所号为创造家之已知名、未知名者，其数千百。每人所作，又连篇累牍，洋洋洒洒。且稍露头角之人，其作品及名氏必散见于各种书报，而不专囿于一隅。于是成绩之富，出品之多，乃使各家书局承印不暇，内地报信转载不遑。全国少年学子，即不诵读古书、研究科学，而以其全副时力尽读此等文学创造之作，犹苦不能周遍。或略读之后，即无暇再读，而亦自行吮笔伸纸，为我之创作。几于遍中国皆作者也，皆天才也，皆文豪也。猗欤盛哉！吾国其已臻文学大成之期乎？然试读此等作品，则见其陈陈相因，千篇一律，读过十篇，可知其余千百篇之内容。以体裁言，则不出以下数种：二三字至十余字一行，无韵无律、意旨晦塞之自由诗也；模拟俄国写实派，而艺术未工、描叙不精详、语言不自然之短篇小说也；以一社会或教育之问题为主，而必参以男女二人之恋爱，而以美满婚姻终之戏剧也；发表个人之感想，自述其经历或游踪，不厌琐碎或有所主张，惟以意气感情之凌厉强烈为说服他人之具之论文也。而综上各种，察其外形，则莫不用诘屈聱牙、散漫冗沓之白话文新造，而国人之大多数皆不能识之奇字、英文之标点符号。更察其内质，则无非提倡男女社交公开、婚姻自决、自由恋爱、纵欲寻乐、活动交际、社会服务诸大义。再不然，则马克斯学说、过激派主张及劳工神圣等标帜。其所攻击者，则彼万恶之礼教、万恶之圣贤、万恶之家庭、万恶之婚姻、万恶之资本、万恶之种种学术、典章、制度，而鲜有逾越此范围者也。其中非无一二佳制，然皆瑜不掩瑕，且以不究学问、不讲艺术，故偶有一长，亦不能利用之、修缮之，而成完美之篇章。又其中非无聪慧之才及天性宜于文学之人，惟以拘于以上所述之外形及内质之范围，如受枷锁，莫能自拔。故虽有天才，亦误入邪路，沉溺于风狂浅陋之万众之中，遂以汩没，不能磨厉成材，是则更可悲矣。而以万众少年之所作，常不免错字满纸，花椒生姜之讥。其于吾国旧学，更不能言；而于西洋学术，尤无心问津。以其所已知及所能言者，奉为圭臬，外此则深闭固拒。故其作文也，于吾上文所谓千载一时之机会者，丝毫未能理解、未能利用之焉。是故由今之道，无变今之俗，则吾国文学创造之前途，尚复何望？如此而欲得完美精深之作品，是缘木而求鱼也。且率此以往，偏激空疏之祸，将永中于世道人心，国家、社会、世界，悉受影响。固不特文学创造中之事而已也。

然则改良挽救之道奈何？曰：因势利导，使归于文学创造之正法而已。今之从事于创造者，其中实多正直聪慧之士。徒以误解创造之原理及方法，且为瞀说恶习所中，故其所行南辕而北辙。是宜启示之，开导之，以使其得偿宿愿，而达其最初之鹄的也。且老辈凋残，新陈代谢，欲谋吾国文学之创造，亦只可望之于今此一辈之少年耳。吾所馨香祷祝之天才，要必出于若辈之中。而生当其时，适能利用吾所谓千载一时之机会者，亦惟若辈耳。故惟望若辈之醒悟与努力而已。文学创造之原理与方法，有极平常、极普通，而为今人所忽视或不信者。吾今请逐条揭橥之。诚能照此以行，则前途成效必有可观。此等原理与方法，为古今东西治文学与从事著述者所共晓、所久行，本无待吾之疏解辩证。至于不信吾言者，吾亦末之何，未敢深求也。吾以为今之从事文学创造者，宜于下列诸条深信而力行之。

（一）宜虚心。语云，取法乎上，仅得乎中。又云，满招损，谦受益。凡作诗文者（兹所谓诗文，凡小说、戏剧等均在其中，以下皆同），其所悬之标准不可不高。

视己之所作，总不惬意，夫然后始可每篇用尽我之全副精力，以求完美，而能常有进境。法国十九世纪大批评家圣伯甫(Sainte-Beuve)于所作“What is a Classic?”(此文已由徐震堮君译出，本志下期登载)文中有曰：“吾侪立志不可不高，目的不可不远。虽以今之文，述今之事，然作文之际，宜常昂首入云，注视彼间巍巍高座，古之不朽之作者，而自问曰：此诸作者其将谓我何?”故如作一诗成，应以屈原、杜甫、但丁、弥尔顿等为比较；作一小说成，应以曹雪芹、施耐庵、迭更司、沙克雷等为比较。余可类推，而勿曰某杂志揄扬我，某名流称赞我，便泰然自足也。

（二）宜时时苦心练习。虚心过度、悬格过严之人，往往因自视所作，陋劣已极，遂生厌弃之心，而终不敢从事练习，俗所谓眼高手低是也。然作诗文如弹琴、拍球、打字等事然，非时时勤于练习，断难精熟，既不谙其中艺术之精微奥妙，且一生不免艰涩之苦，故必时时练习作之。然若不用心，率尔成篇，粗疏油滑，则虽作千百篇，亦无益处。故练习之作，又不宜过多，但每作一篇，必注以全力，惨淡经营，使极精工而后已。如是则不为虚作，而练习乃有裨也。

（三）宜遍习各种文体而后专精一二种。欧美戏园之排剧者，谓每一伶人须遍充生、旦、净、丑之角色。凡男女老少、贤愚善恶、各种人物，喜怒哀乐、离合悲欢、各种情节，均须经彼一身演过，然后专演某戏中之某角，始能见长而精擅云。作文者于各种文体，亦犹是也。兹所谓各种文体者，旧者如古文、骈文、诗、词、歌、赋、曲、弹词之类，新者如小说、短篇小说、戏剧、论评、辩说之类，皆是也。窃谓居今之世，而号称文人者，须于以上所列新旧各体，每体皆能作之，而皆合于其中规定之艺术法程。此乃文人之普通知识，寻常本领，无之，则不足为中国之文人。各体练习通熟之后，深悉其中甘苦，而一己性之所近，才之所长，亦可察知，然后乃专心著作一二体，以求大成。总之，习为文者，不必定须处处自造新意，或有感而后发，但学作各种文体，而精通其艺术法程，亦必不可少之事也。大作者如丁尼生等，少年时皆先以精通艺术法程著名，久后乃自有所表见。今之专求别异于人，而不研习艺术法程者，徒为自误误人，愚不可及而已。

（四）宜从摹仿入手。作文者所必历之三阶级，一曰摹仿，二曰融化，三曰创造。由一至二，由二至三，无能逾越者也。一人练习著作之经历如此，一国文章进化之陈迹亦如此。创造之必出于摹仿，此凡稍研文学者之所共信，所稔知，而不需辩说征引者也。古今论此者，以英人雷那芝(Sir Joshua Reynolds)所作 *Discourses on Painting* 之论为最精，时贤亦多阐发，故今不具述。总之，作文固以创造为归宿，而必以摹仿为入手。世有终身止于摹仿或融化之境界者，然决无不能摹仿而能创造者也。犹之小儿未尝学步，则终身瘫废而已，何能望其与力士越沟跨野而竞走哉？有疑此者，试取莎士比亚之生平著作研究之，则见其不但毕生所历，有如此之阶级，即每种戏剧(如庄剧、谐剧、史事剧等)之编著，亦由摹仿而企于创造也。(G. P. Baker 著之 *The Development of Shakespeare as a Dramatist*，Macmillan Co. 论莎氏之艺术最精，不可不读。)故今之为文者，仍不能不从事于摹仿。李、杜、苏、黄之诗，可摹仿也；而摆伦、薛雷、丁尼生、白朗宁之诗，亦可摹仿也。或师其意，或师其法，或取其词，或并为之。凡作文，苟非有意抄袭雷同，即非前人之作，而系我之作。盖无论如何摹仿，此中终有我在。固不待趋奇走怪，费尽气力，而后始可自为表现也。翻译亦摹仿之良法，可为之；然翻译之佳而入神者，已进于创造之境矣。

（五）勿专务新奇。古之作者，其人借其文而得传于后，非其文以人而传也。同时或异世，有数多作者，同作一题，同用一法，而其能传于后者，必为其中艺术最精工、旨意最高尚之一人，而不必为生最早、或当时声名最大之一人也。天才之最高、学力之最深、艺术之最精、道德之最伟者，其吐属、其篇章，必不同于人。不必其用僻字、创新体、倡异说、反成法，而后为能出类拔萃也。今之作文者，皆犯专务新奇之病，故谬妄百出，而尤患识见狭隘，以己之所闻知、一家之主张、一人之学说，奉为金科玉律，而许以新奇，此外无论古今中外之学理之文章，则一概斥为腐旧而屏弃之。是则其专务新奇之结果，适成为雷同而已，摹仿而已，奴隶而已。昔又有惧己之文与古今人所作雷同，为己之所不及知，而终身迟惑不敢下笔者，此则其愚更可怜矣。

（六）勿破灭文字。文章者，美术之一，凡美术各有其媒质，文章之媒质即为本国之文字。故作者必须就本国文字中施展其才力。若易以外国文字，则另是一种媒质，另需一种本领，而当别论矣。文章不能离文字而独立，自根本观之，无所谓文字之优劣，与适宜于文学创造与否也。盖文字之功用与力量，实无穷无限，要在作者之能发达运用之而已。彼不能创为佳作，或且词不达意，而倡言破灭本国之文字，别创怪体，谓非是不足显其文才者，徒见其作伪饰非，心劳日拙而已。中国文字问题，吾另有论议，文言白话之优劣、英文标点之不可用、注音字母之多此一举，吾均于彼篇详释之。兹所欲言者，即文学创造者，断不可破灭或改易吾国之文字。至于笔法，style 则随人而异，逐篇而异。固不求其画一，而亦决不虞其雷同也。小说、戏剧等有当用白话者，即用简练修洁之白话；外此，文体之精粗浅深，宜酌照所适，随时变化，而皆须用文言。此外尚有一因焉，即文学之创造与进步，常为继承的、因袭的，必基于历史之渊源、以前之成绩。由是增广拓展，发挥光大，推陈以出新，得尺以进程。虽每一作者自有贡献，然必有所凭借，有所取资。苟一旦破灭其国固有之文字，而另造一种新文字，则文学之源流根株，立为斩断。旧文学中所有之材料、之原理，其中之词藻、之神理，此新文学中皆固无之。而因文字之断绝隔阂，又不能移为我用，势必从新作始，仍历旧程。此其损失之巨，何可言喻。例如某家之长子，年二十余，已毕业大学，负有才名，正可服务社会，赡养家庭。而今忽无故毒杀之，而将其三四龄之弱弟，竭力教养，责以赡养家庭、服务社会之事，不特缓不济急，抑且弟之贤愚未可知，而兄之学问才能均归乌有，不能传于幼弟。此种损失，至可哀惜。今废文言而专以白话为创造文学之资，其弊正与此事同。故即不言保存国粹、发扬国光、巩固国基诸远大之关系，但为文学创造者之便利、之成功计，亦不宜破灭文言而代以白话也。

（七）宜广求知识。文章须言之有物，易言之，即须有充实佳美之材料，此各派文人所公认也。欲多得此种材料，自须广求知识。求得知识之法有二：曰读书，曰阅历。应读之书，国学一方如经史子集，以及掌故地理，下及说部、笔记、杂俎之类，均应分别精粗轻重，研读或涉猎。西学一方，如西洋各国之文哲史诸学，以及宗教、美术、政法、科学，下及游记、杂志、报章之类，而尤宜于各国文字、各类文学加倍用功。虽云汪洋浩瀚，言之可惊，然当尽时与力之所至。比较言之，多读得一册，则将来作出文章，即较多一分价值与精采耳。至论阅历，国内各地之山水风物，各界之实况内情，固应身历目睹，有真知灼见。而国外世界各处，亦须亲自游历察看。所获既多，不惟知识启牖，即精神亦受其感化，作文不患不精湛、不新奇矣。例如吾国向日诗文，言海者甚少。今如有人焉，其文学功深，而海上之经验又极富，则可作为至有味而至实在之诗或小说，而不必假手于彼吉百龄(Kipling)与Joseph Conrad也。且读书多而阅历富之人，其所见自广大正确，而不流于偏激狭隘。吾国今日文学创作所以空疏浅陋、剿袭雷同，而无价值者，即因作者之无知识与阅历之故。(即如今之写实小说，吾所见者，每觉其不近人情，不合事实。其他优劣尚不论焉。)惟其材料缺乏，故不得不呼号标榜，趋奇走怪，而去文学正法愈远也。由前所言，我侪生当今日之中国，欲求知识，实千载一时之机会。左右逢源，俯拾皆是。有志于文者，可不勉乎哉?

（八）宜背诵名篇。中西文章之最精美者，不惟须熟读深思，且须背诵。不必甚多，然非背诵极熟不可，惟能背诵，故其诗或文中之神味格调，于不知不觉之中，化为吾有。则将来作文之时，自能仿效之，且能仿效之而无痕迹，真正融化过来，得其神似而不见形似。如此又何害于摹仿哉？且摹其神非窃其意也，摹其格调非窃其材料也。然非背诵之功不能致也。譬如作欲纪游诗一篇，自谓感情及闻见，皆与杜工部有合，则宜一方自整理其所闻见之材料，分析其感情，谋篇布局，计画周妥。然此时胸中尚是浑然一块，乃取杜工部之《自奉先县咏怀》及《北征》二诗，覆读之，至极熟，掩卷置之。少过乃实行作诗，此时须严遵原定之计画，惟用自家之材料。（如恐暗中游移随人，可预先将所画者用散文写之于纸，分定段落。今乃执纸为凭，逐段译之为诗，自不患失原意矣。）然因读过杜诗之故，故作出甚觉流畅。而不知不觉之间，局势格调，迥不若人。此固杜诗之力也，而吾固未尝有意摹仿也。又如欲译迭更司或沙克雷之小说为吾国文，应取《水浒》或《红楼》之一段情事相似者，熟读之几能背诵，然后从事翻译。此际当力求密合英文原意，而不知不觉之间，构成字句，亦不觉中英文相去之甚远也。此二例虽似琐碎迂拙，然背诵名篇而能裨益创造之理，固在于是。无论今之教育家如何论断主张，吾愿有志于文学创造者，自实行其背诵名篇之事也。（今世文学创造之要旨、之定法，必须以新材料入旧格律，或以西文之材料入中文之格律。其秘诀全在于背诵也。）

（九）宜绝除谬见。绝除成见，勿为时俗之瞽说狂潮所中，此文学批评家之第一要事，而亦文学创造者所宜着意者也。盖凡文学以真善美为归，应力求内质外形之精工。此其标准，难以数语赅括，且易于意会而难以言传，只宜相题酌材，临机定之，然决不可先存成见，著为一定之方针。即所主张者确是，亦于创造有碍，况其为时俗之谬见耶？例如作戏剧、小说者，应体察人事，就其所得而表出之。其要在显示深厚之感情与人生之公理，此外应毫无所拘束，无所顾忌。若乃于未作之先，遽自矢曰：我将编一戏剧或一小说，以写父母主婚之横暴无理，以激成家庭革命，而鼓舞婚姻自由。作者既存此心，其命意选材，属辞比事，必受其影响，而所作者必不甚合当前之事实，与人生之真理。其书中之父母则穷凶极恶，子女则至美且淑，其间之是非过于分明，劝惩过于明显。虽受同道者之欢赏，而终难为文学之佳构也。即此一端，可见文学创造，须先绝除成见。今之作者，犯此病者最多，几若以文学为推广宣传新文化运动所主张者之器械。夫新文化运动所主张者之为是与非，如何利弊，应作别论，然文学岂可以此效用而尽之乎？故非速划除今日所流行之俗见，使无涉于文学，则文学创造之前途，断难有望，终必锢蔽沉溺而不能自返也。

以上所列，为今之从事文学创造所宜深信而力行之事，固皆老生常谈，然实对症下药，宜反覆申说，而促今人之猛省者也。今更略陈就吾所见，各种文学应如何著作之法，约得五类。

（1）诗。作诗之法，须以新材料入旧格律，即仍存古近各体，而旧有之平仄音韵之律，以及他种艺术规矩，悉宜保守之、遵依之，不可更张废弃。旧日诗格律绝，稍嫌板滞，然亦视才人之运用如何，诗格不能困人也。至古诗及歌行等，变化随意，本无限制。镣铐枷锁之说，乃今之污蔑者之所为，不可信也。至新体白话之自由诗，其实并非诗，决不可作。其弊本志已一再言之，兹不具述。总之，诗之格律本可变化，而旧诗格律极有伸缩创造之余地，不必厌恶之、惧避之、废绝之也。凡作诗者，首须知格律韵调，皆辅助诗人之具，非阻抑天才之物；乃吾之友也，非敌也。信乎此，而后可以谈诗。今日旧诗所以为世诟病者，非由格律之束缚，实由材料之缺乏，即作者不能以今时今地之闻见、事物、思想、感情，写入其诗，而但以久经前人道过之语意，陈陈相因，反覆堆塞，宜乎令人生厌。而文学创造家之责任，须能写今时今地之闻见、事物、思想、感情，然又必深通历来相传之文章、之规矩。写出之后，能成为优美锻炼之艺术。易言之，即新材料与旧格律也。此二者兼之甚难，然必须兼之，始合于文学创造之正轨。有志之士，只能勉为其难也。所谓以新材料入旧格律之法，古今东西之大作者，无不行之。此其所以为大作者也。例如杜工部所用之格律，乃前世之遗传，并世之所同。然王、杨、卢、骆只知蹈袭齐梁之材料，除写花、写景、写美人、写游乐以外，其诗中绝少他物。杜工部则能以国乱世变、全国君臣、兵民以及己身之遭遇，政治、军事、社会、学艺、美术诸端，均纳入诗中，此其所以为吾国古今第一诗人也。（李白亦文学改革家，然以李与杜较，则李之材料枯窘，多篇如一。故其诗常有重覆之病。真在杜下，不待辩矣。）今欲改良吾国之诗，宜以杜工部为师，而熔铸新材料以入旧格律。所谓新材料者，即如五大洲之山川风土、国情民俗，泰西三千年来之学术、文艺、典章、制度、宗教、哲理、史地、法政、科学等之书籍理论，亘古以还名家之著述，英雄之事业，儿女之艳史幽恨，奇迹异闻。自极大以至极小，靡不可以入吾诗也。又吾国近三十年国家社会种种变迁，枢府之掌故，各省之情形，人民之痛苦流离，军阀、政客、学生、商人之行事，以及学术文艺之更张兴衰，再就作者一身一家之所经历感受，形形色色，纷纭万象，合而观之，汪洋浩瀚，取用不竭。何今之诗人不知利用之耶？即如杜工部由陇入蜀，几于每至一地皆有诗。吾国留学欧美者千百人，有能著成一集，详述其所闻见者乎？虽有之（参观本志前期李思纯君游欧及巴黎杂诗），吾殊未多见也。此无他，今之少年，命之写七言四句，平仄不误，且多不能，安能责以熔铸新材料以入旧格律之大业耶？故欲谋诗之创造，则旧格律与新材料当并重。此后不难得新智识丰富之人，然能通旧格律者必甚少，一代不如一代。故吾尤祷祝倾心文艺之青年苦研吾国诗之艺术规程也。（近世诗人能以新材料入旧格律者，当推黄公度，昔者梁任公已言之。梁任公所作如《游台湾》、《吊安重根》、《书欧战史论后》诸长古，以及康南海之《欧洲纪游》诗，均能为此者。国内名贤遗老所作关于掌故及述乱纪事之诗，佳者尤多。王湘绮诗以摹拟精工见长，樊樊山诗多咏酒色优伶，吾甚所不取。然如王之《圆明园词》，樊之前后《彩云曲》，均极有关系之作。间尝欲专取此类之诗，外如曾重伯之《庚子落叶词》、王国维之《颐和园词》以及他人之无题、乐府、竹枝词之佳者，抄录为一集，以供一己及知友之诵读，而示以新材料入旧格律之模范。然以见闻未广，功课少暇，故蓄志多年而无所成世之大雅。君子有为此者，吾馨香祝之。又尝与友谈，友曰：试为我出一二题目，俾作诗数首，而行君之所谓以新材料入旧格律者。予曰：诺。第一题，五言长古三首，题曰苏格拉底、柏拉图、亚里士多德赞。友曰：欲作此题，须将三子之学说理想及其在欧洲学术上影响之沿革洞明于胸中，而撷精取要，归纳于二三百字之中。予愧未能也。予曰：然则作七言长古一首，叙诗人弥儿顿之生平，而传其精神。友曰：此题须先俟我读过 Misson 之 *Life of John Milton* 及弥儿顿诗文全集后，然后下笔。今则尚未能也。予曰：兹易以较易之题，请仿丁尼生 Tennyson 之 Second 之“Locksley Hall”而作七古一首或七绝四十首，写中国近年之种种奇怪思想运动及一己之感慨。友曰：此题我能为之，当即从事，然亦以他故梗沮，殊可惜也。）

（2）文。作文之法，宜借径于古文。无论己所作之文为何类、何题、何事、何意，均须熟读古文而摹仿之。盖凡文以简洁、明显、精妙为尚，而古文者，固吾国文章之最简洁、最明显、最精妙者。能熟读古文而摹仿之，则其所作自亦能简洁、明显、精妙也。故惟精于古文者，始能作佳美之时文与清通之白话。古文一降而为时文，时文再降而为白话，由浓而淡，由精而粗。又如货币中之金银铜，其价值按级递减。取法乎上，仅得乎中，若共趋下，必至覆亡。故即作白话文者，亦当以古文为师资，况从事于文学创造者耶？试一察吾国今日通行常见之文章，则就其体裁，可别为三类，曰文选体，曰古文体，曰白话体。举例以明之，如左。

（一）文选体

邃雅堂诗序　柳诒徵

黔中诗家，照耀海内。伽落雪鸿，袭奕桐野。郘亭经巢，堂庑弥廓。雄夺万夫，秀抚千哲。鳛部振采，煜于龙鸾。洎水绩文，郁乎漼涣。灵怪所闭，晚近益恢。毕节余子，磥硌英多。纷纶五经，皋牢百氏。服膺液长，上溯结绳。哜胾郑堂，旁求失野。出其一艺，已轶九能。声韵之作，篇什尤富。玉积玄圃，珊交邓林。大句硉兀，惊轧霄霆。曼歌裴回，香草醉骨。寤寐所系，笃于饭颗。恢诡之趣，式诸漆园。芒屩万里，锦字一囊。虒河腾精，蜻洲濯魄。综厥诗境，跨越乡贤。诒微尝预尘论，窃窥骥毛。燕市抚尘，吴语述怀。长城之喻，今有长卿。三都之序，远愧玄晏。敬缀简末，庸识石交。

(二)古文体

书义丐　王焕镖

义丐某，佚其氏籍。一日，晨出，拾金钗一。及午，见一婢蓬首号，奔河下。止而询之，知其主妇遗钗，意婢，挞之。无以白，遂思自沉也。亟归其物，主人遗以金。笑曰，苟利此，奚返钗为？竟去。初丐得钗，喜甚，既念寠人卒得此，不祥，脱累人，不德。遂蹲以须，卒用全婢。夫士平居以道义自期，临利不能以稊米。狐趋而犬夺之恐后，履行之艰如是哉。困蹇至丐，独急人而不悔。此其所以丐也欤？庚申秋，吾师徐益脩先生言此事，因命笔之云。

(三)白话体

记痕(译短篇小说)

他们俩这样的结合，就发生真著的效果了。距他们结婚不久的一天，埃尔茂兀坐着，注视他的夫人，脸上现出一副厌苦不安的形状，缓缓的说："琼哀娜！你脸上这个记痕，果然从不曾拭去过吗?""不曾，确是不曾的，"她笑着回答，但是见了他庄重的神气，她便深深地赧颜了，"老实告诉你罢，别人说我这记痕是幻符，我也只得当它是应该的。"

"唉！在别人的脸上，这或者是不妨的。"她的丈人回答，"但是决不该在你的。亲爱的琼哀娜！你禀生于自然这样完全，就这一点微瑕——我原不敢说这是瑕还是美——实在震惊我；因为这正是地球上缺点的表识啊!"

上举三篇，均可为每体极佳之例。(三篇均见《文哲学报》第一期、第二期文苑门。《记痕》一篇仅节钞两段，又擅易一二字以示今日白话文之通例，作者谅之。且此三篇吾借用为文体之例，与原作者毫无关也。)比较观之，可知为适中合用计，则古文体实远出其他二体之上，而为今日作文者所宜奉为规范者也。世之所病于古文者，以其陈腐也，以其空疏也。不知今日学为古文，乃学其形式与格律耳，而当以今日之新思想、新材料融纳其中，则又何陈腐空疏之足患哉？试稽各国文学史，散文与诗各有其最精之时期。后之学之者，惟取此最精之时期而学之，初不问其为远古、为近古也。如英、法两国之散文，均以十七、十八世纪为最精，后人尊之为文章正宗。故迄于今日，仍摹而效之，而不径学十九世纪之散文也。今日美国文学泰斗，如白璧德，评之者谓其文实得力于约翰生，彼固十八世纪之人也。又如穆尔，评之者谓其文颇学 Sir Thomas Browne，彼则十七世纪之人也。古文虽盛于唐宋，而衍于明清，益滋光大，并非远古之珍物。以古文较之文选体，更较之于李梦阳、何景明辈之文必秦汉，非是则弗道者，果孰为远，孰为近也？且古文之价值，不惟在其形式，抑且在其材料。唐宋人之倡古文，以破选体之词章；明清人之倡古文，以矫制艺之八股，当举世伈伈伣伣，卑污苟且，咸以此机械文章之词章八股，为骗取功名之具，以求富贵利达。而有人焉，特立独行，茹苦耐贫，究心于学问经济，致力于圣贤之教、经史之学、治世经邦之要、天下郡国利病之途，以及教育，大凡人生要理，凡此种种，乃以古文写之。然则以古文与词章八股较，果孰有价值，孰无价值也哉？果孰为空疏陈腐也哉？（今人无知而武断，不惟盲于新旧之争，亦且有以古文与八股并为一物而攻击者。吾亲见其人谓桐城派古文即八股，而曾文正之《经史百家杂钞》乃以八股家眼光选成而备学八股之人之诵读。呜呼！吾欲无言。）且吾已言之，今之学古文，乃学其格律，非学其材料。则作出之文之究空疏与否，当视作者之有无材料为断，而不得辄为前人格律之咎也。古文之最可厌者，莫如赠序，以其为应酬文字，言之无物而颂常溢量。然此亦后来效颦者之咎，其在大家则往往避实就虚、借题发挥，虽系应酬小件，而以平生蕴蓄之学术、义理，怀抱倾泻而出之，后之人固未敢以应酬文字目之也。其在西国，自希腊之 Theocritus 及罗马之桓吉儿（Virgil）以降，有所谓 Pastoral Tradition 焉，即将己身及己之亲友，各与别号，饰为牧童、牧女以写之，而以牧事田功喻文章事业，此文学上一规例也。又有挽歌，Elegy 以吊死者而颂扬之，此文学上又一规例也。一六三七年，弥儿顿之友金氏（Edward King）溺死于海，盖尝同学于剑桥大学。既死，同级十余人，议各作诗或文一首，合刊小册以志哀。盖犹今之开追悼会，刊哀思录者之所为也。弥儿顿与金氏，交本非厚，乃循例作挽歌一首，曰“Lycidas”，亦用牧童之旧典。常人所为，尽于此矣，而弥尔顿默察世变，知大乱之将至，而尤恨教会中人之腐败、贪饕、淫污，实为召乱之主因。愤激之极，乃一畅发于此诗。盖以金氏尝有为牧师之意，故托言及之。于是“Lycidas”遂为传世之作。此一例也。又如两国报章杂志中，例设书评一门，汇纪新出版书籍之名目而加以短评，为之者不能工也。而法国十九世纪文学批评大家圣伯甫（Sainte-Beuve），任巴黎 *Globe*、*National*、*Revue de paris*、*Revue des Deux Mondes*、*Constitutionnel*、*Moniteur* 等报之书评门记者，每星期作文一篇，为之数十年，几无间断。其题悉非自择，而视新出之书为定。然以圣伯甫博学多才，凡其所作，皆借题发挥，自抒所见，风檐寸晷，蔚成名文。综之为 *Causeries du Lundi*、*Nouveaux Lundis* 等书，共凡四十余卷，篇篇皆传世之作。论者且谓读毕圣伯甫全集者，于十九世纪学术思想变迁之大要，已尽窥知。则其精博，可想而知。此又一例也。由是可见大作者用借题发挥之法，虽作应酬文字，亦迥不犹人，而文章程式不能困之也。且古今东西，无时无地，不有应酬文字，而在今为尤繁。总统之告谕、官吏之贺电、公司团体之宣言、名流之演讲、议员政客之发表意见、报章杂志之社论时评、宴会欢迎之说辞、事物结束之报告，下及男女学生办校刊、奏新剧、开游艺俱乐会等，其中所用之文章，何一而非应酬文字哉？何一而非印板死套哉？何一而非极端陈腐空疏哉？不特中国，西洋亦然。此类事务，吾亦尝躬与其间，亲自执笔，乃知其中皆有定格。非此程式之是遵，非涂饰堆砌许多陈套烂熟之门面语，则作出必不受欢迎。即吾有极新奇、极伟大之思想，极精警、极富丽之文章，当局者亦必不许吾之阑入而害于其事也。以此等文章较之韩、柳、欧、苏、方、姚、恽、张之古文，果孰为空疏陈腐也哉？总之，文之虚实精粗，有无价值，全系于作者之才学，而非文章格律之为病。故今者摹仿古文，而使所作各种文字皆能简洁、明显、精妙，以臻创造之极轨，固无所用其迟惑也。（参读《文哲学报》第一期徐景铨《桐城古文学说与白话文学说之比较》一文。）

（3）小说。西洋近今盛行短篇小说及独幕剧，此亦文学衰象之一。盖人皆趋重物质生活，专心致力于文艺者甚少。彼蚩蚩营营之大多数之人，以文学为消遣品，仅于其作工、治事、图利、赚钱之余暇，以及乘火车、住旅馆、候客人等无聊之片时，展卷以求娱乐。时刻一到，即复抛置。若强以读长篇章回体小说，一时既苦未能终卷，而随意取来一书，中途阅起，亦苦前事不明，线索不清，茫然如堕五里雾中。且彼辈不惟无此时，亦且无此力。盖今世之人，于其所营之事业、所研之专门学问而外，其他万事，漠不关心。于文艺纯属门外汉，即小说亦不惯诵读，读之亦不甚能解，而厌倦思睡。故编著小说杂志者，为迎合此大多数人之心理而广销路起见，遂专作为短篇小说。盖短篇小说可于十分钟或十五分钟内读毕一篇。而其中人物极少，情事极简单，易于领会。且稿费印工较少，故杂志之定价亦可较廉，而凭广告以博巨资也。(长篇小说单行本在在与此相反，故难谋利。)此短篇小说之所以盛也。独幕剧之盛，亦同一理，皆由于供消遣、广招徕、速成而赚大钱之心理。供给与需求两方相助相成，遂以效此。然小说中究以长篇章回体为正宗，从古之小说大家所作者皆长篇，而惟长篇小说始有精深优美之艺术之可言。西洋现今作长篇小说之人，尚不为少。返观吾国，则近年新派之言文学创造者，莫不作短篇小说，而鲜有作长篇章回体者。吾以为此亟待改良而不必效西人之所短，且又过之也。至于在今日作小说之法，亦宜以新材料入旧格律。吾国旧有之稗史，其中各体匀备。(稗史分为四种，其中惟短篇小说，欧洲十九世纪中叶以来所发明者，似为吾国所无，其余均有。至稗史之四种，小说与稗史之别，均详拙撰小说法程，下期登出。)而章回体之长篇小说，艺术尤精。其中之规矩法程及词藻，均宜保存之、遵依之。(其故与前节诗同。)同时更须研究西洋长篇小说之艺术法程，以增广之、补助之，而进于至美至善，此所谓旧格律也。至所谓新材料者，与前(1)诗之一节所言之新材料略同，不必复述。且今日者，尤为著作长篇小说最佳之机会，不可不利用之。盖小说乃写人生者，而惟深思锐感、知识广、阅历多之人能作之。吾国近三十年来，国家社会各方变迁至巨，学术文艺、思想感情、风俗生计，亦日新月异，今是昨非，苦乐悲欢，成败兴亡，得失荣辱，尤有泡影楼台、修罗地狱之观。凡此皆长篇小说最佳之资料，任取一端，皆成妙谛。如能熔铸全体，尤为巨功，而惜乎少人之利用之也。(吾尝有志，于十余年前与友共为预备而终嫌时力、学识、阅历均不足，卒乃废然也。)作此类小说之定法，宜以一人一家之事，或盛衰离合，或男女爱情，为书中之主体，而间接显示数十年历史社会之背景。然后能举重若轻，避实就虚，而无空疏散漫之病。(作一部历史、一部自述，写三十年来中国之情况，其事不难。求一现成或虚构之故事，为寻常小说之资料，其事亦不难。然欲求一段故事可作小说，而又足以代表政治社会各方三十年中之情形，则甚难。吾之终未敢试作者，以难得此一段故事也。)自昔大家作历史及社会小说者，靡不用此法。一者如曹雪芹，则以宝黛之情史，贾府之盛衰，写清初吾国之情况。二者如沙克雷，作 *Henry Esmond*，则以此人之遭遇及家庭爱情，写十八世纪初年英国之情况及一七一四年政变之始末。三者如 George Eliot 作 *Middle march*，则以三对男女之爱情，或成或败，写十九世纪初年英国村镇之情况。外此例不胜举，今均可取为法也。(吾国晚近小说，如《孽海花》、《二十年目睹之怪现状》及《广陵潮》，篇幅范围均甚大，而颇用吾兹所言之法，惟皆有所短。大率吾国之新小说，其人生观皆欠深厚欠中正。辛亥革命以前之小说，多以鼓吹种族及政治革命为志，而最近十年来之小说，即流于刻薄冷酷，写恶人处处形容太过而无善可感可法。近者《黑幕》、《大观》等书流行，而新文学家又力倡写实小说，适足推波助澜、助长其恶而已。）如上所言，其事甚难，然教育小说则极易作，少年学生亦可下笔。兹所谓教育小说者，非如寻常教育杂志之所载，关于学校生活，意在说明教育原理、教授方法而晓示品格修养者。（如《馨儿就学记》、《埋石弃石记》之类。）兹所谓教育小说，乃指小说之一种，内述一人自幼而少、而壮、而老之思想、感情、见闻、境遇之变迁，而国家社会种种之变迁，即由此一人之所见所感者而代表，以时为序，层次阶级显然。内外兼具，外示环境之沿革，内示个人身心之发育成长，又可谓之纲鉴体之小说。最著名者，如葛德（Goethe）*Wilhelm Meisters Lehrjahre* 及 *Wilhelm Meisters Wanderjahre* 两书。又如今世英人 Arnold Bennett 之 *Milestones*，虽系戏剧，亦用此法。吾国今日学生之有志者，甚可从事此种。但将一己及其朋友之经历，依实写出，娓娓动人，虽不能为巨构，而亦必可观也。故吾特表而出之。除上言诸义以外，吾所愿为今世从事于创造之青年告者，多读中西之佳小说，而深究其艺术法程，一也；勿作问题小说（见前），二也；勿专务作写实小说，而宜有深厚中正之人生观，三也。总之，但以恶劣牵强之白话，每行数字至十余字，英文标点，写一零片、一小段极平凡之感情闻见，此种短篇小说，实无价值。而彼专图谋利糊口之下等文人，所作不出酒色歌舞、游乐赌博之事，陈词滥调，堆满词章之非新非旧之小说，其无价值，更何待言也！

（4）戏剧。欧美今日通行之戏剧，种类綦多。若 Opera，若莎士比亚等之名家戏剧，若寻常新戏，即 Comedy of Manners，若 Music Comedy、Burlesque、“leg Show” 等（各种杂剧，极视听之娱者，尚不在内），同时并存。虽术有精粗，道有高下，然因人性之不同，地位嗜好之各异，故以上每种戏剧，各有其光顾之座客，而无废绝衰歇之忧。由此数证观之，则吾国之新旧各种戏剧，悉可听其存在，并宜自求发达精工。观者随其所好而往，固不必靳靳争辩，绝此废彼也。要之，每种艺术，必自有其价值，自有其格律规程，决不可以此例彼，强以一端概全体，而有入主出奴之见。吾国旧戏以京剧为主，再则昆曲。此二者之一切艺术规矩，其著作、排演、布景、衣饰之各种格律法程，悉应遵仍旧贯，不可妄事更张，强以新戏之布景等入之，致成非牛非马之观。所谓改良旧戏之法，只宜添著脚本而止，即所著者虽用新思想、新事实，然亦必恪守旧剧之规矩，方为合用。有如欧洲昔日希腊古剧及莎士比亚时之剧，其剧场布景等等，皆极简陋，然其剧之价值，反远在今日新剧之上，何哉？因戏剧之真正目的，在想象力之感化，而非写实之摹仿。故古剧中之剧场(Stage of Imaginative Suggestion)，实胜过今日新剧之剧场(Stage of Realistic Imitation)。而近年欧美有所谓提倡剧场布景趋于简单之运动，并主张剧场观客之数宜减少，彼非好为摹古，实欲救今日剧场过度写实之弊也。准是以论，则在吾国新剧，亦宜于精神艺术上用功夫，而不可徒炫背景之繁复。而吾国旧戏中之京戏，实与莎士比亚时代之戏剧相似；而昆曲之人少事简而重歌唱及词藻，实近于希腊古剧也。(此事后当另作专文详论之。)由是比较，而吾国之旧戏之价值乃见，以其有多年之旧规，而自能造成一种幻境以悦人也。若论新剧，吾意此决不可苟作，宜多读名家剧本，精研西洋戏剧之艺术、之法程。编剧宜有深厚中正之人生观，不可专作问题戏剧，(其理由与小说同，见前。又参阅本志第四期华桂馨《论戏曲与社会改良》一文。)不可徒倡训诲主义。剧中人之谈话，固宜用白话，以求合身分而描摹逼真。(然学生式、英文式、似是而非之白话亦不可用。)然布景之说明等，则宜用文言，以示分别。(印刷宜用两种字体以分别之。)外则戏剧一业，实含编剧、排剧、演剧三事，而三者关系至为密切。欧美之编剧者，有学校，有师承，须经长久之练习，其事非易，固人所共知。而其于排剧演剧，视之尤重。其办法可谓以军法部勒之，井井有条。能者在位，职权分明，上施令而其下绝对服从。谋全剧之成功，而毫不存显扬个人之想，其精密严整、协力同心之处，不惟为排剧演剧之良法，亦且可为凡百办事者之模范也。吾国近来学生演剧之事，盛甚。然其排演多不免凌乱散漫，实与吾国腐败之政治、腐败之社会相为呼应。吾故愿吾国之排剧演剧者，振作精神，修明法规，效法欧美排演者之郑重其业，辛苦从事，则不惟新剧前途之幸，且可由此养成办事奇才与纪律合群之观念也。

(5) 翻译。翻译之术非他，勉强以此国之文字，达彼国作者之思想，而求其吻合无失。故翻译之业，实吾前所谓以新材料入旧格律之绝好练习地也。翻译有三要，一者深明原文之意；二者以此国之文达之而不失原意，且使读之者能明吾意；三者翻译之文章须自有精采。是即严又陵所谓“信、达、雅”也。翻译之法无定，或逐字逐句译之，或通篇译其大意，要视为之者如何耳。然其最要之着，在求两国文中相当之词句，既得之，则以此易彼。古今翻译大家论翻译者，(一)如乔威德(Benjamin Jowett)则有折衷两全之说。(参阅本志第八期《钮康氏家传》第十六页按语。)如杜来登(John Dryden，参观本期插画第一幅)则谓翻译有三途，一曰直译(Metaphrase)；二曰意译(Paraphrase)；三曰拟作(Imitation)。三者之中，直译窒碍难行；拟作并非翻译，过与不及，实两失之；惟意译最合中道，而可以为法。凡译诗者，不惟须精通两国文字，且己身亦能诗，尤须细察所译之作者、意境、格律之特点，即其异于他诗人之处。既得，吾乃勉强练作一种诗体，其意境、格律与彼同，然后译之，始能曲折精到也。至于意译之法，简括言之，词藻尽可变化，而原意必不许失。执两用中，求其适当而已。（以上之说见其所著 Preface to the Translations from Ovid's Epistles［1680］。其言确为译诗者而发，然各体文章之译法均可通用。有志译事者可取而读之也。）翻译固非创造，然翻译之佳者，其文章自有精采，亦即可谓为创造。如莎士比亚之时，英国 Sir Thomas North 之由法文本重译布鲁特奇之英雄传 *Plutarch "Parallel Lives"*（1579），又 John Florio 之译 *Montaigne* 文集，Essays（1603）及 George Chapman 之译《荷马史诗》（1610—1615），在当时及后世，固皆以创造之作目之也。故希腊罗马文学名著，英国早皆有极佳之译本。而近今日本之翻译外籍，尤称敏速普遍，吾国译事与之相较，殊远不及也。近年吾国人译西洋文学书籍、诗文、小说、戏曲等不少，然多用恶劣之白话及英文标点等，读之者殊觉茫然而生厌恶之心。盖彼多就英籍原文一字一字度为中文，其句法字面仍是英文。在通英文者读之，殊嫌其多此一举，徒灾枣梨；而在不通英文者观之，直如坐对原籍，甚或误解其意。此其病由于操译事者未尝下苦，以求相当之部分融化过来。故今欲改良翻译，固在培养学识，尤须革去新兴之恶习惯。除戏剧小说等其相当之文体为白话外，均须改用文言。（参阅本志第九期文苑《梦中儿女》篇第一页编者按。）至欲求译文之有精采，须先觅本国文章之与原文意趣、格律相似者，反复熟读，至能背诵其若干段。然后下笔翻译。此时须求密合原文之意，则所得者，既不失原意，而又有精采矣。（参阅上文［七］宜背诵名篇一节。）

以上略陈吾对于创造各种文学之意见，多本于读书及经验揣摩而得来。虽吾不必能躬行之，然确信其理为不谬，其法为不拙，而愿国中有志文学创造者之教正并试行者也。至上述各义，概括言之，则吾首注重以新材料入旧格律，故不取白话及英文标点等之怪体，而归本于背诵各篇，为吸收融化文章精神之惟一善法。其详则分具于各节云。

本文原载《学衡》第 15 期，1923 年 3 月。

整理者：许欣媛

校对者：谢　任

白璧德之人文主义

吴宓　译

按本志自第三期译登《白璧德中西人文教育谈》之后，接到各处来函纷纷佥以白璧德等人之学说裨益吾国今日甚大，嘱多为译述介绍，以窥究竟。本志亦亟欲为此，惟以梅光迪君于《近今西洋人文主义》篇中（其第一章绪言见本志第八期）将详述而精论之，故未另从事翻译。今此篇原载法国星期杂志（*La Revue Hebdomadaire*）第三十卷第二十九号（夹注：一九二一年七月十六日出版）题为“L' Humanisme positiviste d' Irving Babbitt”（按 positiviste 实证之谓精确之谓），作者马西尔君 Louis J. -A. Mercier 以白璧德先生之学说，撮要陈述于法国人之前，使其国人皆知有白璧德，皆知有人文主义。吾人从旁逖听，益深景慕之思矣，且其叙述简明赅括，故不嫌明日黄花，特为译出。《星期杂志》该期亦刊登白璧德先生像，并由马西尔君将白璧德《卢梭与浪漫主义》一书之卒章，译为法文载登，题曰《人文主义与想象》“L' Humanisme et I' Imagination”。今从略。后此仍当续为译述。编者识。

第一节

在昔十八世纪之初年，英国始出现于法人之眼界。（意谓法人始知有英国，始重视英国。十八世纪中，法国政教、学术、思想、文艺，皆受英国之影响甚大，尤以英国之立宪政体、洛克之实验派哲学、牛顿之物理学、Bollngbroke 之有神论宗教、李查生之感情派小说诸端为最著。法国革新重要人物，如孟德斯鸠、如福禄特尔、如卢梭，皆曾游英国，或旅英甚久。前此则英国惟遵依模仿法国之文化耳。）至十九世纪之初年，德国始出现于法人之眼界。（语意同上，盖法兰西夙为欧洲文明之中心，德国僻处北方，南欧人皆以朴傔野蛮概之。十八世纪古学派盛行之时，德人专以遵依摹仿法国之礼俗文艺为事。如弗烈得力大王，谈话写信均用法文，而以用德文德语为耻辱。至十九世纪之初，浪漫主义发动，法人乃转而崇拜德国。一八一〇年，斯达尔夫人 Mme de Stuel 著《德意志》[*De I' Allemagne*]一书，力言德国之人民质朴真诚、友爱敦厚，德国之文学自然清新、不假雕琢，而富于感情想象。凡此皆在法国之上，而为法人之所宜则效云云。斯达尔夫人此书传诵一时，影响极大，为转移法人观感之原动力。自是法人多崇拜德国。直至一八七〇年普法战后法人始恍然大悟，知德人之爱和平非出天性，苟经训练，适成为最刚勇残酷，黩武好战之国民耳。）而今当二十世纪之初年，出现于法人之眼界者，则美洲之美利坚合众国也。

美国之立国，仅百年耳，而此百年中，由甫脱母国羁绊之殖民地，一变而为世界最强之国，致使世界文明之枢轴复为移动。古昔该撒之时，地中海之文明扩为欧洲之文明，今兹欧战，乃使大西洋成为文化交通之中心。自今以往，如置美国于不问，则欧洲种种问题不能解决。而彼美国，虽仍不欲弃其前此局外孤处之优势，亦审知此后欧洲种种问题之解决，与美国有切肤之关系。故今日者，诚新世局作始之会也。

虽然，法国无所损也，法国地居欧洲南北之要冲，故历经近世史上种种变迁，而常为文明融汇之处所。今世局虽一新，而法国地当全球东西之中心，故仍将常为文明融汇之处所无疑。本其欧洲历史遗传之文明，而汲引美国。取其对于文明之贡献，以合于异日之新文明新潮流，此法国今日之责任也。前此之法国，仅为欧洲大陆北部野蛮与南部文明之通路。今后之法国，则应为新旧两世界、东西两半球之介绍人。惟兹事极艰巨，近以学者及学生之交换，业已逐渐进行。（按：去年白璧德即赴法国在巴黎大学为交换教授。）然仍须假众力、宽以时日，始可望有成也。

本志（作者指《星期杂志》）于此颇欲尽力。拟介绍美国思想家之最著者于吾法国人之前，而首以白璧德，此其选择至当。非以白璧德为今日美国最盛行之思潮之代表，如伊略脱。（Charles William Eliot 生于一八三四年，任哈佛大学校长四十年，提倡新教育甚力，故名望及影响极大。一九一〇年曾来中国游历。）詹姆斯、杜威（以上二人为吾国人所熟知）以及爱迪夫人（Mrs Mary Baker Eddy[1821-1910]创立"耶教科学"，Christian Science 该教派之主张，谓一切因果皆由心造，如能善体耶稣教人之精意，则人生之罪恶疾病及死亡，均可消除。故宜效法圣经中所载耶稣为人治病之方术，而不用医药。此教派创立于一八六六年，信者甚众。今波士顿城中金顶辉煌最宏壮之礼拜堂，即该教派所建筑也。又在波士顿发行之 *Christian Science Monitor* 日报，即该教派之机关报。其中载关于吾国之新闻颇多，又主张公道，怜恤弱小之民族，而加以偏袒。故吾国报纸近顷常译载该报之新闻。总之，该教派存心济世，主张博爱，然以感情为宗教，又行事有近于催眠术及静坐法等。故在笃信耶教正宗者，视之为左道邪术，而由科学家观之，则不信医药，行事谬妄，故讽之者戏为该教派名为“耶教科学”。然按其实际，既非耶教，又非科学也云云）一流，而以白壁德及穆尔，及其日增月盛之徒众。方精勤奋励，专以遏止彼思潮，且转移其方向为职志也。

所谓美国之思想者，非仅取欧洲之思想，持续奉行之也，又从而增损之、选择之，以意为之轻重取舍。夫人之所知者，惟其所能知而已，彼美国之人，百年之中，由一千万人而增殖为十亿之人口。由蕞尔之片土，而据有广漠之大陆。诚所谓天之骄子，成功率易。故其于欧洲传来之各种思想，所最易了解，而遂取而厉行之者，厥惟近世无穷进步之说，以为个人愈得自由扩张，物质愈能为人驱使，则人类全体皆将享受最大之快乐矣。

白壁德之所攻辟者，即此种毫无管束，专务物质及感情之扩张之趋势也。本其所为，足促美国思想界之自觉，即恍然于夙所取之欧洲而变本加厉者，究为何种思想是也？

今征实言之，白壁德以为近世此种思想，实以英人培根及瑞士人卢梭分别代表之。故于二人着重研究自歌白尼显明宇宙之大，人心为之震撼。既而渐能善自解慰，以为人苟遵从自然（物质）之律，则可凭科学之力，驱役自然（物质）以为吾用。此种新见解，以培根为其代表。故培根者，凡百科学的人道派之始祖也，其另一办法，则凭感情，以人自合于自然（物质）之中，而求安身立命。此说卢梭主之最力。故卢梭者，凡百感情的人道派之始祖也。

本于科学，则有实证主义与功利主义；本于想象，现有浪漫的感情主义。斯二者非近世思想之二大派别乎？人类无穷进步之说，即出于此，于是天国之福音不复闻，而人世之福音取而代之矣。（意谓宗教衰歇，而众乃迷信人类之进步，以为人力万能，不信有天命也。）

白壁德之批评，即由此着眼，旧文明以宗教为根据者，已为新说摧灭净尽，故白壁德不主张复古，而主张实证之人文主义。本于人类之经验，深思穷研之所得，持此以为比较，则彼科学及感情的自然主义之缺误立见。盖其所主张，实证不足，又惑于想象，溺于感情，将旧传之规矩，尽行推翻，而不知凡个人及社会之能有组织，能得生存，其间所以管理制裁之道，决不可少。故今者既已将身外（有形）之规矩推翻，则必须求内心(精神)之规矩以补其缺也。

彼科学的自然主义及感情的自然主义，皆未能以内心之规矩供给吾人，此近世最可悲最可痛之事也。

呜呼！培根生平纳贿贪财，以此得罪，非无故也。或谓培根为能实行其学说者。彼专务物质，营营货利，为所驱役，遂忘人生道理，欲图制物，而卒至不能自制。呜呼！卢梭所生子女五人，均送至育婴堂孤儿院，不自抚养，亦非无故也。卢梭所以出此者，图免牵累。其学说之要点，即痛恶凡百牵累，凡百拘束，凡百规矩，凡百足以阻止吾人不得率意任情行事者，以及各种义务责任，卢梭皆欲划除之。呜呼！近今欧洲大战，又非无故也。徇物而不知有人，其结局必当如是。盖弄权作威、尊己抑人、恃强凌弱，乃生人最显著之本性。苟一国之人，听其趋向此途，不加绳检，而又专营物质之事业，则必至于好大喜功、穷兵黩武，如疯如狂。于是托尔斯泰所倡柔靡之感情主义，遂变为尼采所倡刚劲之感情主义。其国之人，横思妄想，皆欲为“超人”。知四海同胞之非真与黄金世界之不可恃也，恍然梦醒。然欲图无限权力之扩张，重复入梦，专务整军嗜杀。此种感情主义，与人类弄权作威之天性，毫无拘束，以及操纵物质所得之力量，惟所欲为。兹数者相遇，则必生大战。此势之必不可免，而千古莫能易者也。(按当欧战方酣之时，英美之人，皆痛詈德人贪狠残暴、穷兵黩武，以起衅开端，涂炭生灵之罪，完全归狱于德人。而自诩并称赞法人为仁义之师，救民伐罪、保障文明。夫德人固有重罪，而此等说法，其一偏不合于理，人皆见之，惟无敢言之者。当是时，白璧德先生及其友其徒，即力持公道，将此段所述之义，反复申明，谓欧战乃事势之所必至。至若好大喜功、穷兵黩武，则英、美、法、日与德国正同，决不可责人而恕己，纵其间功罪有轻重之差，亦不可谓德人全非而协约国全是也，易地则皆然。况同在疆场同为杀人流血之事耶。欲救世界之祸而免异日之战，惟有于人心道德上用工夫，或可收些须之缓效。若今之言国际联盟，或倡世界大同，弭兵减军者，皆可断其必无成耳。白璧德先生此等言论，在当时颇遭其国人之忌，毁之者不少。然国内国外诚笃公平之士，则莫不敬重先生。当美国与德国以潜艇事断绝邦交之时，哈佛大学前校长伊略脱博士联合国内学界名流数十人，作公函致德国学界，责其研究科学徒为战争之器具，供政府之利用，与之断绝智识学术上之交际。其时德国学者，亦具公函还报，谓德国学者皆忠于德皇及德国，甘为尽力。盖以各国欲合谋以杀尽德国之人，故不得不出此云云。此事两方所为，白璧德先生等皆不直之。今日者，法军占据鲁尔，种种行动，世之公论，乃转而责法国之帝国主义。殊不知此等事，在稍有常识、稍读历史、稍悉国际情形者，皆早见及之。即昔之持偏袒一方之说者，亦未尝不知个中实情。但以既为美国人，即不能不为美国说话，既存心爱国，即不得不随机应变耳。吾国人近年以参加欧战之故，受英美派之宣传，故往往随人以为议论。窃意殊可不必，且人假我真，如诳小儿，昧于实情，后祸尤深。今国人方以国耻排日，函电纷驰，日遇我虐。然所以然者，以日本为我之近邻故，易地则皆然。不可谓日本效法德意志之帝国侵略政策，而英美则只知公道与仁爱也。至各国之中，各有贤者，联合高明之士，致力于世道人心之补救，此实药世息战之无二法门。闻白璧德之风者，可以兴矣。然白璧德乃美国人中之麟凤，决不能代表美国。彼日日扩张海军，制造飞机以及磋商借款，严逼国债，强持克门案者，乃美国大多数人之代表，吾人无论对英、对法、对美、对日，此二者之间，须分别明显，不可牵混。盖为国民生计、国家权利着想，与为人心世局、道德精神着想，自必完全分途，此至不可忽也。又按：Charles Eliot Norton(1827—1908)者，首任哈佛大学教授，而白璧德之师也。其人之道德识见，亦为晚近美国人文派学者之所宗仰。一八九八年，美国与西班牙开战，是时美国人民及当局好大喜功，意欲乘机攫取菲律滨群岛而有之，故强行诱逼西班牙政府，使不能不战。又借口开衅，先发制人，遂奏肤功。当时 Norton 先生即极不以开战为然，力持公道，劝国人息兵，颇遭当局及群众之忌，几于得祸。此其所持之理及所行之事，与白璧德先生前后如出一辙者也，故特表而出之。)

爱玛生(Emerson)曰："世间二律，显相背驰，一为人事，一为物质。用物质律，筑城制舰，奔放横决，乃灭人性。"(此诗白璧德用为其所著《文学与美国大学教育》一书之格言，表明全书大旨。)彼培根与卢梭之失其人性者，以其忘却人事之律(即为人之道理)也。而欧战所以终不可免者，以欧洲文明只知遵从物质之律，不及其他，积之既久，乃成此果故也。白璧德曰："今相邻之各国各族，以及一国中各阶级之间，各存好大喜功，互相嫉忌之心，更挟杀人之利器，则无论或迟或速，战争终不可免。若辈牺牲人生万事之价值，但求积聚物质之富(货财器用)。既成，乃复自相残杀，并所积聚者而毁灭之。吁可怜哉！"

今者亟当谋所以改变之道，盖"吾人所生之世，按之文明社会所赖以持久生存之原理，取途已误，不谓前史具在，鉴戒昭然。竟复昧昧然沉溺于自然之主义之罗网，诚不知伊于胡底。此事之显而易见者也"。

以上乃白璧德《卢梭与浪漫主义》书中之言也，该书系欧战后(一九一九年)出版。然十余年前(一九〇七年)，白璧德于其所著第一部书(《文学与美国大学教育》)

中，即已明白确定其实证人文主义之要理，由是以得内心之规矩。惟因缺乏内心之规矩，故世变所极，终不能免空前之大祸(指欧战)。不幸而白璧德之言中，惩前毖后，可以悟矣。

白璧德首先郑重说明人文主义与各种人道主义之分别。盖人道主义重博爱，人文主义则重选择。(人道主兼、人文主别，人道即墨家之爱无差等，人文则儒家之分别贤愚亲疏。论语云：泛爱众，而亲仁。但能泛爱众，是为人道派。兼能亲仁，则进于人文派矣。)泰伦斯(Terence，罗马大谐剧作者，约190—159B. C.)之言“凡人事无不适于我心者”。虽经卜龙铁(Brunetiere，法国文学批评家，1849—1906)取为人文主义之表征，其实乃人道主义之说法。盖其中毫无别择之义，将以柏拉图语录与流行之小说丛报同等嗜之矣。但有博爱(通译为同情)不足也，但有选择或规矩，亦不足也，必须二者兼之，具博爱之心而能选择并循规矩，斯可矣。人性好趋极端而矜偏颇，然人之所以学为人者，正以其能战胜此种天性，于人心中每种趋向。各以其反对之趋向调剂之，遂能合礼而有度焉。(所谓沉潜刚克，高明柔克，又佩韦佩弦，亦合此意。)

白璧德谓此种人文主义，古之圣贤多已言之。如释迦我佛云“偏则失当”，柏拉图云“有能兼备一多之人，吾将敬而礼之”。亚里士多德以中庸为道德，而巴斯喀尔(Blaise Pascal，1623—1662。法国宗教哲学家兼物理数学家。所著有 *Lettres* 及 *Provincials Pensées*，而以后者最为精要)之论最为完备。其言曰：“人之所可贵而难能者，非在趋一极端，而在能同时兼具两极端、且全备其间之各等级也。”(意谓但能一往直前，不足为勇，必须能勇能怯，随所宜为之，而无不合适当之分际，通权达变，因境制宜，而无往不衷于义也。举此一端，余可类推。)

印度专务趋一，竟能实行其理想。希腊则不然，其人虽阐明合度之法则，以“毋过当”为教，然其后竟废弃其所借以模围身心、统一生活之规矩。于绝对(即一)相对(即多)二者之间，无由得执中两全之术，于是杂说并起，扰攘纷纭，精神迷惘，而相率沉沦矣。

第二节

由上所陈之义理，白璧德进而考察其时美国之情形。

白璧德任哈佛大学教授，(白璧德略历，生于一八六五年，学于哈佛大学，后赴巴黎，入法国高等学院，从名儒西畹莱维学。一八九四年归国，在哈佛大学任教职，今犹为该大学教授，授法国文学及比较文学。除编订之文学读本若干种不计外，所著书如下：《文学与美国大学教育》[*Literature and the American College*，1908]、《新南阿空》[*The New Laoeoon*，1910]、《近世法国批评大家》[*The Masters or Modern French Criticism*，1912]、《卢梭与浪漫主义》[*Rousseau and Romanticism*，1919]。译者按：以上四书之外，白璧德先生尚拟著《民主政治与帝国主义》[*Democracy and Imperialism*]一书，数年前已计划停妥，惟以他故尚迟迟未出版耳。又按：西畹莱维[Sylvain Levi]为法国著名东方学者，著述甚多。今春曾来吾国游历，并在北京演讲云。又按：白璧德先生所著书四种，皆美国波士顿 Honghton，Mifflin Co 书局印行，日本丸善书店，皆有存书发售。又按：白璧德先生在哈佛大学所授功课，主要者共四门，如下：[一]《卢梭及其影响》。[二]《法国文学批评》以上属于法国文学之范围者。[三]《欧洲十九世纪浪漫运动》。[四]《十六世纪以来之文学批评》。以上属于比较文学之范围者。此外尚有辅课二门。[五]《夏土布良[Chateunbriund]及浪漫运动之始》。[六]《巴斯喀尔[Pascal]及王港学院[Port Roy□]》。以上六课，分年教授，甲年授[一][三][五]三课，则乙年[二][四][六]三课，丙年同甲年丁年复同乙年，如是错综互换，以下可以类推。）故于自然主义在教育之影响，感受尤为深切，是时所谓选科制者犹盛行。（其后哈佛大学已有反动，于选科制已加修改。现哈佛大学于初入校之学生，各指派教授一人为其指导员，指导其选课之事，又定出所谓博通[Distribution]及专精[Concentration]之功课，均为必修。且第一年生另有必修之功课数门。此外学生欲以最优等或优等毕业者，更须照规定之办法，尽修若干门功课然后可。凡此皆所以挽救自由选科，漫无限制之流弊也。译者按：哈佛大学定章，所有之功课，总分为四类，每门功课以每星期三小时授满一学年为单位，修满十六有半单位者为毕业，得学士学位。此十六有半单位之中，其六单位必同在一类，设为甲类，是之谓专精。此外必须有六单位，分配于其余之乙丙丁三类。且其分配之法，每类至少必须有一单位，而无论何类不得多于三单位。[易言之，其法只能为乙二丙二丁二，或乙三丙二丁一，若夫乙四丙一丁一，或乙四丙二丁无，则均所不许。]是之谓博通。此外所余者仅四单位有半，可以任选。故其所谓自由选科者，亦只如此，况尚有他种特别办法更限制之耶。又按：近年哈佛大学历史政治经济系定章，凡以各该系为主科之学生，于毕业前，须受所谓普通考试[General Examination]，即以历史、政治、经济之全部为范围。俾各人皆同具最要之普通知识。此考试不能及格者，虽学分已修足，亦不能毕业。又按：最近一二年中，哈佛大学新章，凡以文学或文字学为主科之学生，无论其专治何国何种何时之文学或文字学，皆须同受所谓文学精华考试。所指定之书籍，如

《圣经》及希腊之荷马、苏封克里、柏拉图、亚里士多德、罗马之桓吉儿、英国之莎士比亚弥儿顿、法国之毛里哀、德国之葛德等。[以上约举数例，未能遍及。]其所著诗文，乃欧洲文学名篇，为人人所必读。故凡专习文学或文字学之学生，皆须平日按照单中所开，研究有素，届时同受此种考试，不及格者不得毕业。按此法系仿历史、政治、经济系之普通考试，而罗列古今文学杰作，强迫研读，用意尤善。以上诸种改革，白璧德先生倡导之力为多，按哈佛大学在美国为施行选科制最早之校，而于其流弊亦觉悟最先，首谋改良补救之办法，故谓哈佛大学为保守者，毋宁谓之为革新之前驱之先导者耳。近者选科制方在吾国盛行，而鲜有注意其流弊者。且吾国经费人才有限，科目设备不周，而骤行无限制之选科，徒使学生神昏意乱，舍精取粗，重小忽大，至毕业时，学分虽已足，而于某类学课最主要之全部系统知识，则尚无之。故科目不完，指导不殷，而竟行选科，是为学生谋而不忠也，是骛虚名而乏实益也。故即在主张及赞成选科者，行之亦不可不慎也。)哈佛大学校长伊略脱先生(注见上)曰："年届十六岁，曾受教育之青年，与其由全校教员为之代定课程，不如听其自选之为当也。盖青年者极复杂之有机体，其天性各各不同，且可断言终无二青年之天性相同者，故决无能知之真切之人。"又白："居今日而论教育，只能谓各种学科同一重要，其在教育上之价值皆相等(而不能谓其间有轻重尊卑之分也)。"白璧德则谓彼十余龄之童子，性情无定，随一时之感触而转移，今弃千百年积蓄之智慧于不顾，而从若辈童子之自由嗜好。此其谬误，显而易见。盖以若所为，是将一人之个性视之过重，而将人类全体之公性视之过轻。此种理解，施之教育，当自卢梭始，前此无之也。又以若所为，是淆乱所有之价值，漫无分别，视人事之律与物质之律同等。此种理解，当自培根始，前此亦无之也。

此种谬误之理解，其祸并及于高深教育。即大学毕业生，再修业一年，而得硕士学位。又修业三年，作成专门论文，经过普通考验，而得博士学位是也。白璧德谓今所行之制，按其实际，则彼求博士者，不行其所当务，不以熟读精思之工夫，与人类思想之精华，古今文章之杰作相接触、相亲近，理会而受用之，而乃专务搜求琐屑隐僻，无与人事之事实，纂辑以成论文，借获虚衔，其数年之光阴全为枉废，诚为可惜。此其所造就者，并非真正之专门学者，博古而通今，援新而明旧，洞悉人类进化之前史，能为世用，而徒为虚伪之专门学者而已。耗矣哀哉，此辈盖亦为个性教育之牺牲。彼个性教育者，一方趋重科学，为琐屑干枯之考据；一方纵任感情，专务天性及情欲之自由。如前所言之选科制是已。

转言之，白璧德欲使学生先成为人文学者，而后始从事于专门也。夫为人类之将来及保障文明计，则负有传授承继文化之责者，必先能洞悉古来文化之精华。此层所关至重，今日急宜保存古文学，亦为此也。自经近世古文派与今文派偏激无谓之争，而古文学之真际全失，系统将绝。故今急宜返本溯源，直求之于古。盖以彼希腊罗马之大作者，皆能洞明规矩中节之道及人事之律。惟此等作者为能教导今世之人如何而节制个人主义及感情，而复归于适当之中庸。故诵读其书而取得其精神，为至不可缓也。

希腊人闲暇之义，亦为古来习俗之关系重要而急宜恢复者。彼培根之徒，误以闲暇为休息、为怠惰，卢梭之徒误以闲暇为寻梦、为入魔。然古来东西圣哲，若希腊，若印度，若耶教，若佛教，若回教，莫不重静修之工夫。耶稣谓马利（主静主知）之智慧在马沙（主动主行）之上（参阅《新约路加福音》第十章第三十八至四十二节自明），实与亚里士多德所见不谋而合（亚里士多德以静思为最高之生活，见其所著《伦理学》卷十第七章）。其所谓闲暇者，既非工作，亦非游戏，乃谓以人之智力专用于高尚之思想，及美术诗文宗教之域，使人觉有超乎一己之上，而又确为我之心目中一切实境之根据者，使人视己之生涯，不以目前有形得丧，及过顷即灭之我为标准，而以永久之价值为归宿焉。（按孟子云：壮者以暇日，教之以孝弟忠信之义云云，故道德工夫非闲暇不可致。至静修之义，吾国古人多视之极重。总之，白璧德先生所谓闲暇者，即存养修省之工夫，身心性命之学，故彼逐名趋利、孳孳营营者，固难与言闲暇。即彼日研考据词章科学文字，或侈谈经济事功爱国救世者，皆不足语于此也。）白璧德于此仍归本于中庸之道，谓所当求者，非专务动作，亦非专务静止，而为静中之动。苟欲图真正人生理想之实现，不以物质之律自足，而并遵依人事之律，则此层修养之工夫为必不可少，若此者乃可谓之闲暇也。

必如此而真正之进步乃可致，而真实之创获，要必为汇萃精思之结果。夫前此之摹仿古文学者常不免为奴从，固矣。考近世（十七、十八世纪）之复古派，原为个人主义初起方盛时（文艺复兴时代）之反动，非无根据，惟其后个人主义之势已杀。至十七世纪之初，仅见之于好为奇诡、专务纤巧之一种文体而已。复古派志在发明古代文艺之理想，力趋纯正，所惜以精粗及常变之界限未明，每不自行观察体验，而但崇奉后世注释亚里士多德之书者所定之规律，致于自然浑成者亦斥之为离奇怪诞，艺术之范围既经复古派强为斩削而小之，则激烈之反动为不可免矣。此种反动发自卢梭。卢梭曰："吾虽无过人之善，然能与众不同。"（参阅本志十八期《圣伯甫评卢梭忏悔录》篇及按语。）卢梭此语，今人诵习已久，今人以专务新奇之故，至于尽反古人之思想议论，甚至自安于固陋，于古人之书曾不寓目。故复古派趋一极端，今人反之而又趋他极端。欲为新奇，而竟流于乖僻，今思救其弊，则仍须返于中庸。其法当效古希腊人利用前古之成绩以为创造，以个人自我之方法，表阐人类公性之精华，不当更于科学的及感情的自然主义中制胜图功，不当长堕迷途，自矜创获。专务搜寻未刊之残编，未道之只字，如疯如醉。效彼科学派之学究，疲精敝神，为琐屑之考据，诡僻之发明者，以及彼文学艺术派之学究，全为一己之感情印象所充塞禁锢而不能自拔者之所为也。而所当务者，则为熟读古人之佳书名篇，于以见人类所留遗之最高尚之思想言行，陆离彪炳，铭刻其中，更须继往开来，自为述作，比踪先哲，所作不必务为奇诡乖异，而当显示人生之要理。偶有所悟而寻常不及见者，于是古人之灵明睿智既得传于今，而今人本其新得之经验，亦可以其灵明睿智并传于后也。

第三节

以上所述白璧德先生之思想，皆本于其所著第一书《文学与美国文学教育》。白璧德其后所著各书，均就此意引而申之，成为系统。昔德人雷兴（Lessing，1729—1781）著《南阿空》（*Laocoon*）一书（参阅本志第八期插画僧人遇蛇像说明及《现今西洋人文主义》篇第六页小注），以攻辟伪古学派淆乱诗与画之畛域，所以致此者，由于误解摹仿之本义。（参阅本志第九期《诗学总论》篇第九页。）白璧德于所著《新南阿空》书中，先述雷兴之意，并为阐明之，然后攻辟浪漫派之淆乱各种艺术之畛域，而其所以致此者，则由于力主自然，及纵任想象自由不加节制之谬说。白璧德断曰：欲艺术之尽美尽善，仅有精湛之材料尚不足，而必须有既整齐且有变化之形式，以表达之而范围之，其形式愈臻完美，则愈能显示一种宁静之精神，异乎呆滞，而能提高艺术作品，远离此刹那生灭之世界，而上企于庄严高华之境。所谓真正之艺术者，须言之有物，而又须简单言之也。（谓不假雕琢，自然浑成。）故曰：言之无物，而又肆为奇诡繁复，此乃下流作者之所为，最堪痛恨者也。

阅二年，而白璧德之《近世法国批评大家》一书出世，直攻十九世纪之潮流而斩其根株。盖白璧德先生之研究文学问题，不视为某国某时某种文学中之事，而凭哲学及人类思想沿革以观察之。故于此书中，乃取斯达尔夫人（Madame de Stäel-Holstein［1766-1817］，略见前注，所著书除《德意志》外，以《论文学与社会制度之关系》［*De la Littérature*, etc.，1800］、《论感情及于个人民族幸福之影响》［*De I' lnfluence Des Pas-*

sions, etc., 1796]及小说二种 *Delphine*[1802]、*Corinne*[1807]为最要)。夏土布良(Chateaubriand[1768–1848],略见本志第十八期《圣伯甫评卢梭忏悔录》篇小注,所著书以《基督教之美质》[*Génie du Christianisme*, 1802]、《身后见闻录》[*Mémoires d'outre-Tombe*, 1849–1850]及小说数种《雷奈》[*Rene*, 1805]、《阿达拉》[1801]等为最要)、尤柏尔(Joubert[1754–1824],本志通论曾屡引其说,著有《思想录》[*Pensées*, 1838]及《文集》、《格言》、《尺牍》等共二卷[1842])、圣伯甫(详见本志第十八期《圣伯甫释正宗》篇首小传及按语)、薛雷尔(Scherer[1815–1889],所著书以《现代文学批评研究》十卷(*Etudes critique sur la littérature contemporaine*, [1863–1895]及《十八世纪文学批评研究》[*Etudee critique sur la littérature au XVIIIe Siecle*, 1891]等为最要),但因(Taine[1828–1893]所著书以《现代法国之由来史》六卷[*Des Origines de la France cantemporaine*, 1876–1893]、《英国文学史》五卷[*Historie*, etc]、《智力论》[*De P Intelligeuee*, 1870]为最要)、雷纳(*Rnan*[1823–1892],所著书以《基督教之由来史》[*Les Origines du Christianisme*, 1863–1881]、《以色列民族史》[*Histoire du people, plsraël*, 1888–1894]、《科学之未来》[*L' Avenir de la Science*, 1848]、《少年回忆录》[*Souvenirs d' enfanee et de jeunesse*, 1883]为最要)、卜龙铁(Brunetiere[1849–1901],所著书以《法国文学批评研究》[*Etudes critique*, etc., 1880–1899]及《情诗之进化》[*L'évolution de la poésie lyreque*, 1894]等为最要)诸人(皆法国十九世纪批评大家)而一一质询之曰:彼其于近世思想问题曾如何解决乎?此白璧德著书之本旨也。

白璧德于斯达尔夫人及德法两国浪漫派卢梭之徒,则责其于伪古学派之形式主义固宜革除,然不当举法律之观念选择之原理而同铲绝之,玉石俱焚,为害于世甚大。盖人类须常以超乎日常生活之上之完善之观念自律,苟一日无此,则将由理智之域而下堕于纵性任欲之野蛮生活。夫惟人类能自拔于此,而上进于理智裁判及直觉之生活,乃有文明之进步可言。今奈何反其道而行,毋怪乎末流竟有如托尔斯泰者,以彼俄国村农不能领略苏封克里及莎士比亚文章之美,而遂谓二子之剧本不当读也。(意谓托尔斯泰等论人论事论文,以最下最劣者为标准,实受斯达尔夫人等之影响也。)

白璧德于尤柏尔则赞其卓识,知文学非仅为显示社会之变迁者,其中自有绝对不变者存,又知人性之中,亦有其永久不变之部分,且发见一种理智判断之原理,不专为形式,而本于内观直觉,且为居理性之上而非在其下之直觉,是可贵也。

白璧德因论尤柏尔而述其将人类生活分为三界之主张,极为明晰,略谓人之存心行事可别为三级。上者立于宗教界（或天界），如巴斯喀尔是也，中者为人文界（或人界），亚里士多德《伦理学》首数卷（见本志第十三、十四、十六等期译文）所言者是也。下者为自然界（或物界）如卢梭是也。白璧德谓三界之中，宗教界与自然界极易混淆，世人往往以此为彼，误认自然之直觉（即本来之物欲）为宗教之直觉（即悟道之内观），不辨巴斯喀尔之所谓心与卢梭之所谓心，固截然不同也。（一为坚定之道力，一为激扰之情欲。）

夏土布良者，过渡时代之作者也，按自十八世纪之末，直入十九世纪，此际人类思想之方向大为改变。昔常坚信绝对之理，今则一反故辙，而专信相对之说。夏土布良自命拥护王室及教会（为旧派之健将），而实则其所行事，皆足促众共信相对之理（反成为新派之先锋），故适成其为过渡时代之人物云。

白璧德全书之四分之一专论圣伯甫，盖以圣伯甫最能代表十九世纪之各种潮流，而尤能代表。（一）旧传之希腊罗马古学派及耶教与（二）新兴之科学的及感情的自然主义（即物性主义）之苦战也。细究圣伯甫之思想言论，则可见旧传之规矩已无复信仰之者矣。圣伯甫一生亦尝有归依宗教之时，然以感情之所驱而为此，故变迁而无定见，迷乱而乏真知，其时之奉行自然主义者，及身亲见耶教教义之覆亡绝灭而宇宙共入于“无神”之世，莫不深抱奇愁，堕入悲观。圣伯甫亦然，虽曾立身于自然界（物界），而终不自适。至一八四八年以后，且痛攻感情派之自然主义，至于科学的自然主义，虽仍崇信之，而亦深知其过度之为害。当时文学中嚣俄之浪漫主义与巴尔札克Balzac之写实主义，如狂飙突起，盛行一时。趋向虽殊，实皆有悖中节合度之义。故圣伯甫并攻辟之，足见圣伯甫之为真正人文学者矣。且圣伯甫取巴尔札克及但因“主性”之说，（其说谓人之性质多属一偏，每人天性中，必有其最显著最重要之一端。彼此不相同，或刚或柔，或缓或急，或易怒，或善愁，或贪财，或好名之类。是曰其人之“主性”［la faculté maitresse］，此人一生之思想言论行事及所作文章，无非为其主性之所表现，由因以得果，受其驱使，而不能自作主张，且此“主性”属之天，虽以教育及习惯之力，亦不能转移更改。按“主性”之说，渊源甚长，英国Ben Jonson所谓Humour，蒲伯［Pope］所谓ruling passion皆是。而在但因及巴尔札克言之，则偏重物质，几同命运定数，不能补救，而易引人入悲观矣。）固属于自然派，然谓人之“主性”必须以其相反者节制之、调济之，而防其跅突横决，则又人文派之见解矣。虽然，综合一切而论断则圣伯甫终不免为相对学派之巨子。其言曰：“呜呼！若是其矛盾也，若是其相背驰也，今世言论思想之庞杂，有如大海中之横风巨浪，吾观其忽进忽止，忽起忽落，不胜惊骇叹赏，诚如是也，又安有规律之可言耶。”盖圣伯甫一生力求广博之知识、广博之感情，为无限之扩张，其所行事，正合十九世纪之趋势，而又无一种集中之力量统合收敛之工夫以调济之，故终于散漫而无归宿。呜呼！此圣伯甫所以为最能代表十九世纪之人也欤。夫圣伯甫既未能解决彼繁苦之问题矣，白璧德从而质之曰：论者书责圣伯甫未能解决此事。虽然，此岂非时势为之乎？岂非以十九世纪对于人生之观念，实为残缺不完，而所缺者又适为全局最要之关键乎？（此所谓所缺者，即爱玛生所言之人事之律，精约之工夫，内心之规矩，中庸合度之德等。白璧德之学说，即为补此缺耳。）

白璧德以次更求批评家之得此关键，洞见十九世纪之症结者，及薛雷尔，谓薛雷尔具世界知识，艰苦诚挚，持论亦精严，无所畏忌。然薛雷尔虽欲得固定之标准，而卒不能脱自然主义之桎梏，至谓变迁乃惟一之实在，由此可见十九世纪自然主义势力之大为何如矣。

至于但因，则去所悬之格尤远，然足可显示自然主义极端之为害，在昔中世之理想主义，视人为超乎空间时间之上者。行事一本己之自由意志及上帝之恩典，不受其他拘束。自文艺复兴之始，乃有反抗此种理想主义而崇拜物质之运动起，愈演愈烈。至但因而达其极，但因之实证主义，剿袭科学之形貌，狭隘愈甚，直卑视人类与物质同等矣。（但因尝谓善恶乃物质之产物，与白糖青矾无异。又谓文章及思想及[一]种族[二]环境[三]时代三者之产物。）

雷纳亦欲摆脱自然主义之束缚，而卒则陷溺愈深，牢固不拔。雷纳少时尝志为耶稣正教之牧师，其后竟专务提倡科学，奉科学之理论为金科玉律，不啻信条教规，敬礼科学大家，尊严无忤，无殊教皇，视科学之事业为神圣。总之，以昔日宗教之声势及其感人至深之情致，举而加诸科学，故不认世中有形而上之神，而谓其真理必由实验所得者乃可贵云。又雷纳不究人之本性，而以一己思想感情变迁之经过为准则，此种变动之历史观，原可矫十七世纪静止之历史观之弊，惟其失则在不信人类全体自有其公性与同具之真理存，又误以艺术只足为某种民族或文化之代表，如镜之映物，而不能有进于此也。雷纳之论耶稣，正如但因之论莎士比亚，强指其由于某某各种影响积聚而成。然此说势必不成立也。灵明神秘之域，非寻常之理性所可探索。雷纳强欲为之，遂少成功。雷纳忽而用其诡变之理智，忽而凭其柔媚之感情，竟欲熏沐盛饰，殓以殊礼，葬以隆仪，亲送耶教之终，而使诸神长眠于地下。（意谓以其文笔之妙，花言巧语，灭绝耶教，日言尊之，实则杀之也。）其法可谓巧矣。然此法决不能用之于耶教，则彰彰明甚。昔人之述灵迹者，悍然武断其必有，雷纳则悍然武断其必无。殊不知吾人一生之经验细微已甚，遂敢据以断吾之所未见者为必无之事耶？焉知寻常物理之上，不有更高之道理，以与之矛盾而背驰耶？又雷纳之叙圣保罗，绘影绘声，一若及身亲见之者，至于佛教在当时，虽欧洲之专门学者，亦仅一知半解。而雷纳乃纵论佛教，虚拟妄断，言之浅显透彻，娓娓动听，而实则错谬百出，莫可究诘。甚矣，雷纳之好为武断也。呜呼！一八九〇年时（雷纳殁之前二年）雷纳虽仍信科学，然亦承认科学非尽能资吾人以真理者，仅能使吾人免于错误而已，盖已自知其非矣。雷纳之所曾见及者，仅凭理智以为分析耳，既知理智之不足尽恃。于是雷纳遂日堕于悲观而成为冷酷厌世之人，道德之根据，久为其所屏绝。故至是遂一无所信仰，视学问文章仅为消遣之具，聊以自娱。雷纳如此，其徒莫不然。故科学之信仰既失，相对之潮流无所依附，遂终陷于精神思想"大乱"之境，圣伯甫自言已见其端倪者是也。（"大乱"之名，乃圣伯甫所造。）变化之极，竟不有容存在之地，斯世也正如亚里斯多芬尼（Aristophanes［448－380 B. C.］古希腊谐剧大家）剧中所言，（按指亚里斯多芬尼所作《云》［*Les Nuées*］之一剧第八百二十八句文云："狂飙骤起天上，上帝被逐去矣。"）细流一变而为狂飙，吾侪今世之人，行将覆没而同归于尽矣。

于是遂有倡复古之说者。卜龙铁即主张复古，而其行事甚可称者也。卜龙铁欲综合古今，取前古信仰中不变之道，与近世沿革进化之说，互相调济而用之。然即卜龙铁亦未能打破十九世纪思想之难关，而有顾此失彼之病。夫旧传统一人生之成规，既已尽行抛弃，则必须另求收敛精约之新原理，以限制个人情欲之泛滥横决，非此则人群社会必至终凶，而不免于危亡。此层道理，卜龙铁见之甚明。所惜其缺乏直觉之工夫，不能自拔于相对之漩涡。然卜龙铁固曾发愤为雄，以图解决今世思想之中心问题，意在调和定变二义，使之并存。一方保存自然主义之成绩，一方拥护人性中最高之部分，超乎刹那万变之现象之上者，此其旨不可谓不善。惟未悟今日虚妄之个人主义过度之病，首当以真正完美之个人主义药治之。（所谓即以其人之道还治其人之身。）卜龙铁未见及此，斯则为可憾耳。

兹所言之真正完美之个人主义，即白璧德所自拟以解决现今精神思想问题之方也。故其全书（近世法国批评大家一书）之结论约如下：吾侪今世之人，须融汇从古相传之义理而受用之，并须以超乎理智之上而能创造之直觉工夫，辅助其成。白璧德于欧战后出版之《卢梭与浪漫主义》一书中，即将此结论之意，引申而阐发之。是书实为杰作，以白璧德读书之多，学问之博，并观察近年世事所得之教训。故其思想精深博大，非手自读毕全书者不能领会也。

第四节

本志（法国《星期杂志》，原作者自称）此期，曾以《卢梭与浪漫主义》一书之卒章，略加删节，译成法文登出（兹从略，详见篇首按语）。实则全书急宜译成法文印布也。在欧战之前，吾法国人士已有批评十九世纪思潮者。白璧德先生持论与之相合，此不容讳。然白璧德所以卓然独异者，则以其思想确由学问中得来，逐步慎思明辨，以苦心毅力，久而致此（非凭感情意气而肆为论议也）。盖白璧德之学，既精且博，不惟邃于希腊拉丁古学，且深通欧洲近世各国文学，以及印度、中国、日本之文学。（白璧德之学生中，东方人甚多。其《新南阿空》一书，日本早稻田大学用为课本。而《卢梭与浪漫主义》出版后，日本各杂志亦曾评论之云。）而尤可贵者，则白璧德思想之构成，与吾国（指法国——原作者自称）政治宗教之诸种争端，均毫无关系也。

值兹时势危急之顷，吾人急宜筹善后之策，不特于政治社会之事为然，而精神界为尤要。凡善后之策，欲其可行，必处处根据事实。此白璧德再三郑重申明者也。白璧德之责斥十九世纪者，绝非以其厉行实证主义也，乃以其主义尚未能完全为实证耳。而白璧德之所竭力主张者，即欲以东方西方人群经验之裨助，造成一种学说，新颖至极。以彼极狭隘之实证派之激烈思想与之相较，反觉其为千年前朽腐之陈言，如是乃为满足也。

以上所述白璧德之学说，其中最要之点，厥为个人或社会欲图生存，则超出“物质之律”之原理，为其所不可须臾离者。无论个人或社会，苟除“物质之律”而外，不另思求一种“人事之律”，以为此乃可有可无者，则必日趋衰颓，万劫不复矣。所谓“人事之律”者，即收敛精约之原理，而使人精神上循规蹈，矩中节合度是也。此原理可由宗教中得之，亦可于宗教以外得之，其来源无甚区别。但为必不可缺者，以其关系重要。故凡倡言革除此种原理者，无论其用心如何，皆属社会之罪人，盖以其违悖人生经验之实证也。

顾白璧德对于主张由宗教中得精神之规矩者，甚尊敬之，甚且谓近世文明，全本于自然主义，毫无人性之拘束。如是行之已久，而人类犹未至于绝灭者，盖亦由昔日宗教教义盛行所养成之习惯规矩尚存，幸得其余力之庇荫耳。且今欲挽救文明而不假宗教之力，究能成事与否，殊未可知也。白璧德曰：“吾虽主张以批评及实证之人文主义，治今时之病（而不借宗教之力），然亦试为之而已，非敢谓其必是也。以今日西方局势之险恶，凡宗教之原理，无论其得恪遵成法，抑系自立批评，皆可造福人群。须知此乃近世思想中极隐微繁复之问题也。”

白壁德如此主张，期使信奉宗教者与不信奉宗教者，互相容让而不相争，其间能有协商之地，且常勗二派之人合衷共济，协力同心，以卫护人事之律。盖今者外形之规矩之拘束悉已破坏无遗，则内心精神之绳检之工夫，愈为重要矣。今人固不能学为圣贤，然当学为人，万不可舍弃人道，而下堕于在理智之下之性欲之陷阱。宜立足于人文界，寻求人事之律而遵守之。宜勉为实证派之人文学者，毋再长此为自然主义之奴隶，视人与物同等（此科学的自然主义），或以人为飞扬之想象之傀儡，受其玩弄也（此感情的自然主义）。若谓昔日者，人文主义受神道宗教之凌逼，有须卫护，则今日人文主义受物质科学之凌逼，尤亟须卫护。彼科学本有其范围，乃妄自尊大，攘夺地位，灭绝人道者，吾知其为伪科学矣。此十九世纪铸成之大错也，以崇信科学至极，牺牲一切，而又不以真正人文或宗教之规矩，补其缺陷，其结果遂致科学与道德分离。而此种不顾道德之科学，乃人间最大之恶魔，横行无忌，而为人患者也。

此其为患之深且巨，吾法国人之生于二十世纪者，知之当最审矣。（指欧洲大战，谓法人受此奇创巨劫，皆科学的及感情的自然主义之赐也。）晚近一偏谬误之思想，流毒所极，致引起空前之浩劫（仍指欧战），使吾法人不得不流血伏尸，倾家破国，以偿其失，诚可哀矣。然今日者，欲筹善后补救之良策，如何而归于实证之人文主义，亦惟吾法人最能为之，孰能逾于我耶？白壁德谓今世自然主义及人道主义如是盛行，致使人文主义之旨意，无人能了解者。白壁德此语，盖由目击美国之情形而发，若夫吾法国则尚异是。彼以淆杂放纵之感情为本之人道主义，与注重选择而但取最精美者之人文主义，二者截然不同。吾法国人固亦多以之并为一谈而不克分辨者。然法国在今仍为最生发最久远之往古教化所积聚之地，举凡合度中节，赏鉴品藻诸义，以及文明之种种规矩（指宗教道德礼俗等），皆尚可于吾法国见之也。

十九世纪之自然主义，逼人类为“物质之律”之奴隶，丧失人性。今欲使之返本为人，则当复昌明“人事之律”，此二十世纪应尽之天职也。

此白壁德所拟救世救人之办法也。其言虽为全世界而发。而最能完全了解其义者，必当推我法人矣。呜呼！昔日之名贤巨子（指培根卢梭以下诸人）喜倡异说，使世界盲于“人事之律”，吾愿其复生于今世。默察今日倾家破国之现状，而自悟其功罪如何也。呜呼！今之少年，生当兹天怒人怨，血战巨劫之余(谓欧战甫毕)。吾愿其速谋保存人类留遗之精华，再加以一己经验之左证。既光复旧物，并自行创造静美而真实之作，以求未来平安之福。呜呼！吾愿何极耶。

本文原载《学衡》第19期，1923年7月。

整理者：胡　辰

校对者：温　度

地理学之新精神

张其昀

近代地理学之基础，树立于各种科学之上，而日臻巩固。故地学家之精种，焕然一新。若辈志在深察环境对于人生之影响，即所谓推求人地之故，非仅仅以客观方法叙述国土与人民而已也。今特综其旨要，归为四端。

（一） 实地研究之精神

昔刘献廷先生为学以游历为务，尝讥当世学者，率知古而不知今，纵使博极群书，亦只算半个学者。斯言深可味。夫地理之学，职在表达地面上实际情形；图书虽极优美，顾其所载天然景象，终难免于隔膜。故实地考察为地学必经之步骤。又地理上真确观念之构成，须以自然区域为单位，盖必分者极其详，然后合者能择善而无憾也。

美国赵格君(Jeorg)云："最近欧洲研究地学者，乃循两条大路。其一以纯粹地学观点，专究政治的，社会的，人种的，地质的，各种特殊问题。其一则择定一区观察各种现象，分析综合，以明其相互间之因果关系。两者均属必需，而尤以后者为地学进步之根本。"此西人称为"区域地理"（Regional Geography），即中土所谓"方志"也。中国素重方志之学，卷帙浩繁；然陈陈相因，失修久矣。（州郡方志皆依政治区域，而罕论自然区域，亦大缺点。）孰能以科学方法，分区调查，精确研究，审慎叙述，是则所望于后起之秀耳。

（二） 解释之精神

地理学始于观察，而以"解释"（interpretation）为要义，此新地学之所以别于从前“叙述的地学”也。① 自然环境对于人类事，影响至大。地形，气候，天产为人民风俗习惯技艺秉性所自出。然人之于地，其初完全受其支配，而常能为自动的开关。人地间之媒介作用，即心理趋势是(柏格森称为注意之方向)，法国地学大师白伦燮君有言曰：“人类久学土地之原则，而心知其意，用能巧合各地散漫的情形，使生种种关系，以致成为系统的集中的大势力焉。”自古迄今，江山如故，而文化日启，则人类之改造环境，明效大验已。世界人事所受地理情形之影响，究至若何程度，此正人文地理学者所欲探讨而解释之者也。

由是观之，“活动”（activity)与“关系”（relationship)，为现今地学之二大原则。此种新理，要皆本于“宇宙一统”（terrestrial whole)之观念。是故地学解释深得他种“地球科学”（earth science)之助力。如气象学物理学之附庸蔚为大国者。地质学，生物学，化学对于研究天然富源，贡献至巨。特地理事实之类聚，迥非限于地文学之范围。布伦氏(Brunhes)尝谓人文地理学者，若于史学，经济学，哲学，无深切之修养，殆卑卑不足道也。何耶？因不能完成其解释之新精神也。

（三） 批评之精神

近今“批评地理学”之应用于社会科学者，大有所向披靡之概。十八世纪以来许多学者所构之抽象理论，一经人文地理积极事实之试验，纷纷自暴其缺乏真确之基础。经济学上之悲观主义，如 Ricardo、Malthus、John Stuart Mill 诸氏之说，惜其于自然富源与夫地文分布情形，未遑详考，致陷于未成熟之独断。抑知未经开发之土地势力初无限量耶。最近关于政治经济之著作，所以具有实际价值者，即常以地理研究置于他种观察之前。推之哲学，社会学，史学，亦莫不享受地理精神之浸淫渐渍，以说明发达之理。而历史之“地理化”尤为著明②。法人克洛索君(E. Clouzot)称地理观念为史学家之生力军，岂虚语哉。

近三十年来，史学精神灌入各种社会科学，阐其疏通知远之教，影响至宏，结果至佳。史学精神者，处处追究事物制度与观念等蜕化之迹者也。若夫地学精神则为发明各种环境与人文之反应；是其整治空间之功与史学之整治时间者相伴。继自今，其

---

① 例如 Frederick S. Hall 君审查美国第十二次人口统计之后，而得详释实业区发达之原因凡七：(1)接近原料；(2)接近市场；(3)水力；(4)气候良好；(5)人工众庶；(6)资本充足；(7)先民之流风。

② 如法人 Lavisse 著法国史，德人 Helmholt 著世界史，皆列地理的导言。Miss Semple 之“American History in its Geographical Conditions”，则专以地理解释历史者也。

对于他种科学之批评贡献，当不让史学之专美于前矣。

（四）致用之精神

纯粹科学研究与夫经世之业切于实用者，地学家之心胸，废一不可。人类依地球为生，所以求其澈底了解，无非欲谋措施适宜，造福人群耳。民族文化之优劣，亦将视其能否制裁环境而定者也。即如黄河为患，民不聊生，则农田水利，最当讲求。又如发明富源，利用厚生；开拓市场，调剂盈虚；使欲必不穷乎物，物必不屈于欲，两者相持而长。是则研究经济者应有之抱负也。（美国兑维斯君[Davis]特称之曰地理工程师。）地学家之大任，尤在倡导国际正义。夫帝国主义无他，侵略土地耳，竞争空间耳。人文地理学者，最宜旁贯史乘，周知四国之为；凡国际间重大问题，一一探其背景，推其因果，本同情与了解，以期排难解纷。盖真相既明，然后大公至正之世界观可得而立也。复以交通之方法，使全世界之经济分配得均，互助协作；以教育之方法，使天下之人，皆有忠恕之行为，永久之计划。吾敢谓儒家平天下之理想，当即为新地家之理想也。

本篇参考书

1. 刘献廷先生《广阳杂记》。

2. Brunhes：*Human Geography.*

Chap. IX. The Geographical Spirit.

3. Huntington：*Principles of Human Geography.*

Chap. I. Human Geography.

4. Jeorg：*Recent Geographical Work in Europe.*

本文原载《史地学报》第2卷第7期，1923年11月。

整理者：漆梦云

校对者：吕晓宇

中国文化西被之商榷

柳诒徵

中国文化之传播于欧洲，远起元明，至清代而递演递进，原书译籍，靡国蔑有。盖西人之嗜学术，瘉于吾人之趋势利。纵使中国国威坠失，民族陵夷，但令过去之文化，有可研寻之价值，彼亦不惮致力于其残编蠹简遗器剩物之中，不必以强国富民为鹄的也。例如纽曼之译《诗经》、列芝克之译《书经》、比优之译《周礼》、夏威诺之译《史记》，以及夏德斯坦因等之宣究古史，搜举简书，皆在欧洲鼎盛之时，非以浮慕吾国地大物博而始欲学其学也。顾自欧战以后，研究东方文化之声，益高于前，其因盖有三端：一则交通进步，渐合世界若一国。昔之秦越肥瘠者，今则万里户庭，我之知彼者既增，彼之知我者亦应有相当之比例也。一则欧人国家主义、经济主义、侵略主义、社会主义、个人主义，既多以经验而得其缺点，明哲之士，亟思改弦更张，如患病者之求海上奇方，偶见其所未经服御者，不问其为参苓溲勃，咸思一啜为快也。一则吾国之人对于国际地位，渐亦知武力、金钱之外，尚有文化一途。前二者既自视欿然，无所贡献，所可位为野人之芹者，仅赖有此，闻他人之需要，亦亟谋自动之输将。如拟印行《四库全书》，及津贴各国中国文化讲座之类，皆其发动之机也。

虽然，中国文化为何，中国文化若何西被，中国文化以某种输出于欧美为最重要，是皆今日所宜先决之问题也。苟从自然趋势观之，吾人亦可不必深虑，盖以上述一二两点，加以彼都人士从来吸集中国书籍之历史，吾纵不为之谋，彼亦将尽量以取。俟其机缘既熟，则以晳种治学之眼光，自能判断吾国文化之异于彼族者何在，即彼族所当摄取于吾国文化之要点何在，如自由贸易然，不必采关税保护制度也。虽然，西方学者，固多好学深思旁搜博览之士，然其取求于吾国之文化者，实有数难：一则文字隔阂，非如彼之谐声易识。有志研索者，往往仅通浅易之文理，不能深造而博涉。小书零册，在吾等于刍狗，彼转视为上珍，而真正之中国文化，彼或未能了解焉。一则西人之来华者，以商人、教士及外交官吏为多，而所接洽之华人，亦未易判断其学术之优劣。彼所凭以传译者，或占毕腐儒，或无赖名士，或鄙俗商贾，或不学教徒，展转传述，最易失真。彼以其言，认为华人自信之真义，则有“差之毫厘，谬以千里”者矣。一则中国学生，求学彼国者，多以吸受新学为志，而鲜以导扬国学自任；其在中土，既未有充分之预备，一涉彼境，益复此事便废。值其学者之咨询，则凭臆说以答复，甚至彼之知我，转较我之自知者为多，则益不敢操布鼓而过雷门，而惟听其自得焉。是故吾国之人，苟不自勉于传播中国之文化，则彼我文化之交换，终不易相得益彰。吾闻美国某大学欲设中国学术讲座，无所得师，不得已而请一日本人承其乏。呜呼！是实吾民之大耻，抑亦吾国学者之大耻也。

吾甚怪今之国内学者及教育家，纯然着眼国内，不敢一议及学术上对外之发展。有之，则侈陈今日之新教育，谓是为吾国之进步。譬之市肆驵贩，陈货于大商店之前，曾不知其所炫鬻者，本其邸店所斥卖。吾即陈述以依附末光，彼固鄙夷而不甚重视，惟有努力开发矿产，运售土货，始可得交易上之平衡也。虽然，此事亦匪甚难。再阅三数年，国交益密，学者益多，以时势之要求，亦可有相当之应付。如大学之交换教授也，西人之来华求学也，华人之自译国籍也，皆可预计其为必有之事，即亦无甚为难。吾今所欲与薄海内外学者商榷者，即何者为中国文化之要点，今日国内学者所预期传播于欧美者为何物，使仅笼统含混，名曰中国文化，殊非学者之口吻也。

今之治国学者，大别之可区为数类：讲求小学，一也；搜罗金石，二也；熟复目录，三也；专攻考据，四也；耽玩词章，五也；标举掌故，六也。六者之中，各有新旧。旧者墨守陈法，不善傅会；新者则有科学之方法，有文学之欣赏，有中外之参证，有系统之说明，其于学术，不可谓无进步。汇而观之，亦不可谓中国之文化不在于是。然吾尝反复思之，一国家一民族之进化，必有与他国家他民族所同经之阶级、同具之心理，亦必有其特殊于他民族他国家，或他民族他国家虽具有此性质，而不如其发展之大且久者。故论中国文化，必须着眼于此，否则吾之所有，亦无以异于人人。吾人精于训故，彼未尝不讲声韵文字之变迁；吾人工于考据，彼未尝不讲历史制度之沿革；吾人搜罗金石，彼未尝不考陶土之牍、羊皮之书；吾人耽玩词章，彼未尝不工散行之文、有韵之语。所异者，象形之字、骈偶之文。自今观之，即亦无甚关系。不识象形之字，不得谓之不文明，不为骈体之文，亦不得谓之无文学。苟仅持此以贡献于世界，至多不过备他人之一种参考，证明人类共同之心理、必经之阶级，然其所占文化之位置，亦不过世界史中三数页耳。夫欲贡献文化于世界，必须如丝茶豆麦之出口，为各国大多数人之所必需。若仅仅荒货摊古董店之钱、刀、珠、玉，或蒙古之鼍骨、鲜卑之象牙，纵或为人所矜奇，要之无补于现世也。

中国史籍浩繁，彻底研究，殊非易易。微独异域人士，略窥一二书册，不能得其全体之真相；即号为中国之学人者，亦未必能了解吾民族演进、国家构成之命脉。娴雅之士，骛于考据校勘，搬演古书，龂龂争辩汉唐宋明之事迹。或非所属考，考之亦不赅不遍。浅陋者，则奉凰洲《纲鉴》、了凡《纲鉴》，以及《纲鉴易知录》、《廿二史约编》之类为鸿宝，稍进则读《御批通鉴》，看《方舆纪要》，已为不可多得之人才。而晚近之但知学校所授一二小册之历史教科书者，更属自郐无讥。故中国人已不知中国历史，更无怪乎外人，近如孟禄之教育史，威尔斯之文化史，虽皆语及中国，要仅得之于中国浅人之言，未能得中国教育文化之主脑。夫以历史之背景尚未明了者，遽欲标举文化之主脑，诚未免期之太过，然欲求一说明吾国国家社会真实之现象，极详备而有系统、为中西人所共晓之史书，今兹尚未之有。无已，姑先揭其主脑，再使之求之于历史。

世界各国，皆尚宗教，至今尚未尽脱离。吾国初民，亦信多神，而脱离宗教甚早，建立人伦道德，以为立国中心，绷绷数千年，皆不外此，此吾国独异于他国者也。尚宗教，则认人类未圆满，多罪恶；不尚宗教，则认人类有圆满之境，非罪恶之薮，此其大本也。其他支叶，更仆难数，要悉附丽于此。是故吾国文化，惟在人伦道德，其他皆此中心之附属物。训诂，训诂此也；考据，考据此也；金石所载，载此也；词章所言，言此也。亘古及今，书籍碑板，汗牛充栋，要其大端，不能悖是。战国时代，号为学术林立、言论自由之时，然除商鞅反对礼、乐、诗、书、善、修、孝、悌、廉、辩十者之外，其他诸家，虽持论不同，而大端无别。儒墨异趣，而墨家仍主君惠臣忠父慈子孝兄弟和调。老子之学，似不屑屑言论理，然所谓六亲不和有孝慈，国家昏乱有忠臣者，正是嫉多数人之不孝不慈不忠，致令此少数人擅孝慈忠臣之名，非谓人应不孝不慈不忠也。商鞅之说，于后世绝无影响，惟魏武尝下令举不仁不孝而有治国用兵之术者，斯皆偶见于史，不为通则。其他政教禁令，罔或违越圣哲信条。是故西方立国以宗教，震旦立国以人伦。国土之恢，年祀之久，由果推因，孰大乎此？今虽礼教陵迟，然而流风未沫，父子夫妻之互助，无东西南朔皆然，此正西方个人主义之药石也。其于道德，最重义利之辨。粗浅言之，则吾国圣哲之主旨，在不使人类为经济之奴隶。厚生利用，养欲给求，固亦视为要图，然必揭所谓义者，以节制人类私利之心，然后可以翕群而匡国。至其精微之处，则不独昌言私利、不耻攘夺者群斥为小人，即躬行正义举措无尤，而其隐微幽独之中有一念涉于私图，亦不得冒纯儒之目。故吾国之学，不讲超人之境，而所悬以为人之标准者，最平易亦最艰难。所陈克治省察之功夫，累亿万言而不能尽。由其涂辙，则人格日上，而胸怀坦荡，无怨无尤，无人而不自得。西方人士，日日谋革命，日日谋改造，要之，日日责人而不责己；日日谋利而不正义，人人为经济之奴隶，而不能自拔于经济之上。反之，则惟宗教为依皈，不求之上帝，则求之佛国，欲脱人世而入于超人之境，而于人之本位，漠然不知其定义及真乐。苟得吾国之学说以药之，则真火宅之清凉散矣。

由此而观，吾国之文学，其根本无往不同。无论李、杜、元、白、韩、柳、欧、苏、辛稼轩、姜白石、关汉卿、王实甫、施耐庵、吴敬梓，其作品之精神面目，虽无一人相似，然其所以为文学之中心者，君臣、父子、夫妇、兄弟、朋友之伦理也，非赞美教主也，非沉溺恋爱也，非崇拜武士也，非奔走金钱也。太白、长吉之诗，或有虚无飘渺不可理解之词，然其大归仍不外乎人伦道德。故论吾国文学，极其才力感情之所至，发为长篇，累千百万言，戛戛乎独开生面者，或视西方文学家有逊色，而亘古相承，原本道德。务趋和平温厚，不务偏激流荡，使人读之狂惑丧心，则实一国之特色。且以其所重在此，而流连光景，妙悟自然，又别有一种恬适安和之境。凡其审谛物性，抚范天机，纯使自我与对象相融，而不徒恃感情之冲动，假物以抒其愤懑。故深于此种文学者，其性情亦因以和厚高尚，不致因环境之逼迫，无聊失望，而自隳其人格，以趋极端之暴行。此在感情热烈意志躁扰之人读之，或且视为太羹玄酒，索然寡味，不若言之激切偏宕者，有极强之激刺力。然果其优浸游渍于其中，由狡愤而渐趋平缓，则冲融愉乐之味，亦所以救济人生之苦恼者也。

鄙意以为中国文化可持以西被者在此，中国文化在今日之世界具有研究之价值者亦在此。然而今之言学者，率以欧美晚近风尚为主，见其破坏激烈之论，恶吾国之不如是也，则务仿效之。举极中和之道德、极高尚之文学，一律视为土苴，深恶痛诋，若惟恐其或存者然。然苟反而自思，脱无此者，吾惟可自署生番野人，直陈其自明季以前未接皙人，毫无文化可言。否则彼土询之吾人，吾人何以置对？将举惠施、墨翟、公孙龙之名学乎？零章断句，不能敌彼逻辑之精也。将举玄奘、义净、窥基、道宣之佛学乎？乞灵异域，不能谓为支那所创也。将举顾、惠、钱、王之学乎？则顾、惠、钱、王所考证者，何物也？将举关、马、郑、白之词乎？则关、马、郑、白所敷陈者，何事也？语曰："物有本末，事有终始。"不揣其本而齐其末，不可也。今举国皆嗜新说，不暇究心本原之学。吾独因西人之有须于吾之文化，而粗述所见如右，其言之当否，尚冀大雅君子有以教之。

本文原载《学衡》第 27 期，1924 年 3 月。

整理者：郭元超

校对者：谢　任

白璧德论民治与领袖

吴宓　译

按白璧德先生(Irving Babbitt)之著述及其讲学大旨，已见本志第三期《白璧德中西人文教育谈》及第十九期《白璧德之人文主义》两篇。其他各篇，亦时征引及之。本志以先生之学说，在今世为最精无上，而裨益吾国尤大，故决将其所著各书，悉行译出，按序登载。其《文学与美国大学教育》一书，已由徐震堮君译成数章，下期登出。白璧德先生最近所著书，名曰《民治与领袖》(*Democracy and Leadership*)者，前月出版(仍由美国 Houghton，Mifflin Co. 发售)。全书分七章，今所译者，其绪论(Introduction)也，又先译书局所撰全书提要如下：

> 白璧德教授以为民主政治之成败得失，当视其国领袖之资格以为断，与他种政治同。今日美国之趋势，苟不纠正改良，则将灭绝个人之自由，而终归于一种堕落(或曰衰败)之帝国主义。至于美国领袖资格之不完美，实由于美国教育之败坏。盖各种功利及感情之潮流，已破毁道德之标准，而尤以高等教育为甚也。全书结论，与白璧德教授以前所著各书同归一体，而力主实证及精确之人文主义焉。

兹更撮述全书之大旨而推阐其意如下：白璧德先生以为政治之根本在于道德，苟无道德之制裁，但务功利及感情之扩张，则凡人皆必纵欲贪财、损人利己、奔放恣睢、横行无忌。所谓个人之霸道是也。(按白璧德先生所用帝国主义[Imperialism]一字，应译为霸道，即强取豪夺、横行无忌之意也。)。一国之人皆主霸道，则于其国之内政，必专务植党营私、贪财续货，而置国利民福于不顾。又于外交，必专务兼并侵略，强凌弱，众暴寡，尚诈术，喜战争，而弃人道和平如敝屣。(通常所谓帝国主义者，可称之曰国家或世界之霸道。）如是本末相维，内外相应，其结果，国内固无安乐，而世界之乱尤无已时。此正今日美国（中国亦近是）、今日世界之情形也。所以救之之法奈何？白璧德先生以为但事治标逐末，从事于政治经济之改革，资产权力之分配，必且无济。欲求永久之实效，惟有探源立本之一法，即改善人性，培植道德是已。然道德之标准，已为功利及感情之说所破坏，今欲重行树立之，而俾众人共信共守，其道何由？宗教昔尝为道德之根据。然宗教已见弃于今人，故白璧德提倡人文主义以代之。但其异乎昔时（如希腊、罗马）异国（如孔子）之人文主义者，则主经验、重实证、尚批评，以求合于近世精神，易言之，即不假借权威或祖述、先圣、先贤之言，强迫人承认道德之标准，而令个人反而验之于己，求之于内心，更证之以历史，辅之以科学，使人于善恶之辨，理欲之争，义利之际，及其远大之祸福因果，自有真知灼见，深信不疑，然后躬行实践，坚毅不易。惟关于此点，白璧德先生则融合中西，自辟蹊径，大率东方主行，西方主知。（耶稣乃东方之人。耶稣与孔子皆主行，即视道德为意志之事。希腊苏格拉底等三贤皆主知，后世宗之，即视道德为理智之事。惟释迦我佛似能兼之，即二者并重。）白璧德先生确认道德为意志之事，非理智所能解决，但既不以权威立道德之标准，则如何而能使各人心悦诚服而自愿遵守道德耶？（即于行之之先，如何使之知之耶？）白璧德先生以为此非辩论思想所能奏功，而须借助于想象。想象力有二种之别：其一使人洞见道德之因果，其二使人沉酣梦幻之快乐，为福为祸，适相背驰。故想象力必须慎择而善用之。（即取其第一种。）如是，则想象可补理智之不足，而助意志之成功。此又白璧德先生异乎西方道德学家之处也。（其与东方耶孔异者，在虽主行而并不废知。其与西方道德学家异者，在用想象以成其知，而不视理智为万能。就其知行并重一层言之，似与佛法为最近，真幻之对待，亦为其得力于佛法之处。然白璧德先生不涉宗教，不立规训，不取神话，不务玄理，又与佛教不同。总之，白璧德先生实兼采释迦、耶稣、孔子、亚里士多德四圣之说，而获集其大成。又可谓之为以释迦、耶稣之心，行孔子、亚里士多德之事，闻者或不讥为门人阿好乎？）故夫以想象窥知道德之真，而以意志实行道德，人咸能自治其一身，则国家、社会以及世界，均可随之而治。此白璧德所拟救世救人之办法也。观之似属迂远难行，然此乃惟一正途，得寸进尺，不无裨补。更由他道，则愈行愈难达矣。

原书体大思精，今兹撮述，不免失真。读者当取原书读之，且当与白璧德先生以前所著之四书并读之。盖其各书前后一贯，关系密切，必通观合思，始能明其旨意也。白璧德先生于二十年前，刊布其第一书(《文学与美国大学教育》)时，其学说之全部梗概，即已成竹在胸，厥后分别部居，更为精微之研究。每阅数年，续刊一书，其精勤审慎之处，至足钦佩。(白璧德先生之为人行事，实是令吾侪奉为楷模，终身强勉行之，有不能及不能尽者。)今者《民治与领袖》一书发刊，逆料其本国而外，英、法、德等国之著名杂志，深心学者，必著为文章而批评之，颂誉之。又争先购读，纷纭谈论，或译为本国文而覆刊。其视此书之重要，可想象而知之也。即在日本，若丸善书店等处亦必有发售。独怪吾中国之人，昏昏扰扰，既蔑弃古来文化，又不问世界思潮，但知有金钱、娼妓、赌博、鸦片之快乐，官商营营以攫利，农工孳孳以全生，固无论矣。编撰杂志、书报者，莫肯专心用功，而安于肤浅钞袭。置身学校者，不索薪，不闹风潮，则心满意足，而开会演说、纪念运动、游艺俱乐，则视为最名贵之事业，最优美之成绩。无论教员学生，于功课以外，能博览旁读，按时计功者，百不得一。即号为沉潜，有志进学之士，吾仍见其日夕疲精耗神于公私社会之交际、庆吊宴会之应酬。再则田舍米盐之布署，衣服饮馔之考究，其每日静坐读书之时间，不及一小时。有异乎此而稍事潜心读书勤业之人，则众必指为迂腐，讥为怪僻，蹂躏排挤，使不得安居其位，不得自谋其生。呜呼！如此之国民，安望其能读白璧德之书，更安望其追踪白璧德之成学立教也哉？彼其于白璧德以外，千百之学者及其著述，固亦同此视之耳。窃尝以人事之繁、虚文之多，为中国社会之病根，即不论古圣之道理，但言今日之“效率”，宜乎中国之贫弱危乱而不能自存也。吾译述白璧德先生之学说，又不禁感慨系之矣。译者识。

路德乔治氏(英国前首相)谓未来之世界，比之现今，当更注重经济问题，而以资本与劳工之问题为首要云云。诚如是也，则彼未来之世界亦殊肤浅而不足道。盖若稍事通澈研究，则凡经济问题必卷入政治问题，政治问题必卷入哲学问题，而彼哲学问题又必与宗教问题关系密切，不可分离。近世运动中，此种深微之关系，吾于以前所著各书，已略自阐明，今此书亦然。吾所著各书，虽各有专题，然前后一贯，皆以研究近世自然主义之思潮为职志。此思潮之起源，实远在文艺复兴时代。然其战胜古来相传之礼教而代之，则十八世纪中事也。十八世纪中人，为今世种种之先驱者，当推卢梭为首。故吾所著各书，皆着重研究卢梭。阿克登爵士曰：“卢梭下笔为文，其影响之巨，虽亚里士多德、西塞罗、圣奥古斯丁、圣亚规那等，皆不能及之也。”(按：阿克登爵士[Lord Acton，1843-1902]英国史学家，为晚近最博学锐识之一人，任剑桥大学史学总教授，著书不多，而极精。兹所引之语，见其与 Mary Gladstone 书第二十页。）此其言之未免过甚，然而卢梭之重要可知已。窃意卢梭在思想史中之重要，实以其所发之疑问悉当，而所具之答案则皆误。顾能发此等疑问，已非人所能及矣。

吾此书之题目，固亦卢梭所提示者也。盖卢梭为提倡激烈之民主政治之第一人，而又为攻击文明之人中之特出者。且在卢梭，其所提倡民治与攻击文明之二事，实互相关合；他人之提倡民主政治者，咸以进步与守旧之对待立说，而卢梭则以文明与野蛮之对待立论，实为更进一解。盖使斯世不向文明而进行，则进步固不足贵。又使如卢梭所言，野蛮之人较多幸福，则又何取于进步乎？今人立论，尚多因袭十九世纪之陈言，以进步者与守旧者相对待。然细思之，则此等言论实陈腐虚泛，反不若文明与野蛮之别，为较切中事理而足动人也。彼十九世纪之人，蒙然以其所倡之进步为由野蛮而进于文明，斯旨也，在欧洲大战以前，已有怀疑而非之者。欧战既起，疑此说者愈众。战后和成，以时势所激，更有疑之者焉。夫今世何世也？欧洲大战何世也？举事方自谓趋向“极乐之天国”而进行，而其实乃行抵血肉横飞之修罗地狱（指欧战）。生于此时之人，惊心怵目，岂有不于进步之说迷惘而疑惧者？欲解此迷惘，则当受教于爱玛生（Emerson）所言“人事之律”与“物质之律”之分别（见本志第十九期《白壁德之人文主义》篇第六页），吾前已屡引而申之矣。孔子尝称其所爱之门徒曰：“吾见其进也，未见其止也。”孔子所谓进者，乃遵守人事之律而进于德行。若彼十九世纪之人所谓进步者，则皆指物质之进步而已。彼辈不暇深思，以为物质进步，道德自必随之而俱进，而不知人性本为二元（善恶），故此问题极为复杂，绝非如彼辈之所想象者。从物质之律而进步，则必具有高尚之目的，方可底于文明，惟此高尚之目的，须求之于物质之律以外，乃可得之耳。世人惟不知此理，故常见有自诩进步之人，而迹其所行，乃专务攫取权力、希望速成者，或谓此等人不自知其所往，惟求竭力前趋，愈行愈速，吁可怜已。

苟如此而名之曰进步，曰文明，则毋宁从卢梭之后，主张复返于野蛮獉狉之世为当也。卢梭谓野蛮胜于文明，实属持之有故，言之成理，盖以野蛮之世较多博爱之精神也。今夫博爱之精神，乃真正哲学及真正宗教之美满结果，幸而能得此，则凡百牺牲均宜在所弗恤。然吾尝谓卢梭所言之博爱精神，实不过一种感情之幻梦，为此种幻梦者，其心理之谬误，至足惊骇。例如惠德曼（Whitman）者，美国人中私淑卢梭之最著者也。惠德曼即主四海之内皆兄弟之说，且谓凡人皆可效我之所为，“自由发言，抒其天性，直情径行，毫无顾忌”。(见其所著“Song of Myself”。)易言之，物与民胞，本为宗教之德，而惠德曼乃以放纵之欲当之，不其误耶?

吾尝一再申明，如卢梭、惠德曼等所主张之博爱，与功利派所主张之进步，虽似背驰，而实为一体，盖皆自然主义之别支也，可统称之曰人道主义。十余年前，吾即力言此种运动实有缺陷，而此缺陷乃正其根本致命之伤。(见《近世法国批评大家》一书第一八八页，一九一二年出版。)由是而生出诸多之谬误观念，今试举其最粗浅者言之。与庸子俗夫皆有关者，有销行甚广之杂志，名曰《电影杂志》，或于其中作为社论，痛斥人之动言“勿为某事”者，谓凡用“勿”字之人，皆消极之破坏家，而皆豪爽之创造冲动之仇敌也。又举耶稣基督教人之言：“我至，使汝等得生且盛。”(见《约翰福音》第十章第十节。)谓必将“勿”字尽行屏绝，而后合于此言云云。噫嘻！类此之议论，如使福德(Henry Ford，美国汽车大王)君闻之，必断为犹太种人之所为，以破坏吾种人之文明者。虽然，昔之主此说者，若使达尔夫人(Mme de Stael，注见本志第十九期《白璧德之人文主义》第十四页)谓凡人性中之放纵者皆属神圣，彼固非犹太种人也。而实则此种放纵神圣之观念，在西洋之历史甚长，盖远起于古代新柏拉图派，并非托始于斯达尔夫人也。

要之，谓人若屏绝“勿”字不用，即可进于高尚圆满之精神生活。此实谬误。吾今者即拟与近世思潮中，此种谬误观念一为抗辩。吾书一出，必为人所訾议，以吾书乃专为否决权(否决权非仅指法律政治而言，乃指人性中不许人作某事之良心制裁也)作辩护故也，今世可谓无奇不有，彼最恶闻人言否决权之人，乃方自勉为道德家，提倡和平、博爱等义，而殊不知，苟无否决权(即良心之制裁)，则诸种道德决不能有也。故吾对于今世之主张放纵者，不得不持反对之说，毅然断言，人性之中所以使人为人而可几于神圣者，厥惟一种意志，此种意志对于一人平日之思想、言动专图制止，而当思阻抑之。此说并非新创，古昔圣保罗谓心神之法与四体之法对立而常相争战(见《新约·使徒保罗致罗马人书》第七章第十四及二十三各节)，即指此也。就其大体言之，东方之宗教、哲学，重意志而轻理智。谦卑之义，即谓人须尊崇一较高之意志(上帝)者，实由东方之耶教传入欧西，厥后耶教渐衰，而谦卑一义亦遂为西人所蔑弃。窃以各种高上之人生观，既皆首须承认意志之权力无上，非此不可。故吾于兹点，决从耶教之说，而与西方古今之推崇理智或感情为首要者，立意相违。然吾虽注重高上之意志，谓其有抑制放纵之私欲之功，但吾力持人文主义而不涉宗教，此又吾与耶教徒不同之处也。转言之，即吾不甚注重宗教中最高归宿之深思玄想，而力求中节及合度之律，以施之于人事。（是入世法，非出世法。）且也，吾之人文主义以实证及批评之方法得之，而非恪遵从古相传之礼教。吾之不遵奉外表形式之权威，而专倚身心切己之经验，正与彼自然派（即物性主义）学者无二致也。人性中属于物质之律之部分，亦不为少。彼科学家，用此实证批评之方法以研究物质之律，自当受人尊敬，惟若以物质之律概括人性之全体，则谬误实甚。盖如此，则不惟无外铄之道德（即身外之制裁），且并人切己省察内心经验所得之事实而蔑弃之，不认有心神之法与四体之法之对峙而互争。诚若是，则所谓内心精神之生活已大半消亡矣。卡莱尔（Carlyle）所述法国大革命时卢梭学说与耶教教理之矛盾，实即功利、感情派之人道主义与凡百坚持高上意志之学说之矛盾也。卡莱尔之言曰："噫嘻！否否！罗君误矣！提倡博爱者，必当从古昔四大使徒（马可、路加、马太、约翰）之教，促人悔悟，使每人各自消除其罪恶，以图自救。今不此之为，而乃妄从此新圣人卢梭之教，使众人同来消除全世界之罪恶，而以一纸宪法之空文救之（即以自由、平等、友爱三义编入新宪法），此真南辕北辙、谬以千里矣。"（见其所著《法国大革命史》。）

吾之不慊于彼不务修身，而专图改良社会者，以其蹈空而远于事实经验也。吾之攻诋功利及感情派也，自始至终，力求避免本质论（玄学）及神道学之虚说，而专倚心理之分析，其证据确凿而繁夥。由是以言，吾所提倡之人文主义，不惟为实证的、批评的，且为个人的。窃谓今日世局转移升沉之枢纽，不在彼托名个人主义者与守旧派相争之胜败如何，亦不在彼托名个人主义者与兼爱派（救世派）相争之胜败如何，而实视真正之个人主义者与彼托名之个人主义者相争之胜败如何耳。吾以为真正之个人主义者，必能坚守其内心生活之真理。诚如是，则虽尽反前古之成说，亦在所不顾者矣。

吾以批评及人文主义之方法，研究意志之问题及其与政治之关系，及今宜略述吾前所持之论，俾吾之意得以尽明。吾于《文学与美国大学教育》一书开卷之数章中，说明人文主义及人道主义之分别。奉行人道主义者又可分为二派，一曰功利派，二曰感情派。功利派又名培根派，感情派又名卢梭派，以此二人之生平及其著述，最足代表该二派之旨意故也。吾尝一再申言，奉行人文主义者注重个人内心之生活，奉行人道主义者则图谋人类全体之福利与进步，而倡言"社会服务"。二者之间，显然判分。今人不察，误以人文主义即人道主义之别名，于是种种之混淆纠葛，遂缘之而起云。

吾于《近世法国批评大家》一书中，更进一步，为精确之人文主义辩护。今夫人之高上意志及卑下意志之对峙(吾国先儒常言“以理制欲”，所谓理者，并非理性或理智，而实为高上之意志；所谓欲者，即卑下之意志也)，虽为内心生活之根基，然所谓高上意志者，并非可以任其胡乱行事，而必遵从一定之标准。在昔之时，此标准可得之于古昔传来之礼教，例如耶教徒莫不遵从耶教之教理，稔知一己卑下之性行，应如何施以规律而矫正之，惟其然也。故每人之道德观念、道德行为，有定而如一。而凡守耶教之规训者，亦皆同此。然在今日，奉行个人主义者，既将古昔礼教所定为人之标准完全破坏，欲另得新标准，须由自造，而惟赖乎批评之精神。故当其发轫之始，即困于哲学中最难之问题，即“一”、“多”之问题是也。盖世间事物，纷纭繁多，不可纪极，苟无一定之所在，为之归宿，则又何从取得标准？此乃显而易见者。《近世法国批评大家》一书之旨趣，即在研究一多之问题，并说明法国奉行个人主义者如圣伯甫等人，均未能本近世批评之真精神，将此问题圆满解决也。十九世纪批评家之所致力从事者，可以“相对”之一字尽之。而今所苦者，个人瞬息万变之感觉，万物常动不息之流变，固为不可掩之事实。苟无居中有定之判断力以驾驭之，则人将堕迷惘，而文明终于败坏。诚以文明之保存，实有赖乎标准故也。吾于《新南阿空》一书中，表明标准逐渐破坏以后，文学艺术之淆乱情形，骤观之，一若此种性情形由于感情之淆乱，而深思细察，则其因甚远而为祸尤烈。盖感情所以淆乱，实由想象之淆乱所致耳。《卢梭与浪漫主义》一书，与《新南阿空》密相联贯，而于想象之问题，论究特详。今吾于此书(《民治与领袖》)，则及吾所主张之人文主义之另一端，特注重人之意志而轻视理智。此吾异乎希腊、罗马古学派之人文学者之处。且吾尤注重想象，视为最重要者，今夫人之放纵意志(即物性意志)与抑制意志(即人性意志)常相争战。(前者即吾国先儒之所谓理，后者即其所训欲。)苟不误从狄德罗(见本志第二十四期插画)之说，以此为“矫揉造作”，而确认此为吾人本来天性中经验之事实，则必共信此一义。其义维何？曰：“心坎中内乱战争。”(此狄德罗语。)孰胜孰负，以想象之态度定之。转言之，人性之高上部分与卑下部分相斗，而想象实握其间胜负之机云尔。试一征之历史，即以近今欧洲大战为例，则知人类之行动决不遵从理性，而平心细察，必谓拿破仑之言千真万确。拿破仑曰：“宰制世界者，想象也。”非理性也。特想象有各种之别。十九世纪之世界，为拿破仑好大喜功之想象所宰制。然其间固非无他途也。

或谓“想象”一字，意义纷歧，随人乱用，言及想象，毫无是处。惟吾之用此字，则从其本来之义，试略溯其流变。英文想象 Imagination 一字出于拉丁文 Imaginatio 字，而此拉丁文字则又出于希腊文“幻觉”Phantasia 意云。“似若如此”，故“幻觉”者，谓视、听、臭、味、触之感觉，又谓储存此等感觉之功能，即记忆是也。希腊哲学常轻幻觉而重实在，谓实在即心即理。斯多噶派尤力主推尊理性，谓理性宜居中固守，遇外来之感觉接于眼、耳、鼻、舌、身者，从严甄别，取其善者，其余一概拒而不纳云云。马克斯奥里留斯（Marcus Aurelius，罗马皇帝，在位之年为 161－180A. D. 。又为哲学家，著有 *Thoughts*［To Myself］一卷，以希腊文作成）曰：“划除凡百浮动纷扰之幻觉而立返于寂静，此事殊非难也。”前乎此者，柏拉图亦言幻觉之为害，谓：“人当皈依坚定之真理，而不为幻觉所颠簸所左右。”（见柏拉图语录 Cratylus 386 E。柏拉图为最能善用想象之哲学家，惟其想象之说殊不易明，兹不具述。）以上皆重理性而轻想象者，然耶教教理则反是。耶教主谦卑，谓人凭己力，决不能获此真理。转言之，即谓感觉之迷惑，非理性所能控制也。例如巴斯喀尔（注见本志第十九期《白璧德之人文主义》篇第八页）亦言想象之为害，与斯多噶派同。其所谓想象，亦即希腊文之幻觉之意，惟巴斯喀尔则并理性而痛斥之，以为想象固为“错误之母”，理性亦软弱无力，二者均不可恃，所可恃者惟“心”。“心”者乃高上意志之发扬，而借上帝之恩典（Grace）之力者也。内心之觉悟，固有赖乎外来之启示（指上帝之恩典）也。两者并得，然后可得坚定之真理与实在。由巴斯喀尔之说，则想象于人毫无裨益。内心之生活及外来之启示，皆不借助于想象也。谓想象所得与实在之间，判若鸿沟，不容相混，此又巴斯喀尔与柏拉图相同之处也。然由心理学上精密论之，真幻之间，实无分别。尤柏尔（注见本志第十九期《白璧德之人文主义》篇第十五页）曰：“幻乃真之一部。”幻即真也。此言近是，谓真幻无别，则耶教之教条必为破坏，然标准犹可取得也。至于想象之第二意义，亦极重要。西方作者之用此字，多从斯义。其义维何？曰：想象者非内心及外官之感觉，而为思想之所及者也。按在英国古时“奇思异想”一字（Conceit），并无恶意，且与想象一字同义，其后乃释为虚空之想象。其变迁之迹，兹不及述，惟究“思想”（Conceive）一字之原义，为集合诸多之事物，而观其相同相类之处，以变芜杂为整齐。辜律己 Coleridge 训想象为统一诸物之力，于其所著书中（见 *Biographia Literaria*）解释甚详。其所言均以想象为思想之意也。至释想象为感觉者，则有如阿狄生在《旁观报》（*The Spectator*）中之论文，是阿狄生拘于希腊字之原意，谓想象也者，不仅为外来之感觉，且即视觉之别名耳。

想象既兼有思想及感觉之二义，则想象之问题，与一多之问题及标准之问题，必有密切之关系，此不待言。盖若人生毫无一定常住之处，以为量度事物变迁之具，则又安从得精密之标准耶？“幻乃真之一部”（即谓真中有幻，此尤柏尔之言，见上），固也，然不能遂谓凡想象所得之一定不变者皆虚幻也。或且可强为之说曰：今于真幻之问题径置不论，亦可取得标准，而遇寻常之人，观其幻想与解脱之性质，即可知其为人之如何矣。虽然，绝对之一定与实在虽终不可寻获，绝对之问题虽为玄学之幻梦，然犹可本于经验察看某种人生观之是否合于物性，而可断定其为真与否也。薛乃修（Synesius，希腊哲学家，卒于纪元后四三〇年，为 Ptolemais 之主教，详见 Kingsley 所著小说 *Hypatia* 一书）谓上帝与人借想象而交通，所可憾者，魔鬼与人之交通亦借想象（意谓想象之力，可以导人为善，亦可诱人为恶），故不能凭想象以定交通之为益为损也。欲定所想象者之善恶高下，但凭（一）感觉及（二）思想之力尚不足，而有赖于（三）判别之力。吾亦知人之心性未可勉强划分，然为思想之故，不得不如此。吾今分之为三，其于实用，当甚有裨也。

吾甚重观人心中之判别力，非谓其虚空判别，乃谓其经验所得之真实材料而从事耳。吾之简意准括言之如下：人生确有价值之事，为对于事物之一种精约之工夫，既能想象，又能判别。惟彼世间事物，其数之多无限，且有精粗高下之殊，不可不辨。今夫物质进步与道德进步，不惟不必同时并进，且二者常互不相容，其故即在于此也。近世物质之得以进步，由于世人专就物性之律之事实，强用其精约之工夫。然人之精力有限，既用功于此，遂荒于彼。物质日以进步，而世人于人事之律之事实，遂日增玩忽，其结果乃致精神之迷惘，亦可谓应得之果报与自造之罪孽。观于欧洲大战及晚近西方社会日增月盛之诸种现象，即可略知此果报之严、罪孽之巨为如何矣。

虽然，彼主张进步之说者，固不愿永认其精神之迷惘，此层自不待言。彼等既破坏古昔相传之标及可道德之常经，乃另创统一生活之新法，以补其缺。其所创之新法，颇见想象之丰富，然多与实在相违。此类统一人群之新法，尤以所谓浪漫运动中造成者为多。彼浪漫派之领袖，专务尊崇创造之想象力，而于判别力则摧毁无遗。此层实关系重大，盖此种创造之想象力，并未经物质之律及人事之律之训练陶冶，而常如杨氏（Edward Young［1681－1766］，英国诗人兼文人，所著书以 *Conjectures on Original Composition* 为最重要）所言：“恣情游荡于梦幻之国。”人苟有专骛此种创造之想象力者，则必堕于虚空之妄想，或无聊之醉梦。虚空之妄想固为生人之病根，然在今为尤甚。其病深于往昔，后世回视今日，必曰：二十世纪初年之人何其虚妄若此，动辄出其毫未试验之幻思，而被以“理想”之美名云云。今世之人，常自诩为高尚之“理想家”，而一经措之实事，则立见其为梦呓之人，徒足偾事。若此类者，实繁有徒矣。

想象虽足宰制人类。幻想则幸无此力量。今夫幻想之辈与远识之人截然不同，若论及领袖资格，则此分别尤为重要。吾所亟欲申明者，即领袖虽有善恶之分，而一国一群必常有其领袖，苟民主政治之国而不认有领袖，则民主政治将为文明之大害矣。至谓投票所得之多数，足以代表“人民之公意”（此卢梭所造之名），而可据此行政，不用领袖。此说尤为谬妄，要之，观其终始，则民主政治之成败，视其领袖之资格而定，于他种政治同。而领袖之资格尤在其识见之如何，领袖皆无远识，固足亡国破家，而若其识见谬妄，则祸至尤速。窃尝以今世之大患，不在人之无识，而在于其识见之谬妄。转言之，即今日之所当忧者，尚非彼明目张胆之物质主义，而实为谬妄虚空之精神学说也。

以幻想之人，而攘窃卓识之名，如此者在近世当推卢梭为巨擘。卢梭以返乎自然召人，而其所得自然者幻想而已。以此幻想，遂令世人不以良心之制裁、高上之意志，管理自身，而以放纵之感情代之。思想界经此变迁，博爱主义遂盛行。然按之实际，但事服从放纵虚妄之感情，其结果并不成为博爱主义，而为一种衰败之帝国主义。吾此书屡用帝国主义之一名词，而其义则较英国、美国之人所常用者为宽泛。吾之意盖因凡百帝国主义之根源皆由人心中争权夺利之一念，可谓为个人之帝国主义。柏格森曰：“帝国主义生于人之大欲，故不特为一国家一民族之事，而亦个人灵魂中之事也。”（见其为塞里尔［E. Seillière］之 *Balzac et la morale romantique* 一书所作叙言。）此说吾颇赞同。虽然，柏格森主张冲动之精力（élan vital）则实祖述卢梭之说，顾其间亦有不同处，而柏格森立说实较卢梭为胜。何则？惟制止之精力（frein vital）足以产生博爱。柏格森固已明言冲动之精力非博爱主义之根源，而实为帝国主义之所寄托也。由柏格森之说，则世界中成功而操胜算者，非彼精神和善纯良之辈，而为冲动之精力（即大欲）最强之人。噫嘻！今柏格森之说方风行宇内，无怪乎贩夫走卒皆羡慕“有魄力”“发狠心”之人，其故可以深长思矣。（按白璧德与柏格森所观察者相同，惟白璧德则谓人宜用其制止之精力以进于道德，柏格森谓人宜用其冲动之精力而攘取权利。从白璧德之说，则人皆相亲相让而世可治，从柏格森之说，则人皆相仇相杀而世益乱矣，此其立说之不同也。）

由卢梭以至柏格森，皆专务尊崇人性中之大欲，其结果惟产生帝国主义。吾名此种帝国主义为“衰败”之故，请略释之。今夫“帝国主义”一字，即不假借用之于心理学，而惟用之于政治，亦易涉含混。诚以帝国主义本有各种之不同，例如古罗马人所以能雄飞宇内、宰制世界者，由于其帝国主义。而其后乃憔悴呻吟、慑伏于暴君虐政之下者，亦由于其帝国主义。此二种帝国主义之不同，彰彰明甚。顾其要由盛而衰，先后蜕变之迹，亦可寻绎出之。罗马之盛衰关头，乃在其战胜迦太基之顷，执国政者，志骄意满，以为大功告成，从此无复强敌外患之足惧。（按《左传·鄢陵之战》，范文子力主不战，曰盍释楚以为外惧乎云云，正即此意。史迹因果，亦可并观也。）于内政及个人立身行事，乃始逐渐蔑弃古来礼教法律之拘束，而惟从己意。孟德斯鸠曰，其结果“人欲大张”（见所著《罗马盛衰史论》），奢侈之风日甚，古今言之者夥矣。尤温纳（Juvenal[C 60-140 A. D.]，罗马讽刺诗人）曰：“奢侈之毒，中于国人，其祸之烈，远过敌人之坚甲利兵，以若天遣其来罗马，以为世中之灭国绝世复雠者。”然其祸有较奢侈为尤烈者，则罗马国中执政率群之人，一变而专谋一身一家及一党一族之私利，阴狠无忌是也。此种新精神，足以破坏罗马之宪法，其结果，不惟对属国降人残暴寡恩。且内战频仍，自相屠戮，尤为惨酷，西塞罗已痛乎言之。原夫罗马人之衰败如此之速者，岂以其人善用制止之精力哉？毋亦其缺乏之故耳！窃谓若欲除治此等暴乱之个人主义者，非可赖彼恪遵古来礼教之人，而须觅先能自制其豪纵攘夺之欲之人，举为真正之领袖，方可倚恃也。罗马之衰亡，由其国中类此真正领袖之人数过少。吾美国人现今所处之难关，与昔时罗马人之难关，正相类似。盖吾国国势方盛，如日中天，而国人则竞蔑弃古昔礼法之标准，脱离向日之束缚，而奢侈自恣之风因之骤盛。凡百均暂置不论，而惟求一己之快乐“舒服”及商业之赢利，如此之人，在今美国，比昔之罗马当更多也。奢侈之风固足忧，然尚不如寡廉鲜耻，毫无道德之领袖，结党操纵政治之可忧。此辈专为一群私人谋得钱财利益，而使全国之人受其害（按近今美国之海军受贿煤油合同各案，均其事之极显著者，而足为此处所言之证），在今言者或不无过甚。然使长此不变，每况愈下，则吾国宪法所许之自由，必将毁灭无遗，而衰败之帝国主义，必代之而起，可预卜也。反覆细思古昔罗马及现今美国之局势，则益信政治之帝国主义，其根源实在个人心理之帝国主义。转言之，诚欲根本从事，则当舍政局中争权夺利之表面形迹之事，而专于个人之内心精神用功夫矣。（所谓由正心诚意，以达治国平天下之目的是也。）

今请更以吾所持论与近今欧洲之二作者比较，以使吾所论卢梭运动与帝国主义之关系愈益阐明。二人者（一）为德人斯宾格勒（Oswald Spengler），（二）为法人塞里尔（Ernest Seillière）是也。斯宾格勒在其最重要之著作《西土沉沦论》（*Der Untergang des Abendlandes*[*The Downfall of the Occident*]，凡二卷，一九一九至一九二二年出版）一书中，声言西方世界及欧洲文化，自卢梭提倡返乎自然之说以来，即一往直前，迅速进步，终必止于衰败之帝国主义而后已。今日吾人所处之局势，业已为由盛而衰，将来之祸患覆亡，必难幸免也。斯宾格勒又于其书上卷之附录中，列表以示预计西历二千年时，西方衰败之状况。（按斯氏之书甚关重要，而吾国人曾鲜论及之者，惟本志第二十二期李思纯君《论文化》篇第五页曾略述之，可参阅。）窃以斯氏之书，实为一种历史哲学，而其立论殊狂悖，盖人类高上之意志，吾所视为极重要者，斯氏则一概抹杀，故斯氏与吾立说纵有依稀相似之处，而实则思想极端相反，不容相提并论也。吾于各种历史哲学，皆甚不赞许。旧者如圣奥古斯丁（著有 *City of God* 等书）及卜苏爱（Bossnet[1627－1704]，法国宗教家、历史家兼文人，所著书以《世界史论》、《耶稣新教各派异同史》等为最要）等，视人为上帝之傀儡，新者（如卢梭等）则视人为自然之傀儡，二者固同一误也。自吾观之，《西土沉沦论》一书，实为十九世纪自然主义各种谬说之总汇，此类谬说皆以悲观之命运主义为归宿。命运主义实足致西土之“沉沦”者，而斯氏之书即不脱命运主义之范围也。故吾意，斯宾格勒天才虽富，然终不免为浮夸之徒。其书在德国销行极畅，固足见其影响之巨，然其事殊可忧而不足喜也。

若论塞里尔君，则与斯宾格勒迥异。塞君所著约二十种，（其最重要者如下：《民治之帝国主义》[*L' Impérialisme démocratique*，1907]、《浪漫之恶疾》[*Le Mal romantique*，1908]、《帝国主义哲学入门》[*Introdnetion á la philosopbie de I' impèrialisme*，1911]、《近世民治精神之隐患》[*Le Péril mystique dans I'inspiration des démocratics modernes*，1918]、《巴尔札克与浪漫道德》[*Balzae et la morale romantique*，1922]、《合理之社会主义》[*Vers Je socialisme rationnel*，1923]。末举之书，最为重要，以塞里尔之学说悉赅括于此中也。法国人评论塞里尔之书，以 R Gillouin 所著 *Unenouvelle pnilosphie de I'bistoire modern*[1921]为最佳。又有当代法国文士七十二人合撰之 *La Pensée d' Ernest Seillière* 一书，亦可读。）其中历叙卢梭对于十九世纪文学及生活之影响，甚见心思精细。塞君谓为卢梭影响实造成一种反理性之帝国主义，故在消极方面（即论前人之失），塞君研究所得与吾之持论颇相合。然在积极建设方面（即自己之主张，前者如医之脉案，后者如药方），则塞君与吾之主张截然判分。塞君所拟以救反理性之帝国主义之失者，乃一种合理性之帝国主义，谓“个人宜互相团结，造成社会之军队，以图进攻而取得权力”（见其所著《巴尔扎克与浪漫道德》第四十二页）。其言如此，则塞君之见解，似承霍布士及十九世纪英国乐利派之遗绪，而远祖麦克韦里（Machiavelli[1469－1627]，意大利政治家兼文人，所著书以 *II Prineipe* 为最重要）。塞君谓与反理性之帝国主义相反者，乃合理性之帝国主义，如水之与火、药之与症，而吾则谓与帝国主义相反者，厥惟人之高上意志，不主攫取权力而自恣也。又塞君视斯多噶派与耶教之道德无别，可以兼取并收，吾则谓二者截然不同，终必互不相容。吾以为古今斯多噶派之说，率皆谬误而不能实行，而真正之耶教，其中实含至理，在昔(罗马亡后蛮族侵入之时)已尝拯救文明，免其绝灭覆亡。苟能用之得法，耶教当不难再来拯救文明于今日也。

吾所用之方法，或恐为人误会，请得于兹开卷之始，略为解释。吾以前所著各书(《近世法国批评大家》一书不尽然)及此书中，皆未尝统括某某作者之生平著作而平均论断。盖吾之意不在此也，尤未尝统括某某时代(例如十九世纪)之政教风俗而平均论断。昔巴克(Burke)谓判定一国家一民族之功罪殊难，若欲判定一世纪一时代之功罪，恐尤不易也。吾所攻诋者，非十九世纪之全体，而仅其属于自然主义之部分，文艺复兴时代以还，即有各种潮流，为十九世纪之自然主义造其端，而十九世纪之自然主义亦延续至二十世纪而未已，凡此固皆在吾题之范围内者也。总之，吾但取自然主义，原始要终，而论究之，乃评者每有讥吾之态度为(一)一偏(二)消极(三)极端者，请得一一解答之。

【一】谓吾之评论自然主义为一偏，评者亦自持之有故。虽然，吾仍未失人文主义之本旨，何则？人性之一部。(即高上之意志、制止之精力。)彼自然派之人全然弃置不道，故吾不得不郑重反覆言之，吾之不平，正所以求其平也。且也，彼自然派之人所以忽略者，并非人类经验之边幅末节，而为中枢最扼要之部分。吾又安能无言哉？十九世纪以来，以自然派之努力，物质文明异常进步，使世人生活之边幅末节，极为丰富完美，此其功固不可没。吾决不欲菲薄之，惟吾谓生活边幅末节虽丰富，而中枢败坏，则实属得不偿失耳。吾虽攻诋自然派重要之缺陷，然吾力主用实验之法，则固与自然派为同道也。吾初不为空论，但就实事，推寻自然派缺陷之实在结果，列举千百之例证以实吾说。读者见吾之例证繁多，而无暇就一作者、一时代为平均综合之论断，因之遂有疑吾为一偏者耳。

【二】至谓吾为消极，则吾前已申明。人性中为自然派所忽略之部分，其功用正在消极之制止也。人苟不从物欲行事，而能听内心之告戒(即高上之意志，制止之精力)，则必能养成品德而享受幸福。世间最积极之事，固未有如品德与幸福者也。嗟乎！此诚人生之奇幻已。如因此而指吾为消极，则吾亦不欲置辩，但若其故不在此，则须略为解释。自十九世纪初年以来，盛行于世之文学批评，“不事指摘缺失，而专图表彰美善”(即不言其短，但著其长，按此句出韩士立[Hazlitt]文集)。今吾则反其道而行，或谓近世空浮谀颂之行事，固须施以严正之批评。然吾之讥斥，未免过甚，盖吾常指出著名人物之种种缺失，而毫不及其长处也。人以吾为苛刻，固吾所深憾。然深知吾意者，必不以吾之方法为误也。

【三】吾奉行人文主义，而人以主义首重节制，故讥吾为极端者，其伤吾也实甚。然而节制之义，论者纷纭，今夫人能斟酌调处于一普通原理与实际生活之万千变化之间，而得其中道者，可以谓之有节制之人。然善能为此之人，必具和雅之德。和雅为最贵之德，而亦甚易假冒浑充者。今有人于此，智识道德均未充，处两难之间，未知孰从为是，则曰“各取其半”，以求均平。（所谓执中无权，犹执一也。）然其所取者不必皆是，或一是一非，或二者皆非，则又安能为之解。故凡人于折衷之先，须将是非辨明，否则将如彼英国政治家某氏，世称其模棱两可，终身常在是与非之间局促行事（可与苏味道相提并论），又何足取焉。巴斯喀尔所攻斥之诡辩家，即以其托名中立，见死不救，而自诩为无罪也。但丁书中叙万千中立不倚之人，均以既不助上帝，又不助魔鬼，并为所弃，而堕入地狱。凡此皆托名中立和雅，而实咎有应得也。要之，人文学者与模棱之乡愿，极不易辨别，如伊拉斯马斯（Erasmus 与路德同时，学问极博，主张和平改革，而不赞成宗教革命），对于其时之激烈暴动派，态度至为和雅庄重，至足钦佩，而马丁路德乃诋伊氏为不热心宗教之乡愿。噫嘻！难哉！

总之，吾此书所争论之问题道理，均极关重要，而不容有折衷退让之余地。人有注重一己内心之生活者，亦有注重他事。如进步及社会服务者，此二种之人，根本宗旨不合，其间决不能调和。故吾所论者，非奉行人道主义者须有节制，而直谓人不当遵从人道主义也。综上所云，吾敢毅然直言，今世生活之原理，根本错误。转言之，即今人实为不良之领袖所误，走入歧途。及今苟非有领袖辈出，认明内心生活之要理，指斥自然主义之缺谬，则西方之文明将有不能保存之惧矣。今夫内心生活之真理，或赖宗教而成立，或借人文主义而宣示，二法并行之于古昔，结果均大有裨于人类之品德行事。惟吾遍察今日所流行之各派哲学，其中毫无内心生活之真理，足为人类之滋养，乃不得不转而求之于古贤，岂敢薄当世哉！

本文原载《学衡》第 32 期，1924 年 8 月。

整理者：王　祚
校对者：许欣媛

与顾颉刚讨论古史第二书

刘掞藜

颉刚先生：

自《读书杂志》第九期上先生那《与钱玄同先生论古史书》很引起我们的疑问后，在第十期上又读到玄同先生答先生的书，及到十一期、十二期始有先生答覆我们的书。这书所讨论的问题很多，所以文也很长。第十一期所载，只仅仅表明先生对于古史的态度；第十二期始有正式答覆我们质问的文字。但是为《读书杂志》底篇幅所限，第十二期才只论及：(1)禹是否有天神性？(2)禹与夏有没有关系？(3)禹的来源在何处？第三问题的论文，在第十二期上还没有登完，所以(4)《禹贡》是什么时候作的？(5)后稷的实在如何？(6)尧舜禹的关系如何？(7)《尧典・皋陶谟》是什么时候做的？(8)现在公认的古史系统是如何组织而成的？及后来增加的“文王之为纣臣”的问题等等，皆在下几期陆续登载去了——这很足使我们欲早日一睹为快的心，陷于渴望的情境。

掞藜近在报纸上时时读到吴稚晖先生的箴洋八股及劝梁任公先生缓提倡国学、少葬送青年等等文章，深感吴先生的见识和爱国的热忱。想来中国现在所处的地位和物质文明的程度，目下中国国民真应当有十分之八九趋向于科学和实业，不应当群集于玄学、文学和国故。有名望的人，真应当提倡切用于中国现在情形的学术，使国民自立自强，使国家得存于东亚，得存于世界，真不应当以空疏的和妆饰的学术迷导青年。不过我们从事历史的人，整理史料，辨伪别真，勘错订误，皆是分内的事，是我们应当努力去做的。我希望我们既从事于历史学和文学的人努力去做我们分内的事，从事其他科学或实业的人呢，也不宜妄自菲薄，也应当努力去做他们分内的事。总之人于其所从事而不能尽本分以求有成，以符国民之责，以尽人生之职，是最可耻的。

这段对于本书所讨论的问题，本是赘言，若使先生万一看得以下讨论问题的文字有登入《读书杂志》的价值，将其登出，这便是我希望我们大家各尽其分的一点愚忱。

第十期上玄同先生答先生的书，其中所论列，乃是(1)孔丘无删述或制作六经之事，(2)《诗》、《书》、《易》、《礼》、《春秋》，本是各不相干的五部书，(3)不相干的五部书配成一部而名为“六经”的原故，(4)“六经”配成的时候，(5)“六经”是些什么性质的书。这篇“翻案的议论，只是要研究所谓‘六经’的那几部书的原始面目，只是要研究它们与孔丘有无关系而已”。其中虽有为掞藜所不敢苟同之处，但对于先生所欲讨论的那八九问题没有关系，所以我在此处也不牵作一起谈了。

我对于先生所已经登出的答覆，赞成的地方和可佩服的见解固然很多，却是不敢苟同之处亦自不少。我原来的意思，本想等待先生的文章全篇登完后，才作一整篇的文字和先生商量：但是一读了佳作以后，于心所不安之处，辄欲一吐为快，故随手写出，就商于先生。在下几期《读书杂志》将陆续登载的答书，若有不得不与先生讨论之点，仍当逐期奉商。因为这种翻案的议论，这种怀疑的精神，很有影响于我国的人心和史界，心有所欲言，不敢不告也。

（一）关于先生所持古史态度的讨论

信史的建设，先生引胡适之先生的古史大旨三条作为骨干；胡先生的说法，本与我们及一般人的商周秦民族观念相同，可不再说。至于推翻非信史方面，先生所说应具的标准有：

(一)打破民族出于一元的观念；

(二)打破向来地域一统的观念；

(三)打破古史人化的观念；

(四)打破古代为黄金世界的观念。

关于第(一)条所说，很与我个人的意见相符。我向来以为中国民族在几万年前纵或出于一元，但有史时代的夏商周秦实在各有各的始祖。一统的世系笼罩百代帝王，实在不敢信。“中国民族的出于一元，俟将来的地质学及人类学上有确实的发见后，我们自可承认它；但现在所有的牵合混缠的传说我们决不能胡乱承认。我们对于古史，应当依了民族的分合为分合，寻出他们的系统的异同状况。”这话十分赞成。只是说《尧典》乃因“许多民族的始祖的传说……归到一条线上，有了先后君臣的关系”而产生出来，这话尚待先生辨《尧典》的文字登出读后，才敢说赞成或不赞成。

关于第(二)条所说，我却有点意思不同了。先生谓：“《史记》上黄帝的‘东至于海，西至于空桐，南至于江，北逐荤粥’……《禹贡》的九州，《尧典》的四罪……乃是战国时七国的疆域，而《尧典》的羲和四宅以交趾入版图更是秦汉疆域的……商朝自限于‘邦畿千里’之内。周有天下，用了封建制以镇压四国——四方之国——已比商朝进了一步，然而始终未曾没收了蛮貊的土地人民……到秦并六国而始一统。若说黄帝以来就是如此，这步骤就乱了。所以我们对于古史……不能以战国的七国、秦的四十郡算做古代早就定局的地域。”我以为先生错了。“步骤就乱”不足以证明战国的七国、秦的四十郡不是古代早就定局的地域。因为辖地大小广狭，不是自古至今有一定步骤的，不是古代定局的地域极小而后来定一代一代推广的。我们知道汉朝定局的地域广，到了晋朝，疆域便狭了，到了东晋，更狭小了。唐朝定局的地域广，到了宋朝，疆域便狭了，到了南宋，更狭小了。元朝的疆域极广，不仅为中国前古所无，而且为明清所远不及。如果按步骤去推测。定然是再乱三乱四乱……了，难道遂可据东晋的疆域说《汉书·地理志》所载非汉时早就定局的地域，据南宋、明、清的疆域说《唐书》、《元史》所载非唐、元早就定局的地域吗？如果以黄帝的四至，《禹贡》的九州，《尧典》的四罪所放殛之地为合于战国七国时的疆域，便以为不应是黄帝时、尧时、禹时早就定局的地域，难道遂可说汉代疆域合于唐代的疆域，便不应是汉代早就定局的地域吗？如果以商朝自限于“邦畿千里”之内，周朝始终未曾没收了蛮貊的土地人民，证交趾是秦汉的疆域，不应入《尧典》的版图，难道可以南宋自限于大江之南，清朝始终未曾发展至葱岭以西，遂说汉朝不应服西域，元朝不应跨欧亚吗？

先生或要说如果尧时已将交趾并入版图，何以夏、商来绝无人道及，绝无书提及呢？这疑问最好以历史上相同的事实解释之。从前亚历山大的帝国版图东至印度河以东，南至尼罗河上流，后来罗马帝国继起，西尽欧洲，北至来因河、布列颠，皆其疆土。此数百年间希腊、罗马的人，谁不知道世界之大。可是到了中世纪罗马既衰，希腊与罗马时之地理知识尽失，只知道有地中海沿海的各地，以耶路撒冷为世界的中心，不复知有东方，亚历山大所亲自到过而收入版图的印度河，再也无人知无人到了。到了欧洲黑暗时代(四七六年至八百年)欧人蒙昧的状态，几欲返乎草昧时代了，甚么学术和知识都不知道了。以此看来，前代入版图的辽远地方，后来失吊了，或竟至于数百年千余年隔绝不知，是常有的事。不可因中间有时隔绝，遂说它不是那时那代的疆土——且交趾非周朝、非春秋、非战国时代的疆域所及，乃“秦汉的疆域”，这是先生承认的。先生既只承认交趾为秦汉时的疆土，则必谓《尧典》的羲和四宅以交趾入版图乃《尧典》为秦汉人所伪造之证，至少或亦以四宅为秦汉人窜入之证。若是我所猜的不错，则是先生的意思以为秦汉以前，中国与交趾无关系，中国与交趾远隔绝，所以必没有交趾之可知可言。但是就我所知，春秋之末，秦汉之前，竟时时有人道及交趾，甚且是尧、舜抚有交趾。我且把他们分写如下：

(a)《墨子·节用中》古者尧治天下，南抚交趾，北际幽都，东西至日所出入，莫不宾服。

(b)《尸子》辑逸文 尧南抚交趾，北怀幽都，东西至日月之所出入。

(c)《韩非子·十过》昔者尧有天下，其地南至交趾，北至幽都，东西至日月之所出入者，莫不宾服。

(d)《大戴礼记·少闲》昔虞舜以天德嗣尧，朔方幽都来服，南抚交趾，出入日月，莫不率俾。

在这四条之中，我们纵把(a)条目为汉儒所作，将它和《淮南子·修务训》所云，“尧北抚幽都，南通交趾”，贾谊《新书·修政语》所云，“尧抚交趾，北中幽都”，《史记·颛顼纪》所云，“南至于交趾”，《舜纪》所云，“南抚交趾”等观，而于(a)(b)(c)三条，无论其为墨子、尸子、韩非子亲写或彼等之徒党所记，总可认为战国时文。然则彼等所言系凭空臆造耶？抑有所据耶？岂其预知后世之地名耶？抑将谓其承前代之旧耶？如曰汉人窜入，则何不并《论语》、《孟子》、《荀子》……诸书而俱窜入之以为完全之弥缝？若曰非秦汉人所窜入，则是秦汉以前知有交趾了。知有交趾，则是早已与交趾有关系了。但是我们知道春秋、东周、西周、商、夏都与交趾没有来往，是墨子、尸子、韩非子等所言，实由尧之抚有交趾也。以韩非之疑古，犹且称道之，则交趾入尧之版图，亦可以无惑。如曰托古改制，则何三子所言，似出诸一口耶？反覆思维，觉先生以交趾为秦汉疆域便疑其不能入尧时版图，实在错了。

先生又说：“我们看，楚国的若敖、蚡冒还是西周末东迁初的人，楚国地方还在今河南、湖北，但他们竟是‘荜路蓝缕以启山林’。郑国是西周末年封的，地在今河南新郑，但竟是‘艾杀此地，斩之蓬蒿藜藿而共处之’。那里是一统时的样子！”这段话也是欲说明自黄帝至周地域不统一的一个证据。以我看来，不禁发笑。(一)蓬蒿藜藿是容易生长的；某地乱到一年，蓬蒿藜藿便可没人，某地无人一年，蓬蒿藜藿也便可没人，况且有人居的地方，蓬蒿藜藿也须时时斩艾的。这不过可以说明人少，安得据为“地域向来不统一”之证？山林也是容易长成的，数十年没有人居，后来的人便须启它了。这也不过可以说明人少，安得据为“地域向来不统一”之证？现在青海、西藏、新疆、蒙古及内地的蓬蒿藜藿的地方和山林，须斩艾启辟的尚多哩，岂可说地域还未像统一？还未入我国版图？(二)商民族以河南为中心，此适之先生所说，此我们所共承认的。商朝天下自限于“邦畿千里”之内，此先生所说，我也可承认的。商在河南，后来郑亦在河南，其在商代邦畿千里之内是显然的。岂可因在郑封之初须斩艾蓬蒿藜藿遂说“地域向来不统一”吗？郑封地不属于商统一的邦畿千里之内吗？楚国地方在今河南、湖北，是我们所公认的。但是《周南》、《召南》所歌咏江、汉、汝间的化行俗美，人物繁盛，这也想是先生所肯承认的。然则楚国地方在周朝统一的地域里头显然明了。岂可因若敖、蚡冒的“荜路蓝缕以启山林”遂说“地域向来不统一”？(三)所谓“荜路蓝缕以启山林”，“艾杀此地，斩之蓬蒿藜藿而共处之”，不过是楚、郑的后人表白他们祖先勤劳的意思。且封地于人，岂必先为之启辟山林，斩之蓬蒿藜藿？且地经统一，岂山林立即全启，蓬蒿藜藿即不生耶？反复推求，觉先生欲以此证“不像统一”，亦属错了。

所以我的态度只是打破古来各代地域一致的观念。

关于第(三)条所说，我也有些不赞成的地方，即如先生所说：“古人对于神和人原没有界限，所谓历史差不多完全是神话。人与神混的，如后土原是地神，却也是共工氏之子；实沈原是星名，却也是高辛氏之子。人与兽混的，如夔本是九鼎上的罔两，又是做乐正的官；饕餮本是鼎上图案画中的兽，又是缙云氏不才子。”这段似是而非，很足以淆惑视听。谓古史中多神话，是我所承认的；但举这些例来证“古人对于神和人原没有界限，所谓历史，差不多全是神话”，是不可不辩的。(a)辩“后土原是地神，却也是共工氏之子。”——先生须知道古“有五行之官，是谓五官，实列受氏姓，封为上公，祀为贵神。社稷五祀，是尊是奉：木正曰句芒；火正曰祝融；金正曰蓐收；水正曰玄冥；土正曰后土……曰，社稷五祀，谁氏之五官也？曰，少皞氏有四叔，曰重，曰该，曰修，曰熙，实能金木及水。使重为句芒，该为蓐收，修及熙为玄冥，世不失职，遂济穷桑，此其三祀也。颛顼氏有子曰犁，为祝融；共工氏有子曰句龙为后土，此其二祀也。后土为社；稷，田正也。有烈氏山之子曰柱，为稷，自夏以上祀之；周弃亦为稷，自商以来祀之。”这段话遂是说治理木火金水土的五个官名，叫作句芒、祝融、蓐收、玄冥、后土。作这五个官的人遂是重、该、修、熙、犁、句龙。他们在生时实列受氏姓，封为上公。因为他们不失职，后人遂感他们的恩惠，祀为贵神，是尊是奉，所谓贵神的神名，遂是那五个官名。犹之田官之长叫作稷，作稷这官的人死了，后人遂祀这作稷官的人为稷神。祀他为神是由后人感他的恩惠而尊奉的，所以如果后来又有做这官的人功劳更大更密切，后人不惜把后来的这个人祀作神，以代替从前那个祀作神的人。夏祀柱为稷，商以来祀弃为稷，便是这个道理。由上看来，不见得“后土原是地神”；后土乃原是官名。后来后土成为神名，乃是借官名作神名的。共工氏之子——句龙原不是与地神混，乃是作治土的官——后土——后来人祀他为神，始把他的官名当作神名的。先生这种错误，好像和认“大成至圣先师，文宣王，为原是儒神，却也是叔梁纥之子”一样，尚可说得去么？(b)辩“实沉原是星名，却也是高辛氏之子”。这句话的错误，和上句一样，均是把事实前后倒认。先生须知道“昔高辛氏有二子，长曰阏伯，季曰实沉，居于旷林，不相能也，日寻干戈，以相征讨。后帝不臧，迁阏伯于商丘，主辰，商人是因，故辰为商星；迁实沉于大夏，主参，唐人是因，以服事夏、商……及成王灭唐而封大叔焉，故参为晋星。由是观之，则实沉参神也。昔金天氏有裔子曰昧，为玄冥师，生允格、台骀，台骀能业其官，宣汾洮，障大泽，以处大原。帝用嘉之，封诸汾川。沉、姒、蓐、黄，实守其祀……由是观之，则台骀，汾神也。”这是说实沉迁于大夏，“主祀”参星，后来人奉他为参神，一如台骀被封于汾川，死后沉、姒、蓐、黄祀他，奉之为汾神一样。是参原是星名，实沉原是人名，而不原是星名，明矣。是因实沉居于大夏，而大夏为参星之分野，遂“主祀”之，后人因谓参星为实沉，犹之豕韦氏处于卫地，卫地为营室之分野，后人因谓营室为豕韦一样。是实沉原是人名，而后人以他的人名名星益明矣。“先生这种错误，岂不是和上句相同吗？退一步言之，以星名名人者后世多有，如‘参原是星名，却也是曾皙之子；太白原是星名，却也是杜甫之朋。’”难道遂可以说“人与神混”，春秋和唐朝的“人对于神和人原没有界限”么？(c)辩“夔本是九鼎上的罔两，又是做乐正的官”。关于这事，先生又在《读书杂志》第十二期论《禹的来源在何处?》内第(3)条的说：“彝器上的夔系属兽形，《吕氏春秋》又记乐正夔有一足的传说(《察传》)，《尧典》上又说他会使‘百兽率舞’夔之为兽，实无可疑。”我以为(一)各书上不是传说的事，先生犹多怀疑。何以《吕氏春秋》明明载是传说的话，先生反如此相信？且《吕氏春秋》所载，乃“鲁哀公问于孔子曰，乐正夔一足，信乎？孔子曰，昔者舜欲以乐传教于天下，乃令重黎举夔于草莽之中而进之，舜以为乐正。夔于是正六律，和五声，以通八风，而天下大服。重黎又欲益求人。舜曰，夫乐，天地之精也，得失之节也，故惟圣人为能和，乐之本也。夔能和之以平天下；若夔者，一而足矣。故曰，夔一，足；非一足也”。这明明是说夔非一足，这明明是传说之误，这明明是《吕览》教人须“察传”，这明明警人得如“夔一足”一类的话，须“熟论其于人，必验之以理”。若先生相信“夔之为兽”而夔兽又只有一足，验之于古今动物界，有是兽乎？(二)退一步言之，无论夔兽为几足亦无论夔为魃兽。古今以鬼以兽等等名人者多矣。如桓魋，以鬼名者也；如夔同时之虎、熊、罴，春秋时之郤豹、成熊、羊舌虎、窦犨等，俱以兽名者也；祝鮀、史鳅、梁鳣、孔鲤，以鱼名者也；公孙虿，以毒虫名者也：其他以物名者，不可胜举，至今阿毛阿狗之类犹多。那些耍把戏的阿毛阿狗之类，都能使狗和兽率舞，遂可说他们为兽，实无可疑吗？至如夔所以名夔之故，或者以其生来之容貌丑恶强健因之以夔名之，如柳宗元所传郭橐驼，只因背驼，遂因人呼橐驼而即以为名之类。或者以其与夔兽有什么关系，因名为夔，如斗谷于菟为于菟所乳，遂名为于菟之类。或者以其好畜夔，因名为夔，如豢龙、御龙之因扰龙，狙公之因养狙而名之类，皆不可知。即无此诸因，亦何尝不可名？今以铸鼎象物的夔是兽形，遂证夔为罔两为兽，先生亦可以彝器上的虎豹……鮀鲤……虿驼……系属兽形、鱼形、虫形遂证于菟、郤豹……祝鮀、孔鲤……公孙虿、郭橐驼……为兽为鱼为虫，以彝器上的魋为鬼形遂证魋为罔两吗？(三)再退一步言之，即使夔只有一足，或因夔之一足而名夔，也不能即证明其为罔两，证其不是乐官。我们知道古代乐官，多是残体人做的，取其静而不便动，宜于审音律也。如师旷之聪，因其目瞽，即其著例。夔纵只有一足，何不可为乐官：确保己一生而盲，犹能编辑《史料》及《武家名目钞》等书至千余卷，“验之以理”，怎么夔不可为乐官呢？至于《禹的来源在何处?》中第(2)条，其证明夔是罔两，逻辑异常错误，更不足称证据，等到讨论“禹的来源”时再说去吧。(d)辩“饕餮本是鼎上图案画中的兽，又是缙云氏的不才子”。这话的误处，也和上句一样。以为鼎上图案画中有这种兽，便说缙云氏的不才子，即是此兽，不是人，须知图画自图画，人自人，不容混证，好像鼎上图案画中有虎，我们不能遂将反证斗谷于菟便是虎，或把来证“人与兽混”、“古人对神和人原没有界限”，且《左传》不是说“缙云氏有不才子，贪于饮食，冒于货贿，侵欲崇侈，不可盈厌；聚敛积实，不知纪极；不分孤寡，不恤穷匮，天下之民，以比三凶，谓之饕餮”吗？这是因他为人贪婪无厌，天下之民恶之，以为他与饕餮这兽无异，(《吕氏春秋·先识篇》曰：“周鼎着饕餮，有首无身；食人未咽，害及其身。”《经义述闻》王念孙曰：“饕餮本贪食之名，故其字从食，因谓贪得无厌者为饕餮耳。”可知兽之号为饕餮，亦以其贪而名之如此。)因谓之为饕餮，正如南子与宋朝淫乱，宋人恶之，以为他们与豕类无异，因喻南子为娄猪，宋朝为艾豭一样。若说“娄猪艾豭是鼎上、彝器上图案画中的兽，又是卫灵公的夫人和她的情人”，以证“人和兽混”还可通吗？是故浑敦、梼杌、穷奇、饕餮固是兽(此本服虔、张揖之说），不得因把他们名四不才子，或彝器上有这类的像，遽断古人对于人和神原没有界限，或四不才子本无其人也。

故我对于古史，只采取“察传”的态度，参之以情，验之以理，断之以证。

关于第（四）条所谓“打破古代黄金世界的观念”，是我很赞成的。虽然这条的解释如说《尧典》、《皋陶谟》等极盛的人治和德化出于战国时一班政治家托古之类很引起我怀疑，但是先生还有《辩〈尧典〉》、《辩〈皋陶谟〉》的文章在后，将陆续登出，等到读了那文，如果满意，当然不要说了；如不满意，那时再说罢。

王充说得好，他谓：“古之戎狄，今为中国；古之裸人，今被朝服；古之露首，今冠章甫；古之跣跗，今履商舄。以盘石为沃田，以桀暴为良民，夷埳坷为均平，化不宾为齐民，非太平而何？夫实德化，则周不能过汉，论符瑞，则汉盛于周，度境土则周狭于汉，汉何以不如周？”（《论衡·宣汉篇》）我们知道尧有八恺八元不能举，有四凶不能去；舜的父顽母嚣弟傲，又流共工于幽州，放驩兜于崇山，窜三苗于三危，殛鲧于羽山。他们所居，又茅茨不翦，采椽不斫；饭于土增，啜于土形；禹也是恶衣服，卑宫室。人民“食果蓏蚌蛤，腥臊恶臭”。婚姻未别：尧的两女同嫁一夫，简狄、姜嫄私淫野合而生契、稷……（予以为“履帝敏武”、“天命玄鸟降而生商”，皆是淫奔野合，生子而不知有父之证。）凡此皆草昧獉狂的现象，有什么黄金世界之可言？其使民亦不过如先生所说“依天托祖的压迫着人民就他们的轨范”，实在没有什么黄金世界的样子。不过尧、舜、禹这几个帝王能努力尽职，时代没有后来的扰攘，后来的人遂叹为不可及，而不知那时地旷人稀，人易于生。简单朴素，自是当然。而所以为草昧，亦正以此也。

以上关于先生所持古史态度的讨论完了，钱玄同先生说我很有“信经”的色彩，其实我所持的态度却有不然。于可信者信之；不可信者还是不信。今赶这里和先生讨论“态度”之便，略附论之如下，得以请益于玄同先生！

例如孟子的话，我间或有些不敢相信。我且举出二事言之：（一）孟子说伊尹耕于有莘之野，汤三使往聘之，然后就汤，是伊尹不苟进也。乃孟子又曰五就汤五就桀者，伊尹，且言治亦进乱亦进而为圣之任，夫伊尹既不枉己而正人，辱己而正天下，洁身至矣。何以又五就汤，五就桀；治亦进，乱亦进呢？当汤未聘伊尹之先，夏固已乱矣，而伊尹不往夏以正桀，可渭乱亦进耶？当汤三聘之之后而后始往商以就汤，可谓治亦进耶？若说伊尹之五就汤五就桀乃是谓汤既得伊尹而命之就桀，桀不用而复返就汤，汤复命之就桀，如是往返去就，至于四五，然则迹虽近于治亦进乱亦进，而实则非其本心，不过为汤所促迫而如此耳，尚得为圣之任者耶？否则其五就汤五就桀在汤未得之之前也，何以汤又三使往聘？且若其五就汤五就桀而在汤未得之之先也，何以伊尹得为“不枉己而正人，辱己而正天下”、“归洁其身而已”者耶？反往参验推证，何孟子之言自相矛盾如此！毋乃汤与伊尹的事，已无征于战国之际，故墨子、庄子、韩非子和《吕氏春秋》所言臆测而孟子之言亦自相矛盾也欤？（二）《武成》言武王之伐纣也，曰“血流漂杵”。以《逸周书·世俘篇》证之，似乎这事属事实。而孟子以武王之仁声仁问推想武王不至如此——或欲“托古改制”为他强勉辩护，因以为书不可尽信；但我以为孟子错了——或以为他欲“托古改制”的破绽露了：武王杀敌纵不如《世俘》所言，要必不少。战国时代一种口头禅，谓仁人之师不多杀戮。但是我们知道，文王至仁，乃当其伐崇之役，尝“执讯连连；攸馘安安”、“是绝是忽”，是仁人之师未尝不多杀戮。我们也知道周公至仁，乃当其征东之役，尝“破斧缺斨”、“缺锜缺锜”，是仁人之师未尝不杀戮，以文王周公用兵之多戮，可知武王与纣之大战，其必多杀戮无疑。孟子虽当强勉辩护，他的话岂可相信？

以上两例，略表示我对于经书或任何子书，不敢妄信；但也不敢闭着眼睛，一笔抹杀，总须度之以情，验之以理，决之以证。经过严密的考量映证，不可信的便不信了。但不能因一事不可信，便随便说他事俱不可信；因一书一篇不可信，便随便说他书他篇皆不可信。如玄同先生在《读书杂志》第十期《答顾颉刚先生书》中说：“我从前以为尧、舜二人一定是‘无是公’、‘乌有先生’。尧，高也；舜借为‘俊’，大也（《山海经》的《大荒东经》作“帝俊”）；‘尧’、‘舜’的意义，就和‘圣人’、‘贤人’、‘英雄’、‘豪杰’一样，只是理想的人格之名称而已。中国的历史应该从禹说起。各教都有‘洪水’的传说，想来是实有其事的……”这种薄弱的证据和推想，我却不敢以之不相信有尧有舜：因为(1)玄同先生相信有禹，是由各教都有“洪水”的传说，想来是实有其事。何以各教都有“尧”、“舜”的传说，却又想来一定是“无是公”、“乌有先生”呢？(2)就“尧”、“舜”二字的意义说“尧”，高也，“舜”，大也，遂决定尧、舜只是理想的人格之名称。但是我们知道“高宗”、“高祖”、“太宗”、“太祖”都是“高”、“大”的意思，难道遂可断定历来许多高宗、高祖、太宗、太祖都只是理想的人格之名称而无其人吗？即以尧、舜或为名字论之，我们知道春秋时有伯嚭，嚭，大也；有卜商字子夏，商通章，章，大也，夏亦大也；有郭贾字子方，贾通夏，大也，方亦大也。又有侨字子产，侨，高也，产大也；有驷带字子上，带读为甍；甍，高也，上亦高也。其余以“高”、“大”名者不可胜数。若使如玄同先生所说，我们应以为以这班人都是“无是公”、“乌有先生”、“只是理想的人格之名称”了，以此疑古，不是笑话么？这种错误，皆是迷于《说文》的余毒，而不知诉于逻辑，大前提早已错了，怎能推论得合法呢？

（二）讨论禹是否有天神性

先生上次“所以疑禹为天神，是由‘洪水芒芒，禹敷下土方’而来”。现在已承认“下士”二字不能证明禹是天神了：但又据《诗》、《书》上说禹的话归纳出下列四条：

(a)禹平水土是受上帝的命。

(b)禹的“迹”是很广的。

(c)禹的功绩是“敷土”、“甸山”、“治水”。

(d)禹是一个耕稼的国王。

上列四条，本少“禹有天神性”的意味；但先生一句总话：说“依旧以为禹是一个神”。我初看这句话，以为下文一定有很好的意思足以说明禹是一个神。那想将下文一看，不觉大失所望。

在这四条中，先生以为“禹的最有天神的嫌疑的地方……乃在(c)条上”。我们且把(c)条先行讨论：(c)条所归纳出“禹的功绩是‘敷土’、‘甸山’、‘治水’”是根据：

《诗》——(1)信彼南山，维禹甸之。(《信南山》)

(2)丰水东注，维禹之绩。(《文王有声》)

(3)奕奕梁山，维禹甸之。(《韩奕》)

(4)洪水芒芒，禹敷下土方。(《长发》)

《书》——(5)皇帝清问下民，鳏寡有辞于苗。……乃命三后，恤功于民；伯夷降典，折民惟刑；禹平水土，主名山川；稷降播种，农殖嘉谷。三后成功，惟殷于民。(《吕刑》)

由上五条，先生发了“土是怎样敷法？山是怎样甸法？”的疑问。因为先生早已有“禹有神性”的主见在脑子里，将前人把“敷”字解作“分”，解作“赋”；把“甸”字解作“治”的一并抹杀，自己牵强附会，将“敷”换作“铺”，用之解“禹敷下土方”为“禹铺放土地于下方”。将“甸”依汉朝或本作“敶”的解作“列”，说为“排列分布”之意，用之解“维禹甸之”为“山亦为禹所陈”。又凭空说“治水”的“治”字是后人加上去的。又硬把“丰水东注，维禹之绩”的“绩”字当作

“迹”，原来《传》训“绩”为“业”，《笺》训“绩”为“功”，是极好解、极通顺的，弄到极不通。(原来是说“丰水之向东流，乃禹之功绩”，意谓丰水为禹所治好而向东流。)今改作迹；《说文》“迹，步处也”。我们解起来是“丰水之向东流，乃禹之步处”，尚可通么？于是胡乱说“那时人看得土是禹铺的，山是禹陈的，道水自然也是禹所排列的了”——这样一牵强附会，遂算作证明“禹的最有天神性的嫌疑”。

这种主观的意见，是我所最不赞成的。我们解释古书上的字，应当依古代的解说。若穿凿附会，迁就己意，是朴学者所最忌的。我们解释“敷”字，应当从最古的解法：孟子曰，“当尧之时，天下犹未平……尧独忧之，举舜而敷治焉”。这“敷治”是两字连用的动词，凡两字连用的动词，意义是一样的，故用时可独用，亦可双用。例如“变化”、“迁徙”、“辨别”、“处理”、“替代”、“逼迫”、“忧愁”、“奔走”……不数枚举，用时皆可分之为二，合之为一；可单用，可双用，意义是毫不变的。孟子把“敷治”两字连用，是孟子时代解“敷”作“治”的证据。我们再看《荀子·成相》：“禹傅土”，《广雅·释言》：“傅，敷也”；《释诂》：“傅，治也。”“傅”=“布”，是“敷”=“治”也。此“敷”解作“治”的又一证据——上两证是直接的。我们再看古人把“敷”解作“分”字的到底怎样：《禹贡》“禹敷土”马注：敷，分也。“分”者，《论语》曰“五谷不分”，郑注：分，犹理也。“理”即“治理”之意。(《说文》：理，治玉也；《广雅·释诂三》：理，治也。)此间接证明“敷”之解为“治”也。我们再看《山海经·海内经》“禹鲧是始布土”注，犹“敷”也。“布”、“敷”古同音通用，故“敷土”即是“布土”。到底“布”字的意义又怎样呢？《广雅释诂三》“列，布也”；又“列，治也”。“列”=“列”，是“布”=“治”也。“敷土”即是“布土”，而“布土”即是“治土”，是“敷土”亦即是“治土”而训“敷”为“治”也。《山海经》虽伪书，太史公已曾读之，其为战国或秦代之作可知，是又汉前训“敷”为“治”之证也。由上诸证，可知“禹敷下土方”本作“禹敷治下方土地”解，毫无疑义。既然是“禹敷治下方土地”，那么，这“禹敷治下方土地”就是如孟子所说的“尧举舜来敷治天下”或孟子自己担当的“能平治天下”一样，没有“天神性的嫌疑”了。岂容牵强附会？至于《天问》言禹治水，有“洪泉极深，何以寘之？”的“寘”字同“填”，训“塞”，解作“洪水渊泉极深，大禹何用寘塞而平之乎？”这是极平常的话。怎见得有“天神性的嫌疑？”譬如我说“黄河决堤，水大得很，顾先生将何以寘塞它？”难道遂可以说顾先生有天神性的嫌疑么？（况且寘字又即是寔字，古者寘寔双声通假。寔，止也。把来解“何以寘之”

为“何以止之”又甚通顺。而寔寘的古训又常解作“是”；“是”者，《楚语》“王弗是”注，理也。是寘又有“敷理”、“敷治”之义也。）

论到“甸”字呢，我们也不可牵强附会。先生以《诗经》上两个“维禹甸之”为“从前人讲作‘治’”，不合于先生的成见，凭空说“这不过看见《禹贡》上有‘治梁及岐’的话而牵引上来，了无根据”。好，我们且把“甸”字造字的原意研究研究，看毕竟是古人了无根据呢？还是先生了无根据？“甸”字从田包省。按从勹田会意，田亦声。勹，裹也。中有田而外有所包裹，显然是田外围以田塍之意——即作介画也，畔也。这岂不是治田吗？我们再看从田得声的有“佃”有“畋”有“畕”。“佃”，中也；中者正也，已有正经界之意，而《易系辞》的“以佃以渔”则训佃为治田矣。“畋”，平田也。平田即治田也，《书·多方》“畋尔田”训为“治尔田”是也。“畕”，比田也，从二田会意，为次比田土之意，是亦治田也。甸字本意既是治田之义，而同声同偏旁之字又皆为治田之义。范之以“音同义同”、“同声通假”之凡例，已无不凿凿可据，而先生乃说《毛传》之训“甸”为“治”是了无根据，不知果何所据而云然？抹杀“甸”字的武断话不能成立了，我们且退一步而论“敶”字。《说文》“敶，列也”，列者《广雅·释话三》曰：“治也”。又《广雅·释话三》“敶，布也”；而布=敷，训为“治”，于上文已证之昭然。是“维禹敶之”与“维禹甸之”的解释毫无差异，岂容强为附会？先生所说的“分”、“列”、“布”在古本皆有“治”的意义；但先生欲牵强附会，因将他们连携来作“排列分布”，解为现在的意思，以迁就所谓“神性的嫌疑”。殊不知现在所谓“排列分布”，必定要有许多东西在那里等待“排列分布”而后可说的，我们看信《南山》所说只有一个南山，而《韩奕》所说又只有一个梁山。一个山怎能说得“排列分布”？譬如说“彼许多兵士，维将官排列分布之”，这才可以；若说“信彼顾先生，维将官排列分布之”，这岂可通？由上结局起来，“信彼南山，维禹甸之”、“奕奕梁山，维禹甸之”，即是“信彼南山，维禹治之”、“奕奕梁山，维禹治之”，与《天作》“天作高山，大王荒之”、“畇畇原隰，曾孙田之”一样地没有什么“天神性的嫌疑”。否则天作的高山（岐山），大王且能大之。（“荒”《传》曰“大也”。此本于《晋语》。《晋语》郑叔詹曰：“在《周颂》曰，‘天作高山，大王荒之’。荒，大之也。”）如果咬文呆看，这是何等的有天神性！

论到“治水”的“治”字，虽欲牵强附会而不可能，盖因“治”字的意义最明显，最为人所熟知故也。于是凭空说：“治水的‘治’字是后人加上去的。”我把这句话足足看了四五遍，又反复看了前后，总不知先生何所指。这段迷离惝恍，前后不贯，既然说不出什么道理来，所以我也不论。《洪范》言禹治水，虽不明白，但不能因不言禹治水，遂谓禹为神。且《洪范》之言“帝乃震怒，不畀洪范九畴”，乃由“鲧陻洪水，汩陈其五行”。是则“天乃锡禹洪范九畴”，乃由“禹平水土”（《吕刑》）。此处虽未言“禹平水土”，按文意却是天之赐禹《洪范》九畴，乃在禹有所成之后，明甚。而先生乃曰“似乎他(禹)一得到了上帝的九畴，洪水就自会平复似的”——这完全将“禹有所成而天乃锡禹”倒作“天锡禹而禹始有所成”了；这全是先生自己之意，非《洪范》之意，足见先生蔽于成见矣。

以上辨“禹的最有天神的嫌疑的地方”在“禹的功绩是‘敷土’、‘甸山’、‘治水’”之说不能成立。

次之，讨论(a)条。(a)条所归纳出“禹平水土是受上帝的命”是根据：

《书》——(1)鲧陻洪水，汩陈其五行。帝乃震怒，不畀洪范九畴，彝伦攸斁，鲧则殛死，禹乃嗣兴。天乃锡禹洪范九畴，彝伦攸叙。(《洪范》)

(2)皇帝清问下民，鳏寡有辞于苗。……乃命三后恤功于民：伯夷降典，折民惟刑；禹平水土，主名山川；稷降播种，农殖嘉谷。三后成功，惟殷于民。(《吕刑》)

先生说：“《洪范》上‘天’、‘帝’互称，可见帝即是天”，这很对的。又说“殛鲧的是天，兴禹的亦是天”，这便错了。我们只要略略小心一读《洪范》这段，便只看出“不畀洪范九畴”的是天，“锡禹洪范九畴”的也是天。鲧之殛死，乃由“彝伦攸斁”；禹之嗣兴，乃由鲧之殛死，并不见得“殛鲧的是天，兴禹的亦是天”。这里又只言禹之嗣兴，并未说禹受天命而平水土，是“禹平水土是受上帝的命”的话与这里没有关系，不能引这里作证。退一步言之：这里有“天乃锡禹洪范九畴”，可据以说天和禹有关系；但不能因此遂说可证明“禹是一个神”。因为我们知道《闷宫》说“天锡公(僖公)纯嘏”，不能遂谓僖公是一个神；《大诰》说“于天……遗我大宝龟”，不能谓周公是一个神；《大明》说“天作之(文王)合”，不能谓文王是一个神；《既醉》说“天被尔禄”，不能谓那班士君子俱是神；《召旻》说“天……瘨我饥馑”，不能谓凡伯是一个神；《烝民》说“天……保……天子，生仲山甫”，不能谓天子(宣王)和仲山甫皆是神……故也。再退一步言之：即使说“帝殛鲧，天兴禹”（这本非《洪范》之意：禹嗣兴，禹是主词，兴是自动字；天兴禹，禹是宾词，兴是他动字——这天兴禹是依先生的意思说的），也不能因此遂说可证明“禹是一个神”，因为我知道《皇矣》说“上帝耆之(耆，恶也，又斥也；之指夏商)，憎其式廓。乃眷西顾，此维与宅(此指文王)”，不能谓夏商人和文王是神；《黄鸟》说“彼苍者天，歼我良人”，《天保》说“天保定尔，以莫不兴”，不能谓奄息、仲行、针虎等是神；《西伯戡黎》说“天既讫我殷命”，《大诰》说“天……兴我小邦周”，不能谓殷周之王是神，《微子》说“天毒降灾荒殷邦”，《洪范》说“惟天阴骘下民”，不能谓殷人下民皆是神……故也。

《吕刑》上的“皇帝”的解说，向来已有两种：郑康成以为皇帝指尧。（此“皇帝清问下民”之皇帝；至“皇帝哀矜庶戮之不辜”之皇帝，郑氏以为是颛顼。）《三国志·魏志·钟繇传》繇上疏引此经所说，亦以“皇帝”为尧——此今文义也。赵岐注《孟子》引《甫刑》皇帝作帝（按《吕刑》马注亦曰皇帝一作帝，惟《墨子·尚贤》中作“皇帝清问下民”，与今本《书》合），谓帝为天，此今文欧阳夏侯异说也。无论解“皇帝清问下民”之“皇帝”为“上帝”或“帝尧”，参之以上下文义皆可通。不过依郑康成据《楚语》等言苗民作刑之历史，以为“苗民谓九黎之君也。九黎之君于少昊氏衰而弃善道，上效蚩尤重刑。必变九黎言苗民者，有苗，九黎之后。颛顼代少昊诛九黎，分流其子孙。居于西裔者为三苗，至高辛之衰，又复九黎之恶，尧兴，又诛之。尧末，又在朝，舜臣尧，又窜之。禹摄位，又在洞庭逆命，禹又诛之。穆王恶此族三生凶恶，故著其氏而谓之民”之说观之，“皇帝哀矜庶戮之不辜”指颛顼，“皇帝清问下民”指帝尧，似乎很正确。且若两“皇帝”皆指“上帝”，则《吕刑》此段前有“上帝监民罔有馨香德”的“上帝”领起，下两“皇帝”皆不应着。复次，“命重黎……”、“命三后……”乃颛顼、帝尧两时代之事，故各用“皇帝”领起——总之不论“皇帝”解为“上帝”或“人帝”，皆不能证明“禹是一个神”，掞藜前面讨论《洪范》所引许多“天和人的关系”的证据，已足解惑。如果先生以为“皇帝既是上帝，他所命的三后当然含有天神性”，我且再举些上帝和天命人的例，请先生看他们都有天神性没有：（一）《诗》（A）天命多辟，设都于禹之绩——《殷武》；（B）思文后稷……贻我来牟，帝命率育——《思文》；（C）昊天有成命，二后受之——《昊天有成命》；（D）保右命之，自天申之——《假乐》；（E）古帝命武汤，正域彼四方——《玄鸟》；（F）帝谓文王——《皇矣》；（G）有命自天，命此文王——《大明》；（H）商之孙子，其丽不亿，上帝既命，侯于周服——《文王》。（二）《书》（A）惟时上帝集厥命于文王——《文侯之命》；（B）亦越成汤陟丕厘上帝之耿命——《立政》；（C）帝……伻我有夏，式商受命——《立政》；（D）天……简畀殷命——《多方》；（E）乃惟尔辟以尔多方大淫图天之命……《多方》；（F）我不敢宁于上帝命——《君奭》；（G）在昔上帝割申劝宁王之德，其集大命于厥躬——《君奭》；（H）惟时天……乃命尔先祖成汤革夏——《多士》；(I)今惟我周王丕灵承帝事，有命曰割殷——《多士》；(J)天乃大命文王殪戎殷——《康诰》；(K)尔既孚命正厥德——《高宗肜日》……(三)最奇者《墨子》之说天命汤等也，其《非攻下》曰："还至乎夏王桀，天有酷命：日月不时，寒暑杂至，五谷焦死，鬼呼于国，鹤鸣十夕余。乃命汤于镳宫，用受夏之大命，'夏德大乱，予既卒其命于天矣，往而诛之，必使汝堪之'。汤焉(焉，乃也)敢奉率其众，是以乡有夏之境。帝乃使阴暴毁有夏之城。少少有神来告曰：'夏德大乱，往攻之，予必使汝大堪之。予既受命于天；天命融隆火于夏之城间西北之隅。汤奉桀众以克有(夏)，属诸侯于薄，荐章天命，通于四方，而天下诸侯莫敢不宾服。'"下接着说："天命周文王伐殷有国"，亦是同样离奇——先生于上面所举许多天命的人也要说他们"当然含有天神性"否？汤与天、神、鬼完全混作一团，先生更当说他是一个神"自无可疑"吗？孔丘也常言，"畏天命"，"知我者其天"，"天丧予"，"天生德于予"，子贡且谓"天纵之将圣"想先生也必以为孔子有天神性无疑了？所以如果先生以为"禹是一个神"，便该承认孔子及其前头"三代"的帝王人民皆是神，且更当从"天命玄鸟，降而生商"，"赫赫姜嫄……上帝是依……是生后稷"的商稷说起，如果不承认孔子以前的人都是神，则"禹是一个神"的话不能成立。

先生自然也说过："古帝命武汤，正域彼四方"，"帝谓文王，予怀明德"等为"他们说上帝与之接近，是为自己的声势计"；但是我们看《閟宫》"天锡公纯嘏"，《既醉》"天被尔禄"，《召旻》"天瘨我饥馑"，《烝民》"天……保……天子，生仲山甫"，《黄鸟》"彼苍者天，歼我良人"，《天保》"天保定尔，以莫不兴"，《西伯戡黎》"天既讫我殷命"，《微子》"天毒降灾荒殷邦"，《洪范》"惟天阴骘下民"、"天乃震怒，不畀《洪范》九畴"，《殷武》"天命多辟，设都于禹之绩"，《文侯之命》"亦越成汤陟丕厘上帝之耿命"，子贡谓孔子"固天纵之将圣"……何尝是他们说上帝与之接近乃为自己声势计耶？我因此知道古人说天说上帝，不是以为"人含有天神性"倒是以为"天神含有人性"，所以任何事皆牵及天，不仅仅是王者称天而治己也。适之先生说得好："老子以前的天道观念，都把天看作一个有意志、有知识、能喜能怒、能作威作福的主宰。试看《诗经》中说'有命自天命，此文王'——《大明》；又屡说'帝谓文王'——《皇矣》，是天有意志。'天监在下，上帝临汝'——《大明》；'皇矣上帝，临下有赫，监观四方，求民之莫'——《皇矣》，是天有知识。'有皇上帝，伊谁云憎？'——《正月》；'敬天之怒，无敢戏豫；敬天之渝，无敢驰驱'——《板》，是天能喜怒。'昊天不佣，降此鞠凶；昊天不惠，降此大戾'——《节南山》；

‘天降丧乱，降此蟊贼’——《桑柔》；‘天降丧乱，饥馑荐臻’——《云汉》，是天能作威作福。”因为古人有这种天道观念，所以不仅《吕刑》上皇帝所命的禹平水土，伯夷降典，稷降播种，不能说他们为神，即凡古书上“天和人有关系”的人，也不能随便说他们为神了。

先生又说：“武汤文王的来踪去迹甚是明白，他们有祖先，有子孙，所以虽有神话而没有神的嫌疑。至于禹，他的来踪去迹不明，在古史上的地位是独立的；父鲧子启全出于伪史，不足信。”先生所谓伪史，大概是指《尧典》、《皋陶谟》、《禹贡》；先生尚有辩论文在后未登，虽然不知道能否成立，但是现在我暂且承认先生所说不提——前面所以不提三篇之故，也是如此。《洪范》非伪史，是几千年来的人所共认的；先生尝引来作证，是先生也承认，无疑了。既然承认《洪范》非伪史，于是我敢说禹是鲧的后裔。因为《洪范》说“鲧则殛死，禹乃嗣兴”。我们知道“嗣”古文作“司子”，一见而知其为“子”的意义。再看《说文》嗣，诸侯嗣国也。请问“诸侯嗣国”该不该承认是“子继父位”的？再看《左传》襄公二十六年的齐庆嗣字子息，请问“子息”是不是“儿子”的意思？再看《诗·小雅·斯干》“似续妣祖”，似嗣古同声，通用，故《传》曰，似，嗣也。“嗣续妣祖”，是不是“承继先人”的意思？再看《书》上所说的“闵予小子嗣”、“命汝嗣训，临君周邦”、“嗣守文武大训”、“继自今嗣王则其无淫于观于逸……”、“嗣王其监于兹!”、“洪惟我幼冲人，嗣无疆大历服”……皆是子孙嗣祖先。由是禹之为鲧子亦明矣。至启为禹子，除《皋陶谟》外，孟子言之最详，孟子虽战国时人，然其言此也，必有所据。且禹传位于启事，由万章问之，可知此事为当时所通知，是必为旧史明矣。然则启为禹子亦无可疑。（详见下论“禹与夏有没有关系”条。）既然鲧为禹父，启为禹子，夏的来踪去迹何尝不明？“父鲧子启全出于伪史，不足信”之说岂能成立？

以上辩禹“当然含有天神性”乃在“禹平水土是受上帝的命”之说不能成立？

复次，为(b)条。(b)所归纳出“禹的‘迹’是很广的”是根据：

《诗》——(1)信彼南山，维禹甸之。（《信南山》）

(2)奕奕梁山，维禹甸之。（《韩奕》）

(3)丰水东注，维禹之绩。（《文王有声》）

(4)天命多辟，设都于禹之绩。（《殷武》）

《书》——(5)其克诘尔戎兵，以陟禹之迹，方行天下，至于海表，罔有不服。（《立政》）

在这条上，先生说："我们无从悬揣他是神是人。"所以无可讨论之处。

复次，为(b)条。此条只根据《诗·闷宫》"是生后稷……缵禹之绪"，生出一个"禹是一个耕稼的国王"的断语，以为与《论语》"子曰，禹，吾无间然矣……卑宫室而尽力乎沟洫"——《泰伯》；"禹稷躬稼而有天下"之说相合。先生且言："……所记……如《闷宫》和《论语》，禹确是人王。不应当再有天神的怀疑了。"所以此条于禹不惟不能证为天神，乃反可证明为人王，我也不再说了。

惟是先生于这条附带说："禹若果是在后稷之前的一个耕稼的国王，后稷之名也却不会有了！后稷之所以为后稷，原是尊崇他倡始耕稼，加上的名号；若他只有缵绪，也不应独居此名了。"我却有点意思，请分言如下：

(1)禹不是后稷之前的一个耕稼的——"纯其艺黍稷"的国王。先生所以疑禹为后稷之前的一个耕稼的国王，乃由于误看了《论语》南宫适所说的"禹稷躬稼而有天下"，笨看了《诗·闷宫》所说的"是生后稷……缵禹之绩"。请更分言如下：

(a)误看了"禹稷躬稼而有天下"。禹本是一个"平水土"、"尽力乎沟洫"的人，而"平水土"、"尽力乎沟洫"虽非耕稼，即是耕稼前头的第一步紧要事。因为平水土，开沟洫，与耕稼的关系好像是一件事，所以最容易作一事混谈。古人于这种连类的混谈，是数见不鲜的。我且请顾炎武和俞樾帮我举几个例：《古书疑义举例·两事连类而并称例》引《日知录》曰，"孟子云，'禹稷当平世，三过其门而不入'"。考之《书》曰："启呱呱而泣，予弗子。"此禹事也，而稷亦因之受名。(例一)"华周杞梁之妻，善哭其夫而变国俗。"考之《列女传》曰："哭于城下七日而城为之崩。"此杞梁妻事也，而华周妻亦因之以受名。(例二)"……《吕氏春秋》曰，孔丘、墨翟昼日讽诵习业，夜亲见文王、周公旦而问焉"。考之《论语》"吾不复梦见周公"，此孔子事也。乃因孔子而及墨翟，因周公而及文王。(例三)——掞藜谓"禹稷躬稼而有天下"亦属此类。考之《诗·生民》、《思文》与《书·酒诰》等，躬稼者乃后稷，绝无禹亦从事稼穑之文，是以孔子只说，"禹……尽力乎沟洫"。然则因稷而连及禹，昭然明矣。故曰，禹不是一个耕稼的——"纯其艺黍稷"的国王也。

(b)笨看了"是生后稷……缵禹之绩"。

凡诗——包括古今诗歌——最不可笨看的。若将《诗经》笨看，便会为它所误。例如前面所举许多天和人有关系的字句，若果将他们笨看，必定会疑春秋时代以前只有神而无人。这是因为"老子以前的天道观念"与后来不同，所以不可笨看者一。崔述《丰镐考信录》谓《闷宫》诗语夸诞：如僖公本乞师于楚以伐齐，而此诗反谓"荆舒是惩”；太王居岐之阳时而谓“实始翦商”。这是诗歌言语浮夸，所以不可笨看者二。凡诗人发舒情感而发为言辞，往往形容过当。如《召旻》言“民卒流亡，我居圉卒荒”，《云汉》言“周余黎民，靡有孑遗”，《文王》言“有商孙子，其丽不亿”，《小明》言“念被共人，涕零如雨”，《节南山》言“国既卒斩”等，岂其可信？此因诗歌常过于形容而非事实，所以不可笨看者三。《闷宫》言“……后稷……缵禹之绩”，正亦是诗语夸诞者之一。因为我们已知道禹为“平水土”、“尽力乎沟洫”的人，不是耕稼的人，而《闷宫》引以为荣，乃说后稷缵他的绩，岂非夸诞？乞援于楚与惩楚是绝对相反的事，尚且言之如此，何况“平水土”、“尽力乎沟洫”是和耕稼有紧要关系的第一步事，自然要引以为荣而说“后稷……缵禹之绩”了。

(2)后稷不是一个最初“倡始耕稼”的人，乃是一个“洪水滔天”扫荡稼穑后而复始“纯其艺黍稷”的人。《鲁语》曰：“昔烈山氏之有天下也，其子曰柱，能殖百谷百蔬——夏之衰也，周弃继之：故祀以为稷。”又《左传》曰：“有烈山氏之子曰柱，为稷，自夏以上祀之，周弃亦为稷，自商以来祀之。”这断不是凭空杜撰的。因为我们知道人类生在地球之上，已不止几千年了。人类一生了，便须吃动物和植物的。好吃的植物和动物，在蚁类且知道将他们蓄养种植起来，以供食用；何况于人，反不能培种植物吗？后稷之生至乎今日，不过四千年左右。而人类之生已不止万年，所以烈山氏时有“殖百谷百蔬”之可能者一。中国、埃及为世界上首先文明之国，这是各国史家所公认的。我们知道帝尧之前二千余年，埃及已入金器时代；帝尧之前千余年，埃及已为金字塔时代(The Pyramid Age)；帝尧之前七八百年，塞姆种之游牧民族，已定居于巴列斯登等处，自是 Zoser、Khufu、Sorgon 等王继起，时尚在尧前三四百年也。埃及、巴比伦于尧前已进于文明如此。中国民族进化虽迟，岂有尧前尚不知种植之理？此烈山氏时有“殖百谷百蔬”之可能者二。有此二理，故可断《国语》、《左传》所言实非虚造。纵或烈山氏与柱果为真为伪，尚不可知，后稷之前必有人类也当无疑。人必借动植物以生；既有动植物矣，则必有谷有蔬也无疑。夫所谓种植耕稼者，不过以一举手一投足之劳，扫荒秽，培所欲之植物而已，此植物即所谓“百谷百蔬”也及夫。“洪水芒芒”、“荡荡怀山襄陵”，则陵上之植物已被淹盖，况乎平原下隰，宁有不扫荡之理？然而水虽“怀山”，则山上犹有植物可食用可耕稼也，是以有“舜耕于历山”。斯时也，“尧独忧之，举舜而敷治焉。舜使益掌火，益烈山泽而焚之……禹疏九河，瀹济、漯而注诸海，决汝、汉，排淮。泗而注之江，水由地中行”，然后水土平，后稷乃得“播种，农殖嘉谷”，而“俾民稼穑”矣。当此之际，柱之农功已尽，君民上下，惟知周弃“纯其艺黍稷”、“立我燕民”，于是舜命弃为官，曰“弃，黎民阻饥，汝后稷(言以汝为后稷之官也，即“田正”也)，播时百谷”。故后稷得“奄有下国，俾民稼穑”也。此所以“烈山氏之子……柱为稷，自夏以上祀之；周弃亦为稷，自商以来祀之”耳。此事线索甚明，次序甚整，诸书所言，若合符节之毫无抵触，所谓“舜发于畎亩之中”又何足疑？至于先生说：“若果有神农，柱……的耕稼在前，则到周初已有一二千年了，农业的发达已久了，又何必这样的(指《酒诰》、《公刘》、《无逸》)郑重鼓吹呢?”我且以问作答而说道：“自周初到现在又有三千多年了；农业的发达更久了，又何必立农业大学或如章士钊先生想倡‘农业立国论’一样地去郑重鼓吹呢?”

以上附辩禹非“是一个耕稼的国王”及后稷不是一个最初“倡始耕稼”的人。

(a)(b)(c)(d)四条在前面都已讨论完了，可算足以证明禹确是人而非神。于是先生说：“若禹确是人而非神，则我们看了他的事业真不免要骇昏了。人的力量怎能够……分画九州……随山刊木……疏瀹江河。试问这事要做多少年？据孟子说，他做这番事业只有八年，就硬用《禹贡》的‘作十有三载乃同’之句，也不过十三年，试问有何神力而致此?”这种疑问，西洋史家夏德的《支那太古史》也尝言之。但是我们不必骇昏；不要以为禹是一个人独力做这番事业。我们看：

墨子称道曰：“昔者禹之湮洪水，决江河，而通四夷九州也，名山三百，支川三千，小者无数。禹亲自操橐耜，而九杂天下之川，腓无胈，胫无毛；沐甚雨，栉疾风，置万国。”(《庄子·天下篇》引)

所谓“亲自”者，“非亲自”之对言也。言“禹亲自操橐耜而九杂天下之川”，则禹外尚有人，非只禹一人可知也。譬如说“欲办好这事，先生须亲自去”，则知办这事者，除先生以外，尚有人也；又如说“昔者欧战方殷，德皇亲自出马而战世界之兵”，我们断不能说是德皇一个人，一见此文而知德皇之外，尚有多人也。我们更观之《史记》以明吾说：例如《始皇本纪》梁父刻石曰：“皇帝……亲巡远方黎民。”吾人一读此文。不惟知道平时有官吏巡远方黎民，且知此时必不止始皇一人。(例一)又《项羽本纪》：“项王……曰，天下初发难时，假立诸侯以伐秦，然身(亲自也)被坚执锐……三年灭秦定天下者，皆将相诸君与籍之力也。”吾人亦必不以为被坚执锐者只将相诸君与籍，必还有许多士卒。(例二)又《高祖本纪》“赵相国陈豨反代地……上自(亲自)东往击之”；“淮南王黥布反……高祖自往击之”。无论何人，岂能说只高祖一人击陈豨击黥布么?(例三、例四)凡此等例，不可胜举，故曰，由墨子之言，知治洪水者，非只禹一人也。于是因此而知墨子之前，《春秋》以上必有禹率人治水之史无疑。

虽然，此尚未明言禹外有何人也，我们可再看《国语》和《荀子》。《周语》既言禹之治水有“四岳佐之”，而荀子亦说：

> 禹傅土，平天下，躬亲为民行劳苦，得益、皋陶、横革、直成为辅。（《成相篇》）

由此观之，是禹之“敷土”和“平天下”，皆有益、皋陶、横革、直成等为辅也明甚。且此亦非荀子一人之言也，《吕氏春秋》亦尝言之。《吕览·求人篇》曰：“得陶、化益（《困学纪闻》曰，化益即伯益）、真窥（卢文弨曰，窴与成音同，与窥形似；《吕氏春秋》盖本作窴，传写误为窥耳；直与真亦形似——掞藜按直真古双声通假）、横革、之交五人佐禹，故功绩铭乎金右，著于盘盂。”夫禹之功绩莫大乎治洪水，《诗》、《书》颂之，孔孟叹之，诸子称之，是此处所谓“功绩”指“敷土”、“冶水”也；得五人佐禹而后功绩铭乎金石，著于盘盂，是禹得此五人为辅而后治水敷土始有成也，然则禹非一人独力治水也又明。

岂独此五人佐禹治水么？曰：不止此。我们可再看韩非子所说，《五蠹篇》曰：

> 禹之王天下也，身执耒臿以为民先，股无胈，胫不生毛，虽臣虏之劳，不苦于此矣。

韩子曰：

> 禹凿龙门，通大夏；决河亭水放之海，身自持筑臿，胫毋毛，臣虏之劳，不烈于此矣。（《史记·始皇本纪》秦二世引）

夫韩非，一最疑古之人也，其有所信，必极审慎，此观于《难一》、《显学》等篇攻击孔墨之称道尧舜而可知也。彼既曰“无参验而必之者，愚……弗能必而据之者，诬”，然则凡其所据，必有参验者也；其言禹事也，既所据有参验，则禹之治水，“身执耒臿以为民先”为三代以来信史，明甚，且可证明《周语·太子晋》和《荀子》所言皆有所据。退一步言之，今人疑古过甚，往往妄疑古书，或者以《韩非·五蠹》为伪。然吾人皆知《五蠹》为太史公所尝读，而二世且引其中之语以为谈，岂为伪造？夫《韩非·五蠹》之可靠如此，然则禹之治水，乃有天下人民帮助，不独陶、化益、真窴、横革、之交五人佐之，更非一人独力治水也又明。

岂独韩非子言之耶？维《淮南子·要略》亦有之，其言曰：

禹之时，天下大水，禹身执累垂，以为民先。

《淮南子》一书，固多“妄作妖言”（《史记·淮南衡山列传》），然此条实非“妖言”，因吾人参验之《淮南子》以前的《墨子》、《荀子》、《韩非子》、《吕览》所言而知其可据也，是则禹与民共治水也又明。

由是吾人纵或于伪《孔传》所云“治洪水，辅成之：一州用三万人功，九州二十七万庸”，以为非确数，而于《史记·夏本纪》所云：“禹与益、后稷奉帝命，命诸侯百姓兴人徒以傅土”，则断其为“……文直……事核，不虚。……”（班固语）既为信史，则于禹成治水傅土事业何疑之有？以有许多人佐禹，复命诸侯百姓兴人徒，而禹又亲自操橐耜，执耒臿累垂，以为民先，至于股无胈，胫无毛；沐甚雨，栉疾风，则欲“高高下下，疏川导滞，钟水丰物，封崇九山，决汩九川，陂鄣九泽，丰殖九薮，汩越九原，宅居九隩，合通四海”（《周语下》），何难之有？而况本之以“三过其门而不入”，闻“启呱呱而泣……弗子”之精神，延及八年或十三年之时日，焉往而不成功？

曰：何以禹独言“予决九川，距四海；浚畎浍，距川”耶？曰，度之以情，验之以理，参之以证，言“予”言“予”，乃人之常情，事所时有，毫不足怪。谓予不信，请看《史记》（任取之以便举例）：高祖曰：“项羽有一范增而不能用，此其所以为我擒也。”其实项羽本是自刎而后为王翳、杨喜、吕马童、吕胜、杨武所分，且围项羽于垓下者，有淮阴侯将三十万；有刘贾军；有大司马周殷举九江兵，有齐梁诸侯；更有彭越、孔将军、费将军、绛侯柴将军等，而高祖乃只曰“为我擒”，此凡首领能以“我”字代表全体之例一（《史记·高祖本纪》）。又高祖入关时与父老约法三章：“吾所以来，为父老除害，非有所侵暴，无恐。”其实此时从之入关者，将士甚多，而亦只曰“吾所以来”，此首领能以“吾”字包举全体之例二（同上）……此类例证，举不胜举，皆可以证知禹之称“予决九川……”，实非止禹一人也，乃以禹为治水之首领之故，遂得称“予”以包举全体人员耳。

何以《禹贡》亦只言曰“禹敷土……”耶？曰：《禹贡》本史臣纪功颂德之作，其性质体例，正与李斯为始皇作刻石文同。所有峄山、泰山、琅邪台、碣石、会稽诸刻石文，无不只曰：皇帝能力怎样大，功德怎样高，做了怎样的大事。所以我们不能以只言“禹”遂疑治水为一人独力所为，犹如不能以李斯刻石文仅言“皇帝”遂说征服六国，统一天下为始皇一人独力所为也。

以上辩“认禹平水土为一人独举”之非。

禹既是人而非神，自然先生的“禹的神职”之说不攻自破了。虽然，不言及之，犹恐不足以服先生之心也，故略为讨论之。大概先生的说法如下：

(a)“禹平水土，主名山川”解作“禹平了水土……乃……主领名山川，为名山川之神”。

(b)读《鲁语》“昔烈山氏之有天下也，其子曰柱，能殖百谷百蔬。夏之衰也，周弃继之，故祀以为稷。共工氏之伯九有也，其子曰后土，能平九土，故祀以为社”，而恍然大悟“社之为禹”，且说“《国语》虽无明文，而看其‘能平九土’之语，实即是禹”。由此，先生的结论是“禹为山川之神；后来有了社祭，又为社神”。这便先生所谓“禹的神职”。

其实(a)(b)两条说法，大是笑话；真如适之先生所尝说的“不值一驳”了。因为两条都是臆测的牵强附会，(b)条尤误。我且分言如后：

(a)条是臆测的牵强附会。因为先生解“主名山川”为“主领名山川，为名山川之神”，“为名山川之神”——尤其是“神”字，乃是先生所私加的。这正犯了“增字解经”的毛病。凡是“增字解经”，没有不是自己先有了成见，去牵强附会原文，以迁就自己的臆测的。故清代汉学大家，都以“增字解经”为大忌，盖以一经“增字”解释，便将原文的本意失掉，变成解者之私意故也。“主名山川”，前人本解作“命山川以名”，先生将他换解为“主领名山川”这还可以；硬要加上“为名山川之神”——尤其是“神”字，这便是凭空附会了。我们若将凭空加上的——即私增的“为名山川之神”删去使原文回复本意，先生的说法说即不攻自破。无论“主名山川”为“题山川的名字”或是“主领名山川”，皆不见得有什么“神职”的意味。因为“题山川的名字”是任何人所能，固然不待乎神；即“主领名山川”也。不过如孔子所说的“颛臾为东蒙之主”——《论语》“夫颛臾，昔者先王以为东蒙主”，又何尝是“神职”？掞藜因先生解“名山川”为“名山名川”，另生了一个解说，即是“禹平水土，主名山川”者乃是说“禹之平治水土也，以名山名川为主”也。这是因为《庄子·天下篇》有“名川三百(川原作山，今依俞樾《诸子平议》说改正)，支川三千，小者无数，禹……”之言，而《墨子·节用中》又有“慎其行”一语以释“禹平水土，主名山川”，故予以为禹之平治水土，以名山名川为主；次之乃及于支川；最后乃及于小者。先大后小，以泄水之下流而后乃更治水之源流也，(凡小水必在源流；大水必为下流。名川必为长大之水，众小水和支川所会集者也。)故曰“慎其行”，以求有功而“惟殷于民”耳。——此虽不敢以为正解，但亦可备一说。

(b)条是为“少见多怪”而臆测的牵强附会。

因为先生读了《国语》而忘却了《左传》，故恍然大悟的“社之为禹”，竟是错悟了。我们知《国语》固然说着“共工氏之伯九有也，其子曰后土，能平九土，故祀以为社”。但是我们又知道《左传·昭公二十九年传》也说“共工氏有子曰句龙，为后土（后土，土正也……官名）……祀……后土为社……”，此祀共工氏子句龙为社也明甚。句龙是一个人，禹又是另一人，岂可谓“社之为禹”？“平九土”是一事，“平水土”又是另一事，岂可说“《国语》虽无明文，而看其‘能平九土’之语，实即是禹”？纵或说“平九土”、“平水土”为一样的事，也不可臆测两人是一人，譬如起于布衣而统一天下是一样的事；但是不可臆测朱元璋遂是刘邦。因为先生有此“恍然大悟”的大误，而加以要迁就自己的“社神之说起于西周后期”的臆说，于是遂大大武断起来，凭空便说“《甘誓》虽有‘戮于社’之言，但《甘誓》本伪书不足信。《论语》哀公问社，宰我答的‘夏后氏以松，殷人以柏’，恐亦是无征之言”。又加以要牵强附会“禹为社，稷为稷，禹稷之所以连称由于社稷的连称，禹稷之所以并尊由于社稷的并尊”之臆测，于是又武断的说“《闷宫》与《论语》所说，恐即由社神与田祖的传说上来”——“恐亦是”、“恐即由”、“本伪书”九字，何以服读者？且纵或祀禹为社，亦是后人尊功（平水土）报德之举，加之之名，岂为“神职”？纵或祀禹为社，如祀弃之为稷，则亦由禹稷并尊而后社稷连称，岂容倒为“禹稷之所以连称由于社稷的连称，禹稷之所以并尊由于社稷的并尊？”

以上辩“神职”等说之谬。

全篇讨论已完，依先生现在的证据和说法，我老实不客气地辩驳，觉得先生所说俱不能成立；但是先生有很好的证据和说法时，我愿恭恭敬敬地承命将这篇大话一笔勾销，以表示我毫无成见。先生这个翻案很足影响人心；我所不安，不敢不吐，所以我对于这篇暂时的结论是：

禹并没有天神性。

本文原载《史地学报》第 3 卷第 3 期，1924 年 10 月 1 日；第 3 卷第 4 期，1924 年 12 月 1 日；第 3 卷第 6 期，1925 年 5 月 1 日。

整理者：齐以恒
校对者：范文琪

评近人对于中国古史之讨论

张荫麟

两年前，顾颉刚氏发表其与钱玄同论古史书（见十二年五月《努力周报·读书杂志》（以下省称《读书杂志》）第九期），欲证明“周代人心目中最古的人是禹，到孔子时有尧舜”。刘掞藜氏及胡堇人氏并起驳之。顾氏复为文反辩，提出讨论者八事：

> （一）禹是否有天神性？（二）禹与夏有没有关系？（三）禹的来源在何处？（四）《禹贡》是什么时候做的？（五）后稷的实在如何？（六）尧舜禹的关系如何？（七）《尧典》、《皋陶谟》是什么时候做的？（八）现在公认的古史统系，是如何组织而成？

迄今顾氏之文所已发表者，仅及上列（一）、（二）、（三）、（五）、（六）五项（后又增“论文王是否纣臣？”），而刘氏再驳之文，除关于上列第（一）项者外，亦尚未露布。（顾氏及刘氏文，并见《读书杂志》第十一至十六期，又转录于东南大学《史地学报》第三卷第一至第五期。）兹将顾氏文中之涉及尧舜禹事迹者衡论如此。

一、 根本方法之谬误

凡欲证明某时代无某某历史观念，贵能指出其时代中有与此历史观念相反之证据。若因某书或今存某时代之书无某史事之称述，遂断定某时代无此观念，此种方法，谓之“默证”（Argument from silence）。默证之应用，及其适用之限度，西方史家早有定论。吾观顾氏之论证法几尽用默证，而什九皆违反其适用之限度。兹于讨论之前，请征法史学家色诺波（Ch. Seignobos）氏论默证之成说，以代吾所欲言，其说曰：

> 吾侪于日常生活中，每谓“此事果真，吾侪当已闻之”。默证即此感觉而生。其中实暗藏一普遍之论据曰，倘若一假定之事实，果真有之，则必当有纪之之文籍存在。
>
> 欲使此推论不悖于理，必须所有事实均经见闻，均经记录，而所有记录均保完未失而后可。虽然，古事泰半失载，载矣而多湮灭，在大多数情形之下，默证不能有效，必限于其所涵之条件悉具时，始可应用之。
>
> 现存之载籍无某事之称述，此犹未足为证也，更须从来未尝有之。倘若载籍有湮灭，则无结论可得矣。故于载籍湮灭愈多之时代，默证愈当少用。其在古史中之用处，较之在十九世纪之历史，不逮远甚。(下略)

是以默证之应用，限于少数界限极清楚之情形：(一)未称述某事之载籍，其作者立意将此类之事实为有统系之记述，而于所有此类事皆习知之。(例如塔克多[Tacitus]有意列举日尔曼各民族[“Notitia dignitatum”]，遍述国中所有行省，各有一民族一行省为二者所未举，则足以证明当时无之。)(二)某事迹足以影响作者之想像甚力，而必当入于作者之观念中。(例如倘法兰克[Frankish]民族有定期集会，则Gregory之作《法兰克族诸王传》不致不道及之。)(以上见Ch. V. Langlois and Ch. Seignobos: *Introduction to the Study of History*[translated into English by G. G. Berry], pp. 254-256, London Duckworth and Co. 1898。按此书已由李思纯君译成中文，商务印书馆出版。)

此乃极浅显之理，而为成见所蔽者，每明足以察秋毫之末，而不见舆薪。谓予不信，请观顾氏之论据。(以下仅举一例，其他同样之谬误不下十余处，留待下文详论，以省重复。)

> 《诗经》中有若干禹，但尧禹不曾一见。《尚书》中(除了《尧典》、《皋陶谟》)有若干禹，但尧舜也不曾一见。故尧舜的尧舜禹的传说，禹先起，尧舜后起，是无疑义的。(见《读书杂志》第十四期第三页第一格。)

此种推论，完全违反默证适用之限度。试问《诗》、《书》(除《尧典》、《皋陶谟》)是否当时历史观念之总记录，是否当时记载唐虞事迹之有统系的历史？又试问其中有无涉及尧舜事迹之需要？此稍有常识之人不难决也。呜呼，假设不幸而唐以前之载籍荡然无存，吾侪依顾氏之方法，从《唐诗三百首》、《大唐创业起居注》、《唐文丛选》等书中，推求唐以前之史实，则文景光武之事迹，其非后人“层累地造成”者几希矣！

二、 夏禹史迹辨正（参看顾氏文中《禹与夏有没有关系》、《禹的来源在何处》两节）

顾氏谓“西周中期，禹为山川之神。后来有了社祭，又为社神”。其说之妄，刘氏已明辨之矣。兹所亟待讨论者，禹与夏果有无关系？顾氏曰：“何以《诗》、《书》（除《尧典》、《皋陶谟》、《禹贡》）九篇说禹，六篇说夏，乃一致的省文节字而不说出他们的关系？”吾为之下一总解答曰，此因《诗》、《书》（除《尧典》、《皋陶谟》、《禹贡》）非夏禹事迹之总记录，因禹与夏之关系非“必当入于其作者之观念中”者。一言以蔽之，此因《诗》、《书》中无说及禹与夏之关系之必要。试即《诗》、《书》中言夏言禹之篇什而考察之：

(1) 信彼南山，维禹甸之。(《诗·信南山》)

(2) 丰水东注，维禹之绩。(《诗·文王有声》)

(3) 奕奕梁山，维禹甸之。(《诗·韩奕》)

顾氏曰：“《诗经》中有一个例，凡是名词只有一个字的，每好凑成两字，凡两字以上的名词不删……如‘王命仲山甫’、‘命程休伯父’，名词虽在二字以上，也不加省节了。《十月之交》云：‘皇父卿士，番维司徒，家伯维宰，仲允膳夫，聚子内史，蹶维趣马，楀维师氏。’读此很可见人名为单字，则加维字于人名……务使一句凑成四字。‘维禹甸之’、‘维禹之绩’正是此例。禹若果是人王，亦应照了‘后稷’、‘公刘’、‘王季’之例，称他为‘后禹’（至少也要像《国语》和《尧典》的称他为‘伯禹’）。禹若果是夏王，亦应照了‘夏后’、‘夏桀’之例，而称他为‘夏禹’。”

夫《诗》三百篇非出一人之手，又非同时同地之文，而各个作者之属词造语之方式，不能一律，故有所谓“作者之语言”（The language of the author）。今于三百篇中，取数首相同之语调，以例其他，则必须假定各个作者所用之语调皆如一。此大前提已不成立。兹退一步，承认顾氏所称之例，而“维禹甸之”、“维禹之绩”等语，果违此例否耶？顾氏不云乎“人名为单字，则维字加于人名”，禹正单字之人名也。其缀以维字，正犹番蹶楀之例也。吾侪不因番蹶上未加周字，遂谓其非周人。独以禹上未缀夏字，遂谓其非夏主乎？顾氏之根本错误，在以“夏禹”二字为一名（term）。而以仲山甫、程伯休父之例律之。不知夏乃禹之国号，而非禹之名夏，二字并无必相联属之需要。非如仲山甫之不可析为“仲”与“山甫”，及“程休伯休”之不可析为“程休”与“伯父”也。且也：“夏”、“禹”二字既无不可分离之关系，而“维”

与“夏”声调不同(一为平声，一为仄声)，维字置于句首，又有顿首语气(此顾氏已言之)。是故此处维字与夏字实不能相代。

至因《诗》三百篇中未尝照后稷、公刘、王季之例，称禹为后禹、伯禹，未尝照夏后、夏桀之例，称禹为夏禹，遂谓禹非夏王，此尤为妙不可言之奇论。吾侪读《乐府诗选》、《玉台新咏》、《明诗综》、《清诗别裁》，其中亦未尝有照后稷、公刘、王季之例，称刘邦为“帝刘邦”，称朱元璋为“帝朱元璋”，亦未尝有遵夏后、夏桀之例，称刘邦为“汉刘邦”，称朱元璋为“明朱元璋”，然则刘邦、朱元璋非汉帝、明帝矣。嘻!

(4) 惟帝降格有夏，有夏诞厥逸。(《书·多方》)

(5) 有夏不适逸……殷革夏命。(《书·多士》)

按此处言夏皆指夏桀事。若作“惟帝降格夏禹，夏禹诞厥逸”、“夏禹不适逸……殷革夏禹命”，岂不与事实相违反乎?

顾氏曰:“《多士》、《多方》并言夏殷，言殷则必举成汤，言夏则从不举禹，这是什么道理?”

考《多士》、《多方》之称夏殷事，乃周公将桀之所以亡，汤之所以得天下，与纣之所以亡，武王之所以得天下相比论，以明周之取商，正如商之取夏，皆奉天命，而非违义。前者(《多士》)所以抚慰殷之遗民，后者(《多方》)则因淮夷叛后，告谕“四国多方”。皆有为而后发，其所言与夏桀以前之事完全无关，安能将禹事牵入!

(6) 古之人迪惟有夏，乃有室大竞……迪知忱恂于九德之行。……桀德，惟乃弗作往任，是惟暴德，罔后。亦越成汤……克用三宅三俊。……呜呼，其惟受德暋，惟羞刑暴德之人同于厥邦!(《书·立政》)

顾氏曰:“这一段是把夏商对举的，都是说夏商起的时候，如何好，后来的时候如何坏。何在商则举出创业的成汤，与亡国的受，而在夏则但举出亡国的桀，而不举出创业的禹?做《立政》的人，并不是不知道禹的(篇末即言‘其克诘尔兵戎以陟禹之迹’)，但他何以不把禹汤并举，何以篇末又单举禹呢?”

读者须注意，《立政》一篇，乃周公陈说往事，以为成王鉴戒，并非欲于夏商事为本末毕具之叙述。且随口宣言，既常有无意中缺漏，而又经史官之转载，残佚自不能必无，安能持此以判断当时之历史观念!且谓在商举汤纣，则在夏亦须兼举禹桀，此不过词章上求偶俪之陋技，而非吐辞所必循之公例。观《立政》篇中又云:“自古商人亦越我周文王，立政立事牧夫准人……”正与上引“古之人迪惟有夏……亦越成汤”同一辞气。此处并言商周，而亦于周则举文王，于商则不举汤，可见《立政》作者惯用此种语调，其省略并非有特别原因。至篇末言“陟禹之迹”，乃所以回应篇首，正见禹与夏之有关系也。

以上已将顾氏所举为证据者，悉加评骘，此外《诗》、《书》中言夏言禹者，尚有九条，兹并加稽验，观其有无说及禹与夏之关系之需要。

> （7）韦顾既伐，昆夏桀。（《诗·长发》）

此处可作“昆吾夏禹”耶否耶？读者自能辨之。

> （8）洪水芒芒，禹敷下土方。（《诗·长发》）
>
> （9）是生后稷，缵禹之绪。（《诗·閟宫》）
>
> （10）天命多辟，设都于禹之绩。（《诗·殷武》）
>
> （11）禹平水土，主名山川。稷降播种，农植嘉谷。（《书·吕刑》）
>
> （12）其克诘尔兵戎，以陟禹之迹。（《书·立政》）

吾前言之矣：“禹”与“夏”两词并无相联属之需要，故言禹不举夏，不能为禹与夏无关系之证。且此处前三条，若将夏字加入，则声调(Euphony)及音节(Metre)皆失其宜矣。

> （13）鲧则殛死，禹乃嗣兴，天乃锡禹，洪范九畴。（《书·洪范》）

此时禹尚未即天子位，若称夏禹则失辞矣。

> （14）殷鉴不远，在夏后之世。（《诗·荡》）

夏后统指夏代(《论语》以“夏后氏”与“殷人”、“周人”对举，此其证也)，言夏代之亡，可为殷代之鉴，故云“不远”也。若作“在夏禹之世”，则毫无意义矣。

> （15）相古先民有夏……今相有殷……有夏服天命，惟有历年。……有殷受天命，惟有历年。（《书·召诰》）

此处夏殷对举，皆统指其全代，若改作“夏禹”便不可通。若因其言夏不举禹，遂谓禹与夏无关系，然则此处言殷，亦未尝举汤，岂汤与殷亦无关系欤？

综上观之，《诗》、《书》中九篇说禹，六篇说夏，其中有十三篇无说明禹与夏之关系之可能(第一、二、三、四、五、七、八、九、十、十一、十三、十四及十五条),其余亦无说明禹与夏之关系之必要。顾氏又引《论语》上未言禹与夏之关系为证,按《论语》上言禹者仅三条:

(1) 禹,吾无闲焉矣。

(2) 禹稷躬稼而有天下。

(3) 舜禹之有天下而不与焉。

前一条言禹之行为,绝无举及其国号之需要。后两条两单名对举,更不能将“夏”字添入。

是故,关于禹与夏之关系,《诗》、《书》、《论语》均不能施用默证。换言之,即吾侪不能因《诗》、《书》、《论语》未说及禹与夏之关系,遂谓其时之历史观念中,禹与夏无关。而顾氏所谓“禹与夏的关系……直至战国中期方始大盛,《左传》、《墨子》等书即因此而有夏禹的记载……禹与夏没有关系,是我敢判定的”云云,绝对不能成立。(以上评顾氏文中《禹与夏有没有关系》一节。)其他由根本观念推演而出之妙论,自然“树倒猢狲散”,本可不必再浪费笔墨以辨之。惟以其影响于一般仅从报章杂志中求智识之青年对于古史心理,甚巨且深,故不殚更赘数言。

顾氏以为禹、夔、饕餮在字义上为虫兽之名,而假定禹为动物,刘掞藜氏已明辨其谬(《读书杂志》第十三期第二页第四格)。吾侪更当注意者,顾氏谓夔、饕餮为兽,遂“推之于禹”亦当非人,此种类推法(Analogy),史上绝不能用为证据。(参看J. M. Vincent: *Historical Research*. pp. 257-259. New York Holt and Co. 1911。)彼又谓:

> 在传说中,鲧为治水的人。《说文》云:“鲧,鱼也。”《左传》云:“尧殛鲧,其神化为黄熊”(下引朱熹语云“熊乃三足鳖”),则鲧为水中动物。禹既继鲧而兴,自与相类,故《淮南子》即有禹化为熊的故事。

夫鲧训为鱼,而不能谓名鲧之人即鱼也。此理刘氏阐之已详,兹不赘。鲧化为熊之神话,乃指其死后之事,与生前无涉。若因神话言其死后化为动物,遂谓其非人,则《成都记》亦云:“杜宇死,其魂化为杜鹃。”岂蜀帝杜宇亦为鸟而非人欤?即退一步言,古代有鲧为水中动物之神话,而因禹与鲧相类,遂谓古代亦以禹为水中动物,此种类推法之结果,亦不能据为典要。至《淮南子》乃汉之人书,且多妖言,决不能用以证《春秋》以前之历史观念。

顾氏又曰:“《天问》言治水有‘鸱龟曳衔,鲧何听焉’及‘应龙何画’之问。

《山海经》本此，遂言禹治水时，有应龙以尾画地，即水泉流通，禹因而治之。可见治水神话中，水族动物很多，引禹为类，并不为过。”

此用类推法，与前者同一谬误。且即用类推法，亦必须两物相类，然后有可推。试问总理治水之禹，与神话中画地之应龙，曳衔之鸱龟，（按王逸注云：“鲧治水，绩用不成，尧乃放杀之羽山。飞鸟水虫曳衔而食之。”此言固不能据为典要；然顾氏谓鸱龟为治水中动物，其言亦无确据也。）安能引以为类！

顾氏又曰：“《左传》与《天问》均说鲧化熊。《天问》又说‘伯禹腹鲧’，又说‘焉有龙虬，负熊以游’，觉得伯禹与龙虬，有合一的可能，觉得第一条理由又得一凭借。”（顾颉刚按：第一条理由，谓禹为似蜥蜴之动物，刘掞黎氏已驳之。）

顾氏谓鲧为熊之说不能成立，前已明之。《天问》云：“伯禹腹鲧，夫何以变化？”按腹，王逸古本作“愎”，言伯禹与刚愎之鲧，何以变化而不相同，有何神怪之处，足供附会。“龙虬负熊”之熊，与鲧有何关系？（若因神话谓鲧化为熊，言熊便是指鲧，然则凡言杜鹃者，便指蜀帝杜宇耶？）而“负熊”之龙虬，与禹又有何关系？愿顾氏明以教我。

顾氏复下一假定曰：

> 商周间南方的新民族，有平水土的需要，酝酿为禹的神话。这个神话的中心点在越（会稽），越人奉禹为祖先。自越传至群舒（涂山）；自群舒传至楚；自楚传至中原。流播的地域既广，遂觉得禹平水土是极为普遍的，进而至于说土地是禹铺填的，山川是禹陈列的。对于禹有一个地王的观念。
>
> 中原民族自周昭王以后，因封建交战而渐渐与南方民族交通，故穆王以来，始有禹名见于《诗》、《书》。又因后土之祀，得与周人的祖先后稷立于对等的地位。

关于此假定，吾侪可分五层评论：

（一）请问“商周间的新民族”是否“有平水土的需要”？顾氏曰：“楚越间因土地的卑湿，有积水的泛滥，故有宣泄积水的需要。因草木的畅茂，有蛟龙的害人，故有焚山泽、驱龙蛇的需要。”焚山泽乃益事，与禹无涉，兹且不谈。至谓楚越积水泛滥，则不能不请其“拿证据来”。顾氏引《天问》“地何以东南倾”、“东南何亏”，及《汉书·地理志》“江南卑湿”三事，遂谓周代楚越之地，与《孟子》所谓尧时“洪水横流，泛滥于中国……下者为巢，上者为营窟”，“竟这等相似”。按古人所谓“地不满东南”，乃因我国东南部地势倾陷，为江海所归，此与陆地上积水泛滥自是二事。且《天问》所谓“东南”，并未明言何地，安得随意指为楚越。读者更须特别注意：《汉书》只言“江南卑湿”，而顾氏则云“楚越间地势卑湿，积水泛滥，故有宣泄的必要”，此全为凿空附会之谈，实犯史法上“从抽象名词推理”（Reasoning from abstract terms）之大病（参看 *Historical Research*，pp. 259－260）。夫吾人今日犹恒谓“粤地卑湿”、“南方卑湿”，然则广东亦“积水泛滥，有宣泄之必要”耶？

（二）禹若为楚越民族所虚造之神话中人物，则决不能于华夏之历史观念中有立足之地。何也？春秋以前，吴越荆楚诸族，乃中原人民所鄙为“蛮”、“夷”而不侪于人类，而又中原之世敌也。夫以自命堂堂之华胄，而乃取彼“蠢尔蛮荆，大邦为仇”之民族之神话中人物，与中原历史观念根本相凿枘者，举而加诸乃祖乃宗（后稷）之上，与之配祀，垂为型仪，律以古代夷夏之防之严，及以夷变夏之大惧，此必无之事也。

（三）禹之神话盛于楚越，不能为禹之观念创自楚越之证。安知非由于楚越与中原民族接触后，禹之史迹输入，因从而放大附会耶？禹之神话之所以盛于楚越，吾尝求其故，盖有二焉。(1)南方民族富于想像，独擅构造神话之能力。（参看顾实《周代南北文学之比较》，见东南大学《国学丛刊》第一卷第三期。）(2)越欲借华夏自重，以洗刷蛮夷之名，而自认为禹后（此正犹刘渊之自认为汉高祖后），益有制造禹迹以弥缝之之必要。此禹致群神会稽，道死葬会稽等传说所由起也。

（四）绳以逻辑，顾氏之假定之能否成立，根本上全视乎能否证明周昭王以前中原民族无禹之观念，及周昭王以前楚越已有禹之观念。二者缺一，则其假定无根可据。关于后者，顾氏未道及只字。吾尝代之向汉以前之载籍搜索，毫无影响可寻。关于前者，顾氏之言曰：

> 《周颂》有“自彼成康，奄有四方”之语，可见其作于成康之后，昭穆之世。细绎《周颂》的话，他们也说山河，但没有道出个禹字。也说耕稼，但又没有道出一个禹字。也说后稷，但又没有道出他和禹曾有过什么关系。一比了商鲁颂、大小雅对禹的特别尊崇，就显出《周颂》的特异。《周颂》为什么特别的不称禹？原来做《周颂》时尚没有禹的伟大神迹，传到周民族来。

《周颂》中有一首称成康，只能证明此首作于成康之后，不能证明《周颂》三十一篇作于成康后若干时。换言之，即不能证明此三十一篇皆作于大小雅、周鲁颂之中各诗前，昭穆之世。是故吾今日不能用《周颂》以证昭穆之世之历史观念。兹退一步承认此层，顾氏之论据亦违反默证适用之限度。夫欲因《周颂》中称山河、稼穑、后稷；而不举禹，遂断定其时无禹之观念，则必须证明凡言山河、稼穑、后稷，非将禹举及不可。然此论绝对不能成立，试观《大雅》及商鲁颂之“崧高维岳”、“帝省其山”、“瞻彼汉麓”、“景员维河”、“思乐泮水”、“江汉浮浮”，并言山河，而亦未将禹举及。然则作此诸诗时，亦无禹之观念耶？《诗》三百篇中之言后稷者，惟《闷宫》将后稷与禹对举，然则除《闷宫》外，其余言后稷各诗之作者，亦皆无禹之观念耶？禹乃治水者，而非耕稼者，言稼穑自无举禹之需要，此更无论矣。至是，吾侪可下一结论曰，《周颂》之不称禹，乃因无称禹之需要，并无“特异”，并非“特别的不称禹”，故不能因其不称禹，遂谓其时无禹之观念。

（五）顾氏谓“土地是禹铺填的，山川是禹陈列的”，又谓禹“又因后土之祀，得与周人的祖先后稷立于对等的地位”（并引上列顾氏所立假定中语），前者乃将“敷”、“甸”二字穿凿附会之结果，后者乃由于误读《国语》，并经刘掞藜氏驳正。（见《读者杂志》第十三期第四页及第十六期第四页。）

综上五层观之，顾氏所设之假定绝对不能成立。（以上评顾氏文中《禹的来源在何处》一节。）

三、尧舜史迹辨正（参看顾氏文中《尧舜禹的关系是如何来的》一节）

顾氏因《诗》、《书》（除《尧典》、《皋陶谟》）无尧舜之称述，遂断定“尧舜禹的传说，禹先起，尧舜后起，是毫无疑义的”。吾于第一节已辨其谬矣。彼于论禹之来源时，又尝谓：

> 我们称禹为“夏禹”，正和称尧为“唐尧”，称舜为“虞舜”一样无稽。《论语》上只言“尧舜”，不言“唐虞”，唐虞之号不知何自来。《左传》上所说的“陶唐氏，有虞氏”乃夏代时的二国。……在《左传》上，舜没有姓姚，虞不言舜胤，尧没有唐号，唐亦不言尧后，或犹保存得一点唐虞二国的本相。

夏禹事前已辨明，兹不赘。且谓“《论语》上言尧舜而不言唐虞”，此全非事实。按《泰伯篇》云：

> 舜有臣五人而天下治。武王曰：“予有乱臣十人。”孔子曰：“才难不其然乎！唐虞之际，于斯为盛。有妇人焉，九人而已。”

其言舜当唐虞之际，正与《尧典》相符。即此一言，已足尽摧顾氏之谬说。夏代之有陶唐、有虞二国，毫不害尧之为唐帝、舜之为虞帝。夫刘邦之有天下也名汉，而刘龙天之据粤也名南汉；李渊之有天下也名唐，而徐知诰之篡吴也名南唐：吾侪其可因南汉、南唐为后周之二国，遂谓汉唐非刘邦、李渊之朝名乎？又吾侪既不能谓称尧舜必须言其为唐虞之帝，称唐虞必须言其为尧舜之后，然则又安能因《左传》之不言，遂谓其不如是乎？顾氏此处之谬，亦因误用默证。

尧舜与唐虞无关之说，既不能成立，请进而论尧舜禹传授之史迹。关于此点，有当先决者二问题：(1)《尧典》、《皋陶谟》作于何时？(2)《论语·尧曰》篇首章是否为后人伪托？顾氏力言《尧典》、《皋陶谟》乃《论语》后之人所作，《尧曰》首章非《论语》原文。惟关于前者，顾氏至今尚未举出证据。(顾氏致钱玄同书中所举证据，已经刘掞藜氏证明其不能成立，见《读书杂志》第十一期。)关于后者，顾氏根据崔述之说。惟崔说当否，又成一问题。兹为斩除枝叶起见，先将《尧典》、《皋陶谟》及《论语·尧曰》首章搁置不谈，专从顾氏所举证据中，观其所谓“尧舜的关系起于战国”之说能否成立。

(一) 顾氏曰：“至于禹，我们看《洪范》，明明说是上帝殛鲧之后而继起的。看《吕刑》也，明明说是上帝降下的。看《殷武》、《立政》，又只说禹迹而不言舜域。他只是独当一切，不是服政效忠。若照后人所说，则禹所画的九州，原是尧舜的天下，何以反把这两个主人撇落在一旁？”

顾氏将《洪范》穿凿附会，刘掞藜氏已明辨之曰：

> 我们只要略略小心读《洪范》，便只看出不畀洪范九畴的是天，锡禹洪范九畴的也是天。鲧之殛死，乃由彝伦攸斁，禹之嗣兴，乃由鲧之殛死，并不是“殛鲧是天，兴禹亦是天”。这里又只言禹之嗣兴，并未说禹受天命而平水土。(《读书杂志》第十四期第四页第四格)

刘氏言甚当，无待予再赞一辞。次观《吕刑》云：

> 上帝监民，罔有馨香。……皇帝清问下民(《墨子·尚贤》中引《吕刑》，亦作“皇帝清问下民”)……乃命三后，恤功于民。……禹平水土，主名山川。……上帝不蠲。

此处前后均将“皇帝”与“上帝”对举，然则皇帝为非上帝而为人王可知。(郑康成谓皇帝指帝尧，当否且不论。)《吕刑》既明谓禹受命于人王，则所谓“他乃是独当一切，不是服政劾忠”之说，乃不攻自破矣。水土为禹所平，九州为禹所画，而禹之迹所及又甚远，故以禹迹代表中国疆域。其所以不命禹域，其所以“将尧舜撇落一旁”者，正因舜未尝平水土，画九州，未尝有迹之故。

（二）顾氏曰：“《诗》、《书》中言禹的九处，全没有尧舜之臣的气息，不必提要了。就是伪作的《禹贡》，也是说‘禹敷土，随山刊木，奠高山大川’，‘六府孔修，庶土交正，低慎财赋，咸则三坏，成赋中邦’，‘锡土姓’，‘祇台德先，不距朕行’，‘禹锡玄圭，告厥成功’。这是何等独断独行，称心布置。这何曾有一点儿做人的臣子的意味。末句所谓‘禹锡玄圭，告厥成功’，乃是告成功于上帝，上帝把玄圭赏赐于他。(《帝王世纪》和《宋书·符瑞志》有‘禹治水毕，天赐玄珪’的话，正作如此解。)”

读者须注意：顾氏所谓“完全没有做了尧舜之臣的气息”一语，实犯笼统之病。如何谓之“有做了尧舜之臣的气息”，如何谓之“没有做了尧舜之臣的气息”，顾氏未尝道及只字。夫《诗》、《书》中(除《尧典》、《皋陶谟》)，无禹为尧舜臣之记载，此是事实，然亦未尝有禹非舜臣之反证或暗示。若因其言禹九条，未尝谓禹为尧舜臣，遂断定禹非尧舜之臣，此又违反默证适用之限度。何也?《诗》、《书》(除《尧典》、《皋陶谟》外)非尧舜禹事迹之记录，而言禹亦无必说明其为尧舜臣之需要也。

《禹贡》乃叙述禹在各地治水之经历，何能将禹与尧舜之关系事实牵人。且治水非在朝廷咫尺间之事。周行天下，去虞帝不知几千里，若不能“独断独行，称心布置”，必待请命而后动，则终其身不能疏一河矣。顾氏因其“独断独行，称心布置”遂谓这何曾有一点儿做了人臣的意味，真所谓“知二五而不知一十”也。“禹锡玄圭，告厥成功”一语，固未言锡圭受告者为尧，然亦未言其为上帝，安能增字解释，任情附会耶！皇甫谧乃惯造伪史之大家，《符瑞志》乃妖言之总集，而号称疑古之顾氏，乃引据其语，吾未解何故。

（三）顾氏曰：“尧舜的传说，本来与治水毫无关系，《论语》上如此，《楚辞》上也如此。自从禹做了他们的臣子之后，于是他们不得不与治水发生关系了。……但殛鲧的是谁呢？大家说不清楚。连一部《左传》也忽而说尧，忽而说舜。这可见一种新说出来时，前后顾全不得的情形。”

按《论语》、《楚辞》并无尧舜与治水无关之证据或暗示。若因《论语》未尝言及尧舜与治水相关之事实，遂谓尧舜与治水无关，此又违反默证适用之限度。何也?《论语》、《楚辞》非尧舜事迹之记录，而言尧舜亦无其治水之关系之必要也。《左传》昭七年，言“尧殛鲧于羽山”，乃出诸郑子产之口。僖三十三年，言“舜之罪也殛鲧也”，乃出诸臼季之口。二人历史智识之程度未必相同，其矛盾何足异。譬如有某学校考历史，一学生言明毅宗死于李自成之难，一言其为清兵所杀，吾人其亦谓“这可以见出一种新说出来时，大家顾全不得的情形”乎？退一步言，上述二语，非出诸子产、臼季之口，而为《左传》作者所附加，亦安能保其无因疏略而致误。且从逻辑上言之，凡两相矛盾之说，或有一谬，或两者俱谬，不能因其矛盾，遂断定其两者皆虚也。

由此观之，顾氏谓尧、舜、禹的关系起于战国，其所举证据，皆不能成立。此外顾氏以此观念为基础而建筑之空中楼阁，自无劳吾人之拆毁矣。综合以上两章，可得一结论曰：

顾氏所谓“禹是西周中期起来的，尧舜是春秋后期起来的，他们本来没有关系”，其说不能成立。其所以致误之原因，半由于误用默证，半由于凿空附会。

本文原载《学衡》第 40 期，1925 年 4 月。

整理者：漆梦云
校对者：吕晓宇

中国与中道

张其昀

【吾国民族开化之早，与印度、埃及、巴比伦诸国相先后。而吾国拓地独广，立国独久，试就古史推其因果。】

今欲明中华、印度、埃及、巴比伦四国开化之先后，当先列年表以资比较。

西历纪元前	中华	印度	埃及	巴比伦
4721	中华始有历			
4241			埃及始有历	
3400			米尼斯统一埃及	
3000		吠陀时代之始（雅利安人自西北徙入印度）	古王国时代之始（即三角塔建筑期）	邑国时代之始（苏末族之开化）
2697	黄帝建国			莎公帝国（前2750年）
2300	唐尧定历法			
2283—2271	夏禹平大洪水			
2100				古巴比伦帝国（即汉摩拉比帝国）
17□8			封建时代	
1766	伊尹佐汤革命			
1650			海克萨人侵略埃及	
1479			帝国时代之始	
1400		史诗时代之始（印度民族东至恒河建国）		

（续表）

西历纪元前	中华	印度	埃及	巴比伦
1110	周公制礼作乐			
1000		教学勃兴时代或（摩羯陀国最盛时）		
830—827	共和行政			亚述帝国之始
740			亚述侵埃及	
662				新巴比伦王国代亚述而兴
604				
557	孔子生	释迦生（后孔子生六年）		
539				波斯灭巴比伦
525			波斯灭埃及	
331 前后		亚历山大入印度	亚历山大入埃及	亚历山大入巴比伦
246	秦统一中国			

兹复略述古史，以明概况。

埃及赖尼罗河之赐，文化早兴，造象形文字书于芦纸之上。西元前三四〇〇年，米尼斯（Menes）统一埃及，是为第一朝。古王国时代大建陵寝，竭全国之精华，历三朝之经营，始成巍巍之三角塔（即金字塔［Pyramids］）三座。五百年后，诸侯争长，王室土崩，是谓封建时代。于是海克萨（Hyksas）之游牧王，自亚洲西侵，定都征贡，垂六十载。至元前十五世纪，前朝王裔，复国中兴，武力振耀一时，是谓帝国时代。其版域东临波斯湾，南尽尼罗河之第一滩（此后埃及国都已自孟非司［Memphis］移至尼罗河上流之底布士［Thobes］），国力既盛，大兴土木，埃及诸王类多酷役其民，国本久伤。元前一一五〇后，一败于亚述，继辱于波斯，割地丧师，一蹶不振。自开化以来四千年间，经过三十一朝，至是斩矣。埃及自元前第四世纪以后，迭为亚历山大之外府，罗马之谷仓，藩属于土，寄治于英。埃及土著，优游田野，大梦未醒，欧战后始闻埃及自决之声。一九二三年三月埃及独立，特此乃回教之复兴，初非古埃及之再生也。（按埃及土著考伯特人［Copts］虽占人口之多数，然在国中殊无势力。近年国民党之独立运动，皆回教徒为之领袖。见美国地学家鲍曼著《战后欧洲各国新形势论》，Bowman：*New World*，五九页。）尼罗河两岸，巨宫高塔，辉煌无恙，徒供考古之士凭吊唏嘘而已。

吾人试离埃及，越西奈(Senai)半岛东北行，观乎美索不达米亚平原水草之盛，底格里斯、幼发拉底斯二河并流入海。北访尼尼微，南登巴比伦，金汤古城，颓为荒邱。时有考古积学之士，收拾残砖，藏诸石室，著之陈篇。不禁喟然长叹曰：呜呼！何此葱葩之花一歙不放，若是其长寂寂也。吾考巴比伦之文明，起于新月形之腴壤，北负崇山，南抱大漠，冬令雨后，水草勃兴，山夫漠民，努力争牧，推挤激荡，亘二千年，于是构成灿烂伟观之历史三章。元前三千年，北方山岳之苏末族(Sumerins)已南下耕牧于两河之口。其民族自来，古史无稽(大约与印度土著同源)，惟知其已有楔形文字，建邑开化，史家称之为邑国时代(The age of city States)。小邦纷争，终以罢敝。其时南方阿拉伯沙漠之塞米族(Semites)，乘势北徙，侵据其地而混和其民，由游牧行国一进而为居国，其酋长莎公(Sargon)与汉摩拉比(Hammurabi)相继立国于巴比伦，收服诸族。东讫波斯湾，西抵地中海东岸，编订法规(即汉摩拉比法典)，垂为后范，所谓巴比伦帝国是也。至西元前七四〇年，北方亚述(Assyria，亦属塞米族)崛起，以强悍之族，雄鸷之性，英猛之君，开弘土宇，包举山漠。西临地中海，南窥尼罗河，东收巴比伦而有之。建设大帝国，京都尼尼微(Nineveh)之壮丽，称极盛焉。顾急图武功，罔恤民事，民怨沸腾。南方迦勒底(Chaldea，亦属塞米族)国王尼布甲尼撒(Nebuchadnezzer)与米底亚(Media)、波斯两国合力覆之，是为新巴比伦王国，庸王相继。至元前五三九年，波斯之大风西扫，郁哉佳气，至是消灭，而希腊、罗马、阿拉伯、土耳其、英吉利，遂相继领有此美索不达米亚之平原焉。

既悽然离波斯湾，鼓棹印度洋，绕锡兰，入加尔各达，溯恒河而上，仙佛帝王之遗迹，繁华盛大之欧都，分布于炎天赤日烈风暑气之下。吾人莅文明古国，此为第四，考印度与欧人为同种。元前三千年顷，雅利安人由中亚南迁至印度河，渐次征服土人(即达罗维茶族[Dravidians])，进拓恒河，建邑开化。雅利安人之境域，虽已开展，乃各据形势，地尽小邦，分筑堡砦，互相猜忌。后虽有权力较大之王朝，亦不能尽灭各国，组织而成一统国家。印度者，地名而非国名也。自元前一千年后，文教日盛，外患亦深。希腊月氏争于前，突厥蒙古夺于后，葡法互嫉，英荷相忌，投骨于地，群犬狱然而争之。追忆阿输迦王之盛(当中国秦时)，跨中西北三印度，拥雄兵六十万，十世而绝；戒日大王(唐之初年)之盛，征服四印度，政教灿然，号称黄金时代，亦不六十年而亡。舍此而外，邦国林立，风教互殊焉。唐代声威远暨，五印度曾朝贡于我。北宋初年，阿富汗之回教徒，乘印度小邦纷争之敝，毁其文物，夷其制度，印度历史遂入黑暗时代。尔后郭尔朝奴隶朝兴废相寻，威力陵夷。明之中叶，帖木儿子孙蒙兀儿大帝，始调和政教，统一印度，然亦不百五十年而蹷。欧人东至，肆觊觎之心，英人遂以一公司之业，遂鲸吞之志，时一八五七年也。（今印度人口三万二千五百万，归英政府统治者四分之三，土司服属于英者七百余。）英政府田赋之重累，司法之黑暗，与毒蛇猛兽称三害焉。近年世变日新，爱国之士常怀反正，而甘地氏之不合作主义，至使英人穷于应付。然英人犹极力裁制之，成败利钝，未可逆者。（鲍曼氏谓印度人所以反抗不列颠之统治，亦不过图其本区域之自治，印度全国之观念，非印度人脑中所有也。又曰印度国内分裂殊甚，如一旦脱离不列颠之势力，恐各区域界域之见益深，势非大乱不止。余按甘地主义之目的，在谋印度旧道德之复活，使印度人视同一家，无复畛域之分，亦可谓情见乎辞矣。鲍曼之言见《世界新形势论》四六页。）

倦游而归，意气激昂。呜呼！五千年前文化初兴，济河之区，直趋尼罗，自东北向西南（大率在北纬三十度至三十五度间），曙光一线，含苞吐蕊，欣欣向荣。曾几何时，埃及亡矣，巴比伦凋矣，印度竭蹶矣，惟我中华广土众民，岿然独存。我中华自黄帝经营中原，东至海，西至崆峒，南至江，北逐荤粥，大会诸侯于釜山，于是画野分州，设官分职。帝国规模，权舆于此。虞夏之际，治水告成，民力愈舒，成周文化蒸蒸，汉唐威力远耀，四五千年悠久光荣之历史，未尝稍断，数世界上最能耐久之民族文化舍我其谁？今日领土凡四十三万方英里，位于世界第四（若就形势位置言则可居世界第一），人口四万万有奇，位于世界第一。欲求所吸聚者如此其繁复而普被，所醇化者如此其浑而无间，泯而不显，则横览全球，竟无其匹，以言富源，则世界莫大之宝藏也。夫同为文明古国，彼皆一荣久瘁，黯然终古。我则拓地独广，传世独久，俨然为东方大宗。后果如此，前因安在？此其故可长深思也。

我中国所以能统制大宇，混合殊族者，其道在中。（此说丹徒柳诒徵先生始昌言之，近来和者渐众。）我先民观察宇宙，积累经验，深觉人类偏激之失务，以中道诏人御物，以为非此不足以立国，故制为国名。（始见于《禹贡》中邦锡士姓，孙星衍谓当从《史记》作国。）历圣相传，无不兢兢焉，以中道相戒勉。孔子集古代思想之大成，足为我民族意识之代表，曰："极高明而道中庸。"又曰："中也者天下之大本也。"又曰："中庸之为德，其至矣乎？"六艺之为经，即孔子示人以尧、舜、禹、汤、文、武、周公已试之效，虽以墨、道、法家之显学，师弟偏于中国，徒以偏趋极端，不能博得民族大多数之同情，要非无故。二千年来，孔子之教虽能未尽行于中国，而持中、调和、容让、平衡诸观念，固已莳其种于后代国民之心识中，积久而成为民族精神。我民族所以能继继绳绳，葆世滋大，与天地长久，赖有此也。源长则难竭，根深则难朽，岂不信哉？予今采摭古史，欲明我中华立国本原所在，并证其与印度、埃及、巴比伦有绝异者，论列于次。

（甲）地理之环境·中和

埃及位于北非洲无雨沙漠之中，赖尼罗河之洪水泛滥，乃成一蜿蜒长绿之冲击平原，土壤膏腴，农事早兴。但其溪谷之广，仅十里许，总计自河口至上流之农田，不足一万方里。以与中国相较，不过苏省江南之半耳。埃及北面大海，左右则高冈为限，不与外通，防护周密，故得从容发展其文化。然以数千年来依赖自然之惰性，人民已失抵抗外敌之能力，且以地势狭长，不相团结，三角洲上之言语，第一滩人不能晓。（三角洲在北纬三十一度，第一滩在北纬二十四度，相去约五百里。）使无尼罗为媒介，其隔阂当何如耶？

巴比伦平原在底格里斯、幼发拉底两河流域，乃一新月形之腴壤，幅四十里，可耕之地不足八千方里，雨量极稀，民勤沟恤，故宜于农。两河附近为湿地，湿地外为草地，草地以外，北为山脉，南为沙漠，居民以湿地之间隔，颇能于小部落中创造文化。盖自莎公统一以还，实际上仅具联邦之形式，其后文化稍进，湿地以不足为交通之阻，于是仅此新月形之水草地，山民漠民共逐之。入主出奴，得之维艰，天之所赋薄矣。

印度为三角形之半岛，长千八百里之喜马拉雅山屏障于北，地理气候自成系统，其内部地势多趋极端，有穷荒之流沙，有肥沃之冲积层（恒河平原延袤二千里，不见一石），有险隘荒落之山岭，有森林葱郁之低原，沿海既乏良港，而文德亚山（Vindhya）隔绝南北，尤足为交通之阻。印度地势复杂异常，故其地自古以来，诸部错立，不相统属。（至英领印度而土邦之存在者，其数尚不下八百，互相仇视，互相争杀。）如吾国秦汉之成一统国家，迥非印度人所能想像。今印度人口共三万三千万，有四十五种不同之人种，操一百七十种不同之言语，分为二千四百族。（土著之遗裔六千万人，居南部德干高原，大都操卑贱之职业，与印度人感情极恶。）欲其同心一德，共图国是，难矣哉。且印度热地，产物过丰，不劳力而衣食完具，不汲汲于进取，故淫佚而懒惰，炎湿交蒸，疾厉尤甚。雨量为世界第一，惜分布不均，逐年之变率甚大，每三十年必遭四大旱灾，饿莩狼藉，世称印度农业为“雨之赌博”，非虚语也。

惟我中华据完整之大陆，江淮河济，朝宗于海，平原弥望，规模宏远。夏季者，雨季也。大河下流，土壤本沃，日暄雨润，五谷丰登。“南风之薰兮，可以解吾民之愠兮。南风之时兮，可以阜吾民之财兮。”帝舜之歌，至足乐也。而大禹之平治水土，尤大有造于中国。治水之功，除水患一也，利农业二也，便交通三也。九州之路，无不达于河。以政治言，则天子与诸侯，号令普及，居中驭外，同化自易。以经济言，则九州之物产，转输交易，家给人足，礼义乃兴。中古以隆，如秦修驰道，隋开运河，恒使岩谷原险，为人工所转移，益以促成调剂介绍之力。中国文明产生于大平原，其民族器度伟大，有广纳众流之概。温度雨量，俱不过分。张弛往复，若有韵然，故其民情风俗，安雅优美，不激不偏。先民之劳苦经营，外拓国家之藩篱，内兴僻壤之宝藏。山河浩荡，气象万千，而历代新旧杂居，诸族混融，一视同仁，莫由界画其畛域也。至近世人口滋生，又有殖民之举，华人之筚路蓝缕，以开塞外草原与南洋群岛者，尤具伟大之势力，坚卓之特性，则此民族之发展，益非环境所能限制者矣。

（乙）心理的势力·中庸

（一）政治方面·折衷于文武之间

印度古亦武勇之民族（史称史诗时代，恒河流域诸部落兴兵而为两党，其鉴战悲惨之状，为从古所未有），顾自元前千年以来，文教日盛，而武力常不足以自保。摩揭陀国难陀王朝之末，印度西部尝为亚历山大部将所蹂躏，幸未至东部而返，又如羯若鞠阇国之格普塔朝（西历四世纪时），最称盛世，亦因匈奴侵入而灭亡，自元后千年而降，印度历史久入黑暗时代，辗转颠仆于暴力之下。最近印度之爱国运动，有自治观念，而无自卫之方法，岂不大难？（大战以来，印度之暴动足为英人之危害者，类皆回教徒。其人数约六千六百万，与埃及有同感焉。）

埃及外负高冈，足以御侮，居民爱尚和平，不修武备。虽当海克萨族侵入之际，民气激昂。一变素习，开拓土宇，称盛一时。及至帝国时代第二期，意诺东王（Ikhn-oton）究心神教，不问政治，重武余风，荡然无存。募兵之队，罕羼士著，非我族类，其心必异。埃及人又自大排外，无补倒戈之势，终成糜烂之局。巴比伦二河流域，壤土四达，异族争牧，亚述之尚武，为古代最。（近代史家称亚述对于世界历史之贡献，即为最初实现帝国主义之理想。）其王好大喜功，残民以逞，念念无非杀戮之事，尼尼微宫墙战迹之画，泥砖纪功之楔形文字，皆为血史所渲染。王曰："予在位五十年，征服四十二国，予之攻敌，如风扫落叶，积尸遍谷，满及山岭。"王曰："诸侯乎？上帝震怒，降罚吾仇，无可逃免，胥毙于吾侪之手，逆朕抗帝，朕已拔其舌，覆其社。苟有孑遗，陈朕祖建石牛之前，断其四体，投于污沟，以畀犬鸟豺虎天兽与流水。"（按此乃 Tiglath Pileser I 刻砖纪功之文也，与周成王同时。）邦之殄矣，其何能久？

印埃之文弱，亚述之黩武，各趋极端，不知执两用中之道，同归于尽，伤哉。我先民观乎太古递兴递废之实，胜者用事，无德者易以亡，文武交相用，但言"足兵"，不言穷兵。黄帝御宇，武功震铄，文治明备，书称："克明俊德，协和万邦，惇德允元，蛮夷率服。"孔子曰："远人不服，则修文德以来之。"此之谓也。墨子亦称尧北教乎八狄，舜西教乎七戎，禹东教乎九夷，废力尚德，所从来久矣。伊尹周公吊民伐罪，颇尚武功，及既定于一，则以偃武修文为大政方针，务以文化戢天下人之野心。自来历史相传，不以远略，而以异族向化为美。华化渐被，遍于亚洲，同化他族，文字之功用尤伟要。以文化孕育四邻，初无利其土地之心，而海陆奔辏，竟来师法，纯任自然，遂为各国宗主。论国际历史，当以吾华之对邻国为最高尚、最纯洁，施不责报，厥绩烂焉。

封建之制，实为吾国雄长东亚，成为大一统之国家之基础。太古之世，各部落不相统一，虽黄帝大禹，亦不能取诸部而一一平之，故挞伐与羁縻之策并行。凡举部落以从号令者，则因其故土而封之，使世袭为侯国，此封建之制所由起也。三代之世，文化集中于帝都。至于周室，因封建之结果，将诸夏主要人物，分散四国，而变为多元平均之发展。（梁任公谓封建之最大作用有二：一曰分化，分化者将同一之精神与组织，分布于各地，使各因其环境以尽量自由发展；二曰同化，同化者将许多异质低度文化醇化于一高度文化总体中，以形成大民族意识。）盖华夏文化，冠绝东方，且夙具吸收异族、教导异族之力。如春秋战国时所谓蛮夷戎狄之地，后皆化于华夏。武力虽或不逮，而文教足以心折，民族范围实行扩大，是亦吾国历史特著之现象也。

中国之名，初非土地之总称，亦无境界之限制。中国人自有文化以来，始终未尝认国家为人类最高团体，其政治论常以全人类为其对象，《大学》条目，终于"平天下"。孔子之作《春秋》也，诸侯用夷礼则夷之，进于中国则中国之，以国家文化之差，为夷狄与诸夏之别，是实吾先民高尚广远之特征，此种世界主义或超国家主义之政治论深入人心。以二千年历史校之，有一时之失败，有千秋之成功。汉晋以降，诸族入布中夏，虽屡演血史，而蹂躏我者卒皆同化于中国之文教，故其最后之结果，常增加中国人之组织分子，且莫由分析其系统也。要之，中国乃文明国之义，使天下人皆勉于正义人道，虽举天下而中国之可也。孟子曰："四海之内，皆兄弟也。"与彼专持民族主义、帝国主义、武力主义者，不几霄壤乎？（汉唐国威之隆，初非专恃强大，黩武开边。其于抚绥夷落，怀柔远人，实有一视同仁之概焉。）

（二）宗教方面·折衷于天人之间

埃及奉太阳教Ra为日神，Osiris为农业神，Set为地狱神。有冥鞫之说，来世祸福，视今世行修为准。然观《丧经》（*Book of the Dead*）一书，多载咒语，知其时宗教思想甚卑。至于禽兽崇拜，更不足论。波斯王侵埃及，以埃及人所最崇拜之兽列阵前，埃及人宁退，不肯稍伤神兽。元前一世纪时（埃及已亡），罗马公民在尼罗河口亚历山大城，屠杀一猫，群情骇然，执而杀之。（见Seignobos：*History of Ancient Civilization*，二八页。）西元前十四世纪，杰出之意诺东王，倡高尚之一神教，谓埃及神不局于埃及一隅，乃为世界之公神。尝曰：复归自然，万物一体，凡自然者方为真实。符咒之类，一切都捐，然教义深赜，难以语众，又为教士所不喜，王殁教废，为时甚暂。

巴比伦之城邑，各奉守土之神，神权消长，系乎政治隆替。盖地方之神，而非统一之神也。自莎公以来，国君僭称上帝，教士躬典刑法，至宗教训条，但求福利，迷信星占，怠弃德行。近代史家，称其以寺院而兼营地主与银行之职，工商业者皆借矢誓于神以为质信。盖古巴比伦之文化史，宗教色彩极为浓厚。印度欧罗巴人种（即雅利安人种）能创造民族大宗教（如婆罗门教）与世界大宗教（如佛教），惟印度一地而已，此外无非信仰外族之神者。"精神"二字为印度文化之特征，印度人之宗教思想最挚，风发云涌，此起彼兴，如众星之丽天，各有一世界。远自吠陀以来，宗流派别，不可悉数。上妙若佛法，下愚若牛狗外道。一是以出世为宗，视世间为迷谬，等人生于梦幻，殆百家一致之说，比于他土。虽间有超世之想，未能若是决绝。印度人不重现世生活，故为无历史之民族。其地自古不产史家，与中国绝相反。（法林脱[Flint]云：印度人之于文法学，明晰精致已极，独不能分析历史与史诗之异。自元后十一世纪以还，始有半传记性质之历史，如《克什米尔诸王传》之类，犹文浮于质焉，见氏著《历史哲学》，四八页。）印度民族可谓蔽于天而不知人矣。（近人欧阳无论佛法非宗教，要点有四：(一)凡宗教皆崇仰一神或多神，及其开创彼教之教主，佛法则否，依法不依人。(二)佛法容人思想自由，曾言依义不依语，非如各种宗教之圣经，但当依从，不许讨论。(三)凡一宗教必有其必守之信条，与必守之戒约。佛法以度诸众生共登正觉为惟一目的，而他皆为方便之门。(四)宗教家类必有宗教式之信仰，即为纯粹感情服从，而不容一毫理法之批诈者也。佛法异此，无上圣智。要从自证得来，是故依自力而不纯仗他力。唐代印度外道[婆罗门教]与佛教激烈竞争，佛教失势，故自九世纪以前，早已正法消亡灵山寂寞矣。)

其惟中华，唐虞之世，已由人格之神灵，演进而为抽象之观念，揭其博大自然之公理，以为人类行为之标准。综观诗书之文，虽含宗教之意，而以天为勉励道德，非以天为惑世愚民之用，究与宗教有别。故孔子曰："巍巍乎惟天为大，惟尧则之。荡荡乎民无能名焉?""天聪明自我民聪明，天明威自我民明威。"(《尚书·皋陶谟》文)"汤武革命，应乎天而顺乎人。"(《易·系辞》文)天人交感，民意所向，即天理所在。"民神异业，不相侵渎。"(《国语》)聪明正直，皆可为神。先民有言："民神之主也，是以圣王先成民而后致力于神。"(《左传·桓六年》季梁告随侯之言)左传中未尝不言天道，而必足以人力足以参天之义。如云："国之存亡，天也。"而又谓："善人为天地之纪。"(《左传·成公十五年》)皆可见时人之理想。恒以人力可等于天地，而不必为天地所宰制，是即吾国人之不蔽于神天宗教之故也。

中国学术以研究现世生活之理法为中心。孟子曰："夏曰序，商曰庠，周曰校，皆所以明人伦也。"中国文明之特色，即为伦理而非宗教。东汉以后，佛教东渐，然亦听人民自由信仰。且学务闳通，儒释虽乖，弥不相害，遂使顺世出世，历千余年始终未成问题。斯亦奇观已。

又有一义，孔子称："禹吾无间然，菲饮食而致孝乎鬼神。"此指三代世室庙祭之法，祭享之礼，其事近于迷信。然尊祖报宗，实为人类之正务。(殷商祭器，虽涉宗教，然所祭为人鬼。所刻铭词，多以祖宗之功德，勉励子孙。)《记》有之曰："万物本乎天，人本乎祖。"又曰："人道亲亲也，亲亲故尊祖，尊祖故敬宗，敬宗故收族。"(《礼·郊特牲》)中原古族，以姓氏谱谍系统秩然之故，追溯百世，胤合血统，无不信而有征。今虽侨民散处他邦，语言衣服胥已变异，而语及祖宗之国，父母之邦，庙祧坟墓之重，则渊然动情，抟结维系，惟恐或后。由此观之，往者孝亲尊祖之道，殊有造于诸夏之一统也。

（三）经济方面·折衷于汰灭之间

昔我哲王之教忠于民也，以实用为主，不以浮侈为利。外以塞浮耗之源，内以节嗜欲之过。于是薄于为己者，乃相率勇于为人，毕生为吾民族鞠躬尽瘁。墨子者，祖述夏道者也，其言曰："有余力以相劳，有余财以相分。"（《尚同篇上》）利用厚生之念，固未尝一日忘怀，特"诸加费而不加利于民者"，先王不为也。《国语》曰："先王之于民也，懋正其德而厚其性，阜其财求而利其器用，明利害之向以文修之，故能保世以滋大。"盖以精神为绾键，而镕物质于精神，所谓灵肉一致，于此可见。若夫印度人则驰心物外，排斥物质享乐。埃及、巴比伦诸王则沉溺于物质享乐，一趋于汰奢，一趋于断灭，昧于执两用中之道。呜呼，此我中国国基所以确乎不可拔欤。

埃及人好名，信死后生活，立华表，建陵寝。几石(Gez)之奇奥普(Cheops)金字塔(国王古甫[Khufu]所建，西历前二九〇〇年成)，基十三亩，高五百尺，二吨半之石块为数二百三十万，役十万人。历二十年而后成，底布士 Thebes 之宫殿，闳丽无比，有历七代而后成者，有历五百年而后成者(约在元前十六世纪)。酷役其民，视如牛马，怨谤沸腾，苟得脱离国君之苛暴，以休息余生，则不复泽主。乐寄于异族之下，虐民以不急之工。苛政猛于虎。埃及诸王之葬也，浸以香油，缚以麻缕，盖于殡宫，藏诸石陵，不惜病劳天下以遂予一己之大欲。我先王则不然。尧曰："终不以天下之病而利一人。"故衣三领足以覆恶，棺三寸足朽体。人之度量相越，岂不远哉？(一九二二年英人嘉德[Howard Carter]于埃及古都底布士王陵谷内，发现三千三百年前埃及王都丹喀门之墓[Tutankhamen，即意诺东王之婿，隶十八朝]，称为考古学上空前大发现。计发获宝器一百万件，穷奢极侈。凡生人享乐之具，靡不有之。而卧榻车辆箱笼椅塑像兵器之属，皆以黄金包裹，宝石雕饰，色泽鲜丽，尤为工巧。一切宝器，现分别保存于开罗及伦敦博物院中。最近史家如白来斯德之流，皆谓十九世纪以前，物质文明之成绩，以古埃及人为最粲然者矣。见美国《史眺杂志》八卷七期《古埃及与近代文化》一文。)

更请与巴比伦比较之，幼发拉底斯河畔之巴比伦城，铁门一百，城壁上可列车六辆，翼壁有铜塔二十五座，河岸两壁相对，中架一桥，广三十尺。桥之前后有园庭，以宏大屋宇为基，开园亭于其上。大石巨木，及各种花草，无一不备。巍然跨河，景象艳绝，殆如空际飞舞，号称飞园。(飞园与金字塔同为希腊人所称世界七大奇观之一。)此为新巴比伦国王尼布甲尼撒所建，后之读史者，无不惊为神奇，致其向慕。抑知王起飞园，徒欲取悦后宫，其在中国乃桀纣周幽之俦耳。(观诸子所言公输班墨翟之事，则战国时机械工艺异常发达。然墨子虽精制造，仍以适用于人为贵，吕览月令，屡以淫巧为戒，故秦时虽犹有能为机械者而学者弗道其法也。）所以曷念我大禹，卑宫室而尽力乎沟洫。禹自执耒耜，以为民先，沐雨栉风，劳心焦思，居外十三年，过门不入，卒也九川涤源，四海会同，六府孔修，万民咸宁其性。余尝推兹广土众民博物永年之故，以为先民大有造于华夏者，大禹功为第一。呜呼！今日云梦之陂，三江之隰，良畴千顷，民到于今食其赐，飞园终为飞蓬。三角塔前，惟见阿拉伯之牧童，坐对斜阳荒草而已。

印度土沃气暖，谷米易熟，其民不必劳于治生。古代印度人所以掷无量数之光阴精神，以探索宇宙人生之奥妙问题者，其经济状况之安易，不失为一重大原因。《吠陀经》以生财为罪恶，辄乃游心于远，印度哲人以隐居静寂为神圣环境，“惧冥运之罪，轻生前之业”，食粟饮水，幕天席地，此生活之一极端也。虽然，印度之修道者主于禁欲，而制器者主于穷欲。印度人之工业天才，为世界之杰出者，即如与秦始皇同时之阿输迦王，尝于三年之内，造四万八千塔，又造无数石柱。大者高五十尺，重五十吨，雅典最佳之建筑，不能过也。（据斯密士《印度上古史》一六五页，Vincent A. Smih：*The Early History of India*，1914。）建筑而外，印度织物之精，亦号世界无双，纯丝为质，金银为文，轻若蝉翼，灿若明星。世之出奇技淫巧，以为妇人之服饰者，则巴黎以外富推此矣。要之，印度之精神，非求其澈底不止也。至其所失，则在重文而轻实。骛远而忽近，中庸之道，概乎未之闻也。（许丹君自印度致友人书云：成学之士，以文学及纯粹科学著称者甚众，而于应用之工业工学，则寂然无闻焉。夫印度人之灵奇显特，实为他国所仅见，但以不好工作，忽视近图，遂至颠连困悴，无以存活。印度今虽盛言复国，然复国之事或尚易见，惟如社会人民，仍如昔日之重文轻实，骛远忽近，而不知改途易辙，则国虽复，窃恐其无以立也。）

（四）社会阶级方面·折衷于严荡之间（秩序）

古埃及分三族：一曰平民，农工商贾是也；二曰武士，约五十万人；三曰僧族，指教士、太卜（Prophets）、太史（Scribes）、雕工、石工、保尸者（emballmers）而言。教士世袭，最称专横，拉米斯王（Rameses）之世（元前一一七〇年），寺院蓄奴百七十万，占全国人口五分之二，土地七百余万亩，占全国土地七分之一，属城六十九，寺产山积而不纳税，大为国蠹。古巴比伦社会分贵族、平民、奴隶三级。参稽《汉摩拉比法典》，得其身价如下：贵族之一臂，当平民一男，又当平民二女，又当三奴婢，然犹不如印度族制之严也。

世界分业之原理，印度人知之最早，惜趋于极端，造成族姓制度，历千载而莫改。严苛繁琐，有如机器。《大唐西域记》云："族姓殊者，有四流焉。一曰婆罗门，净行也；二曰刹帝，利王种也；三曰吠奢，商贾也；四曰戍陀罗，农人也。凡兹四姓，清浊殊流，婚娶通亲，飞伏异路。"此四大阶级，又分为二十小阶级。此外又有五千万人阶级以外贱民，与奴隶无异。婆罗门最尊贵，自以为僧权万能，不容亵渎。宪令著于官府，赏罚必于民心。释迦牟尼所倡之佛教，一切平等，无种姓差别，实为印度社会大革命家。然在西元后九世纪以前，佛教卒为婆罗门排挤而去，他族之不获见天日，依然如故。婆罗门在印度之功绩，固自不朽。古来印度大思想家、大著作家、大立法家，多出其门，但其所定四姓制度，流毒至于无穷。盖异族不通婚（中国同姓不婚，印度异姓不婚）、不共事、不聚餐、不交游。苟有违者，众以为殃，终身不齿，无复人理矣。惰性既成，莫由自拔，特立独行，久鲜其人，个性并吞于群性之中，意志自由，斫丧尽矣。阶级观念，几成印度人第二天性，同室操戈，而使外人坐收渔人之利。乌知所谓众志成城，勠力国难者哉？论者谓灭印度者，非回人，非英人，乃婆罗门也，此真可为痛哭流涕者也。（鲍曼氏云："婆罗门族在印度人中仅占百分之五，从来享受政治社会宗教上种种特权。一九一九年印度政府改革案通过后，其势力益扩大。"甘地宣言打破阶级观念，果能底于成功，洵不愧释迦以后第一人矣。）自由与平等，为近世欧洲政论极有价值之两大产品。欧美贵族、平民、奴隶等阶级制度，直至近百年来始次第扑灭，其余烬之一部，迄今犹在。我国则此种秕制，已成二年前僵石。就大体言之，自汉以来，国民之公私权，乃至生计之机会，皆可谓一切绝对平等。（梁任公曰：先民之政治思想，无一不带社会主义色彩。汉唐以降之实际政治，其为人所称道者，又大抵皆含有社会政策之精神，而常以裁制豪强兼并为职志者也。故全国人在比较的平等组织及条件之下，以遂其生计之发展，世界古今民族中罕能与我并者。）我国历史上，未尝有惨酷之阶级斗争，所以然者，则以人类平等观念久已成为公共信条。虽有强者，莫之能犯也。

授田之制，为吾国古代良法美意之一。王鸣盛云："井田沟恤之制，创于禹。三代相因不变。"（语见《尚书后案》。）凡家夫授田百亩，余夫授田二十五亩。（家夫指三十岁左右有妻男子，余夫指丁年以上未婚男子。）但使勤劳稼穑，皆可家给人足。年征田赋十分之一二，为人民对于国家最重之义务。凡田不耕者，出夫家之征，防惰农也。凡田不许私有，防兼并之弊，贫富悬隔而社会不安也，此实暗合今世言共产者之理想。近人称授田之制，为经济上之中正平均主义（见田畸仁义《支那古代经济思想及制度》四七九页），旨哉斯言。

中国无四大阶级，（近人以书有黎民百姓之语，遂谓区分民与百姓为二阶级。百姓者王公之子孙。民者冥也。言未见人道，故民专为九黎有苗而设，不知《史记》称黄帝二十五子，其得姓者十四人，皆余十四人，皆黎苗乎？孔子称高辛时事，数数言民，皆有民为邦本之义。贱族之谓，毫无根据。）而有五伦之教，尚书尧典，称契为司徒，敬敷五教。父子有亲，君臣有义，夫妇有别，长幼有序，朋友有信，秩序之观念，为吾国伦常之基础，道德之本原。其大小相维，惟一之作用曰中。惟因其关系之不同别著其德之名耳。圣人既以伦理定天下之分，其行之又有絜矩之道焉。《大学》曰：“所恶于上无以使下，所恶于下无以事上，所恶于前无以先后，所恶于后无以从前，所恶于左无以交于右，所恶于右无以交于左。”总使两方调和而相剂，并非专苦一方，均齐方正，平之至也。（盖所谓平者，平于其心，而非平于其迹；平于其义，而非平于其分。迹之异，由于时地际遇之殊，分之差，生于天理自然之序，非人力所能强也。是故素富贵行乎富贵，素贫贱行乎贫贱，上不怨天，下不尤人，心之平也。己欲立而立人，己欲达而达人，心之平也。庸德之行，庸言之谨，有所不足，不敢不勉，有余不敢尽，心之平也。夫得人心之大同，天下焉有不平者哉？孔子推恕为终身可行之道使举世行之。夫以责人之心责己，则举世之奋斗猜疑欺诈种种不德，皆可蠲除，而人类全体咸可相安而遂其生矣。详见辜鸿铭《春秋大义》。）

欧洲人言爱而不言敬，知有仁而不知有恕。报复循环，破坏不绝。又提倡物竞天择之说，对抗争持，寖酿大乱。吾国古圣则夙主让字睦字，其气象大有不同。《尚书》赞尧之德曰“允恭克让”。《大学》称一家让，一国兴让。儒家伦理政治，以各人分内的互让与协作，使同情于可能之范围内尽量发展，求相对自由与相对平等之实现与调和。近人谓中国淳厚礼让之态度，实为优长之胜利。（梁君漱溟曰：中国人总是持淳厚礼让态度，绝无西洋对待抗争态度，为人可以不计自己，屈己从人，处处能得一种情趣，不是冷漠敌对算账，于人生活气，不少培养，不能不算一种优长胜利。）“夫亦礼让为国者，若江河流，弥久不竭，其本美也。”（语本《盐铁论》。）

（五）人伦行为方面·折衷于过与不及之间（中行）

尧之禅舜，戒之曰“允执厥中”。盖自上古以来，积种种经验归纳而得之者，实为人类道德之一大发明。舜执其两端而用中于民，其命夔教胄子也，曰：“直而温，宽而栗，刚而无虐，简而无傲。”皋陶教禹以九德之目，曰：“宽而栗，柔而立，愿而恭，乱而敬，扰而毅，直而温，简而廉，刚而塞，强而义。”盖唐虞之教育，专就人类毗刚毗柔之气质，矫正而调剂之，使适于中道也。

孔子者，中国文化之中心也。孔子生前数千年之道德经验，悉集成于孔子，而后来数千年之文化，皆赖孔子而开。孔子讲《易》以明人伦之道者则有二义焉，曰中、曰时。（孔子作彖象，见中者百余，见时者四十余。）中以方位言，时以后先言，必合此两者其义乃全。（其实中之一字，已足赅括一切。加以时字，则其所衡者益密耳。）且其义至微，稍过不及，即非所谓中人心之执着胶滞，皆为未喻此义也。中之一语，至平常，而又至难。原其初，须得喜怒哀乐未发之气象。推其极，则可以参天地、育万民。故孔子系之曰庸，而极言其不可能，贤知则过愚，不肖则不及，强为貌似则又成乡愿。三者皆病，乃取其微偏而救正焉。（柳诒徵先生《中国文化史》）孔子又著其调济适中之道，是曰礼乐。故曰：“礼乐不兴则刑罚不中，刑罚不中则民无所措手足。”我中国中和之国民性，即由礼乐陶养而成。唐虞之际，皋陶典礼，夔典乐，即以尚中之德，启迪少年。周公制礼作乐，灿然大备，以礼乐惇德兴民，斯真中国古代之特色。彼印度、埃及、巴比伦俱莫能晓其旨趣焉。礼也者，质言之，即生活之艺林。英人斯谛耳博士《仪礼序》有云：“礼节初非仅仅一套仪式，空虚无用，如后世所沿袭者，是乃用以养成自制与整饬的动作之习惯。惟有能领解万物，感受一切之心之人，始有此种安详的容止。”（Dr. John Steele *The I Li or Book of Etiquetle and ceremonial.*，1917）故曰：“礼者因人之情而为之节文，以为民坊者也。”（《坊记》）“礼之用和为贵，恭而无礼则劳，慎而无礼则葸，勇而无礼则乱，直而无礼则绞。”（《论语》）“礼云礼云，贵绝恶于未萌，而起敬于微眇，使民日徙善远罪而不自知也。”（《礼记》）而乐之功用尤大。“故乐行而志清，耳目聪明，血气和平，移风易俗，天下皆宁，美善相乐。故曰：乐者乐也。君子乐得其道，小人乐得其欲，故乐者所以道乐也，乐行而民乡方矣。”（《荀子・乐论》）

二千年来，以全人类四分之一，于道德社会政治诸生活，相率涵咏于孔子之精神感化之下。由今观之，中国人可谓极富弹性，其处世接物，守中而不趋极，有节而不过度。不得谓之尚武，亦不得谓之文弱。不得谓之易治，亦不得谓之顽固。而诸多似不相容之理论及制度，皆能巧于运用，调和焉以冶于一炉。虽以国土之辽阔，种族之复杂，终能成一“完全发展之民族”。（语本美人芮恩施君。）先哲不云乎：“兼并易能也，惟坚凝之难焉。故能并之而不能凝，则必夺，士服民安。夫是之谓大凝，以守则固，以征则强，王者之事毕矣。”（见《荀子·议兵论》。）坚凝二字，可谓民族精神之确诂，我中国在二千年前之秦汉时代，已成同文同轨之治，即于兼并作用之上，再加一层坚凝作用。二千年来，绵延不绝。呜呼！岂偶然哉。（美国白璧德先生云：十九世纪之大可悲者，即其未能造成一完美之国际主义。科学固可为国际的，然误用于国势之扩张，近之人道主义、博爱主义，亦终为梦幻。然则若何能成一人文的君子的国际主义乎？初不必假宗族之尊严，但求以中和礼让之道，聊世界为一体。吾所希望者，此运动若能发轫于西方，则中国必有一新孔教之运动。[见本志第三期《中西人文教育谈》。]）

复次，中国者，伦理之社会也。自元首至于庶民，一是皆以修身为本。故以目的言，政治即道德，道德即政治；以手段言，政治即教育，教育即政治。法律但为辅治之具，虽不可偏废，而其根本精神，绝对以德礼齐导者也。（就本体言之，体为应行之一部分，法为不应行之一部分；就作用言之，法律用硬性的司法机关的制裁，礼乃利用有弹性的社会矫正。）故曰：“凡人之知，能见已然，不能见将然。礼者禁于未然之先，而法者禁于已然之后。”（《礼记》）夫法令械数者，治之流也，而非制治清浊之源也。荀子有言：“官人守数，君子养原。”我中国古代政治，即君子政治也。（春秋之时，理想执政者称为君子，秦襄仲曰：不有君子，其能国乎？[《左传·文十二年》]）

春秋以降，始有成文法之公布。韩非、商鞅之流，始弃礼而专任法，苟以取强而已矣。（王国维先生《中国法律出于礼》一文[载《亚洲学术杂志》]者云：统观中国之治道，第一义绝对以德礼为本，有史以来，专尚礼治，礼者为政之总名也。第二义立法以弼教辅化为主，历代刑法，悉本礼以正名立义，故刑曰详判。第三义则立法之义既与礼相表里，而司法方面，仍以不忍之心行不忍人之政，是仍依于仁而主于政，犹以德礼之精理相一贯也。反是则有单纯法治，申不害、韩非、商鞅之法家言，其大旨轻仁薄礼，任法尚威，以礼教为淫佚之教，以近悦远来为亡国之言，则与上述第一义相悖。无□简之文以为法教，无先王之语以吏为师，则与上述第二义相悖。治强生于法，刑重则去刑，刻薄寡恩。一以武健严酷为快，则与上述第三义相悖。凡历代偶有尚法之治，其效果未有不乱，其乱未有不惨者。）中世以降，礼乐崩坏，中国文化，仅能保守。特国民性既已养成之后，根深叶茂。君子依乎中庸而行，虽朝代屡更，而社会之潜势力，仍固定而不为动摇。近人谓中国君子人之道，曾经二千五百年之经验，无教士兵警，而能维持治安。中国惟至愚之人，始需神道以畏之。惟最坏之人，始需兵警以惧之。是道也，岂惟欧人求之而不得乎？（辜鸿铭氏谓欧人所以维持治安者二，一曰宗教，二曰法律与兵警。往者欧洲三十年之战争，乃欲废除教士。今则经此次大战，欧人又欲去兵矣。欲求战后维持之道，则欧人腐心极虑之端也。予以为此道欧人可于中国求得之，中国有君子之道云云。）印度、埃及、巴比伦之文化，岂非因其不知礼治，而卒就废绝者耶？

古代印度、埃及、巴比伦皆有灿然明备之法典，其成文法之公布，较之韩非主张"编著之图籍，设之于官府，而布之于百姓"之时（韩非元前二三三年卒），或早千八百余年（巴比伦），或早五百余年（印度），或早四百余年（埃及），试粗述之。

（1）巴比伦《汉摩拉比法典》（西元二一〇〇年夏仲康之世）。汉摩拉比王以三十年之经营，征服诸国，集古代风俗习惯，整齐条理，编纂法典，镌之庙碑，以作民范，为历史上最古之法典。（自巴比伦文化息灭以来，此碑久埋土中。清光绪二十七年法国远征队在苏撒[Susa]地方掘出，西方学者抚摩而读之。）全律计二百八十四条，为目一十有五，近代法律之基本概念，此最古法典有已确立者。其后国土虽墟，其法律则借亚述、波斯、菲尼基人传播益远。

（2）印度《摩奴法典》（当元前九世纪顷）。摩奴乃一英敏之政治家，考传统之理法，验并世之风俗，制定印度之法典，整理社会之秩序。佛教时代，印人又改订《摩奴法典》，以期适合当时习惯。其文凡十八节，二千六百八十五句。自宗教之仪式，及各阶级之权利义务，民法、刑法等类，皆包蕴无遗。（如四大阶级即规定于是。）

（3）埃及《薄诃利法典》（当元前八世纪顷周幽王平王之际）。薄诃利王（Bocchoris）隶第二十四朝，改订法律。如诉讼法亦悉著之篇籍，惜古代埃及之法律典籍罕存。

去四千年前，古巴比伦已有此周密详备之法典，树立正义，摧抑强暴，以为人民之范，不可谓非至有价值之事。印度之法律虽未影响欧西法律，而卓然为雅利安族极美之法典，至今犹通行于印度全部云。（美国John Hopkins大学教授李氏[Lee]著《历史之法制》[*Hitorical gurisprudence*]一书，有云：印度人最能守法，英人统治印度，许其仍用本国之法律。[见原书一五八页。]）然法令之效，足以禁奸，使民有消极之限制而已。至于制礼作乐，提高人格，予读西方诸国之古史，未之前闻。史家之遗漏欤？古史之荒落欤？但予观埃及诸王之自私，亚述诸王之残忍，印度诸王之卑鄙，（印度治国不讲道德，阴谋是竞，权力是崇，宫庭之内，用娼妓为间谍，互相猜忌，争乱无已时。详见斯密士《印度上古史》一三九页以下。）欲其以德化民，盖已难矣。

吾国贤士大夫成已成人之怀，绝恶未萌之说，在彼土几成绝响。昔者子产铸刑书，孔子伤之曰："道之以德，齐之以礼，有耻且格。道之以政，齐之以刑，民免而无耻。礼乐不兴，则刑罚不中，刑罚不中，则民无所措手足。"此虽孔子之私言，实足以代表中国古代政治家之气概。古人所谓礼乐刑政，四达而不悖，则王道备也。呜呼！"中庸之为德也，其至矣乎？"我中国之民族精神，其在斯乎，其在斯乎？太史公曰："好学深思，心知其意。"韩文公曰："补直罅漏，张皇幽渺。"此非后死者之责欤？

今试综括前言，列为下表：

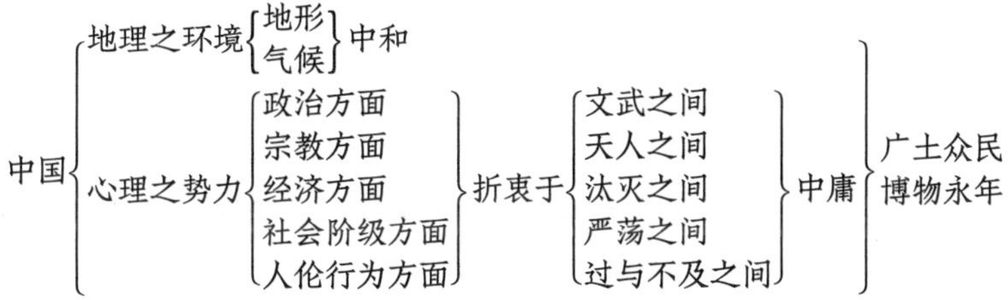

于此有未尽之义焉。(一)吾国自中世已降，中道文明浸衰浸变之迹若何？(二)已经变化之中道文明，与近世欧洲势力接触之后，其间异同消长之故安在？(三)中国之古文明，所能影响于世界未来之文明者何若？以上三者，吾今兹未能言。极愿深虑知化之士，共起而商榷之也。

本文原载《学衡》第 41 期，1925 年 5 月。

整理者：温　度

校对者：吕晓宇

《中国文化史》绪论

柳诒徵

历史之学，最重因果。人事不能有因而无果，亦不能有果而无因。治历史者，职在综合人类过去时代极复杂之事实，推求其因果而为之解析，以诏示来兹，舍此无所谓史学也。人类之动作，有共同之轨辙，亦有特殊之蜕变。欲知其共同之轨辙，当合世界各国家、各种族之历史，以观其通；欲知其特殊之蜕变，当专求一国家、一民族或多数民族组成一国之历史，以觇其异。今之所述，限于中国。凡所标举，函有二义：一以求人类演进之通则，一以明吾民独造之真际。盖晚清以来，积腐襮著，综他人所诟病，与吾国人自省其阙失，几若无文化可言。欧战既辍，人心惶扰，远西学者，时或想像东方之文化，国人亦颇思反而自求。然证以最近之纷乱，谓吾国必有持久不敝者存，又若无以共信。实则凭短期之观察，遽以概全部之历史，客感所淆，矜馁皆失。欲知中国历史之真相，及其文化之得失，首宜虚心探索，勿遽为之判断，此吾所渴望于同志者也。

吾书凡分三编：第一编，自邃古以迄两汉，是为吾国民族本其创造之力，由部落而建设国家，构成独立之文化之时期；第二编，自东汉以迄明季，是为印度文化输入吾国，与吾国固有文化由牴牾而融合之时期；第三编，自明季迄今日，是为中印两种文化均已就衰，而远西之学术、思想、宗教、政法以次输入，相激相荡而卒相合之时期。此三期者，初无截然画分之界限，特就其蝉联蜕化之际，略分畛畔，以便寻绎。实则吾民族创造之文化，富于弹性。自古迄今，缅缅相属，虽间有盛衰之判，固未尝有中绝之时。苟从多方诊察，自知其于此见为堕落者，于彼仍见其进行。第二、三期吸收印欧之文化，初非尽弃所有，且有相得益彰者焉。

中国文化为何？中国文化何在？中国文化异于印欧者何在？此学者所首应致疑者

也。吾书即为答此疑问而作。其详具于本文，未可以一言罄。然有一语须先为学者告者，即吾中国具有特殊之性质，求之世界，无其伦比也。夫世界任何国家之构成，要皆各有其特殊之处，否则万国雷同，何必特标之为某国某国。然他国之特殊之处，有由强盛而崩裂者，有由弱小而积合者，有由复杂而涣散者，事例綦多。而求之吾民族国家，乃适相反。此吾民所最宜悬以相较，借觇文化之因果者也。

就今日中国言之，其第一特殊之现象，即幅员之广袤，世无其匹也。世界大国，固有总计其所统辖之面积，广大于中国者，然若英之合五洲属地，华离庞杂，号称大国者，固与中国之整齐联属、纯然为一片土地者不同。即以美洲之合众国较之中国，其形势亦复不侔。合众国之东西道里已逊于我（中国东至西凡六十度五十五分，美国东至西凡五十七度三十九分），其南北之距离，则尤不逮（中国南至北凡三十八度三十六分，美国南至北凡二十四度二十六分）。南北距离既远，气候因以迥殊。其温度，自华氏表平均七十九度以至三十六度，相差至四十余度。其栖息于此同一主权之下之土地之民族，一切性质习惯，自亦因之大相悬绝。然试合黑龙江北境之人与广东南境之人于一堂，而叩其国籍，固皆自承为中华民国之人，而无所歧视也。且此等广袤国境，固由汉、唐、元、明、清累朝开拓以致此盛。然自《尧典》、《禹贡》以来，其所称领有之境域，已不减于今之半数。《书·尧典》：

分命羲仲，宅嵎夷，曰旸谷。申命羲叔，宅南交。分命和仲，宅西，曰昧谷。申命和叔，宅朔方，曰幽都。（今人多疑《尧典》为儒家伪造，不可尽信。然《墨子·节用篇》：昔者尧治天下，南抚交趾，北降幽都，东西至日所出入，莫不宾服。足见《尧典》所言国境，非儒家臆造之语。即使此等境界，为儒墨两家想像之词，初非唐虞时事实，亦可见春秋之末战国之初之人，已信吾国有此广大领域也。）

《禹贡》：

东渐于海，西被于流沙，朔南暨声教，讫于四海。

圣哲立言，恒以国与天下对举。《老子》：

以正治国，以奇用兵，以无事取天下。大国者下流，天下之交。

《大学》：

古之欲明明德于天下者，先治其国。国治而后天下平。

此虽夸大之词，要必自来所见，恢廓无伦，故以思力所及，名曰天下。由是数千年来治权时合时分，而国土之增辟，初无或闲，今之拥有广土，皆席前人之成劳。试问前人所以开拓此天下，抟结此天下者，果何术乎？

第二则种族之复杂，至可惊异也。今之中国，号称五族共和，其实尚有苗、猺、獞、蛮诸种，不止五族。其族之最大者，世称汉族。稽之史策，其血统之混杂，决非一单纯种族。数千年来，其所吸收同化之异族，无虑百数。春秋战国时所谓蛮、夷、戎、狄者无论矣，秦、汉以降，若匈奴、若鲜卑、若羌、若奚、若胡、若突厥、若沙陀、若契丹、若女真、若蒙古、若靺鞨、若高丽、若渤海、若安南，时时有同化于汉族，易其姓名，习其文教，通其婚媾者。外此，如月氏、安息、天竺、回纥、唐兀、康里、阿速、钦察、雍古弗林诸国之人，自汉魏以至元明，逐渐混入汉族者，复不知凡几。

《汉书》：

金日磾，字翁叔，本匈奴休屠王太子也。

《晋书》：

卜珝，字子玉，匈奴后部人也。

又：

段匹磾，东郡鲜卑人也。

又：

乔智明，字元达，鲜卑前部人也。（元魏以后，鲜卑人之化为汉族者，不可胜数）。

《通志·氏族略》：

党氏本出西羌。

《唐书》：

王世充，字行满，本姓支，西域胡人也。

又：

李怀仙，柳城胡人也。

又：

哥舒翰，突骑施首领哥舒部落之裔也。

又：

代北李氏，本沙陀部落。

又：

王武俊，契丹怒皆部落也。

又：

李光弼，营州柳城人，其先契丹之酋长。

又：

李怀光，渤海靺鞨人也。

又：

高仙芝，本高丽人。

又：

王毛仲，本高丽人。

又：

高崇文，其先渤海人。

又：

姜公辅，安南人。

又：

史宪诚，其先出于奚虏。

又：

李宝臣，范阳城旁奚族也。

《通志》：

支氏，其先月支胡人也。

又：

安氏，安息王子入侍，遂为汉人。

又：

竺氏，本天城胡人。

《元史》：

昔班，畏吾人。

又：

余阙，唐兀人。

又：

斡罗思，康里氏。

又：

杭忽思，阿速人。

又：

完者都，钦察人。

又：

马祖常，世为雍古部。

又：

爱薛，西域弗林人。（此类甚多，姑举以示例。）

《日知录》卷二十三：

《章邱志》言：洪武初，翰林编修吴沈奉旨撰《千家姓》，得姓一千九百六十八，而此邑如术、如偈，尚未之录。（《广韵》偈字下注云：齐大夫名）。今访之术姓，有三四百丁，自云金丞相术虎高琪之后（原注：土人呼术为张一反，按《金史》术虎汉姓曰董，今则但为术姓。）盖二字改为一字者，而撰姓之时，尚未登于黄册也。以此知单姓之改，并在明初以后，而今代山东氏族，其出于金元之裔者多矣。永乐元年九月庚子，上谓兵部尚书刘儁曰：各卫鞑靼人多同名，宜赐姓以别之。于是兵部请如洪武中故事，编置勘合，赐给姓氏，（按洪武中勘合赐姓，《实录》不载，惟十六年二月，故元云南右丞观音保降，赐姓名李观。又《宣宗实录》：丑闾洪武二十一年来归，赐姓名李贤。）从之。三年七月，赐把都帖木儿名吴允诚，伦都儿灰名柴秉诚，保住名杨效诚，自此遂以为例。

凡汉族之大姓，若王、若李、若刘者，其得氏之始，虽恒自附于中国帝王，实则多有异族之改姓。其异族之姓，如金、如安、如康、如支、如竺、如元、如源、如冒者，在今日视之，固亦俨然汉族，与姬、姜、子、姒若同一血统矣。甄克思有言："广进异种者，其社会将日即于盛强。"甄克思《社会通诠》：

世界历史所必不可诬之事实，必严种界，使常清而不杂者，其种将日弱，而驯致于不足以自存。广进异种者，其社会将日即于盛强，而种界因之日泯。此其理自草木禽兽，以至文明之民，在在可征之实例。孰得孰失，非难见也。希腊邑社之制，即以严种界而衰灭；罗马肇立，亦以严种界而几沦亡。横览五洲之民，其气脉繁杂者强，英、法、德、美之民皆杂种也。其血胤单简者弱，东方诸部，皆真种人矣。

顾欧陆诸国，虽多混合之族，而其人至今犹严种界：斯拉夫、条顿、日耳曼之界，若鸿沟然。而求之吾国，则"非族异心"之语，"岛夷索虏"之争，（《左传》成公四年：史佚之《志》有之曰：非我族类，其心必异。《通鉴》卷六十九：宋、魏以降，南北分治。南谓北为索虏，北谓南为岛夷。）

固亦时著于史。而异族之强悍者，久之多同化于汉族，汉族亦遂泯然与之相忘。试问吾国所以容纳此诸族，沟通此诸族者，果何道乎？

第三则年祺之久远，相承勿替也。世界开化最早之国，曰巴比伦、曰埃及、曰印度、曰中国。比而观之，中国独寿。浮田和民《西洋上古史》：

加耳特亚王国，始于西元前四千年以前，至一千三百年而亡。亚西里亚兴于西元前一千三百年，至六百零六年而亡。巴比伦兴于西元前六百二十五年，至五百三十八年，为波斯所灭。

又：

埃及旧帝国兴于西元前四千年，中帝国当西元前二千一百年，新帝国当西元前一千七百年，至五百二十七年，为波斯所灭。

高桑驹吉《印度五千年史》：

印度吠陀时代，始于西元前二千年。西元后七百十四年，为回教徒所征服。

中国历年之久，姑不问纬书荒诞之说。《春秋元命苞》：

天地开辟，至春秋获麟之岁，凡二百七十六万岁。

即以今日所传书籍之确有可稽者言之，据《书经·尧典》则应托始于西元前二千四百年；据龟甲古文则作于西元前一千二百年；据《诗经》则作于西元前一千一百年，至共和纪元以后，则逐年事实，皆有可考，是在西元前八百四十一年。汉、唐而降，虽常有异族入主之时，然以今日五族共和言之，则女真、蒙古、满洲诸族，皆吾中国之人。是即三四千年之间，王权有转移，而国家初未亡灭也。并世诸国，若法、若英、若俄，大抵兴于梁、唐以后，即日本号称万世一系，然彼国隋、唐以前之历史，大都出于臆造，不足征信。则合过去之国家与新兴之国家而较之，未有若吾国之多历年所者也。试问吾国所以开化甚早、历久居存者，果何故乎？

答此问题，惟有求之于史策。吾国史籍之富，亦为世所未有。今日所传之正史，共计三千五百卷。

《史记》一百三十卷，汉司马迁撰。

《汉书》一百二十卷，汉班固撰。

《后汉书》一百二十卷，宋范晔撰。（内《续汉志》三十卷，晋司马彪撰。）

《三国志》六十五卷，晋陈寿撰。

《晋书》一百三十卷，唐房乔等撰。

《宋书》一百卷，梁沈约撰。

《南齐书》五十九卷，梁萧子显撰。

《梁书》五十六卷，唐姚思廉撰。

《陈书》三十六卷，唐姚思廉撰。

《魏书》一百十四卷，北齐魏收撰。

《北齐书》五十卷，唐李百药撰。

《周书》五十卷，唐令狐德棻撰。

《隋书》八十五卷，唐魏徵等撰。

《南史》八十卷，唐李延寿撰。

《北史》一百卷，唐李延寿撰。

《旧唐书》二百卷，晋刘昫等撰。

《新唐书》二百五十五卷，宋欧阳修、宋祁撰。

《旧五代史》一百五十二卷，宋薛居正等撰。

《新五代史》七十五卷，宋欧阳修撰。

《宋史》四百九十六卷，元脱脱等撰。

《辽史》一百十六卷，元脱脱等撰。

《金史》一百三十五卷，元脱脱等撰。

《元史》二百十卷，明宋濂等撰。

《新元史》二百五十七卷，清柯绍忞撰。

《明史》三百六十卷，清张廷玉等撰。

自《隋书·经籍志》以下，史部之书，每较经、子、集为多。

《隋书·经籍志》

	部	卷
六艺经纬	六二七	五·三七一
史部	八一七	一三·二六四
子部	八五三	六·四三七
集部	五五四	六·六二二
道佛	二·三二九	七·四一四

《旧唐书·经籍志》

经录	五七五	六·二四一
史	八四〇	一七·九四六
子	七五三	一五·六三七
集	八九二	一二·〇二八
释道书	二·五〇〇	九·五〇〇

《新唐书·艺文志》

经	五九七	六·一四五
史	八五七	一六·八七四
子	九六七	一七·一五二
集	八五六	一一·九二三

《宋史·艺文志》

经	一·三〇四	一三·六〇八
史	二·一四七	四三·一〇九
子	三·九九九	二八·二九〇
集	一·八二四	二三·六〇四

《明史·艺文志》

经	八四九	八·七四六
史	一·〇七九	二四·五七五
子	九七〇	三九·二一一
集	一·三九八	二九·九六六

清《四库书目》

经	六八八	一〇·五九二
史	五六〇	二一·三九四
子	八九七	一七·一九一
集	一·八〇八	二六·七二四

然经、子、集部，以至道、释二藏之性质，虽与史书有别，实亦无不可备史料。其第以编年、纪事，及纪、传、表、志诸体，为史书之界限者，初非深知史者也。世恒病吾国史书，为皇帝家谱，不能表示民族社会变迁进步之状况，实则民族社会之史料，触处皆是。徒以浩穰无纪，读者不能博观而约取，遂疑吾国所谓史者，不过如坊肆《纲鉴》之类，止有帝王嬗代及武人相斫之事。举凡教学、文艺、社会、风俗，以至经济、生活、物产、建筑、图书、雕刻之类，举无可稽。吾书欲祛此惑，故于帝王朝代、国家战伐，多从删略。维就民族全体之精神所表现者，广搜而列举之。兹事体大，挂漏孔多，姑发其凡，以待来哲尔。

本文原载《史地学报》第3卷第8期，1925年10月。

整理者：王　祚
校对者：谢　任

新文学之痼疾

郭斌龢

今之致憾于新文学者，徒见其冗沓鄙俚，生吞活剥，以及各种扭扭捏捏之丑态已耳。此其文体之不美，初于读者无大害，读之而茫然莫辨，昏然思睡，斯不终卷而置之可也，夫何足深辩。其遗害人心，流毒无穷，使一般青年读之，如饮狂醒，如中恶魔，暴戾恣睢，颓丧潦倒，趋之罟获陷阱之中，而莫之能止者。厥维其内涵之情思，所谓浪漫主义者是，充其说。行将率天下而禽兽，而蛮獠，而相率以就死地，此而可忍，孰不可忍？其文体之不足以载之达之，余犹以为幸也。国人于此，曾鲜有加遗一失者，癣疥之患易见，腹心之疾堪虞。作者不敏，愿效负弩先驱之劳，忧世君子，曷兴乎来？

浪漫主义者，自古优质，纵情恣欲，是其特色，禽兽蛮獠，皆最彻底之浪漫主义实行者，其后由禽兽蛮獠，进而为文明人，积累世之经验，鉴前车之覆辙。知纵情恣欲之害之不可胜言，于是有道德以化之，有礼教以约之，有政法以裁之。日久而玩生，病愈而痛忘，禽兽蛮獠之潜伏醒，时复蠢蠢思动，丁世丧乱，邪说暴行有作。于是最古之浪漫本能，一变其面目，而为崭新之浪漫主义。其在印度，有顺世外道一派，在中土，有列子杨朱篇一派，然皆不盛。其泛滥溃决，浸至不可收拾者，厥惟近世卢梭一派，假自由平等之名，行纵情恣欲之实，不逞之徒，靡然风从。其流近且波及于中国，诛之不可胜诛，姑就耳目所及，摘其一二，以示国人。

浪漫派以纵情恣欲为至善，故否认人格之修养，否认一切是非善恶之标准，但凭一时感情之冲动，以定其行为，而美名其曰受良心之趋策。苟一时感情冲动以为可者，即当毫无顾忌，悍然为之。如（商务印书馆东方文库《近代戏剧家论》七十六页，大凡倾向于个人主义的人，大都是崇拜权力的，而邓南遮（D' Annunzio）喜权力更甚，他在荣辉内表现的中心思想，竟是极端的个人主义。个人的无政府主义，像斯铁纳[Max Stirner]所说的，我惟当达到我自己的鹄的，什么法律，什么习惯，统统可以不管他。)虽杀人放火，弑父淫妹，亦不为过。如

（东方文库《近代俄国文学家论》二十五页，《罪与罚》是使陀斯妥以夫斯基[Dostoevski]享大名的第一部著作，这不但是他生平的杰作，而且是世界文学中稀有的大著。主人公拉斯戈尔尼谷甫[Raskolnikov]是代表俄国式的非常自尊的人，他是个虚无主义者，但他不是政治的虚无主义，也不是像都介涅夫[Turgenev]的《父与子》里所描写那样的虚无主义，却是伦理的虚无主义者。所谓伦理的虚无主义者，就是蔑弃一切伦理的戒条和规律的意思。他的理想是这样，他只要能踏破一切的习惯规律，他就成为一种拿破仑了。他是个青年学生，家境贫苦，有老母和姊妹，都待他赡养。有一天他走到质铺里去当珠宝时，看见了质铺里的老年的女主人，他便想，只要杀了这老婆子，便可以得到质铺里的一切，来养活自己的家族了。不过照道德的惯例，杀人是不许的，但是[一]道德足以限制我的行为吗？[二]要是拿破仑到了我的地步，他难道也为了区区的道德戒律，不敢去杀那龌龊老婆子吗？拉斯戈尔尼谷甫为这两个问题所困惑，最后他为他的自尊心所激动说，"好了，不用多想了，我就照着拿破仑的模样，杀了这婆子罢。"于是他便去杀死当铺妇人，并杀死那妇人的姊妹。他本意是想杀了两个人后，他便可以打破伦理的习惯，战胜道德的权威，从此变成一个拿破仑，变成一个超人。东方文库《近代戏剧家论》六十七页，《春朝的梦》的姊妹篇，唤做《秋宵的梦》[Il Sogan's d'un Tramonto d'autunno]，也是一篇讲快乐问题的剧本，这篇剧本里说威匿思[Venice]的贵妇 Grandeniga 恋爱一个少年，因而毒杀自己的丈夫，她满心满意以为被恋爱的少年可以到手了，她这恋爱当然是求满足肉体上的快乐，和她从前办过的许多恋爱事情一样。哪知这少年偏不爱她，另和一个女郎，所谓威匿思之花 Pantea 相爱。Grandeniga 怨恨极了，想置 Pantea 于死地。她乘那个少年和 Pantea 同坐着画舫游行的时候，施展魔术，放妖火把画舫烧着，欲借此烧死情敌 Pantea。不意她这计划太周到了，烧死的不止是那可恨的 Pantea，兼亦带死了可爱的美少年。她既施了魔术，放了火，可没有本事收回来，只好立在画楼上，白看着她的爱人活活烧死，和她的情敌在一处烧死，拥抱着被烧杀。Grandeniga 的快乐终于失却了，Pantea 和她情人的恋爱，终于得个结果，而且是个极美满的结果。Pantea 是死了，但到底被她得到快乐；Grandeniga 虽是活着，快乐却失却了。快乐问题便是人生终极的问题，这是《秋宵的梦》内的中心思想，和《春朝的梦》相同的。东方文库《近代戏剧家论》七

十七页，《牧羊少年的父亲》——凶恶的拉柴鹿——早已寻到。拉柴鹿本是前夜窘逐米拉[Mila]诸醉人中之一，现在见了米拉，就又故态复萌起来。米拉为保护自身，和他力斗，牧羊少年在洞内听得，赶出来帮助米拉。他此时手内正握着一把斧头——是为米拉雕刻一个像用的——举斧把拉柴鹿——自己的父亲——杀死了。东方文库《近代俄国文学家论》五十四页，沙宁[Sanin]看得世人如毫无一物，他的妹子的行为也毫不足怪，不过未尝结婚，就有了性交罢了，有什么稀奇？所以他劝她不必因此而失去她的傲气，不如趁孩子没有生下来，赶紧找一个和她相爱的朋友结了婚就完了。后来她嫁了一个丈夫，其实他不但是不以他妹子的私生子为可耻，并且不以那个官员为可恨，不但如此，他自己看了他妹子秀色可餐，还要想和她起性交哩。因为他的主义是满足肉体的要求，名分、礼俗一概不知道，也是一概否认的。[沙宁系 Michael Artzbashew 所著小说一九〇七年出版])此类荒谬绝伦之文字，多引之徒污吾笔，吾不知介绍、提倡之者，是何居心。彼曹于中国诲淫诲盗之小说，则斥之为腐败文学，斥之诚是也。然何以于西方腐败之文字，则颂扬之，称之为伟大之著作？西方腐败之文人，则奉之若神明，称之为大艺术家，质之彼曹，恐亦无以自解也。

浪漫派重视感情之冲动，蔑弃内心之制裁，其生活之杂乱无章，毫无归宿，盖可知矣。乃复自欺欺人，曰人生目的，在于求美，因之有唯美主义焉，唯美艺术家焉。究其所谓美者，非古希腊人所崇之中和之美，乃一时感情之幻像而已。夫美之大者为善，美而不善，则虽美，勿取。饮鸩固可以止渴，然而人终不饮者，以饮之之时。虽暂觉甘美，而遗害则无穷也。彼浪漫之徒，以善之不可以一蹴几也，乃遁而入于美，蔑弃理性，妄骋臆见，举古今来公认为不善者，一一纳之于彼之艺术之中，语人曰，此至美也，此至伟大之作品也，他人不得而非之焉。如非之，则斥为顽固，斥为腐朽矣。故其所谓艺术家者，每自命超人，视礼教、道德如粪土，如(东方文库《近代戏剧家论》七十一页，邓南遮大胆回答道，艺术家在他分内事[艺术]的范围内他简直是个超人，无论什么法律什么习惯，不能拘束他，他为创造一件完成的十二分美满的艺术品起见，他得任意应用何种手段，以期达到这个目的。)此种波希米派(Bohemians)，我国猖狂玩世之名士，如阮籍、刘伶辈，差足以当之。然阮、刘辈虽自暴弃，犹未至侵轶他人。非若邓南遮等，暴戾恣肆，自命超人，自命为人类之导师，为可厌也。今吾国新派之艺术家，取法乎下，更不足观。言辞鄙倍，思想粗俗，无人格之修养，无学识之准备，徒知模仿西方堕落派之所为，以相夸耀。噫！艺术家遍中国，我国真正之艺术，益不堪问矣。

浪漫派纵情恣欲，任意妄为，其结果乃无往而不与人冲突。惟其意气用事，故不能自反，明于责人，昧于责己。鸡鸣而起，孳孳从事者，乃在打倒万恶之家庭，万恶之社会，万恶之制度，万恶之礼教。凡不如其意者，无不谥之以万恶之名，置之于打倒之列。海尔岑（Herzen）所作《谁的罪恶》小说，其事实为克利契弗尔斯基之妻留宾伽，与克氏之友倍利脱夫发生暧昧。克氏抑欲纵酒以死，作者于此问“这是谁的罪恶呀”，不责留宾伽与倍利脱夫之不能避嫌，不能出乎情止乎礼义；不责克氏治家之不严，知人之不明，而“把这罪恶的大部分归于那使个性服从过去的陈腐的社会的约束的社会制度”。且曰：“这是很明了的。”（见《东方文库近代文学与社会改造》二十七页。）抑何谬也！

一言以蔽之，世间无不是之我，对于自己，不肯负道德之责任，处处思嫁罪于人，乃浪漫派之态度也。此与君子躬自厚而薄责于人之道，大相背驰。故，日言革命而不言革心，日言改造社会而不言改造自己，遇有荡检逾闲，为众所弃，咎由自取之徒，则交口称誉之，悯惜之，曰，此万恶社会底下之弱者，万恶制度底下之被牺牲者也，颠倒是非，淆乱黑白，莫此为甚矣。

浪漫派与世不谐，计无所出，乃竭力描写社会上种种卑鄙龌龊、污秽恶浊之事，以取快一时。此写实派文学之所由来也，下列两节述其特点。（东方文库《写实主义与浪漫主义》十一页，写实文学不单是平凡的倾向，而且他所最擅长的是描写丑恶的地方，他能把生活上一切污秽恶浊可憎可怕的现象放胆写出来，没什么忌讳，这也是从来文学上所没有的。又写实派作家把人类看作和兽类一样，所以描写人类的兽性，绝不顾忌。从前文人把男女爱情看做何等神圣，何等庄严的东西，但写实派作家看来爱情不过是从人类祖先——猴子——遗传下来的性欲本能，是人类万恶的源泉，并不是神圣的东西。他相信这种兽欲是人类的本性，可以不必忌讳的，所以大着胆子细细的描写，无论怎样猥亵，怎样丑劣，他都不管。）

世人每以写实派与浪漫派相对，实则写实派即变相之浪漫派而已，两派外表虽异，然其不衷事理，好趋极端之心理则同。浪漫派因否认自制之道德，不能自乐其生，与世龃龉，遂厌弃一切，遁入虚玄，默想一切黄金时代。如卢梭辈之思返于自然，为太古浑浑噩噩之民是也，其为幻诞，不言可知。写实派佛罗贝尔（Flaubert）、曹拉（Zola）、莫泊三（Maupassant）诸人起，矫枉过正，以为道在矢溺，事之愈龌龊者，则愈真实，自诩其客观之态度，科学之方法，于社会之种种黑暗，恣意刻画，穷形尽相，织屑靡遗，令人读之，几疑此世即地狱，世人皆夜叉者，不知世间有黑暗亦有光明，有小人亦有君子，彼写实派，见其一而未见其二，以偏概全，污蔑真相。采取客观态度、科学方法者，果如是乎？以此而言实，实其所实，非吾所谓实也。

且写实派“把人看作和兽类一样”，尤属荒谬。人之所以异于禽兽者几希，人禽之判在此几希，非谓人即禽兽也。饮食男女，人之大欲存焉，又曰，食色性也，圣人知其然也。故为之制礼作乐，以节其欲，一切典章文物，不外节民之欲，导之入于正耳。孔孟之道，中正和平，但主节欲，不主禁欲，更不主纵欲，教人，但为圣贤，圣贤即最好之人而已，不为禽兽，亦不为仙佛。非不欲为仙佛也，盖有待乎先为好人也。此种以人为本之主义，与古希腊人之态度颇相似，平易近情，颠扑不破。彼浪漫派与浪漫派变相之写实派，时而视人为超人，事时而视人为禽兽，何其愚且妄也。且彼之所谓超人，纵情任性，肆无忌惮，不能为人，安能为超人？则其超人者，亦禽兽而已矣。

浪漫派变相之写实派，绝軡而驰，自堕泥犁，于是又有所谓新浪漫派代之而起，一反其所为，尚神秘，重象征，虚无缥缈，不可捉摸。（东方文库《写实主义与浪漫主义》二十九页，近代人的心里，尤其有一种说不出的幽忧哀怨，要传达出这种隐征的消息，势不能不用神秘象征的笔法，先把读者拉到空灵缥缈的境界，使他们在沉醉战栗的片刻之内，得到极深切之感应，而且把所有习惯、权威、理想、信仰一切破坏，进于虚无之境。喧嚣的议论，切实的行为，早已没有最后归著的地方，就是梅德林克[Materlinck]所谓“沉默”，只剩下一种幽忧哀怨的情调罢了。）

其次所谓沉默，非真能宁静致远，如高僧之入定，明心见性，大彻大悟也，不过神思恍惚，幻影憧憧，感情刺激过甚后，一刹那之疲乏状态而已。彼新浪漫派作者，感情紧张，思想混乱，对于人生，不能为精深绵密之探讨，徒托辞神秘，故意作怪。一极平常之理想，一极粗浅之事实，彼则闪烁其词，吞吞吐吐，玄之又玄，令人如读谜语，莫名所以。昔苏轼斥扬雄，以艰深文其浅陋，今浪漫派以神秘文其浅陋，其技只此，亦何足贵？国人思想，素患笼统，重以好奇矜异之心理，故于西方神秘作者梅德林克及印度神秘色彩甚重之泰戈尔，非常称道，青年受其影响，思想糊涂，发为诗歌小说，似通非通，似可解，实不可解。他人诘之，则曰此神秘主义之文学也，非尔所知也。此亦提倡浪漫文学者之过也

浪漫派触景而动，神志涣散，喜怒哀乐，发而皆不中节。刺激愈增，生趣愈减，蹋天踏地，潦倒兴嗟，于是“生活的无意义”、“生活的干枯”、“生活的烦恼”遂为浪漫文人之口头禅。我国自新文学兴，此风弥漫于学生界，歌德(Goethe)《少年维特

之烦恼》(*Die Laiden des jungen Werthers*)译本，风行一时，青年中愈聪明有为者，受害愈大。夫《少年维特之烦恼》一书，为歌德浪漫少年浪漫时代之著作，其后歌氏亦深悟前非，改弦易辙，故其晚年文字，颇多见道之言，读之令人兴感。然而吾国人于彼著作，首先翻译，津津乐道者，乃为《少年维特之烦恼》一书。若唯恐吾国少年之有生气，必使之颓唐萎靡，日颠倒于失恋问题，趋于自杀之途，以为快者，是诚何心哉！

烦恼日增，怨愤郁积，最易致病。刚愎自用者，则成狂疾；意志薄弱者，则成肺疾；浪漫作者，思想情感，多带病态，言为心声，故其发于外者，亦带病态。谓浪漫文学为病院文学，非过语也。(东方文库《近代俄国文学家论》三十一页，安得列夫[Leonid Andreyev]著作中的一个英雄这样说："我只见奴隶，我见有囚笼，他们住了生活的床，他们在此生而又死的，我见他们的恨和爱，他们的罪和德，也见过他们的快乐，他们想复活古代熙熙之乐的可怜的企图。但无论怎样，我总见带着愚笨和痴狂的标帜。[中略]他们在这美丽大地的花中，建一所疯人院啊。"又人类所认以为真实的一切东西，在安得列夫细细辨过滋味后，看来只得到一个结论，便是"处处是疯狂和恐怖"。)

狂人每不自知其为狂，而斥他人之为狂，若安得列夫者是也。狂人神经错乱，语无伦次，如(东方文库《近代俄国文学家论》四十三页，"我诅骂一切你所设施的，我诅骂我生的日子，我也诅骂我死的日子，我诅骂生活的全部，没知觉的命运，我把一切掷还你，掷到你的残酷的脸面。我诅骂你，我永远诅骂你"。)至杀人放火，荒谬绝伦之事，浪漫作者，每尽力描写。彼曹本多狂人，死于狂疾，故其所谓文学者，皆自道其狂人之心理者也。

肺疾作者之文学，则触目皆是苦语，入耳尽作哀音。画中人大都面色苍白，奄奄一息，伏枕悲鸣，泣不成声，一若肺病已至第三期者。读之令人短气，抑郁不欢，失望悲观，达于极点。观近人所作《落叶》等小说，每有斯感。工愁善病，才子佳人派之小说，不图复于新文学中遇之。浪漫文学，不失之叫嚣，即失之颓唐。要皆精神不健全，病态之文学也。

由斯以观，浪漫文人否认自制之生活，逞情欲，驱极端，舍康庄大道而弗由，狼奔豕突，中风狂走于羊肠狭径、断河绝港之间，至死不悟，亦足悲矣。壮生有言，兽死不择音，气息茀然，于是并生心厉。浪漫之徒，毋乃类是。厉气最盛者，前有法人，近有俄人。乐记曰："流僻邪散，狄成涤滥之音作，而民淫乱。"又曰："乱世之音，怨以怒，言为心声。文学之道，亦犹是耳。今骛新之士，竭力介绍流僻邪散与怨怒之文学，奉为圭臬，视为正宗，是唯恐民德之不偷，国之不乱，族之不亡也。"曰："然则如何而可也。"孔子曰："诗三百篇，一言以蔽之，思无邪。"又曰："温柔敦厚，诗教也。"又曰："关雎乐而不淫，哀而不伤，必有中和之生活，然后有中和之文学。举凡中西至高之文学，必与此义吻合者也。此人生之正则也，此文学之正则也。有志于创作真正之文学者，舍此将奚由哉？

本文原载《学衡》第55期，1926年7月。

整理者：许欣媛

校对者：齐以恒

芬诺罗萨论中国文字之优点

张荫麟　译

芬诺罗萨（Ernest Francisco Fenollosa，1853－1908）美国人，生于咸丰三年，卒于光绪三十四年。侨居日本，讲学终身，著有《中日艺术史》（*Epochs of Chinese and Japanese Art*，1901）及《日本戏剧研究》（*Noh，or Accomplishment：a Study of the Classical stage of Japan*）等书。兹所译者，为其遗作，原名《论用中国文字作诗之工具》（*The Chinese Written Character as a medium for Poety*），刊载于朋氏（Ezra Poand）《鼓吹》（*Instigation*）一书中，近柴思义氏（Lewis Chase）所编英文散文选中亦录之。译者识。斯二十世纪，不独为世界史翻一新页，抑且开一怵心烁目之新章。未来之异象，隐然展现于吾人之前。以言文明，则有半乳育于欧洲，而囊括一世之文明；对于种族国家，则有前此所未尝梦见之责任。

即仅就中国问题而论，其重大已不容他国之忽视。吾侪居美洲者，尤当跨太平洋而面之。匪惟面之，抑将谙悉之。苟不谙悉之，彼将操持我。谙悉之之道无他焉，存不挠之同情，奋不懈之努力，求了解其最精良，最可属望而最关切于人类之原素而已矣。

最不幸者，东方文化中稍深奥之问题，久已遭吾侪英美人之忽略或误解。吾侪误以中国人为崇拜物质之人民，为退步而衰微之种族。吾侪小视日本为抄袭之国家。吾侪懵然臆断，谓中国历史中，无社会进化之现象可睹，无精神道德剧变之时代可稽。吾侪直不认此诸民族有其主要之“人德”（humanity），更轻蔑其一切理想，视之举无异于滑稽歌剧中之诙谐曲然。

夫吾侪今日所负之责任，不在摧彼等之城垒，不在辟彼等之市场，而在研究其特贝之“人德”。其高尚之愿望，而予以深厚之同情。彼诸民族，其教化之准式极高，其经验之储于载籍者，倍于吾侪。若中国人者，于人生至理之缔构中，实理想家而兼实验家也。其历史所展示，乃一鹄的极高而成就极伟之境界，方之古代地中海诸民族之历史无逊色焉。彼其最善之理想，彼其理想之蕴结于艺术、于文学、于其生活之惨剧中者，吾侪正需以为补偏救弊之资也。

东方绘画之活力与实际价值，足以为领略东方精神之秘钥。吾侪既见明证矣。若夫其文学，若夫为其文学之根核之诗歌，诚能一加探讨，纵全豹未窥，亦盛业也。

前此研究中国诗者，若德卫士（Davis）、若李格（Legge）、若圣但尼（St. Denys）、若翟理斯（Giles），皆炳耀之学者。于其淹博之学问，吾无能赞一辞。今不自揆量，追随其后，或当向读者告罪。吾之草此文，并非以语言学专家或中国学专家之资格也。盖吾于东方文化中之美境颇热心探求，与东方人士密交亦多历年所，故于其生活所不可离之诗歌，不能吾所领略云尔。

吾之犯险为此，泰半动于私衷之感慨。盖近有一不幸之信仰，遍播于英美，谓中国日本之诗歌，仅以为玩乐之具，琐屑幼稚，而不足以厕于世界作者之林。吾尝闻著名中国学专家之言矣。曰：此等诗只可视为语言学之研究资料，不尔，则穧获之报不偿耕耨之劳。

然吾之感想与此结论乃如冰炭之不相容。吾慷慨之热情，使吾不得不举其新发现之愉快，与其他西方人共之。吾其怡然自骗欤？而不然者，则前此表述中国诗之方法，众所奉为圭臬者，必缺乏审美之同情，必缺乏诗之灵感，二者必有一焉。请将吾所以愉快之故，就正于读者。

今夫以英文表述非英文之诗歌，其为成为败，什七视乎表述者之工英文诗与否。彼老耄之学者，当其少壮，已穷年矻矻于中国文学之记论，而责其兼为诗人，未免所望过奢。即就希腊诗言，使译述之者而以庸凡鄙倍之格调自封，则希腊诗之不幸，亦无异于中国诗耳。治中国学者须念之，译诗之目的，在无失其为诗，不在墨守字典中之注释也。

吾此文或有一微绩焉。以其代表日本人研究中国文化之一派学说，而其说前此未尝有述者也。往者欧人每依籍当代中国人之学问为研究阶梯，然在数百年前中国人已丧其富于创造力之故我，已忘其对于人生意指之悟解，惟其本来之精神独流入日本，葳蕤不改，以生以长，以阐发而不绝焉。举其大体言之，今日日本之文化实与中国宋代之文化为近。吾在日本，幸得受业于森槐南（Kainan Mori）教授。先生盖当代中国诗学之最大宗师，近方掌教席于东京帝国大学。

本文论诗，非论语言文字，然诗之根苗，实丽于语言文字。凡研究一种语言，若中国语，其形式上不类于吾西方语言如此其甚者，则须究乎诗学上普遍之形式之美，从何而得之也。

今夫韵文之著于视而可识之演形文字者，何以能成其诗乎？骤观之，诗犹音乐然，乃时间之艺术。由音声之继响，而生节调之雍谐，则诗似难托体于泰半象形动目之文字。如以葛雷（Thomas Gray［1716–1771］，英国诗人）“The curfew tolls knell of parting day（斜晖谢世去，暮钟奏丧乐）”之句，与中国诗“月晴如耀雪”之句相比较，苟置后者之音声勿论，则二者同具之点为何耶？若谓二者同含有若干散文的意义，此犹未足也。盖所待决之问题，即就形式而论，此中国诗句，曷能包涵所以别诗于散文之原素乎？

试再审观，则知此诸中国字，虽视而可识，而其排列之必依一定次序，亦犹葛雷氏所用之声音符号也。凡诗之形式所必不可缺者，全在一有规则而能变化之秩序。其秩序之可供随意范塑，亦犹思想之本身，而中国诗中固具有此秩序者也。

有一事焉，吾人或不常熟思及之，思想之络绎相继，非因主观之运施，偶然如是，亦非因主观之运施自有遗憾，使不得不如是也，实因自然界之运施本为络绎相继也。力之由发力体而迁移于受力体也。自然现象之所由构成也，其迁移也占时间焉。是故若重现之想象界中，亦必需同样之秩序。设吾探首牖外，注视一人，此人猝然回首，凝瞩一物，吾再审视，而知其目光所集者为一马。若是，则吾之所见，第一为此人在未动之前，第二为此人在方动之顷，第三为其动作所抵之物。此动作及此动作之影像，本在一刹那间聊续无闲，而吾人宣之于言，则裂之为三部或三节，而依其原序排列，故曰 man sees horse（人见马）。此三节、或三字，不过为三个音符，代表自然历程之三项目而已。然此思想之三段落，又可用他种符号指示之。此符号，其随意假设与前同，惟不以声音为基础，如中国文“人见马”三字是也。苟吾人皆知此三个记号中，若者代表此幅心影之某部分，则吾人直可用图达意，其简易当不减于口语。吾人日常作手势示意，即师此法也。然中国文字固不仅随意假设之符号而已也，盖基于自然界运施之速记图而栩栩欲活之图也。在代数之公式及口头之言辞中，记号与实物间，无自然之关络也，纯依习惯而已。惟中国造书之法，实随自然之暗示，试即上文所举三字观之。（一）人字，象此人张二腿而立；（二）见字，象此人眼在空间移动，示眼下有腿奔走之形。此眼、此奔走之腿，固为变真之图画，然亦足使人一见不能忘；（三）马字，则此马挺四蹄立。此等记号，不独能唤起思想之影像，与音符字有同等之效力，且其唤起之影像，实更实在，更生动。之三字也，皆有腿者也，皆栩栩欲活者也。吾尝谓此等字之集合实带有影戏性质，岂妄言哉？夫绘画及照相，虽具体而明，而其所以失真者，以丧失自然之连续也。今如以僧人遇蛇像 the Laocoon（见本志第八期插画及说明）与左录白朗宁 R. Browning 之诗比较：

I Sprang to the Saddle, and Jorris, and he.（跃上兮马鞍，众侣兮来同）

And into the midnight we galloped abreast.（深夜兮黯黯，并驾兮驰卫）

优劣显分。乃知诗之为艺术，所以独优者，盖在其能摹拟时间之实在，雕刻则不能。至若能摹拟时间之实在，而兼得具体之影像者，惟中国诗而已。彼中国诗，既具画图之栩栩，复有音声之琅琅。幸较言之，实视前举二者，更为客观，更为活跃。吾侪读中国文，恍如目击事物之实现，而非将若干心中之号码左搬右弄也。

兹姑暂置语句之形式不论，而一观中国单字之构造，细察其栩栩欲活之性质。中国字之原始形式盖为图象。虽因日后习惯，改易殊体，然其在人想像中之势力，未尝少有动摇也。恒人或不知大多数意标字根（indeographic roots）实带有动作之意象，以为凡属图画，自当为实物之图画，故中国文字之根蒂，必皆为文法家所称为名辞者。然试详加考察，则大多数原始中国字，甚至所谓古文字者，每为动作或动作历程之速记图画，例如“言”字，为口外二辞，火焰上举。例如“萎”字，为草下有曲挠之根是也。若举简单之图象，拼合以成新字，则此栩栩活现之性质更显著而更有诗意。盖经此拼合二物相纫所产生者，非另一实物，而实暗示此二物之根本关系，例如人旁火为“伙”是也。夫孤立无连之物，即所谓真正之名词者，自然界所无也。万物皆为动作之终点，抑实为动作之交点？譬犹动作所切之横断面焉，譬犹快镜所摄取之照片焉。又所谓纯粹动词，所谓抽象连动，概不能存在于自然界。吾人目之所见，名词与动词为一，物之方动也，动之在物也，二者不须臾离也。而中国文字所以代表物与动之道，其趋向正如是也。试举其例，日在草本萌茁之下为“春”，日在木之枝间为“东”，力田为“男”，舟附水为“浟”（浟水，微波也），皆是也。

今试复论语句之形式，而细究积单字而为句，果加增何等势力。夫句语之形式，奚为而有之耶？奚为在各国语言中，皆不可缺此耶？其模范之榜样为何耶？果如是其普遍，其必有合于自然界之主要规律矣。此诸问题，吾尝疑不知世有几人曾以自难也。彼专门文法家所予之答案，以吾观之，盖实不完全。彼辈之界说，不出二种：（一）者，凡语句表达一完全思想；（二）者，凡语句为主词及宾词之结合，试分究之。

（1）第一界说，可以自然的客观标准验之，盖思想不能为其自身完全与否之证验，理至彰也。然自然界固无可为完全者也。由一方面观之，实际上所谓完全，仅可用一感叹辞表达之，如云“噫，彼处”或“耗矣”是，更或可用挥拳努目表达之者。若此之类，固无须用一全句而意义始明也。由他方面观之，完全之语句，亦未有能尽表达一思想者也。今夫注视之人与被视之马，非僵立不动者也。彼人注视之前，计欲跃身上马焉。彼人跨鞍握辔时，马复伸蹄跅蹴焉。自其实而言之，一切动作，乃相继随且相连续，或互为因果，或互相推移。吾人无论能联若干节，读为一复合句，而动作之隙漏见遗者所在皆是，犹破坏之电线之漏电也。自然界一切历程皆交相系络，是故依此界说而论，世间无所谓完全之语句，有之则必极长，尽无穷之时间而后乃能说毕者耳。

（2）其第二界说，即谓语句乃主词与宾词之结合者。持此论之文法家，纯恃主观，谓主辞宾辞之结合，乃吾侪自为之，是不啻吾人之左右手间之私自搬弄、互相传递而已。主辞者，吾人所语及者也。宾辞者，吾人所言其与主词之关系者也。依此界说，则语句非以写状自然，直因吾人为能言之动物，故偶尔产生耳。如其然，则语句之确实与否，无从考验矣，则真伪无别矣，则言辞无以示信矣。夫彼文法家之为此说，殆受中世谬妄无用之逻辑之毒。依此种逻辑，思想之对象，为抽象之型范，为概念。概念何自生？则如筛米然，从实物抽出也，而彼辈逻辑家从不一问。彼其所实物中抽出之物德（qualties）果如何产生也，彼辈心中之棋局搬弄（指思想），其有契于事实与否，全视乎此等物德或势力（powers）或特性（propertis）之比附于实物，是否遵依自然之秩序。然而彼辈乃轻蔑实物，视为特殊之细节，视为棋局中无足重轻之小卒，一若研究植物学者，当以桌布上所织所绣之树叶模样，为推理之根据者焉。夫力之在物也，犹脉之在身，其动也至赜。所谓真实之科学思想，必力求密合于此搏之实相，毋稍违失。思想非以血脉毫无之概念为对象也，惟秉其显微镜，而观物之跳动于其下耳。

初民始其语言，其造句之形式，实自然迫之使不得不然也。句非人所造，盖句之构成乃依从实际因果之时间先后之次序者也。一切真象必以语句表达之者，以一切真象皆为力之传授也。句之式样之出于自然者，可以闪电例之。电之所过，乃在二界之间，曰云曰地。一切自然现象无有更简于是者。一切自然现象其动作之个体，皆恰恰如是。光也，热也，地心摄力也，化学物之化合也，人之意志之表现也。有所同者一焉，皆力之重行分布是也，其动作之个体，可表之如下：

所从来者　　力之传授　　所至止者

倘以力之传授为一施力体之有意义或无意义的动作，则前式可改易如下：

施力体　　动作　　受力体

由此观之，动作者，乃所指示之事之主要之实质也。彼施力体与受力体，不过为其两端之界阈而已。

以吾观之，在英文及中国文中，句之普通形式，适能表达此自然动作之个体。句之组成，有不可少者三字。其一示施力体，或曰主辞，力所从发轫也。其二状动作之迸发。其三指受力体。故如“农夫舂米”（Farmer pounds rice）一句（英文句中不关重要之附属字兹略去）乃表示动作，农夫之力，传授至米，所谓舂之事也。而此句之构造，即可证明中国文及英文之句法，实与自然动作之通则定式符合，最为入情近理，且足使语言文字与实物接近。又以其句法侧重动词之故，足使一切言辞灵活生动，成为戏剧之诗也。

凡有字尾变化之文字，若拉丁文、德文、日文，其句中之次序，恒异乎上所云，所以者何？即以其字尾有变化也。盖在此等文字之句中，若者为施力体，若者为受力体，均可用字尾之变化指示之也。而在无字尾变化之文字，若英文与中国文，舍字之次序外，更无足以区别施受之位。而此苟非顺从自然之次序，苟非因果相随之次序，则亦不足为区别之表征，迫而出此，合乎规律，实中国文与英文之大幸也。

文字中固有所谓自动（transitive）及被动（passive）之句，有用动词“是”Verb“to be”构成之句，更有否定之句。自文法家及伦理学家观之，此等句式似先他动句式而生，否则亦当为他动句式之例外。吾久疑此等表似例外之句式，实从他动句蜕变而成，今得中国文中之例证而益信。在中国文中，此种变化之迹，犹可见也。

自动式之生，盖由他动句而脱去其宾词也。宾词奚为而脱去也，其词极普遍，不言而喻，则可省，如云“吾行”以代“吾行路”是也。其因习惯之关系不言而喻，则可省，如云“吾呼吸”以代“吾呼吸空气”是也。其词属于本身，不言而喻，则可省。如云“天红”以代“天自红”是也。由是吾侪乃得残弱不完之句，犹画图之丹青未毕者然。吾侪遂以为有若干动词乃以指示状态（State）而非指示动作，不知即“状态”一名，除用于文法而外，实不能认为“科学的”。当吾人言“此墙辉耀”之时，谁能疑吾人之意，非谓此墙将日光反射入于吾目乎？

中文动词之所以特具优点者，以其皆可随人意而为自动或他动也。自然的自动词者，世无是物也。至于被动之句，其为表示二物相关之句，至昭昭也。不过颠倒其序，使宾词成为主词耳。此宾词之自身，实非不动，其于动作，实贡献若干实际的自力焉，绳以科学之定律，证以日常之经验，而有契协也。英文被动句式之用“is”字为助，似足为此说之障。然窃疑其字本为一普遍之他动词，义如“收受”，其后乃退化而成助动词，而在中国文字中，其情形正复尔尔（例如中文甲杀乙，则曰“乙被杀”或“乙为甲所杀”，兹云被及为所，皆有收受之义），是可喜也，自然界中，无否定之现象也，无负力（negative force）传授之可能也。语言中之有否定句，似足助逻辑家“断言（assertion）为主观任意之举”之说张目。自然界不能有否定之现象，而吾人则能有否定之断言。虽然，至是科学又来助吾人以斥逻辑家之误谬焉。一切表似“负的”或破坏的行动，皆有“正的”势力与之偕，毁灭固非有巨力不为功也。是故吾人有当致疑者。苟溯一切否定语助词之历史，或当发现此等语助词亦源出于他动词。在阿利安（Aryan）文字（即印度欧罗巴语系）中，此种源流已无可考，其踪迹已灭矣。惟在中国文字中，肯定概念之变为否定词尚可考见。中文表示不存在之状态之一字，即训“迷失于林间”之“无”（𣞤）字也。英文表示否定之“not”字等于梵文之 na 字，此 not 字似由 na 之字根而来，na 训失训灭。

复次，英文用一普遍之联结字 is，下缀状词或名词，以替代特定之动词，故不云 The tree greens itself（树自绿），而云 The tree is green（树是绿）；不云 Monkey bring forth live young（猴产小猴），而云 The monkey is a mammel（猴乃一哺乳类动物）。此乃文字上最大之缺点，由于举一切动词而归纳齐一之，所以致此。如 live（生存）、see（视）、walk（行）、breathe（呼吸）等字，脱去其宾词，则变为指示状态之字。此等指示状态之字，再从而抽象归纳，直臻其极，则成为 to be 而仅示事物之存在而已。

论其实，世无纯粹之“联结字”也。此种观念，原始所无也。即如 exist（存在）一字，本训“前立”，以一特定之动作自显也。is 字原于阿利安字根 as，义为呼吸，be 字原于 bhu，义为生长。

其在中文，可与 is 对译之主要字，即含有动意之“有”字，此字本训“伸手攫月”。即此散文中最朴素之记号，亦受魔力之潜连，而赋有极灿烂极具体之诗意矣。

凡上所言，苟足以明中文句式之富于诗意，苟足以明中文句式之吻合自然，则吾冗长之分析为不虚矣。凡译中国文必须竭力追摹原文之具体的势力，必不可用状词名动及自动词，而当以强有力之他动词代之。

由前所论观之，可知中英文句式之相近，是故彼此转译特易为功。盖中英文之特性，多相类同，以英文译中文时，但将英文中附属字(pacticles)省去，而依原文逐字对照，不加增窜，即可。如是译成之英文，不独清显可诵，且或为极强有力、极富诗意之英文焉。

今舍中文句式而返论单字。中文之单字如何分类耶？亦可自然区分为名词、动词、状词耶？其中亦有如西方语言中之代名词、前置词、接续词等等者耶？窃举阿利安语言分析之。而深信此等字类之区别，实非出于自然者也。盖不幸而文法家妄造之耳。既有此等区别，人生简单而富诗意之情态，遂为之棼矣。世界各国各族其最足动人、最有生气之文学作品皆成于文法发明之前者也。试一研究阿利安文字学，则知其字源之类于梵文之简单动词者，比比然也。自然界之本身，无所谓文法也。迷妄之人，逞其幻想，强行造作，而谓人曰"人"之一字，乃名词，乃死物，而非官能之积合。"字类"（parts of Speech)者，妄人所假立，然所立之区别往往失效，而各类之字，恒互相借用焉。其所以互相借用者，正以其原属同类也。

恒人鲜或知之。在英文中，字类区别之孳乳，犹枝丫之旁出，愈分愈细，今犹未止也。惟当奇词绕笔，措置维艰，或异文互译，相差甚巨时，然后心思之内热，乃能镕销字类之界限，而随意所欲，用字无疑焉。

在中国文字中，有一最饶兴趣之事实焉。不独其句式之孳乳，犹枝柯之桠分旁出，其字类亦然。字字活动未凝，范塑惟意，最与自然相契。盖物与事之间，非有鸿沟为隔也。中国文字原无所谓文法，盖至近世欧洲及日本人，始强以其文法界说，梏桎此生气横溢之文字耳。吾侪习中文时，乃将吾侪拘牵形式之弱点，应有尽有。输入中文中，此在诗歌，尤属不幸。即就吾国诗歌而论，字之伸缩性且当竭力保存之，庶不丧其自然之神髓也。

试就吾国文字举例申论，英文以 to Shine(意为放光明)为无定式(infinitive)之动词，因其仅示动词之抽象意义，未及其他情况也。吾人苟需与此字同义之状词，则别用一字曰 bright，苟需一名词，则用 lumninosity。此为抽象字，原从别一状词蜕变而来。苟需一具体之名词，则其词必与上所举动词状词之字根，毫无关系。其物之原有动力，竟被任意剥去，如 the sun(日)或 the moon(月)是也。而自然界无若是残毁之物也。是故此等名词之制造，直脱形抽象之为耳。苟吾人于动词 shine、状词 bright、名词 sun 之外，而更有一字焉为其基础，则此字当命名为"无定式中之无定式"（infinitive of the infiuitive)。依吾侪之观念，其为物也，当极端抽象而不可捉摸矣。

中文"明"字为日月二字合成，此字可用为动词、名词及状词。书"杯之明"

时，不啻谓“杯之日月”也。若明作动词用，则不啻谓“杯日月”也。或弱其意，谓其“类日”也。若书“明杯”，不啻谓“日月杯也”。虽同用一字，而其真义不因之而棼。彼译中文为英文之学者，译一极简单、极直截之思想，而踌躇数日，以定字类之选用者，真笨伯耳。

盖所有之中国字，几无一而非上文所称之基础字。然非抽象者也，非在各字类之外，别为一字类，乃同时包涵各字类。非名词、非动词、非状词，而同时兼为名词、亦动词、亦状词之物。其用也，全义时或略偏于彼，时或略偏于此，因观点而殊。然诗人随处皆有操纵之之自由，以使其义旨充实而具体，与自然无异也。动词之变化为名词也，阿利安文已先中国文而然。所有梵文字根为欧洲语言之基础者，几尽为古代之动词，表达自然界特殊动作，视而可见者。凡动词所示，必为自然界简单事实。盖吾人于自然界中所能认识者，惟动作与变迁而已。古初之他动句，例如“农夫舂米”，其施力体与受力体之称为名词者，因其为一动作个体之界阈而已。“农夫”与“米”仅为两终点，划定“舂”之两极端而已。若舍其在句中之效用，就两词之本身而论，则两词实皆动词也。农夫者，耕地者也。米者，植物之依某特殊规则而生长者也，此即中国字所指示者也。寻常名词之由于动词而来，此可为其例焉。中国文字以及一切文字中，其最初所谓名词皆有所施为者也，皆表示动作者也。是故 moon（月）字源于字根 ma，其义为“量度者”，sun（日）字本义为“能产育者”。

状词之从动词蜕变而来，几无需举证。即在今日，犹可见“动状词” particiciple 之变为状词。在日本文中，状词皆为动词变体（inflection）（谓将字尾加以变化而变其用也）之一种，为动词之一式（mood），故所有动词亦皆为状词也。此与自然为近。盖无论何地，所谓物德（quality）者，不过一种动作之势力，具有抽象之属性而已。绿者，达于某速度之震动也。坚者，达于某密度之黏附也。中国文中，状词恒带有动词之意义。翻译者务当存之，毋以无血脉之抽象形容词缀以 is，便算足事也。

中国文字之前置词（preposition）更饶兴趣，盖常非前置词，而为“后置词”也。在欧洲语言中，前置词之所以如此其重要，所以如枢纽之不可缺者。以吾侪已减杀自动词之势力也。既已减杀，则欲复原来之势力，非益以赘疣之字不可矣。吾人今独言 I see a horse（吾见一马），至于力弱之动词 look（望）字，则必须益以 at（于）然后能复其本来之他动性（transitiveness）耳。

不完全之动词，恒借前置词而完全之，前置词指控名词，而以名词为限阈者也，挟力而加诸名词之上者也。易辞言之，前置词即动词也，惟其为用也，或义本偏于一隅，而化为普遍，或义本宽广而约之使狭耳。在阿利安文字中，即简单之前置词，其从动词蜕化之源流，每难追溯。仅 off（离去）一字，犹可见其为 to throw off（掷弃）一词残余之部分耳。中国文中，前置词即动词，而扩大其本来之狭义者也。此等动词，其用也，常保持其动词之本义。苟亦步亦趋，不知变化，以无色彩之前置词译之，则译文羌无生气矣。

故在中国文中，其与 by(为)(为人所杀之为)等义者，有致令之意。其与 to(至)(由此至彼之至)等义者，有趋向之意。其与 in(在)等义者，有居留之意。其与 from(从)等义者，有随从之意，余称是。

接续词之来源，亦犹前置词然。接续词大都用于两动词间，以为动作之媒介，故其自身所指示者，自必为动作。故在中国文中，与 because(因)等义者，有用意。与 and(共)等义者，有包括于一之意。又另一字与 and 等义者，有平行之意。与 or(或)等义者，有干预之意，与 if(使)等义者，有容许之意(译者按，此处训释多不甚恰当，惟中文前置词多为动词，则显然可见)。其他类是者甚众，而在阿利安语言中，皆无可溯考者也。

代名词似足为“字类进化说”之障，以其为人物之代表而不可分析也。然在中国文中，即此亦可见会意之神妙焉。例如中文与 I(人之自称)同义者乃有五字，一曰我，手操戈为我，语势极强。二曰吾，五下口为吾，有以言退众之意，语势较弱。三曰私，有匿义，言私我也。四曰己，己字从口，下象茧形，有以自言为乐之意。五曰自，如自言自语之自是也(按此假说皆穿凿无稽，读者自明，姑为照译如此)。

以上剖析字类，似属无关本题，然实文中应有之义也。(一)者，吾侪所已遗忘之心智历程，上文为之阐辟。于以见中国文字，实有无涯之兴趣，而为语言哲学创一新章。(二)者，欲了悉中国文字所供给之诗的原料。上文所言，不可不察。夫诗之异乎文者，以诗之修辞尚具体耳。义蕴精微，足供哲学家之研索，未足以为诗也，必也。以直接之印象，挟神秘之魔力，动人情感于斯须，譬电烁而星流，智力仅能摸索而已。盖诗须能传其言中之妙，非仅传其心中之意思而已也。抽象之意义，羌无生容，惟想像全施，乃栩栩活跃耳。译中国诗，必须舍弃狭隘之文法规例，而运用具体之动词，以追摹原文之神韵也。

凡上所论，仅发端绪而已。其所晓示者，一言以蔽之曰：中国文字及句法大都为自然界动作及历程之速记图画，而栩栩活跃之图画也。此于真诗之构成，自为助不少，然此等速记图画所表示之动作，皆目所能睹者耳。至于目所不能睹者，苟无术焉以表达之，则中国文字尚为不完全之文字，而中国诗为极狭隘之艺术矣。盖最佳之诗不仅为自然之写照，而必兼涵高超之思想、精神之消息及微妙之关系。自然界诸多事理或隐秘微小，视而不见，或广大统合，漠漠无垠，他如振动也，黏附也，化合也，有非象所能示者也。而中国文字并该之，且其表达之也，极美丽而有势力焉。

或问曰：彼中国文，曷能以图像之字，构成智识之经纬欤？此自多数西方人观之，诚不可能。盖彼辈信逻辑范畴为思想之基础，而藐视直接想象之能力也。然中国文字虽其质料奇异，而其超出人目可见之境，而进于不可见之境，所经历程与古代各国各族所经历者如出一辙焉。此历程为何？隐喻(Metaphor)是已，以有形之影像，喻无形之关系是已。

语言之实质，盖由隐喻层累构成。从文字学上稽之，凡抽象之名，其古代字根，莫不示直接之动作。然原始之隐喻，不生于主观之随意假设也。隐喻之所以能成立者，以其合于自然界万物相关系之统系也。系关系之本身，比其所关系之物，更为实在，更为重要。今夫橡树桠间所成之角度，构成此角度之势力，乃潜藏于未萌之种子中矣。河流之派分也，民族之支衍也，皆由类此之抵抗力从其方向，与横冲四决之生气，相迎相拒，而成之焉。神经也，电线也，铁路也，支票兑换所也，凡兹交通之脉络，非独相似而已也，其构造直相同也。夫自然界固已举其秘钥授人，使宇宙而非为符应契合与同情所充斥，则思想当已僵瘪，而语言惟表示目所能见之实物矣，则吾人由微小而目可睹之真理，至广大而不能窥见之真理，其间何从渡过乎？吾人所用之字中，其直接指示自然现象者，不过数百。此等字根，在古初之梵文中，皆可寻出，皆为活跃之动词，几无例外。然欧洲文字与时渐增，其增也，依乎自然美之提示与万物之契合，隐喻之外，更生隐喻，层积数累，有如地质学上之地层焉。

隐喻宣示自然，乃诗之主要原素。幽深之事物借浅显者而解释之，于是神话寓言富，而宇宙有生气矣。观察所及之世界之美丽与自由作为模范，而艺术孕育于生活中矣。有号为美学思想家者，谓艺术与诗专以普遍抽象为资料者，是大惑者也。持此谬见者，盖为中世之逻辑所误。夫艺术与诗之对象，乃自然界之具体事物，而非逻辑学中诸多之“特称命题”，整列而排比者也，此皆未尝存在者也。诗之视散文为优美者，以其同属文字，而能示吾人以更具体之真理也。隐喻者，乃自然之实质，亦语言之实质也。诗者不过举邃古人民所无意为者，而有意为之耳。文学家对于语言之主要工作，厥在返乎古代之途辙，而领略其原始之意旨。必如是，乃能使其文字有含蓄不尽之意，如悠扬微妙之音焉。最初之隐喻，犹明晃之背景，予文字以色彩与活力，而使之更合于自然现象之具体性者也。凡此之例，在莎士比亚著作中，随处可见。由上述之理，诗为世界艺术中之最古者，诗歌、语言、神话三者同生同长焉。

吾所以断断申述如右者，以其能显明中国文字之性质也。中国文字，不独能摄取自然界之诗的实质，另造成一隐喻之世界，且以其象形之昭显，用能保持其原来富于创造力之诗素。其气魄之富栩栩欲活，远非一切音标文字所能及焉。吾侪试先察中国文中之隐喻，何其密迩于自然之心坎如是也。其由可见而进于不可见之境，正犹前段所述，其由动词而改为代名词者焉。中国文字尚存古初之精髓，非经剥削干枯，如行路者所持之手仗然。尝闻人云，中国人及日本人，性极冷酷，偏重机械，只知实利，又咬文嚼字，而毫无想像之天才，此讆言耳。

先民积隐喻而构成语言之体段及思想之统系。语言之所以薄弱僵冷于今日者，以吾人之思想不求深入耳。吾人为敏捷锐利之故，不得不举每字之意义而砻削之，不至其极狭而尖之锋端不止。于是自然界乃非天堂，而变为工厂矣。而吾人用字，亦安于沿袭今日流俗之错误。欲知近世文字衰败之遗迹，请一阅字典。惟学者与诗人，始殚力回溯文字变迁之蛛丝马迹，极其所能，抱残守缺，零星凑合，以成文辞耳。此近代语言之血亏症，而以声音符号持结力之薄弱，故此症乃深入膏肓。盖凡用音标之文字，其蜕变之迹自身无从表见，则以其文字中之隐喻无从窥察，不如象形文字之隐喻一望而知，故其曩时之真意义恒致遗忘，惟在中国文字则不容尔尔。

于此而中国文字之优点又见焉。中国每一字之源流，观此字即知之。虽隔数千载，而其隐喻进展之迹，犹显而易见，且或即存于其文字之意义中焉。是故中国字非若欧字之愈变而愈瘪，乃愈积而愈丰，与年并进。用能光芒璀璨，昭映眉宇。凡诸词字，一经其古昔之哲学家、历史家及诗人所用，顿益新义，词字譬诸一星，其新益之义，犹光轮之环于其外，而此新义常为人所记忆，而实行使用。彼中国人生活之神髓，一若棼然与其文字之根蒂相纠结，前型古范，充塞载籍，潮流奇变，纷纭奔赴。德性操行、纲维伦纪，凡此种种，莫不瞬息间电烁于吾心，使所读文字于其层累之意义外，更增生力，此非音标之文字所能梦见者也。彼意标文字（ideographs）之于诗人文士，譬犹血渍之战旗之于百战余生之老将焉。其在西方，此等足以表现民族特点之文字所积存之宝藏，惟诗人始知之，始能利用之耳。诗化之文字，有若繁音协奏，叠响震曳，有若铜山东崩而洛钟西应，众力辏聚，不期而自然。惟在中文，此诗化之美质，乃臻于极，所以然者，其隐喻昭然可睹也。

中世逻辑之淫威，吾前已言之矣。由逻辑之说，则思想者一砖场也。经煅炙而成无数小块，命之曰概念。此无数小块，积叠成行，按其大小为序，乃以字标记其上，留待将来之用。用之者，即拣择若干砖块，各取其习用标记之便于凑合，然后用肯定联结字 is 为白垩土，或用否定联结字 is not 为黑垩土，将诸砖块粘合成一段墙壁，命之曰句。如是为之，而“卷尾狒狒者，非宪法会议也”之妙语，于焉产生矣。

吾侪试就一列樱树而思之，于此诸树，逐一敲索，以抽出其若干通具之性，而以一名表达之，命曰樱或“樱德”。次乃别设一桌，列陈若干特殊之概念，若樱也、蔷薇也、日落也、铁绣也、红鸟也，由此诸概念更抽出一通具之性，或已稀薄，或及恒度，而标记之曰“红”或曰“红德”。此种抽索之步骤，无论施于何物，皆可行之无穷，理至显也。是故吾侪可继续垒叠稀薄之概念，以建筑无数锥体，直达顶点而后止。顶点为何？“存在”之一概念是已。

此抽索之步骤，上文已详喻无遗矣。菱锥体之底，众物在焉。然窒逼无生气矣。而此众物，苟未经上升下落于菱锥体诸层间，则亦不自知其为何物。在菱锥体中上升下落之道，可例示如下。今取一稀薄度较低之概念，譬曰“樱实”，而见其隶属于一稀薄度较高之概念下，譬曰“红德”。若是，则吾人可以句式宣示曰“樱德隶属于红德之下”，或约言之曰“樱实是红的”；反之，若所择主词不隶属于某一宾词下，则用一否定联结字缀之，如曰“樱实不是液体”是也。

由此可进而论三段论法之原理，然姑止此，此已足矣。由此可见彼自诩专精之逻辑家，其储贮于心中者，厥为一极长之名词、状词之清单，非是弗便。盖名词状词者，不问而知为类别之名也。大多数语言教本，恒以此类清单冠其编，而动词之研究，微微不足道矣。盖依此思想之统系，其真正有用之动词惟一而已。此一者，假动词 is 是也。一切动词皆可变为动状词（participles）或动名词（gerounds），例如 to run（走）可变为 running（走的）。逻辑家之运思不直接了当，谓“彼人走”（The man runs）乃矫揉造作，杜撰出主词之方程式二。若曰，此案中方之个体乃隶属于“人”之一类下，而此类“人”，更隶属于“走的物”类下。

此种方法之缺失与弱点，实显且著，即在其本范围内，其所不能思者，盖半其所欲思者焉。凡两概念，苟非同在一菱锥体之内而相隶属，则无从措之使并，以此统系而欲表达事物之变迁生长，绝不能矣。进化一概念之所以迟迟始见于欧洲者，此或其一故欤？苟非举此种顽固不化之分类逻辑而摧陷廓清之，则语言之进步无可期也。

其敝更有远甚于此者，此种逻辑，不能表明相互之影响及复杂之机能。依此逻辑，吾筋肉官能与神经系不相连属，豫吾筋肉官能之与月球上地震之无关也。就此种逻辑观之，彼不幸而置于棱锥体之底之众物，遭弃见忽者(即实在之个体)，不过若干琐屑项目或棋盘上无关重要之小卒耳。

科学之奋战，不达于物不止。一切科学之工作，皆从菱锥体之底做起，不从其顶点也。科学所已发明者，官能之在物中如何相团结也。科学之表达其结果也，以团集之句语。此诸句语，其赋体，非名词，非状词，而为具有特性之动词。思想之正确公式，可以一言代之曰，所谓樱树者，谓一切樱树之所为所事也。其所由构成，即一切与之有关之动词也。语其本原，此等动词皆属他动，其为数之多，几于无穷云。

在修辞上及文法格律上，科学与逻辑势不两立。先民所造之语言，实合于科学而不合于逻辑。先民误以语言付诸逻辑之手，竟为逻辑败坏之矣。诗者尤合乎科学而不合逻辑者也。

吾人甫用联结字，甫示主辞之隶属，则诗实立刻烟非云散矣。事物之交互影响，吾人之表达之也，愈具体愈活动，则其为诗也愈优。吾人于诗，实需万千栩栩欲活之字，以状出宇宙间发动致生之伟力焉。自然界之宝藏非可以账簿式之结算，或句语之积叠，而表现者也。诗人之思想，借暗示而传，区区一词，义蕴充塞，有如饱孕，有如满载，其光彩富于中而溢于外云。

其在中文几于每一字皆积贮此种暗示之能力。

是故研究中国诗，必须慎防逻辑家之陷阱，当知商业式字典中所注释之单字之意义，太过狭隘而偏于实利，又当知英文文法之短，毋拘牵于字类之界限，毋以苟且堆用名词状词而自足。每一名词中所含之动词之意义，必须注意及之，力为探索。联结字 is 之用，可免即免，而以英文中久遭弃之动词代之。凡此诸端，皆翻译中文诗所当循之公例，而今之译品，其不全行违反此诸例者鲜矣。

自然界之动作，恒相助长，他动句之繁演，即基于是。以动作之互相助长，故施力体与受力体实各为一动词，例如英文 Reading promotes writing(诵读又裨撰作)一语，若用中文表达之，则当用纯粹动词三，此三动词实等于扩大之三短语(Clause)，三者之中，有可引伸为状词式(adjective)，或动状词式(participial)，或无定式(infintive)，或复牒语(relative)，或假设语(conchditional)，变化纷纭，不可胜列。举其一例，如云 One who needs becomes One who writes(诵读者成为撰作者)，又一例云“if One needs it teaches him to write”(人苟诵读则所读教人如何撰作)，惟在中文，则“诵读有裨撰作”一语尽之矣。观此一语中，动词特占优势，其威力足以举其他不同类之词而泯灭之，欲求文笔之简洁优美，此其模范矣。

吾英美两国之修辞学家，曾亦思及之否耶？英文之雄厚多力，全赖其中他动词之丰富耳。（或来自昂格鲁撒克逊文或源出拉丁文。）自然界者，一势力之储藏所也。吾人所以能表现各势力之特性，各如其面目，而不致如印板文章者，他动词之功也。他动词之所以有如许威力者，以其承认自然界为一势力之储藏所也。在英文中，吾人之表示力之迁移也，不谓物之看来如此，不谓物之貌似如此，亦不谓物是否如此，而直谓物之所为如此。意志者，言语之基础也。动作之主宰者，吾人固攫得之矣。往者吾尝疑莎士比亚之文曷为高出寻常万万，进而察之，窃谓知其故焉。莎氏文中，用他动词至多。其用也，极自然，极斋丽，其用 is 之句极罕。is 一字，求合韵律，置于句末，未尝无小用，而莎氏独凛然屏弃之。世之欲锻炼其文笔者，盖一先研究莎氏所用之动词乎？

中国诗歌中，他动词极富，盖较之英文中莎士比亚所用者为广焉。所以然者，中国文能将若干图书之部分并为一字也。二物同功，譬日与月而合为一动词（明），此英文中所无也。英文中，前附及后附之字根（prefixes and aflixes）仅为指示及形容之用而已。其在中文，动词之区别，可析入毫芒。同一观念，每有无数别异之字以名之，如驾舟一事也，而“驾舟玩赏”与“驾舟服贾”，其所用动词全异焉。（译者按，前者宜用“泛舟”、“荡舟”等，后者宜用“航”、“驶”等。）如忧恼一意也，而因形相之殊，异词繁夥，其在英文译品中，常均译为一淡薄无色之字，其中固有非委曲宛转言之不能表达者。然彼操译笔者，曷得忽略原文弦外之音耶？夫字之意义，轻重之间，每有细微之分别，译者不当眈思傍讯，搜索枯肠，以求恰当之英文字以译之乎？

中文意标字，其图像之意义，今无从考者固亦不少。而中国小学家亦谓和合之字，其中某某部分，仅表示声音而已。顾谓此等从一观念缕析而出之字，在昔未与他字拼合以前，乃仅为抽象之音，而无具体之形。以愚观之，殊未可信，以其与进化之律相背驰也。复杂之观念，其兴也渐，而有待于抟结之之能力之生成。中国语言，音本无多，不能借以抟结之也。又若谓此等文字悉在一时造成，如商业电报所用之密码之编定然，是亦情理之所无也。是故声音之说多未可据。诸多文字，其源流今无从追溯者，固尝有隐喻存在乎其中也。即吾英文字中，字源之湮灭者多矣。不以误从汉儒，强不知以为知也。李格氏（Legge）谓邃初象形之字，绝不能进而构成抽象之思想，其谬至足骇人，吾人亦尝见之矣。西方各国文字，何一非由数百音标之动词，以喻示之法而孳乳成者，借隐喻之用。中国文所成就，实能较西方文字为大也。稀薄（谓抽象）之观念，中国文字未有不能表达之者也。且中文之表达之也，更活动，更永久，而迥超乎吾人之所能望于音标语根者焉。此种用象形方法孳演之文字，实为理想之世界文字，姑不论中国文字之能合此资格否也。

中国诗借其栩栩之喻示，借其喻示之丰富，实合于自然本来之现象。吾上文所言，亦足以阐明之矣。使吾人而欲以英文追摹中国诗，则必须选用义韵充溢之字，其活跃之暗示交撄互激，如自然界众力之交撄互激焉。其缀句也，必当如牦旗上之垂尘，千丝万缕交缠，如绿茵上之丛花，姹紫嫣红相杂，而合成一巨美也。

夫诗人之所见所感，不厌其多。其所借以避免联结字之松懈者，惟多用隐喻而已。此一型不变之死字，经诗笔之渲染，而生无数绮锦缛绣，盖万道光芒，自诗人之词藻映射于物上，若怒泉之喷发于一瞬焉。有史以前，造文字之诗人，发现自然界全副谐和之大体，而以其诗，歌诵自然现象。莎士比亚又举先民所创造之诗而凝练之，使质加实而味加浓，是故在一切佳诗中，一字如一日轮，外环光晕，晕外复有彩圈，字挤叠于字上，各以其晃耀之外套互相包裹，使语句成为一串明晰之光带，绵绵不断焉。

明乎是，可与领略中国诗中绚烂之气象矣。诗之所以优于文者多端，其尤重者一事，诗人之选辞也，必求其如繁音合奏，琤瑽相谐，而具娇柔朗润之态。凡百艺术，莫不共循斯轨，合奏之众音，悉相均称，具娇柔之态，则美妙之谐和以生。其在音乐，谐和之可能与谐协之原理，全基于合奏之众音。就选辞之谐和而论，诗之为艺，其不易工，盖远过于他艺焉。

众辞相配，而欲求其隐喻之如繁音相谐，则决择去取之道曷在耶？曰噪劣之弊。若杂沓不粹之隐喻，可避免也。辞语之谐和有极浓烈深刻者，若罗米欧抚已死之朱丽叶时之凄语是也。（见莎士比亚《铸情》[*Romeo and Juliet*]剧本罗密欧与朱丽叶，乃相恋之男女。）

于此而中国文字之优点又见焉。试举“日昇东”一语为例。将此三字，由左至右，平列而观之，其一边为“日”，象日之形，他边“东”字，为日轮纠缠于树枝间之象，介乎其中之动词“昇”字，更与二者相契合。此字象日在地平线上，而线上复有枝桠突出，虽寥寥一语，有如繁音协发，有如丽色相宣，盖其文字之组成，蕴藉丰厚，故选词者能以一和（去声）音之壮响，使他辞之意义咸增异彩焉，此或为中国诗最显著之美质也。本文所论仅发端绪，然于研究之方法，于领略中国诗之道，已略示其途径矣。

本文原载《学衡》第56期，1926年8月。

整理者：周　颖

校对者：温　度

论孔教之价值

吴宓

十月三日，即阴历八月二十七日，为孔子圣诞。适值星期，时日上午，予独游北海，忽遇李君克成，遂共绕湖而行，且行且谈，互抒其孔圣诞日之感。想归后仿柏拉图语录(The Dialogues of Plato)之体，拈笔记之，以志鸿爪。后此谈话，如成系统而有关系者，当续记也。

【李】吾国学校放假，多无意义，双十国庆，最为重点。而十五年来，国乱日甚，民生痛苦，何庆之可言？云南马厂，恢复共和，皆一时政治作用，事过境迁，等于毫无影响。南北统一，更为虚话，何纪念之足云？至于孔子生日放假，自我观之，尤无理由。盖(一)者，孔子之人格有何足重，其生日究应纪念与否，尚是一个问题。(二)者，即使守旧之徒，与维持礼教，渴望全国之人崇拜孔子。无如孔子之偶像及势力业已消灭，孔家店已为新文化家捣毁一空，今者时代已过，而欲强迫少年学生尊敬孔子，其势不能。且为达此目的，亦岂区区放假所能奏功？即如我所肄业之学校，不过明天补放一日假，俾学生得外出玩耍而已。既不行谒圣之礼，又不请名人演说，试问此一日假期，对于孔子，对于彼辈所欲维持之礼教，有何好处？故无论从何方面言之，孔子生日，皆不当放假。私意教育部早应通令取消此种假期，先生以为如何？

【吴】君之言，甚为彻底而切实，予十余年前亦尝与君同此见解。今则不然。予意孔子不但为代表中国国民性及中国文化最高之人物，且为世界古今三数圣贤之一，其学说至平实而至精微，不特为中国之人所宜保守奉行而勿失。且为，凡欲以人文主义救今日世界物质精神之病者，最良之道，师其人格。则于公于私，在家在国，处动处静，遇穷遇达，无往而不足为吾人立身行事之师表。若孔子而不足受吾人崇拜，则世界古今竟无可崇拜之人。若中国人而不知尊礼孔子，且加诋毁，则中国人可谓邻于丧心病狂，中国之前途决无可望。故中国人至应崇敬孔子，此层决无可疑，其理由当与君细剖析之。至所以致其崇敬之道如何，则人各异说，大都各有所见，予于此亦不愿坚执。惟今先欲与君言者，即若假定孔子有可为中国人崇敬之资格，则予谓孔诞纪念学校放假决不可废，且须于是日，师生齐集，一同谒圣，礼毕，则当讲论孔子人格之价值，及其学说之精意。互相劝勉，期其模仿奉行。且于领悟悦服之余，更当进而思所以发挥广大之道焉。

【李】今即如先生所言，姑假定孔子有受人崇敬之资格，然必放假行礼。有此种动作，则我所不解者。夫崇敬之诚藏之中心可矣，何必著之仪文，流于作伪？吾常闻先生一多之论，谓当重精神而忽形式；又谓礼教之所贵，惟在其中含之精意。今乃亟亟于末节胡为者，岂以孔子为宗教家，遂欲效法基督教徒之所为，借此诞日，以行礼拜祈祷及说教之事乎？

【吴】唯唯否否，君此言包含甚多。请分数层解释之。第一，所谓敬爱之诚，当藏之中心者，乃以诚与不诚之人相较而言耳。世多假冒为善、言不顾行之人，故有取于真能为善之士；世多空口腾说、大言不惭者流，其言不可信，其外不足凭，故有爱于具此诚信而默默不自表□者。凡此，抑扬轻重之间，皆图去伪而得真耳，非谓既有其内之实，即可弃其外之行也。夫以甲之内不诚，而外伪为善者，与乙之内外如一，并合于善者较，则甲固远在乙下。然以甲与丙之蓄意为恶，见之行事，且直言不讳者较，则丙果愈于甲乎？未可知也。吾意宁得其反。盖若一社会之人，均谓甲愈于丙，则其间虽多以伪善冒真善者，然大多数人之心理，固皆认此善为吾人之所当为，而图勉力以赴之，而其中确能实行为善者，亦必不乏也。乃若众人均谓甲不如丙，则是其时社会中人，良心业已麻痹，善恶观念不清，甚或颠倒，如是，则为善不受一群之奖励之荣褒，安所得为善者乎？毋宁肆无忌惮，共流于恶，翻可得狂直之美名耳。故夫由个人之修养与人格之高下言之，则伪善者实为首恶，立意必须真诚。然就社会之安宁与民德之升降察之，则伪善之存，必其群之人尚知有善，而真善不至绝迹。若并伪善与真善而俱无之，鹄的既亡，前途何望？虚表且无，遑论实迹？则此群乃真不可问矣。譬诸买珠而得空椟，恨受商人之欺，然就常情及全体论之，如斯受欺者最多不过十之二三，而奉椟盛珠以归家者，至少亦必十之七八；又譬诸米豆中杂砾沙糠秕，食之固不适口，若米豆全无一颗，则人皆早饿死矣。以上云云，似离本题，惟吾常见古今纵笔恃才，取快一时之士，其功诋伪善，往往伤及真善。有如德谚所云，将浴盆中小儿，并污水倾出之病，吾痛惜之，故为君絮絮言之如此。总之，就个人之理想论，则当诚心潜修，注重精神之自得；而就社会之实情论，则务须明示奖善惩恶，勿废形式之标准。此法律之所以不可无也，此社会舆论及乡曲毁誉之可以济法律之穷而助其成也。此宗教虽专重精神之感化，基于个人之信仰，而种种仪式祀典礼节繁文之终不可缺，不可废也。改之固可，绝之则不能也。至于一多之论，乃缘世人只知有多，故须亟亟进之以一，以济其偏。然一多并存，方为正道，吾固屡言之矣。且吾常以全及通及宜，为立论之标准，知精神之当注重而形式亦不可全废，乃为全而通。而鉴于今之时代思想，须使人知形式之不当废，庶几有合于宜耳。

【李】先生之意，盖谓假定孔子之人格，应当尊崇而效法；孔子之学说，应当奉行而传布；则孔子诞日必须行放假谒圣祭祀等事。此非先生之意欤？

【吴】然。

【李】若是，则吾犹未能尽明先生之意。研读六经，讲明孔子之学，以此教人，互相传授，不已足乎？且古人有心香一瓣之说，平居亦可自致其诚□，何必于诞日聚集行礼乎？此吾所未解也。

【吴】善哉。吾适所言，仅告君以形式之诚敬，不可尽指为作伪，而禁绝之。顾形式之诚敬，尚有其不可废之理由。君之父母，君之女友，君所深敬爱者也，何以敬之爱之，君能确切言其故乎？

【李】否，不能。此感情中事，知其然而不知其所以然也。

【吴】有是哉。今使君之严父，呼君来前，询问某事，君亦将回首不答，掉臂径去之乎？曰，予虽不答其问，而爱父固依然也。又使君之慈母一旦弃世，君闻耗，即不泣血稽颡，迹近作伪，有不涕泪潸然者乎？君致书于所眷之女友，时觉心血潮涌，感情郁结，下笔滔滔，终觉不能自尽其心曲。而君此书，必望女友得读之，有时乎？否乎？

【李】有之。皆感情为之也。服感情必以表达为快者。

【吴】君今所服之为马褂，设使有人以剪割裂之，则君必怒。何故？又君于六七月间，服单薄之西装，其时尚念念不忘于皮箱中堆叠之夹棉马褂乎？如其不然，何故？

【李】怒者以马褂不能复着，须另费十余元以缝制之也。忘之者，以其时不必服夹棉马褂。故此等为不足重情也。

【吴】然则君之爱其马褂，固不如君爱父母与女友之甚也。今学校中人之于孔子，必须能显然自言其所以爱孔子之故，而后爱之，则其爱为未深也。溺于其他所爱而忘孔子，则其爱为未深也。爱孔子而不动于中情，而不至足之蹈之手之舞之，则其爱孔子亦非真也。故使吾人对于孔子爱敬之心极诚，则非借祀典仪式等无由表见，有此心必有此事，无此事亦遂无此心。故予谓，诞日之放假谒圣等等，不可废也，研读六经，讲明孔子之学，以此教人，斯乃少数上智好学之士所能为，而难语于全体国民。夫既假定孔子为全国读书之人，以及不读书之人，所共应效法崇敬，则诞日祀典礼节，其不可废明矣。孔子曰：赐也，尔爱其羊，我爱其礼。盖保存形式，亦即所以保存其中所寓之精神及意旨也。

【李】先生之言，殆近为宗教之仪式作辩护者。

【吴】宗教仪式之不可径废，理亦同此。然吾兹所言，初不涉于宗教，吾所举例，父母女友，皆生人之爱也。圣贤英雄之崇拜，亦皆人与人之关系，而皆不能废形式。夫人匪特具理性，亦有想象及感情，斯二者支配人之生活行为之力，至为伟大。如何而利用学生之感情及想象，使其理想日趋高尚，行为日趋纯正，识解日趋深到，乃教育家重要之指责。孔子诞日之祀典礼节，正即真正教育家绝妙之机会耳。无此，则学生对于孔子爱敬之心不诚不深。然少年人必有理想，必有所以致其诚敬，不施于孔子，则于其他卑劣一偏，远不能望孔子项背之人。若卢梭，若托尔斯泰，若尼采，若马克思，若威尔逊，若列宁，皆今之少年所不当致其爱敬而常为之者也。夫既已假定孔子为中国人所最当崇拜之人，则苟全废诞日之仪节，是不啻为渊驱鱼，使学生尽流于卑劣一偏之见解与行事也。

【李】苟如前之所定，则先生之言诚是。顾吾所急欲知者，则先生究认孔子为宗教家乎？否乎？窥先生之意，似孔子为非宗教家者。

【吴】此问题予殊不欲轻易答复。盖欲答此问，须先问询予之人。其所持之“宗教”与“宗教家”之定义为何？若以常人心目中之宗教为言，而强迫予作答，则予只可漫应之曰，孔子非宗教家，然绝不能尽吾意也。夫翻译乃检定文字词义正确明白与否最妙之方法。今试以“宗教家”一语，求诸英文，则无此字，只可译为(一)创教者或教主(Founder of a religious sect)；(二)说教者或宣教师(Teacher of religious truths)。夫孔子之功乃在集上古文化之大成，传诸后世，继往开来，为万世师，而绝未创立任何教派。故由(一)言之，孔子非宗教家，断然无疑。若自(二)言之，则不易下断语。孔子固非牧师、神父，亦非预言家、先知者流。然而孔子学无所不包，能洞见宇宙全部之至理与事物之关系，则宗教自亦在其中。故孔子并以宗教之真理教人，特所教人者，不专限于宗教，宗教仅其所教人之全部真理中之一部耳。苟不明宗教，或不认有宗教，则其知识卑下偏隘，何足以为孔子？若仅以宗教教人，又何足以尽孔子？夫近世若英国之约翰生(Dr. Samuel Johnson[1709－1784])、德国之歌德(Goethe[1750-1832])等，均以其本于经验或知识所得之全部之真理教人，中含宗教，所论至精，如谓此等人得宗教家，则孔子自亦非宗教家。然而孔子真正之地位，乃与希腊之苏格拉底(Socrates)、柏拉图(Plato)、亚里士多德(Aristotle)相同。孔子之时，中国确有宗教，正与此三贤之时。希腊之有宗教相同，不能否认。(彼谓中国本无宗教者，乃一部分基督教徒之偏见，彼盖以宗教与基督教同其范围也。)而孔子对于宗教之态度，亦与此三贤有合。故若谓此三贤为宗教家，则孔子亦为宗教家。若谓三贤非宗教家，则孔子亦非宗教家。虽然，孔子在中国历史上之地位及其在后世之势力，乃非希腊三贤所可及，而实与释迦我佛及耶稣基督比肩同等，历代奉祀，文庙遍于中国。儒释道三教，并行千载，释迦与耶稣乃最合格之宗教家，则孔子生时虽未创宗教，而亦当以宗教家称之矣。故若与释迦、耶稣比论，则孔实为宗教家。以上皆平情立论，毫无先人之见。合此三层，而孔子之性质及地位可见，而孔子为宗教家抑非宗教家之问题，亦得其答案矣。至但凭一二作者所下“宗教”之定义，及某某名人之口谈，以断孔子为宗教家否，实不足据，而亦不胜其讨论。盖作者言者，意各有所偏重故也。例如从安诺德(Matthew Arnold)之说，谓“道德而加以感情，即为宗教”，则孔子固是，而中国之宗教家亦不止孔子一人。而如欧阳竟无先生之主张，佛法且非宗教，释迦难称教主，则孔子更不足当宗教家之名矣。其实吾侪苟能洞明孔子之真性质与地位，则孔子之为宗教家与否，此问题正可不必发，亦不必求答也。

【李】先生既不以宗教家尊孔子，又谓孔子兼备宗教家之性质与地位。然则孔子究为何等人，先生欲学校中人敬祀孔子，与基督教徒之敬祀耶稣基督，究有何别乎？

【吴】吾国历代尊崇孔子，典礼隆重，所加称号，亦至繁多。若尼父、素王、衍圣公、文宣王、至圣先师之类，或出帝王，或由儒生，意各有所专重，不及遍举。惟吾以为古今尊崇孔子而最得其当者，莫若孔子所述宰我、子贡、有若之言。子贡曰：仁且智，夫子既圣矣乎？子贡曰：自生民以来，未有若夫子也。有若曰：圣人之于民，亦类也，出于其类，拔乎其萃，自生民以来，未有盛于孔子也。以今语释之，则可谓，孔子者，理想中最高之人物也(The ideal man)。又可谓，孔子之道德智慧，卓绝千古无人能及之(The best and wisest of men，in all places and at all times)，是以称为圣人。圣人二字，乃孔子最确当之称号，吾侪今来尊崇孔子，即径尊之为圣人，方为至当。彼偏激无知之徒，对孔子痛加抨击诋毁，呼之曰孔老二，然固丝毫无损于孔子。盖孔子之“圣人”，乃其本有之资格，非外加之称号，乃天爵，非人爵。既属天爵，孰从而夺之？于此有当知者，圣人乃普通全体人类中最伟大最高尚之人之称，并非圣人自为一类。偏僻奇怪，不与众同，以致众人忌妒指摘，避之若浼，此乃狂人，绝非圣人。孟子有自知之明，不敢以圣人自居，老子不得为圣人，庄子显非圣人，卢梭、尼采、托尔斯泰之流，皆狂人，与圣人相去极远。总之，圣人乃模范人，乃古今人中之第一人，乃 The best of the whole group 而非 a variation from the type 也。由是，吾人绝不可以圣人与某特种之人相比较。曾记儿时有同窗右伴作诗云：“纵有烈风休变色，英雄岂较圣贤差。”此实胡说。英雄乃一特种之人，何能与圣贤比较？圣人之定义，已不容(Preclude)其与任何种人作比较矣。

【李】然则先生谓孔子乃人也，绝非神也，人之敬祀孔子，正犹崇拜英雄，致其仰慕之意，否则如吾国人之祀祖、追念先烈，略尽孝思，非谓祖宗必来吃喝案头贡献之酒馔，拾取地上焚化之纸钱也。吾此言能得先生之意否？

【吴】诚然，君言实获我心，吾甚喜。须知孔子与耶稣之不同，正即在此。孔子乃纯人而非神，耶稣则合神人而为一体，今之偏激无知者流，取《史记》“纥与颜氏女野合而生孔子”及“祷于尼丘得孔子”二语，及《论语撰考识春秋演孔图》所记，颜氏梦感黑龙黑帝以生孔子。又拾遗记所述，孔子生时，二龙绕室，五星降庭之故事，指为迷信，谓孔子之生平多由虚造，或且诬孔子为私生子，更属无理。夫谶纬说部之书，原不足据，西国古马其顿王亚历山大，征服欧亚，雄功伟业，焜耀古今，然亚历山大之母，梦希腊之上帝尊神来临，化身为龙，梦中相接，遂生亚历山大，故王常自信为神种。此事史家布鲁特奇(Plutarch)记之，后世传之，而英国之杜来登(Dr den)且作“Alexander's Feast”诗以咏之，顾吾人因此而致疑。径谓亚历山大古无其人者，诸书所记孔子之生，正与此同。至若梦兆及祈祷等事，乃由人心之感应，其事在可解不可解之间，不必深求。即以科学严格论之，当知尼丘之祷，乃是一事。（祷乃当时习俗，左传所记祷事甚多，初无足怪。）颜氏之孕，孔子之生，另是一事。二者之间，本无关系，何得以前者而疑后者。至于孔子为私生子之说，乃本于“野合”二字，此二字应如何解，尚待讨究。（观《史记索引》及《正义》自明。）即使如若辈所解，孔子为私生子，然私生子云者，法律上不承认其有财产继承之权，而在社会上为人所卑视而已。虽然，法律及社会礼俗习惯，古今各地不同，在孔子之时，私生子未必即有如在后世之耻辱。即有之，亦丝毫不足为孔子损。舜之父顽母嚣象傲，以及舜之所遭，适足以见舜之贤孝，今人盛称美之；林肯以其生于贫寒，又爱读黑人华盛顿

(Booker T. Weshington)自传(*Up From Slavery*)，以其蹶起奴隶之中。故即使孔子确为私生子，而能奋发为圣，一生有如此之成绩，如此之造诣，吾人之对于孔子，只有敬重之心弥增，何论者之薄于孔子而厚于林肯及黑人华盛顿乎？究极言之，论人之生平，当于其大，织微琐细，无关得失之事，不能悉知，亦不待考究也。曾文正公曾患疥疮，见于其家书，夫疥疮何关于曾公之道德文章功业乎？吾但举祷于尼丘一事，其他孔子一生之事，凡足以启论者之疑而借为攻诋者，均可如是以解之也。虽然，孔子之身固纯乎，为人而孔子之学识则兼赅天人而贯通之。凡人之知识理解所能及者，孔子莫不及之，形象名物之末(科学)，仅有非孔子所能知者，无庸为讳，而义理道德之本(宇宙大原，人生要理)，则孔子能周览而洞见，故于鬼神之机、天人之故、物质精神之关系，言之悉中肯要，非后人所能超过。即如其"祭如在，祭神如神在"及"天道远，人道迩"及"获罪于天，无所祷也"数语，所含理解，至精至正，非善用想象力以佐其周密之经验者不能知其妙。吾今不能详言，君试多读希腊苏封克里(Sophocles)之剧本、柏拉图之语录及但丁、莎士比亚、葛德之著作，研几体会，返而求之，必有得于孔子简短而精深之言矣。

【李】闻先生所言，吾人不当以宗教迷信牵入孔子，然耶稣则不免为宗教迷信所累，而无价值，知孔子之可尊，益见基督教之可鄙矣。

【吴】是又不然。基督教乃显著之宗教，耶稣乃其教主。凡宗教必具备三种要素：一曰哲学，二曰神学，三曰神话，或迷信此三者，佛教与基督教均有之。宗教乃根于人之天性，故当人类之存，宗教必不能废，特各教之盛衰变化、生灭递代，极为迅速，繁多不可悉叙耳。凡宗教必有其相当之神话，贬之则曰迷信，神话迷信可自内改良而不可自外铲灭，铲灭之则该宗教亦不复能存。彼以神话迷信而攻诋宗教者，决无是处，盖犹不许四足善走之为马也。宗教之功用，一言以蔽之，在利用人之理智想象及感情，说明宇宙及人生全体之真象，而使人之生活行为日进于道德之途者也。以其根据人之想象及感情，故不能以科学批判宗教。以其利用想象，故必有神话迷信以其为达实用之目的，感化人为善，故其神话迷信乃有益无害之物，不宜--概痛斥。各教之衰，弊端迭见，教会教士造恶亦多，但每事应分别论之。宗教之本体，至须维护；而基督教之本身，亦不可诋毁也。宗教中之天神上帝，均为理想之善的境界。而人性二元，合善与恶，千古终身恶不能绝，如何而使人去恶从善，利用外力之援助，至于自改其本性(Conversion)，此则宗教以全力所企图之事，而亦极难之事也。譬如人居楼下，既无楼梯顶板，又严密封固，如铜墙铁壁，而欲将此人移置楼上，何能办到？

易言之，即如何而使人性上同于天性是也。此种事业此种工夫，名曰天人之接引，而其际必需有接引者(Mediator)来施外力，为之援助。接引之法，各教不同。基督教则使上帝之爱，子降生为人，名为耶稣。故耶稣实具备天人之性，惟其性兼天人，故能成接引之功，非是则无此力量。吾所谓耶稣为神人合体者，此也。此为基督教力量之所在，全局之关键。不认耶稣为神人合体，则基督教不能存，亦不必存。故基督教之祀典仪节纵可改良，而关于此点者必不能动。彼近百年来以科学眼光攻诋基督教之迷信神话者，往往不解此。又彼考究犹太之古史，耶稣之生平，以考古学地质学版本校勘训诂学之助，详细推勘，因而断定耶稣生平某事某事实系如何如何，《圣经》所记不真。所谓 Higher Criticism 者，自吾侪观之，可谓毫无意识，心劳日拙，盖即证明耶稣乃一生人，不具神性，或耶稣本无其人，亦复何所裨益？宗教原本想象，新旧约所记，所谓信则有不信则无。欲摧残基督教径谓吾自不信书中所记者可耳，何必如此费力哉？言归本题，以上所论孔子与耶稣不同之处，君当已尽解。更设一喻，则譬如一学校之中，天神上帝为教员，人为学生，耶稣乃介局二者间之助教。孔子则全校学生中之学问品行成绩最优者，自该校成立以至停办，如此之好学生，未见有第二人也。故夫子孔子者人也，非神也，然孔子乃圣人也。

【李】先生谓圣人乃人类之首出者，然则孔子仅为中国之圣人欤？抑全世界之圣人欤？西洋古今有能及孔子者否也？

【吴】由“圣人”之定义严格言之，圣人只能有一，而孔子即为全世界之圣人，此固二千五百年来，奉行儒教之中国人一致之坚深信仰也。虽然，柏拉图当于斐都篇(Phaedo)中，借斐都之口以赞苏格拉底曰“若而人者，诚所谓聪明正直，尽善尽美，自生民以来，曾有至于此极者乎？余未之有闻也”。(译文见《学衡》杂志第二十期，景昌极译。)此与有若赞孔子之言，意同词同，不特苏格拉底足为圣人，即柏拉图、亚里士多德以其学之博、识之高、行之笃，亦足与孔子比肩，同为圣人，而无愧彼圣人者。德高而意广，决无所谓国界，亦不妄争虚名。设想孔子而与苏格拉底、柏拉图、亚里士多德相遇于无何有之乡，必能握手言欢，莫逆于心，互相推让，各不敢以圣人自居，而彼此之言论思想切磋补益，有相得益彰之乐。由是则此四人者，皆可尊为圣人，无分轩轾。孟子谓舜为东夷之人，文王为西夷之人，“地之相去也，千有余里；世之相后也，千有余岁。得志行乎中国？若合符节，先圣后圣其揆一也”。陆象山谓东方有圣人，西方有圣人，此心此理同也。吾人正不必刻舟求剑，胶柱鼓瑟，为此诸圣人强争位置，最要者，为使一般人心中皆有“圣人”之观念以为向上之鹄的，模仿之标准，至于应以某人为当居此正位，则无妨随缘而自定之例。如生于西土，则当以苏格拉底为圣人可也。虽为中国人，而自幼读柏拉图之书，熟诵精研，洞然有悟，然有悟，终身依之，则此人径以柏拉图为圣人可也。若夫中国人，则能知希腊三哲者甚少，孔子之教化绵延千载，涵濡至深，中国人自幼所薰习而受益者，无非孔子之德泽，故中国之人终以尊孔子为圣人为正途。且希腊三哲偏于主知，孔子则知行并重，于中国人之国民性尤为适合，故吾主张中国学校于孔子诞日，不应废除祀典，此种祀典对孔子不增丝毫之荣光，而于国民之精神及教育之前途，或可收无量之功效。君今者当喻吾意矣。

【李】释迦牟尼不当为圣人乎？先生未及其名何也？

【吴】吾意释迦当与耶稣同等为神人合体者，故不与于圣人之列。佛教固为理智最发达之宗教，然绝不废想象及感情。佛教自有其哲学，有其神学，有其神话及迷信，无之则不成为佛教。今之学人志在阐扬佛教，而因时代思潮重科学而鄙迷信，有所顾忌，遂专以哲理言佛教，借示尊崇。呜呼！此其意固佳而行则未善。(一)者，释迦之生平纵可详悉考见，然尚不关重要。释迦之受尊崇，乃缘其成佛，自一二人之理智言之，成佛为了悟宇宙人生之至理，此等境界，为斯宾挪沙、康德、黑智儿等，凡号称大哲学家者所已经。然由百千亿万佛教徒之想象感情言之，释迦成佛乃以人体合于神体，变为神人合体。与耶稣所经之方向相反，而结果则同。印度之佛陀(智者之义)，正如犹太之预言家、先知者及基督，乃一种超凡入圣之特别资格，一种感天化人之特别官职，有此资格，居此官职者，前不止一人，今来则群众久已想望，卒得之于释迦之身，故释迦说法布教，能有如许之大成功、大影响也。(二)者，试一读佛经全藏，即或偶一翻阅，亦可见其中神话之繁多，想象之富丽；诸佛之转生、轮回之定程；诸天之奇景宝光，地狱之恶苦惨毒；我佛说法之奇效巨功，圣灵异迹。凡此皆佛教本身之一部，去之而空谈其中所含之一二哲理，非佛教也。又稽历史，佛教流传之广、势力之大，近今语言学考古学之发明益足证明，而令闻者咋舌。即在我国庙宇僧徒无地无之，碑塔建筑自成一体，文学美术、哲理更浸濡佛教深入骨髓，不必细述。凡此历史实迹、传布确证，又皆佛教本身之一部。离此而但举片词只义，哓哓辩说，非佛教也。总之，佛教为宗教，释迦乃教主，诸种条件资格具备，毫无疑义。故吾以释迦我佛与耶稣基督并尊，而不插入圣人之列也。

【李】聆先生以上所言，知先生之尊孔，乃以孔子为人中之圣，与释迦、耶稣之具神性者不同。而先生主张学校祀孔，亦系崇德报功，资人感发仿效之意。犹之敬礼英雄与祖先，非若他教之奉祀神与上帝也。惟今若学校祀孔，亦将遵用古礼乎？孔子诞日，师生齐集谒圣，亦将行跪拜之礼乎？抑先生所主张之仪式，能必得各校之一致赞同而照行乎？

【吴】吾昔尝语君，凡论衡事理，必兼明一多。知有常，又知有变，重本而轻末，方为正道。吾侪居今之世，颇欲讲明礼教之精意，而图保存之。然所图保存者，乃礼教之精意，亘万世而不易者也。至若仪文制度之末节，乃随人民生活社会情状及风俗习惯刻刻改变，无有留停，自当随时变通，斟酌损益，绝无强摹古人之理。今兹祀孔，为致诚敬，确有此心，而能表达，则任何仪式皆可，何用拘泥？凡以此疑吾侪而致责难者，皆未通之人也。愚意值孔圣诞日，文庙祭祀，仍当全用古礼，备具繁文缛节，乐器俎豆。一遵古制，俾可留历史之纪念，其资后人及外宾之考镜。至于各学校祀孔，尽可以现代通用之礼制为准，跪拜与否，由各团体各个人自定之。正犹今之婚丧礼节，原无划一之定制也。吾所主张祀孔，及保存礼教之精意，在理应荷各学校及一般人士之赞同，如其不能，实属不幸，吾亦无法以喻之。至于仪式礼节，吾初无一定之主张，尚何有于赞同否耶？吾亦知世人大都不明一多之礼，致偏于急进者，则全体破坏，玉石俱焚；而偏于守旧者，则一味复古，不辨精粗。各走极端，并乖正道，其结果，则互贻攻击之口实，而徒长紊乱交争之局势。此可为痛哭流涕者也。今有行投壶及乡饮酒之礼者，其人真能明白古礼之精意与否？吾所未悉。然若其他百事均不整顿，而徒奉行古礼，是亦玩骨董者流，优孟衣冠，吾所不取也。

【李】先生对于孔教会之意见如何？

【吴】吾平昔立说，只论国中大势及根本道理，而不涉及实事专件，不评论团体个人，数年来严守此戒，今与君私谈，无妨言之。孔教会办理情形，及实际内容如何，吾所未悉，不敢妄评。窃谓处今信教自由、法律平等之世，凡百团体，皆可组织成立，岂孔教独不可？况孔教存在之理由及根据为甚深耶，不以孔为教者，正不必对他人之以孔为教者而非之也。然会即以孔教为名，其在今日最重要之事业，厥为讲明孔子学说礼教之真意而谋其实施与普及。至于会务之经营，章程之编订，诸多有形之动作，热烈之宣传，以及社会服务等等，不特非关重要，抑且易生疵累。夫宗教之本意，惟在个人之自救，而救人为末，且救之必于精深之途。基督教之本意，见于《马太福音》第十六章第二十六节，曰："利尽天下而失其灵魂者，何益之有？"故社会服务及慈善事业，虽系佳事，而不系于宗教之本体。青年会乃专以此为务，且增饭馆、电影等物质之娱乐。故青年会实基督教末流之外道。基督教既衰，而后青年会兴，他教办理情形，有赖青年会否？吾不能言。以吾未加考察，惟窃见今日中国各教之努力提倡者，皆可隐隐分为二派。甲派则广设团体，大事组织，联络宣传，出版发表，文章胜溢，声气流布，以功利之方法，成修行之志。（此一派也。）乙派则隐居潜修，聚徒讲学，研诵古籍，采求道理，势力未彰，境遇颇苦，由学问之工夫，明宗教之道理。此又一派也。二派之中，以乙为胜，然乙派所研讨者，果能不溺于名物训诂，史事典籍之探求，而注意精深之感化；果能不安于敦品修行，小廉曲谨之切磋，而兼及悲天救世之大业，则尤善矣。吾对于各派之热心苦志，一体佩服，对于其内容成绩，亦不敢妄事评断。惟吾侪之态度，则又不同于各派，意在超乎诸宗之外，各谋生业，诸遵常轨，然后乃本其读书之所得，以审慎研究世事，由文学之批评，进而为政治、社会、道德、宗教之批评。除自用其思想，或间亦发抒为言论，以就正于通人外，决不为功利之评书，决不为事实之经营。即有所谓同志，惟取学问精深之切磋，而不为形式之团结，旁观孤处，优游自得，是为吾侪之本旨。纵来冷僻固陋之讥，庶免悔怨丛集之咎，凡此云云，恐近于虚骄，未敢向人自白。以君厚我，屡与谈说，故私为君言之。君能毋误会吾意，则幸甚。

【李】先生言之颇为诚恳，吾即有不赞同处，今亦不必谈。聆先生以上所言，则先生最初之假定，谓孔子有可为中国人崇敬之资格，而据为学校祀孔之理由者。我今已大致明白，不知先生尚有何见教之处否？

【吴】君已明吾意，无须详说，甚善。惟吾谓中国人当崇敬孔子者，绝非吾一人之私意，今晚归校后，当钞集近今中外名贤及吾之师友评论孔子之说若干条。寄君览看，所举各篇，一一注明出处，甚望君购取原书读之，细细参证研究，必有所得，或可以益我也。

【李】如承先生费神钞寄，吾定当详细研读。累先生谈过久，今已下午一时零五分，为时已迟，请即此告别。

【吴】君归寓，恐饭早已开过，盍即共予至漪澜堂便餐，然后归休。

【李】先生邀，敢不从命！

予与李君克成所谈问题，遂止于此。归至书斋，乃钞录左列之书籍论文，或节取原作，译成中文，凡十五条，于十月七日邮寄李君。越二日，得李君自城中来书，略谓钞示各条，略一翻阅，且惊且喜。其中有颇赞同者，亦有私心多所怀疑，未敢即以为然者。要以向来未得见之作居其大半，一俟读竟，当整理一己之思想感触，笔之于纸，就先生质正云云。予所钞寄李君各条，资汇录如左。

（一） 节译已故法国汉学大家、法兰西学院教授沙畹氏（Ed. Chavannes）《中国人之道德理想篇》（*Quelques idees morales des Chinois*）（一九一八年出版）

孔子生当耶稣纪元前五百年，而已为其民族道德精神之所寄托。中国远古之理想，见于诸种经书者，已极深厚。然皆仅具大纲，孔子乃确定之而明其关系。（中略）孔子周游列国，以前此千百年所逐渐积累而成之道德理想，教导世人。其时之人，溺于利禄逸乐，恋恋不舍，故皆不肯从孔子之教。然而其视孔子殆如神明，聆其语，非仅人世之智慧而已。盖孔子所代表者，乃远古传来之精魂，孔子所教导者，乃若辈之祖先所窥见之真理，故遂不觉心动魂慑而感彻肺腑也。

（二） 节译德人加摆伦资（G. Von der Gabelentz）《孔子与其学说》（*Confucius und Seine Lehre*）一书，第四、第五页

吾人欲测定史的人物之伟大之程度，其适当之法，即观其人物所及于人民者，感化之大小，存续之长短，及强弱之程度，三者之如何是也。以此方法测定孔子，彼实不可不谓为人类中最大人物之一人。盖经过二千年以上之岁月，至于今日，使全人类三分之一，于道德的社会的及政治的生活之点，全然存续于孔子之精神感化之下也。

（三）节译美国文学批评大家、哈佛大学教授白璧德先生（Irving Babbit）《中西人文教育谈》（*Humanistic Education in China and the West*）（一九二一年出版）

孔子谓颜渊曰，“惜乎！吾见其进也，未见其止也。”此真正之进步也。但功利主义者，乃误混道德与物质之进步为一物焉。

孔子以为凡人类所同具者，非如近世感情派人道主义者所主张之感情扩张，而为人能所以自制之礼，此则与西方自亚里士多德以下人文主义之哲人，其所见均相契合者也。若人诚欲为人，则不能顺其天性，自有胡乱扩张，必于此天性加以制裁，使为有节制之平均发展。（中略）凡愿为人文主义之自制工夫者，则成为孔子所谓之君子与亚里士多德所谓之甚沉毅之人。予尝佩孔子见解之完善，盖孔子并不指摘同情心为

不当。（孔子屡言仁，中即含同情心之义。）不过应加以选择限制耳。中国古代亦已有如西方今日之抱博爱主义者，孟子所攻墨子之徒爱无差等。孟子之言亦可用于今日，以正西方托尔斯泰之徒，抱感情主义者之非也。

吾深信今中国之人，有旧日之教育，尽可淘汰其浮表之繁文缛节。孔教教育中，寻章摘句、辨析毫末之事，亦当删去不讲。即经籍亦有宜改易之处，如《礼记》中所载之礼文，多有与士君子修身立行之原理无关，无异于孔子之不彻姜食也。又中国之人，并宜吸收西方文化中之科学与机械等，以补中国之所缺然。吾以为虽其末节宜如此改革，然中国旧学中根本之正义，则务宜保存而勿失也。盖其所以可贵者，以能见得文化非赖群众所可维持，又不能倚卢梭之所谓公意及所谓全体之平均点，而必托命于少数超群之领袖，此等人笃信天命，而能克己，凭修养之功成，为伟大之人格。吾每谓孔子之道有优于吾西方之人文主义者，则因其能认明中庸之道，必先之以克己及知命也。

孔教虽可敬爱，然究不能谓为宗教。

（四） 节译白璧德先生（Irving Babbit）《民治与领袖》（*Democracy and Leadership*）一书（一九二四年出版）第五章“论欧亚两洲文化”（Europe and Asia）

若夫孔子观之，似与亚洲三大圣人中其余二人（耶稣基督、释迦我佛）绝不类者。盖如前所言，孔子以人文化世，而不以宗教为务也。西方之人文大帅，以亚里士多德为最重要。孔子之与亚里士多德立说在在不谋而合，比而观之，若欲窥见历世积铸之智慧，撮取普通人类经验之精华，则当求之于我佛与耶稣之宗教教理，及孔子与亚里士多德之人文学说，舍是无由得也。论其本身价值之高，及其后世影响之巨，此四圣者，实可谓为全人类精神文化史上之最伟大之人物也。自此诸圣之生以迄今日，世界中之经验，固皆导源于诸圣，即其生世以前，人类之经验，亦多借诸圣为归宿，岂不伟哉。

亚里士多德与孔子，虽皆以中庸为教，然究其人生观之全体，则截然不同，而足以显示欧洲人与亚洲人习性之殊异焉。盖亚里士多德之所从事者，非仅人文之学问而已，且究心于自然科学，好奇心甚盛，而于孔子及佛耶所申明之谦卑之义，则未之具。盖亚里士多德者，学问知识之泰斗。（此乃但丁《神曲》中所下之评语。）而孔子则道德意志之完人也。常人反躬内省，必不免愧怍歉疚，此常人最无把握之处。而孔子于此则最有把握。孔子尝欲以礼（即内心管束之原理）制止放纵之情欲，其所谓礼，显系意志之一端也。孔子固非神秘派之轻视理智者，然由孔子观之，理智仅附属于意志，而供其驱使，二者之关系，如是而已。西方有苏格拉底，其专务道德，与孔子同。故若舍亚里士多德而取苏格拉底，以与孔子比较，则不复见东西人习性之不同矣。然而苏格拉底之道德观念，已有过重理智之流弊。迨夫欧西近世，脱离耶教之束缚，不复遵守东方首重意志之训（耶教乃东方传来即以此为教）而自文艺复兴以来，众人亦并不从苏格拉底之教，以知识为道德，且更笃信培根之说，视知识为权力。其所悉心从事者惟此，斯则尤为不幸者矣。

（五）节译英国香港大学伦理学教授沃姆先生（G. N. Orme）《中国教谈》（一九二三年）

吾以为中国教育中首要之事，即注重道德精神。道德精神之根本要旨，乃东西文明之所共具。无古今、无中外，若苏格拉底、若耶稣基督、若孔子之所教，均相同。若合符节，随在取而受用之，无所用其分别疑惧也。中国古来之思想家，其对于人生道德之理解，实最高尚而完备，为世界各国所莫及。此种种精神之教训，乃千年储积之智慧，故决不可抛弃之，且宜保存而发扬之。中国人对于世界，于此实负有莫大之责任也。

（六）节译德国雷赫完氏（Adolf Reichwein）《十八世纪中国与欧洲文化交通史略》（*China and Europa*）绪论“孔子老子学说对于德国青年之影响”

今日欧洲崇拜东方之人，虽皆倾心于老子，然孔子立说之价值及其势力，并未十分减损。著书立说者若其目的不尽在解决今世理智之问题，而欲本于常识实证，重新造成平正通实之伦理观念，以为国民立身行事之规范，则其书必常引孔子之言。由此派作者观之，老子之神秘主义理想，虽深不合实用，而老子之无政府主义，尤与人生实况相背戾，直可谓之毫无意识也。即在欧洲大战以前，恪守规矩之孔教徒辜鸿铭氏，其著作在德国已有深巨之影响，而潘韦慈氏（Tannwitz）著《欧洲文化之危机》一书亦始终承认孔子所定之社会组织之原理，实甚安全切实而又开明。虽系为其时之中国说法，今人仍可遵照而仿行之也。又苟廷根（Gottingen）大学教授讷尔逊氏（Nelson）及其徒众，从事于政治思想者，竟搜辑辜鸿铭氏之论文，译成德文而刊布之。辜氏文中大旨，正如二百年前之人之所为，力劝欧洲人实行孔子之教，正名务本，借可取得确实详明之世界观，而后政治上之纷争扰攘，或可免也。

请更简洁言之，今日欧洲人研究东方圣贤之学说者，约可分为二派。其一为无理性的崇奉老子，其二为有理性的崇奉孔子。按照现今智识思想之趋势，则前一派崇奉老子者，较为著名，后派知者较少，亦自然之理，无足深怪者也。

（七） 节录柳诒徵先生《论中国近世之病源》一文

中国最大之病根，非奉行孔子之教，实在不行孔子之教。（中略）孔子之教教人为人者也，今人不知所以为人，但知谋利，故无所谓孔子教徒，纵有亦不过最少数之书呆子，于过去及现在国家社会之腐败，绝无关系。论者不察此点，吾以少数书呆子概全国人，至以孔子谓洪水猛兽，殊属文不对题。（中略）虽然，今日社会国家重要问题，不在信孔子不信孔子，而在成人不成人。凡彼败坏社会国家者，皆不成人者之所为也。苟欲一反其所为，而建设新社会新国家焉，则必须先使人人知所以为人，而讲明为人之道，莫孔子之教若矣。（中略）孔子固不必使人挂招牌，实心为人者，亦何必挂孔子之招牌，但令其道长存天壤，即无异孔子长存天壤矣。今人所讲之新道德，绝对与今日腐败人物所行所为不相容，而绝对与孔子所言所行相通，所争者在行与否耳。

（八） 节录柳诒徵先生《中国文化史》第一编第二十五章

孔子者，中国文化之中心也，无孔子则无中国文化。自孔子以前数千年之文化，赖孔子而传；自孔子以后数千年之文化，赖孔子而开。（中略）孔子不假宗教以惑世，而卓然立人之极，故为生民以来所未有。学者欲知孔子，当自人事求之，不可神奇其说也。

孔子为学之目的，在先成己而后成物。其成己之法，在充满其心性之本能，至于从心所欲不逾矩之境。而一切牖世觉民之方，乃从此中自然发见于外，既非徒受外界之反感，愤激悲悯，欲学一种方法或主义以救世，亦非徒慕古人，欲蹈袭其陈迹，冀自树于功名。至于垂老无成，乃托教学著书，以期留名后世，及与当世将学者争持门户，独立一派别也。《论语》及《大学》、《中庸》所言，十九皆明此义，不知孔子所学为何事，第以褊狭惊外之心测孔子，宁能窥见其涯涘哉！

孔子所学，首重者：曰成己，曰成人，曰克己，曰修身，曰尽己，其语殆不可以偻举，惟其以此为重，故不暇及于外。而怨天尤人之意，自无自而生，其遇虽穷，其心自乐，人世名利，视之淡然。自孔子立此标准，于是人生正义之价值，乃超越于经济势力之上。服其教者，力争人格，则不为经济势力所屈，此孔子之学之最有功于人类者也。人之生活，固不能不依乎经济，然社会组织不善，则经济势力，往往足以锢蔽人之心理，使之伏屈而丧失其人格。其强悍者，蓄积怨尤，则公为暴行，而生破坏改革之举，今世之弊，皆坐此耳。孔子以为人生最大之义务，在努力增进其人格，而不在外来之富贵利禄。即使境遇极穷，人莫我知，而我胸中浩然，自有坦坦荡荡之乐，无所歆羡，自亦无所怨尤，而坚强不屈之精神，乃足历万古而不可磨灭。儒教真义，惟此而已。

虽然孔子之学，亦非徒为自了汉，不计身外之事也。成已必成物，立已必立人，故修身之后，即推之于家国天下。其于道国为政理财治赋之法，无一不讲求，而靳致用于世，本末兼赅，有体有用，非若二氏之专言虚寂，遗弃一切也。孔子之所主张，亦不尽周法，即世俗所通行而协于人情者，亦无不可从也。

孔子著述之功关系绝巨，史称其时礼乐废、诗书缺，使非孔氏，则书籍放佚，浸衰浸微，古代之文化复何从考见乎？

易之神妙，正赖孔子发明。孔子所言神明之德，必须洗心斋戒，退藏于密，而后可见，非腾口说、骋文辞，所能指示也。至于孔子讲《易》以明人伦日用之道者，则有二义焉，曰“中”，曰“时”。中以方位言，时以先后言，必合此二者而义乃全，且其几至微，稍过不及，即非所谓中。人心之执着胶滞，皆为未喻此义也。自尧舜以来，以中为立国之道，孔子祖述其说，而又加以时义，故孟子谓孔子为圣之时者也。其实中之一字，已足赅括一切，加以时字，则所以衡其中否者益密耳。此语至平常，而又至难。原其初，须得喜怒哀乐未发前之气象；推其极，则可以位天地、育万物。故孔子于中道系之曰庸，而极言其不可能，贤智则过，愚不肖则不及，强为貌似，则又成为乡原，三者皆病，乃取其微偏者而救正焉。世人徒执后世乡原之儒者以病孔子，不知孔子固于此反覆明辩，不容伪儒之矫饰也。

孔子推演忠恕，以为终身可行之道，对于子臣弟友上下左右，一以恕待之。盖人类之相处，最难各得其平，处处以责人之心责己，则平心静气，于人毫无怨望，而人之对我，亦必出于和平，充其功效，岂惟一人可行于世。使举世行之，则举世之战争夺斗猜疑欺诈种种不德，皆可蠲除，而全体之人类，咸相安而遂其生矣。曾子之告其门人，谓忠恕即一贯，盖孔子所知所行，无不本于此。故以而已矣三字决之，明忠恕之外，无他道也。为人谋而不忠，亦由待人不恕，故曾子论一贯，犹兼言忠恕。孔子论终身可行之道，惟举一恕字，以恕可以赅忠也。忠恕之事，属行不属知，子贡问行，而孔子答以施，行与施皆指事为，非指一人独居讲学也。从来学者解释恕字，未有以为属于知识者。近人（指章太炎）好为异论，乃以恕为推知，匪惟误解论语，抑亦误解戴记，断章取意，贻误后人，匪浅鲜也。

孔子论治之书，以《春秋》为主。《春秋》之义，在正名分，寓褒贬。若以《左传》凡例论，则君臣相对，初非专责人臣也。又凡春秋褒贬之志，止以当时之事为断，而言外尚有微旨，如公羊家张三世之说，则借事明义，正以寓其理想，亦非专限于事实也。礼运正论历史事实，故由大同降而小康；《春秋》悬想文明世界，故由升平而至太平，顺逆虽殊，其为孔子所怀抱之宗旨一也。

孔子理想之广大，随在可见。《论语》及《易》之言教育，皆其不分族类，不参疆域之证也，而《中庸》之言化育，则尤进于是。教育之功，至于尽物性，参天地则不独为一时一世之人群谋矣，极巨之效，由极简之法而生。所谓宇宙内事，皆性分内事也。吾国古代圣人之思想，常思以人力造天地，其功既见于此数千年之大国，而其义犹未罄万一。后人准此而行，则所谓范围天地，曲成万物者，无不可以实现。正不必以国家人类为界，而区区于知识技能，以为教育之大事者，抑又不足深论矣。

自汉以来，虽已举国崇奉孔子之教，而立庙奉祀，近于宗教性质者，乃由人心渐演渐深。踵事增华之故，初非孔子欲创立一教，亦非仅一二帝王或学者，假孔子之教以愚民也。

（九）节录刘复礼先生《治经杂语》

孔门删订六经，是世界上独一无二之奇书。第一不是劝世文，第二不是发表个人意见书，第三不是搜集遗文总集，第四不是近世所谓政治家、教育家、哲学家言，第五不是史学经学义学也，贵义不贵事，与史学诸科专言事者不同。又经学内圣外王之学也，内圣本诸内证，外王征诸庶民，不废江河，悬诸日月不刊之书，与子家及近世政治、哲学、教育诸家专从现象上着手者不同。又经学人道主义之学也，不如此，则近于禽兽，故礼经屡称人道。又经学常住之学也，不以地变，不以时迁，永远有效，逾越范围则乱，墨守焉则治。又经学修己治人之学也，近世言修养则废治人，言治人则驰逐而不返，皆未闻孔周遗训，成己成物是一贯，而昧者分为两极，学者须先认明孔学之范围如此，处心枯虑，力求其通，乃有入处。

治经须就制度上勘合，虽古制有不必宜今者，而圣人立法，宅心圆满，必有一定之公式。祖迹可以变更，公式万不可变更，依公式以为之所，所谓因革损益是也。盖人道无论古今，仁至义尽，只此一种公式。此种公式从何处来，从圣人内证诸身、外征诸民来。时势虽变，人不变，心不变，则此种公式永远通用，不待出入，不然使非人道。

孔教广大，人道二字，可以概括无余。夫人道也者，非谓饱食已耳，暖衣已耳，移居已耳。孟子曰，饱食暖衣逸居，而无教，则近于禽兽。此教语，为孔教真精神见作人之必有道也。人之为道奈何，不出治性情三字。性情如何治，不出事为之节；事为之节，以何为根据，不出仁义二字。仁者，人心固有之理，无不爱也。然使人兼爱，势有所不能，于是义生焉。义者何，等差之法是也，于平等人类上，建立等差法，其事大难。圣人处此，为之定其亲疏等级，厚薄差次，丝毫不苟。钚两悉称，而无稍牵强者，圣人觑着人生天然次第，而为之法也。此法建立，而不伤平等者，各有其亲疏，各尽其厚薄。各各环境，亲疏停匀，厚薄齐等，即是不兼爱而兼爱，不平等之平等，乃真兼爱、真平等。以为彼言兼爱平等者，施有不遍，而归于偏枯，不如各亲其亲，而群伦普被，操之约而确有实际。其体是仁，其用是义，以义行仁，虽立畛域，而无不周遍；从仁起义，虽无不爱，而施有次第，所以谓仁至义尽，畅圣心而无遗憾，次等差法，当于丧服中求之。

（十）摄录孙德谦先生《论儒墨异同》

墨学譬如治病良药，孔子之教，则经世常道，如日用饮食之不可须臾离。盖墨子兼爱诸学说，固思以救一时之失，不若孔教之大，足以万古行之而无弊者也。墨子学说，凡其尚贤尚同，非乐非命，意在救国家之失，然矫枉者不免过直，岂若儒之言有物而行有恒耶？墨子兼爱，专为战时之争夺侵凌者说法，不计平时，又兼爱而不计亲疏，尚俭而国弥忠贫，非乐而使人心劳瘁忧戚，天下将乱，均不若孔子约之以礼之为适中普遍也。又墨子浑称尚贤，而无等差，久之，不贤亦将杂厕其中，不若孔子立等之为愈也。墨子尚同，而不要之以和，则必为孔子所谓小人之同。是强人以从同，而不能和合欢欣，未得也。墨子但主薄葬，不若孔子节葬之以礼为衡之舞弊也。墨子非命，将使人激幸行险，不复为君子之居易，何如孔子之乐天知命，乃可无忧乎？孔子盖知尊天之说胜，人且惑于祸福，名为尊天，而实为亵天。夫事鬼而谄祭非类，弃生人而奉事死者之鬼，有何益乎？故墨子之尊天事鬼，皆无益之说也。总之，孔子者万世师表亦以行其学说，可万世无弊耳。

（十一）节录柳诒徵先生《中国文化西被之商榷》

是故，吾国文化，惟任人伦道德，其他皆此中心之附属物。西方立国以宗教，震旦立国以人伦，国土之恢，年祀之久，由果推因，孰大乎此？今虽礼教陵迟，然而流风未沫，父子夫妻之互助，无东西南朔皆然，此正西方个人主义之药石也。其于道德，最重义利之辨，粗浅言之，则吾国圣哲之主旨在不使人类为经济之奴隶，厚生利用，养欲给求，固亦视为要图。然必揭所谓义者，以节制人类私利之心，然后可以翕群而匡国，至其精微之处，则不独昌言私利，不耻攘夺者，群斥为小人，即躬行正义，举措无訧，而其隐微幽独之中，有一念涉于私图，亦不得冒纯儒之目。故吾国之学，不讲超人之境，而所悬以为人之标准者，最平易亦最艰难，所陈克治省察之功夫，累亿万言而不能尽，由其涂辙，则人格日上，而胸怀坦荡，无怨无尤，无人而不自得。西方人士，日日谋革命，日日谋改造。要之，日日责人而不责己，日日谋利而不正义。人人为经济之奴隶，而不能自拔于经济之上。反之，则惟宗教为依皈，不求之上帝，则求之佛国。欲造脱人而入于超人之境，而于人之本位，漠然不知其定义及算乐，苟得吾国之学说以乐之，则真火宅之清凉散矣。

（十二）节录胡稷咸君《敬告我国学术界》

居今日而欲矫正欧洲物资文明之失，非采取中国与希腊之人本文明，悬道德以为人类文明进化之最后目的不可。

我国文明之精髓，即在以道德为人类最高无上之目的。举凡政治学术、风俗制度，莫不受此理想之影响。唐虞禹汤文武之时，道德观念，既已发达，而以为治国之轨范。然因兹数人俱为政治之元首，力求道德之实践，故未能将其思想稍加组织，以造成比较的有系统之记载。迨孔子出将前此之德绝主义，发明而光大之。《大学》“古之欲明明德于天下者，致知在格物”一段，乃我国道德哲学之结晶。要知孔子不能将此理想施诸专实，仅垂空言以傅后，乃孔子之不得已也。孔子因非政治之元首，无权力实行德治主义。孔子见此二方法俱不成功，故用他法以求传布此高尚之理想。(一)周游列国，希见用于诸侯。(二)聚徒讲学，望门弟子中有见用于诸侯者，以实行此德治主义。孔子见此二方法俱不成功，故删《诗》、《书》，定《礼》、《乐》，作《春秋》，质《周易》，以传此理想于后代，遂为我国哲学之正宗。其他虽有老庄之清静无为说，墨子之兼爱说，魏晋时又有佛学输入中国，然总不能在我国学术界估极大势力者，或因学说趋于极端，或因过于消极，不合中国民族之心理。孔子之道德哲学所以能独步者，固半由其门徒传播之影响，与帝王之尊重，而尝因其不偏不颇，适合我国民族之精神也。

道德之原理约，而所重者在实行，后儒之所发明，绝不能出孔子道德范围之外。此所以我国学术界无所谓进步，而对于物质界，亦未加以研究也。然人类精神文明进化之程序，必先从真美两方面，发现善之高尚，而后进化始渐而稳。质言之，必自研究物质界，发现精神生活之重要，而后其信仰精神生活之心，始坚定而不可拔。不然，只不自觉的知精神生活之高尚，而不知物质生存之卑下。其弊即易不自觉的流于单下之物质生存。我国自古至今，仅少数人自觉的实践道德生活，多数人皆奉为模范而仿效之，故一旦无道隆德硕者为之师表，则全国之道德败坏不堪，此我国文明之缺点。

（十三） 节录民国十一年《上海中华新报》记者一苇君，再论宗教问题文

世界各大宗教，就根本言，似无差异。盖要为修养一念，即统一精神，使与宇宙合一是也。是以各数之仪式及传说，在现代科学昌明之后，有许多已令人不可忍耐，然推本追原则，固为真理，无可反对。世界各教，无不信天，而泛神教之理论，尤精于一神教。是以推论教义，佛教最高，任科学如何进步，并不影响于其根本。即如一神教，耶回皆奉上帝为全智全能惟一之神。此与儒教言天，吾不知所异何在。近代以来，尝有人评论孔教非宗教，而以吾等无学者观之，实世宁认为最进步等宗教。数千年来，支配中国民族之思想，而为其精神生活之根本者为信天，其曰乐天知命，曰畏天命，固认天为全智全能之神。各教言天堂，儒家亦言升遐，言在帝之左右，此其同者。然而儒教无离奇之传说，无专制之教主，不立门户，不设阶级，盖正如罗素之理想，非社会的宗教，而为个人的宗教。收宗教之功，而无他教之弊，且也儒教实本能、知识、精神三种生活并重者，盖其理想为尽人生之义务，而安于天命。中国古来所生产之伟人，皆由此等修养造成者，设由此以论宗教，则其可根本排斥之点果安在耶。

（十四） 节录胡先骕君《文学之标准》篇

浪漫主义之道德观念，亦极与事实相违，而足以破坏正当之人生观。人性具善恶

两元之原素，殆为不可掩之事实。孔教虽主性善，然不过以为人性具有为善之端倪，而要以克己复礼、博学审问、慎思明辨为工夫，故孔子曰："十室之邑，必有忠信如丘者焉，未如丘之好学也。"又云："我非生而知之者，好古敏以求之者也。"其自叙学业之经过，自十五志学，至四十始能不惑。至七十始能从心所欲，以孔子之圣，尚须修省如此也。随顺感情之冲动，而不求中庸节制之训练，实为浪漫主义惟一之症结。在孔子则曰："天下国家可均也，爵录可辞也，白刃可蹈也，中庸不可能也。"又曰："暴虎冯河，死而无悔者，吾不与也。"故虽为美德，苟反乎中庸，亦非孔子所许浪漫文学尚有一最大症结，厥为夸张情感之恋爱。孔子删诗，首以关雎，笃于情爱，固圣贤所许，惟乐而不淫，哀而不伤，方得情爱之正耳。

（十五）节录景昌极君《礼乐教育之真谛》篇

微论黜文化，绝智慧，返素朴之逆于自然而无当于此理。即使有当于理，势亦有所不能，然则如之何？亦曰为之节文以求其当，为之分界以免其争而已，于是乎有礼乐。何谓礼？礼者履也，理也。人所履行之制度仪文，皆可谓之礼。礼之大用有二，一即节制各人之情欲云为以求其当，一即分别众人之伦次界限，以免其争。何谓乐？乐者乐也，必合于礼之乐，然后谓之乐，"道制欲，则乐而不乱"。举凡一切合于道德之美术，与夫一切正当之消遣法，皆乐之类也。礼乐虽本于道德，然仍必假物而行。然若惟讲道德而弃礼乐，则其道德必难成就。即勉有成，亦必不能普及社会。今西洋教育学者，称改造个人，必从环境着手，然后事半而功倍。不然则虽日聒以仁义道德之说，终不得而化，此之谓也。

本文原载《国闻周报》第 3 卷第 40 期，1926 年 10 月 17 日；
《国闻周报》第 3 卷第 41 期，1926 年 10 月 24 日。

整理者：许欣媛
校对者：齐以恒

浪漫的与古典的

吴 宓

处今争杀劫夺、艰难困穷之中国，而言文学批评，则人皆将讥为迂远而不切于实用。虽然，文学批评者，非仅如前人之诗话艺谈、零篇断句，自述其涵泳之心得，以为专门研究此道之人说法者。文学批评之范围较大、目的较正、方法较精，盖今之文学批评，实即古人所谓义理之学也。其职务，在分析各种思想观念，而确定其意义，更以古今东西各国各时代之文章著作为材料。而研究此等思想观念如何支配人生、影响实事，终乃造成一种普遍的、理想的、绝对的、客观的真善美之标准，不特为文学艺术赏鉴选择之准衡，抑且为人生道德行事立身之正轨。其于历史政治风俗及社会凡百现象，无不注意及之，既不同哲学家之虚空推衍，成一家言；又异乎科学家之专计物质，蔑视人性。是故文学批评乃以哲学之态度及方法研究人生，即在常人，亦当视为切实而有用者也。今之中国，处新旧递嬗、东西接触之会，不特政治经济，即礼俗行事，以及众人之思想感情，均异常纷乱、迷惘惶惑、盲从妄肆。若不从根本研究，寻其源流，明其条理，以定行政施教立身济世之大方针，则凡百设施，止不过头痛医头、脚痛医脚，甚或狐埋狐搰、倒行逆施。由是言之，今之中国，正有需于文学批评，未可遂以虚空薄之也。

前东南大学教授梁君实秋，近著《浪漫的与古典的》一书（上海新月书店出版，定价五角五分），为文虽仅九篇，而议论精湛，材料充实，为现今中国文学批评界仅见之作。（文学批评之佳者，虽有零篇，未见专书。）故于其书出版伊始，乐得而介绍之。梁君自序中，谓曾从美国哈佛大学教授白璧德先生（Irving Babbitt）研究西洋文学批评，乃能有今之著述，愿深致敬谢云云。即不见此序，而细读梁君之书者，亦知其受白璧德先生之影响不少。然梁君之书，实有其见解独到之处。今撮述节取其一二段，以告读者。

梁君书之第一篇，为全书主干，略谓：

（一）新文学运动，根本的是受外国影响；（二）新文学运动是推崇情感、轻视理性；（三）新文学运动所采取的对人生的态度，是印象的；（四）新文学运动主张皈依自然，并侧重独创。以上所举的四点，是现代中国文学（指新文学）最显著的现象，同时也是艺术上浪漫主义最主要的成分。故我说，现今文学（指中国之新文学）是趋向于浪漫主义。

而篇中于浪漫主义之流弊，复详细言之。

梁君于第四篇中，谓：

> 我国中国文人之爱好自然，与西洋浪漫派之“与自然同化”又略有不同，不可以不辨。中国人之爱自然，究竟还是以人为本位。我们讲“吟风弄月”，吟弄者固仍是人“侣鱼虾而友麋鹿”，仍是为人的侣友。在这一点，我们中国人的精神，真有一点像希腊。中国人的爱自然，不是逃避现实生活，而是逃避社会。因为我们根本承认自然也是现实，我们不把自然看作神祇，我们只把自然当作供我们赏乐的东西。中国人之爱自然，不带宗教的气味，所以也很难说与自然“同化”。

末篇《文学批评辩》，其为重要。略谓：

> 考希腊文“批评”一字，原是判断之意。判者乃分辨选择的工夫，断者乃等级价值之确定。其判断的标准，乃固定的、普遍的；其判断之动机，乃为研讨真理而不计功利。阿诺德之定义曰：“文学批评者，乃一种无所为而为之努力，借以学习并传播世上最优美之智慧思想者也。”文学批评既非艺术，更非科学，以科学方法施于文学批评，有绝大之缺憾。文学批评根本的不是事实的归纳，而是伦理的选择；不是统计的研究，而是价值的估定。文学乃“人性”之产物，而“人性”又绝对不能承受科学的实证主义的支配，纯正之“人性”乃文学批评唯一之标准。文学并没有进步之趋势，一切伟大的文学，都是倾向一个公同的至善至美的中心。文学批评史的任务，便是叙说各时代各国土的文学品味之距离中心的程度。文学批评是以批评家为单位，而不是以民众为单位。文学批评是一种判断的活动，初无理论与应用之分。

以上所节录者，均极精要，惟其然也。故今世之志在鉴别文艺、探求学理者，固从事于文学批评；而志在扶持道德、启迪社会，以宗教家之精神，树立改善群治之基础者，亦托迹于文学批评。文学批评之在中国，岂可废哉？

抑有言者，今日中国之新文学，其趋势固纯为浪漫主义。而就中国之全体论之，则旧日礼教风俗学术所涵育之人本主义的道德，方逐渐绝灭，而卑下浅狭之现实的功利主义，乃支配人心，横流无忌，伤哉！自来浪漫主义与功利主义，常同为盛衰，徵之往史，凡人本主义的道德衰微失势之秋，则一切行事，漫无标准。人之内心，理蔽而欲炽，情又不得其正而乱发。社会中之强有力者，杀戮劫夺，惟所欲为，贪恣无餍，不戢自焚。智巧者则以诡诈行其计、便其私，其目的亦在敛财纵欲。而感情盛而势力弱之人，不能或不愿与若辈大多数人竞争，或试为之而失败，则非学养功深、道德坚定，鲜有不流于浪漫者。是故浪漫者多为失败之人，而浪漫主义绝无力与功利主义抗衡，能摧陷廓清功利主义者，惟有人本主义之道德。然人本主义之道德，同时勿须与浪漫主义为敌，势分力弱，希望甚少。偶一成功，或在当时，或阅百年，世运竟以人力而得转移，则千古之幸事，圣哲之荣誉也。以上所述之三角局势，可以中西全史按之。孔孟荀所生之时代如此，苏格拉底、柏拉图、亚里士多德所生之时代亦如此。今日西洋、今日世界，正是如此，而今日之中国尤为如此，可不明审而彻悟哉？即舍文学而论政治，中国之革命政治，夙为浪漫的，今则不脱功利的，浪漫的行事，必失败，古今无外。以浪漫派之理想，虚伪而非真，而意志薄弱，不能自主，感情偾张，常互冲突，无魄力，无决心，其失败宜也。若夫现实的功利派，其成功较多，然图利不图义，益己而反损人，成功愈大，造劫愈深。故浪漫派消极的害世，功利派积极的害世。浪漫派如邪魔，现于仙花皓月之中；功利派如猛兽，冲出丰草长林之外。同能为害，而悉为人所当避。人力若盛，则魔消而兽隐矣。信仰人本主义之道德者，其致力之点即在此。

人本主义者确信人性二元，有善恶理欲真伪是非之别，此其别为绝对的；而利害祸福荣辱得失新旧等，则为相对的，不足措意。凡人性皆二元，故皆相同。世间政治、经济、法律制度等之设施，以及礼俗教育、文学艺术之改良，皆必当根本于人性。奖善而除恶，崇是而黜非，扶真而去伪，从理而制欲，苟反背乎人性，必失败。虽成功，亦有害。惟其注重人性与道德，故轻视礼俗制度之末节，谓道不变而法可变。然徒善不足以为政，徒法不能以自行，故当寓人性于政治之中，以法律制度为道德之表现，贤人政治为最良之政治。而君主民主、一院两院、集权分权等，均无大关系，政体不必多变，已变不可再变。无论在何政体之下，悉宜竭力使有才有德之士，得在政府及社会中，居高位而握重权，以得行其合乎道德之意志，而为国利民福。故人本主义者，根本不信绝对之自由与虚空之平等，又不信泛滥无归之兼爱，以为反乎人性、徒托空言。其所致力，要重道理，在明职责，严取与、辨公私、分义利、行忠恕，先图自治，再图治人，由近及远，宏毅而不挠，贞恒而不懈。由人本主义者观之，今日中国之政治，其实际之设施，合于人性而裨益道德者，乃为良政治。今日中国之人物，其信仰及行事，近于人本主义而远于浪漫及功利者，比较的即为有价值之人物。真正之革命，惟在道德之养成；真正之进步，惟在全国人民之德智体力之增高；真正之救国救世方法，惟在我自己确能发挥我之人性（即真能信仰人本主义）而实行道德，推己及人，力行不懈。无论我之境遇地位如何，永不改吾志，而行事则日趋积极，愈益猛厉，坚决敏速，一洗虚伪委靡迟缓之旧风，比如逆水行舟，久旱望雨，其事至难，然非逆水而行，则舟终莫达其所向。非雨，则旱且益久而已。凡我国人，盍与乎来？

惟今须申明者，即以上所言昌明人本主义，乃辨明义理，非立党会，资标榜也。所谓发扬人性、增进道德，乃就各人行事之动机及态度，希望改良，非欲到处演说鼓吹，效慈善家、事业家之呼号宣传也。以学说裨益社会，其法应自内而不自外，惟在涵濡日久，自然收功，非可以力服人。当前强取，譬之土田耕种，吾侪只欲加增肥料，使逐渐成为沃土，于彼揠苗助长者，固不赞成，以其甚愚。然吾侪亦不欲挺身而前，为人代耕；更不忍手持镰刀，强割农夫之禾稼，以实吾仓廪也。由是推求批评家之职责，思过半矣。

本文原载《国闻周报》第 4 卷第 37 期，1927 年 9 月 25 日。

整理者：范文琪

校对者：周　颖

王观堂先生挽词(并序)

陈寅恪

或问观堂先生所以死之故，应之曰：近人有东西文化之说，其区域分划之当否，固不必论，即所谓异同优劣，亦姑不具言，然而可以得一假定之义焉。其义曰，凡一种文化值衰落之时，为此文化所化之人，必感苦痛，其表现此文化之程量愈宏，则其所受之苦痛亦愈甚。迨既达极深之度，殆非出于自杀，无以求一己之心安而义尽也。吾中国文化之定义，具于白虎通三纲六纪之说，其意义为抽象理想最高之境，犹希腊柏拉图所谓 Eidos 者。若以君臣之纲言之，君为李煜，亦期之以刘秀；以朋友之纪言之，友为郦寄，亦待之以鲍叔。其所殉之道，所成之仁，均为抽象理想之通性，而非具体之一人一事。夫纲纪本理想抽象之物，然不能不有所依托，以为具体表现之用。其所依托以表现者，实为有形之社会制度，而经济制度尤其最要者。故所依托者不变易，则依托者亦得因以保存。吾国古来亦尝有悖三纲违六纪无父无君之说，如释迦牟尼外来之教者矣。然佛教流传播衍盛昌于中土，而中土历世遗留纲纪之说，曾不因之以动摇者。其说所依托之社会经济制度，未尝根本变迁，故犹能借之以为寄命之地也。近数十年来，自道光之季，迄乎今日，社会经济之制度，以外族之侵迫，致剧疾之变迁。纲纪之说，无所凭依，不待外来学说之掊击，而已销沉沦丧于不知觉之间。虽有人焉，强聒而力持，亦终归于不可救疗之局。盖今日之赤县神州，值数千年未有之巨劫奇变，劫竟变穷，则此文化精神所凝聚之人，安得不与之共命而同尽。此观堂先生所以不得不死，遂为天下后世所极哀而深惜者也。至于流俗恩怨荣辱委琐龌龊之说，皆不足置辩，故亦不之及云。

汉家之厄今十世，不见中兴伤老至。一死从容殉大伦，千秋怅望悲遗志。
曾赋连昌旧苑诗，兴亡哀感动人思。岂知长庆才人语，竟作灵均息壤词。
依稀廿载忆光宣，犹是开元全盛年。海宇承平娱旦暮，京华冠盖萃英贤。

当日英贤谁北斗，南皮太保方迂叟。忠顺勤劳矢素衷，中西体用资循诱。
总持学部揽名流，朴学高文一例收。图籍艺风充馆长，名词愈野领编修。
校雠韈译凭谁助，海宁大隐潜郎署。入洛才华正妙年，渡江流辈推清誉。
闭门人海恣冥搜，董白关王供讨求。剖别派流施品藻，宋元戏曲有阳秋。
沉酣朝野仍如故，巢燕何曾危幕惧。君宪徒闻俟九年，庙谟已是争孤注。
羽书一夕警江城，仓卒元戎自出征。初意潢池嬉小盗，遽惊烽燧照神京。
养兵成贼嗟翻覆，孝定临朝空痛哭。再起妖腰乱领臣，遂倾寡妇孤儿族。
大都城阙满悲笳，词客哀时未返家。自分琴书终寂寞，岂期舟楫伴生涯。
回望觚棱涕泗涟，波涛重泛海东船。生逢尧舜成何世，去作夷齐各自天。
江东博古矜先觉，避地相从勤讲学。岛国风光换岁时，乡关愁思增绵邈。
大云书库富收藏，古器奇文日品量。考释殷书开盛业，钩探商史发幽光。
当世通人数旧游，外穷瀛渤内神州。伯沙博士同扬搉，海日尚书互倡酬。
东国儒英谁地主，藤田狩野内藤虎。岂便辽东老幼安，还如舜水依江户。
高名终得彻宸聪，征奉南斋礼数崇。屡检秘文升紫殿，曾聆法曲侍瑶宫。
文学承恩值近枢，乡贤敬业事同符。君期云汉中兴主，臣本烟波一钓徒。
是岁中元周甲子，神皋丧乱终无已。尧城虽局小朝廷，汉室犹存旧文轨。
忽闻擐甲请房陵，奔问皇舆泣未能。优待珠槃原有誓，宿陈刍狗遽无凭。
神武门前御河水，思把深恩酬国士。南斋侍从欲自沉，北门学士邀同死。
鲁连黄鹞绩溪胡，独为神州惜大儒。学院遂闻传绝业，园林差喜适幽居。
清华学院多英杰，其间新会称耆哲。旧是龙髯六品臣，后跻马厂元勋列。
鲰生瓠落百无成，敢并时贤较重轻。北宋党家惭陆子，西京群盗怆王生。
许我忘年为气类，北海今知有刘备。曾访梅真拜地仙，更期韩偓符天意。
回思寒夜话明昌，相对南冠泣数行。犹有宣南温梦寐，不堪灞上共兴亡。
齐州祸乱何时歇，今日吾侪皆苟活。但就贤愚判死生，未应修短论优劣。
风谊平生师友间，招魂哀愤满人寰。他年清史求忠迹，一吊前朝万寿山。

本文原载《学衡》第64期，1928年12月。

整理者：郭元超
校对者：漆梦云

论中国语言之足用及中国无哲学系统之故

张荫麟　译

美国德效骞(Homer H. Dubs)博士，字闵卿，昔为遵道会(United Evangelical Mission)牧师。居湖南湘潭甚久。深研中国学问，尤致力先秦诸子之思想。近年返美国，任勿吉尼亚省 Marshall 大学教授，著有《古代儒教之范成者荀子》(*Hsun-tze: the Moulder of Ancient Confucianism*)一书，伦敦 Arthur Probsthain 书店发行。近又将《荀子》译成英文，至兹所译之文，曾登载《通报》第二十六卷第二、第三合号。原题“The failure of the Chinese to philosophical Systems”(《论中国人不能产生哲学系统》)，兹为求明显，改题如上，其分段及各段标题亦译者所加。本篇上半论中国文字之足用，尤足值吾人之注意。自中西两文化接触后，中国语言文字之优劣，久成为两方学者争持之问题，此非等闲之问题也。许多中国学者深信中国文字之不足用，因遂不以中文论学。此种信仰，最足阻碍一国语言之进步。盖既断定其不足用，不复实验，则永无足用之日。使中国学者疑本国语言之不足用者，盖有二故：(一)曾试用中国语述西方学术而感觉其困难；(二)大多数译述西方之书之难度或竟不可解。然此果由于中国语本质上之缺憾欤？抑中国学者之未尽其力欤？吾侪确信为仅由于后一种原因，德效骞君此篇所论，足助吾侪账目。吾人确信假令作者精通一种外国文字，精通所译述之学问，并精通本国文字，则译述必无不可克服之困难。至于现今市上所售译述书之难度，盖有三故：(一)则译述者能力之缺乏(包括外国语、本国语及对于所译述之学问之智识)；(二)则翻译名词之分歧；(三)则新名之不下定义。第一原因可听诸自然淘汰之解决。关于第二、第三两种原因之消灭，除期望国内学术团体努力从事于译名之厘定及标准辞典之编撰外，今后译述西学，有当注意二事：(一)凡译名宜参考前人之所译。其已通行之译名，苟无谬误，而异译又不能远胜者，不宜轻改之。其或确当更改，宜注明通行之译名并更改之故。(二)隐晦或新造之译名，宜申注其意义。因译德君之文，联想及此，因附陈焉。译者识。

(一) 论中国语言之足用

世有恒言曰：中国语之性质，阻碍哲学之发达，因中国语不能用以表现哲学思想也。最近申明此观念者，有赫克曼教授(Prof Heinrich Hackmann)，说详其所著《中国哲学》(*Chinesische Philosophie*)中。其论据如下：一切文明皆建筑在语言上，而智力的文明为尤然。惟中国语之性质，使哲学思想不能得明晰正确之表现。中国语言为单音制，有四声之别，而无语尾变化。其结果，音(syllables)数至少，约不过四百余，通用之字约不过二千至四千。由此遂有不可免之结果二：(一)则可资以表现概念之字数奇啬，是以复杂深微之意象世界，无从表现。而此之表现，乃完备的哲学所必需也；(二)则表现连谊(Relationship)之资借窘乏。在他种语言中，有文法上之变化及文法上之构造可为资借，而中国语则无之。其结果，思想之表达不能得科学的正确与紧严(以上见赫克曼《中国哲学》)。此等严刻之贬抑，实为“中国语缺乏哲学能力论”之钩援。持此论者不独赫克曼也，尚有其他中国学家，如 A. fork 及 H. Borel 及铃木虎雄诸氏是也。本文之目的，即在考验此等严刻之贬抑，而示其鲜符真理。

赫克曼教授之论之第一点，谓中国字数太少，不足以表现无限多之概念，为高深之哲学所必需者。持此论时，彼显然忽略一事，即概念不独可用单字表现，亦可用“辞”(Phrase 亦可译为字组，通译成语，不当)表。实则未尝有一种语言焉，其所表达概念之数，限于与其单字之数相等也。凡习逻辑者皆知之，“白马”之为独一的概念，正如“马”也。岂能因英语中无与德语 Schimmel(白马)相当之单字，遂谓英语逊于德语乎？操英语之作者，欲表现此概念时，仅有以二字代一字之烦而已，而操德国语者却有多记认一单字之烦。是故就此点而论，英、德二语可谓同等有困难也。中国语特富于“辞”。试一瞥观汉英字典而可见。此等辞显示一事：近代科学及哲学论辨上所需之概念，固有若干，其表现于中国语，须用笨拙之方法；然任何概念未尝不可用中国语中之“辞”精密表现之也。以此之故，吾人不惟须研究中国语中之单字，并须研究其中之“辞”。凡语言不皆如德语然，类以一长而组合之单字表现复杂之概念也。吾人若承受赫克曼教授之论之涵义，谓能一字表示任何概念之语言为优长，则吾人当谓德文劣于英文，因德语不能严密表现英语 Gentleman 一字所示之概念也。而德人当不能领略并应用此意，因其语言中无与之相对等之单字也。吾人亦当谓英语劣于德语，因德语中 Halten（略与中国“持”字相当）一字所表现之概念，英语中无相当之单字以示之也。吾人更当信此两种语言皆劣于中国语，因其中皆无单字可以表现中国文“霸”、“气”等字所表现之概念也。

凡曾久从事于两种语言之互译者，当明觉之：概念不恒可以单字表现。且也，甲国语中之一单字，即欲于乙国语中求一单“辞”以严密表现其意义，亦恒感困难。中国之语言及文明，与欧洲隔离而独立发展。故其结果，欲以中国字表现欧洲人之概念，特为困难。然欲以欧洲字表现中国人之概念，亦有同样之困难也。虽然，近代中国人正迅速构成新“辞”以表现欧洲语言中之任何重要概念。（译者按：此工作去完成之期尚远。）中国语对于任何需用之概念之表现，并无本质上之不可能性（inherent impossibility）也。

中国语中“心”、“道”等字意义之含混，赫克曼教授以为即中国字数窘啬之必然结果。由今观之，实非此种窘啬之结果，而完全为另一种迥殊之现象也。中国语中之单字，与其谓与复音语言中之单字相当，毋宁谓与复音语言中之字根相当。此等字根，固素以含混著，因其在不同之结合中，辄有不同之暗示也。此等字根之意义，视乎用之之字而定，正犹中国字之意义视乎用之之“辞”而定。若以中国语之单字比于欧洲语之单字，最足引人入误。合当之比对，乃欧洲语之字根与中国语之单字，或欧洲语之单字与中国语之单辞。

然即欧洲语中之单字，亦非不含糊者也。若德语之 Zug 字、英语之 Strike 字，其意义之复杂使人孰不见而畏缩耶？然而此诸字虽意义多歧，假若在具体之例中，吾得知用此字之全句或充分之长段，则其意义罕有含混者。在每例中，有数义意之字，当用作何义，上下文决之中国语亦如是。中国字虽多歧义，苟吾人得充分之长段，苟作者之思想清楚，则决无必不可免之含混。吾人若进而及于哲学领域，则欧洲语中之字之含混亦素彰著。如 Objective（客观）或 Subjective（主观），又如 Realism（唯实主义）或 Idealism（唯念主义[唯念主义旧译唯心主义，不当]）等一类字，其于清楚之思想每有不可克服之防碍。实则在欧洲语言中，除限于专门之应用之字而外，几无一字不涵一义以上。然字义之多歧，不必产生含混，以上下文足以显示所用之义也。含混几恒生于作者心思之不晰。无论何种语言，皆不能防御此类之含混也。是故因中国语不具充分之单字，或因其字义之含糊，遂谓中国语不足以为哲学论辨之工具者，其言伪也。

赫克曼教授以为文法的变法与结构之缺乏，尤足为中国语不适宜于哲学思想之表现之征。曰：无文法上之变化，连谊曷由表现乎？

此种指责，出之于习用有字尾变法之语言者之口，亦固宜然。因其表现连谊自然而用字尾变化，遂以为连谊不能用他种方式表现矣。此种偏见之出于自然，正犹习用无字尾变化之语言者之偏见也。彼亦不能想象，何以明敏之人能忍受字尾变化及繁复文法所加于思想的表现上桎梏。以几于全无字尾变化之语言，如英语者，其现最复杂之哲学的连谊，殊无困难，则知此种对于中国语之指责，其根据之薄弱尤甚于前者也。

复有一指责，谓中国文无词品(Parts of Speech)欲求更近于真理。毋宁谓直至近今以前，中国人未尝以词品分析其文字。夫在“智者”(Sophists)之时代以前，希腊亦无文法及按词品之文字分类也。然此事未尝妨阻初期希腊哲学家之述说其哲学也，亦未尝妨阻荷马及希腊戏剧家之表现连谊之严密也。中国语中词品之别，纵不表于外形，而其如他国语之有词品，则任取一汉英字典观之而可见也。其中所示每字之意义，皆依其用为某词品。

凡不用或罕用字尾变化之语言，其指示文法上之关系也以位置。赫克曼教授谓位置之区别为不足备，而逊于有字尾变化之真正文法的结构。然赫克曼未能举出实例以证成其说也。英语之结构，足以表示一事。位置并辅以助动词，足以表现任何有字尾变化之语言所表现之关系。或谓中国语不表现时间，然苟用充分之委曲解释，则任何时间的连谊，无论其如何复杂，皆能严密表现之，此吾人所习知也。中国语与亚利安语之最大异点，即亚利安语时间为语言之结构中不可分离之部分，因而无论有用时间之需要与否，皆强迫人用之。其结果，在论说中虽恒无须表现时间的连谊，而亦表现之。其在中国语，因时间不为动词之不可分离的部分，故苟非特欲显别时间，可以省略时间之表现。其结果，在有字尾变化之语言中，时间恒无须表现而亦表现之。惟在无字尾变化之语言中，如欲省略时间，则可省略之。然有字尾变化之语言亦恒欲逃脱时间之专制，如英语之用“历史的现时”即其证也。中国作者亦时表现时间的连谊，然绝不如欧洲语言之恒也。

使字尾变化之程度，而为测量语言发达之高度及表现哲学思想之能力之标准，则一切现代语言皆已退化。盖原始之语言在文法上及字尾变化上之结构，类皆视后来之语言为复杂。一语言之发达，恒为文法之简单化而非其繁复化。原始拉丁文有八格(Cases)，然则用此八格之语言中当有何许哲学之资产耶？然古典拉丁文于八格已弃其三。古典希腊文有三语法(Voices)、六式(Moods)，而后期之希腊文各去其一。彼希腊文以视希伯来文之有七语法，其逊色又当何如？如此变化繁复之语言，其哲学之较多，又当何许耶？然由他方面观之，语言之发展，既为字尾变化之简单化而非繁复化，则谓中国语实视欧洲之语言为进步，而非其反，似亦言之成理，因中国语无字尾变化也。

字尾变化之缺如，使中国作者感觉他国（用有字尾变化之语言之国）作者所未尝感觉之困难。此诚然矣，然凡曾习有字尾变化之外国语者，当能明觉字尾变化所生之困难。赫克曼教授谓中国作者若立意使其言词隐晦而凝括，定能大有成功。是诚然矣，然隐晦绝不限于中国之著作。凡曾取海格尔或康德之书而读之者，当承认以下一事，即近代有字尾变化之语言之作者，亦能成极隐晦之作。

中国人之以隐晦见病者，殆因彼等曾保存其最初之哲学家之著作，而希腊人则已遗失其最初哲学家之著作也。表现之明晰，非所期于任何国家之最初哲学家，惟待经过许多错误、许多试验之后，乃能获得明晰之表现之技术。老子不当以与柏拉图或近代哲学作家比论，惟以与希腊初期之哲学家如海腊克列图斯（Heraclitus）者比论，则庶几耳。而彼虽用字尾变化极繁之语言著作，固希腊人以“隐晦”为其绰号者也。希腊人已失去其著作，故吾人不复注意其隐晦。中国人保存老子之著作，故吾人注意其隐晦，并谓此语言为隐晦焉，盖昧于配景而已。墨子特重明晰之表现。自时厥后，中国哲学之明晰可读已远过于前。

同一中国语之句，可有数种不同之译法。此亦然矣。然无论在何种语言中，大多数短句，若截去其上下文，亦犹是耳。西人之引据《圣经》以证任何事与一切事，正可见此种现象不仅限于中国语，实能见于任何语言。无论其有字尾变化或无字尾变化，若能得充分之上下文，则一中国语之句之意义亦犹任何他种语言之句然，恒可了然，上下文实决定一句之意义。诚然，非任何中国语之句皆可断定而毫不含糊，惟此种困难固不限于无字尾变化之语言也，于任何语言之古写本中皆遇之。希伯来语为字尾变化极繁之语言矣。然以前才高识绝之《圣经》学者所与《旧约》中希伯来文之奋斗，与夫彼等于同章同节，而有种种歧别之译法，当足使吾人知中国文之有含混，非因其无字尾变化，惟其远古。

凡欲翻译中文，译者必须将一意念在心中重加思想，然后笔而出之，不能仅将原本之字句直译。此亦不能指为由于中国文之重大缺点，凡优良之翻译皆当如此。利格（Legge）之引《孟子》所谓“以意逆志”固指《诗经》，而诗歌之翻译，恒需将原意重加思想。需原意之表现，而非原意之表现，此在古时之翻译为尤然。若两种语大部分同出于一源，而其文法又相当，则彼此相译时，恒可依字直译，而不必将原意重范。然若两种语言，其单字及构造全无根源上之连谊，而欲求字对字之直译，非愚则妄。此非必因其中有一种语言之劣，实因其间有极大之差异也。

（二）论中国无哲学系统之原因

是故中国人之不能发生如柏拉图或斯宾挪莎等所创之哲学系统，吾人不能求其故于中国语言中。中国语言足以表现凡所欲表现之意念，此种表现固或视用欧洲语言者为困难。然伟大之中国思想家如荀子等，已用中国语正确表现其思想，而其思想且极复杂也。中国人不能产生哲学系统之故，必当于语言性质以外之方向求之。以予观之，此等原因大抵为偶然的。譬犹在美国中居于南方邃远之山谷间之移民，保存古昔之风俗与习惯。而同种且原始文明程度相同之人民之居于城市者文化日进，以其得受大世界之刺激的影响也。

中国人未尝产生精深之哲学，其重要之原因之一，即中国古代之智识领袖不承认理论科学之重要。今日吾人皆承认讲实用之人罕有产生重大之科学发现者，而此等发现几恒出于纯粹科学家之力。所谓纯粹科学家者，不追寻应用上之发明，而探究宇宙之性质，但为智识而求智识者也。求有直接的应用价值之发明之人，不能得之。而忽略新发现之实用价值，但为智识而求智识之人恒能造成大有应用价值之发现。此实近代科学进步中表示矛盾之现象也。

中国人为极偏重应用之民族。其领袖鄙视手作，正如希腊人然。君子之责在平治，彼察于人而不察于物。因此种实用的态度，过去之中国领袖人物，不侧重理论科学。

然中国人非无对付自然之能力也。彼等实曾贡献数目綦多之基本发明，为近代文化所凭借以建筑者，若蚕丝、罗盘、纸、印刷术、火药、磁器等是也。然此等发明，非哲学家或智识领袖之为，而普通人民之所为也。有一历史上之事实，极可代表中国领袖之态度：当印刷术久已发明之后，当佛经之雕印已盛行之时，儒家经典犹须艰难钞写。而此等经典之最初刊印，其目的不在广布，而在勒定经文(如石经之用)以守古为尊古，实阻止中国领袖对于新事物之价值之认识及新事物之寻求。此种态度之结果，使中国哲学成为应用的而非理论的，下缚于政治及道德之应用的问题，而不能上翔于形而上学及认识论之理论的世界。其与希腊哲学之大殊即在此。希腊人非纡缓辛勤以发展其文化之民族，如中国人者然，希腊人崛起野蛮而征服一境文化远胜于己之民族，其结果乃矍然感觉与新而且优胜之界密接。后此希腊人进而与其他发达之文化（即埃及、巴比伦）相接触，又重经同样之历程。其最伟大之希腊人，若谢里士辈，游学国外，以寻求此诸古国所蓄之智慧。彼等努力欲求智慧之超过其所师之人，乃发展纯粹科学，为智识而爱智识。此种态度盖克勒底（Crete）人、巴比伦人、埃及人与中国人之所无也。是故希腊人半因出于偶然，半因其历史上及政治上之特殊地位，而出于侧重理论科学之一途。不如老大之民族然，但以纯粹应用之智识自封。西方哲学沿希腊人而侧重理论，用能发展理论哲学而吾人隆贵之。中国文化因其自肇始时未尝与较高之他文化接触，故未能超脱应用之问题。而西方科学及哲学之能发展，实赖此种超脱也。

中国无哲学系统之第二而更重要之原因，则纯粹数学不发达于中国是也。中国人亦有其数学，正如巴比伦人与埃及人然。中国史开端之事实之一，即羲和之历象日月星辰。然数学之在中国，亦犹其在巴比伦与埃及然，纯为实用之探讨。其学委于艺人及星命家之手，士君子者流咸轻视之，正如其轻视此外一切与市肆有关之事物焉。是故纯粹数学永不出现，只有数学在商业上、天文学上，及其他实际问题上之应用。

惟在希腊，理论数学为哲学之规范。当谢理士（或另一希腊人）发现相似三角形之原则，而教埃及人不必登金字塔而能测其高度也。彼于理论几何学之发展已开其先步。此第一步在几何学推论之原则之成立，而不在特定问题之应用也。几何学性质之变迁乃极重要。因有此变迁，乃能应用演绎推论而迅速发现几何学上之新理也。而事实上果如是，由小数公理及定义，而演出包罗极广之真理统系。此演绎法之可惊的力量，几何学实为其最初之例证。然几何学又非仅理论上之游戏已也，其于实际生活亦具重要而有效之应用，是以此学吸引人之注意与模仿。最初有系统之哲学家亚里士多德者，受柏拉图学院之训练。斯校入学之先修科目之一为几何学。此实极可注意之事。惟借演绎推论之能力，乃能将一哲学系统之诸部分抟结为一。演绎推论之显著模范，厥为数学，而尤在几何学。

中国人既贱视数学，其不能产生哲学系统，固所宜然。虽然，若就逻辑上之连络及演绎的思想而论，若荀子者，固未始不足与西方哲学家颉颃也。惟因缺乏数学之系统，中国人于宇宙仅为片断之攻击。正如今日心理学之发展成为科学。此一发现，彼一窥测，乃借经验之方法而非理智之方法。

中国哲学不进步之第三原因如下：中国古代哲学思想自由时代之结局，为政府之采用一特种学说。此派学说，其根基最固，而持之者又为最优秀之人，即孔教是也。

荀子将儒教演为一根据权威之系统(An authoritarian System)其中一切真理者从先圣之言推出，墨家以逻辑上之诡辨经，道家以庄子之怀疑论终，则儒家之威权主义之被视为三者中之最优而见采用，实无足异。怀疑论及诡辩皆为讲实用之人所不能忍受，而孔子及诸古圣之权威最适宜于君主政府。是以中国社会之固定，妨阻新思想之兴起，遂致哲学停滞者千年。可注意者，其在地中海世界，当亚里士多德殁后之世，亦有同类之现象。智识世界统辖于两派权威的哲学，即斯多噶派与伊壁鸠鲁派是也。(惟希腊人之怀疑精神尚保存于科学之探究中。)此处权威主义之精神虽无政府以为之盾，而亦造成智力上之停滞。直至近世开始之前，未尝有所创新。

吾人用能追溯中国无哲学系统之故，乃由于偶然的历史的事实，而非由于其语言之性质。语言之于此民族及其思想，自有重大之影响无疑(原注：此种影响详拙著《古代儒教之范成者荀子》一书中第七页)，惟其影响不在于妨阻哲学之发展也。中国语言足以表现凡能思及之任何意象。

按：美国人芬诺罗篷(Erest Fenollosa，1858—1908)曾撰《论中国文字之优点》文。原题云“The Chinese Written Characters as Medium for Poetry”，虽以诗及想象为主，然亦能道出中国文字之特长及其足用之理由，与此篇实互相发明。其文曾经张荫麟君译出，登载本志第五十六期。甚望读者取阅也。编者识。

本文原载《学衡》第69期，1929年5月。

整理者：漆梦云
校对者：王　祚

冯著《中国哲学史》审查报告

陈寅恪

窃查此书，取材谨严，持论精确，允宜列入清华丛书，以贡献于学界。兹将其优点概括言之：

凡著中国古代哲学史者，其对于古人之学说，应具了解之同情，方可下笔。盖古人著书立说，皆有所为而发。故其所处之环境，所受之背景，非完全明了，则其学说不易评论，而古代哲学家去今数千年，其时代之真相，极难推知。吾人今日可依据之材料，仅为当时所遗存最小之一部，欲借此残余断片，以窥测其全部结构，必须备艺术家欣赏古代绘画雕刻之眼光及精神，然后古人立说之用意与对象，始可以真了解。所谓真了解者，必神游冥想，与立说之古人，处于同一境界，而对于其持论所以不得不如是之苦心孤诣，表一种之同情，始能批评其学说之是非得失，而无隔阂肤廓之论。否则数千年前之陈言旧说，与今日之情势迥殊，何一不可以可笑可怪目之乎？

但此种同情之态度，最易流于穿凿傅会之恶习。因今日所得见之古代材料，或散佚而仅存，或晦涩难解，非经过解释及排比之程序，绝无哲学史之可言。然若加以联贯综合之搜集，及统系条理之整理，则著者有意无意之间，往往依其自身所遭际之时代，所居处之环境，所薰染之学说，以推测解释古人之意志。由此之故，今日之谈中国古代哲学者，大抵即谈其今日自身之哲学者也。所著之中国哲学史者，即其今日自身之哲学史者也。其言论愈有条理统系，则去古人学说之真相愈远。此弊至今日之谈墨学而极矣。今日之墨学者，任何古书古字，绝无依据，亦可随其一时偶然兴会，而为之改移，几若善博者能呼卢成卢、喝雉成雉之比。此近日中国号称整理国故之普通状况，诚可为长叹息者也。今欲求一中国古代哲学史，能矫傅会之恶习，而具了解之同情者，则冯君此作庶几近之。所以宜加以表扬，为之流布者，其理由实在于是。

至于冯君之书，其所用材料，亦具通识，请略言之。以中国今日之考据学，已足辨别古书之真伪。然真伪者，不过相对问题，而最要在能审定伪材料之时代及作者，而利用之。盖伪材料亦有时与真材料同一可贵。如某种伪材料，若径认为其所依托之时代及作者之真产物，固不可也。但能考出其作伪时代及作者，即据以说明此时代及作者之思想，则变为一真材料矣。中国古代史之材料，如儒家及诸学等经典，皆非一时代一作者之产物。昔人笼统认为一人一时之作，其误固不俟论。今人能知其非一人一时之所作，而不知以纵贯之眼光，视为一种学术之丛书，或一宗传灯之语录，而断断致辩于其横切方面。此亦缺乏史学之通识所致。而冯君之书，独能于此别具特识，利用材料，此亦应为表章者也。

若推此意而及于中国之史学，则史论者，治史者皆认为无关史学，而且有害者也。然史论之作者，或有意，或无意，其发为言论之时，即已印入作者及其时代之环境背景，实无异于今日新闻纸之社论时评。若善用之，皆有助于考史。故苏子瞻之史论，北宋之政论也；胡致堂之史论，南宋之政论也；王船山之史论，明末之政论也。今日取诸人论史之文，与旧史互证，当日政治社会情势，益可借此增加了解，此所谓废物利用，盖不仅能供习文者之摹拟练习而已也。

若更推论及于文艺批评，如纪晓岚之批评古人诗集，辄加涂抹，诋为不通。初怪其何以狂妄至是，后读清高宗御制诗集，颇疑有其所为而发。此事固难证明，或亦间接与时代性有关，斯又利用材料之别一例也。

寅恪承命审查冯君之书，谨具报告书，并附著推论之余义于后，以求教正焉。

陈寅恪谨具。十九年六月十一日。

本文原载《学衡》第 74 期，1931 年 3 月。

整理者：薛　蓁

校对者：周　颖

人文主义与现代中国

梅光迪

在《美国的人文主义》一文中，Mercier 教授指出，白璧德的著作在中国备受关注和推崇。除了认同 Mercier 的看法，本文还将阐述，一场与由白璧德和莫尔领导的人文主义运动颇为相似的运动是如何在中国展开的。

回首十五年前，白璧德的课程引起了当时正在哈佛钻研哲学和文学作品的中国学生的注意。此时能意识到白璧德和莫尔及其作品思想价值的人并不多，中国学生应算是其中之一。他们将两人与歌德和马修·阿尔诺德相提并论，认为两人以同样无可辩驳的权威指出了“现代社会的病垢”。这些中国学生回国之后，便担起了向中国读者推荐并阐释这两位批评家及其作品的任务。欧美的人文主义者曾付诸六年的努力，将它以理性与文化相结合的运动形式推上了社会历史的舞台，它所具有的意义不容忽视。人文主义在中国的传播也源于类似的过程。

受其特有的各种条件和问题的限制，中国肯定不能全盘照搬美国人文主义运动的模式。因为缺乏创造性等因素，中国的运动甚至没有自己的名称和标语，但是就许多基本的思想和原则而言，美国的人文主义运动为它提供了重要的资料和灵感源泉。因此，阐述美国人文主义者对其中国学生的影响，研究中国产生这样一种运动的导因并简单评述此次运动的成败得失，从而对它将来可能有的发展方向提出一两点建议。凡是对人类文明的未来(不单是西半球或是中国，而是全世界作为一个整体，其文明发展的未来)有浓厚兴趣的人，对这些问题的讨论也一定会持欢迎的态度的。

中国正经历着一场史无前例的文化变革。现代中国人，至少其中严肃认真的一部分人，也正忍受着一种思想空白和精神领域的尴尬境况所带来的煎熬。这种煎熬是世界上其他国家的人无法体会与了解的。西方战后的一代是用“天堂之国”的理念来构筑他们的灵魂的，尽管其中也不乏绝望和忧伤。十九世纪下半叶，两方列强给中国带来了一连串的灾难；而国内的领导人又引发了一系列的革命热潮和革命运动，所有的一切加在一起便导致了人们对文化传统的置疑，民族自信心也大打折扣。他们鼓吹的社会政策和个人行为的神圣不可侵犯已变得苍白而空洞，最后甚至连文学和艺术也变得毫无意义。在中国，这种突如其来的人生观的改变是前所未有的，也具有不同寻常的悲剧色彩：在此之前，中国是一个优秀而保守的国家，它对古人的尊崇，在国家政权和家庭结构里对法定的权威和中心的依赖，已经到了一种近似于宗教的痴迷。这个国家的人民，在面对因陌生的突发状况而必须做出的快速变革和调整时，总会因准备不足而显得茫然不知所措。他们自然而然地就转向了西方以寻求光明和向导，因为是西方人使得他们脱离了祖训并遭遇突然性的变革。随处可见政治上的瑕疵，社会动荡不安，知识界的混乱以及精神领域的独裁。这些都逃不过任何一个，哪怕是来自落后国家的细心观察者的眼睛。所谓的民主和科学、效率和进步，其黄金时代早已在世界大战的炮火中灰飞烟灭。

中国此次运动的发起者在美国留学时可能就已全面研究了自卢梭以后的现代先知，并认真聆听了这些人类精神医师所做出的诊断和建议的药方。然而，他们却发现，这些诊断相互矛盾且浮于表面，那些药方也令人怀疑。这些先觉们要求的不是更好的，而是更多的民主、科学、自由和个人主义。他们的激进主义事实上并不是要激进地与过去两百年积累下来的现代思想和文化主流相脱离。他们和世界上的其他人一样，卷入了一个恶性循环当中。同时中国的学者以他们惯有的方式在美国逡巡着，从一所大学到另一所大学，可能也体察并检阅了各种学术课程的内容，可是他们刻苦的学习带来的却只是更多的不安与焦虑。

如果早知道寻得的只是一种虚幻的精神启蒙，中国的寻宝英雄们或许就会安心地都待在国内了。因此，白璧德和莫尔教授对他们来说便是一笔巨大的财富。他们发现白璧德刚刚出版的三卷作品时欣喜若狂的心情以及他们对白璧德的课程投入的巨大热情，至今仍在人们的脑海中留有清晰的印象。一天，一位年纪尚轻的中国学生公开承认，十年前，当他觉得所谓的“中国复兴”的领袖们引进并鼓吹的许多新思想十分幼稚且不可靠时，当时备受关注的《卢梭和浪漫主义》给他带来了新的启示。不过，它也没能解释他心中的逆反情绪来源于何处。近十五年来，几乎所有到哈佛学习文学与哲学的中国学生都要听一听白璧德的课，他的中国学生的数量，尽管仍然不是太多，却已经在稳步增长了。

这位批评家和思想家能紧紧地抓住他的中国学生——也包括美国国内和欧洲的战后一代人——其秘诀并不难找寻。他的思想是当今西方流行的各种思潮的“解药”。这些思潮都打着变革和进步的幌子，声称要将人类带到一种更进步、更光明的生活方式中去。然而，与此相矛盾的是，人类被径直带入了一个充满绝望和挫败的黑暗的深渊里。如今，挫败感似乎成了人们精神状态的显著特点，而且是其精神困境最真实的写照。改革与进步的原则本身就在抑制着自己的发展。人们对纯粹的新奇充满了厌恶与腻烦，这种心理已是一个不曾改变也不可改变的事实。如果一个人总要否定他自己的过去，而且对自己已取得的成就毫无信心，那么未来的生活又能带给他怎样的意义和目标呢?

白璧德的理念和价值观包含着开阔的历史眼界，能极好地解放人们的思想。它能将你从现代社会狭隘的束缚中解脱出来。它搬开了只注重近代而对西方文化史进行随意划分的做法，在他的世界里，只有几位零星地分布于各个历史时期的伟大人物，其中有当代的，也有其他时期的。根据现代人对“进步”这个词的含义的界定，伟大人物的标准是永恒的，不会随时间的推移而“进步”。这种观点无疑有悖于“伟大人物无法穿越时间、地点的限制”这一现代社会学的主张。

此外，另一个使中国人对白璧德的作品感兴趣的原因是其中着眼于世界的观点。白璧德和莫尔应是最早将看似背道而驰的东西方文化看作一个整体的人。白璧德对孔子有着深刻的理解，并将孔子和亚里士多德进行了精辟的比较，这使他成为所有对中国的圣人有所研究的西方学者中首屈一指的人物。而这些，他都是在没有直接接触到中国文化的情况下做到的。孔子之后，中国人以其长期积累的个人例证及经验不断丰富和活跃儒家的人文主义。我们可以想象，对白璧德来说，所有的了解来源于他可直接获得的各个历史时期中国的文学和哲学作品。

白璧德和莫尔致力于恢复和支持世界范围内众多圣贤人士的地位，因而遭到了当前知识界许多持地方主义观点的人的反对。在西方文化的漫漫长途中，现在这个时代只是其中的一个阶段；而在世界文化的浩瀚海洋中，西方文化也只是其中的一个部分。这种观点应是合情合理的。然而，在那些目光短浅，仅囿限于跟前和西半球的人看来，它却是无法接受的。为了拓宽现代人的视野，白璧德和莫尔成了真正的激进派，以求彻底改变现代生活的根本原则。他们的目标是对现代派所理解的价值观进行“重新审视”，并完全推翻现代人一致认同的许多基本观点和基本原理。他们要求现代人所做出的思想改变既极大地侮辱了其个人的尊严，又给已根深蒂固的习惯带去了莫大的痛苦。这两位学者的理论引起的现代社会的震撼，绝不亚于当年哥白尼学说对中世纪宇宙观的颠覆作用。从历史的观点来看，莫尔和白璧德可以被称作是自由保守主义者，因为他们的主要目标是要将当今误入歧途的人们带回到过去的圣人们走过的路途之上。用白璧德的话来说，就是要“用历史的智慧来反对当代的智慧”。在如今这场涉及到现代文明所有问题的思想大战中，他们是打破平静的造反派，而我们现有的充当着时代代言人的激进派，却是那些自以为是、以和为贵、身后有着法定权力和广泛支持的达官贵人们。

这两位作者在学术界的境遇同样不胜窘迫，尽管他们的观点乍一看来颇具学究味，不少出版界的名人却把他们视为受传统束缚的大学里无足轻重的批评家，对之冷嘲热讽。在这些似乎颇具吸引力的圈子里，他们的存在多少带有点欺骗性。大学的文学院系里，哲学领域已经延伸开去，占据了原本属于人文研究的位置，并与时下流行的学术圈内圈外的文学激进派产生了联系，这种联系早已是路人皆知了。这个领域当中的研究往往比文学研究更具科学性和社会性。它对评论性作品并无好感，尽管这类作品要求文学的感性和哲学的深度能水乳交融。它与战争时期人们对德国化的行为方式和美国式的学术精神进行攻击的风气颇有几分相似。战后，要写文章抨击这种思潮已变得越来越容易了，而这得归功于二十年前，欧文·白璧德以《文学和美国的学院》一文打响了第一枪。

对于两人所具有的诸多品质，恐怕只有他们的中国学生才能给予最高度的评价。中国的青年们都迫不及待地要成为他们的学生。在中国漫长的历史长河中，有许多文哲泰斗和伟大的政治家，以其非凡的人格魅力赢得了人们的尊崇和忠诚，而白璧德正是这样一位与这些人有很多相似之处的导师。他的身上无疑也有着那种神奇的魅力，否则他就无法吸引他的学生。他桀骜不驯，具有王者风范，争强好胜，无视自己的观点在尘世中所引起的反响。这些品质对中国人性情之中较为清高的一面来说，显得十分亲切且很具吸引力。他在反对带有浪漫主义崇拜色彩的情感的过程中，本身也投诸了许多情感。他并不是一个挑剔而敏感的文人，不是学术界中那种态度随便的人，一方面本能地逃离日常生活中种种的丑陋和粗俗；另一方面又太过于慈悲，明哲保身，不愿给任何人以警示。他也不是对某些偏远问题做研究的专家，做出某个结论，在一潭死水的学术界惊起一点点稍纵即逝的波澜。更不是那种高高在上、与世隔绝的哲学家，建立一个别致的思想体系，但仅供观赏，与实实存在的日常生活毫无关联。相反，他是一位相当实际的学者，极为关注自己的思想理论的直接效应。

归根到底，衡量一位导师伟大与否的尺度就是他帮助学生找寻自我的能力。白璧德对儒家人文主义的评价从某种角度上来说，向他的中国学生指明了中国文化在世界上的地位，为他们在当今形形色色的文化价值观和文化主张中指明了正确的道路。在其影响之下，他的学生们在看待本国的文化背景时有了新的视角和方法——这种方法的基础要比以前更具批判性态度和技巧。这种评论方法并没有使诸多年轻的中国知识分子更快地背叛自己的文化，反而更坚定了他们的信仰。凭借自然科学和社会科学的媒介、工具，西方文明取得了了不起的成就；而中国的文明与之相比，则显得落后许多了。时下这种颇为盛行的观点在他们看来，也是毫无道理、无关紧要了。这样的对比有它不可否认的一面，但东西方文明的共通之处更是无法抹杀的。如果从历史的角度对两者加以审视的话，更是如此了。在悠长的历史长河中，它们都产生过许多伟大的精神领袖。现在中国人却陷入了一种前所未有的深深的窘迫感之中，因为他们发现自己落伍了，被这个充满活力、发展迅速的现代社会远远地甩到了后面，同时他们自己又急切地想打破固有的传统并改革维新以求与世界同步。他们好像丝毫没有意识到这样做会使他们丧失自身文化的特性和独立性，成为欧美的翻版，从而真正变得低人一等、滑稽可笑。他们为什么就不能凭借传统，保留一些属于自己的沉稳、超然和自信呢?

中国只经过了一代人，便从极端的保守变成了极端的激进，的确令人惊叹。现在，它要算这个世界上除了苏俄之外，最无传统可言的国家了。就其本身而言，它显然既没有兴趣，也没有能力将所认定的西方文明与自己的过去协调起来。换言之，想要让人们凭借其理解力将新旧思想进行理智而周全的综合并非易事，尽管这种理解力在人们的精神领域中起着至关重要的作用。如今在中国的教育、政治和思想领域扮演着主角的知识分子们，他们已经完全西化，对自己的精神家园缺乏起码的理解和热爱，因而在国内他们反而成了外国人。十八世纪，特别是十九世纪，在一股丰富有余但误入歧途的热情的推动下，庄严的西方现代文明的大厦建立了起来，如今它却被自己的思想家发现已摇摇欲坠，面临崩溃。这一代中国人风急火燎地互相伤害，想要的只是建立一座同样的大厦。用不了几年时间，中国很可能就会成为西方所有陈旧且令人置疑的思想的倾倒之地，就像现在它已成为其剩余产品的倾销地一样。

总的来说，默许这种新体制的中国人大致可以分为两种：第一种是思想肤浅类。此类人具有的是动物的本能，要不就幼稚地将生活仅仅看成是一次对自己有利的机会，为的只是好好地利用某些偶然的事件。他们对自己的祖先嗤之以鼻，以民主、科学、效率及进步为其支架，毫无愧疚与疑义地将目前西方的官方哲学当作自己的主要价值观。随着新的不断产生影响的学校和学院毕业生的数量的增加，这一类人的数量也在日益增加，而这些学校中有相当一部分是由美国赞助的教会学校。这群人中有一些更具野心的，为使他们所主张的西方化方式更有威信和权威，为了能扩大其影响范围，来到了美国的更高等的学府。美国是所有西方国家中最积极支持中国的现代化的。这一部分中国人回国后便俨然以西方化真理的传播者的身份自居了。他们所谓的西方化真理实际上一无是处，其实质不过是五十年前马修·阿诺德(Mattthew Arnold)就已讽刺过的“中产阶级的自由主义”。Mr. Nathariel Peffer 在他最近的一篇题为“Harpers”的文章中，描述了这样一幅场景：一个中国人，把他在西子湖畔的神圣家园推倒，在这座举世闻名的，无论是历史意义还是艺术成就都无可匹敌的中国的国家花园里，建起了“新泽西厂房”。诸如此类的人在工厂、银行、政府机构及学术界都是无处不有，整个中国的上空都回响着他们的“发展计划”。这些人就是当代美国社会中数量众多、力量强大的工商业巨子、政客，“扶轮国际”成员以及各式各样的社会事业家们在中国的影子。

第二类人与第一类人的不同之处在于他们有更深层的思考，有能力对中国人生活中发生的剧变进行合理的解释，并时刻与当代东方的几种思潮保持着一致。这一类人也许可以被看作是中国西化运动的理性之翼。他们不仅全盘接受第一类人的观点和计划，而且其目光更为长远。他们满腔热忱地投身某些社会、政治改革乃至整个文化革命中，在像胡适这样聪明而新潮的现代派人物的领导下，不弃不馁地推进着中式生活的西方化。不过，他们已走得太远，已不再是如他们自己宣称的那样，进行着“中国的复兴”，而是铸成了“中国的自取灭亡”。

当然，并不能期望所有的中国人都从这样空洞的理论中汲取到必须的营养。西方的确能够为建造一个新中国提供各种理性和文化因素，我们对之也应该加以欢迎和吸收，只要它们不会与中国的优良传统相违背。此类传统经受住了时间的考验，构成了中国民族精神的精粹。西方文明自身无疑也经历过一个缓慢而痛苦的积累过程。它并不能单纯地被看作是科学和民主在过去二百年里创造的成果，不管科学和民主曾经创造如何辉煌的成就。即使是现代西方的存在方式，也不是那些忽视、鄙夷其先人成就的价值的中国改革者们真正能够理解和解释的。凡是能注重自己文化背景的中国人也一定不会看不到表现得支离破碎、毫无章法可言的现代西方文明和作为一个历史整体的中国文化之间的不协调、不和谐。只有这些中国人才能感觉到自己的同胞已被骗去了他们最宝贵的文化传统；这些人多少也受到美国人文主义的影响，但他们同样面临着现代中国文化自我毁灭的威胁。

和美国的人文主义者一样，中国的人文主义运动的支持者也是大学里的学者。他们的文学机构主要是《学衡》，一本创办于 1922 年初的中文月刊。其主编是清华大学的教授吴宓先生，他是中国人文主义运动最热忱而忠诚的捍卫者。前两年，他又接管了被公认为中国最好的日报——天津《大公报》的文学增补周刊的编辑工作，从而佐证了他那过人的体力。中国人文运动另一重要出版物是《史地学报》，由著名作家、历史学家柳诒徵先生主编。他目前正在南京的国立图书馆担任主管。与这两位有交情的朋友和他们的学生都是这场运动的推动力。需要指出的是，这当中许多人，像柳先生一样，都是在中国这片土地上，完全在中国文化的熏陶之下成长起来的。不过他们也都发现自己与白璧德的嫡系弟子们有着不少大同小异的观点——这一事实表明，美国批评家的人文主义精神在世界范围内都颇具吸引力，而且，从其整体性来看，东西方文化本质上也有一致性。

人们可以在任何一本《学衡》的首页上读到这群中国人的精神主旨的宣言。现将此宣言全文抄录如下：(1) 阐释中国文化的精神，系统组织中国文化的素材；(2) 介绍并吸收西方哲学和文学的优秀作品和思想；(3) 以合理、明智、批判的态度讨论当今中国生活中的各种问题和思潮及教育现状；(4) 创造一种现代中国文风以表达新的思想和情感，同时又保持中文的传统用法和它固有的风采。整个纲领听起来温和而不激进，无可厚非。可是在如今的中国，温和已不再是美德，只会被视为太过于胆小，或者是墨守成规、极端保守的表现。

我想，《学衡》的创办者们一定是将捍卫中国的传统当作了自己的主要目标。现代中国的激进文化运动有两个突出的特点：只专注于传统中的瑕疵；鼓吹低劣而不加选择的“世界主义”，以此为自己的主要内容。要对它进行勇敢的抵制，任何时间都是好时机，包括 1922 年。这场运动所扮演的“反弹琵琶”的角色大行其道，带走了仅剩不多的一点点民族自尊心和自信心，将现代中国推入了自我诅咒的无边深海中。《学衡》的作者们并非对自身民族传统中的问题熟视无睹，而是坚信目前更为紧迫的任务是要对已取得的成就加以重新审视，为现代中国重塑平稳、镇定的心态。在他们看来，这不仅对真正的文化复兴是必要的，而且也是批判性接受西方文化中有益且可吸收的东西必不可少的条件。

《学衡》的特别之处更在于它以各种方式告示国人，建立一个新中国唯一坚实的基础是民族传统中的精粹部分，其立场集中表现为哲学、政治和教育上的理想主义及文学中的古典主义。也就是说，其立足点是儒家学说，尽管它并没有宣布要成为儒家运动。事实上，现在中国所有的文化斗争就是对孔夫子持有不同看法的派别之间的斗争。两千五百年来，孔子是几乎所有理念和精神流派的根源所在，至今他仍然对亿万中国人有着深刻的影响，虽然人们可能并没有意识到这一点，虽然有不少现代主义者在发表反孔子的作品。

中国人文主义运动的领导者基本上都是文人，而且和美国的人文主义者一样，十分注重道德基础和文学的重要性，将之视为一种表达方式、一种生活方式。正因如此，他们成了中国文学古典派的拥护者，反对所谓的“文学革命”者推崇的偏激思想和倾向。在这一点上，白璧德的理论原则又得到了充分的肯定，因为中国的古典主义在许多方面都与十七、十八世纪欧洲的古典主义有些惊人的相似之处。此流派的创始人韩愈(768—824)，是中国的德莱顿(Dryden)和布洛瓦(Boileall)，其哲学和文学作品是儒家的经典著作。(它也由此得名，“古文”意即“古代的文学”。)它的基本原则和欧洲的古典流派极为相似：格式固定，文风严谨，而最重要的是它们的准则都是：“文字的目标是传达真理。”该学派的名家，从韩愈到著名的太平天国运动的镇压者曾国藩，都不仅是伟大的作家，而且也是伟大的道德家、政治家和军事家。而曾国藩，实际上是将这些集于一身——这在现代是无人能及的。此类中国古典主义者可能比其他任何国家的作家都更能体味儒家的名言：“君子不器。”换言之，他必须拥有全面的文化素养。

上文所述肯定过于简单化，不能对中国传统中涉及的哲学和文学问题做出充分、公正的评估，但我还是希望它能显示出这些问题的一般本质。在《学衡》中人们看不到任何坚持不懈的尝试，编者们没有像他们承诺的那样全面、深入地讨论这些难题。要研究、精选并阐明中国文化传统中所有具有重要意义的方面和问题，需要大量的文献并付诸多年的努力，做到这一点，既有利于现代中国，也有利于整个现代世界。从事此项工作的学者和作家们也就必须比《学衡》的编者们拥有更广泛的知识层面和更具深度的思想。不过，任何人，只要不像某些现代主义者那样缺乏远见，就能够看到这个文化传统蕴含的不可估量的价值。恐怕没有人比《学衡》的编者们更愿意承认，中国的文化传统在经过了长期的与世隔绝之后，已陷入了狭隘的自我满足、固步自封中，因此在比较和竞争中缺乏优势。所以，它必须得到丰富、补充；在其退化的情况下，还必须得到修正。目前它与西方文化的接触肯定是其历史进程中最具意义的一次经历，这样的接触应该能为它提供一次好机会扩展及提高自身，但绝不是像它的一些现代派敌人希望的那样，给它带来自我的灭顶之灾。

这样的一次运动没有引起广泛的注意，得到公平的待遇，在现今的状况下倒也不足为奇，因为它与中国思想界花了一代人的时间与努力想要建立和接受的东西完全背道而驰。现代主义者是新的达官贵人，有关于变革和革命的信仰已经成为一种新的传统。这种传统比以往任何旧传统都更具自我意识和良好的组织性，不过它也就更无法容忍异己的存在。新闻出版界、教育单位以及政府部门在很大的程度上都受控于这群现代主义者。他们与其他思想流派的联系是很不成熟的，他们所宣扬的所谓理性的宽容只是相对于那些与他们观点相同或服从他们的统治的人而言的。西方思想界在经过了两个世纪的现代化探索之后最终能够平心静气、高瞻远瞩地看待自己的亲近派和反对派了，而中国的思想界却在现代化探索方面落后了整整两个世纪。一位中间派观察家的话在这儿也许值得一引。楼夫来先生对中国的“文学革命”做了中肯恰当的评价，1926 年，他在《北美评论》(*North American Review*)中写道：

> 他们(吴宓等人)办起了一本名为《学衡》的杂志，旨在推动中国文化的发展，保留中国知识界的伟大传统并反对上文描述的新运动。它是一本有其独到之处的好杂志，但它与时下流行的趋势背道而驰，且没有标语和战斗口号以激发大众的想象力，自然它对普通学生和大众造成的影响不会太大。不过，它批判了地方主义运动的泛滥及沽名钓誉之人恶行的猖獗，为道德等诸方面的健康发展起到了补充和纠错的作用。

这场运动是否有可能得到复兴及进一步的发展呢？这个问题应从以下三个不同的方面加以考虑：运动的本身、中国知识界的现状及从西方传来的知识发展的新趋势。

从一开始，这场运动就没能提出界定明确的议题。也许它的领导人也没有将这样的问题弄清楚，或者只看到了其中极小的一个部分。《学衡》的原则和观点给普通读者留下的印象是，它只模糊而狭隘地局限在一些仅供学术界闲时谈论的文哲问题上。正如楼先生已指出的，它缺少必要的标语和战斗口号。他们必须更加明确清晰地提出问题，并为之提供更加具体的内容和解释性材料，这样不论是他们的对手还是普通的大众都能更好地理解这些问题。

此外，他们还必须抛开那些冰冷的分析过程。各种难题之后蕴藏着的情感和信服力具有强大的驱动力，是改变这个充满叛逆的世界必不可少的条件。在这个关键时刻，中国文化的存亡还是个悬而未决的问题。现代中国人最大的责任就是保存自己的传统文化并维护它的声誉，因为这种文化是许许多多优秀人物用他们的才华和情感铸就而成的，也正是有了这种文化，我们至今仍然可以听到这些人的声音。在西方某些大学里，它也许能受到与巴比伦或者埃及文化相同的待遇。但那纯粹只是为了满足一种知识上的好奇心而已，它也可能会被中国的某些革命者讽刺为“中世纪和封建主义的残余物”，可是，对以它的名义发起一场运动的人来说，它应该是一种信仰，一种包含了宗教中所有的痴迷和悲怆的信仰。

或许，这种心理变化的契机很快就会到来。中国人会清醒过来的。他们用了一代人的时间如痴如醉地追逐着政治、经济和机械进步的影子，结果却发现这些影子只是在模糊的远方摇曳着，无法捕捉。他们多少已经厌倦了这种追逐。很快他们也会发现，一个国家好比一个人，如果其本身和它所模仿的东西之间不能达到和谐、一致，那么这种肤浅的模仿便是毫无益处的。中国人似乎会说，自己并没有从先人那儿继承到任何优秀的传统，倘若如此，他们又怎能学习和吸收别国文化的精华部分呢？不要忘了，中国也有两面：一面是官僚主义、无知、贫穷、肮脏和盗贼；而另一面则是孔子、孟子、杜甫、韩愈、苏轼及曾国藩等人——在这里也只是提几位西方人耳熟能详的名字而已。即使是对后一种中国，要在其中宣扬文学复兴也非明智之举。而后一种中国人，如果今天还活着的话，也能成为真正的现代人，因为他们拥有纯洁、高尚的品格，他们的观点明确而合理且迄今基本未变。他们是中国民族精神的最杰出的代表，因此我们有理由相信，只有这一类人才能担当实现中国现代化的重任，哪怕要通过仿效西方来完成这项任务。只有这一类人才知道该如何模仿西方，因为他们不会让自己成为没有民族特色的人，或者至多成为欧美的二流翻版。他们会在本质上保持自己作为中国人的特色，尽管他们都接受过现代化的训练，都持有现代派的观点。

今天，他们的希望便是有机会向中国人和西方证明，中国文化真正的创造力在本国的现代化进程中同样可以大有作为。在这种情形之下，西方在中国就必须重新进行自我阐释。换句话说，它展示给中国的，不应只是它十九世纪的精神面貌，而应该是它所有的历史中包含的精神本质。莫尔和白璧德的人文主义之所以能使深受他们影响的中国人的思想混乱得以澄清，原因也在于此。人文主义的思想原则传遍整个西方世界，在那些已感受到西方的文化崩溃的威胁的人当中，引起了共鸣。这几位“喜好冒险的人物”的最高使命似乎就是要对那些长期以来一直为西方知识界的圣洁和思想界的稳定而奋斗的各种力量重新加以肯定和组合。现代西方解决这个问题所采用的明智的方法将给中国文明遇到的类似的问题的解决提供很好的借鉴。当然，没有人能比白璧德本人更清楚地看到这两个问题的相互独立性。十年前，他曾在中国学生的一次大型聚会上作了以下的讲话：

> 为什么不为人文主义的国际化而工作呢？它不一定就得上升到宗教信仰的高度；但加入其中的绅士们认为，他们至少能在相同的温和态度、相同的观念和相同的礼仪方式的基础上团结起来。我希望，假如在西方发起了这样一次人文主义运动，它也可以在中国的新儒家运动中得到呼应——这种儒家学说将能够彻底挣脱几百年来它背负着的、学究式、形式主义的沉重包袱。

本文为 Humanism and Modern China（Mei，K T，*The Bookman*：*a Review of Books and Life*，Jun 1931）一文的译文，译文选自杨毅丰，康蕙茹编：《民国思想文存 学衡派》，长春出版社，2013 年，第 115—125 页。

整理者：齐以恒
校对者：温　度

《国风》发刊辞

柳诒徵

张、缪诸子倡为《国风》半月刊，属余为发刊词。余曰：呜呼噫嚱！吾侪今日尚能强颜持吾国之风而鸣于世耶！淞、沪之血未干，榆、热之云骤变；鸡林马訾，莫可究诘；仰列强之鼻息，茹仇敌之揶揄。此何时，此何世，尚能强颜持吾国之风而鸣于世耶！辽事初作，或疾首蹙额谓余，惧为季宋晚明之续。余曰：君何言之奢？今犹能为季宋晚明耶？宋明之衰，惟衔北虏，战伐媾和，蒙尘割地，一切自主，不谋于人；存固吾自存，亡亦吾自亡，曷尝伈伈伣伣于列辟而乞命耶？受螫蜂虿，而告哀虎狼，有史以来无此奇耻！即春秋之宋、郑，惟晋、楚之命是听；然彼大国犹能执牛耳，抗义声，不恤以兵车为玉帛之卫。今之世其有晋、楚否耶？犹有进者，女真、蒙古能夺吾族之主权，不能夺吾族之文教；腥羶陋俗，虽凭陵华夏，每相顾而内惭。吾之士民可杀，可屠，可虏，可笞，而不可使之举声名文物挫折而从夷狄。今何如乎，始以欲知四国之为，继则自忘一齐之傅，食马肝而效捧心，遂若吾国甫产獉狉，罔知五十，一切尽弃所有，惟恐其肤黄发直，不齿于人。傅会文明，颠倒缁白，乱名改作，欲海沸腾。于是国族本根，斩于寻斧，寿陵之步，沦胥以铺。虽以总理遗教，昭示大经，欲复民族之精神，盛倡政治之哲学；而丧心病狂者，依然莫之或革，社会之震撼，风化之污浊，直欲同人道于禽兽；而一饰以异域之所尝有，遂莫之敢非。呜呼，此岂独宋明之季无之，即六代五季之冥棼溃乱，亦不能追今日之万一！使燃牛渚之犀，以照兹世，第可绘写奴风妖风，乌睹所谓国风者耶？虽然，基玛尔必产于土，墨索里尼必产于意，甘地必产于印度。有血胤焉，有脑系焉，此内因也；有水土焉，有名言焉，此外因也。合内外之因，而无键钥以导之，则阒郁而莫可求也；启之，辟之，灌之，植之，以炎黄胄裔之悠久，拥江河山岳之雄深，宁遂无奋发自强为吾国一雪此耻者乎。闻诸子言，斯刊职志，本史迹以导政术，基地守以策民瘼，格物致知，择善固执；虽不囿于一家一派之成见，要以隆人格而升国格为主。呜呼，诸子好为之！今日为此言，虽涉强颜，而国徽犹被暨南朔，凡吾侪胸中坟起潮汹，欲一泄以告吾胞与者，凭恃时机，殆尚未晚。失今不图，恐更非吾所忍言矣！

廿一年八月柳诒徵

本文原载《国风》创刊号，1932 年 9 月 1 日。

整理者：王　祚

校对者：谢　任

孔学管见

柳诒徵

诸生以孔子纪念日特刊征文。仆谓斯事体大，以管窥蠡测之见，辄谓能发扬孔子之道于万一，恐不第不能阐明孔子之精神，转足以滋学者之病痛。如居深谷，强写喜马拉雅山绝顶，宁有是处？居尝窃笑近年有所谓专打孔家店，呵斥孔老头子者，固无损于孔子毫末，实则自襮其陋劣。然若康有为、陈某某等，以孔教号召天下，其庸妄亦与反对孔子者等。真知孔子之学者，必不以最浅陋之宗教方式，欺己欺人，且以诬蔑孔子也。欲传孔学，在不言而躬行。自幼至长，以迨老死，时时践履，息息奉行。夙夜检点，寝食思存。尚不知能行孔子之言至若何程度，矧自命能知孔子之学，且加以评判解析，谓能持所得以诏世哉？就粗浅之义言之，服膺孔学，第一不可骛外。读书万卷，下笔万言，一涉名心，便违孔教。苟识斯旨，自知不敢率尔操觚矣。

虽然，仆不敢谓知孔学，第觉从孔子之说，于私心较安，且于人人若有可以共安者在。窃悲今人舍其可以共安，而必力趋于不能共安之途，则仆所为大惑不解者耳。往在学校，尝语青年，俗语有使人吃苦头者，汝知之乎？辄应曰知之。仆曰：今日流行之文艺风说，皆使汝辈吃苦头也。吾读遍《论语》，未尝见一苦字。《孟子》中有“苦其心志”一语，外此亦不再见。而孔孟言乐者最多，然则人欲寻乐，莫若从孔学；欲不吃苦，亦莫若从孔学。今之所谓人生之烦闷，人生之苦恼，人生之无意义、无价值，乃至颓堕浪漫，发狂自杀，著之杂志，登之报章，写之小说，示之电影，皆使一辈青年吃苦头耳。舍乐趣不求，必相率而求苦趣，吾诚不知倡导者是何居心。从其风者，吃尽苦头，迷而不返，其可悲悯，孰大于是。故敢就管见所及，祈为世人稍稍解除苦痛，不敢云讲明孔子之学也。

宗教家讲三世，讲多生，有天堂地狱之说，于是斥现世为苦海，而使人自勉于生天国，往净土。文学家恃幻想，造幻境，非檃写世间苦痛，及一切人类之种种罪恶，无不是以惊心动魄，成一绝世奇文。孔子之学之出发点则异乎是，只论现世，不谈未来，故曰“未知生，焉知死”。而处现世又无入而不自得，故曰“素富贵行乎富贵，素贫贱行乎贫贱，素夷狄行乎夷狄，素患难行乎患难”。于是止见人生可乐，而绝无所谓烦闷、苦恼、无意义、无价值之说。既不问环境，又不借外力，堂堂正正，屹立世间。“富贵不能淫，贫贱不能移，威武不能屈”，此是何等伟大，何等快乐。不识此种出发点，自然立足不定，为环境所压迫，为外力所摧残，颠倒昏迷，不能自主。得意则饮食男女，金钱势位，患得患失，苦不可言；一失意则投江蹈海，服安眠药，吞火柴头，卧铁轨，放手枪。乃至入同善社，入悟善社，从天主教，学密宗，求净土，皆由对此一身无法安顿。毫厘之差，相去万里矣。

孟子曰：“圣人，人伦之至也。”何以谓之“人伦之至”？以世人安身立命之法，莫有善于此者也。吾人试平心静气，熟思此数十寒暑如何度过，再取世间种种方法一一揣度，自知安身立命之法，以孔子之教为最善。今人日日置身危境，特苦其不思耳。苟能察知世俗之危险，又明于宗教之虚幻，即知任何人皆可予以当下受用者，舍孔子之学无二途矣。虽然，所谓人伦，非块然独处，顽强自乐所可尽也。人有人之伦理，一身之外，无远而非人也。以何条理握其枢要乎？仆尝妄谓今人不知人伦，或见其少，则有个人主义；或见其多，则有社会主义。而孔子之学，则介乎其中，而求得一种条理，以握人之枢要焉。一人之外，必有他人，由一而二，由二而三，以至无穷。所谓“一生二，二生三，三生万物”也。孔子之教，个人欲应付多人，必须先从二人做起。（此非从孔子始，惟至孔子及曾子、子思、孟子阐发始精耳。）其惟一妙法曰恕，所谓“以己之心度人之心”，所谓“己所不欲，勿施于人”者，皆从双方立言。人人奉行此法，则州里蛮貊无往而不可行矣。然第曰恕，则分析人类之分际，犹未精也。于是又析之为五种：曰君臣，曰父子，曰夫妇，曰兄弟，曰朋友。而人之与人相对之类别，尽括于是矣。君臣固不止二人，就一臣对一君言，则二人也。父子亦不止二人，就一子对一父言，亦二人也。（资于事母以事父，则父子包括母子而言。）兄弟朋友，义亦犹是。故凡一人对于任何一人，能以恕道相处相安，由此即可对大多数之人，亦相处相安。凡对于大多数之人不能相处相安者，必其对于最亲最近之某一人，即不能相处相安者也。仆尝妄谓五伦为二人主义。二人主义者，仁也，即所谓相人偶也。相人偶者，由个人而至大多数人之中，必经之阶级也。今人动称四万万同胞，又矢口辄讲大同主义，然家庭则父子革命，兄弟参商。始焉求偶妒奸，继也离婚失恋。于是置之社会，则叛党卖友；对于国家，则媚外丧权。军旅倒戈，商贾倒帐，紊乱冥棼，不可救药。以孔子之教绳之，无他，失其伦序而已。为人必自五伦始，犹之学算必自四则始。不讲五伦而讲民胞物与，犹之不明四则辄治微分积分，何从知为人之道哉？

今人动谓礼教吃人，而礼教为孔子所创，一若服从孔子之学，便为礼教束缚，于是身家性命遂不免发生危险者。不知孔子之教，正以拯济世人，保全人之性命，绝不至有何危险。今之堕落自杀者，岂皆服孔子之教者乎？人生大患，无过私欲，纵欲自恣，必至丧身。礼教者，发源于性情之正，节制人之私欲，使之无或纵恣，而各得其所也。今人咸知《礼运》首章言大同之义最精矣，不知其后有一段论人情欲及礼教之利处，尤为精辟。其文曰："何谓人情？喜怒哀惧爱恶欲，七者弗学而能。何谓人义？父慈，子孝，兄良，弟弟，夫义，妇听，长惠，幼顺，君仁，臣忠，十者谓之人义。讲信修睦，谓之人利。争夺相杀，谓之人患。故圣人之所以治人七情，修十义，讲信修睦，尚辞让，去争夺，舍礼何以治之？饮食男女，人之大欲存焉。死亡贫苦，人之大恶存焉。故欲恶者，心之大端也。人藏其心，不可测度。美恶皆在其心，不见其色也。欲一以穷之，舍礼何以哉？"又曰："礼义也者，人之大端也，所以讲信修睦，而固人之肌肤之会，筋骸之束也。所以养生送死，事鬼神之大端也。所以达天道，顺人情之大宝也。故唯圣人为知礼之不可以已也，故坏国、丧家、亡人，必先去其礼。"呜呼！坏国，丧家，亡人者，今日之现象也。其原因何在？在于打倒吃人之礼教也。不知是非，不顾利害，但知私欲，以致纷扰至于如此，岂不可叹？孔子之教与其他宗教异者，即饮食男女而为之节文，初未禁遏饮食男女，使人无所申其情欲。而今人乃误以其他不近人情之俗，妄加罪名于孔子。如印度强迫童年寡妇自焚，报纸载其事，亦大书曰吃人的礼教，不知者遂误认此等恶俗与吾国所谓礼教有关，而不寤吾国所谓礼教，彼土从未梦见也。

孔子之学，最易亦最难。最易者，愚夫愚妇，与知与能，如饮食男女、势位富厚，皆顺人情而为之礼制，非若其他宗教，必殊异于平常之生活也。其最难者，则在根本观念彻底树立，如仁之一义，浅言之，则孝弟为仁之本，随时皆可致力；深言之，则克伐怨欲不行，尚不得遽谓之仁。今人胸中万念坟起，无非克伐怨欲，如何能知孔子所谓仁之境地？不知其境而肆口妄说，得谓之知孔子之学乎？清初顾亭林及颜、李诸子，病宋明儒者之空谈心性，专从浅近切实之处讲学，自谓得三代相传及孔子所言之真理，实亦未窥孔学之全。近人又多谓宋儒之学纯是禅学，非孔子相传之学，其弊亦与顾氏及颜、李等。无论佛学入中国影响若何，《大学》、《中庸》决非受印度之熏染。《大学》曰："心有所忿懥，则不得其正；有所恐惧，则不得其正；有所好乐，则不得其正；有所忧患，则不得其正。"《中庸》曰："戒慎乎其所不睹，恐惧乎其所不闻。"又曰："喜怒哀乐之未发谓之中，发而皆中节谓之和。"此岂学佛者伪造乎？（子思作《中庸》，见《史记·孔子世家》，太史公时未尝有佛说也，《大学》、《中庸》均于《别录》属通论，刘向时未尝有佛说也。）宋儒由名物、训诂、典章、制度推而上之，研究及于已发未发，正是孔门一贯之道。惟其末流专谈心性，忽视事功，乃至名物、训诂、典章、制度，一切不讲，则病在偏而不全耳。学者必须识此，方知孔子之学之广大精微，非仅仅做一今日世俗所认为好人，即可自附于孔学也。（吾喜以浅俚之言，解释孔子之分际。尝告学者，以测量孔子之法，如近世最大人物、众皆公认之曾文正，其毕身得力及最后《告子书》，以不忮不求为要义。然子路终身诵此诗，孔子又曰："斯道也，何足以臧。"吾辈去曾文正远矣，曾文正又去子路远矣，子路去孔子又不可以道里计，然则孔子之高为何如哉！）

孔子不执着，今人多执着；孔子不取极端，今人多趋极端。故以今人之心理，决不能了解孔子之境界。如今人喜谈墨子之学，即其一证。墨子之学，执着而不通，故宜为今之喜趋极端者所欢迎。孔子不专抱一种主义，而于各种主义实无所不包，浅人恶能解之？今人恃虚憍之气，妄言暴动，辄薄孔子之学，以为从其说者，必至濡缓迂滞，奄奄无生气。不知客气奋兴，中无实力，动辄消沮，视奄然媚世者之非孔学等耳。孔子曰："刚毅木讷，近仁。"又曰："仁者必有勇。"又曰："吾未见刚者。枨也欲，焉得刚？"故知孔子所悬刚勇之格，必无私欲而有仁德者方合。叫嚣虚憍，非孔子所谓刚勇也。今人激于外患，恒思奋发有为，极其量不过如墨子之兼爱、非攻，然其出于至诚者已不可多得，矧从孔学发源，真能勇猛救国者乎！

吾国号称服从孔子学说二千余年，实则政治礼俗，多阳奉孔子而阴行其所便习，参以老庄，杂以释道。词人名士，仕宦吏胥，错纵纷纭，莫明其妙。近又加以欧美之风尚，及盗匪之组合，无论不崇奉孔子，即崇奉孔子，如张宗昌在山东印经书，举祀典，于孔子何益？于中国人何益哉？然就大体观之，一般平民各安生业，父慈子孝，夫义妇顺者，尚所在多有。即忤逆仳离，亦知其悖于彝训，不敢公然自诩为天经地义。此则孔子教义浸灌于人心者至深，非数十年邪说诐行所能根本摧灭者。惟浮动于都市，自居为上流社会，能改革风气之人物，以推翻成案、打倒偶像为高，纵欲败度，无恶不作，惟恐人以彝训责之，彼将寄身无所。乃不得不强辞夺理，以为我用我法，孔子恶足以知之？然就苦乐两者观之，今日青年受其害而吃苦头者，已不少矣。苟有不肯吃苦而求久远之安乐者，或者不妨弃所学而学孔子之学，由浅入深，由易至难，由有主义而至于不抱定一种主义，孔学倘亦有大明之一日乎？

本文原载《国风》第 3 号，1932 年 9 月 28 日。

整理者：郭元超

校对者：谢　任

孔子与亚里士多德

郭斌龢

此文两年前以英文撰成，专为一般西洋人说法，曾登美国 *Bookman* 杂志一九三一年三月号。《国风》杂志编者以九月二十八日为孔子诞日，拟出特刊，驰书嘱将此文译成中文，以饷国人。作者前曾有新孔学运动之讲演，深信昌明孔学，为起衰救敝之惟一方法。一年来外患虽深，而民族精神，反日趋消沉。国人迷途忘返，语以东西圣哲立身立国之根本大道，莫不掩耳疾走，以为迂远不合时宜。今逢圣诞，执笔译此旧作，惓怀往史，默念未来，不觉涕泗之横流也。

本文主旨，在指出孔子与亚里士多德伦理学说中之重要相似点。昔西历纪元初年，侨寓亚历山大城之犹太学者，著书无数，以证明希腊哲学家之剽窃，以为希腊哲学家学说之有价值者，皆窃取之于犹太人。柏拉图不过一雅典摩西而已，兹篇之作，非欲学步此曹犹太人，而思与之媲美也。苟有人焉，一心欲证明亚里士多德之伦理学，乃根据四书而作，亚里士多德不过一雅典孔子，则此人非愚即妄。虽然，当此学术界中，历史的相对主义盛行之时，研究比较文化者，往往于各文化反常奇特之点，津津乐道；而于各种真正文化中之有普遍性、永久性之共通诸点，反漠然不稍措意。则兹篇所述，于孔子及亚氏学说，详其同而略其异，稍矫时弊，毋亦不可以已乎？抑孔子与亚氏之伦理学说，确有其相似之点，非由牵强附会而成。其学说之相似，实由于其人生观之相似，盖皆能以稳健平实之态度观察人生之全体，视人为人，不视人为仙佛，亦不视人为禽兽。西洋思想，超自然主义与自然主义迭相起伏，各趋极端。如欲在二者之外，别求一康庄大道，则研究孔子与亚氏健全深刻之遗训，其事盖不容缓。世人每訾两家学说平淡无奇，不能使人高超，实则高超与趋奇走怪有别，讨论此等问题，最不可高自位置，自欺欺人，俯视此数千年来颠扑不破之学说也。

孔子与亚氏对于人性有同一之见解。耶教中所谓“原始罪恶”、“完全堕落”诸说，皆所不言。夫使人性本恶，至于不能自拔，则种种道德上之努力，皆属徒然。人不能自增其道德之高度，犹之不能自增其身体之高度，其惟一补救方法，势必乞灵神权，求之于本身之外。此在孔子与亚氏视之，未免离奇，且不可能也。孔子于人性善恶问题，非如孟子之有明确之表示。然儒家正统学说，每视人为善。《论语》中有“性相近也习相远也”一语，根据此语，《三字经》(昔日中国学童所必须熟读之书)开端有“人之初，性本善。性相近，习相远”之句，此正统派儒家对于人性之见解，不可与西洋卢骚派对于人性之见解相混。卢骚派之人性本善说，以为人性天生是善，不须学养。儒家之所谓人性本善，乃人性有为善之可能，实现此可能性，则必有俟乎学养。此说既增加人类之尊严，且使人类对于道德之责任心，愈益深刻。儒家教育制度，即建筑于此见解上。儒家教育，最重人格训练；而人格训练，以养成良好习惯为最要。一人之善恶，每视其积习之善恶而定，“性相近也习相远也”，即是此意。此与卢骚派“儿童所应养成之惟一习惯，即是无习惯”之谬说，大相径庭。关于此点，亚氏与孔子同一意见，其言曰：“吾人之有道德，固非顺乎自然，亦非违反自然，但吾人自然能接受道德，至完全发展，则有待于习惯之养成。”亚氏指出希腊字 éthos(品格)一字，从 ĕthos(习惯)一字变出，品格与习惯关系之密切，从可知矣。

养成习惯，仅系达到作道德选择目的之一种方法。养成习惯，不过使作道德选择时稍有把握，非剥夺自由也。实则养成习惯，即含有自由意志之意。意志苟不自由，则养成习惯即为多事，且不可能。亚氏关于意志自由之意见，与儒家之说颇相似，“不论何事，苟其成因在我，则其事亦在我，即为我之意志所左右”。儒家每言知命，人不能逾越命之范围，然在此范围内，固绝端自由，意志在我，他人不能侵犯。“三军可夺帅也，匹夫不可夺志也。”“我欲仁，斯仁至矣。”此皆言意志有相当之自由也。

人既有作道德选择之自由，当问何者为选择之对象。关于此问题，孔子与亚氏之答案，均为“中庸”。中庸之道，为无论何种真正人文主义之基本学说，其在东方，推阐此理者为孔子；其在西方，则为亚氏。中庸之说，由来已久，非孔子亚氏所创，实古代中华希腊两民族所积累之民族智慧也。尧禅位于舜，戒之曰：“天之历数在尔躬，允执厥中。”舜执其两端，用其中于民，皋陶教禹以九德之目，曰“宽而栗，柔而立，愿而恭，乱而敬，扰而毅，直而温，简而廉，刚而塞，强而义”。孔子以前，知政治与凡事不可趋极端者，已甚多。然中庸之说，至孔子始发扬光大之。孔子作象象，见中者百余，见时者四十余。《中庸》一书，发挥中道最为透澈，然其精义，固不出乎《论语》中“过犹不及”一语。其在古代希腊，纪元前八世纪诗人“希霄德”即已歌颂中和之行为；德尔斐格言“凡事不宜太过”，七智者时代(纪元前六世纪)已有之；“我愿为一国之中等人”，乃纪元前六世纪诗人福克雷底之语。此等语中所含之哲学意义，毕塔戈拉学者加以研讨，分有限与无限，以有限为善，无限为恶。柏拉图采取其意，以成其法度之说。亚里士多德之“中庸论”，实由柏氏法度之说中脱胎而出，然至亚氏，于中庸之道，始加以有系统及完备之说明，成为西方思想史上有名之学说。

孔子与亚氏所称道之中庸，与平庸大异，中庸非教人因陋就简、不求有功、但求无过之学说也。此学说与《圣经》上布道者所称“为人不必过直，更不必过智，何必精进，以自丧其身乎”之旨，根本不侔。中庸之道，在求至善，实一极端。亚氏有言：“道德之逻辑的定义，必为中庸，然自至善及尽其力之所能及之观点言之，则此中庸，即是极端。”中庸有如一修短合度之美人，增之一分则太长，减之一分则太短，欲求凡事合乎中庸，至不易易。子曰：“中庸其至矣乎？民鲜能久矣。”又曰：“人皆曰予智，择乎中庸，而不能期月守也。”又曰：“天下国家可均也，爵禄可辞也，白刃可蹈也，中庸不可能也。”常人每以中庸为消极之学说，此大误也，中庸实为一积极求完善之学说。中庸不特指量言，更指质言。司徒德氏所谓“中庸者，乃品质上适当之量也”。此品质上适当之量，非中庸所能自定，必有待乎客观之标准。此标准亚氏名之曰“理”（Logos），孔子名之曰道。

亚氏之意，以为吾人之嗜欲情感，必受理智之节制，方有匀称比例与谐和诸美德。嗜欲情感，本身非恶，善用之可增进精神上之福利。若任其自然，则放僻邪侈，其害无穷。亚氏云：“道德之所以产生，与其所以消灭，其原料与方法一也。”亚氏与孔子，均主调节，不主压抑，更不主放纵。儒家之道，与道家带神秘色彩高谈宇宙之道迥异。儒家之道，乃一种主张秩序与和谐之道德律，平易近情，切近人事。“道不远，人人之为道而远，人不可以为道。”道即人之道，既非仙佛之道，亦非禽兽之道。一日为人，即一日不可违反此道。“道也者，不可须臾离也，可离非道也。”儒家人文哲学，下节言之，甚为明显。“喜怒哀乐之未发，谓之中。发而皆中节，谓之和。中也者，天下之大本也；和也者，天下之达道也。致中和，天地位焉，万物有焉。”

然亚氏之理，孔子之道，究系抽象标准。人类喜具体而恶抽象，此具体表示，或为理想人物，或为历史上或当时之人物。亚氏于其道德之定义中，既云“中庸当依理智而定”之后，随加“或依贤人而定”，即此可见亚氏之卓识。亚氏并云：“惟贤人为能论事不谬，彼对于一事之见解，即此一事之真理，彼犹规矩准绳也。”孔子之喜具体，更甚亚氏。亚氏对于道德本身，加以科学的分析；孔子则注重描叙有道德之人，此有道德之人，孔子称之为君子，即理想人物也。亚氏伦理学书中之“庄严之人(Spoudaios)”与“心胸伟大之人(Megalopsuxos)”约略相似，所不同者，“庄严之人”、“心胸伟大之人”，不能将亚氏人生哲学完全表出；“君子”，则颇能将孔子之人生哲学表出耳。下列一节，乃描叙“君子”之文之一：“君子尊德性而道问学，致广大而尽精微，极高明而道中庸。”

与君子有关之一义，即为模仿。君子乃理想人物，应为吾人之模范，儒家所称之尧舜，乃历史上人物之近于此理想者。此种人物之重要，不仅在其历史上之关系，而在其为儒家理想之所寄托。若专以历史人物视尧舜，未免所见之不广矣。模仿为人类天性，所急应研究者，非吾人应否模仿之问题，乃何者应为吾人模仿之典型。盘克(Burke)云：“典型为人类惟一之教师。”孔子因知模仿之重要，故极重视领袖人物之人格，以为必有好模范，然后社会政治各种问题，始能解决。“政者正也，子帅以正，孰敢不正”、“君子之德风，小人之德草”，皆此意也。亚氏于其《政治学》一书中，亦云“苟一国之领袖，视某事为荣者，则通国之人皆效法之矣”。亚氏之道德论与艺术论中，均极注重模仿理想之说。在《诗学》一书中，亚氏主张艺术家应模仿事物之当然，不应模仿事物之已然。夫道德较任何美术为美，则从事道德之人，较从事艺术之人之更应模仿理想，可不言而喻矣。然亚氏之伦理理想，终不免为一理想，至于孔子之伦理理想，则已完全人格化，而成为君子矣。

君子所最应备之德曰仁，仁亦可称为诸德之总和。仁从二从人，仁即人与人相处之道，与亚氏《伦理学》书中第八章、第九章所论之广义的友谊颇相似。“仁者人也，亲亲为大。”“孝弟也者，其为仁之本欤!”与下列《伦理学》书中一段，无甚大异：“友谊源于亲与子女之相爱，及同种族之人之相爱。”

仁有等差，与兼爱不同。亚氏云：“友谊有等差，名分因之而异。父子间之名分与兄弟间之名分不同；同伴间之名分，又与同国人间之名分不同；其他名分，亦以其间关系之不同而生等差焉。”亲疏贤愚，相待各如其分，实礼之所由起，“亲亲之杀，尊贤之等，礼所生也”。孔子欲礼寓诸风俗习惯之中，亚氏较为客观，欲礼寓诸法律与宪法之中。

孔子与亚氏所最一致主张者，乃在自修，或自爱。亚氏之意，以为一己乃最佳之友，而最佳之友谊，即是自爱。“人应自爱，操行纯洁，则利己而兼利人矣。”此即儒家以修身为本，推而至于治平之意也。

贤人所爱之我，非不合理性排斥他人之我，乃合乎理性、与人为善之我。前者力求扩张，损人以利己；后者则与约翰生所谓“普遍性之庄严”及安诺德所谓“力趋正义之永久非我”相通，愈加修养，则非特与人无争，且可得更充实伟大之人生。吾人内心之和谐，乃待人和平之源泉，实则所谓友谊，即自我完成之别名。个人与社会，实际无真正之冲突，高尚之自利，即是利他。《中庸》云“成己仁也”，必先成己，乃能成物。易言之，即必先修己，然后广义之友谊，始可得而言。仁非煦煦之仁，不加选择、漫无标准之同情心。真正之仁，从修养中得来。颜渊问仁，子曰：“克仁复礼为仁……”颜渊曰：“请问其目。”子曰：“非礼勿视，非礼勿听，非礼勿言，非礼勿动。”

真自爱者，必不自私，宁牺牲生命，以保存其人格。子曰：“志士仁人，无求生以害人，有杀身以成仁。”亚氏有言：“贤人将敝履金钱名誉，以求行其所志。……彼舍身救人，盖亦以比，彼固为己择其大者远者耳。”

孔子与亚氏，虽重个人之修养，然皆知人不能离政治社会而生存。孔子每从伦常关系上视人，而不视人为一孤独之隐士。人之正当活动范围，即是人群，必与他人往还，始得完成其自我。由孔子与亚氏观之，个人与国家，有同一道德目的。个人之善，与国家之善，其区别只在程度，而不在性质。道德家之理想，亦即政治家之理想。儒家理论，以为惟道德家始能作真正之政治家，而真正之政治家必须是道德家。伦理学与政治学，不可分离者也。

以上所述，乃孔子与亚氏伦理学说中之重要相似点，然吾人固不可因此而忽视其异点。孔子之伟大，在其品格；亚氏之伟大，在其智慧。由亚氏观之，道德之为物，所以供吾人之研究探讨；由孔子观之，道德之为物，所以供吾人之躬行实践。亚氏之人格，不必若何之伟大，至孔子则至少在中国历史上可称为有最伟大之人格者也。孔子以君子教人，其自身即是君子，即是最高之理想人物。孔子非蔑视智识者，其重视智识，几与亚氏相埒。所不同者，亚氏欲由善以求智，孔子则欲由智以求善耳。从此点言，则孔子较近释迦。孔子虽自始至终，为一人文主义者，然其对于超自然界之态度，至谦至恭。惟其至谦至恭，故对于人类智慧经验所不能了解之事理，宁略而不言，而不敢妄骋臆说、师心自用。亚氏尚有一种哲学的骄傲，孔子则无之。此种异点，大都由于种族习性与历史之不同而起，然其伦理学说，固如出一辙也。陆象山云，东海有圣人焉，西海有圣人焉，此心同，此理同也。其孔子与亚里士多德之谓欤。

本文原载《国风半月刊》第3号，1932年9月28日。

整理者：范文琪

校对者：周　颖

孔子与西洋文化

范存忠

孔子学说的传入西洋，都是靠十七八世纪耶稣教士之力。利玛窦、金尼阁、鲁德照、柏应理、马若瑟等等，带了耶稣经到东方来，预备把中国征服。但是，他们到了中国，在思想上，几乎被中国征服。他们总不免为中国宣传，为中国的孔子宣传。

据艾儒略大西利先生行迹“利子(利玛窦)尝将中国四书译以西文，寄回本国之人读之”，可见耶稣教士介绍孔子学说远在十七世纪以前；他们着手翻译孔子之书，也在十七世纪初期。但是，那时所介绍、所翻译的，大概是零碎的、片段的东西。过了六十多年(一六六一以后)，郭纳爵、殷铎泽、柏应理等，陆续将《大学》、《中庸》、《论语》翻译成拉丁文，最后由柏应理把译稿带到巴黎，于一六八七年出版。所以，在那一年——一六八七年，即康熙二十六年——孔子学说正式输入西洋；那一年是中西文化史上最可纪念的一年。

那时，中国读书人到西洋去的，真是“绝无仅有”。我们所知道的有南京人沈福宗与福建兴化(莆田)人黄某。据说，这两位对于旧学都有相当的根柢。福宗的教名叫做“弥格尔”，于一六八七年跟了柏应理到法国。福宗路过英国，到牛津大学，曾经会见东方学大家赫依德(Hyde)。如今赫依德的遗书里，有福宗的拉丁文通信。但是，福宗传给赫依德的，只是棋谱、升官图、度量衡制和汉文与拉丁文对照的日常应酬语(例如：“你往哪里去?”“我往花园里去”)。黄某的教名叫做“阿开地亚”，曾在路易第十四的王家图书馆里，做过通事，于一七一六年死于巴黎。那时，法国唯一的“中国通”富尔蒙(Fourmont)奉命搜集遗著，只见一两篇祈祷文、几条随笔和半部没有译完的小说。我们可以说，中国思想的传入西洋，绝对不是中国人自己的努力。至于十七八世纪的耶稣教士呢，几乎年年有几本关于中国的著作发表。

孔子学说之影响于西方思想，大概在政治与道德两方面。譬如，英国吞帕尔爵士(Sir Wm. Temple)的思想，就是一个比较显明的例子。英国十七世纪的政论家如霍布士，如霍葛，都以为政治组织起源于“民约”，独吞帕尔以为政治组织起源于“父权”。吞帕尔分政府为君主与民主两种，都是从家庭演化出来的。他说，“家庭是一个小规模的王国，国家是一个扩大的家庭”。因此，他主张治家之道就是治国之道；因此，他主张政府在治人，不在治法。这种学说，很近中国的儒家。当然，我们不能断定吞帕尔一定受了中国的影响，因为这个“父权”之说，在西方也有些背景。希腊罗马的史诗，摩西的经典，以及欧洲各国初民时代的传说，都表现一种家族积合的社会。而且这种学说，在柏拉图的《法律论》与亚利斯多德的《政治论》里，早已说得明明白白。我们应当注意的，就是吞帕尔这种主张，无论有没有受了儒家的影响，在性质上总与儒家相近；因此，他对于儒家之书，发生了特殊的兴趣。

乔帕尔在他的《英雄·德性篇》(“Of Heroic Virtue”)里，充分的介绍孔子。这篇文章，在普通英国文学史上是没有地位的，因为普通人大都不能了解这篇文章的好处——聪明如麦考莱也还不能欣赏。这一层，或则须怪作者自己。他所举的英雄如汉钧利斯、西色斯、罗米勒斯、牛玛、色尔米勒尔斯、亚力山大，以至于中国的孔子，总觉得有些杂凑，总觉得不伦不类。不过，他的论述，却很清畅。他注意的是历史上各色各种的英雄与英雄的事迹。他的注意又不限于西欧；他能够对于当时人不甚注意的远方发生兴趣，如极东的中国、极西的秘鲁、极北的鞑靼与极南的阿开地亚。他讲到孔子，特别显出他的精神。他在《政府篇》里，已经隐隐约约说过孔子的主张，在这里更是畅所欲言。他根据《大学》、《中庸》、《论语》的拉丁文译本，论述孔子之道，洋洋洒洒，极酣畅淋漓之致。末后，他做了一段结论说：

> 孔子的著作，似乎是一大部伦理学，讲的是私人道德、公众道德、经济上的道德、政治上的道德，乃至于修身齐家治国之道，尤其是治国之道。他的思想与推论，不外乎说，没有好的政府，百姓不得安居乐业；但是没有好的百姓，政府也不会令人满意；所以为人类幸福计，从王公以至于农夫，凡属国民应当遵从自己的思想、人家的劝告，或国家的律令，努力为善，发展自己的智慧与德性。

这一段里结末几句在原文里非常流畅，译文总觉累赘。他的意思，大概根据下列各节：

> 自天子以至于庶人，一是皆以修身为本。

其人存，则其政举；其人亡，则其政息。…… 故为政在人。

知所以修身，则知所以治人；知所以治人，则知所以治天下国家矣。

在《英雄·德性篇》里，吞帕尔推崇孔子，可说达于极顶。“孔子是天纵之圣，博于学，长于德，美于行，爱国而爱人。”他把中国与古希腊并举。当时人不明白他的思想，对于他啧有烦辞。有一位大主教，因为他推崇孔教，竟至疑心他不是正派的基督教徒！其实，吞帕尔是很忠实的基督教徒；不过他曾经做过几任公使，周览欧洲名山大川，所以他的见解与普通狭隘的基督教徒不同。他当然不是个大思想家；他介绍孔子，多半是“裨贩”性质。但是他的重要，就在他能够“裨贩”孔子的学说，就在他能够了解孔子的重要，就在他知道孔子学说之值得“裨贩”。他对于孔子，也许没有多少重要的批评；但是，重要的不是他的批评，是他的观点。他自己的思想，也许不值得我们的研索，但是他的观点却大有影响。从前鲍埃洛谈到世界，总说“从巴黎到秘鲁，从日本到罗马”。吞帕尔则说“从中国到秘鲁”。“从中国到秘鲁”这句话，到了十八世纪，差不多是一般文人的口头禅了。

在十八世纪，孔子学说对于西洋思想，不但在政治与道德上，就在宗教上，也有相当的影响。研究宗教史的，总忘不了那闹了一百多年的“礼教之争”。这“礼教之争”，就是中西宗教的冲突。从这个冲突上，从这个冲突所发生的效果上，我们可以见到孔子影响之大。

当初利玛窦来中国，到了澳门(一五八二)，就换去洋服，穿上袈裟，不久又换去袈裟，穿上儒服。他觉得一味同中国人说天主耶稣是不中用的；于是变更策略，拼着死劲读汉文，研究儒家之学。艾儒略说他对于“六经子史等编，无不尽畅其意义”。他自己也说，“淹留肇庆、韶州二府十五年，颇知中国古先圣人之学；于凡经籍，亦略诵记，粗得其旨”。后来到了北京，他居然说服了一位王公大人、两位翰林老爷。他既然熟悉了中国情形，觉得西洋人在中国传教，有两件事，须得注意。第一，教士须做些宗教范围以外的工作，以博取政府的信任。他自己是天文学家、算学家，又是言语学家。其他教士如庞迪峨、熊三拔、龙华氏、邓玉函、汤若望、南怀仁等都是精通天算的人。他们泛海东来，除了耶稣经外，另有随身的法宝。他们会改造仪器，修订历书，推算交食，远在钦天监诸臣之上。他们的目的，当然并不专在使人晓得天上的星象，而在使人悟到指导星象的上帝，以及上帝的儿子耶稣基督。

除了天文历算，耶稣教士还有几种特长：第一是医药。教士中有好几位是欧洲著名的医生，用最近发明的药物与中国陈陈相因的验方相角逐。第二是传译。譬如，那时中俄通商，言语隔阂，全靠教士用拉丁文，居间解释。第三是火器。在崇祯年间，他们用铳炮帮明人攻击流寇。过了几年，他们又用同样的火器，帮满人屠杀汉人。我们听了敬天信道的，制器杀人，总不免有所感慨。但是，我们须记着，十七世纪与十九世纪，时代不同：十九世纪的教士用枪炮威吓中国人，造成他们特殊的地位；十七世纪的教士，只能带了枪炮，攻杀一部分中国人，以见好于另一部分中国人，因以达到传教的自由。

这是西洋人传教的第一种策略。第二，教士对于儒教，至少须采取容忍的态度。传教的须处处迁就中国固有的习惯与信仰。譬如，祀孔、祭祖等等仪式，利玛窦以为是中国人崇德追远的习惯，与耶稣教义并不冲突；换言之，中国的基督教徒可以祀孔，可以祭祖，同时可以祷告上帝，念天主耶稣。所以，徐光启奏称："彼国(意大利国)教人，皆务修身，以事天主。闻中国圣贤之教，亦皆修身事天，理相符合；是以辛苦艰难，来相印证。"艾儒略说当时人称赞利玛窦"奉天主真教，航海东来，其言多与孔孟合"。

要是耶稣教士继续实行利玛窦的策略，他们也许能够创立一派中国式的耶稣教。但是，事实上没有第二个利玛窦。他的策略虽则行了一百多年，教士自己中间每每发生怀疑，感觉到传教的不彻底。至于法郎西司派人(Franciscans)与都美热克派人(Dominicans)自始就反对利玛窦与耶稣会的教士。他们到了中国，处处见到耶稣会的势焰；他们自己又不谙华语，每受朝野鄙视。他们一肚子的怨气，只有跑到教皇城去发泄。他们就说，耶稣会教士如何的迁就异教，如何如何的玩弄星象以至于忘了支配星象的上帝。教皇听了，下令查办。次鲁囊奉命来华，觐见康熙，质问他中国的"天"与"上帝"是否与耶教的"天主"同义。康熙受了耶稣会教士的先入之见，使次鲁囊不得要领而去；随即下令，除利玛窦派教士外，一概禁止。次鲁囊不甘屈伏，下令申斥耶稣会教士，只许崇奉天主，不许拜"天"，拜"上帝"，否则与以"破门"。所以"礼"、"教"之争，竟一变而为"政"、"教"之争。那时，罗马方面发了几个教书，派了几个专使，未始不想把中国收在掌握之中；但是康熙的雄才大略，终究没有让中国卷进绝无谓的政教的漩涡。

这一番中西礼教的冲突，在本身上，也许没有多大意义；但是冲突所发生的影响，却非常重要。那时欧洲人对于中国的儒教本来已经有了二三分的了解，自从这次冲突以后，他们对于中国之学，增加了不少兴趣。法国耶稣会教士李明作了一部《中国现状新记》(一六九六)、一篇《中国礼仪论》(一七〇一)，大为儒教张目。于是，在巴黎，在罗马，在威匿斯各处，你出一本《疏解》，我出一本《驳议》，他出一本《辨护》，往复不断的讨论。一般人仿佛知道，中国奉的是孔子之教，孔教与耶教异而同，却又同而异。

李明论中国的宗教，可分现实的与理想的两方面。对于中国流行的宗教，李明是不表同情的，因为那些多半带有迷信的色彩。但是，中国自有他真正的宗教，其起源远在基督教之前。李明以为孔子的学说里保存着不少初民时代的信仰；所以中国真正的宗教是儒教，孔子的崇拜者也就是真正宗教的崇拜者。孔子信天道，不信偶像，在精神上，与基督教初无二致，虽则在形式上不相吻合。这几句话，初看虽似平淡无奇，但在西洋的宗教思想上，竟有意料不到的影响。那时在欧洲——尤其是在英国——有一派人信奉“自然”，反对传统的基督教。李明所述的孔子之教，传给了他们，发生了两种影响。一种是直接的。孔子所说的“天道”，与他们所说的“自然”，无论在精神上有多少不同，在表面上总属相似。所以孔子之说给他们一个有力的佐证。还有一种影响是反动的。基督教徒每以基督教为天地间惟一的真正的宗教。他们相信上帝，相信“启示”，相信心内的神秘，心外的神秘，以及其他一切的神秘；他们以为必如是，方可将灵魂超度。但是，看呀，孔子绝口不谈神怪，他的学说完全根据理性，不带半点儿神秘意味；而信奉孔子的中国人，也不见得都在九幽地狱。这样一想，人们只须善用理解就得了，又何必要神秘？又何必定要信奉基督教为惟一的真正的宗教？引而伸之，又何必要教会组织？又何必要教皇？十八世纪反基督教的人，无论是攻击传统的思想，或是辩护自己的主张，都得借重孔子；孔子是他们的利器，也是他们的护符。耶稣会教士的恭维孔子，自有不得已的苦衷，再也料不到反基督教的人，竟会“以子之矛，攻子之盾”。史蒂芬爵士著《英国十八世纪思想史》，无以名之，名之曰“中国来的议论”。我们总不免为耶稣会的教士叫屈，为中国，为孔子叫屈。

要知道“中国来的议论”的，在英国方面，可读高陵思(Anthony Collins)、丁特尔(Matthew Tindal)、鲍林白乐克(Bolingbroke)的书。我去年在伦敦博物馆，无意中翻到高陵思的藏书目录，中列鲁德照、柏应理、李明、莱百尼兹等所著关于中国的书多至四十余种。我就借读高陵思的《思想自由论》，果然见到他诵扬孔子的话。后来，又读丁特尔论原始耶稣教的书，他竟把耶稣与圣保罗的话，与孔子的话，相提并论，甚至以孔子的话为较近情理。譬如，《耶稣经》上说“你应当爱你的朋友，恨你的仇人”；又说“你应当饶恕人家对你的毁伤，自七次以至于七十七次”；又说“要是你的仇人饿了，你应当喂他，要是他渴了，你应当给他饮料”。这三说，互相矛盾，基督教徒费了多少思索，总找不到真实的解释。丁特尔就引了孔子之说，“惟仁者能好人，能恶人”，以为最无毛病。他竟敢用中国的议论，批评《耶稣经》，怪不得他的书，在英国与欧洲大陆上，引起了一百五十余种的驳议！

包林白乐克是政客，曾经参加十八世纪早年的政变。但是他爱谈宗教、哲学、伦理，做了一大堆论信仰、论智识、论处世的文章。他说，他并不反对基督教，可是他反对神学。他不欢喜神秘，不欢喜一切的形上之说，他主张纯粹的理解，明白晓畅的常识。他以为真正的宗教，往往给神学家破坏，以至于上帝与耶稣的真面目不可概见。他以为，中国本来有很简单的自然教，但是一坏于注疏家，二坏于道教，三坏于佛法；结果，到处是迷信，到处是庙宇、宝塔，祈祷偶像以及种种不通的仪式。但是，他说，中国真正的宗教，幸赖孔子之书，得以保存。他这种议论给服尔德(Voltaire)听了，就回到法国，努力攻击传统的基督教，为孔子宣传。

经过耶稣会教士及其他人士的宣传，十八世纪英国的文人，几乎谁都谈谈孔子了。阿迪生、史维富德、蒲伯等，不时提起孔子，好似我国的梁启超不时提起柏拉图与亚利斯多德。约翰生博士，素来对于外国人不发生兴趣的，居然为《缙绅杂志》做了一篇《孔子传略》。他对于孔子所说“未知生，焉知死”、“未闻好德如好色者也”，特别欣赏。他的朋友高尔斯密也在《公簿报》上，断断续续的发表了一百二十余封《中国通信》。在那诙谐动人的小品文章里，夹了些修身齐家治国平天下的大道理。

在德国，宣扬孔子最早而最有力的，或则可以说是莱白尼兹。他曾在罗马遇到中国回去的耶稣会教士，因而对于中国发生了兴趣。在十七世纪末年，他根据耶稣会教士的通信，编了一小本拉丁文的《中国通信集》。他有许多法文通信，与友人讨论东西文化。他曾有意集合同志，创立一个讲学团体，并且主张不但派人到中国来传教，而且请中国派人到欧洲去讲学。但是，他们的主张，总不免为正统派的教会非议。所以，他的同志吴尔芙子爵(Woolf)，在哈勒讲了一篇孔子之道，就受到了放逐的处分。但是，一般文人，随便谈谈孔子，谁复得而禁止？最可纪念的，是大诗人歌德，经过了浪漫的追求，到了晚年，归于平淡，能够充分欣赏希腊的哲人，与中国的孔子。

但是，孔子学说影响最大的，是在法国。有人竟说，十八世纪的法国人，对于中国，要比他们对于欧洲任何国家知道得多。那时，法国因为政治与经济上种种的不稳，产生了两派的改造家：一派主张君主立宪或民主共和，一派主张开明专制。这两派各有各的依傍。主张君主立宪或民主共和的就以英国的议会政治为法；主张开明专制的，就以中国的贤人政治为法。其实，后一派人，在情势上，不得不依傍中国；因为他们上观千古，近观万国，找不到一个更适当的榜像。他们未始不曾回想到中世纪；但是中世纪有的是封建，是教会，是一些不相统属的自由城市。他们未始不曾回想到古希腊；但是古希腊到处是共和小国。他们未始不曾回想到凯撒时代的罗马；但是凯撒是罗马民主派的领袖，而且罗马人始终相信主权在民，罗马皇帝只是人民的代表。只有在那辽远的东方，在那产生圣人的中国，论历史可比希腊罗马，论人口可抵欧洲全部，既无世袭的贵族，又无骄横的教会，皇帝自己是一国的元首，又是一国的教主——只有在中国，他们以为可以找到开明专制的模范。他们的理想人物，不是握有天堂地狱之锁钥的教士，不是操有生杀予夺之权的贵族，不是李维或普罗太克所记载的民主英雄，他们的理想人物是栖栖皇皇的孔子和衣裳楚楚的士大夫。普衣佛(Poivre)说过，中国是个理想的国家；要是中国的法律是世界各国的法律，那世界就是理想的世界。所以他说，“到北京去罢！看一看那最伟大的人：他是上帝的真实而完美的表象”。

他们承认中国的科学比不上欧洲；但是，中国自有中国的特长，中国的政教，他们以为比任何国家高明。服尔德说过，“中国人有最完善的伦理学，那是一切科学之王”。服尔德以及当时的“哲人”，无论是主张民主共和的，或开明专制的，大部信仰“自然教”，不信一切宗教上的神秘；他们显然有把道德替代宗教的趋势。他们所崇拜的，不是先知，是人生哲学家。在人生哲学家里面，孔子最是平易近人，所以他们崇拜孔子；在世界各国中，再没有像中国能普遍的实行“哲人之教”，所以他们崇拜中国。

他们也承认中国的疲弱。他们知道行军用兵，绝非中国所长。耶稣教士从利玛窦到李明，都说华人懦弱无能。但是，他们并不因此减少对于中国的倾慕。十八世纪中年与路易第十四时代不同，又与拿破仑时代不同；那时的思想趋向于和平、稳健，不是狭隘的国家主义。普通巴黎人沉醉于都市生活、咖啡馆生活、“沙龙”生活，再也梦想不到疆场生活。所以中国的缺乏战斗力，他们不以为病。所以，那时卢骚攻击中国，说中国一亡于蒙古人，再亡于满洲人，士大夫的文明，于时无补；服尔德就竭力为中国辩护，就说，中国在兵力上果然受制于外人，但是在文化上，那外人却受制同化于中国。他曾经依据元曲里的《赵氏孤儿》，编成一本《中国孤儿》，表现蒙古人征服中国之后，立刻就被中国文化征服。那本戏又名《孔子之道》分五幕。

以上略述孔子对于十七八世纪西洋思想界的影响。从法国革命以后，中国在西洋的地位，似乎反而不及从前。我们可以说，十七八世纪西洋人所知道的中国是理想化的中国，到了十九世纪，他们与现实的中国接触，他们的同情与信仰不免减少。我们也可以说，十七八世纪的西洋思想与孔子学说，有几处相近；到了十九世纪，在政治上经济上，经过了种种的运动，谁都知道孔子与柏拉图亚利斯多德一样，无济于现代的世界。最可憾的，一般文人，对于中国，发生另外一种感觉。譬如，乐铎说，中国是惨无人道的国家。丁尼生说，中国的六十年比不上欧洲的五十年。狄昆山说："对于中国，我们有一句标语，大家赞成，可以不用投票表决。这句话就是：'各国都恨死了你。'"卡莱尔对于中国东西有时也还留心，但是他说，中国人不吃洋烟，顶好请吃炮弹。黎亨德说的更好了；他说，谁都知道中国有茶业，有磁器，有磕头礼，有宝塔，有官僚，有孔夫子；谁都知道中国人戴小帽子，有小名小姓，小眼睛，小脚，坐在小亭子里，用小杯子喝茶，写小诗。他们既然鄙夷中国，当然不免要鄙夷中国的思想。

但是，究竟一车两马时代的思想，对于摩托车飞行机的现代绝对不能适用么？这一层，值得西洋人平心静气的思索，也值得我们平心静气的思索。

本文原载《国风》第 3 号，1932 年 9 月 28 日。

整理者：范文琪

校对者：周　颖

文化的训练

缪凤林

自五四运动以来，国人对于本国文化，有两种不同的态度。

一、认中国文化在现代毫无价值，不惜出其全力以摧残毁灭之者。

二、认中国文化在现代尚有可以保存并应发扬而光大之者。

由历史言之，此种摧毁文化与保存文化之先例，实数见不鲜。例如秦始皇及项羽之焚书，汉末董卓及隋季群盗明末流寇等之惨祸，晋世五胡，及自五代以降契丹女真蒙古诸族之入侵，皆属于摧毁文化之一方面。而各时代抱残守缺之儒者，则又努力于保存文化者也。然其事有与今日迥异者。自昔摧毁吾国文化者，除秦皇之焚书，根据法家专制之主张外，余皆不过发挥野蛮的兽性（一如西洋中世纪之番达主义[Vandalism]），而无他种积极的理由。努力于保存文化之工作者，亦绝不遇到在学理上加以攻击之困难。今则不然。彼欲摧毁吾国文化者，以舶来文化或某种学理与公式为护符，自居于文明先进之地位，加中国文化以种种之恶名，不仅摧毁之而已，谓摧毁后，他种文化乃可建设。反之，欲保存或光大中国文化者，亦必先行建立种种之理由，如谓何者为中国文化之精华，何者为现代国家所需要之类，然后方能进行。凡此皆昔人所无者。因之从事毁灭与从事保存文化者，其难易亦相去天渊。彼主张摧毁者，每以“中国文化”为“罪恶”之代名词，不必研究其内容与历史，一闻“中国文化”之名，即可断定其毫无价值，或不合现代需要，肆意诋諆。常有对于吾国文化毫无研究或认识，仅闻舶来文化及某种学说之一二理论，即可为此派之健将。至欲发扬中国文化者，绝不能取法第一派之反面，谓“凡中国文化皆有价值，皆应保存”，或“皆当发扬光大”。必先细心研究中国文化之历史内容，有真正之接触与了解，明其何者为今日所必需，言之方能成理。虽以饱学之士，不敢作十分积极与具体之主张者，其故即以此也。

对于一种文化有相当的接触与了解，是为“文化的修养”或“文化的训练”，一如名运动员技击家及乐工曲师对于运动技击及音乐戏曲有相当的训练者然。余前已言之，在今日言保存或发扬中国文化，必先对中国文化有相当的接触、研究、了解，是即本文所谓“文化的训练”。首宜注意者，则为伟大人物之传记。一民族之文化，即一民族所有精神上物质上之成就之总和。而其所造就之人物，尤为成就中之最大最要者。一民族文化之有无价值，每视其所造就之人物之伟大与否。因之欲了解某一种文化，必先研究受此种文化之影响所产生之人物。至衡定人物伟大之度之标准，普通为“道德”、“学问”、“事功”三端(即昔人所谓立德、立言、立功)，苟历史存在一日，其人之德、言、功，不朽一日，斯为大人。此种人物，在吾国史传中，实难更仆数。就其最著者言之。古代若尧舜伯禹皋陶伊尹，虽因时代较远，史文之流传者寡，今已不能完全考知。然自文王周公孔子子产，及季汉之诸葛孔明，唐之陆敬舆，宋之范仲淹司马光朱晦庵，明之王阳明，近世之曾涤笙等，德行学业事功三者，皆昭如日星，置之世界任何文明国家史乘中，与其最优秀之人物比较，不独毫无惭色，且有为他文明国家所不能及者。然其人皆未受外国文化之影响(朱晦庵与王阳明虽亦受佛学之影响，亦系中国的佛学，而非印度的佛学)，完全为吾国文化陶铸而成。时人之侈言吾国文化者，或举长城运河，或美秦皇汉武，亦有究心龟甲金石之篆刻，与天水蒙古之雕印者。然篆刻雕印，举不难照样仿制，世之以伪乱真者，固所在皆是。传遗之真品，亦可以金钱罗致。至若运河长城之开筑，秦皇汉武之边功，以今世界之财力机械，充其所至，皆非甚难之事。独如周公孔子等人物，则虽聚六洲之富财，穷科学之智巧，恐亦无法造就或换得之也。明乎此，则知欲与吾国文化接触，欲明白其真际与价值，必自研究此种伟大人物之传记始矣。

九一八以来东北军之不抵抗，论者有归咎于吾国文化者，其言之不衷于理，亦可以研究伟人之史传而明之。吾国民族之根本道德为忠，忠即尽其责职之谓，所谓“尽己之谓忠”也。国史上之伟大人物，对于其本身之职分，无一不尽其最善之努力者。如上所举之诸葛孔明，当其受遗辅政时，蜀于三国之势为最弱。然孔明务农息民，整理戎旅，数年之后，即出师伐魏，冀以益州之众，兴复汉室。《出师表》所谓“受命以来，夙夜忧叹，恐托付不效，以伤先帝之明，故五月渡泸，深入不毛，今南方已定，兵甲已足，当奖率三军，北定中原，庶竭驽钝，攘除奸凶，兴复汉室，还于旧都，此臣所以报先帝，而忠陛下之职分”者，诚可谓忠之典型矣。而宋季文天祥陆秀夫之事，尤为抱不抵抗主义者至良之药石。当景炎三年（元世祖至元十五年，西纪一二七八），宋端宗昰崩于硐州，宋人复立其弟昺，改元祥兴，迁于崖山。当时之形势，虽三尺之童，亦知其不可为矣。而文陆诸人，犹竭吾心焉，以冀兴复。吾人试读陆秀夫所作《景炎皇帝遗诏》及《祥兴皇帝即宝位诏》，皆仅存最后之一息，而犹积极抵抗不屈者。其激烈与悲壮之情绪，吾人实愧无法形容。其后元张宏范袭执天祥，进攻崖山，宋军溃，秀夫负帝蹈海，犹恐遗体辱于异类，用黄金硾腰间。君臣赴水而死。天祥被执至燕京，蒙古丞相孛罗问曰：尔立三王，竟成何功？天祥曰：立君以存宗社，存一日，则尽臣子一日之责，何功之有！曰：既知其不可，何必为？天祥曰：父母有疾，虽不可为，无不下药之理，尽吾心焉，不救则天命也。今日天祥至此，有死而已。何必多言！卒临刑从容而死。观天祥死后，其衣带中有赞曰："孔曰成仁，孟曰取义，惟其义尽，所以仁至，读圣贤书，所学何事，而今而后，庶几无愧。"可知天祥之抵抗不屈，临难不避，实中国文化之传统精神有以造成之，决非偶然之事。虽曰此种豪杰之行，非可期之于人人。然使东北军领袖幼时熟习此种史传，知受敌人之压迫，虽处万无可为之时，必尽其最后之努力，乃至仅存最后之一呼息，亦必抵抗不屈，岂有拥数十万之坚甲利兵，坐视数省之沦亡，而犹贯澈其不抵抗主义者乎。

由研究人物之生平，次及昔贤之思想学说，及其发明之文物制作、政治制度与夫社会之礼俗习尚等等，是皆"文化的训练"所不可缺。而其事亦千头万绪，非短时之讲演所能尽其万一。兹姑就文字一端言之。文字之发明为一切进化之原动力。人类自有文字迄今，不过数千年，而其文物之进步，较之未有文字以前之数十万年，相去不可以数字计度。盖有文字记载，乃能以前人之经验成就，传之后人，递遗递袭，继长续增，故为时短而进步速。野人无文字，仅恃遗传本能，故历年久而进步缓也。吾国之文字，为一种独立的发明，绝未受他民族之影响，与今世各国之文字，大抵本诸他人而加以补苴者，性质迥异。试以日本论。其汉字完全取诸吾国，其假名（即拼音字母）取吾汉字或汉字偏旁以假其音，亦未出汉字之范围。其著作之模仿吾国体裁，剽窃中土成文，尤不待论。余尝见明治十二年（清光绪元年，一八七九）出版藤田久道编著之内国史略五卷，系供小学生阅读之日本史课本，其书犹全用汉文，他可知矣。自明治迄今，日本已三易年号（明治、大正、昭和），日人以"明治"取义于《易传》"圣人南面而听天下，响明而治"，及《礼记》"古之欲明明德于天下者，先治其国"；"大正"取义于《易》"大畜刚健笃实，日新其德，能止健，大正也"；"昭和"取义于书《尧典》"百姓昭明，协和万邦"；有谓此三号即表示日本近世三时代之精神及进步者。然皆窃诸吾国经传，日人固未能自行创造也。今岁日主诞生皇子，命名“明仁”，亦系取义《易经》“王明并受其福”，及《易传》“何以守位曰仁”诸语。又号为“继宫”，则因《易传》言“继之者善也”、“大人以继明照于四方”，《礼记·中庸》言“善继令志”，而韩愈《平淮西碑》亦有“圣子神孙，继继承承”之文耳。汉文在日本之势力，其根柢之深厚，较诸日本武力在东北之势力，其相去盖不可以道里计。而文字之沿用，完全出诸日人之自愿，与武力尤不可相提并论。今者日人鄙视吾国朝野，无所不用其极，然苟吾人责其所用文字，出于谁力，必将赧然而无辞以对。吾先民文化上之成就，所以嘉惠于吾人者，为何如乎。昧者不察，对于如此优美之文字，亦有主张完全摧毁，而以拼音之世界语及罗马字拼音代替之者。国家将亡，妖孽先见，东北军领袖之以大好山河拱手让人，未始非此辈阶之厉也。

时贤之宣传吾国文化者，大抵偏重于学说思想及文物制作，而于政制礼俗阐发较鲜。反之，在攻击的一方面，则常集中于政制礼俗，或称之曰“封建遗毒”，或名之曰“吃人的礼教”。考封建制度为吾国由部落至统一所经之一种政治过程。自周之封建，进而为秦之统一，封建时代之法制，殆无不革除。自汉以后，虽“王”“侯”等封号，无代无之（至民国始革，然袁世凯僭帝，尚多受其封号者），然古代之封建，则终未复现，汉以后之政制，亦多承秦而不承周，以汉后皆统一之治，非封建之治也。在今日所考得若干封建时代之遗蜕，亦与吾人生理上之一二特征，传自野人时代者无异，盖皆历史的影响也。谓为封建遗毒，过矣。抑政治制度之价值，太半视其实施时所得实际之结果。以吾国史之悠久，各种制度试之有效者，其价值固彰彰在人耳目。即一二学者之理论，虽未见诸事实，而其可供今人借镜者犹多，顾亭林所谓立言不为一时也。自古代授田制随封建制而破坏，田为国民私有，得任意买卖，土地分配不均与贫富悬殊之流弊，缘之于生。救济之法，自汉初董仲舒而还，大抵主张“限民名田”（规定每户有田的最高额，不使富者过制，而贫者得田亦较易），然多未见诸施行。今者平均地权问题，甚嚣尘上，依吾人之见地，苏洵之《限田论》“吾欲少为之限，而不夺其田尝已过吾限者，但使后之人不敢多占田，以过吾限耳。要之数世，富者之子孙，或不能保其地以复于贫，而彼尝已过吾限者，散而入于他人矣，或者子孙出而分之，以无几矣。如此则富民所占者少而余地多，余地多则贫民易取以为业，不为人所役属，各食其地之全利，利不分于人而乐输于官”。实一比较可行之良法。然非目论者所及知也。

攻击礼教者之言论，最要者有二，一者谓礼为矫揉造作，拂逆人之性情，二者谓人类非礼败俗之行，虽有礼而仍盛。不知礼教之建立与必要，正因人之性情，可以为善，而非必善，感于外物而物，不能无过不及之偏，于是为之立中制节，导之于正。其所拂逆者，盖即今人所谓兽性，非人之性情也。故曰“顺人情故谓之礼，訾之者，是不知礼之所由生也”。至人世越礼之行，不以有礼而绝迹，是可以《坊记》之言释之。曰“君子之道，群则坊与，坊民之所不足者也，大为之坊，民犹逾之，故君子礼以坊德……礼者，因人之情而为之节文以为民坊者也”。坊者堤坊。“大为之坊，民犹逾之”者，言有坊尚有逾之者，苟无坊则其患更不知伊于胡底矣。《坊记》统篇所陈，皆言有礼而民仍逾礼之事。然此正以证明礼教之必不可不修明。犹之去岁黄河泛滥，堤防多有溃决，益以明堤防之不可缺，且不可不坚固也。若因有逾礼之行，即谓礼教为废，是犹屋宇之不足尽蔽风雨，谓屋宇之可毁，药材之不能尽愈病人，谓百药之可废也。余有《谈谈礼教》一文，登《国风》圣诞特刊，讨论礼教之缘起及功用甚备，诸君可取观之，兹不论详述也。要之，中国文化范围至广，内容至丰，吾人志切保存及发扬光大者，惟有从各方面细心研究，与之多多接触，则其价值自能渐渐明了，而主张摧毁者之谬妄，亦不难知矣。

本文为在中国文化协会的演讲，缪凤林讲，黄乃秋记。原载《国风》第 4 卷第 9 号，1934 年 5 月 1 日。

整理者：薛　蓁
校对者：郭元超

南高精神

胡焕庸

南京高等师范创立于民国四年，迄于今盖二十年矣。此二十年中，适值国家鼎革之秋，人事更变，乃较任何其他时期为特繁。南京高师成立不过二十年，而校名递改，乃已有五次之多。

初，民国九年，即南京高师成立之五年，已有改组高师为大学之议。其次年，东南大学组织成立，乃与南京高师同校而并名。及至民国十五年，高师学生全部毕业，学校名称始正式改为东南大学。① 民国十六年，改称第四中山大学；十七年二月，复改称江苏大学，同年五月始改今名，称中央大学。

自南高以至中大，学校名称虽经数易，而学校内容一线相承，绝少变异。凡治学于此者，不论时间先后，多具有同一之好尚。自社会旁观之批评言之，则此校自南高以至中大，亦具有同一之学风。此前后一贯始终不渝之好尚与学风无他，即所谓孜孜为学之精神是已。

向者，南高学生亦尝因埋头攻读，不与外事，一度为俗人所诟病矣。然今则国内各大学以及专门研究机关，殆无处不有南高毕业生之踪迹；世界学术界，亦颇有南高毕业生列名其间。南高孜孜为学之精神，今日盖已有相当结果以表显于社会矣。

近年中原板荡，国事日非，论者顾欲以迅速简捷之法，以挽救国家之危亡。于是投笔从政者特多，不论治农治工治商之人，均一一舍其所学，以求能入宦为荣。人多职少，争竞排挤之风特炽，扰攘纷纭，终亦无补于国是。惟南高学生，以无此好尚，

---

① 据王德滋主编之《南京大学百年史》(南京大学出版社 2002 年版，第 71 页)记载：1923 年(民国二十二年)7 月 3 日，南高行政会议议决取消高师案。从此，南京高师完全并入国立东南大学，高师校牌亦被撤去。——整理者注

插足其间者特鲜。

吾人苟非愚顽，莫不知今日之世界，固一科学竞争之世界。不特生活物质之建设，须有各种自然科学为之基础，即如社会人文事业，有如政治经济诸端，亦莫不有其深邃之原理，以为其设施之根据。易言之，盖莫非专门学术之事也。今日而言从政，岂如往昔无点墨或鬻缯屠狗之徒所能奏效。学术与政治，原有其十分密切之关系，亦惟大学问家，方得成为大政治家。学术救国云者，岂果为诳人之虚语也哉？

本年秋，适为南高创立二十周年之期，旧同学之一部，不以母校校名之更替而忘其怀旧之忱，群谋有以庆祝而纪念之。纪念之方，不拘形式，乃假《国风》杂志发行纪念专号，各纾所见，共图母校精神之发展。余不文，爰举孜孜为学之一点，用以自勉而勉人，未识诸学长以为然否？

本文原载《国风》第7卷第2期，1935年9月。

整理者：谢　任

校对者：洪意恒

人格教育

王 滢

此篇系王伯沆先生在南高二十周年纪念餐会演讲词，由钱堃新君笔记。编者志。

诸君子能于纷纭更变之余，不忘高等师范，为补行二十周年纪念于此，询言及余。笃旧之情，洵足钦佩。余自三十以后，始知服持孔门修身之道。虽投老无成，而确信成己成人之基必在于此。诸君子其于应事接物之际，恒自检点性行，性行渐有着落，则动静有方。即担当大任，亦可以无入而不自得矣。余诚驽钝，无以相益。所幸珠玉在后，必有以厚饫诸君子也。（堃新谨按：孟子之言曰，人有恒言，皆曰天下国家。天下之本在国，国之本在家，家之本在身。是说也，盖吾儒先一脉所传授，更数千年学人之寻讨，千言万语而不离焉者也。其修讲之也，则不外博文约礼。博文即所谓道问学，格物致知之事；约礼，即所谓尊德性，诚意正心之事。所谓知及仁守，敬义夹持，一车而两轮者也。晦庵朱子于此言之最晰，则统以教人曰，主敬以立其本，穷理以致其知，反躬以践其实，其口之所说，笔之所书，虽至数十百万言，而要不外此。及其笃病且卒，尝语诸生曰，为学之要，惟在事事审求其是、决去其非，积累久之，心与理一，自然所发皆无私曲。圣人应万事，天地生万物，直而已矣。又曰，道理亦止是如此，但相倡率下艰苦工夫，牢固着足，方有进步处。其指示亲切如此，诚所谓卓具苦心矣。冬饮师于三代而下尤服膺朱子，二十年教说之旨，盖有心所共喻。此日训语，则若深隐平淡，然检点性行一语，实包主敬、穷理、反躬三目，守约而施博矣。恐至味大音，吾党或昧，僭附疏其大意，不敢避佛头着粪之诮也。他日，师谓之曰，会日吾来独后，猝使之言，遂不免隐约，倘取《论语》问达章旨以为说，庶可玩味也。其绪言无得而推矣。谨节录此章正文并朱注，以足其未竟之意。）

夫达也者，质直而好义，察言而观色，虑以下人。在邦必达，在家必达。

注曰：达者，德孚于人而行无不得之谓。内主忠信，而所行合宜。审于接物，而卑以自牧。皆自修于内，不求人知之事，然德修于己而人信之，则所行自无窒碍矣。

本文原载《国风》第8卷第1期，1936年1月。

整理者：谢　任

校对者：洪意恒

朴学之精神

胡先骕

编者谨按：胡先生因在北平主持静生生物研究所所务，南高二十周年纪念餐会，编者函先生乞言，蒙先生特赐此篇，谨录登于此。

溯自辛亥革命，于兹二十四年，国内高等教育自草创之初基，渐臻于发扬光大之域，而科学界成绩，尤非昔日梦想所能到，在此科学进步中，国立南京高等师范学校实奠筚路蓝缕之功。南高一校，自成立以至于今，叠经改为国立东南大学、第四中山大学、江苏大学与中央大学，然其诚朴笃实之精神，二十年来，始终不变。南高旧日同学以余昔日曾躬与母校开辟草莱之役，乃于发行纪念刊时，嘱为一言。余追循往事，有不禁怃然而悲，色然而喜者，夫何能不言？言之且絮絮不能自已也。

南京高等师范学校成立于民国四年，农业专修科增设于民国六年，主持科务者为邹秉文先生。初创之时，邹先生外，尚有原颂周先生任作物学教授兼农场主任。翌年，张范村先生来主讲畜牧学，余则来授植物学。其时教授不过四人，学生二十余人，显微镜二十余架，图书几绝无仅有。同人踽踽凉凉之态可掬，然各本少年锐气，不以艰巨为可畏。阅二年，余遂有漫游浙赣、深入闽粤边境采集植物之举，今日国人所创办之七八生物研究所，要以此为嚆矢焉。无何，秉农山先生来校授动物学，以其渊深博大之学问、孜孜不倦之精神，诱掖青年学子以从事研究，于是在农业专修科中为附庸之生物学课程，遂蔚为大国。其后钱雨农、陈焕镛、陈席山诸先生先后莅止，东南大学之生物系，乃盖有不可动摇之基础，从而生物系同人复以赤手创办中国科学社生物研究所，国内生物学研究，因得积极进行。二者交相为用，东大生物系遂人才辈出，迄今有六生物学研究机关，皆为南高旧日师生所主持，而七大学之生物系，皆有南高师生任教授，不得谓非一时之盛也。

在农科自身，则棉、稻、麦与蚕丝之改良，皆以南高农业专修科之草创事业为始基。至今其影响已遍于全国，如棉作改进会、蚕桑改良会、稻麦改进所、中央农业实验所、上海商品检验局，莫非邹秉文先生及(旧)日东南大学农科同人为之策划主持之，使无十七年以后改组之波折，其成就或不止于此也。

此外在其他自然科学中，南高与东大师生贡献最大者，厥为物理学与气象学。物理学系人才辈出，而全国气象人才，几全为竺藕舫先生一人之弟子。北京大学以地质学系著称，而东南大学则以生物系与气象学驰誉，南北遥对，可称为中国近世学术界盛事。再则南高、东大师生于数学与化学，亦有相当之贡献。此皆南雍实事求是、质朴真诚之精神所表现也。

夫南雍之精神，不仅在提创科学也。文史诸科，名师群彦，亦一时称盛，言国学则首推王伯沆先生之于文，柳翼谋先生之于史。当五四运动前后，北方学派方以文学革命、整理国故相标榜，立言务求恢诡，抨击不厌吹求；而南雍师生乃以继往开来、融贯中西为职志：王伯沆先生主讲“四书”与杜诗，至教室门为之塞；而柳翼谋先生之作《中国文化史》，亦为世所宗仰，流风所被，成才者极众。在欧西文哲之学，自刘伯明、梅迪生、吴雨僧、汤锡予诸先生主讲以来，欧西文化之真实精神，始为吾国士夫所辨认。知“忠信笃行”，不问华夷，不分今古，而宇宙间确有天不变道亦不变之至理存在，而东西圣人，具有同然焉。自《学衡》杂志出，而学术界之视听以正，人文主义乃得与实验主义分庭而抗礼。五四以后，江河日下之学风，至近年乃大有转变，未始非《学衡》杂志潜移默化之功也。

总观吾国二十年来之经过，政治不循正轨，学术群趋险诐，及其末流，至酿成空前之剧乱，内则杀人盈野，外则疆土日蹙，至举国上下咸抱幕燕镬鱼、危亡无日之感。幸今日秉国钧者，知欲挽救国难，首在正人心，求实是，而认浮嚣激烈适足以亡国灭种而有余。于是一方提创本位文化，一方努力于建设事业，南雍师生二十年来力抗狂潮、勤求朴学之精神，亦渐为国人所重视。吾知百世之下，论列史事者，于南雍之讲学，必有定评，则今日师生所以纪念南雍成立二十周年者，他日尚可纪念于无穷也。

本文原载《国风》第8卷第1期，1936年1月1日。

整理者：周　颖

校对者：范文琪

新理智运动刍议

景昌极

一、中国过去学术上之幼稚偏颇的理智主义

二、印度希腊与欧洲近代之理智主义种种

三、民八以来新文化运动之幼稚偏颇的理智主义

四、新理智主义与新理智运动之纲领

五、历来哲学上反理智主义之错误

六、理智与个人道德之修养

七、理智与人类历史之进化

一、 中国过去学术上之幼稚偏颇的理智主义

以世界眼光尚论中国学术，而求其最大缺憾所在，而思所以改弦更张之计，此非今日学者所有事乎。作者不敏，窃尝有志于斯。爰集平日师友间所谈为学大旨，草为斯篇，以就正于当世明达。

中国学术上之缺憾，彰明较著、的然无疑者，厥惟文学史学之畸形发展，科学哲学之降为附庸，而遂奄然不振是。此何以故？曰：由于理智未能充分发达故。若是者，我得谥之曰幼稚偏颇的理智主义。申论如次。

中国文学之畸形发展，触处可见。诗歌文集之丰富，对联题识之充塞，科举试帖之相沿不改，皆举世所无。通俗小说中所谓才子者，其伎俩乃不外锦心绣口，吟诗捉对，适可为重文心理之反映。学士大夫，自莫不以附庸风雅为荣。其中如苏格拉底所讥之妄人，自以为能诗、能文即无所不能者，实繁有徒。

中国文学之大体，未始不有当于温柔敦厚之旨，兴观群怨之用，而与实践道德上

之中正和平的理智主义相呼应。然以其畸形发展故，遂不免为纯正理智之障碍。以其宗旨偏于求美也，足为爱真理的态度之碍。以其表达方法偏于含蓄、夸大、琐碎也足为清晰，切实、系统的论理方法之碍。其有取于科学者，草木虫鱼之名状，有取于哲学者，神秘主义之意境，皆仅科学哲学之初步。坐是，分量虽多，殊不足以掩其内容之肤浅与结构之简陋。此其与幼稚偏颇的理智相为因果也明甚。

史学之畸形发展亦然。碑传志状之充塞书库与民间，与诗词对联等亦略相等。所谓博雅之士，其见重于社会，殆尤过于风雅之士。所谓考据之学，与专究文学之词章，专讲修齐治平之义理或道学，三分中国之学术界而独占优势。国史私史所历时间之久与分量之多，亦举世所无也。史传以词采广其流传，文章以掌故掩其贫乏，文史交相为用而其势益张。

史事之研究，固有待于相当的理智。然其所待之理智，远不若科学哲学的理智之高。其资料为个别的、具体的、有时空性的事实，与科学哲学之观其会通、求其统系者大异。故其畸形发展，足以阻碍超脱时空的纯理研究的兴趣之养成。自史传中兼载天文地理、社会制度等之沿革，书籍之流别，哲人之言行录等，而纯正的自然科学、社会科学、哲学通论，转沦于若存若亡，可有可无之列。抑中国史书之缺乏精密的系统，每为隐恶扬善惩恶劝善之成见所蔽，亦未始非与所谓幼稚偏颇的理智相为因果者。

科学哲学之在中国，实至可怜，其致命伤，在缺乏希腊所谓爱智的(Philo-sophical)，不急于用世的，为真理而求真理的，抑亦哲学之所以为哲学的态度。国人于道德艺术上，颇知急功近利之为非，独于高深纯正的理智，未有敢于公然认为有独立发展之价值者。甚者斥为“察而不急辨而无用”，“知之无害为小人，不知无害为君子”。其次则利用为词章考据或义理之附庸而已。士夫学者，或有闲情逸致好奇探幽之习，不用之于文学及与文学性质相近之琴棋书画等，则用之于史学及与史学相近之骨董小学等。而纯正的科学哲学上之问题，全体大用的知识，乃不复有人措意。悠悠千载，积习不返，吁可怪也。

其翘然杰出可称例外者，惟战国之季，号称辩士察士之一班学者，而惠施实为之魁。庄子讥之曰，“辩士无谈说之序则不乐，察士无凌谇之事则不乐”。其实无谈说之序则不乐，正哲学家应有之精神，无凌谇之事则不乐，正科学家应有之精神，二者皆最可宝贵的爱智精神之表现，为哲学科学之本源者也。“惠施多方，其书五车”，日以坚白。(与指物，白马之论为同一问题，即现象外有无本体问题。说详我所著《公孙龙子学说》。)同异，时空数(即有厚无厚、有穷无穷等问题)，名实等纯正哲学问题，“为大观于天下而晓辩者，天下之辩者相与乐之”，其好辩如此。“南方有畸人焉，曰黄缭，问天地所以不坠不陷风雨雷霆之故，惠施不辞而应，不虑而对，遍为万物说”，其好察又如此。其“倚树而吟，据槁梧而瞑”，沉思雄辩气象，大似苏格拉底。其相梁从政，而不废谈说，乐观积极之风，又似莱布尼兹。此真中国纯正智慧之结晶，堪为万世景仰者。乃其学遂湮没不张。其行事亦仅散见于他书。惜夫。中国之有惠子，诚中国之幸，惠子之生中国，抑亦惠子之不幸也。

其次则为公孙龙。指物之论，系统厘然，可与千载而后之西哲学说，较其短长。其次，若儿说之解闭术(解闭为分解哲学上错综复杂之问题，后人误解其意，直视为江湖术士之解结，甚可笑。见《吕览》、《韩非》)，季真之莫为说，接子之或使说(皆见《庄子·则阳篇》)，南方之墨者苦获已齿邓陵子之属之相为訾应(见《庄子·天下篇》与《墨子·经上下说》上下各条)，皆与惠施同流，而各有以自立者。然讥于庄，斥于荀，厉禁于韩非，积毁所加，虽贤者不能自持。毛公之徒，已举其坚白同异之说，托庇于“可以治天下”之旗帜下，以求自存。邹衍之徒则更窃取察士之余论，益以怪诞，以为哗众取宠、欺世盗名之计。中国学术，遂为阴阳五行虚伪怪诞之恶氛所笼罩，而不可向迩。厥后魏晋之清谈，谈老庄也；隋唐之说法，说佛法也；宋明之讲学，讲孔孟也。皆依傍门户，敷衍陈说，绝无独立自主的理智活动之余地。其志既卑，其涂斯隩，其效亦可睹矣。

惟其无纯粹爱智的态度，其所注意之问题遂不及于远者大者，而惟急功近利之是图。是以中国之科学，不能远离利用厚生之术；中国之哲学，亦不能远离修齐治平之道。所谓义理之理，道学之道，是非之是，皆偏指善恶之善，与西土所谓真理(Truth)之义，大有广狭之殊。其利用厚生之技艺，固有发明先于世界，即在今日，犹为世界所效法者，如印刷、瓷器、指南针、饮食、医药等是。其修齐治平之政教，尤有极精粹，极中正，可以放诸四海而皆准，施诸百世而不易者。此种实践的理智(Practical Reason)之成绩，之有待于发挥，与其纯正的理智(Pure or Theoretical Reason)之缺憾，之有待于补充，皆今日应有之事，而后者为尤急。以其前此之侧重实践的理智而忽视纯正的理智也，谥之曰偏颇的理智主义。

亦惟其无纯粹爱智的态度，遂不能有条理清楚、察验周详的论理方法。数千年来，未尝有对于论理或逻辑之专门研究，名墨诸家之于名辞说辩，亦仅略启其端而未竟其绪，其明验也。惟其缺乏论理的方法，不能构成科学哲学的系统，故其著述，每为格言式、语录式、札记式、谈宵式。琐碎散漫，含混重复，是其通病。严格言之，论孟老庄、宋明语录之不得为哲学，亦犹博物志、格致汇编等之不得为科学。此皆理智幼稚之表现，谥之曰，幼稚的理智主义。

新理智运动非他，即谋取西洋学术之真精神以补我之不足，俾幼稚者日就成熟，偏颇者日趣健全之谓也。

二、 印度希腊与欧洲近代之理智主义种种

印度之哲学科学，始终为宗教之附庸，亦犹中国之科学哲学，始终为文史政教之附庸。其纯正的理智无独立发展之机会则同。其宗教各派之目的，十九在求解脱。利用知识，以求解脱，虽非亟亟于用世，在学术上，终为一种广义的急功近利主义，与中国文人之利用前人思想为词章资料者不殊，以非为知识而爱知识，仅视知识为工具故。

然其求解脱之目的，终较中国之所谓功用者为远大，故纯正的理智亦较多活动之余地。其著述较中国为有系统，为内容充实。而怪诞支离处，亦远较中国为甚，殆实践的理智，逊于中国之验也。

亚力山大东征以后，印度学术为希腊精神所浸灌，遂有以入世为出世的大乘佛法之勃兴。其精神之伟大，有不可磨灭处。其所成就，若唯识因明之学，可与希腊媲美，而犹或过之。惜其末运乃流为繁琐与神秘，则其始终未能摆脱宗教的束缚有以致之。

真能使理智有独立的活动与健全的发展，而为今日欧土文化之母者，其惟希腊乎。希腊民族于此真可称天之骄子，造福人类无量。其典型人物，则苏格拉底与亚里士多德也。

哲学即爱理智之学，立说必须分析，必须有一贯之定义，知识为道德之要素，凡此诸义，皆至苏氏而后确立。其尤可贵者，在能以伟大之人格为理智的精神现身说法。惟日孜孜，真理是求。其理智之锋芒，力能揭破当时一班学者之假面具而使无遁形，其时之号称智士而自遁于词章、考据或神秘的宗教者亦颇不眇也。然卒以此获罪，至以身殉。观其从容就死时，守法不阿，侃侃谈学之气概，不惟以身殉道，亦且以身殉智。其以身殉道之精神，东方诸国固不乏，其以身殉智之精神，则自古迄今，东方所未有也。

亚氏以一身集希腊哲学科学之大成，分别部居，厘然有当于人之心。古代学者

中，舍其所在国之文史宗教等不论，则学问之渊博精深，系统之完备严密，殆无足与亚氏抗颜行者。柏拉图氏虽自有其不可及处，其理智之发达，似尚逊亚氏。抑柏氏之大病，在能以理智的态度措置一切，而不能以理智的态度措置理智自身。其结果乃使理智神秘化、具体化，而为宗教上之神。所谓柏拉图式理型者，乃当于中国老庄之道、宋儒之理，印度声论之声、吠檀多派之梵。其说之诞，乃至非常理所可喻。后世所谓新柏拉图派之纯神秘主义，柏氏实式启之。若非亚氏为之补苴罅漏，树立基础，西洋文化，或将始终忘其故步而折入印度一路，未可知也。

希腊学术之末运，由反理智的神秘主义（Mysticism）与杂糅主义（Eclecticism）之过渡，而入于中古之黑暗时代。此与汉后中国学术之陷入阴阳家与杂家，唐后印度学术之陷入秘密教（Saktism or Tantrism，详我著《印度密教考》），适为世界学术上殊途同归之最大悲剧。然理智之复兴，学术之发扬，卒由欧土居领导地位。非希腊文化上理智主义凭借之厚，植根之深，殆莫克臻此。文艺复兴之主因，由于阿拉伯文亚式遗著之重译。此其故，可以深长思矣。

十五十六世纪之文艺复兴与宗教改革，为欧洲理智发扬之初步。文艺宗教之进化，虽不必与理智成比例，然理智为历史进化之要因，一切其他社会现象，殆莫不随理智之进化而进化，此理当于下第七节译之。十七十八世纪之政治革命与启蒙运动，为理智发扬之进一步。英法之政治革命，导源于洛克、卢梭等之民约、自由等思想，可见理智影响于人类行为之深且大。若夫启蒙运动明明以理智主义相号召，此稍读西洋史者所习闻也。

启蒙运动中，不惟笛卡尔、斯宾挪莎之哲学，以理智主义相号召者，为理智主义，即培根、洛克等之哲学以经验主义相号召者，亦未始非理智主义。缘笛卡尔等侧重理智方法之条理清楚一面，培根等侧重理智方法之察验周详一面，合之则为健全的理智，分之则各成偏颇也。又不惟福禄特尔之文学以理智主义相号召者为理智主义，即卢梭之文学以感情主义相号召者亦未始非理智主义。缘非理智之发扬，固不觉感情有解放之必要，而彼之所以取信于人者，又恃其言之成理也。西洋史家论及启蒙运动，辄以理智主义之发扬该之，职是之故。

启蒙运动之理智主义，若以与十九世纪科学哲学之成功较，自不免相形见绌。自今观之，其中偏于消极破坏之处，动贻幼稚偏颇之讥者，正复不少。后之视今，亦犹今之视昔，知所谓幼稚偏颇云云，仅系比较名词，为理智进步后返顾从前必有之观感。然理智之为进为退，亦惟待决于理智，自有其概然之准则，未可以主观的情感或信仰妄为轩轾耳。详下第五节。

康德之徒，虽折衷于大陆理智派、英国经验派之间而侧重理智，或亦自称新理智主义，然其侧重理智之态度，已渐为神秘的、非理智的，而与柏拉图同病。凌夷至于海格尔，视宇宙之本体为一大理智，尤极神秘怪诞之至。此类理智主义，谥之曰神秘怪诞的理智主义。视前所谓幼稚偏颇的理智主义，过犹不及，厥失惟均。时至现代，科学哲学之基础已固，人类理智之根蒂已深，神秘怪诞之说已不足为害于欧美，或且足供好事者之玩味。然若以之介绍于一般理智尚在幼稚时代之中国，则有以暴易暴、沉迷不返之患。国人其亦知所戒惧哉。

三、民八以来新文化运动之幼稚偏颇的理智主义

自清季迄今，皆可谓之中国学术之启蒙时代。其间要以民国八年之新文化运动为一大波澜，以其旗帜鲜明，影响亦较深切故。默察近今学术界之风气及其成就，似新文化运动之所得者殊不如其所期。而其幼稚偏颇的理智之所表现，遗害于今者，仍所在多有。兹惟略论其大端，以为后此新理智运动之殷鉴。

一、发起新文化运动诸人之大部分，似自始即政治的动机为重而学术的动机为轻。虽兼标榜民治与科学二者，而实以民治为主。其于科学非有深刻的认识，特以其时髦，存之聊备一格耳。故此诸人者，不久即或以民治主义相号召而做官，而从事社会活动，或由民治主义进一步，而讲共产，倡革命。学术云云，早置脑后。此合学术运动与政治运动为一之失，抑亦非有纯正爱智的态度之明验也。

二、民治之在西洋，仅属政治理想之一。其在希腊诸贤著作中，所占之地位极轻。其自身之缺点极多，其能否适于中国，尤多可以讨论之余地。要其非西洋文化之精髓，则可断言。曾何足以为新文化运动之标帜。即此一端，足见其中诸人，未能深得西洋文化之要领。

三、科学为西洋文化之特殊产物，固矣。然必先有纯正爱智的哲学态度，而后有条理清楚、察验周详的科学方法，而后有理论科学，而后有应用科学。此则非政治兴趣浓厚者所及知，所能躬自从事也。我非谓政治运动为不必要，亦非谓政治学术，永无合一之必要，特谓在政治混沌、学术萌芽之初期，实有离之则双美，合之则两伤之情势耳。

四、然新文化运动所予一般人深刻之印象，则既非民治，亦非科学，而为反旧礼教、倡白话文与疑古史书之三者。此亦国人重道重文重史的心理之反映也。兹分

论之。

所谓旧礼教者，实过去实践理智之产物。其末流虽有迂谬不可通处，要其根本，中正和平，未可一概抹杀。即如孔子所说“民可使由之，不可使知之”、“唯女子与小人为难养，近之则不逊，远之则怨”等语，意似有所偏，最为新派所诟病者，苟仔细思索，深切体验，乃觉其至当不易。其余显然为中正和平之语者更可知。此中诸人，新理智之熏陶，方在萌芽，而欲举旧理智之根本，芟除尽绝，其以过激、偏颇见讥于守旧派，不亦宜乎。

五、白话之提倡与所谓文学革命，似是一事，其实非也。中国文学诚有改革之必要，然兼采白话以表达寻常之情思，仅为子目之一，不当遂以此为革与不革之标帜也。如所谓不讲对仗、不重掌故、不无病呻吟等项，岂必白话而后能。浅近的文言与简洁的白话，除去数十助词外，在在可以相通，又岂有死活之别。然而主白话者，方且狃于门户之见，一若白话虽极拖沓生硬之致，犹胜于明白晓畅之文言然者，此则理智之幼稚，感情之嚣张为之也。实则今日中国文学界所应提倡者，为如法国启蒙时代，福禄特尔、布丰、康多赛诸人之文，能镕贯最新科学哲学之材料于文内，使普及于民间者。所应反对者，非文言，非白话，而为拖沓、生硬、晦塞、空虚之文章。

六、新文化运动诸人，以其所谓科学方法，为疑古之考据，多有过当之处，时贤论之者众。愚以为此实末节，不足为病。其最可惜者，则所考据之问题，多其细已甚，不值深考。方且以此相高，养成一种琐碎支离之学风，使学生于故纸堆外，不复知有学问。此旧式学究之窠臼，今之新学者亦未能自解免也。庄生有言，“匿为物而愚不识，大为难而罪不敢，重其任而罚不胜，远其途而诛不至”。今之以考古相炫曜者，尤犯此病。彼虽曰，温故而知新，吾徒见其温故之无已时耳，知新云乎哉。然则如之何。曰，反其道而行之，知新而后温故。必先科学通论而后科学史。先哲学通论而后哲学史。先文学名著而后文学史。先使人人明白历史上之大势，而后任少数人作支支节节之考据。乃为能见其大，乃不为轻重倒置。

七、哲学者能见其大之学也，尤贵自具主见。此中诸人，似尤不足以语此。故于杜威之挟其实用主义来，则欢迎而讲述之。于罗素之挟其反实用主义来，亦欢迎而讲述之。极相反之说，曾不足以引起学术界之剧烈论争，国人之于西洋哲学，食而不化，述而不作，皆可作如是观。此直为洋八股耳。其引人注意，逊于白话古史问题远甚。即此可征国人纯正理智之缺乏为何如也。

八、不曰新学术运动而曰新文化运动，或者以文化之词较新颖而义较宽泛也。然惟其宽泛，乃令人莫明其指归。其混入政治运动，以此。迩来中国士大夫，好高谈东西文化问题，而所指各异，或亦以此。愚谓新文化运动一名，不及新学术运动一名之显明，新学术运动一名，又不及新理智运动一名之得其要领。诚以学术为文化之核心，而理智又学术之核心也。

北都新文化运动炽盛之际，南中学者，固不乏头脑沉静、淡于荣利之士，其所持态度，类与本篇有同感焉。中国学术之生机，似当于此中求之。

近今有所谓新孔学运动，本位文化运动，及以恢复旧道德为标帜之新生活运动等，皆偏于复古一途，我得谥之曰旧理智运动。旧理智固有其可贵处，然若硁硁自守，而不复有改弦更张之计，则非作者所敢附和。

又有所谓科学化运动者，诚属当务之急。然苟不察本源，不通大体，而惟自然科学应用科学之是崇，亦有使理智陷于幼稚或偏颇之危险。此健全的新理智运动之所以为要已。

四、 新理智主义及新理智运动之纲领

一、理智谓合理的、条理清楚的知识，亦即正确的、明晰的、系统的思想。此处合理，条理之理，皆谓论理或逻辑。与对于行为所称合理与否之理，大有区别。盖行为所合之理，为道德上之理想，道德上之理想，为善恶之标准，而逻辑则为真妄之标准，二者不必一致也。然所谓理想，实亦理智与情意联合之产物。且必理智成分加多，而后其理想乃渐近于理想的理想。

二、理智主义即应用(1)为理智而爱理智的哲学态度；(2)条理清楚、察验周详的科学方法于一切事物理论之谓。

三、哲学的态度不求急用而非必不求用，但以求真为归。其应用于行为，则以求诚为归。盖真诚之反面同为虚伪与矛盾。真者求言论与事实之一致，诚者求行动与言论之一致也。此种切爱真诚的态度，与德慧之获得，有密切的相互关系。《中庸》所谓“诚则明，明则诚”，亚里士多德所谓“不明则不诚，不诚亦不明”（One ean-not be good with-out Practical wisdom, nor practicaley wise without moral goodness. ），是已。详第六节。

四、科学的方法即理智之理，亦即逻辑。要点如下。

(1)条理清楚——逻辑之偏于演绎方面者

a 清楚的界说或定义——其反面为含混为纷歧为一名多义。

b 清楚的分类或系统——其反面为错乱为重复为遗漏为琐碎。

c 清楚的推理或演绎——其反面为矛盾为不联贯为似是而非。

(2)察验周详——逻辑之偏于归纳方面者

a 周详的考察——其反面为空虚，为偏颇。

b 周详的试验——考察之进一步。

c 周详的整理——包含比较分析综合，求同异，判轻重等。其目的即在得前所谓清楚的分类或系统。

五、科学的方法应用于具体的自然科学、社会科学时，条理与察验并重。应用于抽象科学，如数学，应用于理智之自身，如逻辑时，则无待于耳目之察验而偏重条理。应用于讨论宇宙人生根本之哲学问题时，其所待于察验者，或彰彰在人耳目，或内省而可得。其能成学与否，则大率视条理之有无。故哲学方法，视抽象的科学为近，而视具体的科学为远。绝非于科学方法之外，另有所谓哲学方法也。

六、哲学态度为科学方法之本。科学方法为科学哲学之本。科学哲学为实践的应用的心术技术之本。然其关系亦每为相互的、相得益彰的。

七、文字语言本以表达思想为事，亦即理智之工具。故自大体言之，思想应有之条理，亦即文字语言应有之条理。所谓“言之成理”、“文理清通”皆是。然有时为实用或求美计，意取含蓄，词取双关，或故为夸大矛盾之形容以待人之自悟，亦修辞学所不废。惟是含蓄而至于晦塞，双关而至于混乱，夸大矛盾而至于掩蔽事实之真相，即为非理智的，亦即不合理的，固不合于真的理想，亦未必合于美的理想也。推之，文章虽具条理，而内容肤泛琐碎，言之无物，其为美亦几希。

八、史传本为人类过去经验之结晶，理智既以察验周详为事，自不得不取材于此。然人类过去经验之价值，至不一律。或于人类知识系统上占重要地位，或于人类将来行为上有惩毖作用，或兼而有之，或于两者皆无大关系。轻重得失，皆有待于理智之判别，然后史学乃不为古董之学。总之，理智主义，非蔑视史学，乃蔑视过分琐碎支离之史学。非蔑视文学，乃蔑视过分晦塞空虚之文学。使文史科哲，交融互洽，各得其所，而无畸轻畸重之弊，正理智主义者所有事也。

九、理智非万能，非一切，而在学术上则为万能，为一切。理智之进退，亦即学术之进退。如体育艺术宗教政治道德等，皆非理智，其进步亦不必与理智成比例，然艺术而成为艺术学，宗教政治道德而成为宗教学、政治学、道德学，其研究态度即不能不取理智的哲学态度，其研究方法即不能不取理智的科学方法，其是非的标准，即无所逃于逻辑的标准。又可知理智主义之敌，非宗教，非艺术，非文史，非感情，非经验，而为虚伪近视、琐碎含混的学风，与夫哲学上之反理智主义。反理智主义可约分为怀疑主义、神秘主义等。其错误当于下第五节详之。

十、新理智主义之所以为新，一以别于前此之幼稚偏颇的理智主义。所谓幼稚，或为爱智态度之缺乏，或为论理方法之不备。所谓偏颇，或偏于实用，或偏于宗教，或偏于经验，或偏于演绎，或偏于消极破坏，皆是。一以别于前此之神秘怪诞的理智主义。谓其视理智为神秘的实体，而殊无充足的理由也。理智者人心之作用，不能离人心而独存。说详我著《宇宙哲学》中。

以上述新理智主义纲领竟。更拟新理智运动纲领如下。

一、诚意好学、淡于荣利之士，宜相与团结砥砺，以求造成纯正学术的风气。公私辩论，尤应提倡。盖理智之赖辩论而发展，犹之球艺之赖比赛而发展也。自中西印三方历史观之，可见辩论最盛行时亦即理智最发达时。

二、赞成新理智运动之同志，应一方各有所专长，一方能了知古今中外科哲文史之大意。庶不为空虚，亦不为一曲之士。

三、新理智同志于行为上应以诚明二义为鹄。诚者求言行之一致。明者知言行之合理。

四、新理智同志除反对晦塞空虚生硬拖沓之文章外，应相约共创一种简洁晓畅之文体。

五、新理智同志应自具主张，而不稍存门户之见。对于古今中外各学派，一以批评的态度出之。

六、新理智同志对于虚伪神秘琐碎偏颇之学，足以遗害后生者，应以苏格拉底的精神，揭穿是正之。

五、 历来哲学上反理智主义之错误

历来哲学上菲薄理智之言论，弥近理而大乱真者，曰怀疑主义与神秘主义。此中或先具神秘的意境，而以为疑及一般境界之根据。或先以理智疑及理智之所得，而后遁入神秘为慰情之计。或虽以神秘经验之所得为胜义谛，而犹认一般理智之所得为世俗谛。或怀疑后不入于神秘而入于消极、诡辩、浪漫一途。故二者之关系，可合而亦可分。兹惟分论其所以菲薄理智暨经验之一般理由，而明其无当于理。若夫怀疑主义所举种种似是而非之两难论式，神秘主义所举种种似真而幻之胜妙境界（如庄子、龙树中观论、勃入得来现象与实体、无着瑜珈师地论等书所举），兹不遑为之一一辨析，当别为专篇论之。

推求怀疑主义所以菲薄理智之一般理由，可得六类。

其一，思致不清，不能明辨是非，遂妄谓世间一切理论皆不足恃。苏格拉底尝曰："盖世有所谓厌世派，以人类为可恶者，即亦有所谓厌理派，以理论为可恶者。二者同出于一源，惑于两间之真相使然。其初则轻信其所敬之人，以为尽善，轻信其所习之说，以为尽理，既而渐自察其妄，至再至三，则又一反其所为，妄以为世间不复有可信之人，可恃之理。此理智短浅，不知自反之过。"（见《柏拉图对话集》斐都篇，国立编译馆有愚译本。）自古已然，于今为烈。

其二，自恃聪明，能颠倒是非，遂亦谓世间是非，本无实相。舍利弗本末经所载释迦折服长爪梵志故事，可为例证。其略曰"长爪梵志见佛，问讯讫。一面坐，作是念，一切论可破，一切语可坏，一切执可转。是中何者是诸法实相，何者是第一义。譬如大海水，欲尽其涯底。求之既久，不得一法实可以入心者。作是思维已，而语佛言，瞿昙，我一切法都不受。佛问长爪，汝一切法不受，是见，受否。尔时长爪梵志，如好马，见鞭影即觉，便著正道"。墨经所谓"以言为尽悖，悖，说在其言"，盖亦针对此派诡辩家而发。否认是非之一定，诚自语矛盾之尤者，以否认之自身，即一种是是非非之决然态度，而是非非之决然态度，实一切知识之共相。不若是，则为无知，为犹豫，无知犹豫，且无与人争论之资格故也。更观其行事，饥食寒衣，未尝迟疑，言行之不符，尤足自破其说而有余。

其三，此派或谓世间知识每为相对的或部分的真实。如曰黄河在北，对河南言则是，对河北言则非。此之谓相对的。如曰黄河色黄，而江水不然，即将来的黄河亦未必然。凡不能适用于一切者，皆部分的真实，而非绝对的真实。应之曰，此亦思致不清名辞未析之过，知识真妄之绝对性，不以是而破也。黄河在北一语，其义本含混，故其是非为相对。试加分析，易其语曰黄河今在河南省之北，非绝对的真而何。至于部分云云，与全体相对，而非与绝对相对。谓黄河黄色，为万有之一部分，或黄河某时于人现黄色一语，为无量真理之一部分则可，谓此理非绝对的真则不可。求适用之广，莫若"一切是一切"一语，然其真之绝对性，初无以逾于"黄河是黄河"。真则真，妄则妄，苟非名义混淆，其间固无模棱两可之余地也。印度耆那教所谓各方面的真理说（Syadavata），亦由未能分析辞义之故。捕鳝派或不死矫乱论等，可以类推。

其四，此派或根本否认世间有所谓事实，以及人类之相知而相喻。如希腊诡辩家高奇亚氏(Gorgias)所谓“世无物，纵有亦不能为人所知，纵为人所知亦不能举以相喻”，可为代表。其实任何人不能不有与天下人共认之事物或事实。如彼既向人发言，即不得不承认此向人发言之事实。即不承认，彼又不得不承认此彼不承认之事实。此事实虽即成过去，然吾人理智上固不得不承认此过去时曾有之事实。否则即不得发为任何有意识之言行以自圆其说也。不能相知相喻之说，《庄子·齐物论》篇有阐明之者曰，“今使我与若辨矣，若胜我，我不若胜，若果是也，我果非也耶。我胜若，若不吾胜，我果是也，而果非也耶。其或是也，其或非也耶。其俱是也，其俱非也耶。我与若不能相知也。则人固受其黮暗，吾谁使正之。使同乎若者正之，既同乎若矣，恶能正之。使同乎我者正之，既同乎我矣，恶能正之。使异乎我与若者正之，既异乎吾与若矣，患能正之。使同乎我与若者正之，既同乎我与若矣，恶能正之。然则我与若与人俱不能相知也，而待彼也耶。何谓和之，以天倪”。其言亦若甚辨者。虽然，其说必假定世间有下列之事实而后可。其一，人与人绝不能相知。其二，一人之意见，绝不能改变，绝不因与人辩论或讨论而有所改变。按之事理，俱大不然。秋水篇末，惠子谓人不能知鱼，庄子尝即其言破之，今乃于无意间自蹈其辙，可哂孰甚。夫庄子亦人也，既已知人之不相知矣，非相知而何。果不相知者，庄子又恶从知其不相知耶。庄子所谓辩，盖谓世间意气之争，喧拳呶臂，各不相下者，一切辩论，非尽如是。平心静气之辩论，或征诸公认之事实，或诉诸公认之原理，或正名析辞而涣然冰释，或巧设譬喻而憬然有省，要之不外由已知达未知，由已认达未认，与一般教育上之方法，初无二致。庄子问，吾谁使正之，应之曰，使平心静气时之吾或人，准诸公认之事理以正之。即在意气之争，犹不能无正之者，法官准公认之法律以平诉讼，夫谁得而非之。庄子之著书立说。以天倪和人之争，亦犹是耳。平心静气，准事酌理之所得，非天倪而何。

其五，此派或谓理智所根据之经验，得自官感者殊不足恃，以官感本为主观的，易致人于错觉幻觉故。应之曰，感官或官感之自身，无所谓足恃与不足恃，视恃之者何如。同一日球地位之移易也，常人则以为日动，哥白尼则以为地动，或又以为日地俱动。无论日动地动抑俱动，而位置移易之官感，未尝有异。以上三种思想之就是孰非，官感俱不负其责。推之河中之水，人觉其冷，鱼觉其暖，各言其所觉之冷暖则俱是，各以冷暖归于水之自身则俱非。思想之是非，自有其准则，要不得归功或归罪于官感。其余错觉幻觉之类，皆可作如是观。

其六，此派或谓思想之知物，为代表的、间接的，非如直觉之可恃，如此一转，即入于神秘的直觉主义。其实思想之代表事物及其关系，为知字之本义。舍是别无所谓知。不惟人之知物如是，人之知人亦如是，乃至现在之我，知顷间之我亦如是。若夫绝对的直觉，实至难言。其与浑然不觉，殆一间耳。以我知人，固非直觉，以我知我，亦非直觉。以镜观物，固非直觉，以眼观物，亦非直觉。均之非绝对之直觉，特后者可谓之较直接而已。然我之知人，有时胜于我之自知（所谓人苦不自知），以镜观物，有时胜于以眼观物（如显微镜望远镜是），又可知所知之多少，足恃与不足恃，尤不必与直接间接成比例。抑所谓理智或思想不足恃者，果何所恃而知其不足恃乎。果无所恃之理由而径谓理智不足恃，不啻自认其武断或无理。果有所恃之理由，不啻已自认此理由或理智为足恃，尚安得谓一切理智不足恃。盖足恃与不足恃，相较而后见。无足恃者则无以见不足恃者，犹之无美则无以见丑，无高则无以见下，无静则无以见动，其理一也。

复次，世有以理智为一切罪恶痛苦纷争之源泉，无与于人类之幸福道德，而怀疑理智者，如所谓自然主义是。此其所疑，为理智之善，而非理智之真，与前所举各说不侔。别于下二节论之。

复次，近世休谟、斯宾塞尔之流，亦谓知识之效力，有一定限度，遂有怀疑派或存疑派之目。其于科学知识皆颇尊重，与极端怀疑派之菲薄理智者，亦不可同日而语。知识之现在及过去，诚不能谓无相当限度，然其将来之发展，将止于何处，则未有人能言之者。理智可以扩充经验，改造经验，增加经验，以至于无穷。必以世间某一部分现象。划归信仰或神秘的经验，不使理智问津，其为武断荒谬，可断言也。请进论神秘主义。

神秘主义而菲薄理智，非欺人，即自欺耳。其有意欺人，如江湖术士之行径者，所在多有，吾无暇详论。兹惟推究其无意中所以自欺之理由而为之解。

世间艺术家欣赏自然，或冥想情景，每觉悠然心与境会，不复辨其孰我孰境。有如列子之御风，不复辨其“风乘我耶，我乘风乎”。及其发为文章或美术品，摅其情于众人，每能使众人欢欣鼓舞，意往神驰，若身处其境，而与之有同感焉。匪惟艺术家有然。道全德备之士，视天下之饥若己之饥，视天下之溺若己之溺，视瓦砾之毁伤，草木之夭折，而亦有矜哀恻怛之意。及其至也，冤亲平等，利害一如，畛域尽消，善恶双泯，乃有“天地与我并生，万物与我为一”之感，而入于“大同”、“大通”之域。又匪惟道德家有然。笃信宗教之士，想像神灵妙境既久，时有与神为一之感。或用志不纷，专一守静，由静入定，则亦可臻一种自忘自失之境。凡此艺术道德宗教上之胜妙境界，实为神秘主义所本。美其名曰不思议境，无分别智，以为宇宙之真相即此已是。其实此类境界，虽自有其妙处，亦只心识境界之一，决非可据以抹杀其余境界者。若即以为宇宙之真相，则禽兽胎儿醉汉浑浑噩噩之境界，亦可谓之宇宙之真相矣。何不思之甚也。

所谓不可思议，多系形容过甚之词。若就思议不可代替经验而言，则一切经验，皆属不可思议。如说食不饱，思火不灼，饱灼之境界，皆不思议是。若谓不可以思议代表，则世间固无此不可代表之怪物。且既已谓为不可思议，即已思之议之。既已思之议之，即无所逃于一切思议所应遵守之论理。如故以矛盾之词，自神其说，即不啻自白其虚伪臆造之迹。

所谓无分别智者，其实仍是一种异乎寻常之分别，或异中求同之分别。例如庄子所称，“狙公赋芧，曰朝三而暮四，群狙皆怒。曰朝四而暮三，群狙皆喜”。是群狙不能分别朝三暮四与朝四暮三之无分别，而狙公则能分别此无分别也。又如常人以炭与金刚石为绝异之物，而科学家则能见其同由一种分子组织而成，是常人只能分别其有分别处，而科学家则兼能别出其无分别处于有分别处之外也。世人每以为智愚贵贱善恶种种价值上之差别，为纯客观的、一成不变的，智者则有“自道观之物无贵贱”之论，仁者则有冤亲平等一视同仁之感。即此已是无分别智或平等智。岂必若木石婴儿之浑沌无知，或假非想非非想等怪诞不经之说以眩惑愚众，然后为无分别智哉。

复次，神秘派每以一法不立，破而不执，遮而不表为说。其实既有所破，即有所立，既有所遮，即有所表。遮而不表，破而不立之不可能，犹之人之不能自举其身也。世间理论，苟非名义纷歧，必只有正反二面。破其正面，即立其反面。遮其反面，即表其正面。如谓孔子不生于欧洲，即不啻谓孔子生于欧洲以外。苟非孔子本无其人，欧洲本无其地者，二者必有一于此。论理上次于矛盾律之不容间位律，即专对此种诡辨而发者。然此二律，亦绝非任何论理学家所独创，乃系全人类理性中于不知不觉间，不得不加以承认者。世间犹有辨之可能，人之犹可以理喻，直以此尔。神秘派虽昌言破之，而破之适所以立之。以破一切学说，皆不能不于不知不觉间，应用此二根本律也。

世间更有一种学者，专以含融敷衍，不下断语，判教分时，兼收并蓄为能。于学问上为杂家，或杂糅主义，为理智衰退之征。如古董杂货铺，断铜烂铁，破履旧巾，杂然并陈，而自命博雅。如灰色态度之政客，敷衍因循，朋比分赃，而不敢有所得罪。如江湖术士所售之百草药膏，谓能治百病而实不能治一病，食之且令人饱胀欲死。此与怀疑主义、神秘主义，同为理智之蟊贼。安得三五辩才无碍之士，运智慧之锋，转照妖之镜，抉去此类蟊贼以为快也。

当今之世。复有所谓哲学家者，一方怀疑西方文化之专循理智，谓与中印根本异趋，一若既曰异趋，即无高下可言，而中印今后之学术，更不必求理智之发展然者。一方则如前人所谓“玩弄光景”、“一味于光景门头讨生活”，以自欺而欺人。一方复取古今中外各派玄谈而拉杂附会之，随其好恶，妄指某人为已证体，已见道，而某人则否。此真可谓集怀疑神秘杂糅之大成，直使中国学术走入牛角尖里去而后快也。此等人若早生数十年，且为义和团。以其亦将为中国科学所走者为另一路，不可以西洋科学之论理论之故。我不禁为中国科学幸而为中国哲学悲。

六、 理智与个人道德之修养

人类之品行，多有未经一己理智的考虑，而自然流露者，可谓之自然的道德。反之，经过一己理智的考虑抉择学习而成就之品行，是为修养的道德。亚里士多得所谓 Natural virtue 与 Matured virtue 之别，庶乎近之。

自然的道德中，自动的或自愿的成分为多，自觉的成分为少，以未经考虑，不待勉强故。然必非绝无自觉的成分，以绝无自觉的成分，则与风吹草动，目瞬血流一例，不得为严格的道德之对象故。修养的道德中，自觉的成分为多，自动的或自愿的成分为少，以几经考虑而后决定，稍带勉强性故。然必非绝无自动自愿的成分，以绝无自动自愿的成分，乃与目之不得不瞬，血之不得不流一例，不得为严格的道德之对象故。

尤有进者，自然的道德流露既久，则其自觉的成分，必渐次增加而成为理智化。修养的道德，考虑既久，则其自动自愿的成分，亦必渐次增加而成为自然化。必理智化与自然化俱至相当的程度，乃为纯粹的善或恶之对象。《大学》曰“明明德”，初明谓理智之明，次明谓自然之明。要之不明则不成其为德也。《中庸》曰“诚者天之道也，诚之者人之道也”、“自诚明谓之道，自明诚谓之教”。诚谓自动自愿或自然化。明谓自觉或理智化。

世有专重自然流露的道德，如恻隐羞恶之情，而以理智的选择，意志的强制为不足贵者，如叔本华之同情说（Shopen hauer's Theory of Compassion），沙富次伯雷之道德情操说（Shaftsbery's Theory of Moral Sense），居友之无义务的道德说（Guyau's Theory of Morality Without Obligation），皆是。不知自然流露的感情，发而为行为时，苟不经理智之简择，意志之坚持，往往于轻重彼此之间，有过不及之患。一切德行，咸可转为不德。如孔子所谓“恭而无礼则劳，慎而无礼则葸，勇而无礼则乱，直而无礼则绞”、“知和而和，不以礼节之，亦不可行也”，皆是。所谓礼，即理智之具体的表现也。

复次，自然流露的感情，发而为行为时，虽有不假抉择而自中规矩者，然仍居极少数。韩非子所谓自圆之轮，自直之矢，良工不贵是也。以孔子之才，犹曰“吾非生而知之者，好古敏以求之者也”，犹必“七十而从心所欲，不逾矩”，而况其他乎。

复次，自然流露的道德，仅属道德之端倪。孟子所谓恻隐之心仁之端也是。必有待于学问修养，而后可以完成。学问修养、择善固执、存养省察、居敬穷理等等，大率皆理智与意志之事也。故孔子屡曰，“未知，焉得仁”。子夏曰，“博学而笃志，切问而近思，仁在其中矣”。

复次，自然的道德，仅知其当然，必经理智之反省，而后知其所以然。必知其所以然，而后可以心悦诚服，不复为外诱邪说所摇动，而后为真正的自然。孔子曰，“仁者安仁，知者利仁”。不利而能终安者盖有之矣，而终不足为训。孟子善养其浩然之气，而自谓是“集义所生”者。集义所生，不啻谓几经考虑之结果，其故可深长思也。

虽然，吾非谓只凭理智，即可以获得一切也。“知及之，仁不能守之，虽得之，必失之。”孔子固已言之矣。特修养之道，必须从理智下手，为不可否认之事实。即须利用种种感情、种种环境、种种制裁，以收改过迁善之效，亦惟有理智者能利用之。即须抛弃某种无用的知识，或修正某种错误的知识，以求身心之受用，亦惟有理智者能辨明其为用，为错误，而抛弃修正之。理智之重要，有如此者。

苏格拉底，“知识即道德”之语，柏拉图、亚里士多德等所谓和谐平庸之道，盖深有见于此。此希腊精神与吾先儒之礼教，不期而合者。盖切爱理智的态度，应用于言行则为诚、为忠、为信、为笃敬。理智的方法，应用于言行，则为智、为义、为礼、为恕。若更本之于仁，行之以勇，则道德之全体大用，举不外是矣。

世又有专重直觉的良知，或简单的意志，而以审慎周详之考虑与说明为不必要者，如王阳明之良知说、康德之义务之感说皆是。由良知或义务之感所生之意志与行为，大抵违背人类自然流露之私欲而稍带勉强性者。但顺此以行，即不患为不德。苟更计较利害，即恐复堕魔障。斯说也，有仍须修正者数端。一者，人类对于道德之见解，可以有渐趋一致之良知，与语言文字之可以渐趋统一同。良知说则以此种应有之理想，为已成之事实，此大误也。如何可以促进其成功，是则有赖于人类理智之发达与教育之普及。二者个人之于社会，当志在公平，志在克己利他，此社会道德之根本律，可以单纯之良知辨之者。然如何而果为公平，如何而果可以利他，则非刹那间之良知所及知，而有待于理智之探讨。三者，私与欲不必为恶。徇私而害公，纵欲而忘身，然后为恶。自大体言，私之当克，欲之当节，此良知之所及知也。然克之节之，至如何程度，乃无过犹不及之弊，仍有待于理智之斟酌。四者，各人各族之所认为良知或义务者，既不必同，而又不能虚心接受理智之折衷，其结果为刚愎自用，固执不化。贻害社会，至死不悟者，往往而是。五者，充斯说也善之为善，无说明之必要，适足为迷信的反理智的宗教之获符，助长其奴隶人心之凶焰。

要之，“人为万物之灵”，“人为理性的动物”，人之所以为人者，端在理智之发达。其情绪意境之日益复杂，德与不德之俱臻极诣，莫非理智之发达为之主因。故在任何修养或作恶之事业上，其关系之重要均不可以忽视，而非感情意志等所可几及。

七、 理智与人类历史之进化

自然主义者，如中国之庄周、法国之卢梭等，见人类罪恶之随智慧以俱进也，遂主“绝圣弃智”，复归于婴儿野人乃至禽兽之无知。此其不当，可得而言。一曰，以生物学上之事实观之，人类亦既以此而灵长万物矣，则其功大罪小可知。二曰，以历史上平均之趋势观之，由智返愚，殆为最难能而不自然之事。三曰，知理智之利害者，仍惟理智，导理智入于正轨者，仍惟理智。吾人应以理智征服理智之罪恶，而不应径弃理智，犹之应以生命征服生命之痛苦，而不应径绝生命也。

夷考人类历史所以异于禽兽木石者，殆非理智莫属。人类由是而有语言文字，由是而有传记历史。由是而有文学艺术。由是而知推求因果，而有哲学科学等。由是而知利用因果，而有法制工艺等。乃至道德之发达，罪恶之增加，贤愚治乱之悬殊，亦无往不以理智为最后之关键。其影响人类之重大，诚有非物质环境暨其他心身作用等所能望其项背者。若是者，我得名之曰理智史观。

世之所谓史观，如地理史观、经济史观之类，大率不外各于纷纭繁复之因果网中，析取一类之因，而说明其重要。然因之所以为因者，以其于果有相当作用也。就其有相当之作用而谓之要，则天下盖无不要之因。学者不先定重轻之标准，而各述其所以为要者以相争，则穷年累月，终末由决。如论身体则头有头之要，足有足之要，肺腑有肺腑之要。论学问，则科学有科学之要，文学有文学之要，哲学有哲学之要。

各要其要，何患无辞。然则如所谓综合史观，不别重轻可乎曰是又违悖常识。常识之于因果，自能别其重轻，且自有其分别重轻之标准。此种分别之不可抹杀，盖于美丑善恶等分别同。学者苟能求得其分别重轻之标准，为常识所公认者，尚何患重轻之难决，而往以敷衍为综合耶。

今以一已思虑所及，求得常识所以勘定要因之标准如下。(一)因之重要与否，随其所对之果而异。如以营养为果，则肠胃重于皮肤，以排泄作用为果，则皮肤重于肠胃。故欲辨因，必先定果。(二)直接之因为重，间接者为轻。如以死为果，则心脏病之致死，平均较速较直接，肠胃病之致死，平均较迟较间接。故心脏病为要。(三)因之不普遍，或不恒有，或易变化者为要。如言生活要素，衣食住重于空气，空气重于空间是。(四)因之质量与果之质量，有相当之比例，而可以相互推知者为要。如以留声机所发之声为果，则唱片重于发条，发条重于开机之键。又如欲觇一国化学工业之程度，可视其使用硫磺之精粗多少，斯硫磺为化学工业之要因。(五)因之能有意操纵者为要。如傀儡戏，牵线者为要因，而傀儡非要因。

以理智为要因，以人类特有之史事为果，以与非理智的原因相较，以见理智之最要，斯我所谓理智史观。试以上列五标准衡之。(一)人类特有之历史为他生物与无生物所不具者，非说史观者所应解释之事乎。主经济史观者，欲以经济现象解释一切，然复杂之经济现象，为人类所独有，而他生物无之，其本身独不须解释乎。人类之独有复杂的政治宗教等，理亦同此。(二)理智之致人类进步，不较非理智的原因为较直接乎。(三)理智非变化最不可测者乎。(四)理智之高下，出版物之内容，非代表社会各方面之最好标识乎。(五)理智非唯一能有意的操纵环境者乎。以各个人各民族理智之发展，决定其历史之大端，斯我所谓理智史观。其与海格尔之视历史为一神秘的客观的大理智之发展者迥不相侔，自无俟详解。

反之，其他史观所举之要因，殆未有足与理智抗衡者。姑以现尚流行之经济史观为例，而略加剖析，其余详我所著历史哲学中。

主经济史观者曰，我以经济与政治学术之相互影响者相较，而知经济为社会下层建筑，为人事变化之要因。生产方法变，则经济制度变，经济制度变，则政治学术随之而变。一种大体相似之经济制度，必有一种大体相似之政治学术，与之相应。虽谓政治学术为经济制度之反映，可也。

应之曰，所谓人类经济的行为者，且假定为衣食住行四者之消费生产分配的行为，(如学术之事、男女之事等，非无生产分配消费等，但普通不谓之经济的。如亦谓之经济的，则一切人事，皆可谓之经济的。经济史观即失其意义，而为人事的人事观，或史的史观。）而视其果足为人事变化之要因与否。夫衣食住行，诚为人类得以生活之要素，人类必先得生活，然后可以为政治的学术的活动。喻如崇楼杰阁之下层基础，不为无当。虽然，崇楼杰阁之形式万殊，其中之陈设，暨所居之人，千变万化，未始有极，而其基础则比较的简单，而不甚悬殊。今欲根据基础之简单样式，谓足决定上层之一切，不其颠乎。

复次，非独衣食住行之生产分配，为人类生活之下层也，男女亦然。男女与饮食并称人之大欲，为家族民族等制度之所根据。其影响于上层生活者，亦不可谓少。使有倡男女史观者，其能自圆其说，必不下于经济史观。

复次，男女与经济，犹非人类生活之最下层也。未有人类之先，必先有地球，故地球史观实较经济史观为澈底。推之，未有地球以前，或已先有星云，夫然，以最下层论，则星云史观为理所必至。夫岂史观之本义哉。

是故经济影响社会最大之时，惟在一社会上大多数人咸感财富不足，分配不均之际。然即此最大之影响，亦惟限于消极方面。（即使学术文艺等之于大多数人，成为不可能与不必要。）一旦财富既足，分配既均，其于人生之关系，将如日月空气之不足珍惜。其无关于学术文艺等，亦将与日月空气同。尝戏谓社会主义成功之日，即经济史观破产之时。马克斯兼主二者，而又谓社会主义决定成功，斯不啻谓经济史观决定破产也。

主经济史观者惯用之理论曰，同一人也，处此环境则如此，处彼环境则如彼，是非为环境所决定乎。人亦可以其说反质曰，同一环境也，此人处之则如此，彼人处之则如彼，禽兽处之则为禽兽，是非各为其个性所决定乎。彼又曰，个性者为过去之环境所已经决定者也。人亦可以其说反质曰，环境者，为过去之个性所已经决定者也。实则人之与人，与生物，乃至与所谓无生物，皆互为环境，各有个性，可以相互有概然之影响，而不可以相互为必然之决定。所谓天定胜人，人定亦可胜天，时势造英雄，英雄亦可以造时势。个性之势力，随理智之进化以俱进。理智乃诚强弱胜负之最后关键耳。

今者国难严重，民生憔悴，若不可以一日居，不可以须臾待。于斯时而以理智相号召，宜若为不急之务。然谛察之，国难之解决，期于战争，民生之复苏，期于实业，今日之战争，之实业，乃至政治教育等项，夫岂缺乏高深的理智所能为力者。为今之计，一方宜讲求实践道德应用科学以救一时之急难，一方尤应提倡爱智的态度，论理的方法，系统的科学哲学，以树百年之大计。标本兼治，国其有瘳，其谁曰不然。

本文原载《国风》第 8 卷第 4 期，1936 年 4 月；
《国风》第 8 卷第 5 期，1936 年 5 月。

整理者：吕晓宇
校对者：薛　蓁

中国民族之文化

——一个历史学者对于中国民族文化问题的总解答

缪凤林

一、讨论的问题和本文的宗旨

二、以中国文化和西方文化比较看出中国文化的价值

三、以中国和日本比较看出中国的文明和日本的野蛮

四、文明与民族文化的定义，民族文化成立的条件，文化的内容与分类

五、中国民族文化鸟瞰——以(四)节所述各种标准来估量中国文化

六、从历史上来看中国民族文化在各时代的进步

七、中国民族文化中心问题的解答及他的优点和缺点

八、我们对于中国文化的信念及今后对他应抱的态度

(一)

中国民族有没有文化？如有文化，有的是什么性质的文化？在世界文化史上占什么地位？他的造诣，他的贡献，是否比得上其他世界文明种族？他的中心的结晶是什么？较诸世界上他种文明民族的文化，是否有其独特的优点或缺点？我们抱如何的态度，始能对他有正确的认识？

这都是二十年来论坛上所常常讨论的问题，到了今日，除了第一点有了一致的结论——中国民族确有文化——以外，其余的问题依然是“仁者见仁，智者见智”。本文的目的，并不是对于所有上列各问题，一一作详尽的解释：只就个人的见地，提供若干层意见，有了这种意见，或者在讨论中国民族文化各种有关问题时，可以得到比较正确的态度和认识。

（二）

要明白中国文化对于世界的贡献及其所占的地位，最好用比较的方法。例如"纸张"和"印刷"，是人类文明进步的两大原动力；但此两者皆中国民族所发明，且由中国而传播及于西亚及欧洲各民族。近代欧洲学者论述中国文化的，每喜提及"纸张"和"印刷"，且有详密研究作为专书者；即因此二者为中国独有之发明，在世界文化上，在全人类的文化贡献上，占有甚高的地位故。又如商周时代的青铜器（即钟鼎等彝器），历代的"法书""名画"，宋明及清的磁器，或为世界上独有的艺术品，或在作风上特异于他国作品，也极易引起异域人士的鉴赏和爱好。民国二十五年参加伦敦世界艺术展览会的中国出品，数量上虽有可观，就质量上说，第一流的作品并没有多少，但是参观的人都个个赞不绝口。又如《论语》中所记的议论，我们骤然读去，常常觉得他平淡无奇，但在十八世纪，经了耶稣会教士的翻译介绍，孔子学说传入了英国，有一位丁特尔（Matthen Tindal）先生拿《耶稣经》上的话和孔子的话比较研究，却发现了孔子的话实较《耶稣经》上所说尤近情理。譬如《耶稣经》上说，"你应当爱你的朋友，恨你的仇人"；又说，"你应当饶恕人家的毁伤，自七次以至七十个七次"；又说，"要是你的仇人饿了，你应当喂他；要是他渴了，你应当给他饮料"。这三说，互相矛盾，基督教徒费了多少思索，总找不到真实的解释。丁特尔就引了孔子之说，"惟仁者能好人，能恶人"，以为最无毛病。当时英国人反对基督教的，无论是攻击传统的思想，或是辩护自己的主张，每每借重孔子，因为基督教徒相信上帝，相信"启示"，相信心内的神秘，心外的神秘，以及其他一切的神秘；他们以为必如是，方可将灵魂超度。但是，看呀，孔子绝口不谈神怪，他的学说完全根据理性，不带半点儿神秘意味，而信奉孔子的中国人，也不见得都在九幽地狱。这样一想，人们只须善用理解就得了，又何必要神秘？又何必定要信奉基督教为唯一的真正的宗教？（语本范存忠《孔子与西洋文化》。载《国风》第三号圣诞特刊。）

（三）

以上就中西文化的比较而言：若再拿日本来做我们比较的对象，更可显得中国文化的悠久深厚。据挽近倭国考古学者的研究——例如滨田耕作氏的《东亚文明之黎明》——我们西汉时候，日本尚全为石器时代，到了东汉，西部日本如九州等处，因受中国文化输入的影响，由石器时代入金属器时代之黎明期，东部日本则仍为石器时代。因为日本开始输入中国文明的时候，中国早已由铜器时代进至铁器时代，日本遂亦由石器时代一跃而进至铁器时代之黎明期：铜器时代在日本古史上是找不到的。唐朝时候，在倭史上为很著名的盛世，政治方面，开始由多数野蛮割据的部落酋长共戴一大酋为君主；制度学术宗教文化等方面，亦无一不自唐输入，由学习而仿效：倭人木宫泰彦做了一部《中日交通史》详细研究这一段史实，所得的结论，是“日本中古之文化，全系由唐移植之文化，无论何人，决无异议”。传世最古的日本古史，为《古事记》和《日本书纪》(省称《记》、《纪》)，皆第八世纪初叶盛唐时期的作品，时日本民族尚只有语言，没有文字，“阿”、“伊”、“乌”、“恶”等倭音，除汉字外，亦无法表示，所以《记》、《纪》两书，皆用汉字：《古事记》犹仅以汉字记其国语，《书纪》则全用汉文，惟略带倭气而已。到了八世纪末九世纪初，留唐学生僧侣吉备真备空海等返倭，始取汉字偏旁及草书，造作一种假名，以为表示语言的符号，而汉字仍沿用如故。一直到了今天，国号“日本”，年号“昭和”，自倭酋名字(裕仁)以及书籍报纸，无一不用汉字。倭人现在尝夸称他的文明，试问世界上只有语言没有文字的民族，是否够得上“文明”的称号？不仅此也，凡汉文中仁义、道德、阴阳、性命及职官法律、典章制度等名辞，在日本语里除了由中国传去的“音读”（汉读)以外，都找不到涵义相同的“训读”（日本音)，又凡汉文中同义而异文的，实字如“川”、“河”之类，虚字如“久”、“长”之类，日本皆同一训读，同一音读，不用汉文，亦莫能分别，足证倭人虽有语言，但语言中并没有高度文化的名词，也不包含着同义异言的变化。为了这种原故，德川幕府时代的著名学者，如物茂卿(一六六一——一七二八)，如大宰纯(一六八〇——一七四七)，一方面认识了中国文化的优越，一方面深惭日本言文的浅陋，因而发出“必去和训而后能为汉文，必习华言而后能去和训”的呼声；不独主张文字须彻底废绝假名，即语言亦须仿效中华。物茂卿尝题孔子像赞，自称曰：“日本国夷人物茂卿拜手稽首。”又尝说：“黄帝邃古，吾东方之国，泯泯乎罔知觉。有王仁氏，而后民始识字，有真备氏，而后经艺始传，有菅原氏，而后文史可训，有惺窝氏，而后人人知称天语圣：四君子者，虽世尸祝乎学官可也。”

王仁为五世纪初首传汉籍至日本的百济学者，吉备真备为八世纪中最著名的遣唐学生，归国时曾带去大量经籍，菅原道真为九世纪末日本著名儒宗，藤原惺窝(一五六一——一六〇九)为德川幕府初期始倡儒学的名宿。日本的开化——沐浴于中国的文明——要算这四人功绩是最大的了。

有人或者以为关于近代的机械文明，倭人程度确比我们为高。这亦可分两方面来解释。第一，近代的机械文明，是欧洲人的产物，日本完全效仿他人，丝毫不能以此自豪。第二，德川幕府时代（一六〇〇—一八六七），儒学大盛，由了儒学的沾溉，始养成倭人吸收近代文明的能力。井上哲次郎曾说过："在明治维新之际，处士活动，欲益于国家，而致力于新文明之开拓者，以儒教之徒为最多，如藤田东湖、横井小楠、佐久间象山、吉田松荫、桥本左内等皆是。此等诸士，非朱子学派，则属于阳明学派。盖日本民族受西邦文化，领会西邦学术，不可无其素养，是素养，在德川时代，儒教实成其地也。"（见《日本开国五十年史·儒教篇》。）

这样说来，原始的日本民族，除了原人的兽性，粗浅的生活技能及简陋的语言而外，实一无所有；日本人之由狉獉而进于开明，而植身于世界强国之林，全属我中国文化直接或间接的孕育之力。我们只要看"中国强了几千年而高丽犹在，日本强了不过二十年，便把高丽灭了"（见《民族主义》），七七抗战以来，我们对被俘的倭兵是如何的仁慈，倭人对我们非战斗员是如何的残暴，"文"、"野"之判，真是相去霄壤。倭人既是野蛮人的代名词，从而"东亚的民族，只有我们的中国有独立的文化，日本是没有文化的"，实在是真切不磨的定论。

（四）

用比较的方法，虽能看出中国文化的贡献，并令人想像其伟大，但不能使人明白他的全相。要对中国文化有一个概括的观念，我们还得先确定"文化"一词的含义和内容，及民族文化成立的条件，次看中国文化，和这些标准究竟符合到什么程度。现在就用这种方法逐步来讨论。

什么是文化？什么是民族文化？浅显的说：文化就是人类所有精神的物质的各种创造各种成就的总称。汉儒《白虎通义》说：

> 古之时未有三纲六纪，民人但知其母，不知其父，能覆前而不能覆后，卧之詓詓，行之吁吁，饥即求食，饱即弃余，茹毛饮血而衣皮苇。

谯周《古史考》亦说：

> 太古之初，人吮露精，食草木食，穴居野处，山居则食兽鸟，衣其羽皮，饮血茹毛，近水则食鱼鳖螺蛤，未有文力，腥臊多害肠胃。

原始的人类，就是像这样赤裸裸一无所有的。从这种景象，生活居处，礼乐刑政，学艺思想，演进到今日世界的样子，都是仰仗人类自力的创造，也都是人类智力及体力的成就。所有的创造成就，不外精神及物质两类："文化"就是这一切一切的总称。又因创造文化的人类，分为许多不同的民族国家，为研究便利计，凡隶属于某一民族或国家的人民，他们所创造所成就的总和，就称为某一民族或某一国家的文化。

讲到文化的内涵，除了野人时代即已发明的求生技能及语言游艺等而外，略可分为下列的十类：

一、文史

声音发于天籁，人所不学而能。以某声表某意，为群所共喻而公认，是曰语言。语言而表以符号，以通今而传后，是曰文，文字的记载，即为史。

文史的发明，实为人类伟大的成就。世界各民族，皆各有其语言，惟文史最初仅极少数的优秀民族有之，余皆取资于他人者；前说日本袭用中国的文字，即其最显著的一例。自有文史，人类乃能以前人的经验成就，传诸后人，递遗递袭，继长续增。有史时代的历年，虽不及前时代的百一，而人类在有史以来的进步，较之史前时代，殆不可以数字计度；即因一有文史一无文史的缘故。

二、政治

政治即人群的各种组织；由民族社会而部落诸侯，而小大邦国。邦国的建立，亦为人类重要成就之一，礼乐刑政，乃至一切典章制度，皆随邦国的建立而兴起而演进。

三、经济

经济为人类生存的基础，旧名"食货"。《汉书·食货志》云："食谓农殖嘉谷可食之物，货谓布帛可衣及金刀龟贝所以分财布利通有无者也。"这是农业经济时代的说法；此处经济两字就最广义说，渔猎游牧乃至农工商贾等一切经济活动与组织皆属之。

四、科学

五、哲学

六、伦理

七、宗教

宇宙人生的大问题凡二：曰真与伪或是与非，曰善与恶或当与不当。前者为一切科学哲学之所研究，后者为一切伦理宗教之所探讨。于森罗万象之中，认定其一部分的现象，从事完密而有系统的叙述，随所研究而立名，是曰科学。例如研究天体现象的曰天文学，研究动物现象的曰动物学，研究植物现象的曰植物学。质言之，科学就是一科一科的学问，某一种科学，就是人类对于某种部分现象完密而有系统的叙述。讲到哲学，他的叙述宇宙对象与科学同，而其范围则迥异。科学所叙述者，为某一部分的现象；哲学所叙述者，则为宇宙万有全体的现象。

哲学上每有“唯心”、“唯物”、“唯识”、“唯意”等等学说，所谓“唯”，就是宇宙万有无不包括在内的意思，这两者所研究的，概属真伪是非问题，伦理宗教，则与此颇有不同。批评人生行为价值的高下，何者为德行，何者为非德行，并论究至善的性质与修养的方术者，曰伦理。信仰并崇拜超乎人以外的一种势力——自牛鬼蛇神以至唯一真宰皆是——由这种势力，可以诏告人类行为何者当为，何者不当为，规定人生行为的正鹄，并指示人群以达此正鹄的途径与方法者，曰宗教。他们所探讨的，完全为善恶当否问题。

科学哲学与伦理宗教的分别：前者唯研究其固有的对象，明其真相而揭橥之；后者则于承认某种现象后，进而论此种现象的当否，价值的高下，何种现象为至善，达之之道又何若。伦理宗教亦有叙述宇宙人生各种现象的时候，但在这时候，只可说他是科学或哲学；反之，科学哲学于叙述某种现象后，亦可进一步论断此种现象的价值者，这时候，他们又进而为伦理或宗教了。人类的精神文明，重要的即为此四者。

八、工艺

九、美术

工艺品的范围甚广，以器之质料分，有石器、木器、竹器、贝器、陶器、磁器、铜器、铁器、玉器、漆器等等；以器之类别分，有兵器、什器、礼器、乐器、明器等等，美术大致可分为两种：一种是纯艺术性的，如文学、音乐、书画、金石等，一种是工艺品之含有美术性者，凡上述工艺品形制之进步者，皆同时可为美术品。

此两种可各分为若干小类，每一小类又包括若干品物，若一一列举，其数殆盈万千，今亦无人能一一列举之也。

十、人物

人物虽不能视同他类文化品物，然实为人类一切成就中的最大最要者，以历史上的伟大人物，恒为民族文化的结晶，一民族文化价值的高下，亦恒视其所造就人物的伟大与否也。

文化的内容，大致不外此十类。讲到民族文化成立的条件，即一切民族有无文化或是否为文化民族，则以下列三种标准定之：

第一，是否能以自力创造上述种种文物、政教、学艺、人物。

第二，与他文化民族接触时，是否能吸收他民族的文化，以补其缺。

第三，前人之已创造已吸收者，是否能继续显扬，并不断的创造吸收。

这三者的有无多寡和程度的深浅高下，各民族间极不齐一；即同一民族，在各时代亦极不一致。因此在世界上有未开化的野人，有半开化的人种，有有高度文化的民族；同无有高度文化的民族，其文化程度非特至不齐一，即优劣与性质，亦每相去悬绝，且同一民族在文化上的地位，亦每随时代而升降焉。

（五）

我们现在且根据上述文化的内容和民族文化成立的条件，来看看中国文化的全相。讲到文史的发明，我中国民族须远溯至羲农轩尧的时代，距今约自四千年以上至五千年。文字最初的形态，现在虽不能考见，殷商时代写刻有文字的龟甲兽骨，遗存至今日者，尚不下十万片，距今亦在三千年至三千五百年左右。历史的纪载，若夏代史所管掌的图法（见《吕氏春秋·先识览》），殷代先人的《典》、《册》（见《尚书·多士篇》），以及周人所传的《先王遗训》、《典图刑法》（见《国语·周语下》），今虽百无一存，但传世的《尚书》，皆为虞夏商周史官所纪录，安阳发掘的兽骨刻文，亦有商代史官的长篇纪事。现存的史籍，从黄帝以来有年可稽的，约四千六百余年，从周共和行政以下，则按年明白可谱（至今年为二千七百八十一年），春秋鲁隐公元年以下，则每年有日月可详（至今年为二千六百六十二年）。至若史书体裁的详密，篇帙的繁富，纪载所包地域的广大与所含民族分子的复杂，全世界各文明国中，皆无其伦比：中国实为世界上历史最完备的国家。讲到政治和经济，则政治上最要的国家的组织及行政的设施，经济上农工商贾等的活动，自西周至春秋战国，已日趋完密与发达。至秦汉统一海内，出现了空前的大帝国，政治上一方面中央集权，在职官、职方、岁计、交通等种种制度设施上着着实现，一方面又提倡地方自治，在县区域内之乡亭地方行政上亦充分表现。当时以一个政府开始辖制方数千里的中国，而又能使天下之治，若网之在纲，有条而不紊，并且永远奠定了我伟大国家的统一基础：中国民族的政治天才，在那时代可说已有了充分的表现了。因为“海内为一，开关梁，弛山泽之禁，是以富商大贾周流天下，交易之物，莫不通得其所欲”（《史记·货殖列传》语）；经济上亦出现了“人各任其能，竭其力，以得所欲”的争竞发展状态。据《史记·货殖列传》所称：

> 陆地牧马二百蹄，千足羊；泽中千足彘；水居千石鱼陂；山居千章之材。安邑千树枣；燕秦千树栗；蜀汉江陵千树橘；淮北常山以南河济之间千树萩；陈夏千亩漆；齐鲁千亩桑麻；渭川千亩竹；及名国万家之城，带郭千亩，亩钟之田，若千亩卮茜，千畦姜韭。此其人皆与千户侯等。

这都是指的“不窥市井，不行异邑，坐而待收”的产业家。

> 通邑大都。酤：一千酿；醯酱千坻，酱牛甔。屠，牛羊彘千皮。贩：谷粜千钟；薪藁千车；船长千丈；木千章；竹竿万个。其轺车百乘；牛车千两；木器髤者千枚；铜器千钧；素木铁器若卮茜千石；马蹄躈千；牛千足；羊彘千双；僮手指千；筋角丹沙千斤。其帛絮细布千钧，文采千匹；榻布皮革千石；漆千斤；蘖麴盐豉千答；鲐鮆千斤；鲰千石，鲍千钧；枣栗千石者三之；狐鼦裘千皮；羔羊裘千石；旃席千具；佗果菜千钟；子贷金钱千贯；节驵会。贪贾三之，廉价五之。此亦比千乘之家。

这又是指的通邑大都的富商大贾。传又称蜀卓氏，程郑，宛孔氏，曹邴氏等皆以铁冶致巨富，“若至方农畜工虞商贾，为权利以成富，大者倾郡，小者倾县，下者倾乡里者，不可胜数”，我们也可想像当时各方面经济发达的程度了。余如“科学”、“哲学”及“宗教”，就发达的程度上说，似乎比较差些，但科学中如天文、律历、医学及算术，哲学中如先秦的诸子、魏晋的玄学、宋明的理学，宗教如丧服祭祀的仪文度数及其所寓的精义，亦各有其独特的发明和贡献。伦理思想，尤至广大而尽精微，极高明而道中庸，卓然立人道的极则，为我民族文化真正的中心所在。以言工艺美术，独特的造诣，除了篇首所称“造纸”、“印刷”、“青铜器”、“书法”、“名画”及“磁器”外，若文学中的词赋骈体、音乐中的琴瑟笙管、石刻中的石经碑版以及建筑织造等等，可列举者尚多。最后谈到人物，则如曾涤笙氏《圣哲画像记》中所举的三十余人——“文周孔孟，班马左庄，葛陆范马，周程朱张，韩柳欧曾，李杜苏黄，许郑杜马，顾秦姚王”——其德行事功学业，多昭如日星，置之世界任何文明国家史乘中，与其最优秀之人物比较，殆无愧色；然其人皆未受外国文化的影响(程朱虽受佛学的影响，亦系中国佛学，而非印度的佛学)，完全由吾国文化陶铸而成者也，中国民族文化的内容，大致如是。

（六）

复次，根据民族文化成立的条件——创造、吸收及继续——来衡论中国文化，最好从纵的方面来观察。一部中国文化史，大致可分为三个时期：自上古以迄秦汉，为吾民族独立创造文化的时期；自东汉以迄明季，为印度文化及伊兰文化输入吾国与吾国固有文化相牴牾而融合的时期；自明季以迄今日，则为欧西文化输入吾国，与吾国教学政艺相激相荡而卒相合的时期。

大抵第一时期多创造，第二、第三时期则多吸收与继续。我们现在所要特别注意的，就是自汉以后，吾民族虽时时吸收外族的文化，但一方面古代的文化，依旧不断的继续保存，且能于继续保存之中，时时加入新的贡献；另一方面，固有的文化创造力并未衰退，各种各别文化的发明和进步，依旧随时处处表现。又被吸收的外族文化，吾民族亦能以自力融合之，传播之，发扬之，使之改变为中国文化；乃至某种外来文化在其发源地已凋零衰落者，吾民族仍能保持之，继续之，使勿坠失焉。

普通讲国史的，每以春秋战国为吾国文化史上的黄金时代，从此以降吾民族文化有退步而无进步。这种论断，实大背于历史事实。诚然，先秦时代百家争鸣的盛况，汉以后是稀见的了；但汉人也自有他独特的贡献，为先秦有不能及的。汉世海内统一，疆域辽廓，当时政治的设施，经济的繁荣，僻壤的开辟，文化的广播，皆与其国势相应，现出突飞的进步。以史学论，如司马迁的《史记》，上下数千年，纪表书传，纲举目张；如班固的《汉书》，包举一代，囊括靡遗。以文学论，诗文辞赋，多创为新体，而赋体尤极瑰伟宏丽之致，大之宫室都邑，小之一名一物莫不铺陈刻画，穷形尽相。这都是先秦人士所望尘莫及的。汉初闾里书师传习的《仓颉篇》，仅有三千三百字，到了哲学时扬雄作《训纂篇》，增至五千三百四十字，至东汉和帝时贾鲂作《滂喜篇》，又增至七千三百八十字，到许慎作《说文解字》，则增至九千三百五十三字。此中所增的字，有的出于采辑，有的出于创造，现在虽不能精确推定；但前后三百余年间，民间通用的字，由三千余增至九千余，这不是文化的进步是什么?《后汉书·蔡伦传》说：

> 自古书契多编以竹简，其用缣帛者，谓之为纸。缣贵而竹重，并不便于人。伦乃造意用树肤麻头及敝布鱼网以为纸，和帝元兴元年（西元后一〇五年）奏上之，帝善其能。自是莫不从用焉。故天下咸称蔡侯纸。

蔡伦为一宦者，史称“伦有才学，加位尚方令，监作秘剑及诸器械，莫不精工坚密，为后世法”，实际上就是一位著名的工程师。他这样的发明了纸张，使全人类皆蒙其福利；他获得了世界上第一个纸张发明者的令誉，中国也就成了纸的母国，这又不是汉人在文化上特异的贡献吗？《后汉书·张衡传》文说：

衡善机巧，尤致思于天文阴阳历算。为太史令，遂乃研核阴阳，妙尽璇机之正，作浑天仪。著《灵宪算罔论》，言甚详明。顺帝阳嘉元年（西元后一三二年），复造候风地动仪，以精铜铸成。圆径八尺，合盖隆起，形似酒尊，饰以篆文山龟鸟兽之形。中有都柱，傍行八道，施关发机。外有八龙，首衔铜丸。下有蟾蜍，张口承之。其牙机巧制，皆隐在尊中，覆盖周密无隙。如有地动，尊则振龙，机发吐丸，而蟾蜍衔之。振声激扬，伺因此者觉知。虽一龙发机，而七者不动，寻其方面，乃知震之所在。验之以事，合契若神，自书典所记，未之有也。尝一龙机发，而地不觉动，京师学者咸怪其无征。后数日驿至，果地震陇西，于是皆服其妙。自此以后，乃令史官记地动所从方起。

张衡曾作二京、南都、思玄诸赋，为东汉最著名的文学家，他的科学造诣，却又惊人到这步田地。同时崔瑗称之曰：“数术穷天地，制作侔造化。”他真可当之而无愧了。到了东汉末年，又出一位神医华佗。《后汉书·华佗传》说：

陀精于方药，处剂不过数种，心识分铢，不假数量，针灸不过数处，裁七八九。若疾发结于内，针药所不能及者，乃令先以酒服麻沸散，既醉，无所觉，因刳破腹背，抽割积聚；若在肠胃，则断截湔洗，除去疾秽。既而缝合，傅以神膏，四五日创愈，一月之间，皆平复。

像华佗这样的治病，乃至张衡所造的浑天仪、地动仪，在现在的科学家看来，并不算顶难的事。但我们要注意的，这都是第二世纪出现的纪录，不独为中国前史所无，在同时期的世界史上，也没有同样的记载；我们一方面要说他们是惊人的奇迹，一方面也可想像汉代文化进步的程度了。

由东汉而魏晋南北朝，因为夹杂了五胡乱华及鲜卑入主等史迹，一般通称为中古黑暗时代，但就文化上说，进步的方面依然很多。第一佛教——古印度最主要的文化——自西汉末传入中国，这时代达到了极盛的状态，使吾国社会思想以及文艺、美术、建筑等等皆生种种的变化，单纯的禹域文化，也就变成复杂的混合文化。当时第一流的思想家，若道安，若慧远，若僧肇，若道生等等全做了佛门的信徒；他们一方面在佛教史上，在思想史上，树立了一己的不朽地位，同时也奠定了“中国佛教”

的基础。再就拓跋氏入主中国一件事来看，鲜卑民族一方面接受了汉族的文化，使中华民族增加不少新的分子，为隋唐时代雄飞的张本，一方面在显扬佛教上，也建立了不可磨灭的劳绩。杨炫之《洛阳伽蓝记》所载永宁寺的壮丽，“僧房楼观一千余间，殚土木之功，穷造形之巧，西域沙门菩提达摩云，此寺精丽，遍阎浮所无也”。现在是不可见了。但大同云冈及洛阳龙门的石窟造像，堪称为焚陀罗艺术最精作品的，到现在依然为全世界人士所瞻仰赞叹。第二，魏晋之世，清谈的风气很盛，以言语论，吾国实以这时代为最进步。清谈所讲的多为玄理，遂演成一种“玄学”。玄学所依据的，虽不出《周易》、《老》、《庄》(当时总称“三玄”)诸书，因讲习论著，日加邃密，产生了不少新的义理，我们读王弼的《易注》、《老子注》，郭象的《庄子注》，可以概见。他如皇侃的《论语义疏》、张湛的《列子注》等，亦皆富有玄义。又因谈玄者多与释子相周旋，释子亦相率研究老庄，佛教遂与吾国学说融合，加入了中国文化的范围。而不觉捍格难通了。第三，古乐在这时代是沦亡了，但西域的龟兹乐却大量的输入，占据了太常雅乐的地位，乐理亦多与古乐相通。“反切”、“五声”、“四声”及“字母”等，后世称音韵之学的，也统统是这时代人所发明的。六艺诸子之学，这时代是比较衰退了，但南北诸儒的义疏，为唐人《五经正义》的渊源所自，对于经学的贡献很大。研究诸子的，像晋世鲁胜的《注墨辩》，也足当“兴微继绝”(胜自序语)而无愧。以史学论，从前不过是六艺的附庸，现在却独立或为大国。文章之学，也有异常的进步，声调色泽，均由朴拙而趋于工丽。《隋书·经籍志》著录当时见存的书，史部凡万三千二百六十四卷，集部凡六千二百二十二卷，数目皆较六艺经纬及子部为多(六艺经纬凡五三七一卷，子部凡六四三七卷)，十九皆这时代人的作品，如合亡失的书合计、作者的众多、篇章及体裁的繁富，真是不可殚述了。第四，就算学方面说，《隋书·律历志》载宋末南徐州从事史祖冲之的圆周率，“以圆径一亿为一丈，圆周盈数三丈一尺四寸一分五厘九毫二秒七忽，朒数三丈一尺四寸一分五厘九毫二秒六忽，正数在盈朒二限之间，密率圆径一百十三，周三百五十五，约率圆径七，周二十三”。据近人茅以昇君的研究，这是第五世纪世界最精的圆率，其时印度仅有三一四一六，欧人亦才至三一四一五五二之率，视此皆有愧色也(《中国圆周率略史》，载《科学》三卷四期)。第五，就制造方面说，如诸葛亮之作木牛流马，其术虽奇，只不过一种运载米谷的车子，形制如牛马，惟能自运转而已。若魏世的扶风马钧则尝作指南车、作十二蹑绫机、作翻车百戏、作发石车等，傅玄序之曰：“马先生之巧，虽古公输般、墨翟，汉世张平子(衡)不能过也。”第六，就美术方面说，画家如顾恺子、陆探微、宗炳、张僧繇，画家如钟繇、王羲之、冀镌、赵深，他们的造诣，都是前无古人的。而北魏郑道昭云峰山上下碑及论经诗诸摩崖，在今山东益都及掖县的，论书者称“其笔力之健，可以剸犀兕，博龙蛇，而游刃于虚，全力神运，自有真书以来，一人而已”。(见叶昌炽《语石》卷七。)

由南北朝而隋唐五代，而两宋元明，一般讲历史的，对于唐代武功，虽颇赞扬，学术则不甚称许，五代宋明更卑卑不足道。但在这遥遥的千年之中，文化方面的进展，实在更仆难数。我们现在且就通常所知道的普通史实，约略的说几件。

第一，就宗教方面说，佛教的大师，若隋时开创天台宗的智颢，唐时开创法相唯识宗的玄奘，以及华严宗的贤首，禅宗的慧能(六祖)，律宗的道宣，都是佛教史上稀有的贤哲。而玄奘在印度曲女城大会标举真唯识量，竟十八日，无问难者，归国后翻译经论七十四部，一千三百三十五卷，尤为中国佛教界空前绝后的人物。又西亚的三种宗教(火祆教，景教，摩尼教)，火祆教的传入中国，虽始于北朝，而至唐始盛；景教，摩尼教则皆唐代传入，所谓“伊兰文化”的东传，实以唐时为最盛。至宋代有一赐乐业教(犹太教)之东来，元代也有也里可温教(基督教)之传入。这都是增加禹域文化的复杂性的。就中基督教经了明末耶稣会士的东来显扬，西教的精义——敬天爱人，悔过迁善——由是输入，西方的学艺亦随之以俱来。吾国之吸收真正的西洋文明，实肇端于是，在文化史上实可大书特书者。

第二，就文学美术方面来说，唐代文士，由模仿而创造，备极文章的能事。故论吾国的诗文，实莫盛于唐。若杜甫、李白的诗，韩愈、柳宗元的文，真可说前无古人，后无来者。讲到文学上新的体裁，词起于唐，渐盛于五代，至两宋遂为倚声极盛时代。唐世受西域音乐的影响，始有大曲，经宋至元，元曲遂集中国曲的大成，明人又推广其范围，综合各种文体，一入之于曲中，昆山魏良辅又自制新调，号曰昆曲焉。唐人的短篇小说，制作颇繁，至长篇章回体的小说，则始于宋代，到明代而大盛，今世所传《三国演义》、《水浒传》、《西游记》与《金瓶梅》等，都是明人的作品。讲到绘画，唐代以前，吾国绘画以线条为主，唐吴道玄始以凹凸法渗入人物画中，山水树木亦别开生面，至王维创水墨山水，注重晕染，遂开后来南宗风气。吴王实为唐代画家的双璧。五代时有荆(浩)、关(仝)、董(源)、巨(然)四大家，今故宫博物院各藏其巨幅山水，实为艺术界无上精品。宋代绘事，尤为进步，朝廷之提倡，与士大夫之好尚，皆非前世所及，而其作品亦“无体不备，无美不臻”，论者至谓“大地万国之画，当西十五世纪前，无有我中国若：中国之画，亦至宋而后变化至极”(康有为《万木草堂画》自序)。以言法书，隋唐皆置书学博士，以书为教，故善书者特多。近世发现高昌砖志及敦煌石室的经卷，多隋唐人书，此种寻常流传文字，亦皆雅建深厚，后人鲜能企及，不但著名画家，如欧虞褚颜，卓然各成家法，为后世所宗仰已也。唐时已有以名人书字摹勒上石者，拓石的方法亦始于唐，这两者皆至宋而大盛，“碑”与“帖”由是成为专门之学，亦书法史上最可纪念的事。此外如音乐歌舞，亦以唐为最盛，自北朝输入西域音乐，至唐遂现出空前的盛况，上自帝王卿相，下至优伶工人，精音者甚多，故中国讲梨园者，必始于唐也。

第三，就算学历法方面说，代数学的发明，为这时代算术史上最可纪念的事。唐初王孝通著《辑古算经》，算理甚深，实为后世“立天元一法”所本，然尚未立专名，至南宋理宗时，秦九韶著《数学》九章，首章大衍，即立“立天元一法”之名，元李冶的《测圆海镜》言之益详。“立天元一法”就是西人的代数借根方，代数学的西名(Algebra)，用中文翻译，就是“东来法”的意思，西洋的代数学，根本是由中国传去的。讲到历法，元世祖时代，郭守敬的造诣，实在“前无古人”。据《元史·本传》所载，当时设立测验所二十九处，东至高丽，西极滇池，南逾朱崖，北尽铁勒，由守敬主持其事。其后守敬主修的新历告成，行世垂四百年，“自三统以来，为术者七十家，莫之伦比也”(阮元《畴人传》语)。至明末西法东来，徐光启又据之创修新历，沿用至清季，毫无疑误。《明史·天文志》云，“明神宗时，西洋人利玛窦等入中国，精于天文历算之意，发微阐奥运算制器，前此未尝有也”。

第四，就工艺制造方面说，最重要的，是雕版印书的发明，萌芽于唐世，至五代两宋而大盛。北宋仁宗庆历中布衣毕昇又发明活字排印之法，时为西元十一世纪中叶，距德人葛登堡(Gutenburg，一三九七—一四六八)之发明活版，盖先约四百。年其次为火器，吾国自隋唐时已有火药，至南宋初虞允文与金人采石之战，以纸为霹雳炮，中实以石灰硫磺，投水中，而火自水跳出，纸裂而石灰散烟雾，眯其人马，卒以此大败金亮。这尚不过如今日爆竹之类。孝宗时，魏胜又创制炮车，施火石，可二百步，其火药用硝石、硫磺、柳炭为之，是为近代用火具之始，时当西历第十二世纪。到了十三世纪末，蒙古人得回回人制大炮，其制益精；欧洲人之用炮火，即由元代自东方传去的。又其次为磁器，始于晋世，至唐代而盛行。五代遂有著名的柴窑出现，“其瓷青如天，明如镜，薄如纸，声如磬，滋润细媚，制精色异”。所谓“雨过天青云破处，者般颜色作将来”者(皆见蓝浦《景德镇陶录》)，实为古来诸窑之冠。到了宋代，定汝官哥诸窑，所出品物，各有他的特色，陶磁工艺，达到了尽美极妍的时代。明代则以景德镇的瓷器为最有名，江苏宜兴的名陶，亦始于明云。余如宋哲宗时李诫奏上的营造法式，详载当时宫殿户牖柱阶檐井建筑雕刻彩画涂壁之法，为吾国言营造学者最完美的书籍；明代宣德中所造的各种铜器(俗称宣德炉)，每铜一斤炼十二次，仅存铜精四两，和以各国各地绝精之物，又以赤金水银等物涂而熏之，为自有铜器以来最精的制品；明季宋应星所著的《天工开物》，凡食物被服用器以及冶金制器丹青珠玉之原料工作，无不具备，说明之外，各附以图，亦为十六世纪前世界言天产工业最详明的巨著。

第五，就史学地学方面说，史学如唐刘知几的《史通》、杜佑的《通典》、宋司马光的《资治通鉴》、马端临的《文献通考》，都奕世著作家宗仰的名著；而宋袁枢的《通鉴纪事本末》，于"人别"、"年别"的历史外，别创"事别"的一种体裁；余如年谱的述作、金石的研索，亦多始于宋人，皆于史学界大有贡献。地学方面，有唐德宗时贾耽所作的《海内华夷图》，"广三尺，从三丈三尺，率以寸，折成百里，别章甫左衽，奠高山大川，缩四极于纤缟，分百郡于作绘"(《旧唐书·本传》)。图于贞元十七年(西元八〇一)表献，实为九世纪初世界史上未有的盛事。耽之图虽今不传，西安碑林所存南宋初伪齐阜昌间的《禹迹图》、《华夷图》，实为耽图之抚本，据西人研究，其精致尚远过于西洋后出之图。又吾国地志之作，虽始于魏曹之世，而实大盛于宋，不论寰宇总志、郡邑地志，宋人撰述者，指不胜屈，到了明代，差不多全国各地，皆有志乘。以备史料，以觇文化，莫不信而有征。这又是吾国史学界所可自豪的一件事。

第六，就教育方面说，唐初始有"书院"之名，至五代而有讲学之书院，北宋初有白鹿洞、岳麓、应天、嵩阳等四大书院，南宋及元，儒者多在书院讲学，书院之建，所在有之，其风气殆盛于国立大学及地方州郡之学校。因为学校多近于科举，师弟子不能自由讲学，所以一般淡于荣利，志在讲求修身治人之法者，必于学校之外，别辟一种讲学机关，一面经济独立，一面保持讲学自由，这种讲学机关——书院——之设立，实在是中国教育史上的一大进步。其次，宋代儒者，自安定胡瑗、泰山孙复以下，濂洛关闽，以迄元初之仁山(金履祥)、草庐(吴澄)、鲁斋(许衡)、静修(刘因)，见于黄宗羲、全祖望合编之《宋元学案》及王梓材之《宋元学案补遗》者，合师弟学侣讲友而并计之，不下数千人。虽其学术各有浅深驳纯之差：要旨躬行实践，不事空谈，或以平生得力受用之处，著书立说，或师弟讲习，随时指示，或订为教条学则，诏人遵守。质言之，无一不讲求修身为人之道，也就没有一个不是有名的教育家。就私家教育说，赵宋一朝，可说是中古史上最盛的一朝了。

余如唐代的朝报，为世界最早的报纸，“飞钱”为汇兑的滥触，北宋的“交子”为纸币的发轫，以及宋明两代的理学心学等，都可以看出各时代文物的进步的。至于清世各种学艺的整理和进步，更不待烦言。由了这种种的事实，我们可以说，以中华民族的聪明睿智无论在任何时代，皆有创造文化的力量。这种力量无论何时皆能有所表见，不过表见有各种不同的方面，所谓“不用于此，必注于彼”罢了。我们研究民族文化的，当就各种不同的文化，通观各时代不同的造诣，以阐明其演进与变迁的迹象，再也不可固执某种成见，或仅仅认定数端来自论了。

（七）

现在我们要研究中国民族文化的中心问题了。由了以前几节的讨论，中国文化的复杂性，真是到了极点，但在这种种复杂的表见之中，依然有他运转一切和支配一切的轴心存在。这轴心是什么？就是中华民族建立人的人伦道德和伦理思想。关于这一层，柳翼谋(诒徵)师在《中国文化西被之商榷》一文中剖析得最为清楚，兹具录如左：

世界各国皆尚宗教，至今尚未尽脱离。吾国初民，亦信多神，而脱离宗教甚早。建立人伦道德，以为立国中心，洒洒数千年，皆不外此，此吾国独异于他国者也。尚宗教，则认人类未圆满，多罪恶，不尚宗教，则认人类有满之圆境，非罪恶之数：此其大本也。其他支叶更仆难数，要悉附丽于此，是故吾国文化，惟在人伦道德，其他皆此中心之附属物。训诂，训诂此也。考据，考据此也；金石所载，载此也；词章所言，言此也。互古互今，书籍碑板，汗牛充栋，要其大端，不能悖是。战国时代，号为学术林立，言论自由之时，然除商鞅反对礼乐诗书善修孝悌廉辩十者之外，其他诸家虽持论不同，而大端无别。儒墨异趣，而墨家仍主君惠，臣忠，父慈，子孝，兄弟和调。老子之学，似不屑言伦理，然所谓六亲不和有孝慈，国家昏乱有忠臣者，正是嫉多数人之不孝不慈不忠，致令此少数人擅孝慈忠臣之名，非人应不孝不慈不忠也。商鞅之说，于后世绝无影响，惟魏武尝下令举不仁不孝而有治国用兵之术者，斯皆偶见乎史，不为通则。其他政教禁令，罔或迈越圣哲信条。是故西方立国以宗教，震旦立国以人伦，国土之恢，年撰之久，由果推因，孰大乎此。

其于道德，最重义利之辨。粗浅言之，则吾国圣哲之主旨，在不使人类为经济之奴隶。厚生利用，养欲给求，固视为要图。然必揭所谓义者，以节制人类私利之心，然后可以翕群而匡国。至其精微之处，则不独昌言私利，不耻攘夺者，群斥为小人；即躬行正义，举措无就，而其隐微幽独之中，有一念涉于私图，亦不得冒纯儒之目。故吾国之学，不讲超人之境，而所以悬为人之标准，最平易，亦最艰难。所陈克治省察之功夫，累亿万言而不能尽，由其涂辙，则人格日上，而胸怀坦荡，无恐无尤，无人而不自得，西方人士，日日谋革命，日日谋改造，要之日日责人而不责己，日日谋利而不谋正义，人人为经济之奴隶，而不能自拔于经济之上。反之，则惟宗教为依皈，不求之上帝，则求之佛国，欲脱人世而入于超人之境，而于人之本位，漠然不知其定义及真乐。

由此而观吾国之文学，其根本无往不同，无论李杜、元白、韩柳、欧苏、辛稼轩、姜白石、关汉卿、王实甫、施耐庵、吴敬梓，其作品之精神面目，虽无一人相似，然其所以为文学之中心者，君臣父子夫妇兄弟朋友之伦理也，非赞美教主也，非沉溺恋爱也，非崇拜武士也，非奔走金钱也。太白长吉之时，或有虚无缥缈不可理解之词，然其大归，仍不外乎人伦道德。故论吾国文学，极其才力感情之所至，发为长篇，累千百万言，戛戛乎独开生面者，或视西方文学家有逊色，而亘古相承，原本道德，务趋和平温厚，不务逼激流荡，使人读之狂惑丧心，则实一国之特色。且以其所重在此，而流连光景，妙悟自然，又别有一种恬适安和之境。凡其审谛物性，抚范人机，纯使自我与对象相融，而不徒恃感情之冲动，假物以抒其愤懑。故深于此种文学者，其性情亦因以和厚高尚，不致因环境之逼迫，无聊失望，而自隳其人格，以趋极端之暴行。此在感情热烈意志燥扰之人读之，或且视为太羹玄酒，索然寡味，不若言之激切偏岩者，有极强之激刺力。然果其优游浸渍于其中，由狡愤而渐趋平缓，则冲融愉乐之味，亦所以救济人生之苦恼也。

柳先生的论据，自圣哲精义，推及政教、禁令、文学、训诂、金石、考据，以及一般学术思想，是非常广博的。我们现在再试从各方面来观察中国文化的种种特异现象，这种现象，都是因了以人伦道德为文化中心而产生的。

第一，因为以人伦为中心，不尚宗教，我们古代所有“天神”、“地祇”、“人鬼”及“物魅”的祭祀，迄未能进步成一有组织有教理有完密仪制的宗教。今世所流行的宗教，如佛教，如耶教，如回教，以及历史上的火祆教、摩尼教、景教、犹太教等，无一而非外来。“道教”可说吾国汉代以后产生的惟一宗教了，然研究道教史者，皆知其经典仪制与组织，无一非袭取佛教，只能是说依傍佛教而成立的杂教，决不能算作独立的真正的宗教。儒家崇尚祭祀祖先，其经典时亦有富于宗教意味的文句，如《礼记·祭义》云：

致齐于内，散齐于外，齐之日，思其居处，思其笑语，思其志意，思其所乐，思其所嗜，齐三日乃见其所为齐者。祭之日：入室，僾然必有见乎其位，周还出户，肃然必有闻乎其容声，出户而听，忾然必有闻乎其叹息之声。

世人甚且有以祖先教为中国国教者。然报本反始之礼，完全受了伦理思想的影响而来，与一般崇尚神祇的宗教，性质迥乎不同。明末清初，耶教传入中国，耶稣会士亦主张"中国人之祭祀祖先，出于亲爱之义，孝思之念，所为报本反始之礼，而非以求福佐；立祖先牌，非谓祖先之魂在上，不过子孙追远，稍抒如在之怀"（康熙三十九年西教士闵明我等奏折语），因谓崇拜祖先与信奉耶教并不冲突，信教者，亦得祭祀祖先：即以一为宗教，一非宗教的原故。

第二，因为崇尚人伦道德，所有哲学思想，亦皆以伦理为中心，专以探讨宇宙万有为职志的形而上学及在西洋哲学思潮中占重要地位之本体论认识论，在中国哲学史上是找不到有系统的论著的。至如古希腊哲学中之柏拉图之观念论，中世纪新柏拉图派之神秘主义，近世德国哲学中之理想主义，如康德、黑智儿之超绝哲学等，在中国更是毫无踪迹可寻，大易的文言系辞，可算孔子哲理最深的作品，亦不以过易理解释人事，分别何种行为为德行，何者非德行，以勉人为君子，勿为小人而已。宋儒若周濂溪之言无极而太极，程明道之言乾元一气，张横渠之言太和，言理一分殊，以及朱子陆象山之辨太极无极等，虽涉形而上学之范围，亦不过以之为伦理学的根据，质言之，依然是伦理学的推广，而非纯正的形而上学也。

第三，学术方面，除伦理学外，以史学为最发达，典册的繁富，礼制的详密，在世界文明民族中，皆首屈一指，则以史册所记，全系人事，可使观者自择其善恶得失，以为劝戒的缘故，宋神宗序司马温公《资治通鉴》云：

朕惟君子多识前言往行以畜其德，故能刚健笃实，辉光日新。书亦曰，王人求多闻，时惟建事。诗书春秋，皆所以明乎得失之迹，存王道之正，垂鉴戒于后世者也。……司马光论次历代君臣事迹，起周威烈王，讫于五代……其所载明君良臣，切摩治道，议论之精语，德刑之善制，天人相与之际，休咎庶证之原，威福盛衰之本，规模利害之效，良将之方略，循吏之条教，断之以邪正，要之于治忽，辞令渊厚之体，箴谏深切之义，良谓备焉。

我常说，中国的史学，大部分不啻广义的伦理学，因为中国文化以伦理为中心；全国学者的精力所偏注者在此，史学也就异常的发达了。

第四，中国的政治学，亦非常精密详备，而所有的学理，殆无不与人伦道德息息相关，《大学》所言八条目，可说是世界最完善的政治哲理，但其内容，即自个人的“格物”、“致知”、“诚意”、“正心”、“修身”而推之“齐家”、“治国”“平天下”。《中庸》的《哀公问政》章，可说是孔子最具体的政治主张，首言“人存政举，人亡政息”，接言“为政在人，取人以身，修身以道，修道以仁”。又推之仁之亲亲，义之尊贤，只不过说明一切政治，皆以人为本，靠人来运用，而此运用的人，必需修养人格，并以推己及人为推行的根本。下文言君臣父子夫妇昆弟朋友之五达道，知仁勇之三达德，而曰“好学近乎知，力行近乎仁，知耻近乎勇，知斯三者，则知所以修身，知所以修身，则知所以治人，知所以治人，则知所以治天下国家”，又详言自“修身”、“尊贤”、“亲亲”、“敬大臣”、“体群臣”、“子庶民”、“来百工”、“柔远人”至“怀诸侯”之九经，如此反复的来说明为政之道，由各个人对家庭对社会和对国家完满负责做起，而为政者欲达到完满负责的效果，必先对于人格有完满修养，亦惟对于人格有完满修养的人，始能负担治人和治天下国家的责任，并使天下之人从最亲近到最疏远的都能各得其所。像这样伟大的政治学理，实际上就等于将伦理学推广到政治方面，应用到政治上去，不是以人伦道德为立国中心的中华民族，是不能产生的。

第五，就美术工艺方面说，我国亦有偏重人事的特殊倾向。原来世界上伟大宗教的建立，一部分是靠教理和教士，一部分亦有赖于文学、音乐、建筑、雕刻及图画等美术工艺的助力。我们只要读佛教、耶教的赞美诗篇，听信徒们的歌唱，参观各大寺院教堂宏伟的建筑，以及富有宗教性的名画和雕刻，即可明白了知。中国何以不能产生伟大的宗教？美术工艺方面缺乏宗教性的作品，也是一大原因。我国文学以伦理为中心，柳先生已详细的说过了，讲到雕刻图画，在佛教未传入以前，或未受佛教美术影响的作品，石刻如山东嘉祥县紫云山之汉武梁祠石室画像，肥城县之汉孝堂山石室画像；图画如屈原《天问》及王延寿《鲁灵光殿赋》所载的壁画，虽有山海神灵，杂物群生，要以历史故事的写真为主，没有重大的宗教意味。讲到具有宗教性质的建筑和音乐，首推历代的宗庙及郊祀的乐章；但不论就形式和内容说，都是结构从同，千篇一律。自汉以来，号称举国一致的崇奉孔子，唐宋以降，孔庙之设，遍于全国；但我们在今日，寻不出一所富有神秘意味的孔庙建筑，找不到一个有艺术价值的孔子雕刻或一张图画，更没有一首全国家喻户晓的赞美诗，乃至为学士大夫所能歌唱的崇圣乐章。我们看了这种现象，就可知道中国国文化是如何偏重人事的了。

第六，因为偏重人事，所有科学的研究，多以实用为主，我国较发达的科学，亦遂仅有天文医药等实用科学，研索名理及纯粹的理论科学的，可说绝无仅有。像古希腊哲人为知识而求知的态度，及发明的各种论学方法，如所谓“定义”，所谓“概念”，所谓“归纳法”，所谓“演绎法”，在中国正统的思想家中是没有的。像欧几里得(Eclid)所著的《几何原本》，先以“自明理”、“定义”及“设准”为始基，然后及于各种“命题”，始自不占位置之“点”，终至包括一切形体，而又叙次井然，一丝不紊，堪称人类智慧最伟大的成就，但在中国是找不到的，近世大物理学家，如加里雷(Galelei)及牛顿辈的发明和贡献，在中国更是毫无踪迹可寻的，由于纯理科学的乏缺，因之由理论科学所引生之实验科学、机械文明，及其展转产生之新经济制度和文物，亦皆付诸缺如。

我们看了这种种现象，并与西方文化作比较的研究，一方面知道了中国文化中心的结晶，同时也可明白中国文化的优点和缺点——优点是伦理政治思想的卓越及文史的发达，缺点是纯理科学及穷理致知态度的缺乏。因为古希腊人的穷理致知，在当时并没有产生什么应用科学和机械文明，中世纪时，欧人又多弃理智而尚信仰，虽有哲学，其哲学亦不过神学之奴仆，故在世界古代及中世文化史上，中国文化的缺点，并不十分显著；同时，我们文化的成就，确实非他民族所能企及，由是吾民族文化，遂占了甚高的地位。但是一到了近世，吾民族对于世界文化上无崭新的重大的贡献，而西人则由理论科学引生了无数的实验科学和无限止的机械文明，及其辗转引生的新经济制度及文物，又因穷理致知的习惯，使人类的知识得到空前的发展和进步，这两点做了西洋近代文明的骨干，我们既两付缺如，同时又未能真实的完全的吸收，故近世文化史上，我民族不免有文化落后之感，这是无可讳言，且亦不必讳言的。我们只要看近年来向国际宣传中国文化的，十九以古代中古的文物做中国文化的代表，二十四年选择参加伦敦世界艺展会的陈列品时，英国方面的委员亦主张以十八世纪以前的中国出品为限，我们可以知道近世的中国文明是如何衰落的了。

（八）

最后，我们对于今后的中国民族文化及文化有关的各种问题，应该抱如何的态度，始能有比较正确的认识？我以为下列六点，是讨论这问题时最初步最基本的出发点，述之以作本文的结论。

第一，我们当认中华民族确为一文化民族，过去对于创造吸收及继续显扬文化等方面，表现出无限的力量，亦曾建立过不少的光荣的及有世界贡献的文化史实。故凡讥刺吾国固有的文化，甚或鄙夷吾民族，将吾炎黄华胄，视同非美诸洲的野人；这种人不是愚妄无知，就是别具心肝。

第二，在伦理文史政治乃至美术工艺诸方面，中国文化确有特异的成就，我们今后应努力保存，继续的发扬光大，并谋在此数方面对于全世界文化民族有所献替。至今日吾民族所最需要者，则为民族主义，民族主义的根底，全在史书，故史学为今日最应倡导，亦今后最应永远保存的民族文化。

第三，在哲理与科学及穷理致知的态度上，我中国民族确有不及西洋民族之处，吾人今后应尽量吸取他人之长，补吾之短。我民族在文化方面，今后是否能与西洋民族并驾齐驱，携手同进，重要的关键，即在此数方面是否能迎头赶上，吾人当力戒虚骄之弊，不能以固有的文化自满，亦不能谓凡中国文化，一切皆高于他人。

第四，民族文化成立的条件，为自力创造，为吸收融合，为继续先业，过去若汉唐时代，近世若欧洲各国，其文化之隆盛，皆以具足此三条件故。吾民族今后欲厕身于世界各文化国之林，欲建立新的民族文化，其途径亦不外此三者。吾人欲对于文化事业有所贡献，其努力的方面，亦不外此三者。

第五，文化为人类所有各种精神的物质的成就之总称，其内容甚繁，任何个人即对于某一类文化中的一子目，亦不能穷极其精微。因之，吾人亦绝不能希望有包办一切文化的“文化专家”，或具足一切文化知识的“文化人”，凡真正从文化事研究者，只能就其所研究者效涓埃之贡献；集合多数人各别的贡献，而民族文化于以建立。故建设中国民族文化，应自多数人各效其点滴的贡献始。挽近热心文化之士，因为不明白文化的复杂性，辄以某种文物或思想概括整个的文化，至欲以少数人的集会来负担建设整个民族文化的责任，亦有对于任何各种文化并无毫末的贡献或了解，而慕“文化”的美名，自称曰“文化人”者。吾人于前者认为对于真正文化的进步，并无何种助益；于后者则似不如名之曰“野人”之较为适当也。

第六，某一时代的特殊文化，对于当时与此种文化有关系者，必有普遍与深切的影响，并在其生活上起种种重要作用者，如太古的石器、商代的甲骨、宗周的鼎彝、两汉的儒学、南北朝隋唐时代的佛教、宋明的理学、近世欧美的机械文明是也。今后从事文化建设事业的，当着眼现时代对于一般有普遍与深切的影响者，庶对国民生活方面可以引生重大的作用和效果。至若古文物的研究，虽属广义的史学范围，苟其所研究者，对于现时或将来并无何种的关系，足以影响国民的生活，实非一般人所急需。我们看一般考证鼎彝者，专以售贩为事，毫无古人子子孙孙永宝用的观念，是则对于研究者自身的生活上，亦不能起重要作用，实与骨董之学，了无分别。我人不应提倡是种学问，更万不能以是种学问来作中国民族文化的代表。

本文原载《说文月刊》第 2 卷第 4 期，1940 年 7 月 15 日。

整理者：薛　蓁
校对者：郭元超

儒家思想的新开展

贺　麟

在思想和文化的范围里，现代决不可与古代脱节。任何一个现代的新思想，如果与过去的文化完全没有关系，便有如无源之水、无本之木，绝不能源远流长、根深蒂固。一个来历不明的人，必然有些形迹可疑。一个来历不明的思想，也必是可以令人怀疑的思想。凡是没有渊源的现代的崭新的思想，大都只是昙花一现、时髦一时的思想。

儒家的思想，就其为中国过去的传统思想而言，乃是自尧舜禹汤文武成康周公孔子以来的最古最旧的思想；就其在现代以及今后的新发展而言，就其在变迁中、发展中、改造中以适应新的精神需要文化环境的有机体而言，也可以说是最新的新思想。在儒家思想的新开展里，我们可以得到现代与古代的交融，最新与最旧的统一。

根据对于中国现代的文化动向和思想趋势的观察，我敢断言，广义的、新儒家思想的发展或儒家思想的新开展，就是中国现代思潮的主潮。我确切看到，无论政治、社会、学术、文化各方面的努力，大家都在那里争取建设新儒家思想，争取发挥新儒家思想。在生活方面，对人处世的态度，立身行己的准则，大家也莫不在那里争取完成一个新儒者的人格。大多数的人，具有儒家思想而不自知，不能自觉地发挥出来。有许多人，表面上好像在反对儒家思想，而骨子里正代表了儒家思想，实际上反促进了儒家思想。自觉地、正式地发挥新儒家思想，蔚成新儒学运动，只是时间早迟、学力充分不充分的问题。

中国当前的时代，是一个民族复兴的时代。民族复兴，不仅是争抗战的胜利，不仅是争中华民族在国际政治中的自由、独立、平等，民族复兴本质上应该是民族文化的复兴。民族文化的复兴，主要的潮流、根本的成分，就是儒家思想的复兴、儒家文化的复兴。假如儒家思想没有新的前途、新的开展，则中华民族，与夫民族文化也就会没有新的前途、新的开展。换言之，儒家思想的命运，与民族前途的命运，盛衰消长，是同一而不可分的。

中国近百年来的危机，根本上是一个文化的危机。文化上的失调整，不能应付新的文化局势。中国近代政治军事上的国耻，也许可以说是起于鸦片烟战争，中国学术文化上的国耻，却早在鸦片烟战争之前。儒家思想之正式被中国青年们猛烈的反对，虽说是起于新文化运动，但儒家思想之销沉、僵化、无生气，失掉孔孟的真精神和应付新文化需要的无能，却早腐蚀在五四运动以前。儒家思想在中国文化生活上失掉了自主权，丧失了新生命，才是中华民族最大的危机。

五四时代的新文化运动，可以说是促进儒家思想新发展的一个大转机。表面上，新文化运动虽是一个打倒孔家店、推翻儒家思想的一个大运动。但实际上，其促进儒家思想新发展的功绩与重要性，乃远在前一时期曾国藩、张之洞等人对于儒家思想的提倡。曾国藩等人对儒学之倡导与实行，只是旧儒家思想之回光返照之最后的表现与挣扎，对于新儒家思想的开展，却殊少直接的贡献。

新文化运动之最大贡献，在破坏扫除儒家的僵化部分的躯壳的形式末节和束缚个性的传统腐化部分。他们并没有打倒孔孟的真精神、真意思、真学术，反而因他们洗刷扫除的工夫，使得孔孟程朱的真面目更是显露出来。新文化运动的领袖人物，以打倒孔家店相号召的胡适之先生，他打倒孔家店的战略，据他英文本《先秦名学史》的宣言，约有两要点：第一，解除传统道德的束缚；第二，提倡一切非儒家的思想，亦即提倡诸子之学。但推翻传统的旧道德，实为建设新儒家的新道德作预备工夫。提倡诸子哲学正是改造儒家哲学的先驱。用诸子来发挥孔孟，发挥孔孟以吸取诸子的长处，因而形成新的儒家思想。假如，儒家思想经不起诸子百家的攻击、竞争、比赛，那也不成其为儒家思想了。愈反对儒家思想而儒家思想愈是大放光明。

西洋文化学术之大规模的无选择的输入，又是使儒家思想得新发展的一大动力。表面上西洋文化之输入，好像是代替儒家，推翻儒家，使之趋于没落消灭的运动。但一如印度文化之输入，在历史上曾展开了一个新儒家运动，所以西洋文化之输入，无疑地亦将大大地促进儒家思想之新开展。西洋文化之输入，给儒家思想一个试验，一个生死存亡的大试验、大关头。假如儒家思想能够把握、吸收、融会、转化西洋文化，以充实自身、发展自身，则儒家思想便生存、复活，而有新的开展，如不能经过此试验，渡过此关头，就会死亡、消灭、沉沦，永不能翻身。

所以儒家思想之是否能够有新开展的问题，就成为儒家思想是否能够翻身、能够复兴的问题，也就是中国文化能否翻身、能否复兴的问题。儒家思想之能否复兴的问题，亦即儒化西洋文化是否可能，以儒家精神为体、以西洋文化为用是否可能的问题。中国文化能否复兴的问题，亦即华化、中国化西洋文化是否可能，以民族精神为体、以西洋文化为用是否可能的问题。

就个人言，如个人能自由自主，有理性、有精神，则他便能以自己的人格为主体，以中外古今的文化为用具，以发挥其本性，扩展其人格。就民族言，如中华民族是自由自主、有理性有精神的民族，是能够承继先人遗产，应付文化危机的民族，则儒化西洋文化，华化西洋文化也是可能的。如果中华民族不能以儒家思想或民族精神为主体去儒化或华化西洋文化，则中国将失掉文化上的自主权，而陷于文化上的殖民地。盖五花八门的思想，不同国别、不同民族的文化，漫无标准地输入到中国，各自寻找其倾销场，各自施展其征服力，假使我们不归本于儒家思想，而加以陶熔统贯，如何能对治这些纷歧庞杂的思想，而达到殊途同归、共同合作以担负建设新国家新文化的责任呢?

这个问题的关键，在于中国人是否能够真正澈底、源源本本地了解并把握西洋文化。因为认识就是超越，理解就是征服。真正认识了西洋文化便能超越西洋文化。能够理解西洋文化，自能吸收、转化、利用、征服西洋文化以形成新的儒家思想、新的民族文化。儒家思想的新开展，不是建筑在排斥西洋文化上面，而乃建筑在澈底把握西洋文化上面。儒家思想的新开展，在西洋文化大规模的输入后，要求一自主的文化，文化的自主，也就是要求收复文化上的失地，争取文化上的独立与自主。

根据上面所说，道德传统的解放，非儒家思想的提倡，西洋文化学术的输入与把握，皆足以促进儒家思想的新发展。兹请进而检讨儒家思想新发展所须取的途径。

不用说，欲求儒家思想的新发展，在于融会吸收西洋文化的精华与长处。而西洋文化之特殊贡献为科学，但我们既不必求儒化的科学，亦无须科学化儒家思想。盖科学以研求自然界的法则为目的，有其独立的领域。没有基督教的科学，更不会有佛化或儒化的科学。一个科学家的精神生活方面，也许信仰基督教，也许皈依佛法，也许尊崇孔孟，但他所发明的科学，仍属于独立的公共的科学范围，无所谓基督教化的科学，或儒化、佛化的科学。反之，儒家思想亦有其指导人生、提高精神生活、发扬道德价值的特殊效准、独立领域，亦无须求其科学化。换言之，即无须附会科学原则以发挥儒家思想。一个崇奉孔孟的人，尽可精通自然科学，他所了解的孔孟精神与科学精神，尽可毫不冲突，但他却用不着傅会科学原则以曲解孔孟的学说，把孔孟解释成一个自然科学家。譬如，有人根据优生学的道理，认为儒家所主张的早婚是合乎科学的。或又根据心理学的事实，以证明纳妾的制度之有心理学根据。甚或根据经济学以辩护大家庭制之符合经济学原理。诸如此类，假借科学以为儒家辩护的办法，结果会陷于非科学、非儒学。这都是与新儒家思想的真正发展无关的。我们要能看出儒家思想与科学之息息相关处，但又要能看到两者之分界处。我们要能从哲学、宗教、艺术各方面以发挥儒家思想，使儒家精神中包含有科学精神，使儒家思想足以培植、孕育科学思想，而不致与科学思想混淆不清。

简言之，我们不必采时髦的办法，去科学化儒家思想。欲充实并发挥儒家思想，似须另辟途径。盖儒家思想本来包含有三方面：有理学，以格物穷理、寻求智慧。有礼教，以磨炼意志、规范行为。有诗教，以陶养性灵、美化生活。故求儒家思想之新开展，第一，必须以西洋之哲学发挥儒家之理学。儒家之理学为中国之正宗哲学，亦应以西洋之正宗哲学发挥中国之正宗哲学。盖东圣西圣，心同理同。苏格拉底、柏拉图、亚里士多德、康德、黑格尔之哲学，与中国孔孟、程朱、陆王之哲学会合融贯，而能产生发扬民族精神之新哲学，解除民族文化之新危机，是即新儒家思想发展所必循之途径。使儒家的哲学内容更为丰富、系统更为谨严、条理更为清楚，不仅可作道德可能之理论基础，且可奠科学可能之理论基础。

第二，须吸收基督教之精华以充实儒家之礼教。儒家的礼教本富于宗教之仪式与精神，而究竟以人伦道德为中心。宗教则为道德之注以热情、鼓以勇气者。宗教有精诚信仰、坚贞不贰之精神；宗教有博爱慈悲、服务人类之精神；宗教有襟怀旷大、超脱现世之精神。基督教文明实西方文明之骨干，其支配西洋人之精神生活，实深刻而周至，但每为浅见者所忽视。如非宗教之知“天”与科学之知“物”合力并进，若非宗教精神为体，物质文明为用，绝不会产生如此伟大灿烂之近代西洋文化。我敢断言，如中国人不能接受基督教的精华而去其糟粕，则决不会有强有力的新儒家思想产生出来。

第三，须领略西洋之艺术以发扬儒家之诗教。诗歌与音乐为艺术之最高者。儒家特别注重诗教、乐教，确具深识卓见，惟凡百艺术皆所以表示本体界之义蕴，皆精神生活洋溢之具体的表现，不过微有等差而已。建筑、雕刻、绘画、小说、戏剧，皆所以发扬无尽藏的美的价值，与诗歌、音乐亦皆系同一民族精神与夫时代精神之表现，似无须轩轾于其间。过去儒家因乐经佚亡，乐教中衰，诗教亦式微。对其他艺术，亦殊少注重与发扬，几为道家所独占。固今后新儒家之兴起，与新诗教、新乐教、新艺术之兴起，应该是联合并进而不分离的。

儒学是合诗教、礼教、理学三者为一体的学养，也即是艺术、宗教、哲学三者的谐合体。因此新儒家思想之开展，大约将循艺术化、宗教化、哲学化之途径迈进。有许多人，遮拾“文人无行”、“玩物丧志”等语，误认儒家为轻蔑艺术。只从表面去解释孔子“敬鬼神而远之”、“未知生，焉知死”、“未能事人，焉能事鬼”等语的意义，而否认孔子之有宗教思想与宗教精神。或误解“性与天道不可得而闻”之语，而谓孔子不探究哲学。凡此种种说法，皆所以企图将儒学偏狭化、浅薄化、孤隘化，不惟有失儒家之真精神，使儒家内容缺乏狭隘，且将使儒家思想无法吸收西洋之艺术、宗教、哲学以充实其自身，因而亦将不能应付现代之新文化局势。

譬如，仁乃儒家思想之中心概念。固不仅是“相人偶为仁”之一道德名词，如从诗教或艺术方面看来，仁即温柔敦厚之诗教，仁亦诗三百篇之宗旨，所谓“思无邪”是也。“思无邪”或“无邪思”，即是纯爱真情，乃诗教之泉源，亦即是仁。仁即是天真纯朴之情，自然流露之情，一往情深、人我合一之情。矫揉虚伪之情，邪僻淫亵之思，均非诗之旨，亦非仁之德也。（复性书院主讲马一浮先生近著《四书大义》一册，即以仁言诗教，可参考。）纯爱真情，天真无邪之思，如受桎梏，不得自由发抒，则诗教扫地，而艺术亦丧失其神髓。从宗教观点来看，则仁即是救世济物、民胞物与的宗教热诚。《约翰福音》有“上帝即是爱”之语，质言之，上帝即是仁。“求仁”不仅是待人接物的道德修养，抑亦知天事天的宗教工夫。儒家以仁为“天德”，耶教以至仁或无上的爱为上帝的本性。足见仁之富于宗教意义，可以从宗教方面加以发挥者也。从哲学看来，仁乃仁体。仁为天地之心，仁为天地生生不已之生机，仁为自然万物的本性。仁为万物一体、生意一般之有机关系之神秘境界。简言之，哲学上可以说是有仁的宇宙观，仁的本体论。离仁而言本体，离仁而言宇宙，非陷于死气沉沉的机械论，即流于黑漆一团的唯物论。

以上仅简略提示儒家所谓仁，可以从艺术化、宗教化、哲学化三方面加以发挥，而得新的开展。今试再以“诚”字为例。儒家所谓仁，比较道德意味多，而所谓诚，则比较哲学意味多。《论语》多言仁，而《中庸》则多言诚。所谓诚，亦不仅是诚恳、诚实、诚信的道德意义。在儒家思想中，诚的主要意思，乃指真实无妄之理或道而言。所谓诚实，即是指实理、实体、实在或本体而言。《中庸》所谓“不诚无物”，《孟子》所谓“万物皆备于我矣，反身而诚”，皆寓有极深的哲学义蕴。诚不仅是说话不欺，复包含有真实无妄、行健不息之意。“逝者如斯夫，不舍昼夜”，就是孔子借川流之不息，以指出宇宙之行健不息的诚，也就是指出道体的流行。其次，诚亦是儒家思想中最富于宗教意味的字眼。诚即是宗教上的信仰。所谓至诚可以动天地，泣鬼神。精诚所至，金石亦开。至诚可以通神，至诚可以前知。诚不仅可以感动人，而且可以感物，可以祀神，乃是贯通天人物的宗教精神。就艺术方面言，思无邪或无邪思的诗教，即是诚。诚亦即是诚挚纯真的感情。艺术天才无他长，即能保待其诚、发挥其诚而已。艺术家之忠于艺术而不外骛，亦是诚。总之，诚亦是儒家诗教、礼教、理学中之基本概念，亦可从艺术、宗教、哲学三方面以发挥之。今后儒家思想之新开展，大抵必向此方面努力，可断言也。儒家思想循艺术化、宗教化、哲学化之方向开展，则狭义的人伦道德方面的思想，均可扩充提高而深刻化。从艺术的陶养中去求具体美化的道德，所谓兴于诗、游于艺、成于乐是也。从宗教的精诚信仰中去充实道德实践的勇气与力量，由知人进而知天，由希贤、希圣进而希天，亦即是由道德进而为宗教，由宗教以充实道德，从哲学的探讨中以为道德行为奠理论的基础，即所谓由学问思辨而笃行，由格物致知而诚正、修齐是也。而且经过艺术化、宗教化、哲学化之新儒家思想，不惟可以减少狭义道德观念的束缚，且反可提高科学兴趣，而奠定新科学思想的精神基础。

以上是就文化学术方面，指出新儒家思想所须取的途径。就生活修养而言，则新儒家思想目的在使每个中国人都具有典型的中国人气味，都能代表一点纯粹的中国文化，也即是希望每个人都有一点儒者气象、儒者风度。不仅诸葛孔明有儒者气象，须扩充为人人皆有儒者气象。不仅军人皆有“儒将”的风度，医生皆有“儒医”的风度，亦不仅须有儒者的政治家(昔时叫作“儒臣”)，须有儒者的农人(昔时所谓耕读传家之“儒农”)。在此趋向于工业化的社会中，所最需要者尤为具有儒者气象的“儒工”、“儒商”和有儒者风度之技术人员。若无多数重忠孝仁爱信义和平的道德修养之儒商、儒工出，以树立工商的新人格模范，商者凭借其经济地位以剥夺人，工者凭借其优越技能以欺凌人、傲慢人，则社会秩序将无法安定，而中国亦殊难走上健康的工业化的途径。

何谓“儒者”？何谓“儒者气象”？须识者自己去体会，殊难确切下一定义，其实亦殊不必呆板说定。最概括简单地说，凡有学问技能而又具有道德修养的人，即是儒者。儒者即是品学兼优的人。我们说，在工业化的社会中，须有多数的儒商、儒工以作柱石，就是希望今后新社会中的工人、商人，皆成为品学兼优之士，亦希望品学兼优之士，参加工商业的建设，使商人与工人的道德水准和知识水准，皆大加提高，庶可进而造成现代化、工业化的新文明社会。儒者固须品学兼优，但因限于资质，无才能知识而卓有品格的人亦可谓为儒者，所谓“虽曰未学，吾谓之必学矣”。唯有有学无品，有才无品，只有知识技能而无道德，甚或假借其智识技能以作恶，方不得称为儒者，且为儒家所深恶痛绝之人。

又就意味或气象来讲，则凡具有诗礼风度者，皆可谓之有儒者气象。凡趣味低下，志在功利肉欲，不知美的欣赏，即缺乏诗意。凡粗暴鲁莽，扰乱秩序，内无和悦的心情，外无整齐的品节，即是缺乏礼意。无诗意是丑俗，无礼意是暴乱。三四十年前，辜鸿铭氏，站在儒家立场，以攻击西洋近代文明，其所持标准，即是诗礼二字。彼认为西洋近代文明之各种现象，如工商业之发展、君主的推翻、民主政治的建立，均是日趋于丑俗暴乱，无诗之美，无礼之和。故彼指斥不遗余力，颇引起西方学者之注意。又印度诗人泰戈尔，来游中国时，一到上海，即痛斥上海为“丑俗之大魔”。盖上海为工商业化之东方大都市，充斥了流氓、市侩、买办以及一切殖民地城市之罪恶，不唯无东方静穆纯朴之诗味，亦绝无儒家诗教礼教之遗风。泰戈尔之痛恶上海，实不为无因。但辜鸿铭之指斥西洋近代工商业文明之民主政治，却陷于偏见与成见。彼只知道中古贵族式的诗礼，而不知道近代民主化的诗礼也。试观近代英美民主政治之实施，竞争选举，国会辩难，政治家之出处进退，举莫不有礼。数百万市民聚处于大都市中，交通集会亦莫不有序。其工人、商人大都有音乐、歌剧可观赏，有公园可资休息，有展览会、博物馆可游览，每逢星期或入礼拜堂听讲，或游田林以接近自然。工余之暇，唱歌跳舞，自乐其乐。其生活亦未尝不可谓为相当美化而富于诗意。总之，以诗礼表达儒者气象是甚为切当的。如谓工业化、民治化之近代社会，即缺乏诗礼意味，无有儒者气象，则未免把儒家的诗教礼教看得太呆板、太狭隘了。

就作事的态度言，每作一事，皆须求其合理性、合时代、合人情，即可谓为儒家的态度。合人情即求其“反诸吾心而安”，合理性即所谓“揆诸天理而顺”，合时代即是审时度势、因应得宜。孔子为圣之时，礼以时为大。合时代不是漫无主宰，随波逐流。只求合时代而不合理性，是为时髦。合时代包含有“时中”之义，有“权变”之义，亦有合理之义。只重抽象的理性而不近人情，合时代，即陷于“以理杀人”、以主义杀人，或近人所谓以自由平等的口号杀人。只求合人情，而不合理性合时代，即流为“妇人之仁”、“感情用事”，或主观的直觉主义。合人情不仅求己心之独安，亦所以设身处地，求人心之共安。凡事皆能精研详究，以求合理、合时、合情，便可谓为“曲践乎仁义”、“从容乎中道”，足以代表儒家的态度了。

儒家思想的新开展，基于学者对于每一时代问题，无论政治、社会、文化、学术各方面的问题，皆能本典型的中国人的态度，站在儒家的立场，予以合理、合情、合时的新解答，而得其中道。哲学上的问题，无论宇宙观、人生观、历史观与夫本体论、认识论等，皆须于研究中外各家学说之后，而求得一契合儒家精神与态度的新解答。哲学问题本文暂置勿论，试就现在正烦扰着国人的政治问题为例，而指出如何从儒家的立场，予以解答的途径。

譬如，中国现在须厉行法治而言，便须知有所谓法家的法治，亦有所谓儒家的法治，前者即申韩式的法治，主张由政府或统治者颁布苛虐的法令，厉行严刑峻法，以满足霸王武力征服的野心。是刻薄寡恩、急功好利的，是无情无理的。现代法西斯蒂主义的独裁，即是基于申韩式的法治的。这只是以满足霸王一时之武力征服，绝不足以谋国家的长治久安和人民的真正幸福。而儒家的法治，亦即我所谓诸葛式的法治（参看拙著《法治的类型》一文）则不然，是法治与礼治、法律与道德、法律与人情，相辅而行、兼顾并包的。法律是实现道德的工具，是人的自由本性的发挥，绝不是违反道德、桎梏自由的。西洋古代如柏拉图，近代如黑格尔所提倡的法治，以及现代民主政治中的法治，都可以说是与儒家精神相近，而与申韩式法家精神相远的。以为儒家反法治，以为提倡法治，即须反对儒家，皆是不知儒家的真精神、不知法治的真意义的说法。故今后欲整饬纪纲，走上新法治国家的大道，不在于片面的提倡申韩之术，而在于得到西洋正宗哲学家法治思想的真意，而发挥出儒家思想的法治。

试再就民治主义为例，亦有所谓儒家的民治主义与非儒家的民治主义。如有所谓放任政治，政府对人民取不干涉态度，认为政府管事愈少愈好，政府权力愈小愈好。一切事业，政府让人民自由竞争，听其天然淘汰，强者吞并弱者，几乎有无政府的趋势。这是欧洲十七及十八世纪盛行的消极的民主政治，在某意义下，颇有中国道家的自然主义色彩。这种民主政治的起源，是基于开明运动之反对君主专制，争人民的自由平等和天赋人权。其末流便是个人主义的抬头和资本主义的兴起。这当然不是契合儒家精神的民治主义。假如只认儒家思想是为专制帝王作辩护谋利益的工具，是根本违反民治主义的，这不惟失掉了儒家“天视民视，天听民听”和“民贵君轻”等说的真精神，而且也忽略了西洋另有一派足以代表儒家精神的民治思想。这一派注重比较有建设性积极性的民治，其代表人物为理想主义的政治思想家。他们认国家为一有机体，人民在此有机体中，各有其特殊的位分与职责。国家不是建筑在武力上或任何物质条件上，而是建筑在人民公意或道德意志上，人民忠爱国家，以实现其真我，发挥其道德意志，确认主权在民生的原则。尊重民意，实现民意（但民意不一定指林林总总的群众，投票举手所表现的意见，或许是出于大政治家的真知灼见，对于国家需要、人们真意之深识远见），满足人民的真正需要，为人民兴利除弊，甚或根据全体的福利，以干涉违反全体福利之少数人的活动。政府有积极地教育人民、训练人民、组织人民，亦可谓为“强迫人民自由”的职责，以达到一种道德理想，这种政治思想就多少代表我所谓儒家式的民治主义。例如美国罗斯福总统的许多言论，就代表我所谓儒家式的民主政治。试看他逐渐教育民众，改变舆论，感化孤立派，容纳异党，集中权力，种种设施，均与普通的民主政治，特别与十七、十八世纪的消极民主政治不同。然而他所设施，的确仍是一种民主政治，他反对因利图便、玩弄权术的现实政治，而提高人类共同生活的道德理想，但他的政策，并不是不切实际，他立在人民之前，领导人民集中权力，但并不是独裁，所以我们可以称罗斯福为有儒者气象的大政治家。（外国人可以有儒者气象，一如中国人可以有耶稣式的人格。其实美国的大政治家中如华盛顿，如富兰克林，如林肯，皆有儒者气象，美国政治特别注重道德理想，比较最契合儒家所谓王道。）

至于在中国则国父孙中山先生无疑的是有儒者气象而又具耶稣式的人格之先知先觉。今后新儒家思想之发挥，自必尊仰之为理想人格，一如孔子之推崇周公。他的民权主义，即可以说是最能代表儒家精神的民主政治思想。三民主义中民生主义最根本，于将来最关重要。以民族主义于抗战建国，推翻异族，打倒帝国主义，影响最大。以民权主义体系最完整，思想最精颖，表现其生平学问经验与见解最多。他对于权与能的分别，对于自由平等的真意义之注释，皆一扫西洋消极的民治主义与道家的自由放任的自然主义的弊病，而建立了符合儒家精神，足以为开国建国之根本大法的民权主义。而且他创立主义、实行革命原则，亦以合理性、合人情、合时代为标准，处处皆代表典型中国人的精神，符合儒家的规范。在《孙文学说》“有志竟成”一章，他说：“夫事有顺乎天理，应乎人情，适乎世界之潮流，合乎人群之需要，而先知先觉者所决志行之，则断无不成者也。此古今之革命维新、兴邦建国等事业是也。”“顺乎天理”即是合理性，“应乎人情”即是合人情，“适乎世界潮流，合乎人群需要”即是合时代。足见他革命建国的事业，是符合儒家合理、合情、合时的态度的，而他所创立的主义亦是能站在儒家的立场，而予以能应付民族需要世界局势的新解答的。

以上就政治上的法治与民治问题，而指出以能符合儒家精神之解答为最适当。兹试再就男女问题为例，而讨论之。男女问题可以说是中国现代许多解放运动的发端。许多反家庭、反礼教、反儒家思想家的运动均肇端于男女关系。许多新思想家皆以不能解决新时代的男女问题，为儒家思想发展的一大礁石。但我们认为，男女问题不求得一合理、合情、合时，符合真正儒家精神的答案，决不能得圆满的解决。须知“父母之命，媒妁之言”的旧式婚姻，男女授受不亲的社交隔阂，三从四德的旧箴言，纳妾出妻的旧制度，已是残遗的旧躯壳，不能代表真正儒家合理、合情、合时的新态度。反之，酒食征逐、肉欲放纵、个人享乐的婚姻，发疯、自杀、决斗的热情恋爱，乃是青年男女的堕落，社会国家的病态，更是识者所引为痛心的，假如男女问题能循(1)有诗意，(2)合礼仪，(3)负社会、国家的道德责任的途径，以求解答，便可算得契合儒家的矩范了。所谓有诗意，即男女关系基于爱慕与相思，而无淫猥渎亵之邪思，如关关雎鸠式的爱慕，辗转反侧式的相思，便有诗意了。所谓合礼仪，即男女交际，有内心之裁制，有社交的礼仪。其结合亦须得家庭、社会、法律之承认。所谓须负社会、国家的道德责任者，即男女结合非纯为个人享受，亦非仅解决个人性欲问题，乃有极深之道德意义，于家庭、社会、民族皆有其责任，男女之正当结合于社会、国家皆有裨益，且亦是社会、国家所赞许嘉勉的。男女关系须受新诗教、新礼教的陶冶，且须对社会、国家负道德责任，这就是儒家思想新开展中所指示的途径，而且现在中国许多美满的新家庭生活已无意间遵循着、实现着、代表着此种新儒家的理想了。

所以，在我们看来，只要能对儒家思想加以善意同情的理解，得其真精神与真意义所在，许多现代生活上、政治上、文化上的重要问题，均不难得到合理、合情、合时的解答。所谓“言孔孟所未言，而默契孔孟所欲言之意；行孔孟所未行，而吻合孔孟必为之事”（明吕新吾《呻吟诗语》）。将儒家思想认作不断生长发展的有机体，而非呆板机械的死信条。如是，我们可以相信，许多中国问题，必达到契合儒家精神的解决，方算得达到至中至正、最合理而无流弊的解决，无论政治、社会、文化、学术上各项问题的解决，都能契合儒家精神，都能代表典型的中国人的真意思、真态度，这就是“儒家思想的新开展”，也就是民族文化复兴的新机运。

本文原载《思想与时代》第 1 期，1941 年。

整理者：吕晓宇

校对者：薛　蓁

论中西文化的差异

张荫麟

文化是一发展的历程，它的个性表现在它的全部“发生史”里。所以比较两个文化应当就是比较两个文化的发生史。仅只一时代一阶段的枝节的比较，是不能显出两文化的根本差异的。假如在两方面所摘取的时代不相照应，譬如以中国的先秦与西方的中古相比，或以西方的中古与中国的近代相比，而以为所得的结果就是中西文化的根本异同，那更会差以毫厘、谬以千里了。

寻求中西文化的根本差异，就是寻求贯彻于两方的历史中的若干特性。惟有这种特性，才能满意地解释两方目前之显著的、外表的，而为以所无的差异。若仅只注意两方在近今一时代之空前的差异，而认为两方的根本差异即在于此，一若他们在近今一时代之空前的差异是突然而来、前无所承的，在稍有历史眼光的人看来，那真是咄咄怪事了！

近代中西在文化上空前的大差异，如实验科学、生产革命、世界市场、议会政治等等之有无，决不是偶然而有、突然而生的。无论在价值意识上，在社会组织上，或在“社会生存”上，至少自周秦希腊以来，两方都有贯彻古今的根本差异。虽然这些差异在不同的时代，有强有弱，有显有隐。这三方面的差异互相纠结，互相助长，以造成现今的局面。

这三方面的发生史上的差异，下文以次述之。

一

凡人类“正德、利用、厚生”的活动，或作为“正德、利用、厚生”的手段的活动，可称为实际的活动。凡智力的、想像的，或感觉的活动，本身非“正德、利用、厚生”之事，而以本身为目的，不被视作达到任何目的之手段者，可称为纯粹的活动。凡实际的活动所追求的价值，可称为实践的价值。凡纯粹的活动所追求的价值，可称为观见的价值。过去中西文化的一个根本差异是：中国人对实际的活动的兴趣，远在其对纯粹的活动的兴趣之上；在中国人的价值意识里，实践的价值压倒了观见的价值；实践的价值几乎就是价值的全部，观见的价值简直是卑卑不足道的。反之，西方人对纯粹的活动，至少与对实际的活动有同等的兴趣；在西方人的价值意识里，观见的价值若不是高出乎实践价值之上，至少也与实践的价值有同等的地位。这一点中西文化的差异，以前也有人局部地见到。例如在抗战前数年时，柳诒徵先生于《中国文化西被之商榷》一文里曾说：

> 吾国文化，惟在人伦道德，其他皆此中心之附属物。训诂，训诂此也；考据，考据此也；金石所载，载此也；词章所言，言此也。亘古亘今，书籍碑板，汗牛充栋，要其大端，不能悖是。

又说：

> 由此而观吾国之文学，其根本无往不同。无论李、杜、元、白、韩、柳、欧、苏、辛稼轩、姜白石、关汉卿、王实甫、施耐庵、吴敬梓，其作品之精神面目虽无一人相似，然其所以为文学之中心者，君臣、父子、夫妇、兄弟、朋友之伦理也。

柳先生认为中国人把道德的价值，放在其他一切价值之上，同时也即认为西方人没有把道德的价值放在其他一切价值之上。这是不错的。不过，我以为这还不能详尽地普遍地说明中西人在价值意识上的差异。在上文所提出的价值的二分法当中，所谓实践的价值，包括道德的价值，而不限于道德的价值，惟有从这二分法去看中西人在价值意识上的畸轻畸重，才能赅括无遗地把他们这方面的差异放在明显的对照。

说中国人比较地重视道德价值，稍读儒家的代表著作的人都可以首肯。但说中国人也比较地重视其他实践的价值，如利用厚生等类行为所具有的，许多人会发生怀疑。近二三百年来，西方人在利用厚生的事业上惊心炫目的成就，使得许多中国人，在自惭形秽之下，认定西方文明本质上是功利(此指社会的功利，非个人的功利，下同)主义的文明；而中国人在这类事业的落后，是由于中国人一向不重功利。这是大错特错的。正唯西方人不把实际的活动放在纯粹的活动之上，所以西方人能有更大的功利的成就；正唯中国人让纯粹的活动被迫压在实际的活动之下，所以中国人不能有更大的功利的成就。这个似是自相矛盾而实非矛盾的道理(用近时流行的话，可称为辩证法的真理)，下文将有解说。

《左传》里说，古有三不朽：太上立德，其次立功，其次立言。这是中国人的价值意识的宣言。历来中国代表的正统思想家，对这宣言，没有不接受的。许多人都能从这宣言认取道德价值在中国人的价值意识中的地位。但我们要更进一步注意：这仅只三种被认为值得永久崇拜的事业，都是实际的活动，而不是纯粹的活动；这三种头等的价值，都是实践的价值，而不是观见的价值。所谓德，不用说了。所谓功，即是惠及于民，或有稗于厚生利用的事。所谓言，不是什么广见闻、悦观听的言，而是载道的言，是关于人生的教训。所以孟子说："有德者必有言。"

亚里士多德的《尼哥麦其亚伦理学》，其在西洋思想史中的地位，仿佛我国的《大学》、《中庸》。《伦理学》和《大学》都讲到"至善"。我们试拿两书中所讲的至善，作一比较，是极饶兴趣的事。亚里士多德认为至善的活动，是无所为而为的真理的观玩；至善的生活，是无所为而为地观玩真理的生活。《大学》所谓"止于至善"，则是"为人君止于仁，为人臣止于敬，为人子止于孝，为人父止于慈，与国人交止于信"。这差别还不够明显吗？中国人说"好德如好色"，而绝不说"爱智"、"爱天"；西方人说"爱智"、"爱天"，而绝不说"好德如好色"。固然中国人也讲"格物致知"，但那只被当作"正心、诚意、修身、齐家、治国、平天下"的手段，而不被当作究竟的目的。而且这里所谓"知"，无论照程朱的解释，或照王阳明的解释，都是指德性之知，而不是指经验之知。王阳明的解释不用说了。程伊川说："知者吾所固有，然不致则无从得之。而致知必有道，故曰致知在格物。"又说："闻见之知，非德性之知，物交物则知之，非内也；今之所谓博物多能者是也。德性之知，不假见闻。""致知"所致之知，为"吾所固有"，即"由内"，而"不假见闻"，即德性之知也。朱子讲致知是"窃取程子之意"的，其所谓"致吾之知"当然即是致"吾所固有"之知了。实践价值的侧重在宋明的道学里更变本加厉，在道学家看来，凡与修身齐家治国平天下无明显关系的事，都属于"玩物丧志"之列。"学如元凯方成癖，文至相如始类俳。独立孔门无一事，却师颜氏得心斋！"这是道学家爱诵的名句。为道学家典型的程伊川，有人请他去喝茶看画，他板起面孔回答道："我不喝茶，也不看画！"

我不知道有什么事实可以解释这价值意识上的差异。我们也很难想像，这差异是一孤立的表象，对文化的其他方面，不发生影响。这价值意识上的差异的具体表现之一，是纯粹科学在西方形成甚早，而在中国受西方影响之前，始终未曾出现。我们有占星术及历法，却没有天文学；我们有测量面积和体积的方法，却没有几何学；我们有名家，却没有系统的论理学；我们有章句之学，却没有文法学。这种差异，绝不是近代始然，远在周秦希腊时代已昭彰可见了。纯粹科学，是应用科学的必要条件。没有发达的纯粹科学，也决不会有高明的实用的发明。凡比较复杂的实用的发明，都是（或包涵有）许多本来无实用的发现或发明的综合或改进。若对于无实用的真理不感兴趣，则有实用的发明便少所取材了。这个道理，一直到现在，我国有些主持文化学术或教育事业的人，还不能深切体认到。传统的价值意识囿人之深，于此可见了。观见价值的忽略，纯粹科学的缺乏，这是我国历史上缺少一个产业革命时代的主因之一。

有人说：中国的音乐是“抒情诗式的”，西洋的音乐是“史诗式的”。不独在中西的音乐上是这样，在中西全部艺术的成就上也大致是这样，想像方面的比较缺乏“史诗式的”艺术，与智力方面的缺乏纯粹科学是相应的。史诗式的艺术和纯粹科学，同样表示精细的组织，崇闳的结构；表示力量的集中，态度的严肃；表示对纯粹活动的兴趣，和对观见价值的重视。

二

其次，从社会组织上看中西文化之发生史的差异。就家族在社会组织中的地位，以及个人对家族的权利和义务而论，西方自希腊时代已和中国不同。法国史家古郎士说：“以古代法律极严格论，儿子不能与其父之家火分离，亦即服从其父，在其父生时，彼永为不成年者。……雅典早已不行这种子永从其父之法。”（《希腊罗马古代社会研究》汉译本，页六四）又斯巴达在庇罗奔尼斯战役以后，已通行遗嘱法（同上，页五八），使财产的支配权完全归于个人而不属于家属。基督教更增加个人对家族的解放。在基督教的势力下，宗教的义务，是远超越过家族的要求，教会的凝结力是以家庭的凝结力为牺牲的。《新约》里有两段文字，其所表现的伦理观念，与中国传统的伦理观念相悖之甚，使得现今通行的汉译本不得不大加修改。其一段记载耶稣说：

> 假若任何人到我这里来，而不憎恶他的父母、妻子、儿女、兄弟和姊妹，甚至一己的生命，他就不能做我的门徒。

另一段记载耶稣说：

> 我来并不是使世界安宁的，而是使他纷扰的。因为我来了，将使儿子与他的

父亲不和，女儿与他的母亲不和，媳妇与他的婆婆不和。（两段并用韩亦琦君新译。）

基督教和佛教都是家族组织的敌人。基督教之流布于欧洲与佛教之流布于中国约略同时。然基督教能抓住西方人的灵魂，而佛教始终未能深入中国人的心坎者，以家族组织在西方本来远不如在中国之严固。所谓物必先腐然后虫生之也。墨家学说的社会的涵义和基督教的大致相同，而墨家学说只是昙花一现，其经典至成了后来考据家聚讼的一大问题，这也是中国历来家族组织严固的一征。基督教一千数百年的训练，使得牺牲家族的小群而尽忠于超越家族的大群的要求，成了西方一般人日常呼吸的道德空气。后来基督教的势力虽为别的超家族的大群（国家）所取而代，但那种尽忠于超家族的大群的道德空气是不变的。那种道德空气是近代西方一切超家族的大群，从股份公司到政治机构的一大巩固力，而为中国人过去所比较欠缺的。我不是说过去中国人的社会理想一概是“家族至上”。儒家也教人“忠孝两全”，教人“移孝作忠”，教人“战阵无勇非孝也”，教人虽童子“能执干戈以卫社稷者可无殇”；孔子亦曾因为陈国的人民不能保卫国家，反为敌国奴役，便“过陈不式”。有些人以为过去儒家所教的“忠”，只是“食君家之禄者，忠君家之事”的意思，那是绝对错误的。不过中国人到底还有调和忠孝的问题，而西方至少自中世迄今，则不大感觉到。在能够“上达”的人看来，“忠孝两全”诚然是最崇高的理想，但在大多数只能“下达”的人看来，既要他们孝，又要他们忠，则不免使他们感觉得“两姑之间难为妇”了。而且对于一般人，毕竟家近而国远，孝（此处所谓孝就广义言，谓忠于家族）易而忠难。一般人循其自然的趋向，当然弃难趋易了。就过去中国社会组织所表现于一般中国人心中的道德意识而言，确有这种情形。而这种情形在西方至少是比较轻浅的。像《孟子》书中所载“舜为天子，皋陶为士，瞽瞍杀人，则如之何”的疑问，和孟子所提出舜“窃负而逃，遵海滨而处”的回答，是任何能作伦理反省的时代的西方人所不能想像的。许多近代超家族的政治或经济组织，虽然从西方移植过来，但很难走上轨道，甚至使人有“橘逾淮而为枳”之感者，绝对尽忠于超家族的大群的道德空气之缺乏是一大原因。

三

再次，就社会的生存上看：过去中国的文化始终是内陆的农业的文化；而西方文化，自其导源便和洋海结不解的关系。腓尼基、克列特，不用说了。希腊罗马的繁荣是以海外贸易、海外掠夺和海外殖民做基础的。在中世纪，海外贸易的经营仍保存于东罗马帝国，而移于波斯人和亚拉伯人之手。文艺复兴的时代，同时也是西南欧海外贸易复兴和市府复活的时代。从十二世纪西南欧的准市府的经济，到现代西方海洋帝国主义的经济，是一继续的发展，是一由量的增加而到质的转变的历程。这历程和希腊罗马的海外开拓是一脉相承的。而海外开拓的传统是中国历史上所没有的。

这点差异从两方的文学也可看出。西方之有荷马和桓吉尔的史诗，好比中国之有《诗经》和《楚辞》。荷马和桓吉尔的史诗，纯以海外的冒险的生活为题材，他们的英雄都是在风涛中锻炼成的人物。而在《诗经》和《楚辞》中，除了“朝宗于海”、“指西海以为期”一类与航海生活无关的话外，竟找不到一个海字。近三四百年来，像克茫士(葡萄牙诗人，以华士哥发现好望角之航行为史诗题材者)、康拉特(英小说家，专写海上生活)之徒在西方指不胜屈，而中国则绝无之。中国唯一与航海有关的小说《镜花缘》，其海外的部分却是取材于《山海经》的。我不是一味讴歌洋海的文化而诅咒内陆的文化，二者各有其利弊。孔子说：“智者乐水，仁者乐山，智者动，仁者静。”我们也可以说：“洋海的文化乐水，内陆的文化乐山；洋海的文化动，内陆的文化静。”而且我们也可以更进一步说：洋海的西方文化恰如智者，尚知；内陆的文化恰如仁者，尚德。洋海的文化动，所以西方的历史比较的波澜壮阔，掀扬社会基础的急剧革命频见叠起。内陆的文化静，所以中国历史比较的平淡舒徐，其中所有社会的大变迁都是潜移默运于不知不觉，而予人以二千多年停滞不进的印象。洋海的变化乐水，所以西方历史上许多庞大的政治建筑都是“其兴起也勃焉，其没落也忽焉”，恰如潮汐；而中国则数千年来屹立如山。(第一次世界大战后，希特勒汲汲经营陆军，图霸欧陆，而不甚着意海军，以图收复殖民地，他未必不是有见于此理。)这差异固然有其地理环境的因素，但地理环境所助成的文化发生史上的差异，研究比较文化的人不容忽视。海外开拓是产生资本主义的一大原动力，虽然资本主义的发达也增加了海外开拓的需要。一般仅只根据《共产党宣言》去讲唯物史观的人，以为照马克斯的说法，欧洲资本主义的社会是蒸汽机的发明所造成的。(所谓生产工具决定生产关系。)其实，马克斯晚年在《资本论》里已经放弃这种说法。近年马克斯主义的人，绝不提到《资本论》里对资本主义起源的更近真的解释，我觉得是很可诧异的。在《资本论》里，马克斯把资本主义分为两个时期：

(1) 手工制造时期。

（2）机械制造时期。

照定义，在资本主义的手工制造时期，蒸汽机还没有出现，怎么说蒸汽机的发明，造成资本主义的社会呢？那么资本主义怎样起来的呢？马克斯以他所目击的英国为例，资本主义发生的先决条件是大量无产无业的“普罗列特列亚”聚集都市，以供拥有资财的人的利用。因为海外市场对英国毛织品的需求，使得这种制造事业(起初是由小规模的工场和家庭出品的收集来供应的)在英国特别繁荣，同时羊毛的价格也大涨。于是拥有巨量土地的贵族，纷纷把本来供耕种用的土地收回做牧场，同时把原有永久的佃户驱逐。这大量被剥夺了生产的资借的农民的聚集都市，和海外市场对英国织造业的继续增长的需求，便是造成最初出现于欧洲的大工厂的动力。以上都是马克斯在《资本论》里的说法。我们更可以补足一句：蒸汽机的发明也是适应着海外市场对英国织造业的继续增长的需要的。（但非纯由于适应此需要。远在此时以前西方已有蒸汽为发动力之机构，惟视为无用之奇器，陈列于博物院者而已。）所以要明白近代西方生产革命的由来，不可忽略了西方航海事业的传统，要了解中西文化在其他方面的差异，也不可不注意西方航海事业的传统。

本文原载《思想与时代》第 11 期，1942 年 6 月 1 日。

整理者：漆梦云

校对者：吕晓宇

白璧德

张其昀

介绍 *Irving Babibtt*, *Man and Teacher* 一书(一九四一年纽约出版)，以为梅迪生先生之纪念

民国三四年间，梅迪生先生在美国芝加哥西北大学肄业，一日其师克兰恩教授 R. S. Crane 持白璧德之著作《近代法国文学批评家》一书而告诸生曰:“此书可以启发人之深思。”民国四年秋，迪生先生因倾慕白璧德之故，转学剑桥之哈佛大学，从游数年，师生间知契极深。民九之夏，迪生先生应刘伯明先生之招讲学金陵，十一年《学衡》杂志出版，以“阐扬旧学，灌输新知”为宗旨。是时白璧德之人文主义，因迪生先生与吴雨僧先生等之讲述而传入中国。民国二十二年(一九三三)白璧德殁于剑桥，其生平至友与门弟子各为文以述其言行，凡三十九篇。合为一书，名曰《白璧德——人与师》，于民国三十年(一九四一)刊行。是书第十五篇乃迪生先生手笔，中引中国古语“经师易得，人师难求”，其书命名本于此义。兹以是书各篇为依据，略述白璧德之议论与其风度，并以为迪生先生之纪念。白氏著作重要者有八种，(1. *Literature and the American College*, *Essays in Defense of the Humanities*. 2. *The New Laokon [Laoko] An Essay on the Confusion of the Arts*. 3. *The Masters of Modern French Criticism*. 4. *Rousseau and Romanticism*. 5. *Democracy and Leadership*. 6. *On Being Creative and other Essays*. 7. *The Dhammapada*, *translated from the Pali*, *with an Essay on Buddha and Occident*. 8. *Spanish Character and other Essays*. (以上七八两种系身后刊行，第八种并附有白氏著述总目录与索引。)其学说宏旨，《学衡》杂志有论文数篇，可供参考，本刊异日当特约专论作详尽之绍介。

白璧德所倡导之人文主义(humanism)与人道主义(humanitarianism)有别，与浪漫主义(romanticism)或惟情主义(sentimentalism)针锋相对，与自然主义(naturalism)亦大相径庭。人文主义与人道主义之区别，在于人道主义为一种无差别之同情，人文主义则为有差别的，即按关系之深浅而有亲疏厚薄之分，亦可称为同情的选择。一为兼爱，一为有度量分际之爱，两者截然不同，犹吾国古代儒墨二家之分。浪漫主义发源于法国之卢骚[Rousseau]一七一二至七八)，偏重感情，趋于极端，以感情衡量万事，故又称惟情主义。卢骚不重内心之修养，而欲殚其精力，以谋人群之进步为己任。人文主义则异是，从自己之修养入手，以好学深思，进德修业，“向内做功夫”(inner working)为要义。浪漫派献身于群众，或一阶级，其弊为外重内轻。人文主义则讲求本末先后之序，注重深沉之思考力，谋理性与感情之和谐，而求人格上之完整。白璧德以为人生在思虑清明之人为一喜剧，在感情用事之人为一悲剧。自十八世纪后半期以迄今日，西洋之文学、艺术、教育、哲学、宗教以至政治，均直接间接受浪漫运动之影响。此派感情冲动，达于狂热之境，其结果往往有破坏，无建设，使健全之人格为之瓦解。人文主义之倡导所以矫正浪漫主义之流弊。人文主义之理想为君子之风，君子有三长，即中庸、敏感与合理。中庸之义为克己，有节制，毋太过，综合各极端而掌握其重心之所在，故能趋于中行，不激不随。幸福与尊严均由能自制而得之。敏感之反面为麻木不仁，但亦非好奇立异之谓。此心廓然，能观察问题之各方面，而加以审慎之判断，其长处为思想之邃密与见解之卓越。合理之义为合于标准，标准于何求之，当求之于古来大思想家之大著作。古来大著作中所阐明之大观念，乃超时空而存在，真知灼见，大都历久当新，而足为吾人行事之准绳。故合理之义为观念之推广，精神之解放，使此心获得自由，不为一时冲动所蔽，其最高境界为从心所欲，不逾矩。敏感相当于中国之仁字，合理相当于中国之礼字，曰仁，曰礼，曰中庸，以此三者释君子之德行，与中国儒家学说最为接近。与人文主义相对立者又有自然主义，此派受达尔文学说之影响，至十九世纪后半期(英国维多利亚时代)而大盛。美国机械文明与大量生产之发达尤过于他国，故大多数人眩惑于物质上之繁荣，醉心于科学之权力，对于较高之文化价值不免淡然置之。浪漫主义偏重感情作用，自然主义偏重机械作用，持之太过，均为现代文化之通病，白璧德以为世界大战乃十九世纪以来不良观念之自然结果，人文主义乃针对此种缺点而思有以补救之。人文主义者于浪漫主义格格不相入，但于艺术兴味则予以保留，对于自然界之欣赏，尤如山川之天然美景，于人文修养甚为有益。人文主义者于自然主义，不能赞同，但于物质文明之高度效率，固不欲一并抛弃之。总之，人文主义之要旨为生活之艺术，务期斯世之生活能达于尽善尽美之境界。又人文主义者自知其致力之范围，而不欲网罗一切。白璧德以为凡欲笼罩一切者，其结果将一无所得。人文主义的致力者为人事，人事以下之物，受自然律之支配，人事以上之天，则属于宗教之领域。人文主义不能代替科学，亦不能代替宗教。人文主义自欧洲文艺复兴以后即有此说，惟现代人文主义者必须了解科学之方法与精神，与时偕进，故又称科学的新人文主义。白璧德又喜引英人柏克(Edm-und Burke)之语，谓西洋文化基于两种原则，即宗教之精神与君子之精神。人文主义为君子精神之表现。

白璧德以研究比较文学为其毕生之志业。氏于一八六五年(清同治四年)八月二日生于俄亥俄州(Ohio)之兑顿(Dayton)城。一八八九年在哈佛大学毕业。氏不愿为德国学派专重考据之博士论文，以巴黎为文艺复兴以来人文传统之故乡，乃赴法国留学，在巴黎大学从拉维(Syl Vian Levi)治梵文与佛教经典。一八九四年在母校哈佛大学任法文学系助教，一九〇二年任为副教授，一九一二年升为正教授。一九三三年七月十五日殁于剑桥，是年三月间犹在哈佛讲学。白璧德以为文学之根柢在于思想，大学之人文教育非为专才教育而为通才教育，其所欲培养之人才，非仅为学者而又为君子。氏力言沟通文哲之重要，以为哲学隐而文学显，两者实互相映照。文学教授应令学生多读哲学，哲学教授应令学生多读文学，就此点言，东方古代之学风甚有足取。即在西方希腊罗马之古典文学亦莫不有人生哲学为其根据，非仅以文章为抒情消遣之工具。故欲了解历史上某一时代之文学，必先熟察此时代思想上之主流。操笔为文，于修辞之法度与风格固当注意，但不应专重法度与风格，而致牺牲思想与观念。文学有文有质，若重文轻质，缺乏理性之旨趣，则无意义之可言。文学批评之工作务须先有深厚之修赞，凡历史与政治、教育与艺术、风俗民情与制度、哲学伦理与宗教，均须广览深识而观其会通。有此广博之涉历，方有正确健全之判断，是即所谓权衡。文学批评家胸中有此权衡，乃应用之以评论古今各家之著作。白璧德所津津乐道者，为希腊之柏拉图阿里斯多德、荷马与希腊悲剧诸作家、罗马之韦吉尔(Virgil，元前七〇至一九)与贺拉斯(Horace，元前六五至八)、法国之巴斯加尔(Pascal，一六二三至六二)与圣伯甫(Saint-Beuve，一八〇四至六九)、德国之雷兴(Lessing，一七二九至八一)与哥德(Goethe，一七四九至一八三二)、英国之约翰生(Johnson，一七〇九至八四)、柏克(Burke，一七二九至九七)与安诺德(Arnold，一八二二至八八)，尤倾慕约翰生与圣伯甫之为人。白璧德非崇古而忽今者，于当代文献亦极留意，通常每星期六上午至大学图书馆之杂志室，浏览新出之周刊月刊等，屡为文发表于《大西洋月刊》(*Atlantic Monthly*)。

在白璧德观之，世界自成一单位，历史应为整个人类之纪载，孔子释迦耶稣与亚里斯多德，其地位同等重要，又以美国之地位介于欧洲与远东之间，应为沟通东西文化之桥梁，而不应树立东西之壁垒。白璧德希望美国人具有英国民族刚毅之性格，而去其岛国骄矜之态，就处世态言之，美国应师仿中法二民族。白璧德以为西方文化之真正中心在法国之巴黎，于巴黎之学术空气最感欣悦，尝谓如能精通法文，则留学生在巴黎大学获益之多或过于牛津大学。白氏尝负笈是邦，于一九二三年重至法国，为巴黎大学交换教授，曾主讲二学程，一以英文讲授，题为英国浪漫派诗人，一以法文讲授，题为卢骚。其于法文深造有得，是邦学人交相赞赏，或谓氏在法国之声誉殆尚在美国之上。白璧德兼通希腊文、拉丁文、梵文与巴利文(Pali)。其喜佛教过于耶教，遗著有巴利文佛教经典(Dhammapada)之英译本。惟以未习汉文，引以为憾。一九〇〇年氏与德鲁女士(Doaa Drew)在伦敦结婚。白璧德生平未尝游历中国与印度，其夫人则生于中国，曾在中国寓居有年。白氏以为其了解中国之程度非其夫人所能及。夫人初觉不服，以为其夫未尝至中国，于中国未能目验而体察之，何以能真知中国。白氏则谓人之相知，贵相知心，对于一民族一国家亦然，仅赖官觉未必能真知其人，夫人终于首肯其说。白璧德年四十以后，声誉渐起，海内外高材生闻风来集，为其生平快事。吾国人受业于白氏之门者，以梅迪生先生为最先。其初至剑桥，白氏年方五十，精力充沛，对东方留学生所谈者，哲学与宗教尤多于文学。白氏于孔子学说具有同感，于中国传统文化之缺点亦所谂识。白氏住宅书斋中悬有中国山水画数帧，为中国学生所赠贻者，白氏以为画中代表者，非仅为山川风物，而为一种天机洒落之胸襟，心诚好之。白氏深以孔学之衰落为可惜，于中国之门人殷殷致其期望。以为中国之民族复兴，其关系不仅为中国一国而已。

哈佛大学为人才萃集之最高学府，白璧德所最敬仰者有三人，曰诺顿(Charles Eliot Norton)、薛雷(N. S. Shaley)与校长伊里奥特(Eliot)。白氏于诺顿为亲炙，其学实由诺顿启之，时时称道其师不绝于口，敬爱之忱溢于言表。(哈佛大学魏特纳图书馆[Widner Library]二楼有诺顿纪念室，余在剑桥，居是室凡二年余，今兹述及，弥深暖席之情。)薛雷为地质学大师，极为学生所爱戴。伊里奥特时任校长，其崇高之人格，使其教育学说为学人所信仰。与白璧德交谊最笃者首推哲学教授鲁一士(Josiah Royce)心宗哲学之大师也。又孙泰耶那(George Santayana)称为当日哈佛“狮子”之一，其所作散文及批评文章，白氏对之深为推许。其与白氏共同提倡人文主义者有摩尔(Paul Elmer More)以文学批评家而论，当日美国文人殆无出其右者。白璧德在内心做工夫，身外之活动较少，落落寡合，于各种会社甚少加入。然其人极诚恳，以为吾人应重视义务，过于应享之权利。生平不喜道人之短，即使对某人有所訾议，大多批评其所代表之思想，而非攻击其个人。氏对任何人均无恶感，好学深思，日不暇给，以为君子者乃萦怀于世间人事，不作逃避现实之想，但不应以尘俗之务而蔽塞其廓然大公之心。

谨严乃生命之素质，兴会乃生命之香料，此为白璧德之名言。白氏富于天趣，而雅善谐谑，其言谈之美有约翰生之风。其学生皆谓听其谈话较之读其著作，尤觉有心旷神怡之感。白氏之讲学非为灌输，而为启发，以其自己之经验与学生共享之。氏用力至勤，所谓老马识途，指示人生之大道，别泾渭，辨瑜瑕，而使学生追随其师，期至于美善相乐之境。每次上课，如航海，如登山，旧学之商榷，新知之涵养，广譬曲喻，使人心醉，学生常感时间忽焉以尽，而切望于下次之课业。白氏讲演之中，有政闻，有轶事，博闻强识，左右逢源，有时兴到神来，闻以欢笑之声。氏并非自言自语者，时时以问题询诸生，而倾听其意见。有时谈话中断，则以青眼睐人，似欲发现听者之了解与同情。下课以后，学生亦常至魏特纳图书馆访白氏于书斋(哈佛大学资深之教授在图书馆中辟有专室)，其意非欲讨论专门问题，仅欲与白氏晤言一室之中。白璧德雍容大雅之君子，如高山大泽，气象岩岩，而蔼然可亲，意味深长，如鸢之飞，如鱼之跃，此心怡然自得，有光风霁月之怀，有君子坦荡荡之乐，学生与之相接，如坐春风中。

白璧德于身体极为注意，以为仪表乃人格之一要素。又崇节俭，谓金钱为时间与努力之果实，欲求个人之自由，财力实不可或缺。其工作不厌不休，表示美国人之特性，虽在假期亦从事于著述，而又力言闲暇之重要，谓闲暇可以变换工作之方向。其身体颀长而美，有体育家之风度，而背微驼，知其为伏案之书生。氏谓有规则之运动与充足之睡眠，于保持健康实为必要，年逾六旬，而颜色红润，精力未衰。家住克尔兰路(Kitland Road)六号即在哈佛坊(Harvard Square)附近，每日下午五时向北循麻省街(Massachusetts Avenue)散步，疾行如飞，以锻炼身体。星期日之晨常偕学生作郊游，由哈佛坊至佳士河(Charles River)溯河而上，至奥朋山之墓园(Mt Aubun Cemetery)，此段河畔之路，亦文豪朗苇罗(Longfellow)旧游之地也。白氏与学生临流谈心，且行且谈，常徒步四五英里而返。白璧德于作客之时尤为妩媚可爱，介于修边幅重仪容与不拘形式之间，而恰到好处，使人感觉自然。氏最爱新英伦之风景，新英伦之五月，春光尤美。氏谓山景海景以及森林之景色均有陶养性情之功效。白璧德之人格较其著作尤为亲切有味，氏常谓师生间亲炙之功远非私淑所可及，今日之教学法与苏格拉底时代之教学法会无少异，即师生间之个别接触是也。白氏殁后，论者以其为人似约翰生，惜无鲍斯惠尔(Boswell)其人为之作传，《白璧德——人与师》一书之刊行，稍可补此缺憾。此书含有回忆录三十九篇，由多数观点叙述白氏之为人，白氏之为师。梅迪生先生以为白璧德之风度可以置于吾国唐宋名贤韩昌黎、欧阳永叔之列而无愧色云。

本文原载《思想与时代》第46期，1947年6月1日。

整理者：温　度
校对者：吕晓宇

孔子圣诞感言

吴　宓

民国以阳历代阴历，故定今日（八月二十七日）为至圣先师孔子诞生二千五百年纪念。孔子为中华民族五千年之真正代表人物，为中国文化集大成，造极峰，继往开来，天与人归之圣哲，且为世界古今最伟大真实之四五教主、哲人之一。窃以今日纪念之期，欧美诸国尤其日本博学宏识之士，必不少撰文述学以志，以表扬孔子之学德，而鸣其崇敬之忱者，更无论于我中国也。

宓昔幼时，即闻普通社会，不读书不识字之一般人口中辄道“孔圣人”云云。及入塾，恭肃跪拜，每次背书亦必再揖，尔时心目想象中，实觉“至圣先师”常监临我之上，在我之左右，而经中之语意文字皆圣贤之所口述笔书。于是尊圣而亲师，由亲师而好学，由好学而暱书，由暱书而觉读书为唯一乐事。又由尊圣而时时自律自责。重以家教，谨慎诚实，忠厚宽仁，早成习惯。迨年长自觉，通习世事，益复兢兢业业，事业分明，不敢苟且，对公私大小义务职责，一一黾勉履行。又不敢骄妄自是，效古今文士为快意之论，作武断之言。生平为文必字句斟酌，唯恐其中引据之事实不确，评断之语意过重。虽尝与人辩论，不免急激，但从不为谩骂或刻薄之言，数十年中所行之事，亦固多悔，然绝不怨天尤人，嫉时愤世。对人恒为恕辞，论事不作深文周纳，不敢先意他人之不善，广座之有骂人者，己惟力守缄默。自廿六年对日抗战以来，流离各地，更得习劳苦，涉贫困，安居斗室，有案有床，蔬食饮水，便为至乐。不忮不求，一切惟心自足，不假外物，深信眼前即是幸福，儒佛一理。而功名富贵，事业斗争，甚至男女爱情，天伦乐事，在我视之皆为痛苦，为义务，但期他人努力从事，而我则避去不遑，自乐自适于书卷之中，宁为伯夷叔齐之清，愧少披发缨冠之救。至于寿命修短，明知早已注定，到时便死，无可逃避，但必日日修身以俟之。日正己、日善生，他非所知所论。兹仅举宓为例，非敢自夸。宓之性行，大略如此。若宓不生中国，未尝读孔子之书，即今当必不同。以上乃孔子之教对宓个人之影响也。

及宓留学美国，至哈佛大学，幸蒙亡友梅光迪先生引介，得受学于美国白璧德师，略识东西学术思想之本原及文明教化之精意，乃知孔子亦为西方有识者所崇敬，而与希腊三哲（苏格拉底、柏拉图、亚里士多德），及释迦我佛、耶稣基督，同为世界之先觉，人类之明灯。其教至深广亦至平实，至高尚亦至有用。历史悠长，社会进化，事物繁赜，制度变改。世运升降，人道苦乐，忽而晴明煦和，忽而晦冥风雨。又复王霸杂陈，分合异势，尚德尚刑，主义主利，有时歧兵农教战，有时偃武修文，甲方踵事增华，乙欲归真返璞。更有思想学说，千歧百异，此攻彼辩，分淆并陈，或重一，或重多，或唯心，或唯物，或遵天志，或明人性，或阐物理，或说群情，或主兼容互摄，或主独立武断，或达成圆融之智慧，或取得亿兆之信徒。然在此种种纷纭变化之中，无论何时何地，孔子（兼孟、荀）与希腊三哲、释迦我佛、耶稣基督所言所教之道理，皆未尝废，皆必有用，惟其名有异同，其迹有隐显耳。在此当时（民国七八年间）已为宓所深信不疑。其后卅年中，读书有悟，益能明见东西古今根本道理之相通，及此诸圣哲设教立说同异（所谓异亦只轻重先后之差）焉。举一例言之：诸圣哲教人之目的与方法，皆主仁智合一，情理皆到。然（一）东方之佛教主由智以得仁，而（二）东方之孔子儒教主由仁以成智；（三）西方之基督教主由仁以成智，而（四）希腊三哲主由智以得仁。其间由如此互相错综。由仁以成智，即《中庸》所云“诚则明矣”；由智以得仁，即《中庸》所云“明则诚矣”。二途虽分，同达一地。譬如石磴路分成两半圆，或左或右，苟拾级以登，均可到厅堂之门而会合。以上乃宓所了解孔子立教之大旨，与其在世界文化史中之地位。其详非今仓促所能说矣。

其时正当五四运动时代，国内之新文化运动者，以“打倒孔家店”为号召。举凡“中国之固有伦理道德信仰，乃至风俗文艺，一切失其信赖，皆被视为粪土。……将来十年二十年之后，虽反省回顾，而老成凋谢，典型已尽”（节录吾友某君函中语）。孔子之在中国，亦遂如苏格拉底之钉死于十字架，岂所谓“凡先知先觉，在其本邦本土皆不受人尊礼”者耶！此后国内各种变革，吾不必言，亦不忍言。凡各派之所以痛诋孔子者，其事皆孔子当年之所不及知。即知之，亦绝不能负责。盖后世利用孔子者或误解孔子者，其言其行，是彼利用误解者之言行，而非孔子之言行。倘必问罪，请直捕罪人，而勿归狱于孔子。孔子初不冀他人之崇敬，又岂能禁后世之利用与误解？凡被崇敬孔子，利用孔子，误解孔子者，皆当自己负责。吾尤盼世人明白率直，自言其所主张：“吾主张如何如何，吾反对某事某事……”而不必集矢于孔子，或以孔子为护符，徒使孔子受累，而淆惑世人之观听益何益哉！

指正五四运动之缺失，而在当时敢为孔子作辩护者，有梅光迪先生民国九年在南京所创立之《学衡》杂志。该杂志民国十一年一月始发刊。月出一期，上海中华书局印行。至民国廿二年停刊，共出七十九期。宓虽被命为总编辑，然此志之宗旨义法皆梅光迪先生所制定。其中发挥孔子的礼教立说之精意之文（有撰有译）甚多，以宓所见，近世论述孔子其人与其学说价值，最明显公允正确者，莫如柳诒徵先生的《中国之文化》中孔子之一章。此书先刊布于学衡杂志中。后出专书，上下二册，南京钟山书局（用中华书局"学衡"原纸版）印行。

五四运动之另一主要主张，亦即五四运动领导者之一大功罪，厥为废文言而立白话。此举既成功，中国之青年男女以及全国人民，皆不复能读文言书，不复能写文言信，不复能阅文言报纸杂志。于是而中国政治统一之基础失，于是而中国历史文化之统系亡，于是而中国人之生活及教育全失其理想之成分，而美术文学专门之损失不与焉。尽废文言而专用白话之危险，《学衡》杂志中曾反复痛彻言之。而汉学家瑞典人高本汉（B. Karlgren）氏，于其《中国之语言与文字》一书（一九二三年牛津出版）中，亦畅论之。此书有张世禄教授译本，民国十九年开明版，读者可取览焉。自文言始废，白话初兴，迄今正三十年，而我中国之大多数男女国民，以不解文言之故，皆未尝读孔子之书。举凡孔子所删述之群经，记载孔子言行最真切之论语，以及赞释孔子之书自《大学》、《中庸》、《孟子》以下，试问今之学生曾读过者几人？平日但习闻近人有意无意诋毁孔子之语，而盲从途说。彼将视今日之隆重纪念孔子为多事，为无意义。吾夙认为中国政治可以改革，社会可以改革，然废除文言推行白话，实万万不可，而为中国近五十年中最不幸之事。经此以后，孔子固仍为世界之圣哲，然与中国人之特殊关系（譬如家人、父子、受业师生）则断绝矣。

忆昔民国十六年八月廿七日，宓曾为天津大公报撰孔诞纪念文，甚长，备述所见，并选列当时诸多人士之言论。今忽忽廿二年，值此二千五百年重要纪念，宓愧未能有所发明，仅抒个人之一二感想，以求质证于崇敬孔子之人士云尔。

本文原载《大公报》（重庆）1949 年 8 月 27 日第 3 版。

整理者：许欣媛

校对者：齐以恒

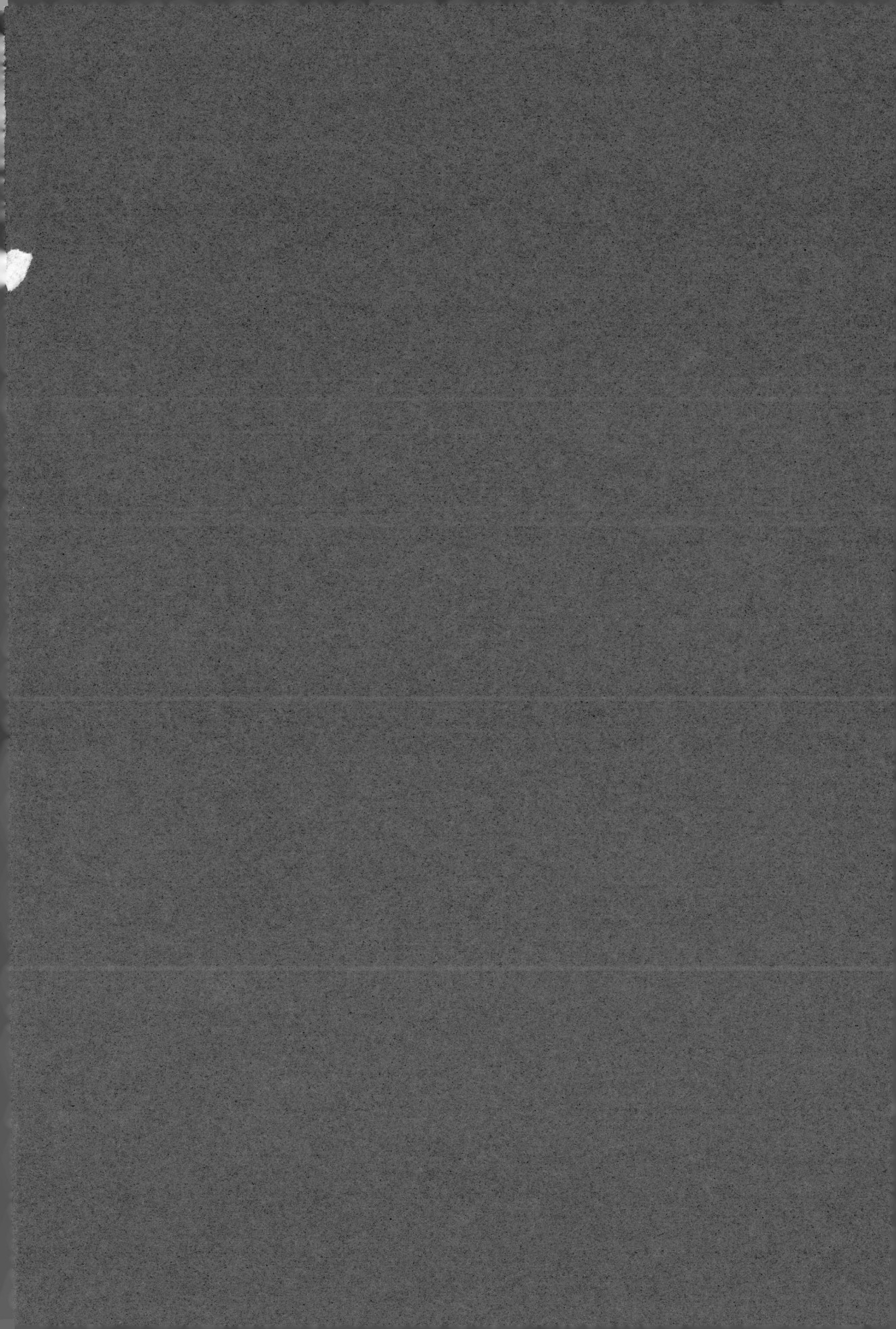